Jean René Leidelinger

LAURE DU RHIN

roman

« Nous rencontrons l'amour
qui met nos cœurs en feu,
Puis nous trouvons la mort
qui met nos corps en cendres. »
Tristan L'HERMITE.
(Les Amours. Consolation à Idalie.)

Édite par l'A.C.E.
Saint-Étienne, Forez

Imprimé en France
20 Avril 2001
Dépôt légal : Avril 2001
ISBN : 2-914157-04-05
EAN : 9782914157049

Toute correspondance, concordance et analogie entre les personnages de ce roman et des personnes existantes ou ayant existé relèverait de la coïncidence et du hasard dont l'auteur ne pourrait être tenu pour responsable.

Quand il vient sur terre se divertir, le Dieuble ne dédaigne pas de se mêler, comme autrefois Jupiter, à la gent humaine.

Après la première guerre mondiale, on le voit à Nancy, ancien richard décavé par le jeu, apparaître sous la forme d'un mendiant. Puis, au cours de la seconde guerre on le rencontre en Allemagne même, à Munich et à Berlin, accompagné de jour comme de nuit, par deux superbes loups.

Le Dieuble, qui a plus d'un trait commun avec le démon créateur du monde tel que l'entrevit Schopenhauer, est au centre du hasard des êtres et des choses. Les hommes sont ses jouets.

C'est ainsi que, peu avant la débâcle des armées de la IIIe République face à l'envahisseur allemand et l'exode des civils qui s'ensuivit, un militant communiste au sein de l'armée, séduit par le charme de Laure, une jeune et belle Alsacienne, ne quitta nullement sa foi révolutionnaire en allant paradoxalement se battre contre les armées du Maréchal Staline sur le front de l'Est, tant au Caucase qu'aux abords du lac Ladoga, devant Léningrad.

Il est vrai que Laure n'était point quelconque. Elle était à la fois l'Amour *ravissant* et la Mort.

Il est également vrai que, tout comme Jésus, le Dieuble est terriblement sentimental...

*« Le résultat de mes méditations fut
que ce monde ne pouvait pas être
l'œuvre d'un Dieu absolument bon,
mais bien l'œuvre d'un démon qui
avait appelé à l'existence des créatures
pour se repaître de leurs tourments. »*
Arthur Schopenhauer.
(Œuvres posthumes.)

LE DIEUBLE

La guerre, le jeu, les filles...

La guerre, le jeu, les filles, tels étaient leurs menus plaisirs, à ceux-là qui, relégués au fond de la salle, siégeaient sur les derniers bancs de la classe.

Ils en rêvaient pendant les cours, tandis que les autres élèves, ceux qui étaient devant eux, sur les autres bancs, les écoliers studieux, prenaient part à ces nouveaux mystères d'Éleusis qu'étaient la grammaire et l'arithmétique. Pendant que leur moderne hiérophante, ce « maître » qui l'était si peu pour eux, officiait au grand autel du tableau noir et s'exprimait en des langues ou des idiomes aussi ésotériques que le latin de leurs messes du dimanche, eux, les non-initiés, perdus dans le Walhalla voluptueux de leurs songes, devaient s'armer d'une très sainte patience et attendre, tout bâillants et tout languissants, l'heure de l'*ite missa est,* l'heure, si lente à venir, de l'ouverture de leur cage.

À peine la grande et lourde porte de fer de l'école, mâchoire ouverte à deux battants, était-elle enfin franchie que, tout chargés des noires poudres explosives de l'ennui accumulé pendant le prêche des leçons, ils éclataient d'une joie immense retrouvée au contact des trottoirs du quartier de Grandville. Libres comme le vent, et fous comme un dessin de Grandville, mort fou, ils s'égaillaient alors à grandes envolées, heureux moineaux de printemps, vers les rues radieuses et ressuscitées du vieux Nancy.

Après leur bruyante et folle échappée, ils se retrouvaient, en quelques minutes, bien loin de la mortelle école, à cinq cents lieues de la vétilleuse grammaire, si bizarre, si capricieuse ; à mille milles de l'intraitable arithmétique, si sèche et si revêche.

Sous ses couverts riants, où chaque arbre leur tendait gentiment son ombrelle légère ou son lourd parapluie, son parasol d'or ou son gai pépin vert, l'accorte Pépinière, généreuse et plantureuse, leur démasquait, soudain, dans l'espace d'un court instant et dans l'éventail largement déployé de tous ses chemins, le sentier primesautier enthousiaste et glorieux de la guerre, celui qu'ils empruntaient avec allégresse lors de leurs expéditions contre « Ceux du Canal ».

Dans sa lice rassurante, la place de la Carrière, plus grave, mais non moins accueillante, leur offrait le délassement de jeux multiples en même temps que la quiétude d'une place forte, siège de leur grand quartier général. Lieu de leur séjour préféré, elle était leur vaste théâtre de pierre, où, sans autre spectateur que Jules le Mendiant et quelques passants distraits ou bien indifférents, ils ne jouaient que pour eux-mêmes. Elle était leur place d'armes où, sous l'apparence trompeuse de quelques garçonnets turbulents, ils défilaient innombrables, rudes soldats aguerris, au cœur même d'une puissante armée, d'autant plus redoutable qu'elle ne paraissait point visible.

Accouplé à la place de la Carrière par l'anneau princier de l'arc de Triomphe, le grand salon doré de la place Stanislas se transformait aux beaux jours de l'été, en station thermale. Au nez et à la barbe des touristes, sous le regard courroucé de Neptune et sous les yeux amusés de la belle Amphitrite, ils y couraient réquisitionner les fraîches fontaines que, après y avoir abreuvé leurs chevaux, ils utilisaient prosaïquement pour les bains de pieds de leurs hussards rapides, de leurs puissants cuirassiers et de leurs valeureux dragons.

Leur territoire était alors des plus étendus : un grand parc ; les deux plus belles places de la ville ; deux dépendances : la place Saint-Epvre et la place Vaudémont ; deux arrière-fiefs : le cours Léopold et la place Carnot ; tel était l'impérial domaine qu'ils tenaient de la République et de Sa Majesté Stanislas Ier, roi de Pologne, palatin de Posnanie, duc de Lorraine et de Bar, beau-père de Louis XV le Bien-Aimé.

Des filles, dont quelques-unes : Rose, Violette, Véronique, portaient des noms de plantes et de fleurs, ils parlaient beaucoup, mais ne les fréquentaient guère. Elles les intimidaient même. Surtout, quand appartenant à l'irritante famille des orties, des chardons, des ronces, des aubépines, des églantiers ou des cactus, une grande sœur, faisant irruption dans le champ clos de leur bande, venait tancer vertement et réclamer avec véhémence un frère incorrigible, lui promettant l'envol alerte du martinet maternel ou bien la brûlante ceinture sinon la cuisante fessée d'un père en colère.

Absentes, hélas, de leurs jeux qui eussent alors pris une toute autre tournure, les filles figuraient néanmoins dans la plupart de leurs propos et s'immisçaient, telles des lianes subtiles et souples, et le plus souvent dénudées, mais aussi impalpables que leurs rêves, dans maintes histoires scabreuses qu'ils se racontaient ; elles venaient, en ces moments-là, se pencher vers eux, plus ou moins lascives, comme elles le faisaient dans les chambres, les alcôves, les buissons, les coins isolés et les jardins secrets de leurs songes.

Il leur arrivait cependant, de loin en loin, de soulever, d'un geste irrépressible, quelque jupe calice ou quelque robe corolle de fillette, mais l'occasion d'une telle fête était on ne pouvait plus rare. Les filles vivaient dans l'ombre géante et protectrice de leurs mères, elles ne pénétraient point dans l'aura lumineuse et réservée des garçons.

Ce n'était qu'à la faveur de la nuit que l'une d'elles, Marguerite, ravissante et fragile pâquerette, se détachant des autres fleurs rencontrées le jour, se glissant en catimini dans les draps tourmentés du petit Léo Magnanje, venait prendre la forme discrète de son oreiller que, tout aussitôt, il couvrait de longs baisers et, passionnément, étreignait dans le noir.

Les jeux avaient pour point de départ ce lieu de tous les rendez-vous qu'était la place de la Carrière, leur véritable cour de récréation, mais ils pouvaient les conduire en d'autres points de la ville. Ils étaient leur activité principale du temps de paix, entre chacune de leurs guerres où, mensuellement, en de nouvelles batailles d'Eylau, le sang coulait.

Ces jeux ne rassemblaient que quelques garçons : trois, quatre ou cinq sur la douzaine de galopins inscrits sur les rôles de leur bande, rarement davantage. Infiniment variés : pêche aux ablettes ou bien aux poissons-chats dans les eaux de la Meurthe ; capture des lézards dans les carrières et rapines des mirabelles et des quetsches, des pommes et des poires dans les vergers des environs immédiats de la ville ; lancement des confettis et des serpentins le jour du Carnaval, rue Saint-Jean ; cavalcades et maniement du lasso dans leurs exercices de cow-boys ; concours à qui gagnerait aux cartes ou aux billes, à qui dirigerait le plus adroitement la flèche de son arc ou la pierre de sa fronde, à qui pisserait le plus haut ou le plus loin. Ces distractions, plus ou moins scientifiques, commençaient le matin par le tirage des sonnettes de portes des habitants du quartier, avec une nette préférence, pour celle de la belle Mme de Chasteller, rue du Reposoir, en l'hôtel de Pont-levé, et un goût marqué pour la cloche de l'hôtel de Sauves, demeure de la non moins belle Mme d'Hoquincourt. Elles se terminaient, parfois, le soir venu, dans le couloir d'une maison abandonnée où l'un d'eux, une allumette incandescente entre les dents, ne montrait plus aux autres, durant quelques secondes, qu'une mâchoire aux dents rouges et translucides, effrayante, détachée dans la nuit : la Mort !

Ils avaient des allumettes car, pour se grandir, ils fumaient, assis en rond à la manière des Peaux-Rouges se passant le calumet de la paix, des mégots que, tout comme Jules le Mendiant, ils moissonnaient à même les trottoirs. Outre ces mégots qu'ils tétaient à l'abri des regards des adultes, ils avaient d'autres aubaines, telles les gourmandises à la vanille que leur offrait le marchand de chez Violini, quand ils l'aidaient, symboliquement, à pousser sa voiture à deux roues depuis la porte de la Craffe jusqu'à la Pépinière. Léo Magnanje avait alors une petite pensée pour un certain Colbert qui, comme il venait de l'apprendre sur les bancs de la classe, avait favorisé la fabrication des glaces en France.

Cependant, de tous les amusements et de toutes les aubaines, ils préféraient la neige, avec ses boulettes, ses bonshommes, ses glissades, ses luges et ses traîneaux. Vêtu comme un prince, l'Hiver les observait alors, tout immobile et cristallisé, vigilant et silencieux, tel un templier dans son blanc manteau commis à leur garde.

Hormis les jeux et les filles, leur grande affaire, toutefois, était la guerre. Une guerre qui, chaque mois, éclatait un jeudi et durait quelques heures. Une guerre éclair, en quelque sorte.

Une semaine avant la bataille, les chefs de « Ceux de la Pépinière » et les capitaines de « Ceux du Canal » se rencontraient en grand arroi, comme en un camp du Drap d'Or pour, tirant les leçons du précédent combat, débattre des modalités du prochain conflit et désigner, par tirage au sort, qui ouvrirait les prochaines hostilités. L'attaque, ensuite, avait lieu sur un théâtre d'opérations convenu, lequel, le plus souvent, était la zone la moins fréquentée de la Pépinière, proche du stade et non loin du canal. L'affaire se terminait, dans la plupart des cas, avec des prisonniers et des blessés de part et d'autre. Le camp qui avait réussi à capturer le chef adverse ou fait le plus grand nombre de prisonniers était alors déclaré vainqueur.

Lorsque Léo Magnanje s'en revenait de guerre, c'était presque toujours, pauvre vieux roi Lear dépenaillé par la tempête, avec des vêtements déchirés et sales, la tête adornée de bleus et couronnée de bosses. Il refusait obstinément d'être captif et, chaque fois, se débattait comme un animal sauvage pris au piège, n'acceptant pas la honte de la domesticité. Il lui fallait cependant compter avec les ruses de l'ennemi, et, malgré sa vigilance, il lui était arrivé, succombant sous le nombre, de tomber dans un traquenard. Cependant, le prisonnier, dans le respect des conventions internationales d'une sorte d'accord de Genève, était toujours traité avec beaucoup d'égards. Une fois libre, il était quand même plus honorable de regagner son propre camp avec un maximum de horions et de déchirures, lesquels, mieux que les mots, étaient un témoignage de réelle vaillance.

Après le combat, rentrant chez lui, Léo n'était pas, hélas, particulièrement bien accueilli. Pas du tout, en tout cas, comme l'eût mérité un guerrier de sa trempe.

Bien en selle sur Merlin, son fringant destrier noir, et confronté à des adversaires autrement redoutables que ses malheureux parents, lui, qui venait d'accomplir, comme d'ailleurs tous ses compagnons, les exploits les plus épiques, ce n'était pas sans crainte ni forte réticence qu'il se décidait à franchir le seuil familial.

Après avoir erré dans le dédale des rues de son quartier, lanterné et pris largement son temps, comme en quittant Troie le fit Ulysse avant de regagner son île ; après avoir, enfin, à une encablure de sa demeure, médité longuement sur un banc et s'être recueilli quelques instants devant la statue de Jeanne l'héroïne, c'était finalement en serrant les fesses, à l'idée de recevoir l'inévitable raclée, mais avec le fatalisme d'un vétéran de la vieille garde que, une fois mis en présence des auteurs de ses jours, véhéments et musclés, il se prêtait, quoique bien endurci par les rudes expéditions militaires, au rétrécissement obligé de tout son être surnaturel. Merlin, le cheval enchanté, qu'il avait attaché au lampadaire, à l'entrée de la maison, et qui l'attendait patiemment, occupant toute la largeur du trottoir, inaperçu toutefois des passants qu'il ne gênait guère, Merlin n'aurait alors point reconnu dans ce garçonnet l'intrépide cavalier, l'homme qui venait de le quitter dans la pleine force de l'âge. Objet d'une métamorphose étonnante, Léo, tout rapetissé, appuyait par trois fois son pouce sur le bouton de sonnette de la porte palière pour annoncer son arrivée.

– Cet enfant, s'écriait sa sainte mère, en le regardant d'un œil effaré, a le diable dans le ventre ! Mais qu'ai-je donc fait au Bon Dieu pour avoir un gosse pareil ? Je me le demande ! Mais c'est Brisefer, Brisefer en personne que j'ai là !

Ce dernier personnage, que Léo se représentait toujours tordant ou cassant des barres d'acier sur le dos des damnés, était, dans la mythologie maternelle, au sein même des Enfers, un démon proche de l'Archange du Mal, un compagnon choyé de Lucifer.

Madame Magnanje, qui pour autant n'avait certes pas fauté avec un suppôt du père infernal, et par conséquent n'avait jamais eu le moindre diable dans le ventre, avait cependant, dans le passé, trouvé déjà parfaitement diabolique, et cela bien avant que Léo ne chevauchât Merlin, que son tout jeune Brisefer, entre autres sottises, remontât à pleines chaussures les courants d'eau de pluie dans les caniveaux des rues voisines, rien que pour le plaisir de marcher dans *le fleuve*. Il ne restait plus alors à Mme Magnanje qu'à tordre, à laver et à faire sécher les chaussettes, puis à remettre en état *les bateaux* avant de les recirer. Malgré les représailles, il en avait été ainsi chaque fois qu'il avait plu à verse. C'était incoercible, car, avant de connaître l'indicible bonheur de se battre, juché sur son brave cheval Merlin, Léo adorait *naviguer*.

Apparemment, tout au moins pour la partie visible des choses dévolues aux regards des pauvres mortels déjà parvenus aux infirmités de l'âge adulte, « Ceux de la Pépinière » et « Ceux du canal », les deux grandes armées belligérantes, ne comptaient guère que quelques bandes de six à dix garçons, et leurs batailles ne dépassaient que rarement la centaine de participants. *En réalité,* des oreilles et des yeux suffisamment exercés eussent parfaitement discerné, tant dans les sonneries de trois milliers de trompettes et les battements de deux mille tambours de l'époque de la bataille des trois empereurs, et tant dans les miaulements et les rugissements des obus et des bombes naguère sur la Meuse que, dans les deux camps, les valeureux combattants étaient innombrables.

Pour entrer dans l'une des bandes, ossature des nombreux régiments de « Ceux de la Pépinière », il fallait avoir fait ses preuves, être pressenti ou bien en formuler la demande. Comme par hasard, ceux qui exprimaient le désir de se battre, tout comme ceux qui étaient sollicités, ne figuraient jamais derrière les pupitres laborieux et pacifiques des premiers bancs de la classe. Le tintamarre des armes, il est vrai, ne convient guère aux études, lesquelles réclament ordre, calme et silence.

A l'école, leur classe, tout comme les salles voisines, était composée de bons, de moyens et de mauvais élèves ; ce qui devait correspondre, dans le monde moderne et parental, à la haute société, à la bourgeoisie et au prolétariat. Dans le haut moyen âge de leur enfance, cela concordait plutôt avec le clergé, le tiers-état et la noblesse. Cette dernière, seigneuriale et belliqueuse, s'incarnait dans la caste peu savante, mais sachant manier l'épée, que constituaient les élèves des derniers rangs. Moins nombreuse que les deux autres, mais plus unie, elle formait la cohorte aristocratique qui imposait le respect ainsi que sa loi à la majorité. Et cette loi, tacitement acceptée par tous, faisait qu'une certaine paix romaine régnait dans l'ensemble de l'école. Les bons élèves ne se moquaient pas des mauvais, sous peine de devoir en découdre ; les « cancres », en échange, comme aux paysans jadis les féodaux, leur accordaient magnanimement la paix nécessaire à la culture. Quant au maître d'école, roi relativement débonnaire, il avait renoncé depuis longtemps à modifier le cours des choses et la situation existante dans ses États.

Maître après Dieu, jouissant d'un pouvoir spirituel certain, il avait, en fin politique, et dans un souci d'ordre, su concéder à ceux-là mêmes qu'il considérait comme de mauvais sujets, une part du pouvoir temporel.

*
* *

L'un des pressentis mémorables susceptibles d'entrer dans une des bandes de « Ceux de la Pépinière » était un garçon pacifique, d'apparence effacée, ne plastronnant pas, ne faisant pas d'esbroufe. Tranquille et discret. Il avait été contacté par un émissaire parce qu'il était, de toute l'école, le meilleur joueur de billes. Les chefs de « Ceux de la Pépinière » pensaient que cette activité, dans laquelle il se révélait imbattable, le qualifiait, quant à l'adresse, pour figurer dans les combats. Il ne jouait pas avec des billes d'argile multicolores, comme les débutants, mais avec celles de pierre, grises, incassables. Des *mordus*, comme lui-même, passaient leurs instants de liberté avec ces billes que, après les avoir gagnées, il leur revendait à moitié prix du commerce. Plus riche que chacun de ses partenaires, grâce au jeu, il était donc, en même temps qu'admiré, jalousé.

A l'ambassadeur chargé de le convaincre, il avait répondu par un refus. Non, il ne tenait pas, vraiment pas, à faire partie d'une bande.

Tous en furent piqués. C'était là, pour eux, une réponse insensée. Refuser un tel honneur était chose inconcevable, dépassait l'entendement. Un tel affront ne pouvait s'admettre sans en demander raison. Quand l'émissaire avait voulu connaître les causes de ce refus, le garçon avait répondu froidement qu'il n'avait rien à ajouter, aucune explication à donner. Quel ton !

Il leur fallait maintenant savoir de quel fil de coton ou de laine ce Guédolf, tel était son nom, avait été tissé et quelle qualité d'étoffe se trouvait sous sa chemise. De l'avis de chacun, cette fin de non-recevoir était motivée, sans doute aucun, par la crainte de la bataille, par la peur d'encaisser des coups. C'était là chose bien simple à vérifier. Bonne laine ou mauvais coton ?

– Il n'a rien dans la culotte, affirmait Alexandre.

– Une chiffe ! précisait Lucien Ferratier.

Dans la rue, Alexandre, le capitaine, un grand nègre souple et musclé, prit Guédolf à partie et, *dur Alex sed lex,* le provoqua à se battre.

Le garçon ne broncha pas. Dans une attitude tranquille, regard de ciel bleu contre regard de ciel d'orage, il répondit calmement en ces termes :

– Ôte-toi de mon soleil, veux-tu ?

Mais comme l'autre insistait, il fut moins laconique.

– Tu es incontestablement le plus fort. Tu es donc sûr de l'emporter, surtout que tes bras sont plus longs que les miens. Se bagarrer dans de telles conditions, c'est facile. Quel en est le mérite ? On ne peut appeler cela du courage ! Le courage, c'est quand même autre chose !

Pour Alex, Lucien Ferratier, et les autres, le courage était chose importante. Jeanne à Roncevaux sonnant du cor ; Bonaparte blessé au siège d'Orléans ; Roland franchissant, drapeau au poing, le pont d'Arcole sous le feu de l'ennemi, étaient leurs héros au même titre d'ailleurs que Harold Lloyd et Charlie Chaplin, les deux grands comiques du cinéma d'alors, ou bien, dans les plaines immenses du Far-West, Tom Mix, l'intrépide cow-boy, ou bien Plume-d'Aigle, l'impassible et valeureux chef des Peaux-Rouges. Ce Guédolf, de manière bien peu orthodoxe, révélait une nouvelle façon de considérer les choses en déniant toute valeur au noble art de la boxe. Ses propos distillaient l'hérésie.

Jusqu'alors, dans les bandes de la Pépinière et du Canal, comme d'ailleurs partout dans le monde parmi ces autres bandes que constituent les diverses équipes au pouvoir, la force non seulement primait le droit, mais elle était tout simplement le droit. La force était l'argument suprême.

Guédolf, on ne le connaissait guère. Il était venu à l'école Braconot au cours de l'année scolaire, du fond de sa Moselle natale, à la suite d'un déménagement de ses parents arrivés de Forbach. Comme il s'était esquivé déjà pour n'être point mêlé aux bagarres qui parfois se déclenchaient à la sortie des classes, ils pensaient tous que la couardise, malgré la jactance, était la cause profonde de ce refus de les rejoindre.

Quoique nègre, le seul à l'époque de toute l'école, Alexandre était devenu chef parce que tous, et particulièrement « Ceux du Canal » le craignaient. Il ne faisait guère dans les nuances, la dentelle n'était pas son genre. Après avoir entendu la réponse de Guédolf, il prit son air le plus méprisant, le plus ironique et ricana.

– Je le vois très bien. Tu te dégonfles. Tu te déballonnes. T'as rien dans le ventre. Juste un peu de vent.

Puis, avec un dégoût bien marqué, complètement écœuré, il cracha ostensiblement par terre.

Ce crachat, ce fut comme si Guédolf l'avait reçu en plein visage. Léo vit passer comme un nuage dans les yeux clairs du blond garçon devenu tout pâle sous l'outrage. Alors Léo devina que Guédolf n'allait point flancher, qu'il allait accepter de se battre dans les plus mauvaises conditions, se rendre au massacre. Il intervint alors et fit une proposition de dernière chance.

– Le meilleur sera celui qui, de vous deux, par l'extérieur, en grimpant le long des jointures des pierres de taille, montera le plus haut sur l'arc de Triomphe.

A tous, sauf à Guédolf, cela parut tout à fait saugrenu. Léo se permit alors d'insister.

– Je vous assure que ce n'est pas facile. À une certaine hauteur, mieux vaut, à cause du vertige, ne pas regarder en bas.

– T'as déjà essayé ?

– Bien sûr que j'ai essayé ! J'ai eu bien du mal à parvenir là-haut. Le plus dur, c'est encore de descendre. Faute de voir, il faut tâtonner avec les chaussures pour trouver la jointure où poser la pointe des pieds. C'est plus difficile que de grimper.

Cela devint soudain fort intéressant et, Léo ayant une réputation de casse-cou, la majorité des garçons bascula de son côté.

Un instant contrarié devant un tel manquement aux usages, puis enfin séduit par la nouveauté, Alexandre se prononça finalement en faveur de ce tout nouveau tournoi.

– D'accord, dit-il simplement.

Guédolf regarda l'arbitre, étonné de cette intervention et de son résultat. Pour lui, la partie devenait égale. Il y eut dans ses yeux comme de la reconnaissance, et c'est en s'adressant à Léo directement, comme si, tout à coup, il était devenu le chef, qu'il acquiesça d'une voix claire.

– Ça marche.

Trois jours plus tard, une dizaine de gosses empruntèrent le chemin de la Pépinière menant de l'école à la place Stanislas. Ils bifurquèrent à mi-chemin et traversèrent par son milieu, en grande cérémonie, la longueur de la place de la Carrière, salués à droite comme à gauche par la garde d'honneur, rigide et toute militaire, de deux rangées d'arbres. Dans le monde de Léo, ces arbres n'étaient rien moins que des guerriers géants, ombrageux, certes, mais admirablement disciplinés.

C'est alors que, les apercevant, l'arc de Triomphe, plus important que jamais, lui qui venait d'être promu Grand-Juge, s'appropria leur propre cadence et vint à leur rencontre.

Quand ce haut magistrat lithoïde, très protocolaire, se fut arrêté à six pas d'eux, Léo se dirigea résolument vers lui et, grimpant sans façon jusqu'à mi-hauteur de l'une de ses jambes, fit une démonstration d'escalade. Les jointures des pierres, espacées les unes des autres d'une quarantaine de centimètres, étaient juste assez profondes pour permettre à la dernière phalange des doigts de s'y cramponner et à la pointe des pieds d'y prendre appui. S'il était parvenu, auparavant, après quelques exercices, à monter le plus haut possible, plaçant les doigts dans la dernière rainure, ce n'avait pas été sans mal. Le rebord de la corniche, toutefois, faisant obstacle, l'avait empêché d'aller plus haut et d'atteindre la terrasse du toit.

Cette escalade, chacun s'en rendit compte, n'était pas sans risque.

Quand il eut regagné le sol, Léo prit dans sa poche une pièce de monnaie et, avant de la lancer en l'air pour la désignation par le sort du premier grimpeur, posa, selon un rituel bien établi, la question d'usage :

– Poil-au-cul, c'est qui ?

Il n'y eut qu'un seul cri, comme un *hourra*.

– Alex !

Léo s'y attendait. Dans l'esprit de tous, Alexandre était celui qui, « ayant du poil au cul », n'avait peur de rien.

Léo lança la pièce.

Elle tomba du côté pile. Tous, déchaînés, s'écrièrent :

– C'est Poil-au-Cul !

Le sort désignait Alex.

En conséquence, le généralissime de « Ceux de la Pépinière » s'élança à l'assaut de ce grand pont d'Arcole qu'était devenu l'Arc, pour s'en assurer l'éclatant triomphe.

A pied d'œuvre, il leva seulement la tête pour toiser son adversaire de pierre, puis commença l'ascension du monument, assurant parfaitement mains et pieds. Adroites et patientes, les mains, sombres tels un couple de loirs sur un rocher, fouinant pour chercher et trouver la crevasse la plus accueillante au gîte, progressèrent lentement et sûrement jusqu'au moment où les cheveux noirs et crépus, pareils à une tête de loup ménagère, époussetèrent le rebord de la corniche.

Le but était atteint. Il avait donc réussi du premier coup ce que Léo n'avait réalisé qu'après plusieurs essais. Il est vrai que lorsque ce dernier avait, pour la première fois, commencé l'escalade, c'était par désoeuvrement. L'idée lui en était venue un jour où, arrivé trop tôt au rendez-vous, seul, sans les camarades qu'il lui fallait attendre, il regardait vaguement l'Arc. Remarquant, soudain, les jointures des pierres, il s'en était alors approché pour faire un essai, vérifier s'il était possible de grimper. Il lui fut tout naturel, une autre fois, d'aller un peu plus haut, et puis, lors d'une autre occasion, d'atteindre enfin la corniche. Cela l'avait distrait du désagrément d'attendre et procuré quelque émoi. Sa dernière performance, toutefois, avait attiré une réflexion de Jules le Mendiant.

– Tu n'es pas du tout maladroit, p'tit gars. Mais, dis-moi donc un peu, quelle tête ferait ta mère si on lui apportait, dans les bras, comme ça, ton cadavre ?

Léo n'avait su, tout d'abord, que répondre. Comme il se taisait, le mendiant avait insisté.

– Qu'est-ce que t'en penses ?

– Puisque vous dites, grand-père, que je ne suis pas du tout maladroit, il n'y a donc pas de raison pour que cela m'arrive.

Le vieil homme avait alors soulevé un de ses sourcils, en accent circonflexe, puis, par une mimique éloquente de son visage, avait approuvé la bonne logique du propos.

– Ta réponse est excellente. Mais, une fois là-haut, le coin de pierre sur lequel s'appuie ton pied peut soudainement céder sous ton poids si la roche a été rongée par la pluie ou par la maladie de la pierre ou même, si, à la suite d'un caprice dont il est assez coutumier, telle est la volonté du Dieuble. Alors, ma foi, te voilà par terre, un peu mort ou bien un tantinet cassé.

– Le Dieuble ? C'est quoi ça, le Dieuble ?

– Le Dieuble ? J'ai parlé du Dieuble ?

– Oui, grand-père, c'est quoi cette bête-là ?

– Je ne voulais pas en parler. Ça m'a échappé. Mais puisque tu veux savoir, je vais quand même te répondre. Je suis toutefois étonné que tu me parles d'une bête. Je n'avais pas encore pensé, jusqu'à maintenant, qu'il pouvait être une bête, mais, après tout, pourquoi pas ? Eh bien, p'tit gars, le Dieuble, c'est celui qui s'efforce de faire tourner rond la Terre, laquelle n'est pas tout à fait ronde.

– Eh bien, tiens, c'est Dieu !

– C'est presque ça, mais il en manque un bout. Ce sera tout à fait ça quand tu te mettras dans la tête que le Dieuble est à la fois Dieu et Démon. Que le Dieu et le Diable ne sont qu'une seule et même personne qui est le Dieuble.

– Ouh, la la la la ! ouh, la la la la ! Eh bien, allez toujours dire ça au curé de Saint-Epvre, il va bien vous recevoir. Et ma mère donc, qu'est-ce qu'elle vous casserait si jamais elle vous entendait !

– C'est pourquoi je préfère ne rien leur dire. Je ne voudrais pas les contrarier ni leur faire de la peine. Je vais donc les laisser à leur chère illusion d'un Dieu infiniment bon, infiniment aimable. Les pauvres hommes n'ont rien compris. Ils ont séparé ce qui, depuis l'origine des temps, est intimement lié. Le Dieuble est à la fois diabolique et divin, ce qui est la même chose. En lui, ce que nous appelons mal est indiscernable du bien, et le bien indiscernable du mal. L'univers qu'il a créé est tout simplement l'une de ses distractions ou, si tu préfères, l'un de ses joujoux. Mais, afin que ses créatures ne s'ennuient pas et ne l'ennuient pas d'une vie trop longue, il leur a fait le superbe cadeau de la mort et, afin qu'elles ne bâillent pas trop et ne languissent pas dans la paix, il leur a fait le don splendide de la guerre. Et pour faire bonne mesure, afin qu'elles ne baignent pas dans leur lard et dans leur graisse, il a même ajouté de multiples bonnes choses revigorantes, tonifiantes, vivifiantes, stimulantes, tels que la famine, le vol, le viol, l'assassinat, la peur, la colère, la jalousie, la haine et surtout les distrayantes folies douce ou furieuse dont ils sont tous plus ou moins piqués. Et puis les maladies : tuberculose, cancer, méningite, vérole ou, par exemple, pour ton grand-père qui aimait tant boire, cirrhose et déli...

– Six ?

– Quoi six ?

– Eh ben des roses, tiens !

– Eh oui, six. Un, deux, trois, quatre, cinq, six ; six roses dans le foie de ton grand-père, avec leurs épines.

– Ça c'est vache alors. C'est pas sa faute s'il avait soif mon pauvre grand-père.

– Je reconnais que le Dieuble y est allé un peu fort. Mais ton grand-père voulait tout boire. Il fallait qu'il en laisse quand même un peu pour les autres, non ? Enfin, c'est comme ça, Léo, il faut ce qu'il faut. Et je t'assure qu'il faut tout cela, et d'autres cadeaux encore, tels les tremblements de terre, les incendies de forêts, les tempêtes, les inondations, les sécheresses, afin de pimenter un peu l'existence de chacun. Si les gens donnent le nom de « Bon Dieu » au Dieuble c'est parce qu'ils savent, sans trop l'avouer, qu'à toute chose malheur est bon. Il y a fort longtemps, un de mes bons vieux amis que l'on surnommait *l'Obscur,* mais qui n'était pas pour autant, comme moi, un pauvre hidalgo de la Manche, me disait, dans la bonne ville d'Éphèse, que Dieu est le jour et la nuit, l'hiver et l'été, la guerre et la paix, la satiété et la faim. Il disait Dieu, mais en réalité, il parlait tout simplement du Dieuble. Allons, avoue que tu t'ennuierais si tu ne partais pas en guerre contre ceux du Canal, si tu ne montais pas, au risque de te rompre le cou, sur les échafaudages des maisons en construction ou si tu ne grimpais pas sur l'arc de Triomphe.

– C'est vrai que cela m'amuse beaucoup. Mes parents me font d'ailleurs la guerre pour ça.

– Ils te corrigent ?

– Un peu, oui !

– C'est le Dieuble qui t'a fait cadeau de la douleur, sans laquelle tu ne serais pas heureux, car une joie qui serait continuelle, vois-tu, ne serait plus la joie. Tu as été heureux puis malheureux, c'est précisément cela qui s'appelle vivre. Il y a le bonheur puis il y a...

– La merdre.
– Hein, tu dis ?
– Je dis la merdre, grand-père.
– Ah ça, tu m'épates. Comment sais-tu ?
– Eh bien tiens, par mon paternel ! Chaque fois que quelque chose ne va pas, il dit : « C'est la merdre ! » Quand il était au chômage, l'année dernière, il disait même qu'on était dans la merdre.
– Il a raison ton père, car être dans la merdre c'est être dans le *besoin.* Ce besoin que, précisément, ce clebs, là-bas, vient de laisser tomber sur le trottoir et qui est bien de la crottre. Seulement, quand elle émane de Toto, la merdre s'app…
– Toto ? C'est qui encore, celui-là, Toto ?
– Toto ? J'ai parlé de Toto ?
– Oui, grand-père, c'est quoi donc encore cette bête-là ?
– Je ne voulais pas en parler. Ça m'a encore échappé. Mais puisque tu veux tout savoir, je vais quand même te répondre. Je suis quand même étonné que tu me parles à nouveau d'une bête, car cette fois tu es dans le vrai. Toto, c'est le nom mystérieux en quatre lettres, que seuls quelques initiés comme toi et moi peuvent prononcer, de celui à l'image de qui l'homme fut créé.
– Je suis donc initié, moi ?
– Eh bien, ma foi… oui… puisque tu viens de prononcer le nom.
– Alors, vous et moi, tous les deux, on fait partie de la même bande ?
– J'en ai bien l'impression.
– Toto, alors, c'est le Dieuble ? Oui ? Non ?
– Non. Le Dieuble a créé le soleil, la lune, les étoiles, la terre, les plantes et les animaux, la merdre et le…
– Et puis l'homme.
– Non. Là, tu vas trop vite. N'interromps pas, tu me fais perdre le fil.
– Vous disiez que le Dieuble avait créé le soleil, la lune, les étoiles, la terre, les plantes et les animaux, la merdre et le…
–… Et le Singe. Le Singe était son animal préféré parce qu'il l'amusait en imitant les autres animaux et même les végétaux. A cause de cette imitation incessante, il l'avait nommé Toto, ce qui, en grec, veut dire *le même.* Mais le pauvre Toto a fini par se lasser de faire des singeries et par se languir d'ennui. C'est alors que, pour le distraire afin qu'il ne périsse pas, le Dieuble créa l'homme à l'image du Singe. C'est ainsi que, avec la permission du Dieuble, Toto, patron des hommes, s'amuse des humains en se faisant passer auprès d'eux pour leur créateur sous le nom de Dieu. Que les fils de la Terre prétendent avoir été créés à l'image de Dieu qui est Toto le Singe et que d'autres, absolument pas d'accord avec les premiers, prétendent précisément descendre du Singe, cela amuse beaucoup le Dieuble et remplit de joie son animal préféré. Bon, maintenant, je ne sais plus où j'en étais. Pourquoi donc t'ai-je parlé de Toto ?
– C'était à propos de la merdre, grand-père.
– Ah oui. Je disais que, quand elle émane de Toto ou bien du Dieuble qui guident toutes les singeries des hommes, la merdre s'appelle tout simplement le Malheur, le Malheur qu'il convient de personnifier honorablement

comme on personnifie la Mort, à l'aide d'une majuscule. C'est ainsi, vois-tu, que devenant un nom propre, la merdre devient propre. Tu arrives à imaginer ces deux personnages : le Malheur et la Mort ?

– Très bien ! Je vois la Mort habillée d'un voile tout blanc et le Malheur vêtu d'un costume tout noir.

– C'est assez bien vu. C'est comme un couple de mariés. L'épousée, la Mort, ressemble à un fantôme et le Malheur a l'allure d'un croque-mort. Et comment imagines-tu le Dieuble ?

– Un peu comme Fantômas. J'ai vu une affiche où qu'on le voit enjamber les maisons d'une ville.

– C'est la ville de Paris. Mais le Dieuble est beaucoup plus grand que Fantômas, il enjambe, lui, tout l'univers, avec à ses côtés Toto le Singe, patron des hommes et, à leur suite, conduit par le Malheur et la Mort, le long cortège des méfaits des heureux événements et des bienfaits des calamités.

– Il y a pas beaucoup de bonheur dans tout ce que vous racontez là, grand-père !

– C'est vrai. Le bonheur n'est qu'une petite sucrerie, comme ça, pour rompre ce qui pourrait ressembler à de la monotonie. Mais libre à toi d'imaginer le Dieuble au milieu des petits oiseaux, des papillons et des fleurs, sous un beau soleil de printemps ou d'été. Je mets l'accent sur l'aspect sombre du Dieuble, mais l'Amour, la Beauté, la Joie et la Danse sont aussi ses compagnons, comme au théâtre ; seulement, vois-tu, ce qui fait que l'or a de la valeur, c'est sa rareté. Le bonheur, pour mériter son nom, se doit, comme l'or, d'être rare. A propos, tu l'aimes bien le théâtre ?

– Oui, j'aime bien. J'ai vu dernièrement Méphisto, avec son beau costume rouge, même qu'il portait une plume à son chapeau.

– Méphisto pourrait être un des aspects du Dieuble.

– Il est quand même plutôt mauvais le Dieuble, non ?

– Tout dépend de ce que chacun de nous comprend par le bon et le mauvais, le beau et le laid, le vrai et le faux. Tout dépend de notre esprit, de notre âme, de notre ventre et de notre bas-ventre et, aussi, de la force de nos appétits. Si le Dieuble nous a donné des dents c'est pour mordre. Et ton curé de Saint-Epvre, disciple du doux petit Jésus, ne déteste pas, à part les vendredis et la période du Carême, de mordre dans du poulet, du bœuf, du veau, du lapin, du cochon. Il aime beaucoup le cochon qui est moins cher, et même l'agneau, symbole du Messie. Il admet, bon centurion romain, la crucifixion dans les abattoirs et dans les boucheries des animaux qui – « Ceci est mon corps, ceci est mon sang » – sont autant d'images du Christ. Pour mieux apprécier la bonté et la douceur, il faut qu'existent la méchanceté et la cruauté. S'il n'y avait que la bonté sur terre, les choses y seraient abominablement fades. Le malheur est le sel de la vie. C'est une épice qui donne du goût au bonheur, si fugitif. Sache que, le bonheur des uns faisant le malheur des autres, le bien et le mal sont également agréables au Dieuble, personnage fait, comme le jour et la nuit, tantôt de lumière et tantôt d'ombre.

– Il ressemble à quoi le Dieuble ?

– On ne peut avoir idée de son visage car il le cache derrière toutes sortes de masques. Il prend toutes les formes que tu peux imaginer, tout comme Méphisto. Il ressemble à toi, à moi, à ce chien qui passe et qui pisse là, au pied du bec de gaz. Tu peux le rencontrer à chaque instant dans les êtres et les objets qui t'entourent. Il ressemble toujours à qui se regarde dans une glace.

– S'il prend toutes ces formes, il ressemble alors à Merlin l'Enchanteur, non ?

– Très juste. En ce qui me concerne, pour s'amuser à mes dépens, et, en même temps, pour m'amuser, me distraire, il a pris la forme d'un jeu de cartes. Et figure-toi que je m'appelais précisément Merlin. Merlin comme ton fier cheval et, avant lui, comme ton pauvre chien qui est mort. Pour me divertir, donc, car je m'ennuyais, j'allais régulièrement au casino pour y jouer. J'y ai perdu toute ma fortune qui était grande. Alors le Dieuble, après m'avoir réduit à la besace, m'a envoyé, pour remplacer la femme qui m'avait quitté, la Misère, fille du Malheur. Mais je me suis très bien entendu avec la Misère qui m'est restée toujours fidèle. Et j'ai découvert, grâce à elle, que j'étais bien plus riche qu'avant, car, aujourd'hui, la Pépinière et la place de la Carrière m'appartiennent. Pour l'un de mes amis, joueur qui était plus riche que moi, et qui, lui aussi, avait tout perdu, le Dieuble a dépêché le Suicide, un des fils de la Mort. Je te l'ai dit, le Dieuble s'inscrit dans le destin de chacun. Tu vois, c'est assez rigolo. On ne s'ennuie jamais avec le Dieuble et son fidèle Toto, patron des hommes.

– C'est bien vrai ça, que vous vous appeliez Merlin, grand-père ?

– Oui, et je m'appelle toujours Merlin, c'est pourquoi j'ai pu, grâce au Dieuble, changer de forme et, d'homme très riche et jeune, devenir vieux et très pauvre. J'aime bien changer de forme. Quand j'étais jeune, j'étais très fort et très adroit. Je pouvais d'un coup de poing assommer un bœuf et, du tranchant de ma main, fendre un morceau de bois. J'ai perdu ma force mais j'ai gardé mon adresse.

– Alors vous êtes Merlin l'Enchanteur pour de bon ?

– Entre autres, oui.

– Méphisto, on peut le reconnaître à son habit rouge et à la plume de son chapeau ; Fantômas porte une cape et un chapeau haut-de-forme ; Arsène Lupin aussi, avec en plus un monocle. Mais le Dieuble ? Comment est-il ?

– Je te l'ai déjà dit. Mais, bon, passe-moi ton lance-pierres. Je vais te montrer comment il est.

La fronde que Léo portait dépassait de sa poche. Il s'en servait pour exercer son adresse sur les boîtes de conserves vides ou sur une plaque de tôle ondulée que, dans leurs jeux, les garçons de la bande s'efforçaient d'atteindre à distance. Léo remit son lance-pierres au mendiant.

Très loin de là, un moineau voletait et picorait, puis, de nouveau, voletait.

– Tu vois le gracieux et gentil pierrot, là-bas, qui vole et qui sautille près du banc ?

– Oui.

– Alors, regarde.

Le vieil homme ramassa un caillou, le plaça dans la fronde, visa et lâcha le projectile. Atteint par la pierre, l'oiseau fit la culbute puis demeura inerte.

– T'as vu, p'tit bonhomme, c'est ça le Dieuble. Il conduit les êtres à l'amour pour perpétuer la vie ; ensuite, il les mène à la mort nécessaire et bienfaitrice qui vêt, nourrit et supprime les vivants pour faire place à d'autres vivants. Chaque existence particulière commence et finit par un trou.

Comme, après la mort de l'oiseau, Léo était demeuré là, tout bête, Jules le Mendiant, pour le rassurer, lui pinça la joue.

– Cette pierre qui a tué l'oiseau fait partie du hasard avec un H majuscule. Le Hasard, c'est la rencontre de ton père et de ta mère qui t'ont mis au monde ; c'est la voiture qui a écrasé ton chien, Merlin ; c'est la porte que tu as ouverte afin que puissent venir s'ébouillanter les petits chiots dans la cour de l'hôtel, rue de la Hache ; c'est le jeu de cartes qui m'a ruiné. Le Hasard, c'est le bras droit du Dieuble ; il commande à la Mort elle-même ; c'est lui qui décide entre Bonheur et Malheur.

Une pluie légère et rafraîchissante s'était mise à tomber, comme pour adoucir aux yeux de Léo la clarté aveuglante du soleil qui lui faisait face. Il aimait et savourait ce mélange de temps d'été et d'automne.

C'est alors que Jules le Mendiant posa sa main sur l'épaule de Léo.

– Puisque je t'ai montré différents aspects du Dieuble, je vais te mettre, maintenant, en sa présence. Retourne-toi et lève bien les yeux.

Léo fit demi-tour et regarda.

– C'est sous cette forme, continua le vieil homme, que le Dieuble se montre aux hommes quand il veut se manifester. Tu vois, il se présente de façon beaucoup plus grandiose que Méphisto, que Fantômas ou Arsène Lupin. C'est ainsi qu'il entend démontrer l'alliance harmonieuse des contraires par un mariage éclatant de l'eau et du feu, de la pluie et du soleil. C'est ainsi qu'il suggère que, avec lui, on peut en voir de toutes les couleurs.

La voix se tut. Léo pivota dans le silence et sa stupéfaction fut grande de constater que le mendiant avait disparu. A la place il ne vit qu'une sorte de tache blanchâtre, sans doute causée par l'arc-en-ciel sur la rétine de ses yeux.

Invisible au regard du jeune garçon, sa besace sur l'épaule, mince, longs cheveux à la fois blonds et noirs, chapeau rabattu sur les yeux, moustaches vertes, cape bleue, Jules le Mendiant s'en était allé en direction de la Pépinière.

Léo n'avait pas compris tout ce que lui avait dit le vieil homme, mais, lui qui était incapable de retenir la moindre leçon, fût-elle de quelques trois ou quatre lignes, avait tout retenu de ce qu'avait exprimé le vieux grand-père. Il savait à présent que le Dieuble et Toto le Singe, patron des hommes, étaient dans tous les coups, plus ou moins pendables. Il avait de nouveau vu le chien qui avait arrosé le bec de gaz en train de flairer le trottoir, lâcher un nouveau jet, puis disparaître en courant vers la place Stanislas. Cet animal ressemblait à son pauvre Merlin, mort écrabouillé : ce devait être déjà un des sales coups de ce sacré Dieuble et de Toto, patron des hommes. Ce brave Merlin, qui lui donnait autrefois si gentiment la patte avait, depuis, changé de forme pour devenir le superbe et fringant cheval dont il était aujourd'hui si fier. Cette pensée triste de Merlin écrasé, fut aussitôt remplacée par celle, pénible, de l'oiseau tué d'un jet de pierre. Décidément, Jules le Mendiant, le

Dieuble, Toto, la vie, la mort, tout ça, c'était pas tellement rassurant.

*
* *

Au pied de l'arc de Triomphe « Ceux de la Pépinière », après avoir apprécié la performance d'Alexandre, regardèrent Guédolf. Il était pâle et semblait figé, étranger à l'affaire. Immobile, telle une statue de marbre, il ne s'occupait pas du grimpeur, mais d'un pigeon, aussi pétrifié que lui-même, juché là-haut, sur la balustrade, au-dessus de la corniche. Avait-il peur?

Alexandre commença de descendre patiemment, jointure après jointure, tâtonnant tantôt d'un pied tantôt de l'autre pour, chaque fois, trouver la faille accueillante.

À l'avant-dernière rainure, un coin de pierre se détacha sous la pesée de son pied gauche. Il chut sur le trottoir. Il se releva vite, avec souplesse et sans mal, mais son visage était baigné de sueur. Il s'essuya le front du revers de sa manche de chemise et, comme allégé d'un lourd fardeau, poussa un long soupir de soulagement. Il considéra Léo d'un air écœuré, fit une grimace de dégoût et déclara:

– Eh bien dis donc, Léo, c'est pas du nougat ton truc! C'est quand même une sacrée foutue idée à la con que tu as eue là!

Quand Guédolf s'approcha de l'Arc, Léo ne se sentit pas très à l'aise. Après la chute d'Alexandre, il se rendit compte du danger que comportait une telle escalade et combien il avait été peu sage, malgré l'avertissement de Jules le Mendiant, de proposer cette nouvelle forme de duel. Il avait eu tort de ne pas compter avec le Dieuble! Et le Dieuble, n'était-ce pas lui qui, sous l'aspect du vieux mendiant, assis, là-bas, sur le banc même où voletait l'oiseau qu'il avait tué, les regardait de loin, bien tranquillement?

À la verticale du pigeon qu'il avait contemplé, Guédolf commença l'escalade. Ses gestes étaient harmonieux, ses mèches de cheveux blonds flottaient doucement au souffle d'un vent léger. Quelques-uns des garçons bavardaient avec Alex qui commentait ses sensations. Tous devinrent silencieux quand le nouveau grimpeur approcha du but. Visiblement, ils n'avaient pas affaire à un petit « péteux ». Ils eurent alors un commencement d'estime. Lucien Ferratier alla jusqu'à reconnaître ses torts.

– Je crois que je me suis trompé sur son compte.

Guédolf continua de monter et, finalement, fit aussi bien que son rival. Leur considération fut alors totale. Mais comme, accroché là-haut, il n'amorçait pas son retour, Léo l'interpella.

– Descends, maintenant, tu risque d'attraper une crampe!

Léo était de plus en plus inquiet et son malaise s'accentuait. Il se sentit baigné d'une sueur froide. Là-bas, Jules le Mendiant, dont il était incertain qu'il ne fût pas le Dieuble, tourné vers eux, restait immobile.

Sous la corniche, les doigts des deux mains rivés sur la dernière jointure des pierres, Guédolf resta sourd à l'appel. Lucien Ferratier émit alors une pensée qui venait juste de traverser l'esprit de Léo.

– Peut-être qu'il ne sait pas comment faire pour descendre!

Léo se mordilla les lèvres. Il eut l'impression que sa chemise était de glace. Il lança furtivement un regard angoissé et suppliant du côté de la place de la Carrière où le mystérieux mendiant, toujours tourné vers eux et toujours aussi tranquille, fumait à présent une cigarette faite de son tabac de mégots glanés sur les trottoirs.

Tout à coup, la main gauche de Guédolf, jusque là grimpeuse et prudente souris blanche, devint pipistrelle. Elle s'envola pour caresser de l'aile le rebord de la corniche. Guédolf ne se cramponnait plus, sur la dernière jointure, que d'une main : il faisait donc mieux qu'Alex.

Alexandre, conquis, l'interpella.

– Ça va, ça va. C'est très bien Guédolf. Descends. On ne nous a pas demandé de lâcher les mains ! Pas la peine d'en rajouter !

Il avait raison. Il remettait les choses au point. Guédolf en faisait trop. Alex eût certainement pu faire aussi bien si telle avait été la règle de ce duel. Il fallait donc ne s'en tenir strictement qu'à ce qui avait été décidé, sans plus.

Guédolf n'écoutait toujours pas. La main gauche chauve-souris continua de battre de l'aile sur le rebord de la corniche où, enfin, elle se posa. Puis le garçon, prenant appui sur les deux pieds et la main droite, se haussa légèrement. Tout à coup, à leur stupéfaction, la main droite s'envola à son tour d'un trait rapide pour rejoindre la main gauche agrippée au rebord de la corniche, tandis que les deux pieds lâchaient leur appui. Le corps, après un léger balancement, resta suspendu dans le vide.

Le souffle coupé, les gosses ne furent plus qu'un lourd paquet de silence, pâle, angoissé.

Le ventre de Léo était de plomb.

Alexandre, atterré, les yeux fixes, murmura :

– Il est fou !

Lucien Ferratier, beaucoup plus peuple, confirma :

– Ça, c'est sûr. Va s'tuer s'con !

Léo, terrorisé, réalisa que la folie était une pièce maîtresse du Malheur et de la Mort. Il jeta un coup d'œil angoissé du côté du Mendiant. Il avait disparu. Sur le banc qu'il venait de quitter, un moineau, pareil à celui qu'il avait tué l'autre jour, voletait.

Guédolf, lentement, se hissa. Son nez vint à la hauteur du rebord de la corniche. Puis ce fut, plus difficilement, le tour de la poitrine, et, enfin, avec apparemment beaucoup de peine, celui de la ceinture. Son corps bascula en avant. S'appuyant sur le ventre, les jambes encore dans le vide, il saisit convulsivement le balustre qui lui faisait face.

Effrayé par l'intrus, le pigeon quitta son perchoir et s'enfuit vers la Pépinière. Guédolf resta un long moment inerte, sans doute pour reprendre souffle, puis, par une traction des bras, se mit en sécurité. Après quelques instants où ils le crurent évanoui, il se redressa, enjamba la balustrade. Parvenu sur la plate-forme de l'Arc, il dansa en chantant.

Il fallut aller chercher le serrurier du voisinage pour ouvrir la porte de l'escalier intérieur du monument, fermée à clé.

Quand la porte fut ouverte, Guédolf se montra tout souriant. Alexandre s'élança vers lui et l'embrassa.

– Tu nous as fait peur ! Si tu veux bien venir parmi nous, je t'accepte pour chef. Je n'aurais jamais osé faire ce que tu as fait. J'aurais eu la trouille.

L'autre, doucement, gentiment, répondit :

– Non, tu restes le chef, car je ne sais pas me battre. Nous sommes à jeu maintenant. Si tu veux que nous soyons amis, tope là.

Alex topa, claquant sa paume droite dans la paume tendue de Guédolf.

Lucien Ferratier se montra déçu. Guédolf, de nouveau, prenait ses distances et refusait de se laisser embarquer. Léo pensa que ce garçon, aussi jeune pourtant que ceux de la bande, trouvait leurs jeux trop au-dessous de son âge. Cet exploit, néanmoins, grâce aux trompettes de la renommée, bientôt connu de tous les écoliers, dota Guédolf d'une popularité immense. Depuis ce haut fait, et le mot « haut » prenait ici tout son sens, on ne l'appelait plus que « l'Écureuil ».

*
* *

Guédolf avait tellement ébloui Léo que celui-ci fit tout pour devenir son ami. Il le devint.

– Quand même, tu risquais bien de te tuer.

Il lui dit cela un soir, dans la rue, puis formula la réflexion que Jules le Mendiant lui avait personnellement faite.

– Et ta mère, quelle tête aurait-elle fait si jamais on lui avait apporté dans les bras, comme ça, ton cadavre ?

– Ceux qui meurent jeunes sont aimés des dieux. Mais, je n'avais guère le choix.

– Comment cela ? Tu étais monté aussi haut que lui, tu avais fait tout aussi bien. Tu avais donc prouvé que tu avais des couilles. Alors, tu pouvais te contenter de redescendre tranquillement.

– Il me fallait faire mieux que lui. Et comme il était monté le plus haut possible, il me fallait, pour le vaincre, faire l'acrobate. Ta solution de remplacer la bagarre par l'escalade était bonne, mais à condition pour moi de planter le drapeau de la victoire au sommet. C'est ce que j'ai fait à ma manière en dansant et en chantant sur le toit de l'Arc, afin de bien montrer que, moi aussi, j'avais « du poil au cul ». Dans un duel, il faut un vainqueur.

– Mais, quand même, tu pouvais te tuer !

Guédolf avait haussé les épaules.

– Quelle importance ? Qu'est-ce que ça pouvait faire au monde ?

Les jours étaient devenus plus courts, le gaz éclairait déjà les rues. Et comme, après cette réponse effarante, Léo avait ouvert de grands yeux stupéfiés, l'autre lui avait pris le bras, s'était arrêté, et lui avait montré les lampadaires alignés au bord du trottoir, lesquels, plantés telle une rangée d'arbres, portaient toute la nuit sur leurs fragiles frondaisons de lumière.

– La mort, tu sais, c'est une chose immobile qui nous attend tous au bout du chemin. Tu vois ce bec de gaz ? Nous avançons vers lui. Nous le dépassons. Puis nous allons, maintenant, au devant de cet autre que nous allons pareillement dépasser. Et ainsi de suite, jusqu'au moment où il n'y aura plus de bec de gaz. Ce sera alors la pleine nuit, le moment où l'on aura dépassé la vie ; ce sera la mort. Eh bien, crois-moi, l'on passe vite d'un réverbère à l'autre. D'ici, où nous sommes, pour arriver au dernier, il nous faudrait à peine un quart d'heure en marchant tranquillement. Un quart d'heure, et puis on meurt ! C'est ça la vie. La chose immobile qui nous attend, la borne au bout du chemin sur laquelle on bute, bascule et culbute dans le trou, elle est vite dans nos jambes. Alors, dans ce quart d'heure qui me reste à vivre, je ne suis pas à quinze minutes près. Il faut apprendre la mort. J'apprends assez rapidement les choses, et je crois, maintenant que je l'ai frôlée, que je viens de faire sa connaissance.

Guédolf s'interrompit, et tandis que Léo le regardait, de plus en plus ahuri, Guédolf sembla hésiter quelques instants et dit :

– Il faut que je te raconte tout. Le matin même de l'épreuve, j'ai pris deux billes, j'ai peint l'une en vert et l'autre en jaune. Celle qui était jaune représentait le soleil et celle qui était verte, l'herbe. Le soleil était le toit que je devais atteindre et l'herbe était le sol, le trottoir que je devais, sans plus, regagner. Quand mes billes ont été sèches, je les ai agitées dans la boîte de mes deux mains ; les yeux fermés je les ai fait passer dans la main gauche et puis j'ai mis mes mains derrière le dos. La main droite a choisi alors dans la gauche une des deux billes. C'était la jaune. Je crois que je suis devenu très pâle.

Léo, cette fois, resta complètement abasourdi.

– Tu as choisi, au hasard, la vie ou la mort ?

– Oui. Tu sais, je crois que j'ai eu moins peur, lorsque j'étais suspendu dans le vide, que lorsque, en descendant l'obscur escalier de l'Arc, j'ai distingué deux gros rats presque aussi gros que des chats. D'abord acculés à la porte du rez-de-chaussée, ils grimpèrent vers moi, puis filèrent entre mes jambes.

Après avoir eu la vision effrayante de ces deux gros rats, Léo eut celle de l'oiseau tué d'un jet de pierre. Il entretint alors son nouvel ami de Jules le Mendiant, du Dieuble, de Toto, du Malheur et de la Mort.

Après avoir écouté, Guédolf était demeuré longtemps silencieux, puis avait dit :

– J'ai eu le sentiment que la force qui me soulevait quand j'étais suspendu dans le vide, venait de l'extérieur. Je n'ai jamais cru au bon Dieu, au Dieu bon. Je lui préfère ton Dieuble qui aurait créé l'homme à la ressemblance de Toto le Singe, car l'homme, tout comme ce Toto, n'est le plus souvent qu'un bouffon.

Guédolf déconcertait Léo. Il était comme étranger à ce monde. Il obéissait à des lois qui n'étaient pas tout à fait celles des autres. En classe, après avoir donné le change en laissant là son corps exposé à la vue de tous, en trompe-l'oeil, il pratiquait l'absentéisme ; il quittait bien vite le professeur et les quatre murs de la salle, et puis s'envolait dans son univers à lui, perdu, comme on dit, dans ses pensées, des pensées qui le véhiculaient loin, bien loin de tous.

Par ses notes, il venait parfois s'installer aux dernières places, puis, sans efforts apparents, allait, peu après, figurer aux premières. Un jour, il avait montré à Léo, dans la marge d'une page de son cahier, la dernière annotation du professeur, écrite à l'encre rouge : « Cet élève est capable du meilleur comme du pire ! »

– C'est un type très fort, Léo. Il a une vue perçante, des yeux extraordinaires. Il est capable de distinguer le meilleur du pire. Tu arrives, toi, à distinguer cela ? Moi, pas. Je discerne le jour de la nuit, le soleil de la lune, mais pas le meilleur du pire. J'ai même l'impression que le meilleur, pour lui, est pour moi ce qu'il y a de pire. Cela va être difficile de nous entendre, lui et moi.

Fût-ce l'effet de l'appréciation magistrale ? A partir de cette annotation-là, rouge comme un signal d'alarme face au danger, Guédolf s'installa désormais parmi les derniers de la classe.

*

* *

Guédolf hérita de la collection de timbres de Léo.

Il faisait beau, ce jour-là. Comme chaque fois qu'il y avait soleil, ils s'en étaient allés au bord de la Meurthe, près du pont de Malzéville, pour se baigner. Là se trouvaient beaucoup de jeunes. Les plus petits se trempaient les pieds ou pataugeaient avec ravissement au bord de la rive. Les plus grands faisaient les lézards sur la plage ou bien nageaient.

Guédolf et Léo faisaient partie des nageurs. Mais Guédolf pratiquait déjà le crawl que Léo en était encore à nager sur le côté, à l'indienne. Il avait décidé aussi de se mettre à crawler. Pour ce faire, il se dirigea comme à l'accoutumée vers l'eau la plus profonde et s'élança. Guédolf s'était attardé sur la berge. Dans son enthousiasme, Léo ne l'avait pas attendu.

Les choses allèrent bien jusqu'au moment où Léo fut pris dans un tourbillon du courant ; alors, elles allèrent très mal, les choses. Il but la « tasse ». Dans son désarroi, ses mouvements devinrent désordonnés. Il essaya de lutter contre l'eau, cette pieuvre, mais celle-ci l'entraînait et pour le mieux saisir, comme par dedans, lui coula de nouveau un de ses tentacules dans la bouche. Autour de lui, on voyait bien qu'il était en difficulté et même en péril, mais personne n'osait lui apporter le moindre secours. Il entendit quelqu'un crier :

– Non, non, il ne faut surtout pas l'approcher maintenant. Il va s'accrocher à toi et t'emmener avec lui au fond de l'eau.

Parti en amont du pont, il était déjà en aval quand Guédolf vint, malgré les recommandations contraires, tout près de lui. Léo était à bout de forces. Guédolf vit bien qu'il allait couler et cria :

– Calme-toi. Nage sur le côté, comme tu le faisais avant.

Dans sa panique, Léo avait continué de crawler tout de travers et complètement oublié la nage indienne. La présence de son ami le rassura. Il se mit à nager sur le côté, faiblement. Il était épuisé. Guédolf, le soutenant d'un bras, le ramena vers le rivage.

Après que les curieux se furent dispersés, Léo donna une tape sur la cuisse de Guédolf et annonça :

– Je vais te donner mes timbres.

– Non, pourquoi ? Garde-les !

– Cela me fera plaisir.

Il y avait, dans la collection de timbres, beaucoup de vignettes quelconques, mais aussi de très beaux exemplaires d'Ukraine, du temps du tsar. Guédolf les avait regardés et s'était mis à rêver.

– L'Ukraine ! J'aimerais bien y aller. Tu sais, il y a beaucoup de neige là-bas, bien plus qu'ici. Les gens vont en traîneaux tirés par des chevaux. J'ai lu qu'il y avait encore des loups. C'est beau les loups.

La neige, pour eux, les garçons, avait toujours été une fête. Du traîneau, ils en avaient fait sur la colline alors inhabitée du Haut-du-Lièvre. Perchée au nord, assez éloignée du centre de la ville et proche des bois, elle était, à l'époque, en toute saison, un lieu de rencontre des gosses ; ils y venaient de tous les environs. L'hiver, ils fabriquaient de leurs mains des luges et faisaient de longues et joyeuses glissades. C'était leur Ukraine à eux, mais sans chevaux. Quant aux loups, ceux-là mêmes qui, jadis, fréquentaient les bois voisins et avaient, sur la glace de l'étang Saint-Jean, dévoré le corps de Charles le Téméraire, il y avait bien longtemps qu'ils s'en étaient allés rejoindre la brume des plus lointains souvenirs.

Par amitié, Guédolf ne tarda pas à lâcher ses billes pour, enfin, venir dans la bande.

– Tiens, tu changes d'idées ?

– Tu sais, gagner, toujours gagner, c'est pas tellement drôle. Ce qui est intéressant, c'est de risquer de perdre. Alors, comme en ce moment vous perdez, j'ai là, contre « Ceux du Canal », une bonne chance de ne pas gagner !

Dans une armée, quelle qu'elle soit, le prestige des cadres auprès des troupes et, en tout premier lieu, celui du chef, est capital. Or, depuis l'affaire de l'arc de Triomphe, Alexandre perdait toutes les batailles. Il était toujours aussi courageux et peut-être davantage encore qu'il ne l'avait jamais été. Cependant, chacun savait qu'il n'était plus invincible et, de ce fait, Alex se faisait battre. Lui-même, comme le Téméraire après sa terrible défaite contre le duc de Lorraine, avait été dévoré par des loups : ceux du doute. Il avait reçu une terrible blessure d'amour-propre. Jusque-là, il avait eu la certitude, car il était un bel athlète déjà, de l'emporter sur tous, en force, en souplesse, en vitesse. Il avait cependant trouvé son maître. Sa supériorité et, en même temps, sa superbe s'étaient effondrées. Il l'avouait très honnêtement.

– Non, non et non, vois-tu, faire un rétablissement à terre, sur une barre fixe, oui, là, ça va, mais à une telle hauteur, non, non et non. J'aurais eu la trouille, une trouille terrible. Je n'aurais pas pu.

Lui, qui n'avait jamais eu peur de rien, il la découvrait la peur. Elle et lui avaient fait connaissance, ils allaient maintenant tous deux de compagnie. Sa tête, au pauvre Alex, s'était soudainement fendue et, cette bête : la peur, la grelotte, la trouille, la pétoche, comme un chat, s'en était échappée pour s'installer familièrement sur ses épaules.

Il expliquait :

– Rien que de le revoir encore tâter le rebord de la corniche d'une main, comme s'il la caressait, puis s'y agripper en lâchant l'autre main et rester, comme ça, suspendu en l'air, à bout de bras, ça me fiche encore les chocottes. Cela ne t'a rien fait, à toi ?

– Si, Alex, tout comme à toi. Comme à tout le monde. J'en avais mal au ventre. A cause du Dieuble.

– A cause de quoi ?

– Du... rien... je veux dire... à cause du vertige. J'avais l'impression d'être à sa place et la tête me tournait, j'avais mal et ma chemise était trempée de sueur.

Accueilli avec joie par Lucien Ferratier et presque choyé par Alexandre, Guédolf, par sa présence, redonna confiance à l'armée. Un courant plus impétueux la parcourut tout entière et, comme régénérés par un afflux de sang nouveau, les cœurs électrisés battirent plus forts. La victoire, un moment égarée, revint à « Ceux de la Pépinière ».

*
* *

En avril de l'année suivante, les automobiles empruntaient les grandes artères. Elles n'étaient pas nombreuses. Aussi, sans crainte, au beau milieu de la petite place Vaudémont, étaient-ils plusieurs garçons à cingler leurs toupies sur le macadam, lorsque, après avoir quitté son trottoir, se dirigea vers eux un jeune homme. Dans un très mauvais charabia, il leur demanda son chemin. Ce jeune homme se rendait à une adresse inscrite sur un morceau de papier. Comme l'itinéraire à suivre était plutôt compliqué, il ne comprit guère leurs explications, lesquelles, données en même temps par les uns et par les autres, étaient contradictoires. Enfin Guédolf, venant d'arriver, dépanna tout le monde en s'adressant à l'étranger directement dans sa propre langue. Ils apprirent ainsi que, afin de ne pas être arrêté par la police et mis en prison, le jeune homme venait de passer la frontière allemande pour se réfugier en France.

Ils regardèrent alors, avec de grands yeux éblouis, ce fugitif tout paré, tout chamarré par l'aventure.

Dans le quartier, il arrivait bien que la police les pourchassât, quand, par exemple, ils prenaient leurs bains de pieds dans les fontaines de la place Stanislas. Cependant, il ne leur était jamais venu à l'esprit de s'enfuir en Allemagne, en Suisse ou en Belgique. Ils se contentaient seulement d'emprunter quelques couloirs traversiers pour semer leurs poursuivants, les fameuses « hirondelles » qui, comme beaucoup d'oiseaux, allaient par couples. Leurs ailes, pan gauche et pan droit de leur pèlerine noire, flottaient au vent quand, pour les attraper, eux petits insectes, elles s'activaient la casquette en avant, perchées sur les pédales de leurs lourdes bicyclettes. Alors, franchissant la porte d'entrée de maisons repérées depuis longue date, ils s'échappaient dans une autre rue. L'affaire de cet étranger, là, devant eux, leur parut bien plus grave que celle de leurs ablutions publiques, illicites, mais joyeuses.

Ainsi, tout à coup, par le ministère de cet Allemand, le monde des adultes faisait une incursion dans le royaume de leur enfance et leur dévoilait des horizons autres, moins limités, en comparaison, moins étroits, moins fermés, que ceux dans lesquels ils étaient confinés. Ici, ils ne faisaient que jouer à cache-cache avec la police nancéienne ; ailleurs, les périls de la mort que Guédolf, suspendu à la corniche de l'Arc, leur avait déjà laissé entrevoir, existaient donc réellement, « pour de bon ». Ce n'étaient donc pas là des ingrédients que l'on ne savourait que dans les films de cow-boys, mais des épices que l'on pouvait trouver en prenant la bonne route qui était, ils l'avaient appris à l'école, celle des Indes. Apparemment, il y avait des Indiens en Allemagne, et ce cow-boy qui ne portait pas un grand chapeau, qui n'avait ni pistolet, ni lasso, ni cheval, avait cependant fière allure à leurs yeux. Eux autres, « Visages Pâles », s'ils étaient pâles, ce matin-là, en face de cet évadé, c'était d'un délicieux émoi, dû au danger, qui leur parcourait l'échine et les faisait frissonner comme de plaisir.

Guédolf les quitta pour accompagner le jeune homme. Léo reprit alors sa toupie et la fouetta d'enthousiasme, lui faisant accomplir des bonds de plusieurs mètres sur l'asphalte. Il la cingla à grands coups de lanière et la fit sauter de plus en plus loin, un peu à la manière de Merlin, son cheval noir.

Les Indiens d'Allemagne, Léo les avait déjà vus sur une grande affiche apposée sur les murs de la ville. Il connaissait bien leurs visages énergiques ; ils ne portaient pas de coiffures faites de plumes ; ils étaient cependant, et c'était merveilleux, plus terrifiants même que les Peaux-Rouges. Il avait très bien retenu leur nom. Il l'avait lu sur l'affiche : « Les Casques d'Acier sont à nos portes ! » Ces Casques d'Acier, après la venue du jeune homme, témoin de leur existence réelle, lui parurent alors beaucoup plus dangereux que les Mohicans, les Commanches et autres Apaches d'Amérique, pourtant si redoutables dans les films.

A la devanture d'un libraire, sur la couverture d'un roman, Léo avait déjà lu le titre d'un ouvrage qu'illustrait un personnage fort intimidant doté d'un visage fait de lanières brunes : *Tête de Cuir*. Les Casques d'Acier lui paraissaient plus terrifiants encore, avec leurs chapeaux métalliques, impeccablement alignés, innombrables. Pour toute parure, ils portaient la plume indienne étincelante et superbe d'une courte baïonnette. Ils avaient des têtes rigides, ombrées par le rebord de leur casque, des têtes qui, peut-être, étaient aussi de cuir.

Il avait vu défiler, plusieurs fois, sur la place Stanislas, les soldats du 26e régiment d'infanterie qui rejoignaient ou quittaient leur caserne du faubourg Sainte-Catherine. Il s'était demandé, comparant leur allure à celle de ceux qui, selon l'affiche, étaient à nos portes, s'ils étaient capables, ces fantassins du faubourg, d'empêcher les Casques d'Acier d'entrer. Nul doute, pour lui, qu'il allait falloir que Guédolf, Alexandre, Lucien Ferratier et lui-même, et ceux de leur bande et ceux des bandes amies, et même « Ceux du Canal », apportent tout leur savoir faire et toute leur science des batailles pour aider ces « biffins » qu'il avait vus défiler en tenue bleu horizon à faire le barrage. « Biffin », avait dit son père, un peu méprisant, « cela veut dire chiffonnier ». Contre les redoutables Casques d'Acier, les Chiffonniers, avec leurs mollets entourés de bandelettes, pareilles à celles des momies égyptiennes, avec leurs officiers coiffés de casseroles à visière, allaient-ils bien faire le poids, sans leur aide ?

Quand Guédolf revint vers eux, après avoir accompagné le fugitif, Léo s'exclama tout joyeux :

– Guédolf ! On va peut-être avoir la guerre !

A ce mot de « guerre », ils poussèrent tous des cris et rangèrent leurs toupies dans leurs poches. Ne gardant que le fouet pour cravacher Merlin et les autres montures, ils galopèrent, Guédolf y compris, en poussant des ululements sauvages. Ils filèrent comme à la charge, en direction du palais du Gouvernement, situé à l'autre bout de la place de la Carrière, lieu ordinaire de leurs réunions d'état-major, lieu où ils avaient coutume de préparer leurs plans d'attaque contre « Ceux du Canal ».

Ils jouaient alors à la petite guerre et ils étaient tous en culottes courtes. Quelques années encore et ce serait pour Guédolf comme pour Léo et tous ceux de leur bande, de nouveau la guerre ; non plus la petite mais la grande et, cette fois, « en vrai » ! Comme les grands, ils porteraient un pantalon et des grosses chaussures de marche. Ils iraient par les chemins, les bois et les champs. Ils iraient sous le regard aigu, à la fois tendre et cruel, du Dieuble flanqué de Toto le Singe, patron de tous les hommes, assistés du Malheur et de la Mort.

« En avant vers les grands échecs ! »
Julien Torma
(Le Grand Gel)

EXODE

En dehors de ses amourettes, la vie ne parut exaltante à Léo Magnanje que le jour de la déclaration de guerre.

Après un été de pluie, c'était une journée pleine de soleil et de ciel bleu.

Ce dimanche-là, il lui sembla que l'air était plus pur que d'ordinaire, peut-être parce que, tout à coup, celui que tous respiraient, venu de l'Est, était le même pour chacun. Ce n'était plus le souffle fade du temps de paix qui, dans chaque foyer ou dans chaque âme, alimentait de maigres petites flammèches à peine différentes. Cette fois, le vent nouveau avait même rallumé des cendres presque refroidies. Il n'y avait plus qu'un brasier naissant, lequel commençait à lécher et réchauffer le cœur des uns et des autres. On communiait tous, dans l'inquiétude et la crainte, autour d'un même feu déjà suffisamment vaste, crépitant, ronflant, ressuscitant ceux déjà presque morts. Un bel incendie rassemble toujours les foules et les gens de tous âges. Celui qui venait de s'allumer là, s'il ne brûlait pas visiblement, se reflétait toutefois dans la vitre des yeux de ceux-ci ou de ceux-là, fenêtres des âmes. Et, en ce premier dimanche du mois des vendanges, les femmes, dans la rue, soutenaient plus longuement l'avidité de son propre regard. Il recueillait d'entre leurs paupières les raisins plus mûrs, verts ou noirs, d'une certaine tendresse triste qui devait tenir davantage à l'uniforme qu'il portait qu'à lui-même.

Il était, depuis sept mois, à la base aérienne d'Essey-lès-Nancy, lorsque la nouvelle éclata. Engagé volontaire, il se trouvait alors dans sa dix-huitième année.

Quand il apprit que la troisième guerre franco-allemande venait d'éclater, ce fut comme si l'on avait joué de la trompette ou du clairon dans le creux de son oreille. Ce fut comme si lui-même, instrument de cuivre, avait été sonné, comme s'il en avait gardé la résonance dans tout le corps. Il riait tout seul, idiot de village égaré. Pour la première fois depuis longtemps, depuis peut-être ses batailles de gosse, il ressentait, dans la grisaille de la vie militaire, une très grande joie devant le pouvoir magique du Dieuble. De son trousseau de clés enchantées, celui-ci allait ouvrir, devant ses pas, les portes de la caserne, puis celles des bourgs et des hameaux, celles des villes, les unes après les autres, toutes les portes donnant sur un avenir inconnu de lui, fait de mystère, d'imprévu et de dangers, toutes les portes, interdites jusqu'alors, de l'Aventure.

Il en était là de ses joyeuses pensées, sur la place Saint-Epvre, quand un chant le fit se retourner.

Dansons la Caracole
Vive le son, vive le son,
Dansons la Caracole,
Vive le son du clairon.

C'était Jules le Mendiant !

Cela faisait longtemps qu'il ne l'avait vu. Il ne semblait pas avoir beaucoup changé. Quoique apparemment ivre, le vieil homme le remarqua.

– Tiens, tiens, mais je n'ai pas la berlue, c'est bien le p'tit Léo que je vois là, le p'tit Léo déjà déguisé en vieux soldat !

– Mais oui, grand-père. Vous paraissez bien gai. Est-ce la guerre qui vous fait cet effet-là ?

– Certes ! je fête la guerre et j'arrose la guerre, pas pour l'éteindre bien sûr. Je suis d'ailleurs à peu près le seul à la fêter. Au mois d'août 1914, début du dernier grand abattoir, les jeunes filles lançaient des fleurs aux soldats. Aujourd'hui les gens sont plutôt moroses. En tout cas, toi, tu parais content. Il est vrai que tu aimais te battre contre « Ceux du Canal ». Cette fois, tu vas avoir affaire à plus forte partie avec les Indiens d'en face, les fameux « Casques d'acier ». Pour le coup, tu vas bien t'amuser.

– Tout dépendra du Dieuble grand-père !

– Ah, je vois que tu n'as pas oublié.

– Vous vous souvenez ? Vous m'aviez montré le Dieuble, déguisé en arc-en-ciel, et, pendant que je regardais, vous en profitiez pour vous débiner. Cependant Toto, le Singe, je ne l'ai pas encore vu, lui. Vous m'aviez promis de me le montrer.

– Eh bien, ce sera pour la prochaine fois. Il est allé faire un tour en Pologne, car lui, patron de tous les hommes, ça l'amuse de regarder les batailles. Et je te bagarre par-ci, et je te bagarre par-là. Il adore ça. Il aime bien se diriger vers le pressoir où le bon vin des artères et des veines se met à couler entre les cuisses de la terre. Il aime bien assister à l'hystérie, au *delirium.*

Jules le Mendiant considéra Léo un instant, haussa les épaules, fit la moue, hocha la tête avec commisération et ajouta :

– Il me font bien rire les gens qui écrivent dans les journaux, les revues et les livres. Il y aura, disent-ils, des dizaines de milliards d'êtres plus ou moins humains sur terre à la fin du prochain siècle. Ils comptent sans les guerres civiles et militaires, raciales et religieuses, sans les épidémies, sans les famines et autres friandises inconnues qui se trouvent dans la besace, la grande poche du Dieuble. Ils ne savent pas que le désordre seul engendre ce qu'ils appellent l'ordre ! Alors je bois à la santé de ceux-là qui écrivent de telles choses en leur souhaitant heureuse et longue vie.

Il regarda encore Léo d'un air dubitatif, haussa de nouveau les épaules et, se parlant à lui-même, dit :

– Bon, c'est pas tout ça, vieux bonhomme, tu bavardes, tu bavardes, tu babilles, tu babilles et tu oublies que, ce soir, tu reçois tes amis du beau monde. Il est très étonnant que ton chauffeur ne soit pas encore là.

Il lorgna ses chaussures, petites et pleines de poussières, sa cape bleue quelque peu effrangée, hocha la tête, lissa sa moustache verdie par le tabac et, l'œil noir aigu à nouveau fixé sur Léo, fronça le nez.

– Ce doit être le vin. J'oublie que tout ça c'est du passé. Je ne reçois plus le beau monde. Je n'ai plus ni chauffeur, ni femme, ni maîtresse. Me voilà bien débarrassé. Allons, je te souhaite bonne chance, p'tit gars, sur la route de l'aventure et sur le chemin des aventuriers.

Il assura sa besace sur l'épaule et se remit à chanter. Sa voix était claire. Une voix de jeune homme.

Dansons le Grand-Guignol,
Vive le son, vive le son,
Dansons le Grand-Guignol,
Vive le son du canon.

Resté seul, Léo discerna, tout à coup, et le Dieuble n'était pas étranger au nouveau cours de sa pensée, que, catholique par le baptême, il allait se battre contre d'autres catholiques, contre d'autres chrétiens ; il allait participer, comme il y avait de cela vingt-cinq ans son père, à un nouveau massacre d'une Saint-Barthélemy géante et que, comme venait de le chanter le vieil homme, c'était tout simplement guignolesque.

Passant par la place de la Carrière, allant vers l'arc de Triomphe et la place Stanislas, il se mit à songer aux anciens mômes du quartier. Guédolf, Alexandre, Lucien Ferratier, Coiseur, Magnier, Thomann, et d'autres dont les noms avaient déserté sa mémoire, revinrent pendant quelques instants hanter les lieux de son enfance pour y courir, y crier encore à tue-tête, et galoper une fois de plus sur leurs chevaux vers la Pépinière pour finalement disparaître.

Guédolf, cela faisait près de six mois qu'il l'avait rencontré, peu après son engagement dans l'armée. De voir ainsi Léo affublé d'un uniforme l'avait bien étonné.

– Dis donc, tu t'y prends de bonne heure, tu vas être fin prêt quand ça va péter par ici.

– Pourquoi ? Tu y crois, toi, à la guerre ?

– Comment ne pas y croire ? On entend partout des bruits de bottes. Elle est à nos portes, mon vieux.

– Bah, on verra bien. Et qu'est-ce que tu deviens, dans ta tenue bourgeoise ?

– Je suis en train de suivre des cours de comptabilité, cela me va comme un tablier à une vache.

– Et les amours, ça va ?

– Tu sais, les amours, ça me fait l'effet d'une chose bien embêtante. Dire des sucreries à une femme, je ne m'en ressens guère. Je ne me vois pas père de famille. Parle-moi de l'amour de la forêt, de la mer ou de la montagne. Alors, là, oui. Mais, je le reconnais et je l'avoue, je ne suis pas de bois. Alors, comme tant d'autres, je risque d'être pris dans une jupe, comme dans un filet, et de ne pas pouvoir m'en dépêtrer.

Ils s'étaient promis de se revoir. Ils ne s'étaient pas revus. Ils avaient grandi. Leurs tailles ne s'ajustaient plus au passé.

La menace armée et bottée représentée par les « Casques d'Acier », qui, il y avait plusieurs années de cela, l'avait enthousiasmé et de nouveau exalté lors des premières heures de la déclaration de guerre, ne tarda pas à s'éloigner. La guerre n'est pas la même pour tout le monde. Elle est pour l'aviateur différente de celle du fantassin. Tandis que celui-ci se porte vers le front avec la peur au ventre, celui-là, qu'il soit « volant » ou « rampant », s'en va paisiblement vers l'arrière, en direction des hangars où les avions sont à l'abri de l'artillerie.

Ce ne fut donc pas en vue du front que, un bipède valant un cinquième de solipède, on le fit entrer dans un wagon de marchandises prévu pour une écurie de huit chevaux ou pour une académie de quarante hommes. Il roula donc vers l'Ouest, tournant le dos à l'ennemi, très en avance sur les « biffins » qui, dans neuf mois, le temps d'une grossesse, ne pourraient empêcher les « Casques d'Acier », déjà à nos portes, d'en franchir le seuil et venir, avec les forceps de la césarienne, nous accoucher de la débâcle...

Après trente semaines de caserne pendant lesquelles il s'était consumé d'ennui, le décor, soudain, changeait. Il quittait la vie sédentaire pour la vie nomade. A l'Ouest, pour lui tout au moins, il y avait du nouveau.

Si le bruit des roues de son wagon sur les rails lui paraissait comme un roulement de tambour battant la retraite, il évoquait aussi celui des roues d'un autre train, dans lequel on l'embarquait, tout garçonnet, vers un pensionnat tenu par des religieux que sa mère avait finalement choisi pour le pacifier et l'amender.

Un jour que, contre un Charles le Mauvais particulièrement teigneux, il s'était glissé dans la rude peau de Bertrand du Guesclin, et qu'il était rentré à la maison victorieux, mais plus déchiré, plus bosselé et plus abîmé que jamais, sa mère avait décidé le père d'interroger le prêtre de l'église Saint-Epvre censé donner les leçons de catéchisme.

– Ce n'est pas Dieu possible ! avait-elle déclaré, levant les yeux vers le plafond pour prendre le ciel à témoin. Comment ce gosse s'arrange-t-il ainsi, entre onze heures et midi, chaque fois qu'il va voir le curé ?

Le père, maugréant mécréant, d'abord réticent, puis prenant enfin sur lui, emmena donc son rejeton dans la sacristie de l'église. Le prêtre interrogé avait alors regardé longuement Léo, l'œil rond, tout étonné, et, malgré les airs de connivence de ce dernier, avait fait une réponse insensée :

– Cet enfant, c'est bien la première fois que je le vois !

Le miracle sur lequel Léo avait tant compté, avec une foi profonde, avec une espérance assurément digne d'être comblée, le miracle qui devait lui démontrer, malgré Jules le Mendiant, l'existence du Bon Dieu, n'avait pas eu lieu. Dieu était demeuré sourd à sa modeste prière, sourd à son humble appel, et le curé, son dernier espoir, s'était dérobé ! Il aurait pourtant suffi, pour que la belle église devînt aux yeux de Léo comme un merveilleux palais de conte de fées, oui, il aurait suffi qu'il entendît les mots tellement attendus, les paroles qui auraient alors secouru et transfiguré son âme :

– Tiens, tiens, mais je n'ai pas la berlue, c'est bien le petit Léo que je vois là ! Mais oui qu'il vient régulièrement au catéchisme. Il est même le plus appliqué et le plus attentif pendant les cours...

La sotte réponse du curé l'avait bien déçu. Elle lui démontrait, cette réponse, de façon claire, bien voyante, que le Bon Dieu n'était nullement le bon dieu, elle lui montrait même, de manière évidente, qu'il n'existait pas. Du Dieuble, de Toto le Singe, patron de tous les hommes, au moins, on n'avait pas à attendre de miracle...

A la suite de cette entrevue, et dans l'espoir d'en faire un meilleur pain, sa mère, qui n'avait jamais entendu parler du Dieuble et qui, elle, croyait dur comme fer au Dieu Bon, décida de confier à des mains chrétiennes, pour être mieux boulangée que par celles des enseignants laïques, la mauvaise pâte qu'il était devenu.

Si les rails dirigeaient à présent son wagon vers l'Ouest, le bruit des roues conduisait un autre train, dans le passé, en direction du Nord, vers son ancien collège. Dans le wagon fantôme du songe entraient ses compagnons d'alors. C'étaient d'abord, en gare de Metz, Geoffroy, maigre et long don Quichotte, flanqué de son gros Sancho Pança, Hinzelin dit Zinzin, les deux inséparables; puis venaient, gare après gare, Flamant et Schwarz, ses deux rivaux en gymnastique; Evrard, le bon élève qui raflait tous les prix; enfin, en gare d'Homécourt, Gontrand Lahalle et Jean Debild, ses deux amis, et puis d'autres encore dont il essayait en vain de se rappeler les noms. Sur les stèles du temps les noms s'effacent vite, tout comme se rongent les visages sous le suaire des noires véroniques de la mort. Pourtant, Gontrand, blond, le nez grec, dans le prolongement du front, et Jean, brun, et si fin de visage sous son crâne ovale, restaient encore présents à sa mémoire. Vers eux s'égarait sa nostalgie.

Ils débarquaient, alors, bruyants collégiens, en gare d'Arlon, derrière la frontière belge. Les religieux chassés par une nouvelle révocation d'un édit de Nantes, anti-catholique cette fois, s'y étaient réfugiés, au début du siècle, pour y pratiquer un enseignement interdit sur le territoire national.

Sous la houlette des Frères des écoles chrétiennes, Léo s'était presque assagi. Il lui avait fallu pour cela quitter son meilleur ami, Guédolf; abandonner son cheval noir, Merlin, ainsi que toute sa panoplie guerrière pour n'utiliser plus que les livres, les cahiers, le missel et le chapelet. Il ne lui était resté de ces trois années d'internat, pendant lesquelles il avait abandonné l'action pour la contemplation, que le goût de la lecture et le souvenir de ses deux amis perdus à jamais: Gontrand si beau que le professeur de français se montrait un peu moins sévère pour lui que pour les autres; et puis, dans la chapelle, Jean, sur le banc devant lui, un peu décalé vers la droite, dont il contemplait le profil à longueur de cérémonies, ému, troublé, les yeux au bord des larmes, son chapelet inerte entre les mains. Il lui semblait alors que l'harmonium, les lueurs des lampes et puis celles des bougies de la petite chapelle s'accordaient pour nimber de musique et de lumière ce visage, tandis que les airs des cantiques étaient autant d'hymnes à la gloire de ce nouveau saint Jean, transfiguré et descendu pour lui du monde céleste.

Le collège quitté, les visages de Jean Debild et de Gontrand Lahalle, tellement aimés, avaient été remplacés, lors de son adolescence, par d'autres plus troublants encore: ceux de jeunes filles rencontrées dans la rue.

Dans le train militaire, les garçons étaient bien différents de ceux de naguère. Ils ne ressemblaient point à de douces et jolies filles. Toutefois, ils chantaient, eux aussi, comme dans une chapelle. Seulement, cette fois, la manécanterie avait troqué l'*Ave Maria* et le *Kyrie eleison* pour *le Cordonnier Pamphile, les Filles de Camaret, les Trois orfèvres de la Saint-Eloi* et *la Boiteuse qui s'en revenait du marché*.

– Eh, Magnanje, tu ne chantes pas ?

– Non, j'ai trop mal à la gorge.

– Bois donc un bon coup, ça passera.

Dans les bidons et les ventres, il y avait du pinard. Ce n'était pas du vin de messe !

*

* *

Notre-Dame d'Oé, petit village proche de la base aérienne de Tours, fut leur premier quartier de campagne.

La guerre, contrairement à ce qu'il en avait attendu, ne se présentait donc pas comme un embarquement vers la grande et redoutable épreuve du feu et du combat, mais plutôt comme un départ en vacances vers la campagne et le camping. Pour l'instant, cela lui convenait assez.

Paradoxalement, il s'était engagé dans l'armée non pour se soumettre à la discipline et faire carrière, mais pour conquérir en trois ans, par une sorte de devancement d'appel, sa liberté. En attendant de voir le grand jour qui l'attendait à l'autre bout du tunnel, il avait préféré la cour de la caserne aux quatre murs d'un bureau. Soldat, il s'était dégagé, en même temps que du climat de mauvaise entente régnant entre ses parents, des tâches monotones, payées trois cents francs par mois au jeune employé, mi-commis et mi-secrétaire, qu'il était devenu peu après sa rupture avec le collège. Cela faisait plus de six ans que, depuis sa mise en internat, il s'était senti prisonnier. Trois ans de patience encore et il allait devenir enfin son propre maître.

Sur les aérodromes militaires, la guerre avait déjà bien assoupli la discipline. Elle avait mis pas mal d'huile dans les rouages de la hiérarchie. Les relations de supérieurs à subordonnés s'étaient améliorées. Il y avait moins de raideur. On ne saluait déjà plus de la même façon. La paix avait été, depuis les bancs du collège, beaucoup plus exigeante et dure avec lui. La guerre, après s'être montrée plutôt bonne fille et bonne marraine, était devenue presque amicale et complice de sa volonté d'indépendance.

Toutefois, le Dieuble, qui venait de transformer pour lui une grise caserne en un riant petit village tourangeau, voulut, afin qu'on n'aille pas le confondre avec la colombe de la paix, imprimer sa marque sur le sol rustique de leur cantonnement.

A peine venaient-ils d'arriver que, le lendemain même, dès le lever du jour, les habitants étaient en émoi.

Des personnes, inquiètes de voir qu'un de leur voisin, contrairement à son habitude, n'avait pas ouvert ses volets, avaient sonné à sa porte. Ne recevant pas de réponse, ils s'apprêtaient déjà à quérir un serrurier quand ils s'aperçurent que la porte n'était pas fermée à clé. Ils entrèrent. Ils appelèrent. Ne recevant toujours pas de réponse, ils avancèrent. Après quelques pas, ils butèrent sur le corps du maître des lieux, un vieillard, allongé par terre dans une flaque de sang. Le vieil homme avait été assassiné au cours de la nuit. Qui donc avait fait cela ? Un soldat ? Nul n'en sut jamais rien.

« Quelques crimes toujours précèdent les grands crimes. » Deux jours plus tard, le corps d'une jeune fille était étendue sur le sol, au bord de la route. Léo ne vit d'elle que les chaussures et les chevilles. Elle était dissimulée sous une couverture de l'armée.

– Je vous assure que ce n'est pas beau à voir.

– Qu'est-il arrivé ?

– C'est ce camion militaire, que vous voyez là. Il lui est passé dessus. Tête coupée. Presque une gamine.

Léo ne pouvait détacher son regard des petits pieds. Elle devait chausser du 33, pas plus, comme sa Geneviève. Elle devait avoir un petit pas vif et décidé. Elle allait peut-être voir son amoureux ; et lui, il a peut-être cru qu'elle lui avait posé un lapin…

– Voulez-vous que je vous dise, moi ?

– Dites.

– Quand des trucs comme ça arrivent, c'est un signe. C'est que les choses vont de travers. Et quand les choses vont de travers, voyez-vous, c'est que, comme pour la guerre, il y a beaucoup de coquinerie dans l'air.

Oui. Il devait y avoir pas mal de coquinerie sur cette terre pour que cette gosse soit là, ainsi couchée, assassinée, elle aussi.

Dans ce petit village, le Dieuble venait de donner, comme ça, en passant, une petite pichenette. Juste pour marquer le coup.

Au quartier, un des soldats attira particulièrement son attention. Les marques de sympathie de celui-ci à son égard, discrètes cependant, l'étonnèrent. Il lui était tout d'abord apparu comme de la bonne graine de caporal ou de sous-officier. Pas son genre !

Alors que Léo donnait plutôt dans le style négligé, ce jeune homme, cheveux coupés réglementairement courts, habits brossés, chaussures cirées, armes « briquées nickel », se distinguait de tous les autres.

Léo était du genre rêveur, l'autre plutôt réaliste et scientifique, capable, les yeux bandés, de remonter une mitrailleuse dont les pièces avaient été mélangées, et de discerner s'il y en avait une manquante ou en trop. Il pouvait rétablir de même le mécanisme démonté d'un revolver ou celui d'un fusil. Pourtant, malgré leurs différences, il apparut bien vite que des ponts les unissaient, comme deux îles dissemblables proches l'une de l'autre. Ainsi, étaient-ils tous deux natifs d'un pays frontalier et fils d'ouvriers.

Un soir qu'ils avaient quartier libre et marchaient sur la route de Tours, l'autre avait interrogé Léo sur les raisons de son engagement dans l'armée.

– Cela ne me paraît pas être tellement dans tes cordes, la vie militaire. Dans ton uniforme, tu n'es pas à l'aise, ce me semble, tu n'es pas dans ton élément. Tu ne t'es certainement pas engagé, encagé, pour faire carrière ?

La réponse léonienne ne le surprit pas.

– C'est bien ce que je pensais. Mais que feras-tu donc quand tu ne seras plus troufion?

– Je ne sais pas trop. Il faut que je me débarrasse d'abord de la cage et des chaînes. J'aimerais rouler un peu ma bosse, à moins, bien sûr, que je ne termine ma vie au cours de cette guerre. Mais toi, pourquoi t'es-tu embarqué dans cette galère?

– Je ne m'y suis pas embarqué. Je fais partie du contingent, classe 39. J'ai tout simplement été ficelé d'office. J'en profite pour apprendre le métier des armes. Dans mon esprit, ce n'est pas pour faire la guerre.

– Ah! Pour quoi faire, alors?

– La révolution. C'est la seule façon d'être libre. Pour être libre, il faut d'abord se battre pour conquérir la liberté, non pas tout seul, mais avec tous ceux qui, précisément, veulent être enfin, une fois pour toutes, libres. La dernière guerre a provoqué une révolution à l'Est. Cette guerre-ci en provoquera une autre sur le reste du continent. Il faut s'y préparer. Je m'y prépare. Je suis un soldat révolutionnaire.

La révolution, Léo connaissait. C'était, entre autres, ce qui avait divisé ses parents. Son père avait viré rouge en 1936 et sa mère, haussant les épaules, avait dit:

– Ce ne sont pas tes révolutionnaires à la noix de coco qui vont changer quelque chose à quoi que ce soit. Ils ne font, eux aussi, que proposer de la brioche aux gens qui manquent de pain. Personne n'a jamais changé rien à rien. Tu y es allé, toi, voir un peu ce qui se passe en Russie?

Son père avait répondu en reprochant à son épouse sa soumission aux gens d'église.

– Ce n'est pas en faisant rien qu'on changera quoi que ce soit aux choses telles qu'elles sont. Quant à ton Bon Dieu à la graisse d'oie, ma toute belle, si tu comptes sur lui, tu attendras longtemps, jusqu'à la Saint-Glinglin, je crois. Il se prélasse là-haut, ton Bon Dieu, le cul calé dans les nuages, les yeux et les oreilles bouchés. Vraiment, tu peux toujours attendre, il ne se réveillera pas de sitôt!

Léo avait alors défilé avec son père, derrière les drapeaux rouges et il avait chanté *l'Internationale* dans les cortèges syndicaux, longues chenilles processionnaires fraîchement écloses dans les rues de la ville.

Pour Léo, la Révolution, comme l'illustraient les affiches du parti communiste, c'était un ouvrier aux manches de chemises retroussées, levant le poing. Il ne l'aurait jamais imaginée sous l'aspect d'un soldat fayot aux cheveux courts. Il interrogea donc son compagnon.

– Tu es rouge?

– Je suis rouge. Les rouges ont besoin d'hommes à eux dans l'armée. Toi, tu serais plutôt noir?

– Noir?

– Oui. Anarchiste, si tu préfères.

L'autre avait dit cela d'un air amusé, avec une sympathie teintée d'indulgence. Non, Léo n'étais pas anarchiste. Politiquement, il n'était pas encore très fixé. Jusqu'ici, dans différents groupes de jeunes, qu'ils fussent éducatifs, sportifs ou militaires, ses affinités électives n'avaient jamais tenu compte des opinions différentes, voire opposées de ses compagnons. Il avait toujours choisi ses camarades selon ses goûts et non pas selon leurs idées. Le plus souvent, il discernait celui qui lui paraissait supérieur ou plus intéressant et se liait à lui. Ils « s'accordaient » alors comme en montagne, mais il n'était pas toujours le premier de cordée. Cependant, dans ses hautes et basses Alpes, il n'avait jamais encore rencontré d'anarchistes.

– Non, je ne connais rien de l'anarchisme. En revanche, je suis plus ferré sur le capitalisme. C'est ainsi que je sais très bien ce qu'est la *plus-value*, car j'ai quand même un peu lu *Das Kapital.*

Ils avaient longuement discuté, à Tours, dans le premier bistrot venu, oubliant qu'ils avaient décidé d'aller en ville pour voir les filles. Ni l'un ni l'autre, ce soir-là, n'avaient rencontré l'amour d'une femme, mais ils avaient commencé de nouer le très précieux lien de l'amitié.

– Tu as lu un peu *Das Kapital,* dis-tu, tu n'es donc pas allé jusqu'au bout ?

– Euh, non. Je suis resté en panne. J'avais toujours l'idée d'en reprendre la lecture, mais...

– Tu as bien fait de laisser tomber, c'est un lourd pavé et c'est très indigeste pour qui n'est pas versé dans la science économique. En revanche, avec le *Manifeste du parti communiste* paru bien avant *Das Kapital,* tu entres de plain-pied dans la politique, autrement plus intéressante que l'économie. La politique, comme la guerre, est un art de la tactique et de la stratégie. Tout, en ce monde, dépend de la politique et de la guerre, lesquelles sont sœurs jumelles.

– La dernière guerre a fait, que je sache, quelques millions de morts ?

– La politique débouche toujours sur la guerre, civile ou étrangère, depuis que le monde est monde.

– La politique pourrait, quand même, une bonne fois pour toutes, déboucher sur la paix, non ?

– Non. C'est la guerre qui débouche sur la paix, laquelle s'ouvre sur une autre politique qui, à son tour, provoque une nouvelle guerre, et ainsi de suite. La politique et la guerre ne sont jamais qu'un grand jeu d'échecs. Il faut attaquer le roi adverse et défendre son propre roi.

– C'est pas tellement moral, quand l'échiquier est finalement jonché de millions de cadavres !

– La morale n'a rien à voir avec la physique, la chimie, la mécanique, la dialectique, les mathématiques, le jeu des forces. La morale ça concerne la religion des fidèles, non pas le gouvernement desdits fidèles. La morale n'a rien à voir avec la science économique ou la science politique. Quand, sous le capitalisme, les conditions économiques se dégradent et que les nuages politiques s'amoncellent, tout naturellement le temps change, et les orages de feu de la guerre ou de la révolution éclatent. La guerre, comme la révolution, sont des phénomènes naturels, au même titre qu'un tremblement de terre, une inondation, une tempête.

Comme à travers le discours de son compagnon, Léo crut entendre, mais présentés autrement, les propos que Jules le Mendiant lui avait tenus, il se laissa inspirer par le Dieuble.

– Tout cela est une bonne chose. Imagine un peu, la paix ! La paix installée à jamais sur cette terre ! Mais les hommes, à moins que les vols, les viols et les assassinats ne viennent suffisamment les distraire de leur bien-être, de leur torpeur et de leurs digestions s'ennuieraient à mourir. Ils s'étioleraient pour de bon et, sans doute, périraient.

D'abord étonné puis enchanté par un tel cynisme, l'autre abonda dans ce sens, tout en tenant bon la rampe de ses propres idées.

– C'est alors que, dans un sursaut vital, ils se mettraient à réinventer la politique et la guerre. La guerre est, partout dans la nature, chez les végétaux, chez les animaux et chez les hommes, le moteur de la vie.

Léo fit alors, au moment de quitter le café, une réflexion que l'autre qualifia, gentiment, de bon mot.

– Dis donc, j'ai l'impression que ton moteur, c'est plutôt un moteur à explosions !

Ils s'esclaffèrent. Leur amitié était scellée.

*
* *

A la base aérienne de Tours, dans la compagnie de défense du terrain d'aviation, Léo apprenait, tout comme son nouvel ami, mais moins bien, à manipuler la mitrailleuse. Cependant, les poètes l'intéressaient davantage que le mécanisme et le fonctionnement des armes à feu. Comme il lui faisait part de son goût pour les livres, lequel avait éclipsé celui qu'il avait eu pour les bagarres de son enfance, l'autre récita quelques poésies et dévoila un nouvel aspect de sa personnalité. Il confia que, avant de basculer, avec une véritable foi, dans l'action politique, il avait beaucoup lu. Ses connaissances littéraires étaient plus étendues que celles de Léo.

Léo fut étonné des propos tenus. Il lui demanda si, bien que matérialiste, il était, parlant de foi, croyant. Il fut frappé de la réponse, laquelle par la suite lui revint souvent à l'esprit.

– Je suis matérialiste, je suis réaliste, mais, pour vivre, j'ai cherché et j'ai trouvé une foi dans la Révolution. Pourquoi donc séparer à tout prix la matière et du cœur et de l'esprit ? Le corps et ce qu'on appelle âme ne sont pas séparés, mais intimement liés.

Léo relia cette phrase, qu'il aurait pu faire sienne, à une autre déclaration qui l'éclaira davantage.

– Pour vivre, pour vivre vraiment, pour vivre pleinement, il faut, pour donner du goût à l'existence, toujours en rajouter un peu. Je suis pour le *oui* plutôt que pour le *non.* Je suis pour le *oui* qui va plus loin que tous les autres *oui.* Telle est ma manière. Puisque je suis militaire, je décide que je le serai plus que tous les autres et, cela, c'est bien moi qui le décide, et moi seul. C'est tout le contraire de la désobéissance, c'est de la surenchère, cette surenchère, quelque peu ironique même, est ma liberté, ma part de liberté. Quand je serai amoureux, j'y mettrai de la passion. Sans passion tout est terne, tout devient triste, tout s'effiloche.

Ces paroles troublèrent Léo. Il avoua, presque penaud, qu'il était, lui, plus près du *non* que du *oui.* Ce qui amusa son interlocuteur.

– Je te le disais bien que tu étais anarchiste !

L'autre avait un immense dédain pour la démocratie, du mépris pour la bourgeoisie, du dégoût pour la haute finance. Il ne manquait pas d'éloquence. Il avait bien conscience que le ralliement des chefs communistes français au récent pacte Hitler-Staline était ressenti comme une trahison par la classe ouvrière.

– Quoi qu'il en soit, disait-il, si le parti est maintenant rejeté, même parmi les militants, sa politique, telle qu'elle existait avant le pacte, garde encore son efficacité. L'attitude communiste est actuellement blâmée, un peu comme celle d'un travailleur qui, ayant commis une lourde faute, aurait été renvoyé de la ferme ; mais les semences qu'il a jetées au vent lors des semailles continuent de germer dans les champs, au sein de la terre. Je pense que ce travailleur-là reviendra pour la moisson.

Juste après avoir quitté le bistrot, Léo avait fait une remarque :

– Tu ferais un excellent commissaire politique.

L'autre avait souri et montré dans la rue des militaires.

– Regarde-les donc un peu ceux-là. Je t'assure que ce ne sont pas des soldats. Or, pour défendre une cause, quelle qu'elle soit, il faut, avant tout, des soldats et non pas ces sortes de curés laïques que sont les commissaires politiques.

Ceux qu'il montrait ainsi étaient à peu près tous fagotés comme Léo. C'était bien vrai que, s'il y avait un soldat dans Tours, c'était lui, cet étrange camarade. Mais il était comme un soldat venu d'ailleurs, dépouillé de sa patrie, comme un samouraï égaré sur les bords de la Loire.

Léo l'interrogea.

– Et que pense donc un soldat à propos de la mort ?

L'autre avait haussé les épaules.

– Sinon sa maîtresse, elle est un peu sa fiancée. Si elle n'est pas dans son cœur, elle est dans ses pensées. J'imagine donc qu'elle est blonde comme les blés, qu'elle a les yeux verts, des dents pareilles à de petites perles, puisque tel est mon type de femme !

Il avait de nouveau souri. Léo pensa que ce sourire, toutefois, s'adressait moins à la Mort elle-même qu'à la femme idéale. Il avait d'ailleurs déjà remarqué, dans la rue comme au café, que, tout en n'étant pas insensible au charme des brunes, son ami avait un net penchant pour les blondes et les rousses.

Un autre soir, comme ils se promenaient dans les rues de Tours et qu'ils discutaient encore de la mort, sujet normal en temps de guerre, Léo avait de nouveau questionné :

– Mais, outre le communisme, il y a le christianisme auquel tu aurais pu apporter un *oui* allant beaucoup plus loin que les autres *oui*, un *oui* pouvant conduire jusqu'à la mort. D'ailleurs, cette médaille que tu portes à ton cou, n'est-ce pas la Vierge ?

– Je ne crois pas à la vie éternelle.

Tout en parlant, l'autre regardait les filles, et, à leur sujet, finit par dire, presque avec ferveur :

– A propos de christianisme, il y avait, jadis, les cathédrales que l'on construisait. On n'en bâtit plus depuis longtemps. On bâtit, à présent, des usines. Il nous reste quand même les femmes, elles sont comme de petites chapelles vivantes et sont bien plus intéressantes que les curetons ou les commissaires politiques. Tu vois, outre la révolution, il y a deux choses qui me paraissent importantes, ce sont les femmes et puis, car elle nous attend tous au rendez-vous final, la mort, précisément. En tout, trois féminités.

Léo en revint à la médaille.

– Mais, puisque tu dis que, pour toi, la mort est une blonde aux yeux verts, ces deux choses n'en font peut-être qu'une, et cette médaille que tu portes est peut-être l'effigie d'une Vierge des Flandres blonde au regard d'herbe ?

– Cette médaille n'est pas religieuse. Je l'ai trouvée dans une vieille boîte du grenier familial, mêlée à de vieilles clés et des boutons militaires. Vois, il y a d'un côté une flèche et, de l'autre, une faux. Ici, c'est la vie, c'est-à-dire le combat, la chasse ou l'amour, tout cela revient au même ; et là, c'est la moisson ou bien la mort, la mort pour toujours, car, comme je te l'ai dit, je ne crois pas à la vie éternelle. Mais toi, qui a été dans une école chrétienne, tu pourrais porter une médaille de la Vierge. Pourquoi as-tu interrompu tes études ? Tu t'es fait renvoyer pour anarchisme ?

– Il y a de cela. J'ai voulu quitter les études pour deux raisons : d'abord, le travail et tout particulièrement la barbante histoire sainte, les mathématiques, la géométrie, la physique et la chimie par trop rébarbatives, et, ensuite, j'avais estimé que le prix de mes études était trop lourd pour le budget de mes vieux. J'ai trouvé une bonne occasion de renvoi dans un cours d'allemand professé par frère Régis, un enseignant très à cheval sur le chapitre de la discipline. Un jour qu'il parlait de *dieser*, démonstratif masculin, j'ai commenté à voix suffisamment claire pour être entendue de mes voisins qui, aussitôt, pouffèrent. Il fut rapporté à frère Régis, au cours de l'enquête qui s'ensuivit, que j'avais proféré une phrase scandaleuse : « Dans ma culotte, le démonstratif masculin ! »

Cette historiette enchanta son nouvel ami.

Léo discerna bientôt, chez ce compagnon, quelque chose qui l'attacha. Ce « quelque chose », outre la gaieté qui lui était alors naturelle, s'apparentait à ce qu'il avait déjà distingué, quand il était gamin, en Guédolf : une volonté indépendante agrémentée d'un grain de folie. Ce grain de folie conduit un homme à se détacher des autres pour partir à l'assaut d'un versant de montagne escarpé, traverser l'océan en solitaire, explorer les terres sauvages ou s'élancer avec ses chiens à la conquête du Grand Nord ou du pôle Sud. Ce grain-là devait avoir germé dans l'esprit de Cervantès quand par amour des armes, il alla s'abîmer un bras dans la bataille de Lépante ; grain d'or précieux dont il orna la cervelle dérangée du Don Quichotte. Il eut confirmation de la séduisante folie de son nouvel ami, quand dans les rues de Tours, à sa question de savoir si les ouvriers, les pauvres, grâce à la Révolution, seraient plus heureux, il lui fut répondu :

– Heureux ? Comment ? Pourquoi faire ? Il s'agit bien de cela ! Peut-être les cochons et les bourgeois à l'engrais peuvent être heureux dans le sens que tu sembles indiquer. Pour moi, la Révolution c'est tout autre chose. Cela ne peut pas être une simple histoire économique, mais une histoire d'hommes, solidaires les uns des autres, durs, fiers, exigeants pour eux-mêmes, qui auront, tels des guerriers, le pouvoir de commander sans hauteur et d'obéir sans bassesse les uns aux autres.

– Une société militaire !

– Non. Une société civile. Ni uniformes, ni uniformité. Peu de lois, peu de règles. Une société où nous serons tous, puisqu'il faut toujours travailler, des compagnons du devoir et du devoir bien fait. Une société où le travail sera le lien naturel d'homme libre à homme libre et non pas une chaîne pour esclaves, employés ou salariés, comme aujourd'hui. Quand je parle de devoir, je veux dire, vois-tu, une sorte de récréation ou, plutôt, de recréation de notre être et de notre condition.

– C'est du rêve !

– Les grandes choses commencent souvent par le rêve d'un seul. Si le rêve se répand de proche en proche, c'est gagné. Si le travail continue à n'être qu'une histoire de pitance, de boustifaille, c'est foutu.

Jean Monegal était natif de Commynes, petite ville sise à cheval sur la Lys, frontière entre la France et la Belgique. À ce propos, il soulignait :

– Il n'y a que des maisons neuves là-bas. Les maisons, des deux côtés de la rivière, ont été détruites pendant l'autre guerre. Il a fallu tout rebâtir. La guerre est une solution au chômage. Elle supprime d'abord, grâce à la mobilisation générale, les files d'attente des candidats à l'embauche, et, la paix revenue, grâce aux destructions et grâce aux morts au champ d'honneur, les soldats démobilisés ont du pain sur la planche.

Son amour des blondes aux yeux verts devait être une attirance toute magnétique pour le pôle opposé, car, s'il était du Nord, ce ne pouvait être, cheveux et yeux noirs, visage anguleux, que d'origine sudiste, ibère ou basque. Sa taille, toutefois, était au-dessus de la moyenne.

*
* *

Bien que Jean Monegal fût son nouveau camarade, ce fut, cependant, avec un autre compagnon que Léo décida de partir à Paris où, vingt-quatre ans avant de lui allumer le monde, son père était né.

Jean Monegal, figé dans son rôle de soldat modèle, ne pouvait évidemment pas le suivre sur ce terrain-là. Celui de l'anarchie ! Léo s'en fut alors sans permission. On ne leur accordait de congé que dans des cas exceptionnels, lesquels ne faisaient pas mention du tourisme en temps de guerre. On ne leur permettait d'aller jusqu'à Tours, la cité la plus proche, que pour quelques petites heures seulement.

André Plachez, contrairement à Jean Monegal, n'était pas discipliné. C'était un grand garçon aux yeux de biche, efféminé, à qui la vie militaire apparaissait intolérable dès qu'il s'agissait d'aller à l'exercice, de prendre la garde, de marcher au pas ou de manier les armes, mais, une fois toutes ces corvées accomplies, devenait douce quand, en fin de journée, il lui était permis de bavarder avec les copains, même si ceux-ci le brocardaient sur ses manières peu viriles. Plachez était homosexuel. Sa passion cachée était Jean Monégal. Léo devinait d'ailleurs que Plachez ne s'était rapproché de lui que pour mieux côtoyer celui que, visiblement, il admirait entre tous. Mais Monegal n'aimait que les femmes.

Ils décidèrent de partir en auto-stop. Et c'est à cette occasion que Léo découvrit cette loi secrète qui permet aux êtres ayant quelques mystérieuses affinités de se rencontrer. Plachez avait le goût de l'aventure, il était donc normal qu'ils fussent ensemble en cette escapade. Toutefois, ce n'était pas Léo qu'il devait finalement rejoindre car depuis sa sortie du collège, celui-ci ne pensait, tout comme Jean Monegal, qu'aux filles.

C'était un samedi soir. A peine Plachez eut-il formulé le désir de s'évader que, par plaisanterie, Léo l'assurait que rien n'était plus simple : il suffisait seulement d'arrêter une voiture et d'embarquer.

– Tu partirais, toi ?

– Certainement. Demain même !

– Alors on part ensemble. On couchera chez mes parents, ils ont une chambre d'amis. Et je te ferai visiter Paname.

Sur la route, ce fut Plachez qui arrêta la voiture. Il était cinq heures de l'après-midi. Le conducteur se révéla, de par son uniforme, comme l'un des pilotes de chasse de la base aérienne de Tours. Il était accompagné d'un civil. A cette vue fort désagréable, Léo fit la grimace. Son compagnon n'avait décidément pas eu la main heureuse. Il allait falloir exhiber une permission qu'ils ne pouvaient produire. Leur équipée risquait de se terminer en salle de police.

Plachez, pourtant, ne se démonta pas.

– Où allez-vous, mon lieutenant ?

– Lutecia Parisiorum, montez.

Quand ils furent installés sur les sièges arrière, le lieutenant démarra et posa la question attendue.

– Évidemment, vous n'avez pas de permission ?

Léo observait le civil, qui était peut-être général. Il se sentait dans ses petits souliers. Ils étaient coincés, pris en flagrant délit. Ce n'était vraiment pas une bonne idée qu'il avait eue là, Léo : proposer l'auto-stop ! Les voitures étant presque toutes aux mains des militaires, ils n'avaient que peu de chances de tomber sur des soldats de deuxième classe. Plachez, toutefois, prit son air le plus contrit pour répondre.

– Hélas ! non, mon lieutenant. Mais si vous pouviez nous en donner une, nous vous serions bien reconnaissants.

Le civil et l'officier éclatèrent de rire.

C'est à ce moment-là que fut révélée à Léo la fameuse loi des affinités électives qui rassemblent les êtres comme si, munis d'antennes utiles à la divination du caché, ils devaient céder à l'attraction les uns des autres. Plachez, levant le bras, au bord de la route, avait stoppé net deux automobilistes qui seraient peut-être passés outre si quelqu'un d'autre que lui, au même endroit, avait tenté de les arrêter. Quelque chose en sa mise, en son allure, à sa façon d'être, indécelable à l'œil non prévenu, dut apprivoiser le conducteur et l'arrêter tout naturellement dans sa course car, vraiment, ces rires avaient des intonations de complicité toute féminine. Ce n'étaient point là rires d'hommes.

L'officier, Yves Lacomme, pilote d'essai renommé, était alors admiré pour ses exploits acrobatiques aériens. Quand, quelques instants après avoir entendu ces rires de filles, Léo eut connaissance de son nom, il eut beaucoup de difficultés à raccrocher ce nom à la personne qui venait d'égrener une cascade de sons cristallins échappés comme d'un corsage.

Le civil, Gaston Bahut, était non moins célèbre, à l'époque. Plus connu sous le nom de Tonton, il tenait une boîte de nuit réputée, fréquentée par les échappés de Sodome. Plachez et Léo lui rappelait, dit-il, son jeune temps. C'est avec nostalgie qu'il évoqua pour eux la Grande Guerre et les trous d'obus dans lesquels, au cœur de l'enfer, parmi les fleurs géantes des gerbes des explosions, son petit ami d'alors lui faisait l'amour. Tonton regrettait l'autre guerre, celle de ses vingt ans !

En cours de route, ces deux dames leur apprirent que leurs maris étaient quelque part sur la ligne du front. Et c'était avec la plus grande gaieté qu'elles se répétaient l'une à l'autre avec des gloussements de veuves joyeuses que leurs époux étaient aux frontières et qu'elles étaient enfin libres.

– Nous sommes libres, ma fille, libres comme l'air !

Puis *elles* riaient de plus belle.

Sur la route, il y avait peu de voitures. La gent des automobiles dont beaucoup avaient été réquisitionnées par l'armée, n'encombrait pas les chemins, le tissu de la circulation était des plus lâches, avec de vastes espaces entre chaque véhicule. La route était à eux. Parfois, un camion militaire rappelait que la paix s'en était allée. De temps en temps, ils croisaient la Loire ; jouant à cache-cache elle disparaissait pour surgir plus en amont et disparaître à nouveau. Au pont d'Orléans, lasse de se divertir, elle leur fit ses adieux.

Le paysage devint alors monotone ; il eût prêté Léo à la somnolence sans les propos égrillards et scabreux de ses compagnons de voyage. Les quelques villages qu'ils traversaient, gris, inanimés, étaient comme engourdis, déjà prêts pour l'hibernation. A la vue de ces maisons ternes, maussades et bâties sans la moindre recherche, Léo comprenait combien l'ennui avait dû contribuer à la désertion des campagnes par les jeunes gens qu'attiraient les miroitements de la ville.

Yves Lacomme roulait vite. La nuit tombait déjà quand, dans la semi-obscurité d'un crépuscule finissant, surgit, tout à coup, à quelques mètres devant eux, une sorte de gros animal, peut-être un taureau que, de justesse, le pilote évita en déboîtant brutalement sur la gauche.

Il s'agissait d'une énorme poutre. Elle eût pu, en effet, mieux qu'un taureau, servir de bélier contre le pare-brise. Pour tout signal elle était ornée d'un chiffon rouge, pantelant et, posée sur un haut chariot, traînée par un gros cheval paisible, elle allait son chemin tranquille, guidée par un paysan lourd et placide. Le chauffeur, l'espace d'un instant, avait été distrait par la jolie voix de Plachez, laquelle interprétait avec brio la chanson d'un jeune et talentueux catalan, idole de Tonton. Celui-ci déchaîné, en chantait le refrain modifié :

Y a d'la joie, bonjour bonjour ceux d'la rondelle
Y a d'la joie, partout y a d'la joie !

– Nous venons de l'échapper belle.

Le chauffeur avait dit cela du ton neutre d'un huissier faisant son constat. Il avait eu les réflexes du bon pilote d'essai qu'il était et, malgré ses rires féminins, Léo finit par faire coïncider sa personne, et presque entièrement cette fois, avec l'as de l'acrobatie aérienne qu'il ne connaissait auparavant que de nom.

Tonton, lui, paraissait tout ravi de l'aventure.

– Pour un peu, claironna-t-il, on allait l'avoir dans le cul!

Il était enthousiaste, le danger l'avait rajeuni de plus de vingt ans. Le robuste appétit de sa jeunesse, dans les trous d'obus, lui revenait, même pour les poutres.

La nuit était tombée quand ils arrivèrent dans la capitale. Dissimulée dans les feuillages d'ombres et tapie dans le silence, elle n'était plus la ville-phare, la ville-lumière du temps de paix, mais une ville-veilleuse, presque éteinte, une ville-bougie.

Dans un carrefour à peine éclairé, une femme qui tardait à traverser la rue, prenant tout son temps, fut vertement tancée. Le chauffeur, pour lors, emprunta le rude langage des charretiers d'autrefois.

– Alors quoi? la connasse! tu peux pas te manier un peu l'oignon, non?

D'un air écœuré, il confia qu'elle avait du poil aux pattes!

– Ah, mon Dieu! mon Dieu! Quelle horreur! s'écria Tonton, très indigné.

Naïvement, Léo, sûr de lui, certain de le remplir de confusion, ne put s'empêcher de s'enquérir:

– Et vous, vous n'en avez pas, du poil aux pattes?

Tout émoustillé, Tonton retroussa son pantalon pour montrer une jambe parfaitement épilée, un mollet imberbe.

– Je me vois mal, mon petit, gloussa-t-il, quand je porte une robe et que je mets des bas, ou encore quand je me mets sous les draps avec mon homme, vraiment, je me vois mal avec du poil aux gambettes! Faut ce qu'il faut, quand même!

Lorsqu'ils furent arrivés à destination, Tonton fit des propositions fort deshonnêtes à Léo que, à l'amusement de Plachez, celui-ci s'efforça de décliner avec suffisamment de tact, afin de ne point vexer. Avant de les quitter, Tonton leur remit, fort cérémonieusement, sa carte.

– Venez me voir, les enfants, vous serez toujours les bienvenus.

Yves Lacomme, quant à lui, comptait bien les revoir à Tours.

Après avoir fait leurs adieux à ces filles dissolues, ils empruntèrent aussitôt un autobus, afin de ne pas arriver trop tard à Saint-Denis chez les parents de Plachez.

Trois jours durant, Plachez fit visiter Paris, notamment les vieux quartiers, dont celui malfamé de la rue de Lappe où le père de Léo avait passé une partie de sa turbulente jeunesse. Ces trois jours de vacances illégales leur valurent en retour, quinze jours de prison ferme.

C'était au début d'octobre. Cela faisait un mois que la guerre avait commencé. Elle n'était pas encore venue jusqu'à eux.

*
* *

La prison d'une caserne de Tours fut pour Léo comme un cloître, havre d'une saine retraite pour un religieux en sa cellule. Quand la porte de celle-ci était ouverte, elle l'était souvent, il pouvait faire connaissance des autres moines, saints personnages qu'il rencontrait à ciel ouvert, dans la cour intérieure qui leur était commune. L'un d'eux, Robert Neumans, dit Robert-la-Pipe, à cause de la bouffarde qu'il portait continuellement au bec, capta tout de suite son attention. Plus âgé que lui d'une dizaine d'années, il ressemblait un peu à Jean Monegal, même taille, même silhouette, presque mêmes gestes. Deux choses différaient cependant, Jean, lui, ne fumait pas la pipe, et ses cheveux n'étaient pas blonds. Léo sympathisa vite avec Robert Neumans. Dès l'abord, ayant repéré que, malgré le froid, Léo ne gardait que sa chemise, alors que tous portaient au moins un pull-over, Neumans fit cette remarque :

– Vous voulez vous aguerrir, vous durcir.

Léo reconnut qu'il avait vu juste et que l'inconfort lui paraissait une bonne préparation à la guerre.

Neumans l'interrogea sur les raisons de son emprisonnement. L'équipée avec Plachez l'amusa beaucoup.

– Je connais de réputation aussi bien Lacomme que Tonton ; je suis très étonné de les voir ainsi réunis. Tout comme vous, je n'aurais pas imaginé que le lieutenant Lacomme *en était*. Il faut reconnaître que les camps militaires, comme les communautés religieuses favorisent ce genre de pratique. Mais, rien qu'à le voir, j'avais deviné quelles étaient les mœurs de votre camarade Plachez. D'ailleurs, regardez, voici l'homme, *Ecce homo,* qui va retrouver son saint Jean.

Ecce homo, dont la cellule venait de s'ouvrir, avait, en effet, mais avec des cheveux moins longs, la barbe et la moustache d'un Jésus ; il se dirigea à la rencontre de Plachez qui garda longtemps dans ses deux mains la main tendue.

Léo voulut savoir.

– Et que pensez-vous des homosexuels ?

– J'évite de juger. Je les préfère discrets. L'amour, quel qu'il soit : physique ou platonique, profane ou sacré, homo ou bien hétérosexuel, gagne beaucoup quand il se fait couleur de muraille ou de violette. Le tapage, le prosélytisme, la propagande quelle qu'elle soit, la retape, très peu pour moi, je n'apprécie pas. C'est de la camelote.

Robert Neumans était en prison pour ne pas avoir déféré à l'ordre de mobilisation générale. Il attendait de comparaître devant le tribunal militaire. L'instruction de son affaire traînait, car il ajoutait à son manque de civisme le trafic de la cocaïne. Il avait, à maintes occasions, défrayé la chronique judiciaire et, la dernière fois, il avait eu les honneurs du grand titre en première page du journal à plus fort tirage, *Paris-Soir :* « Tempête de neige sur la place Blanche. Robert-la-Pipe arrêté ». Léo ouvrit de grands yeux quand, pour faire bonne mesure, Neumans annonça qu'il était anarchiste. Alors, il n'y tint plus. Il lui fallait savoir ce que recouvrait ce mot dont Jean Monegal l'avait affublé; ce mot qui, pour lui, comme pour presque tout le monde, était synonyme de désordre.

– Vous ne posez tout de même pas, en plus de vos activités professionnelles, par-ci, par-là, des bombes!

Neumans tira une bouffée de son brûle-gueule et fit une grimace.

– Non, ce n'est pas tout à fait mon genre, bien que je sache manipuler ces sortes d'engins. En réalité, il y a plusieurs sortes d'anarchistes. L'image que j'en propose est celle du marin solitaire en haute mer, seul maître à bord, à ses risques et périls. Je choisis pour moi cette image-là, car l'anarchisme est difficile à esquisser en quelques mots, il répond à de multiples définitions. La mienne est qu'un anarchiste est celui qui, jamais, ne s'en laisse conter, et qui, toujours, à chaque instant de sa vie, fait de préférence usage de sa propre cervelle, plutôt que de celle des autres, pour juger de ce qui lui convient ou pas; celui qui, dans tous les sens du terme, est le maître de lui-même, n'appartient pas à un troupeau, ne montre pas à l'épaule l'emprhinte dont on marque les moutons, ne porte pas au cou le collier du chien de berger ou celui du chien de garde. Cette définition ne vaut que pour moi, elle m'est personnelle. M'y référant, j'ai toujours été le capitaine de ma barque, sous le pavillon noir des hommes libres.

Comme Léo s'étonnait de le voir mêler le drapeau noir avec la vente de la cocaïne, il fit remarquer que le noir allait très bien avec le blanc et que vendre très cher de la *neige* à des bourgeois était une bonne action d'un point de vue révolutionnaire, la drogue contribuant à leur dégénérescence. À l'époque, en effet, la drogue n'avait pas encore fait son entrée dans les couches estudiantines et populaires...

Robert Neumans, cependant, était mieux qu'un fournisseur de cocaïne. Son anarchisme l'avait conduit en Catalogne, en 1937, lors de la guerre civile espagnole. Il avait, cette fois-là, tout abandonné pour prendre les armes. Le trafiquant avait cédé la place à un autre homme qui risquait, avec panache, sa propre peau. Il parla de cette guerre.

– Vous vous dites communiste, Magnanje. En Catalogne, quand les communistes arrivaient de France pour entrer dans les brigades internationales, ils étaient aussitôt encadrés et pris en charge, de façon toute militaire, par leurs camarades. En revanche, quand je suis arrivé chez les anarchistes, j'ai été reçu par des gens qui étaient comme de ma famille. Ils accueillaient chaleureusement leurs compagnons étrangers.

Communiste, Léo, depuis sa rencontre avec Jean Monegal, ne l'était que pour la circonstance, et seulement comme catéchumène. Il était encore à l'âge tendre où la future conviction n'est que la terre vierge attendant du semeur ou de la semeuse la pluie de graines. Rien, en ce qui le concernait, n'était joué. Neumans lui ouvrait des horizons nouveaux et l'entretenait longuement des anarchistes et des anarcho-syndicalistes ibériques. Il lui parla des figures de proue du mouvement libertaire, tombées au combat. De cette guerre si cruelle, il n'était pas sorti tout à fait indemne. Il avait été blessé. Il avait laissé sur le champ de bataille, chose étrange, un testicule. Il en plaisantait.

– Oui, j'ai perdu un bijou de famille, mais, heureusement, cela ne m'empêche pas d'honorer l'autre sexe. Pour ce qui est de ma virilité, je récuse l'adage des gens de robe qui déclarent : *testis unus, testis nullus.*

Comme Léo lui demandait pourquoi il refusait de se battre, alors que la guerre en Europe était, à son sens, une prolongation de la guerre civile espagnole et, donc, une contribution à la lutte contre les États totalitaires qu'il avait déjà combattus, il fit de nouveau la grimace.

– Il ne faut pas mélanger les torchons sales de la guerre avec les oriflammes de la révolution. Aujourd'hui, je ne risquerais pas ma peau pour le capitalisme qui, lors du dernier massacre a eu celle de mon père. Il y a quatre ans, je me battais du côté des exploités, ce n'est pas, à présent, la même chose. Ne soyez donc pas naïf, Magnanje. Les financiers qui ont tenu la main des chefs d'État pour signer la déclaration de guerre, n'ont pas ouvert les hostilités contre le totalitarisme, mais contre un concurrent trop dangereux sur le marché international. Ne soyez pas dupe du bourrage des crânes.

Fils du capitaine Neumans, tué au combat, il avait quelques raisons de ressentir de l'amertume. Sa mère et lui n'avaient pas roulé sur l'or au lendemain du premier conflit.

– Ce n'était pas avec la maigre pension que nous touchions que nous pouvions vivre décemment. Pendant la dernière guerre, alors que les soldats se battaient et mouraient, les financiers, eux, s'en mettaient plein les poches. Ils veulent de nouveau se les remplir, ils remettent ça, mais ils ne me feront pas, comme à mon père, la peau. Non, je ne veux pas me battre et manger les pissenlits par la racine pour avoir défendu les valeurs de ces messieurs.

Alors Léo parla de Jean Monegal qui, pour faire la Révolution en fin de guerre, se montrait plus soldat que les autres soldats. Neumans écoutait le récit, vivement intéressé, puis, quand Léo eut terminé, après avoir bourré une nouvelle pipe, le front plissé par l'application qu'il mettait au cérémonial de l'allumage autant que par la réflexion, il fit part de son sentiment.

– Votre ami est un idéaliste. Mais, vous le voyez déjà, comme tous les communistes, il marche au pas. Les communistes sont, avant tout, des militaires. C'est Sparte. Il n'y a pas loin de Spartacus à Sparte. Il faudra qu'il fasse bien attention, ce garçon, car, tout comme chez les militaires, ils ont, dans le parti, leurs adjudants-flics et leurs « gueules de vache ». Votre camarade est, pour le moment, un brave militant de base comme il y en a tant. C'est, pour l'instant, un bon soldat et, tel que vous me le décrivez, le chevalier un peu fringant d'une dame qu'il appelle Révolution. Toutefois, sachez qu'au sommet du parti, les dirigeants sont bien moins romantiques. Ce ne sont pas des idéalistes mais des techniciens, de froids calculateurs. Ce sont des joueurs d'échecs. Ils se contentent, comme les financiers, de manipuler ceux qu'ils contrôlent, à l'abri des coups. Ils n'hésitent pas devant le crime. En Catalogne, ils ont assassiné les meilleurs des nôtres. Ils ne voulaient pas de la révolution du drapeau noir. Leur grand exploit est d'être des exploiteurs mieux masqués que les autres.

Robert Neumans, après avoir connu l'extrême pauvreté dans son enfance, avait eu, ensuite, grand faim.

– J'ai fait partie de cette cour du roi Misère dont parle le voyageur Bardamu. Il y a une dizaine d'années, lors de cette crise économique qui faisait se défenestrer à New-York les hommes d'affaires et plonger des millions de chômeurs dans le désespoir partout dans le monde, je déambulais dans Paris. Pendant des jours, j'avais sillonné les rues, le ventre vide. J'étais de plus en plus léger, de plus en plus flottant dans mon pantalon dont j'avais resserré terriblement la ceinture. Je dormais sur les bancs publics. Je ne buvais que l'eau des fontaines. Je suis finalement tombé d'inanition et l'on m'a ramassé sur le trottoir, non loin de l'église de la Madeleine. A l'hôpital, on fit vite le diagnostic, car je n'étais pas le seul dans mon cas : la faim ! cette atroce maladie ! Vous imaginez cela ? avoir faim dans la rue ! Peut-être connaissez-vous ce poème dans lequel la manne qui tombe du ciel sur les affamés est, cruellement, de la neige. Vous ne connaissez pas ce texte ? C'est à la fois terrible et beau.

– Mais vous n'aviez pas d'amis qui auraient pu vous aider ?

– Non, je ne connaissais personne. Je préférais mourir que demander quoi que ce fût à qui que ce fût. À chacun sa fierté.

Son brûle-gueule venait de s'éteindre. Il gratta une allumette et, de nouveau, le front plissé par la contention que paraissait exiger ce rituel, procéda au rallumage et conclut :

– En revanche, pour moi, la *neige* a été une véritable manne. Il est vrai que, quand je me suis mis à en vendre, elle ne tombait pas du ciel.

Chaque jour, Neumans recevait une lettre à laquelle, chaque jour, il répondait. Un après-midi, il montra des photographies : une femme, à la montagne, au bord de la mer, sur la plage, puis au bord d'un yacht.

– C'est Lucienne. Elle vit en ce moment à Tours, puisque j'y suis en prison. Quand vous serez remis en liberté, voulez-vous lui transmettre une lettre, une lettre qui ne passera pas par la censure ?

– Certainement.

– Je ne doutais pas que vous accepteriez. Je vous en remercie. Ce n'est pas une lettre dangereuse, je ne veux pas vous utiliser autrement que comme un messager de confiance. Simplement, sur cette lettre, je veux lui exprimer, lui dire combien je la sens proche et tout ce que j'aime mieux ne pas confier à l'indiscrétion d'un censeur.

Léo admira Lucienne, mais davantage le beau voilier.

Il est à vous ?

– Oui. Il est mon rêve de gosse enfin réalisé. Avoir un bateau et aller en mer est une chose merveilleuse. Quand je suis sur ce navire, en plein milieu de l'océan, je suis comme Robinson dans son île.

– Et Lucienne est votre « Vendredi » ?

Cela le fit rire.

– Non, elle est mon « Dimanche » ! Mais insinueriez-vous, comme d'autres l'ont fait pour Sherlock Holmes et le docteur Watson, que Robinson et Vendredi formaient un couple ?

– Non, cette idée ne m'était pas venue à l'esprit, mais voyez, mon camarade Plachez et son ami, ne croyez-vous pas que, en ce moment, ils souhaiteraient assez être dans une île déserte ?

– A les voir, en effet, cela ne fait aucun doute. Mais, voulez-vous, ne soyons pas davantage indiscrets.

Dans la conversation, Neumans préférait l'usage du *vous*.

– Mais, je croyais, Neumans, que les anarchistes se tutoyaient ?

– Oui, ils se tutoient, mais ce n'est pas ma façon. Je trouve que le *vous* est plus individualiste que le *tu*, lequel est plutôt collectiviste. Le *tu* signale que l'on quitte sa propre personnalité pour adopter une personnalité commune à tous. Cela n'a peut-être pas grande importance car il y a toujours une nuance dans la manière de prononcer un mot ; mais, par exemple, quand je dis *vous* à un jeune garçon ou à une petite fille, je remarque aussitôt que l'enfant me sait gré de cette considération que je lui accorde et à laquelle il n'est pas habitué. Par politesse, je dis toujours *vous* à mon interlocuteur, quel qu'il soit. C'est, comme mon amour pour les bateaux, mon côté *british*.

– Et Lucienne, vous lui dites *vous* ?

– Je lui dis *tu*, car elle est un autre moi-même. Quand je me parle, même quand je m'engueule, car il arrive que je ne sois pas d'accord avec moi, je ne me dis pas *vous*.

– C'est dommage, car ce serait amusant de parler à son bonnet en lui disant *vous,* de dire *vous* à soi-même, non ?

Dans la prison de Tours, Léo reçut, enfin, des lettres. Les premières qui, à l'adresse du secteur postal de sa compagnie, lui furent réexpédiées par les bons soins du vaguemestre. Dans l'une d'elles, sa mère lui apprenait que le père, soldat territorial, gardait les voies de chemin de fer. Léo supposa, l'espace d'un instant, y croyant pour le seul plaisir, qu'on surveillait ainsi les rails afin qu'ils ne soient pas volés sous couvert de la nuit. Puis il pensa, plus prosaïquement, que cette garde avait pour but d'empêcher tout acte de sabotage. Une formation à la solde de l'ennemi était censée opérer sur le sol national. Deux autres lettres étaient de Geneviève.

Il y avait trois ans de cela, il avais croisé de nombreuses fois Geneviève dans la rue. Chaque fois, après s'être arrêté, il s'était retourné sur elle. Il la suivait du regard jusqu'à ce qu'elle disparaisse de sa vue. Un jour, se sentant peut-être transpercée par ce regard, elle s'était aussi retournée et, aussitôt, le surprenant à l'arrêt, avait vite repris la direction de son droit chemin. Ce fut la seule fois qu'elle bougea la tête vers lui. Ce ne fut qu'après de longues semaines encore, au bal du 14 juillet donné dans la rue, qu'il s'approcha d'elle pour l'inviter à la danse. Il ne savait pas danser ! Cela l'avait fait rire. Et les choses commencèrent. Ils quittèrent les flonflons pour aller se promener dans le parc tout proche. Ils marchèrent, marchèrent beaucoup dans les allées, puis, assis sur un banc, s'embrassèrent. Il venait d'avoir seize ans, elle en avait quatorze.

Il y avait aussi, dans son courrier, une autre lettre, écrite par Jacqueline, la fille de son ancien patron, plus jeune d'un an que Geneviève. Elle venait chaque jeudi dans le bureau avec son père et, tandis que Léo tapait des factures à la machine, elle mettait le nez dans ses cahiers de devoirs et ses livres de leçons. Lors des livraisons expédiées par la maison-mère, elle l'aidait à ranger des paquets, pas très lourds, dans les travées de l'entrepôt. Quand elle était là, il devait s'appliquer beaucoup pour ne point faire de fautes de frappe ou pour ne point se tromper de lieu de rangement. D'elle à lui, il y avait comme des ondes qui interféraient et le perturbaient. Le courant passait très fort entre eux. Tellement que, ne parlant point, parfaitement muets, ils se disaient beaucoup de choses. Quand elle lui passait les paquets qu'il rangeait ensuite, il arrivait que leurs mains se rencontrassent. Cela lui faisait le même effet que les baisers de Geneviève.

A Tours, donc, dans cette prison, il se trouvait ainsi, comme un pauvre curé de campagne, à desservir deux paroisses, deux églises, deux chapelles, l'une consacrée à sainte Geneviève et l'autre à sainte Jacqueline ! Deux lieux de culte que le dieu de l'Amour avait fait surgir de la terre en même temps. Sous le blond soleil de leurs cheveux, les deux jeunes filles l'éclairaient du vitrail de leurs yeux bleus. Toutes deux correspondaient au type féminin si bien décrit par Jean Monegal.

Jacqueline, dans sa lettre, avait joint des photos.

Dans sa cellule, il resta longtemps rêveur et, soudain, tout bêtement, des larmes coulèrent le long de ses joues. Il les aimait, oui il les aimait... toutes les deux !

Il avait aimé, tout pareillement à l'école chrétienne, Jean et Gontrand. Trop aimés, sans doute, puisque cette passion platonique l'avait distrait de l'étude : « élève inattentif, trop souvent dans les nuages », tel avait été le jugement du préfet avant son renvoi. Alors, dans sa cellule, il se demanda s'il n'avait pas, une fois de plus, optant pour l'armée, arrangé un départ afin de s'éloigner, avec des justifications secondaires, d'une double passion qui le faisait trop souffrir. Il s'interrogea aussi pour savoir si son goût des départs ne primait pas sur tous les autres. Car, enfin, s'il était là, en prison, c'était bien pour s'en être allé, une fois de plus !

En se passant la main sur le menton, après avoir séché ses larmes idiotes, il se rendit bien compte que, à dix-huit ans, sa barbe était encore loin d'avoir la texture du zinc ! Il fallait davantage se durcir. Non pas extérieurement, en ne mettant, malgré le froid, que sa chemise pour se protéger de l'air, mais intérieurement.

Léo se plaisait bien en la compagnie de Robert Neumans. Il apprenait toutes sortes de choses et, entre autres, l'art de lire un journal.

– Le plus souvent, voyez-vous, il faut faire fi de la première page et des grands titres. Ils sont souvent là pour détourner l'attention. En revanche, les petites nouvelles, même si elles n'ont que trois lignes, peuvent être intéressantes. C'est court, c'est rapide, et l'on y apprend une foule de choses. En les lisant, en les reliant les unes aux autres, on arrive à se faire une certaine idée de ce qui se passe. Procédant ainsi, j'ai acquis une quasi-certitude...

– Oui. Laquelle ?

– Tout simplement, nous allons être battus par les Allemands.

– Ouh la la ! Robert ! Vous aggravez votre cas, votre dossier est déjà bien lourd. Maintenant, vous y ajoutez le défaitisme ! N'a-t-on pas claironné que nous avions la première armée du monde ? Comment pouvez-vous penser ainsi ?

– La première armée du monde, seulement pour la propagande et pour maintenir le moral de la population. Il reste qu'il n'y a pas mal de gens pleins aux as qui, sous un prétexte ou sous un autre, partent aux Etats-Unis.

Les rats commencent à quitter le navire. Quant aux Allemands, négligeant la présence sur la frontière française de la première armée du monde demeurée l'arme au pied, ils ont montré toute leur puissance en attaquant victorieusement sur la frontière polonaise. Notre première armée du monde n'a pas osé profiter de cette occasion pour passer à l'offensive. C'est quand même bien étrange. Pour moi, cela signifie qu'elle est loin d'être au point. Elle n'est pas prête, pas plus prête que ne l'étaient les Polonais qui, après avoir avantageusement roulé les épaules et bombé le torse viennent de se faire battre à plate couture

– Mais alors, c'est insensé ! Pourquoi donc avoir déclaré la guerre dans de telles conditions ?

– Comme la plupart des choses, la guerre est l'iceberg dont on ne voit que la partie visible. On ne sait rien de la partie la plus importante, secrète, bien cachée sous les eaux. Et sous les eaux, et tout proches, sont les requins de la mort, grands amateurs de naufrages. Ils ont très gros appétit. On nous dit que là-bas, en Pologne, de grandes villes sont détruites. Or la guerre ne fait que commencer. Après toutes ces destructions, il faudra reconstruire. Tout ça rapportera gros et fera marcher le commerce. La guerre est une solution au chômage et à la crise. Déjà, les affaires reprennent pour les marchands de canons, pourvoyeurs d'engins d'étripage et de démolition.

A peu de chose près, Neumans, presque dans les mêmes termes d'ailleurs, venait de faire une analyse identique à celle de Jean Monegal. Cette interprétation des événements était celle qui avait également cours dans les couches populaires. Personne, dans le fond, n'était dupe.

Quand les portes de la prison s'ouvrirent au deuxième mois du conflit, à la mi-octobre, Léo eut le sentiment d'avoir fait une excellente retraite.

Plachez, de son côté, était aux anges. Il avait moissonné de précieuses adresses : celle d'Yves Lacomme qu'il se proposait de revoir à la base aérienne de Tours, celle de Gaston Bahut et celle de son cher compagnon de geôle.

– T'as eu, là, une fameuse et fière idée, Léo, en proposant de partir comme ça, sans perm'. On n'a pas tellement été malheureux et, pendant tout ce temps, on a coupé aux exercices et aux corvées.

Plachez l'accompagna, tout heureux donc, dans les rues de Tours, jusqu'à la porte de l'hôtel où vivait Lucienne.

Quand elle sut qu'il venait de la part de Robert, Lucienne accueillit Léo avec un lumineux sourire qui s'éclaira plus encore quand il lui remit la lettre dont il était porteur. Il vit qu'elle avait grande hâte de l'ouvrir. Elle voulut, cependant, par gentillesse, le faire entrer. Sur le pas de la porte, il déclina l'offre.

– Je ne veux pas m'attarder, un camarade m'attend dehors.

En la quittant, il ne put s'empêcher de lui dire ce qu'il pensait de Neumans.

– Vous savez, c'est vraiment un chic type !

Elle était très émue et ne put que lui répondre, dans un souffle à peine audible :

– Mais, je le sais !

Jean Monegal écouta, avec gravité, le long récit de l'escapade. Il y avait, dans l'attention qu'il portait, toute l'indulgence d'un aîné. De deux ans plus âgé, il était plus mûr quant à l'expérience de la vie et paraissait à Léo comme une autre image de Robert Neumans. Comme Léo insistait sur les points que Monegal avait en commun avec le prisonnier de Tours, il eut un sourire.

– J'ai des Neumans dans ma famille, peut-être est-il l'un d'eux. Mais ça, on peut dire que tu en as fait de belles ! A peine as-tu mis le nez dehors, voilà que tu rencontres des pédérastes plus un trafiquant de drogue, et, bien sûr, pour faire bonne mesure, pas n'importe lesquels : tout de suite les célébrités. Je commence à comprendre, ajouta-t-il en riant, pourquoi ta sainte mère t'a mis en cage chez les curés. Toutefois, en ce qui concerne les affinités particulières que tu illustres par la rencontre de ce brave Plachez avec Tonton et compagnie, je te fais remarquer gentiment qu'elles peuvent tout aussi bien illustrer ta propre rencontre avec Robert Neumans ; il me semble t'avoir déjà dit que tu étais toi-même anarchiste, non ?

– Si l'anarchisme est le but de la révolution, ça ne me paraît pas condamnable, après tout.

– Sauf que cela ne semble pas interdire la vente de la drogue ! D'accord, l'anarchisme est le stade ultime de la Révolution. Mais la Révolution peut-elle avoir une fin ? Avant d'atteindre ce point terminal, il faut passer par d'autres phases. Les gens, dans leur ensemble, ne sont pas encore mûrs pour se passer de maîtres. Il y a eu des essais, par de petits groupes, de créations de communautés anarchistes, le moins que l'on puisse dire c'est que cela n'a pas été très concluant. La liberté sexuelle, l'amour libre, par exemple, avec tous les tarés et les dingues qui existent, les violeurs de petits garçons et de petites filles, ne peuvent guère se décréter, comme ça, du jour au lendemain. En attendant, pour éviter les débordements, aussi bien pour le sexe que pour la drogue d'ailleurs, il faudra des garde-fous et des chefs.

Soudain, Jean Monegal présenta sa main droite, comme si elle soutenait un plateau.

– Regarde, voici une main avec ses cinq doigts, quel est, à ton avis, le chef parmi ces cinq doigts.

– Celui-là, l'index.

– Ah ! pourquoi ?

– Parce qu'il montre, il indique.

– Ce que tu décris là n'est pas un chef mais un indicateur, un prêcheur, un policier ou bien un juge !

Il représenta sa main comme si, cette fois, elle tenait une orange ou une pomme.

– Comme tu peux mieux le voir, le chef c'est, visiblement, le pouce. Les quatre autres doigts sont devant lui, comme au rapport, et tous ont besoin de lui, quelle que soit l'action qu'ils entreprennent. Tiens, montre ta main et ferme le poing.

Léo ferma son poing.

– Voilà. C'est parfait. C'est le poing communiste. Tu y vois que le chef y commande et que les autres s'inclinent devant lui. C'est ça la dictature du prolétariat. Maintenant, je vais te montrer ce que sont la démocratie et l'anarchisme.

Il ferma son poing, mais en mettant le pouce à l'intérieur des autres doigts.

– Vois. Il n'y a plus de chef. Les autres l'ont fait prisonnier. Essaye donc de te battre avec ce poing-là. C'est un poing qui va se révéler faible et la bataille est perdue d'avance. Telle est l'histoire et c'est de l'histoire naturelle.

Cette démonstration amusa Léo.

– Ton poing, pouce au-dessus, ce peut-être aussi le poing d'un chevalier, d'un aristocrate, d'un roi ou d'un dictateur.

– Bien sûr. Une idée doit avoir une tête, un chef. Les communistes sont une nouvelle chevalerie.

– Je ne doute pas, maintenant, que tu deviennes un chef et que tu finisses général de l'armée Rouge.

– Si j'arrivais à un véritable commandement, je mettrais en pratique ma théorie du poing en créant une organisation où les unités de base seraient de cinq hommes et, de même, au sommet, un commandement suprême composé de cinq membres : quatre patrons plus le grand patron et qui s'accorderaient comme les doigts de la main.

Jean était bien différent de Léo. C'était peut-être pour cela qu'ils s'entendaient si bien l'un et l'autre. Un peu comme bras droit et bras gauche !

*

* *

A la chute des feuilles nées du dernier printemps de paix, ils quittèrent enfin Notre-Dame-d'Oé pour prendre, cette fois, la direction de l'Est.

André Plachez n'était pas avec eux. Il s'était débrouillé pour demeurer au centre de ses nouvelles amours. Peut-être avait-il rencontré le lieutenant Lacomme, très influent. En tout cas, il restait à Tours. Léo eut quelques regrets de le quitter, car sa gentillesse faisait de lui un charmant compagnon. Plachez le vit partir avec quelque tristesse, mais c'est avec plus de tristesse encore qu'il vit s'éloigner Jean Monegal. Nul doute que si Monegal avait été son chef, Plachez l'aurait suivi aveuglément et, peut-être, héroïquement.

Ils reprirent donc le train pour débarquer, en pleine nuit, dans une petite ville arrosée par la Thur, affluent de l'Ill : Cernay. Ils étaient maintenant en plein hiver, par moins trente degrés, dans un froid sibérien et dans la neige qui n'avait rien à voir avec celle de Robert Neumans, mais qui était presque aussi anesthésiante.

La petite ville leur plut tout de suite.

Né en Alsace, au beau milieu du mois de janvier, Léo s'y retrouvait bien longtemps après pour y fêter ses dix-neuf ans. La guerre ne bougeait pas, gelée, elle aussi. Ou bien était-elle tapie, immobile, bête sauvage prête à bondir ? Cette fois, ils étaient à portée des griffes et de la gueule.

Chaque soir, après une matinée suivie d'un court après-midi peu militaires, identiques à ceux de la veille, ils avaient quartier libre. Ils allaient se promener dans la petite ville pour regarder, comme ils l'avaient fait à Tours, les femmes et les jeunes filles. Mais, à cause du froid rigoureux, elles se faisaient rares. Ensuite, pour se réchauffer et « écluser » quelques bières, ils se rendaient au café proche de l'église, vieille de huit siècles. Pas davantage qu'à Notre-Dame-d'Oé, la guerre ne se distinguait de la paix. Tout engourdie, tout endormie, elle était en hibernation des deux côtés du Rhin.

Un matin, cependant, cette paix, toute provinciale, fut troublée par l'incursion d'un avion de reconnaissance à croix de Malte. Après avoir survolé trop longtemps la région, il fut abattu par des avions de chasse au dessus des champs, à quelques kilomètres de Cernay. Ils firent alors connaissance avec ce qui, par la suite, allait devenir si commun aux yeux des combattants : la mort.

Ils virent les restes de l'avion brisé et brûlé, et, parmi ces débris, le corps du pilote, dans sa carlingue, calciné. Léo, entre ses mains, garda quelques instants ce qui restait d'un gant de l'aviateur. Il ressentait une infinie tristesse. Jean prit, à son tour, le gant à demi brûlé que Léo lui tendait.

Les soldats de leur détachement, une douzaine, que le commandant de compagnie avait dépêchés ici, étaient graves, et, dans le grand silence hivernal, plein de respect pour le mort.

Près de Jean, Léo, comme parlant à lui-même, murmura :

– Voici notre premier tué. Combien d'autres verrons-nous encore ?

Jean répondit :

– C'est vrai que les planqués ne voient pas les morts. Ton copain Plachez n'en verra sans doute pas beaucoup. Il n'a déjà pas vu celui-ci.

Jean était, à l'égard de Plachez, beaucoup plus sévère que Léo.

Ils étaient dans les champs. Tout était blanc de neige, pur, immaculé. Sauf ici. Ici, il y avait cette tache sombre, cet homme tout noir, ce messager avant-coureur de tous ceux que la mort gardait, comme en instance, sous le coude, ce nègre venu vers eux des pays allemands, tout immobile, tout raide, tout charbonneux, au milieu de la ferraille de son traîneau céleste, tout cassé.

Peu après leur arrivée en Alsace, Léo avait écrit à Robert Neumans, le prisonnier de Tours. Il répondit par une longue lettre. Léo lui avait demandé de lui indiquer des livres dans lesquels les personnages étaient anarchistes. Pour le présent, Neumans conseillait un certain nombre d'ouvrages dont ceux de Jean Giono et ceux de Panaït Istrati. Pour le passé, il citait quelques auteurs de la fin du XIXe siècle tels Stirner et Proudhon que l'on pouvait encore trouver chez des bouquinistes. Après avoir longuement disserté sur la théorie égoïstique de Stirner, il conseillait à Léo, au nom même de cette philosophie, de passer un pull-over par-dessus sa chemise car, assurait-il, le froid se faisant plus vif, il risquait, s'il persistait à vouloir trop s'endurcir, de se rendre aussi dur que la pierre et, comme il gelait à pierre fendre, de se retrouver en morceaux et définitivement refroidi. Après avoir lu ce passage empli de gentillesse moqueuse, Léo ne put s'empêcher d'évoquer, une fois de plus, le pilote brûlé, sans doute très cassant, lui aussi, mais sous l'action du feu. Cet homme carbonisé, ce nègre mort, le hantait. Tel un revenant dans un grenier, il errait là-haut, dans les combles de son esprit, ombrant chacune de ses pensées des lents flottements d'un voile funèbre.

Léo montra la lettre de Robert à Jean qui, après lecture, fit part de ses doutes.

– Je ne crois guère à cette société des hommes libres que les anarchistes prévoient pour demain. Il ne faut pas se faire d'illusions, il y aura toujours des chefs, ils sont nécessaires, pour ne pas dire indispensables. Les anarchistes et les anarcho-syndicalistes, en Espagne, dont parle Neumans, avaient des chefs. Qu'étaient d'autres les Durruti, Ascaso et Camillo Berneri ? Bien sûr, ils ne portaient pas de galons, mais c'est un mince détail.

– Peut-être as-tu raison. Mais, de ces assassinats perpétrés par les rouges à Barcelone, comme celui, précisément, de Berneri, dis-moi, qu'en penses-tu, toi ?

– Rien, pour ma part, que je puisse justifier. C'est là une des nombreuses manières de régler son compte à quelqu'un politiquement trop gênant. C'est une coutume que l'on trouve sous tous les cieux et sous tous les régimes, tout au long des siècles. Les anarchistes eux-mêmes ne sont pas de petits saints, souviens-toi de Netchaïev, ami de Bakounine ; comme les autres, ils ont pratiqué l'art de l'assassinat. L'assassinat, comme la guerre, c'est encore de la politique, avec d'autres moyens.

– Je suis bien moins savant que toi. Pour Netchaïev et les nihilistes russes, je vais faire comme si je me souvenais, bien que je ne connaisse pas ces braves gens. Toutefois, à propos des chefs, je te fais part que, dès à présent, tu fais partie de cette mauvaise graine. Je viens d'apprendre que tu es proposé pour le grade de caporal ! Tu vas recevoir bientôt tes premiers galons ! Tu tournes mal. Je me demande si tu es encore bien fréquentable !

Jean se montra visiblement heureux de cette nouvelle.

– Tu vois ! Déjà caporal communiste ! Je ne vais pas tarder à devenir général dans une grande armée Rouge ! Alors, en attendant, permets-moi de prendre tout de suite le commandement. On va d'abord aller boire un coup pour arroser mon ascension dans la hiérarchie militaire et puis voir si, en ville, les jolies filles sont toujours prisonnières du froid.

Mieux que Kropotkine ou que Proudhon, Jean Monegal venait de trouver la société idéale. Pour l'heure, il devenait un chef selon la convenance de Léo qui avait grand besoin de changer le cours de ses idées et, aussi, grand soif.

– Ton programme, lui dit-il ce jour-là, me satisfait pleinement, aussi ne vais-je pas, malgré mon anarchisme, t'assassiner aujourd'hui.

– Si tu me promets de ne jamais m'assassiner, quand je serai général dans l'armée Rouge je te ferai colonel.

Ainsi passaient les jours. Ainsi grandissait l'amitié.

Ce café, près de l'église, où ils se mêlaient à des civils, aurait, à leur goût, fait davantage partie de l'enveloppe de paix dans laquelle ils se complaisaient si les femmes n'y avaient pas été aussi rares. À part la patronne, et parfois une serveuse, là pour le coup de main, elles étaient absentes. Le café, en cet hiver glacial, était le lieu de rendez-vous des hommes. Et ceux-ci, le plus souvent, parlaient alsacien. Apparemment, ils s'étaient installés, eux aussi, dans la paix. Pourtant, en lisière de la petite ville, se trouvaient les cimetières militaires allemands et français, et, plus haut, tout proche, au sommet de l'Hartmannswillerkopf, un ossuaire de dix mille soldats anonymes rappelait à tous le souvenir des terribles combats de l'année 1915. Pour l'instant, chacun buvait sa bière, son Amer Picon, ou bien les deux mélangés. Quelques-uns se faisaient servir, au comptoir, pour quelques raisons inconnues, un demi où la bière, avant d'être bue, était transpercée d'un fer rougi au feu ! Peut-être était-ce là, tout simplement, opération magique pour, au cœur même de cette boisson évocatrice du futur cercueil, conjurer et même poignarder, ne fût-ce que symboliquement, les démons du froid et de la mort.

Jean Monegal et Léo fumaient, dans leur coin, des cigarettes. Ils ne faisaient qu'ajouter un peu de fumée à celle déjà usinée par les autres consommateurs. Le tabac, pour le moment, ne manquait pas. Ils fumaient et bavardaient, heureux d'être ensemble, comme deux braves pékins dans leur petit bistrot de province.

Quand ils sortirent du café, Léo trouva, dans une poche de sa capote, un tract qu'il lut dès leur arrivée au cantonnement.

« Camarade, ouvrier ou soldat, où que tu sois, lutte contre la guerre, lutte contre la guerre voulue par la finance internationale contre les peuples. Où que tu sois, agis pour la paix, contre la misère et la servitude. Par tous les moyens, combats contre les valets du capitalisme. Le Parti communiste combat pour la paix. »

Léo remit aussitôt ce papier à Jean Monegal.

– Le gars s'est trompé de manteau. C'est plutôt pour toi, non ?

Au bistrot, il avait accroché, comme Jean, sa capote au « perroquet ». Un propagandiste, facteur clandestin, s'en était servi comme d'une boîte aux lettres. À la lecture de ce tract, Léo avait eu comme un sentiment d'irréalité. A part l'avion détruit, rien n'avait ressemblé à de la guerre ici ! Jean, après en avoir pris connaissance, se montra très ému. Il y avait toujours des camarades qui continuaient l'action, dans l'ombre. Quoique poursuivi et ses militants arrêtés, le Parti manifestait, malgré l'interdiction dont il était l'objet, qu'il était toujours vivant.

– Tu n'es pas d'accord avec ce tract ? demanda Jean.

– Si, mais à part cet avion allemand, abattu l'autre jour, je ne m'étais guère aperçu qu'il y avait la guerre !

– En tout cas, pour le moment, il y a la guerre contre le parti. Ils sont toutefois assez imprudents, les gars de Cernay. Sans doute veulent-ils démontrer qu'ils sont toujours là. Personnellement, comme membre de ce parti, je n'ai rien à me reprocher, je suis bien dans la ligne car, depuis que les hostilités ont été déclarées entre la France et l'Allemagne, je n'ai pas tiré un seul coup de fusil. Toi non plus d'ailleurs, tu n'as guère appuyé sur la détente ! Il est vrai que, comme anarchiste, tu dois être plutôt pour la crosse en l'air !

Léo décela comme une faille dans l'attitude de son ami.

– Dis-moi donc un peu, selon ta propre théorie, s'il n'y a pas la guerre, il n'y aura pas la révolution. Tu resteras donc simple caporal dans l'armée bourgeoise !

– L'avion que nous avons vu l'autre jour est l'hirondelle qui annonce le printemps de la guerre et l'été de la révolution. Sois tranquille, il ne va pas tarder à faire chaud, très chaud même.

– Alors, tu seras bien obligé de te servir de ta mitrailleuse et de ton fusil, et tu seras en contradiction avec la ligne du Parti.

– La guerre est le nœud d'une contradiction que dénouera la révolution, autre nœud de contradiction que dénouera, à son tour, la société communiste. La vie n'est faite que d'une suite de contradictions qu'il faut toujours dénouer. Oui, je serai en contradiction avec la ligne du Parti. Il me faudra donc, le moment venu, dénouer ce nœud-là.

La réponse ne convainquit pas Léo.

– Sacrée gymnastique, quand même, que tout cela, répondit-il, la vie n'est pourtant pas une corde à nœuds !

Jean Monegal demeura un bon moment silencieux et Léo crut avoir marqué un point. Jean s'en sortit par une heureuse pirouette.

– Notre propre vie est le résultat du nœud de nos pères que dénouèrent nos mères.

Il avait voulu avoir le dernier mot. Léo le lui avait laissé. Il ne lui répondit pas que c'était par la douceur, et non par la violence, que nos mères avaient procédé. Il se contenta de lui répartir que la dialectique communiste était une étrange chose qui ne lui paraissait pas bien coller avec la réalité. Malgré son « anarchisme » et son « athéisme », il était encore tout imprégné de l'enseignement de ses professeurs chrétiens plus proches de l'esprit de finesse cher à Pascal que de l'esprit de géométrie cartésien dont il parait son compagnon.

D'autres lettres que celles de Robert Neumans lui étaient parvenues. Elles étaient toutes emprhintes de paix. Ses parents espéraient bien le voir arriver avec un titre de permission en poche. Geneviève lui parlait d'avenir, de leurs promenades dans le parc Sainte-Marie et du banc où ils avaient échangé leurs tendresses. Elle passait souvent près de ce banc et alors, écrivait-elle, des larmes lui venaient. Jacqueline regrettait le temps où son père, chaque jeudi, l'emmenait au bureau de l'entrepôt où, elle et Léo, tout en gardant le silence, se disaient tant de choses. Elle lui apprenait que son père, pour la taquiner, lui disait alors :

– Viens, je t'emmène. Nous allons voir petit Léo. Je vois bien que cela ne te fait pas tellement plaisir et que tu préférerais plutôt qu'il y ait classe aujourd'hui. Malheureusement l'école est fermée.

Comme elle rougissait, son père riait.

À Cernay, ils étaient près de la frontière. Une vingtaine de kilomètres les séparaient du Rhin. Cependant, les habitants du bord de la Thur n'étaient pas non plus inquiets. Il ne leur semblait pas que les sanglants combats de 1915 se renouvelleraient de sitôt.

Les soldats de la compagnie de Léo étaient chargés de la défense d'un terrain d'aviation, mais rien n'était encore bien au point. Pour l'instant, les avions et le terrain lui-même étaient du domaine de l'imaginaire. A part quelques revues d'armes où ils devaient présenter des fusils en parfait état, quelques inspections dans le gymnase où ils étaient cantonnés et, de temps en temps, une marche de quelques kilomètres, ils faisaient peu d'exercices. Ils avaient beaucoup de loisirs. Aussi, avaient-ils tout le temps d'écrire longuement à leurs correspondants.

Dans ses lettres à Jacqueline et à Geneviève, Léo disait toute sa tendresse qui était réelle, mais il évitait d'employer les mots de la passion exclusive. Il était comme enferré. Il n'avait nullement l'assurance et le cynisme d'un Don Juan ; il n'avait pas tout à fait l'âme libertine et il se sentait coupable. Lorsque Jean et lui, à Tours comme à Cernay, sortaient pour aller voir les filles, il éprouvait un certain malaise qui s'ajoutait à celui qu'il ressentait dans sa bigamie. « On ne court pas deux lièvres à la fois » disait sa mère. Par elle, il découvrait soudain, en même temps que ses faiblesses amoureuses, la sagesse des nations. Comme pour oublier, après avoir écrit ses lettres d'amour, il se plongeait dans un livre.

C'est alors que Jean s'approchait.

– Tu viens ? On va voir si les jupes sont dans la rue.

Léo posait vite son bouquin et bondissait de dessus son lit, déjà heureux à l'idée du spectacle donné par des robes en mouvement. Ses culpabilités, ces corneilles toutes noires, s'enfuyaient aussitôt à tire-d'aile.

Cependant, sur la chasse de Cernay, il y avait, hélas, bien peu de « lièvres » à soulever. Presque toutes les femmes, à l'abri de l'hiver et des chasseurs, étaient blotties dans leurs terriers !

*
* *

La température devint bientôt plus clémente. Les jeunes filles, plus nombreuses depuis l'approche du beau temps, n'avaient d'abord été que quelques-unes à pointer leur nez dans les rues, telles des primevères qui, après s'être aventurées dans un coin de pré ou dans un renfoncement de bois, auraient ensuite fait signe à toutes les autres fleurs que le temps était bel et bien au beau et le paysage plus sûr.

Quelques-unes avaient déjà la réputation, justifiée ou non, d'être faciles à cueillir. Quant aux autres, la quasi-totalité, à la fois gracieuses et piquantes, elles se révélaient peu accessibles.

Les soldats parlaient souvent de l'une d'elles, superbe créature que ni Jacques ni Léo n'avaient encore rencontrée : Laure Ley. Ils en parlaient presque avec respect, un peu comme d'une châtelaine sortie d'un conte de fées. Ils n'employaient pas les mêmes mots effrontés pour elle que pour les autres jeunes filles. Apparemment, elle leur en imposait. Avant de connaître son nom, ils l'appelaient « La Belle Blonde ». Lorsqu'ils connurent ce nom, par les autres demoiselles, ils la nommèrent, plus familièrement, Laure.

Quelques jeunes officiers et sous-officiers s'étaient efforcés, en vain, de l'accoster. Elle avait décliné toutes leurs invitations avec un très beau sourire où la moquerie n'était pas exempte. Elle leur avait répondu en dialecte alsacien, ce qui avait tout de suite déconcerté les corsaires. Le Dugay-Trouin ou le Surcouf en herbe, ou tout autre Malouin qui avait tenté l'abordage de la Sirène avait dû finalement renoncer, bien obligé de laisser là son aventure et de « filer son nœud », bien déçu d'un rêve de conquête qui finissait pour lui en « queue de poisson ».

Nos deux amis espéraient apercevoir Laure au cours de leurs promenades, et ils prêtaient davantage attention. Un jour, enfin, Léo donna un coup de coude à Jean qui regardait d'un autre côté.

– La voilà !

En la voyant, Léo pensa instantanément au poème de Heinrich Heine.

Elle était la *Lorelei.* Elle avait quitté son rocher et les rives du Rhin où sa présence, révélée par son chant, avait médusé les marins. Fascinés par l'éclatante apparition, ils avaient laissé leurs bateaux se fracasser sur les écueils et s'étaient noyés.

La Belle Blonde, altière, passa près d'eux et, comme elle s'aperçut tout de suite que, apparemment pour l'enlever et l'emporter avec eux, ils la dévisageaient avec insistance, elle leur jeta l'éclair d'un regard vert éblouissant, suivi d'une succession rapide d'autres éclairs, alternatifs cette fois, mais tout aussi flamboyants.

Ces regards ressemblaient fort à des défis.

Jean et Léo en restèrent stupéfiés. Léo gardait l'impression qu'un cliquetis d'épées venait d'avoir lieu, mais avec un maître d'armes.

– Eh bien, on peut dire qu'elle n'a pas froid au yeux celle-là !

– Pour ça, oui, dis donc, elle est bougrement culottée !

La Sirène venait de croiser dans leurs eaux à tribord. Elle avait laissé derrière elle quelques remous. Non point ceux d'un poisson ou ceux d'un serpent de mer, car, sur cette terre de Cernay, la Belle Blonde leur avait montré de fort belles jambes habillées de bas noirs, mais ceux agités du bouillonnant désir des hommes quand passe à leur hauteur une belle et chaude créature.

Depuis, ils avaient revu la Belle Blonde, mais quand ils passaient près d'elle, elle faisait comme si elle ne les voyait pas. Le jour de la première rencontre et de la passe d'armes, elle les avait *tué* l'un et l'autre. À ses yeux, ils semblaient n'exister plus.

Cependant, depuis que Léo avait vu Laure, sa barque, si elle ne s'était pas fracassée comme celle des mariniers du Rhin, s'était tout de même bien abîmée et, au cours de ces croisières dans lesquelles ils leur arrivait de rencontrer la jeune fille, elle se déglinguait davantage. Chaque fois, sans façons, la Lorelei y venait prendre la place de Geneviève ou de Jacqueline ! Quant à Jean, dans sa périssoire, il commençait à chavirer...

Un jour, ils la rencontrèrent de très près.

Les circonstances firent que, à cause de la présence d'un groupe de personnes bavardes barrant une partie du trottoir, elle dut se rapprocher d'eux. Jean ne put alors éviter de la frôler. Léo avait un peu provoqué la chose en maintenant obstinément sa ligne de marche, droit devant lui, imitant parfaitement bien la distraction pour éviter de descendre sur la chaussée. Jean ne put s'écarter et ne lui laissa qu'un passage très étroit, lui cédant le plus possible le haut du pavé. Il lui présenta alors ses excuses. Tout en le regardant longuement, elle lui répondit par un sourire étonné mais compréhensif, puis elle ajouta ces quelques mots :

– Ce n'est peut-être pas tout à fait de votre faute. Les trottoirs ne sont pas bien larges !

En disant « ce n'est peut-être pas tout à fait de votre faute », elle avait regardé Léo, comme pour lui laisser entendre qu'elle n'avait pas été dupe de son manège.

Elle avait parlé français !

De plus, cette fois, elle n'avait pas feint l'indifférence.

Après ce petit incident, il parut à Léo que la barque de son compagnon était en beaucoup plus mauvais état que la sienne.

Il leur arriva de la rencontrer deux fois encore.

La première fois, Jean l'avait saluée fort discrètement. Il eut droit, de nouveau, à un long regard, plus un léger sourire et, en guise de salut, à une petite inclination de tête. Il en fut de même la seconde fois, mais, en cette nouvelle rencontre, le sourire de Laure était devenu franchement complice. Apparemment, Jean avait obtenu beaucoup plus que tous ceux qui avaient abordé la jeune fille. Léo lui en fit la remarque.

– Il me semble bien que tu as plus de succès auprès d'elle que les autres qui se promènent pourtant avec des galons dorés.

– Oui, mais c'est bien malgré moi, je... enfin, je ne sais pas, je ne réalise pas. C'est comme si je me trouvais en plein brouillard.

– Comment la trouves-tu ?

– C'est *elle.*

– Comment ça, c'est elle ? Je ne comprends pas.

– C'est celle dont je te parlais en Touraine, avant de la rencontrer ici. *Je l'ai reconnue.*

– Comment ça, tu l'as reconnue ? puisque tu ne...

– Léo, je crois que c'est mieux de n'en point parler.

– Mais pourquoi ?

– Je ne sais pas. Comme ça. Je crois que c'est mieux. Pour l'instant.

Lors de cette dernière rencontre, en voyant Laure arriver, il était devenu tout pâle. La jeune fille ne pouvait pas ne pas s'être aperçu qu'il avait reçu, en la revoyant, un coup au cœur. Mais elle-même avait paru montrer une pâleur identique.

Prescience ?

Trois mois de guerre paisible venaient de passer sur l'Alsace et le printemps n'eut guère qu'à enterrer l'hiver, son vieux père aux cheveux de neige. Du côté de Laure, il n'y avait rien eu, non plus, de bien nouveau. Entretemps, toutefois, Léo avait reçu deux lettres de Robert Neumans à qui il avait écrit de longues pages. Les réponses avaient été plus longues encore. En prison, il est vrai, Neumans avait tout son temps.

Pour camper son personnage extérieur, Léo, comme Neumans, s'était mis à fumer la pipe.

Par un bel après-midi de mars, il s'était arrêté net devant une vitrine, hypnotisé. Il y avait là des briquets et des pipes auxquels il n'avait jamais accordé la moindre attention. Et ce fut presque sans réfléchir que, cédant au déclic d'une brusque impulsion, il entra dans le magasin.

– Vous désirez ?

– Je voudrais voir les pipes.

La buraliste ouvrit la vitrine et, sans hésiter, Léo en désigna une, presque semblable à l'une de celles que fumait Neumans en sa prison.

– Celle-là, qui est juste derrière celle à tête de mort. Oui, c'est ça, avec un paquet de tabac gris et une boîte d'allumettes.

Il n'était pas assez riche pour acheter une blague à tabac. Ce serait pour la prochaine fois. Quant au briquet, Neumans avait décrété que c'était une hérésie que d'y allumer une pipe. Il était pour les allumettes.

– Le briquet se marie bien avec les cigarettes, disait-il, mais la boîte d'allumettes s'harmonise mieux avec la pipe.

Léo était de cet avis. Et puis, les allumettes lui rappelaient son enfance et l'allumage, à ses dix ans, des mégots ramassés, à l'exemple de Jules le Mendiant, sur les trottoirs.

Le soir même, au cantonnement, il alluma sa première pipe. Elle le fit naviguer en haute mer, par très gros temps. Et ce mal de mer fit que son dernier repas refit son voyage en sens inverse. Jamais il n'avait été si malade !

– Il faut que tu t'accoutumes, avait dit Jean.

Depuis, il s'était bien accoutumé. Sa pipe et lui faisaient maintenant très bon ménage. Il avait enfin trouvé une compagne de chaque jour. Comme un baume impalpable, elle lui avait apporté une sorte de paix intérieure, une certaine philosophie de la vie, des êtres et des choses.

Grâce à la fumée de sa bouffarde, à l'amitié de Jean, à la compagnie d'un bouquin qui traitait de la mythologie égyptienne, il se sentait moins abandonné, quoique fort privé de femmes.

Jean Monegal n'avait pas de pipe pour se consoler de ne plus revoir Laure. Il fumait cigarette de troupe sur cigarette de troupe, les siennes et celles de Léo. La jeune fille semblait avoir disparue.

Cette disparition était d'autant plus troublante que leurs camarades disaient, parlant entre eux, avoir aperçu Laure, tantôt à tel endroit ou tel autre dans la ville.

Ils étaient donc très perplexes. Dans Cernay, ils avaient fait de véritables expéditions pour la retrouver, mais en vain. Giboyeurs malheureux, ils rentraient chaque fois bredouilles après de longues battues inutiles. C'était à croire qu'elle se musait, tel un lièvre dans la lande, à l'abri de leur chasse, fuyant à leur approche pour se cacher à nouveau.

Un certain soir, cependant…

Ce soir-là, comme chaque semaine, ils étaient allés au cinéma. Il y avait un changement de programme et la salle, de plus en plus bruyante, s'emplissait comme à l'accoutumée de civils et de militaires.

Peu après qu'ils furent installés dans le fond de la salle, apparut, à l'autre bout de leur rangée, un petit groupe de jeunes filles qui vinrent prendre place à côté de Jean. L'une d'elles se trouva, ainsi, au coude à coude avec lui. Elle l'avait d'abord regardé et pâli, puis elle avait jeté un coup d'œil vers Léo. Ses yeux verts s'étaient vite reportés sur le visage de Jean, pâle lui aussi. Puis elle s'était assise et s'était tournée vers ses compagnes pour participer à leur conversation.

La Sirène avait changé la couleur de ses vêtements et le mouvement de sa chevelure, ils n'avaient pas tout de suite reconnu sa silhouette. Mais c'était bien elle, éclatante de beauté.

Jean était là, maintenant, comme en un songe.

Le hasard les avait donc postés, elle et lui, côte à côte.

Le hasard ? Ou bien était-ce la jeune fille qui, d'elle-même, les apercevant, avait orienté ses compagnes ?

Ils avaient couru vainement le lièvre et, tout à coup, celui-ci, plein de malice, était venu se blottir tout contre eux.

Bientôt le cinéma fut plein.

Peu à peu, Jean avait repris des couleurs. Léo, cependant, était presque aussi ému que lui. Pour réagir, afin de dire quelque chose et meubler le silence après que l'*ange* fût passé et se fût assis auprès de Jean, Léo fit remarquer à son compagnon, à haute voix, que la musique d'ambiance déversée dans la salle était plutôt du genre débile. Jean approuva.

– Tu as raison, j'aime quand même mieux la musique allemande.

Quelques jours auparavant, à propos d'une lettre de Robert Neumans, dans laquelle celui-ci citait *Jean-Christophe* et la *Vie de Beethoven* de Romain Rolland, ils avaient parlé de la musique allemande ou, plutôt, de ce qu'ils en connaissaient, relativement peu de chose. Jean venait de faire allusion, alors que le brouhaha de la salle se faisait moins intense, à leur conversation passée.

C'est au moment où Jean prononça cette phrase sur la musique d'outre-Rhin que Léo vit Laure s'arrêter de parler avec sa voisine, se tourner vers Jean et le regarder avec la plus grande attention. Alors, Jean, surpris, mais très à l'aise cette fois, d'une voix douce, la questionna :

– Vous n'aimez peut-être pas la musique allemande, mademoiselle ?

– Mais si ! C'est celle que je préfère.

– Moi aussi.

– Mais, ajouta-t-elle aussitôt comme pour se reprendre, j'aime aussi d'autres musiques : Couperin, Bizet, Berlioz, Ravel, Vivaldi, et d'autres encore.

À la fois chaude et souple, la voix de Laure était harmonieuse. Elle parut à Léo comme une musique grave et douce. Ou, plutôt, comme un chant. Le chant de la sirène, le chant de la Lorelei sur son rocher.

Dans ses cours d'allemand, en Belgique, Léo avait appris, assez mal d'ailleurs, la poésie de Heinrich Heine. A présent, la Lorelei était là, tout proche de lui. Elle ne chantait pas, mais il la contemplait en l'écoutant, tout comme de son banc de prière, en extase il contemplait naguère Jean Debild intimement uni aux sopranis des chœurs de la chapelle.

Après qu'il eut entendu cette voix troublante, les lumières, comme au début d'une alerte, s'éteignirent. Ils restèrent un moment dans le silence et le noir. Le film commença.

Léo aurait été incapable de dire de quel film il s'agissait. Il pensait à tout autre chose. Les images de l'écran lui étaient aussi étrangères que des hiéroglyphes. A quoi pensait-il donc ? Non, il ne pensait pas. Il ressentait. Il ressentait ce qu'il avait déjà éprouvé, il y avait bien longtemps de cela, à la petite école, quand la maîtresse leur faisait prendre place pour danser la ronde. Alors, la ravissante petite Jeanne Lefébure le plantait là. Elle allait rejoindre Jean Cacheleu, son rival. Il ressentait de la jalousie. La terrible jalousie qui est souffrance. Jeanne et Jean, de nouveau, se rejoignaient pour la ronde, et lui, de nouveau, il se retrouvait planté là, abandonné.

Quand vint l'entracte, par discrétion ou peut-être par dépit, en tout cas pour se recueillir et cacher un commencement de tristesse, Léo laissa ce nouveau Jean Cacheleu près de cette nouvelle Jeanne Lefébure et décida d'aller fumer à l'extérieur. Il essayait de se ressaisir.

Il ne lui fallait point montrer ce qui se passait en lui. Il devait réagir, s'efforcer au stoïcisme, accepter le sort. Il lui fallait surmonter tout cela. Il lui fallait se redresser. Et puis, n'y avait-il pas déjà, dans sa vie, et Geneviève et

Jacqueline ? N'était-ce pas là déjà une femme de trop ? Pour Jean il n'y avait que Laure et, pour lui, il n'y avait qu'elle seule, et cela avant même qu'il ne la rencontrât !

Dehors, il bourra sa pipe, puis gratta une allumette avec des gestes à peu près semblables à ceux de Robert Neumans et s'appliqua, comme lui, à l'allumage du tabac. La flamme s'éteignit. Il se mit dans une encoignure, gratta une nouvelle *allouf* en protégeant la flamme vacillante dans la conque de ses mains. La flamme, de nouveau, s'éteignit. Il n'y avait pas le moindre vent. Il eut comme un malaise.

Près de lui, il y avait d'autres personnes. Elles avaient profité de l'entracte pour prendre l'air. Parmi elles, un singe tout blanc vint se planter en face de lui. Ce singe le regarda, puis se gratta la tête d'un air perplexe. Enfin il extirpa de ses poils ce que Léo pensa être un pou et se mit à le croquer avec gourmandise. Après quoi il fit un nombre de cabrioles tellement drôles que, n'y tenant plus, Léo se mit à rire.

Les personnes les plus proches le lorgnèrent.

Ils ne voyaient pas le singe ! Les gens sont aveugles.

Puis, il vit venir vers lui un personnage hilare. Jules-le-Mendiant.

Le singe sauta alors sur les épaules du nouvel arrivant et demeura, l'espace d'un court instant, sage comme une image.

– Tu faisais une telle bille, Léo, tu avais une telle tête de requiem que je suis venu tout de suite avec Toto.

– Toto, le bien nommé, car je l'ai vu croquer un pou qu'il avait sur le haut du crâne.

– Ce devait être une simple puce. Thot, ce singe à tête de chien, est un véritable sac à puces. Toto est un diminutif.

– Tod ? Der Tod ? la Mort ? Tu m'annonces ma fin prochaine ?

– Mais non, mais non, tu ne vas tout de même pas te suicider pour une fille ? Je ne te parle pas allemand. Je te parle égyptien, puisque tu es si intéressé par la mythologie des bords du Nil. J'épelle : t, h, o, t ; Thot, le dieu trois fois grand, inventeur de la Science et patron des sages.

Assis sur les épaules de son maître, Toto fit une affreuse grimace à Léo, un pied de nez, lui tira la langue en se frottant le menton avec son pouce droit, pour lui faire la nique et signifier combien il était supérieur à lui, pauvre Léo, pauvre fils des hommes.

– En tout cas, répondit Léo, ce Toto a plutôt l'air d'un clown.

– La Science, la Sagesse, le Savoir, cette sainte Trinité qui s'unit dans la personne du grand Singe, ton grand Patron, ton Créateur, ne sont pas des choses tristes, mais des choses gaies. Et toi tu es pareil à un bonnet de nuit. Tu ressembles à un croque-mort ! Quel gros orteil de macchabée t'es-tu donc fourré dans la bouche ?

Léo ne sut que répondre tant Jules le Mendiant avait l'air de se ficher de lui.

Face à ce silence, l'autre reprit le fil de son discours moralisateur.

– Tu files un mauvais coton. Non seulement tu es amoureux...

Toto, à ces mots, se dressa debout sur les épaules du Mendiant et se mit, ignoblement, à se masturber. Les gens, alentour, continuaient paisiblement à bavarder entre eux. Ou bien, extrêmement choqués, ils faisaient comme s'ils ne voyaient pas.

–... mais, de plus, tu es jaloux!

Toto se rassit et lui fit les cornes, pour bien souligner combien il était cocu.

– Oui, je le confesse, répondit Léo, je suis amoureux et jaloux.

– Amoureux et jaloux! Ciel! le miel et le fiel! tout un programme! Pour le con et la fesse, petit Léo, il faut au contraire être léger et dur, vigoureux, intelligent, fin, rusé.

Toto, se reconnaissant sans doute lui-même dans cette description, prit alors l'attitude d'un champion de boxe, salua l'assistance de ses deux mains réunies au-dessus de sa tête.

– Alors seulement, alors seulement, tu pourras allumer ta pipe. Pas celle que tu tiens dans ta main, mais celle qui est entre tes jambes.

Toto lui montra alors, toujours ignoblement, son sexe en pleine érection.

– Telle est pour l'instant, tout petit Léo, la Science et la Sagesse.

Sur ces derniers mots, Jules le Mendiant et Toto lui tournèrent le dos et s'en furent.

Léo se retrouvait seul.

– Encore ces foutues hallucinations. Je dois être sur le chemin de la folie ou de la sainteté. Allons, allons, bonhomme, fi donc! redresse-toi! Le Dieuble a mille fois raison. Remonte vite la pente, tu étais en train de dégringoler! Allons, hop! Quant à ce Toto, jamais je ne l'aurais imaginé sous l'aspect d'un singe blanc. Toto, le Singe, le Patron, notre patron à nous tous qui descendons de lui, à nous tous, faits à son image.

Dans les bouffées de fumée de sa pipe redevenue vivante, venait enfin de grésiller un petit brin de sagesse. Mais, décidément, il avait encore bien des progrès à faire. C'est pas facile le métier d'homme. Pas facile de ne pas se laisser aller!

Quand il revint à sa place, la deuxième partie du spectacle avait commencé. Il n'aurait davantage su dire ce qui se passait alors sur l'écran, et quel était ce deuxième film dont il avait oublié le nom et qui déclenchait les fous rires de toute la salle.

A la fin de cette mémorable soirée, quand la lumière revint, Laure prit congé de Jean en lui tendant sa main qui se nicha pendant de longues secondes dans l'autre main tendue. Enfin, la jeune fille sourit à Léo avec amitié. Elle lui tendit une main ferme et douce, mais qui s'échappa vite, un peu comme un oiseau qui se serait trompé de nid.

– Au revoir, Léo!

Sur le chemin conduisant à leur cantonnement, Jean et Léo marchèrent en silence; chacun perdu dans ses pensées. À un certain moment, n'y tenant plus, Léo demanda à son compagnon de lui parler de Laure.

– Allons, Jean, raconte.

Et Jean qui, il y avait peu, ne voulait point aborder ce sujet, lui parut, cette fois, tant il était habité d'elle, ne vouloir l'entretenir que de la jeune fille.

– Tu te souviens? C'est bien *elle* que je te décrivais, sans la connaître, dans les rues de Tours: blonde comme les blés, avec des yeux couleur d'herbe. À l'entracte, j'ai pu lui parler, car ses amies étaient en grande discussion. Comme elle m'avait interrogé sur l'avion allemand abattu, je lui ai dit que j'avais gardé un morceau de gant du pilote, en souvenir.

Léo fut stupéfait.

– Tu avais gardé ce morceau de gant!

– Oui. Je ne sais trop pourquoi. Comme ça!

– Et qu'a-t-elle dit?

– Que c'était macabre.

– En effet, c'est une curieuse idée que tu as eue là.

– Je lui ai répondu que c'était afin que ne s'efface pas de ma mémoire le premier mort que j'avais vu dans cette guerre. C'est vrai, je crois que j'avais gardé cela comme souvenir, pour ne pas oublier ce pilote carbonisé qui m'avait tellement mis à l'envers. Je l'avais vu là, devant moi, et, sans doute parce que mon communisme est internationaliste, j'ai partagé sa mort, à lui qui était sans doute national-socialiste. Je me suis mis à sa place, sous son uniforme de l'armée allemande. Je n'étais plus en vie et j'étais lui. Je ne connaissais pas son nom, mais nous portions le même nom. Quand ils sont morts, les soldats appartiennent tous à la même patrie. C'est tout cela que j'ai dit à Laure. Finalement elle a compris le sens de mon geste. Elle a partagé ce que j'avais ressenti. Puis nous avons parlé de la guerre. Notre conversation nous a rapprochés davantage encore et c'est alors que je lui ai demandé si elle acceptait de me revoir. Après une courte hésitation, elle m'a dit qu'elle voulait bien. C'est une fille assez étrange.

– Oui. Elle répondait en alsacien aux jeunes officiers qui l'abordaient pour lui faire la cour. En revanche, avec toi, elle a accroché tout de suite, et je crois même que cela s'est produit, pour elle comme pour toi, dès le commencement, lorsque nous l'avons vue pour la première fois. Nous parlions, il y a peu, des affinités électives; je crois qu'elles sont à l'origine de votre rencontre. C'est une fille étrange, dis-tu; mais toi aussi tu es un garçon étrange.

Puis, Léo eut une réminiscence qui était comme un pansement dérisoire à sa jalousie revenue, sa jalousie qui mit alors la mort dans son mauvais jeu.

– Mais, est-ce que tu te souviens bien?

– Oui, je me souviens bien. Les choses se sont passées comme je viens de te le dire.

– Je te crois volontiers. Ce n'est pas cela que je voulais signifier. Je te demande si tu te souviens bien de ce que tu as dit, à Tours, à propos de ton type de femme?

– Oui, bien sûr, je te l'ai déjà dit tout à l'heure. Une blonde aux yeux couleur d'herbe.

– C'est vrai. Mais, à ce moment-là, à Tours, nous parlions de la mort, et, à ce propos, tes paroles étaient, à peu près, celles-ci: « La mort est une compagne comme une autre. J'imagine qu'elle est blonde comme les blés et qu'elle a les yeux verts, puisque tel est mon type de femme ». J'ai gardé à l'esprit cette image que tu faisais alors, grâce à une phrase que j'avais retenue de mes lectures: « sur nos tombeaux, les blés seront plus beaux ».

– Je me le rappelle, en effet. C'était près de l'église Saint-Symphorien.

– C'est cela même. C'est plutôt singulier, qu'un morceau de gant funèbre soit venu renforcer votre sympathie l'un pour l'autre.

Ils firent quelques pas en silence. Léo, à la dérobée, observa son compagnon quand ils passèrent devant un léger filet de lumière. Le visage de Jean était extatique. Léo se demanda s'il avait seulement entendu ses dernières paroles. Il essaya de le ramener sur terre.

– Jean, il est certain que quelque chose s'est passé, ce soir, à propos de ce gant, entre elle et toi et...

– Oui, quelque chose s'est passé. Mais ta superstition, malgré ton anarchisme, dévoile ici tout l'attrait qu'a pour toi le romantisme. Je suis, tu le sais, réaliste. Laure est une jeune fille de Cernay, de Cernay en Alsace et non pas en Allemagne. Elle n'est pas, malgré son nom, la Lorelei, la sirène de mort des bords du Rhin allemand que tu te plais à voir en elle. Et puis, vois-tu, même si elle était la Lorelei, cela ne changerait rien.

– Tu vois! Ton communisme, ton réalisme, sont encore plus romantiques que mon anarchisme! Je me demande si tu n'es pas encore plus rêveur que moi. Tu parles de réalisme, de socialisme scientifique, de matérialisme historique, du diable et de tout son train, mais, derrière tes paroles, il y a une sorte de voile, de brume poétique, que tu veux absolument ignorer. C'est d'ailleurs pourquoi je ressens de l'amitié pour toi.

Jean se mit à rire. Il était heureux. C'est joyeusement qu'il acceptait de se précipiter sur le rocher, cause des nombreux naufrages cités par la légende.

– C'est à peu près cela, j'accepte d'avance que Laure soit ma Lorelei, si tel est mon destin.

– Et que devient donc la Révolution dans tout cela?

– Tu sais, lors de l'Exposition internationale, à Paris, en 1937, la Révolution était représentée, au pavillon de l'Union Soviétique, par une immense statue: un jeune homme, debout, levait un marteau qu'il croisait à la faucille qu'une jeune fille, près de lui, tenait à bras tendu. Laure, à qui j'ai parlé du tract que tu avais trouvé dans la poche de ta capote, m'a dit qu'elle était d'accord avec son contenu: « pour la paix, contre la misère et la servitude ». Tu vois, la Révolution ne nous séparera pas.

Léo enviait Jean. Cela faisait un certain temps que, lorsqu'il voulait évoquer le visage de Geneviève ou celui de Jacqueline, c'était celui de Laure qui apparaissait en surimpression. Laure était au cœur de ses pensées. Il y avait bien une sirène dans la petite ville. Elle l'avait pris sous son charme. Il ne doutait pas qu'elle fût bien davantage qu'une petite jeune fille de Cernay.

Ils marchèrent dans la nuit, se repérant au juger, rectifiant de temps à autre l'orientation que la distraction leur avait fait abandonner.

Soudain, Jean s'arrêta.

– C'est quand même curieux, ton rapprochement, Léo, entre ce gant, l'amour et la mort.

– Qu'est-ce qu'il y a donc de si curieux? Ce morceau de gant que tu as gardé appartenait bien au gant du pilote mort, non?

– Certes. Mais ce qui est curieux, c'est l'histoire que m'a contée Laure, elle-même. L'histoire d'un prince, officier prussien, qui était somnambule. Imagine. La Cour entière, ainsi que la fiancée de ce prince, sont un jour témoins d'une de ses crises de somnambulisme. La fiancée, étonnée, s'écarte de lui et laisse échapper un gant que le prince ramasse et emporte avec lui. Quand il se réveille, il est tout saisi de voir ce gant en sa possession. Un peu plus tard, encore tout préoccupé par ce gant, le prince n'entend point exactement les ordres de bataille qui lui sont donnés concernant la guerre qui oppose les Brandebourgeois et les Suédois. Le prince, néanmoins, gagne la bataille. Mais il a transgressé les ordres qui lui avaient été donnés et que, tout distrait qu'il était par le gant, il n'avait point du tout entendus. Pour avoir désobéi, le roi le condamne à mort. Le prince qui n'a point conscience qu'on lui ait donné des ordres est stupéfié. Mais, finalement, les choses finissent par s'arranger et l'histoire, malgré le gant néfaste, se termine bien. Je te raconte à mon tour cette histoire, pour te dire que, si je ne crains point la condamnation à mort de la part du Roi, je me sens, toutefois, comme ce prince, et cela depuis que j'ai rencontré Laure, devenir somnambule. C'est bien vrai, sais-tu, ce que tu dis ; cette histoire de gant nous a liés, elle et moi.

Cette nuit-là, Léo dormit mal. Jean, sur son lit de camp, à côté de lui, semblait se reposer. Il ne s'était pas encore dressé, comme le prince, pour se lever et s'en aller faire une promenade au cœur de la nuit. Cependant, Léo savait que ses pensées s'en étaient allées, elles, rejoindre les pensées de la jeune fille et que leurs esprits, sinon leurs corps, étaient peut-être à présent réunis, de façon toute somnambulique, en un lieu caché, loin de ses yeux et bien loin de la petite ville.

La journée du lendemain fut semblable aux jours précédents : revue d'armes le matin, inspection du cantonnement dans l'après-midi et puis, pour tous, quartier libre. En Alsace on était toujours dans la « drôle de guerre », laquelle ressemblait à la paix, et ceci malgré l'offensive allemande qui venait de se déclencher au nord.

Léo venait de formuler, à l'adresse du commandant de compagnie, une demande de permission exceptionnelle de trois jours, après avoir reçu une lettre de ses « vieux » contenant de mauvaises nouvelles. Leur maison avait été bombardée. Sa mère avait été légèrement blessée. Son père, garde national, ne surveillait pas ce jour-là les voies ferrées ; il était en train de se raser lorsqu'un éclat, venu de biais vint pulvériser son miroir, le laissant médusé, tout étonné d'être indemne. Léo ne comptait guère que sa requête lui serait accordée, mais il l'espérait quand même. Il désirait revoir ses proches et, bien sûr, Geneviève et Jacqueline dont les visages s'étaient estompés derrière celui de Laure. Il fallait qu'il parte pour essayer d'en finir avec sa jalousie. C'était donc avec cette perspective de départ très improbable qu'il flânait dans les rues de Cernay, en compagnie de sa bouffarde. Il la fumait sans relâche. Le tabac était devenu consolation pour son âme affligée.

Ce fut tout à fait par hasard que, perdu dans ses pensées, il passa près de la pharmacie où Laure aidait à la préparation des ordonnances. Il l'imaginait plutôt en train de fabriquer des potions magiques et de préparer des philtres. Il fut étonné de la voir sur le seuil de l'officine en grande conversation avec Jean. Il passa non loin d'eux sans qu'ils l'eussent remarqué. Leur visage était emprhint de gravité. Sa jalousie, de les voir ensemble, revint au grand galop et il continua sa promenade, mêlant dans ses pensées contradictoires l'image de Laure et celles de Geneviève et Jacqueline dont les traits venaient à l'instant même de disparaître de sa mémoire. Il lui fallut, pour ressusciter leurs visages, ouvrir son portefeuille et regarder les photos.

« Ainsi, Léo, tu penseras peut-être un petit peu à moi ! »

« Les regarderez-vous ces photographies, pour ne point m'oublier, Léo ? »

C'est ce qu'elles lui avaient écrit, l'une et l'autre, en lui adressant ces images. Mais, dans son souvenir, leurs visages s'étaient effacés !

Il lui parut qu'il était un monstre ! Il n'avait pas voulu se donner tout entier à une seule passion. Il avait permis qu'une autre surgisse. A dix-sept ans, il avait été plutôt fier de cet exploit ! Et maintenant, il enviait Jean qui, il le lui avait dit à Tours, allait se livrer corps et âme à une vraie passion, laquelle, Léo le découvrait à présent mais un peu tard, pour être digne de ce nom, se devait d'être exclusive. Il n'avait pas voulu d'un seul amour, par une sorte de vanité puérile et, aussi, par crainte de s'embourgeoiser. Il découvrait tout à coup que, de Jean et de lui, c'était lui, Léo, qui était devenu le petit bourgeois et Jean le grand aventurier ! L'aventure vaut ce que vaut l'aventurier. Il avait donc quelques raisons d'être jaloux. Jean prenait, à ses yeux, figure de médaille, tandis qu'il se retrouvait dans la plus commune des banalités.

Il échoua dans le café, près de l'église. Il était convenu que Jean le rejoindrait. Il ouvrit son portefeuille et regarda de nouveau les photographies. Elles étaient pourtant belles, Jacqueline et Geneviève. Elles lui souriaient, elles avaient visiblement, toutes deux, confiance en lui !

Pendant une bonne demi-heure, il attendit Jean, tout enfoui dans son tourment.

A son arrivée, les premières paroles de Jean furent celles d'un constat.

– Je viens de voir Laure. Tu as raison de la comparer à la Lorelei. Je suis envoûté !

– Ah ! enfin, tu partages mon point de vue. Cachée sous son aspect de jeune fille, il y a en elle une redoutable sorcière !

– Non. C'est une fée. Une gentille et ravissante fée !

Il avait dit cela, comme Léo, en plaisantant. Toutefois, il y avait en lui comme une exaltation contenue. Il s'efforça de parler de choses anodines, du goût de la bière, de la fumée du tabac, laquelle, avec l'aide de la pipe de Léo, avait étendu ses nappes de nuages dans tout le café. Mais il en revint vite à Laure.

– Je lui ai d'ailleurs dit qu'elle te faisait penser à la sirène de Heine.

– Elle a, bien sûr, reconnu qu'elle était une sirène, je suppose. Elle a avoué.

– Elle a d'abord bien ri. Puis elle m'a révélé que Heine n'était pas le seul à avoir rédigé une *Lorelei*. A la même époque, Eichendorff, poète des bois et des forêts, avait, quant à la langue, écrit un bien plus beau poème. Elle a ajouté que l'un et l'autre s'étaient alors inspiré de la *Lorelei* de Clemens Brentano. Tu connais, toi, ce Brentano et cet Eichendorff ?

– Jamais entendu parler.

– Moi non plus. Dans la ballade de ce Brentano, la Lorelei, malgré tous les hommes qui se meurent pour elle, ne songe qu'à son amant parti pour un pays lointain. Un jour, le voyant revenir à bord d'un voilier, elle se précipite, du haut de son rocher, dans les eaux du Rhin. Elle y meurt, noyée, comme, m'a dit Laure, Ariane qui, tout pareillement du haut d'un rocher, s'était précipitée jadis dans la mer pour l'amour de Thésée. Cette ballade a été publiée, pour la première fois, en 1801. A cette époque, Heinrich Heine était âgé de trois ans. Ce n'est donc pas lui qui l'a imaginée, la sirène. Comme je me suis extasié devant son savoir, elle m'a répondu qu'elle n'avait guère de mérite à cela. Son père a d'abord commencé par lui offrir les contes écrits par Clemens Brentano pour les enfants.

– Ainsi, vous avez parlé littérature ?

– Pas seulement. Elle m'a demandé si j'étais communiste. Sans doute parce que je lui avais confié que j'étais tout à fait d'accord avec ce fameux tract que tu as trouvé dans la poche de ta capote.

– Alors ? Elle est communiste ?

– Non, mais elle sympathise avec les communistes parce qu'ils sont contre la guerre. Tu vois, notre propagande touche les gens, ici. Le parti voit juste. À Cernay, le tract de l'autre jour le démontre, il y a des militants actifs.

– Elle est pacifiste ?

– Tu sais, en général, les frontaliers sont moins belliqueux que ceux de l'intérieur. Installés aux premières loges, ils savent que leurs terres servent toujours de champs de batailles.

– Quel âge a-t-elle ?

– Euh, elle n'a pas seize ans. C'est vrai. J'ai été dérouté quand Laure m'a dit son âge. Malgré sa jeunesse, elle a lu, avec toute son intelligence, la plupart des livres de la bibliothèque paternelle. Au cours de ses lectures, elle interrogeait son père. C'est lui qui en a fait une grande personne, par le savoir, et, aussi, par les vêtements et même par les quelques bijoux qu'elle porte et dont il ne voulait pas qu'ils soient de pacotille. D'ailleurs, quand elle parle de lui, on devine qu'il compte pour beaucoup dans ses pensées, c'est une espèce de dieu pour elle. Elle tient absolument à me présenter à lui.

– C'est peut-être son père qui le lui a demandé.

Jean se mit à rire de nouveau, amusé.

– J'espère que je ne vais pas être poursuivi pour détournement de mineure.

Après un temps, Léo devina que son compagnon avait besoin de solitude pour se retrouver, en imagination tout au moins, avec Laure. Il lui proposa donc de rentrer au cantonnement. Lui-même avait envie d'être seul, seul avec sa bouffarde, laquelle, comme d'elle-même, venait se placer dans sa main dès qu'il remuait quelque préoccupation. Il mêlait toujours les images brouillées de Geneviève et de Jacqueline avec celle, beaucoup plus nette, de Laure. Il allait de l'un à l'autre de ces trois êtres comme une abeille de fleur en fleur. Mais, pour ce qui était de Laure, il se faisait plutôt l'effet d'être un gros bourdon lourdeau.

À Cernay, ils étaient les deux seuls soldats à ne pas avoir très bien remarqué que la guerre venait d'exploser. Ils étaient comme anesthésiés en dehors de l'espace et du temps. Le réel, dans lequel ils évoluaient, n'était pas celui de cette terre. Ils planaient par-delà les nues, au-dessus de l'orage.

Ils étaient arrivés non loin de leur cantonnement. Pour meubler le silence qui se prolongeait, Léo prit de nouveau la parole, pour reparler d'*elle*.

– Enfin, tu as trouvé celle que tu cherchais. Celle que tu m'avais si bien décrite en Touraine.

– Oui, c'est bien elle que je te décrivais alors. Depuis longtemps je l'imaginais ainsi. Lorsque j'ai commencé à porter en moi son image, j'avais l'âge qu'elle a, précisément, aujourd'hui.

– Je vois, malgré la nuit, que tu es heureux.

– Oui. Seule la musique allemande pourrait te traduire cela.

Léo n'eut que beaucoup plus tard connaissance du contenu caché de cette étrange réponse.

*
* *

Le lendemain, jeudi, le sergent de semaine remit à Léo la permission demandée, signée de la main du commandant de compagnie.

C'était une surprise, car il ne croyais guère l'obtenir. En partant du principe, héritage paternel, selon lequel « qui ne risque rien n'a rien », il venait d'obtenir un résultat inespéré, lequel, cependant, une fois acquis, lui laissa une satisfaction mitigée. Il était tout à la fois heureux de partir à Nancy et malheureux de quitter Cernay. Il se demanda même s'il n'avait pas fait sa demande parce qu'il avait la certitude d'essuyer un refus !

Le sergent lui remit, en même temps que sa permission, une lettre de Geneviève et une de Jacqueline, deux missives qui lui parurent avoir la signification d'un appel.

La lecture de ces lettres fit que la joie du départ l'emporta sur la tristesse de quitter la ville. Il prépara sa valise.

Caporal depuis plusieurs jours, Jean, prit par le service, regretta vivement de ne pouvoir l'accompagner jusqu'à la gare. Il y eut un peu de mélancolie entre eux, un peu comme s'ils ne devaient plus se revoir.

– Adieu, mon caporal !

– Au revoir soldat. Pas de blague, hein ? Tâche de ne pas rater le train du retour. Trois jours, c'est vite passé. Ce serait trop bête de ne pas faire la guerre ensemble.

– N'aie crainte, mon caporal, dans trois jours tapant, montre en main, je suis là.

– Ce soir, je vais chez Laure. Je vais devoir bavarder un peu avec son père, il veut sans doute me jauger. Je te raconterai cela, si toutefois il ne te prend pas la fantaisie d'aller fumer une pipe dans la prison avec Neumans, ton professeur de pipes en racine de bruyère réfractaire et anarchiste.

– Non. Je serai là. Soixante-douze heures, ça va passer comme une lettre à la poste. Allons, au revoir mon caporal.

– Au revoir soldat. Surtout, ne rate pas l'appel lundi matin, sans ça je serai obligé de te foutre dedans.

– Lundi matin, nous commencerons la guerre ensemble et, ensuite, nous ferons la révolution.

– Excellente idée. En attendant, bonne perm'quand même.

En se dirigeant vers la gare, Léo, passant devant la pharmacie, jeta un coup d'œil à travers la vitrine, mais il ne vit point Laure. Il poursuivit son chemin vers la station de chemin de fer, attentif aux gens qu'il rencontrait, aux maisons, à la vie de la petite ville, à tout ce qui environnait la jeune fille.

Ce fut à un tournant de rue qu'ils se croisèrent. Songeant à elle, distrait par ses pensées, il ne l'avait pas vue. Ce fut elle qui s'arrêta, attirant par là, brusquement, son attention.

– Vous désertez ?

Léo sursauta devant l'apparition soudaine.

– Non, pas encore. Plus simplement, je pars en permission. Seulement trois jours.

– Ce n'est pas beaucoup, en effet. Seulement, en trois jours il peut se passer beaucoup de choses. Jean m'a dit que, le 10 mai, votre maison avait été bombardée, mais que vos parents sont sains et saufs. La guerre est une chose terrible. Ils vont être si heureux de vous revoir, vos parents. Nancy n'est pas bien loin. Ce soir, vous allez être avec eux.

– Non, ce n'est pas bien loin.

Il y avait un léger soleil. Laure, par sa beauté le troublait. Sa jeunesse l'intimidait. Il voyait, ou bien, il croyait voir, ses seins pointer sous son corsage. Comme pour lui laisser le temps de prendre contenance, Laure enchaînait sur la pauvre réponse de Léo.

– Vous allez avoir beau temps pour voyager. Vous emportez sans doute, dans votre valise, les oeuvres de Baudelaire. Jean m'a dit que vous vous étiez entiché de ce poète.

Léo se secoua pour ne pas rester figé devant la jeune enchanteresse et répondit avec un temps de retard.

– Oui, je suis heureux de revoir la place Stanislas. Baudelaire, je l'avais laissé à la maison, je le rapporterai avec moi, car il m'a manqué.

Laure fit une mimique complice.

– C'est pour cela que vous vous êtes mis à fumer la pipe. Vous n'y mettez pas d'opium au moins ?

– Jean est trop indiscret, Laure. Il vous dit trop de choses. A mon retour, je vais certainement lui frotter les oreilles.

Elle eut alors un rire joyeux.

– Je vais vite courir le prévenir de votre horrible intention. En attendant, je vous souhaite bonne chance et je vous souhaite un très bon voyage. J'espère que votre train ne sera pas attaqué. Revenez-nous bien vite.

– Dans trois jours, je suis là. Au revoir, Laure, et à bientôt.

– A bientôt, Léo.

Elle venait de prononcer amicalement son nom. Mais il eut conscience que son amitié, hors le fait qu'ils étaient tous deux de la Haute Alsace, devait tout à l'existence de Jean Monegal. Elle lui tendit la main. Cette main, ferme et douce à la fois, resta dans la sienne comme pour le retenir. Le sourire qui avait éclairé le visage de Laure s'éteignit alors soudainement. Elle devint grave et le fixa longuement de son regard couleur d'émeraude, pierre du secret savoir. Il l'entendit prononcer des paroles qui le déroutèrent.

– Ce gant brûlé, dont vous avez déchiré un morceau, vous n'auriez pas du y toucher.

Puis son sourire réapparut.

– A bientôt...

Il y eut un petit silence, suivi d'un petit mot, dit par elle sur un ton dubitatif, comme si, déjà, elle savait.

– *Peut-être.*

Elle le quitta. Léo resta au coin de la rue et regarda s'éloigner la troublante ondine. Longeant la falaise des maisons, robe bleu clair, bas noirs, souliers noirs, elle allait plonger dans l'océan du temps. Elle tourna à l'autre coin du trottoir et disparut. Il n'y avait plus, autour de Léo, qu'un vaste désert : la cité sans Laure !

La gorge sèche et soudainement douloureuse, il puisa dans sa poche pour y retrouver sa pipe. Non, il n'y mettait pas d'opium, bien sûr, mais elle contribuait à la formation de ses songes. Des songes auxquels Laure savait, sans doute, ne pas être étrangère.

Dans la petite gare, il lui fallait attendre, mais il ne s'impatienta pas, car, par la pensée, il était toujours au coin de la rue, en compagnie de Laure, sous le soleil léger. Le train ne pouvait qu'interrompre le charme, et même si on lui eut annoncé son déraillement, il n'en aurait pas été autrement affecté. L'enchanteresse, en quelques minutes, venait de modifier l'ordre des choses.

Qu'elle lui fût apparue ainsi, au dernier moment, alors qu'il quittait la ville, relevait du surnaturel. L'amour, il est vrai, est toujours une apparition de l'au-delà. La personne, inconnue l'instant d'avant et dont, soudain, on s'éprend, est toujours une créature venue du ciel que l'expression « coup de foudre » définit de façon juste et saisissante. Cette créature n'a jamais rien de terre à terre et ne semble pas sujette aux mêmes nécessités, aux mêmes servitudes que le commun des mortels ; et, si elle a choisi une apparence humaine, c'est alors à seule fin de mieux nouer avec nous, comme l'avait fait déjà pour lui le Dieuble.

Sa jalousie était tombée. Le ciel était plus clair. De toute son âme il souhaitait à Jean que le bonheur qui était le sien durât toujours. Il allait revenir dans soixante-douze heures. Ils allaient, Jean et lui, comme promis, faire la guerre ensemble. Il reverrait Laure. Il lui suffirait de quelques mots d'elle, comme aujourd'hui, pour qu'il soit, sinon comblé, du moins pas tout à fait malheureux. Elle lui avait témoigné de l'amitié. L'amitié, entre elle et lui, pouvait être une chose merveilleuse. L'amitié lui pouvait être un pont céleste, une sorte d'amour sublimé. Il n'avait plus lieu d'être jaloux. Sa vie allait, elle aussi, avoir sa petite part de féerie.

En attendant le train qui tardait, il se sentait, la pipe au bec, presque heureux, comme depuis longtemps il ne l'avait été.

Enfin, la sonnerie annonça l'arrivée du convoi. Un wagon fut bientôt devant lui et, les places étant toutes occupées, il s'installa dans le couloir. Il regarda une dernière fois du côté de Cernay. Il allait le retrouver bientôt. Il était quand même satisfait de quitter, mais seulement pour un court entracte, la petite ville, afin de revoir ses proches. Ils venaient, eux, de connaître la guerre, alors que lui, vivant encore en temps de paix, il évoluait la tête dans les nuages. Mieux que la politique et les affaires du monde, les femmes éclairaient sa vie. Il connaissait de Geneviève la douceur des lèvres, de Jacqueline quelques frôlements involontaires et troublants, de Laure, le velouté chaud de la voix et la silhouette éclairée par une douce et souriante apparition de soleil.

Et Jean ! Ce morceau de gant plus ou moins brûlé qu'il avait gardé. Ce morceau de gant avec lequel il avait saisi et capturé Laure comme d'une main munie de griffes ! Comment ? Pourquoi ? Ce gant auquel, selon Laure, il n'aurait jamais dû toucher. Que représentait donc pour eux cet aviateur carbonisé ? C'était pour Léo comme le sombre côté d'une profonde énigme. Dans trois jours, il en saurait davantage. Jean lui raconterait son entrevue avec le père de la jeune fille. Il aurait alors un commencement de réponse. Trois jours qui allaient passer bien vite.

Le train roulait, maintenant. Il prenait de la vitesse. Les dernières maisons de Cernay disparurent. Ses pensées se firent moineaux pour voleter à nouveau autour de Jacqueline et de Geneviève. Après dix mois d'absence, il allait donc enfin les retrouver. Leurs deux visages se précisaient mieux à présent. Il ne confondait plus leurs cheveux et leurs yeux avec ceux de Laure et il redécouvrait leurs expressions et leurs sourires. Geneviève, Jacqueline et Laure, trois jeunes filles qui devenaient distinctes et chacune bien vivante.

Il allait revoir Nancy, avant de replonger dans l'inconnu. Puis il allait de nouveau quitter la ville pour se frotter à cette guerre jusqu'ici tellement peu guerrière, mais qui, pourtant, après neuf mois de gestation, venait d'accoucher quand même de quelques dizaines de milliers de morts.

Cette guerre allait peut-être, d'elle-même, arranger à sa manière les affaires de tous : Jacqueline, Geneviève, Laure, Jean et lui-même. Peut-être suffisait-il de laisser faire les choses. Elles se passaient rapidement les choses, maintenant. Les Allemands avait lâché tout à coup des bombes sur nombre de villes. Ils venaient d'occuper, sans coup férir, le Danemark plus une partie de la Norvège. L'Allemagne, rhine de la musique, jouait à présent du tambour, de la grosse caisse et de la cymbale.

Ce fut à mi-chemin, en gare d'Epinal, qu'il crut discerner dans les visages le souci et même l'inquiétude. Sur les quais, il fut étonné d'être abordé par deux gendarmes. Ils lui demandèrent ses papiers. Après en avoir pris connaissance, ils lui déclarèrent que, malgré sa permission dûment signée, il devait faire demi-tour. Les Allemands venaient de réussir leur percée dans les Ardennes. Ils commençaient leur invasion.

– Il ne vous reste plus qu'à rebrousser chemin pour rejoindre immédiatement votre unité.

Malgré les gendarmes, il espérait bien reprendre sa route, mais il dut se rendre à l'évidence ; aucune voiture, aucun camion, n'allait vers le nord. La route était encombrée par les premiers flots de réfugiés se dirigeant vers le sud. Peut-être ses parents, Jacqueline et Geneviève étaient-ils parmi eux ! Il ne lui restait plus, en effet, qu'à retourner au camp. Contraint, il lui fallait lâcher prise.

Et dire qu'il y avait à peine une demi-heure de cela, dans le train, il se réjouissait de la surprise qu'il allait causer aux siens, ainsi qu'à ses fiancées ! Il n'imaginait guère, alors, que la surprise, surgissant de la besace du Dieuble, allait être pour lui.

Le chauffeur d'un camion militaire voulut bien le prendre en charge jusqu'à Lure, d'où, par chemin de fer, il pourrait prendre la direction de Mulhouse et, de là, regagner Cernay pour y retrouver son cantonnement, Jean, et puis... et puis... Laure! Dans le camion, il eut un sourire. Au moment de se quitter, elle lui avait gentiment dit *A bientôt*! Le *peut-être* qui avait suivi était l'expression non pas d'un doute mais d'une certitude!

À Lure, il prit tout de suite la direction de la gare avec l'idée de s'installer au buffet pour y déjeuner et, en attendant la venue du train, y fumer quelques bonnes pipes.

Il n'était pas loin d'atteindre le but quand, sur son chemin, il reconnut, dans le grand jeune homme qui le dévisageait avec insistance, Gobi, son voisin de dissipation quand ils faisaient semblant de suivre les cours des frères des écoles chrétiennes. C'était, décidément, la journée des surprises.

Gobi le persuada de venir déjeuner avec lui, dans la famille de son frère aîné, à Lure même, à deux pas de là. Rien ne le pressant, Léo se laissa convaincre. L'accueil du frère et de la belle-sœur fut amical et, sans trop s'en rendre compte, il laissa passer l'heure de son train. De fil en aiguille, dans cette maison hospitalière, il dîna d'un repas aussi bien arrosé que l'avait été le déjeuner et on le coucha, pour la nuit, dans un lit confortable. Finalement, il passa ses trois jours de permission en compagnie de gens charmants, optimistes, que les nouvelles n'émouvaient pas outre mesure. Il n'était point question pour eux de prendre la route pour aller se réfugier dans le Midi de la France. Ils se disaient décidés d'attendre à Lure même « Attila, ses Huns et ses chevaux »!

Après cette halte heureuse, Léo se mit en route pour gagner Cernay.

En gare de Lure, comme en gare d'Epinal, deux gendarmes lui demandèrent à nouveau ses papiers et les épluchèrent avec soin, le prenant peut-être pour un parachutiste allemand. En ces jours sombres, tout le monde avait la hantise des parachutes. Satisfaits de leur examen, ils lui apprirent qu'il était inutile d'aller jusqu'à Cernay, qu'il n'y retrouverait plus sa compagnie, car les troupes s'étaient toutes repliées. Ils lui conseillèrent de prendre, comme tout le monde, la route du sud, de se diriger sur Lyon où le centre de triage lui attribuerait une nouvelle affectation.

Cette fois, ce ne fut pas une surprise, ce fut un matraquage. Le coup auquel il ne s'attendait pas. Le coup dur. Les gendarmes lui avaient d'abord coupé la route de Nancy; à présent ils lui barraient le chemin de Cernay. Ils lui enlevaient, comme chirurgicalement, tout ce qui lui restait d'amitié et de camaraderie dans ce monde. Ils l'isolaient de toute relation avec le passé le plus immédiat.

– Pas de blague, hein? Tâche de ne pas t'égarer. Ce serait trop bête de ne pas faire la guerre ensemble!

Les paroles de Jean Monegal, comme un écho, lui résonnaient, dans les oreilles. S'attardant à Lure, il l'avait tout de même faite, la blague!

Et Laure! Laure, en quelque sorte, l'avait mis en garde, elle aussi!

– À bientôt... peut-être!

« En trois jours, l'avait-elle prévenu, il peut se passer beaucoup de choses! »

Ce *peut-être* lui parut soudainement un vocable dieubolique.

Et n'était-ce pas par l'effet d'une autre dieublerie que Laure venait de perdre la deuxième lettre de son nom. Il ne restait plus d'elle que Lure ! comme un nom qui hurle ! Lure comme une fêlure, comme une brûlure... Pourquoi, mais pourquoi donc bordel de Dieu de merde de putain de moine s'était-il arrêté à Lure, piégé, braconné, par trois joyeux lurons ?

Il était, à présent, pris dans les remous d'un grand naufrage et, comme en mer, il devait barboter dans le sauve-qui-peut général. Le bateau sur lequel il voguait pour une petite croisière venait, tout comme le *Titanic* dans la nuit si noire d'avril 1912, de se heurter et de s'abîmer contre un immense iceberg. Il venait de prendre eau de toutes parts et lui se trouvait, d'un seul coup, accroché à la coque d'une barque retournée, par gros temps, sans plus distinguer un seul visage connu parmi tous ceux qui l'entouraient. Ce qui venait de renverser à l'instant sa barque n'était pas le chant de la *Lorelei*, la blonde ondine, mais le hurlement d'autres sirènes, stridentes celles-là, le hurlement lugubre des mécaniques Walkyries.

Les événements se précipitaient. Chahuté et comme ivre dans les tourbillons de la tourmente, il se joignit aux autres naufragés. Le flot de l'invasion se précisait d'heure en heure et prenait l'ampleur d'une catastrophe. C'était l'effondrement total. Le chaos. La débâcle... Les routes de France s'en allaient au hasard...

Robert Neumans, le prisonnier de Tours, avait vu juste. Les Allemands étaient en train de gagner. Il n'avait pas écouté, Neumans, les trompettes de la victoire que l'on avait sonnées d'avance. Il lui avait suffi de lire, au fond de sa cellule, attentivement dans les journaux, tout ce qu'on ne sait guère lire, çà et là, imprimé en deux ou trois lignes.

Léo connut un véritable désarroi. Le pont du présent qui, sur un itinéraire tracé d'avance, devant lui reliait, il y avait de cela quelques instants, le passé à l'avenir, venait bel et bien de se rompre. Il n'y avait pas un seul bac pour aller sur l'autre rive. La voie était coupée. L'avenir était plongé dans la nuit. Jean Monegal et tous ceux de sa compagnie étaient partis dans une direction inconnue. Quant à Laure, elle était sans doute, elle aussi, en train de cheminer avec les siens sur une route dérobée. Le sauve-qui-peut était général, pour les soldats et les civils en déroute.

Son désarroi, cependant, n'avait rien à voir avec la panique de tous ces gens qui l'entouraient. S'il avait pu seulement remonter à contre-courant le flux des réfugiés, avec l'espoir de revoir ceux qui lui étaient chers, il n'aurait pas hésité un seul instant. Mais c'était l'inanité même d'une telle entreprise qui constituait le centre de sa détresse et c'était cette soudaine rencontre du vide qui constituait son égarement. Il était tout à coup en plein océan, en plein désert, désorienté, déboussolé. Jacqueline, Geneviève, ses parents, Jean et Laure étaient apparemment des être sans feu ni lieu, des habitants de nulle part. Ils venaient, d'un seul coup, de disparaître, comme avalés par une trappe donnant dans des souterrains obscurs ; il ne pouvait compter sur la moindre étoile pour guider ses pas vers eux. La notion qu'il avait de l'espace n'était plus la même. Une révolution copernicienne venait d'avoir lieu. Le temps, lui-même, s'était effondré et gisait là, devant lui, séparé d'un passé qui n'était plus que cendre et mémoire.

Il existe à Nancy un cimetière du Sud. Léo devait à présent, comme après un tremblement de terre, emporter avec lui le souvenir de chers disparus et se diriger, l'âme en peine, le cœur en berne, vers le point Midi de la rose des vents. Dans la folle défaite, comme beaucoup de Français, il venait de perdre le Nord, les Allemands venaient de lui confisquer l'étoile polaire. Il ne lui restait plus donc qu'à marcher, comme on marche dans un enterrement nancéien, vers le Sud.

Après avoir longtemps hésité, il prit le train en partance pour Lyon.

*
* *

Lorsqu'il entre dans un lieu public, Léo regarde, avant toute chose, les visages et se dirige vers ceux qui lui plaisent. Immanquablement, ce sont les visages et les silhouettes féminines qui l'attirent. Or, dans le train, à part quelques soldats, comme lui isolés, il y avait peu d'hommes. Les hommes étaient sous les drapeaux ou plutôt sous le peu qui en restait. Parmi les femmes, il essaya de retrouver un visage connu, celui de sa mère, de Geneviève, de Jacqueline et aussi celui de... Oui, peut-être que Laure... Non, Laure n'était pas parmi les réfugiées. Peut-être était-elle quelque part dans un autre wagon, dans un autre train. Ailleurs... avec Jean ?

Après avoir jeté un coup d'œil sur les gens du wagon, il se retrouva à côté d'une jeune fille assise en face d'une femme plus âgée qui se révéla être sa tante. Il étais debout, comme d'autres, dans le couloir central de ce wagon différent de ceux qu'il connaissait, ressemblant déjà à ceux que nous utilisons aujourd'hui. Ces deux femmes étaient agréables à regarder. À son poste d'observation, elles allaient lui permettre d'occuper partiellement le temps du voyage. Ce temps promettait d'être long car, en raison d'alertes continuelles, le train s'arrêtait souvent, pendant de grands quarts d'heure, en rase campagne. Ce fut au cours de l'une de ces haltes, parfois interminables, que la jeune fille, désireuse de descendre le long de la voie, à la manière de beaucoup de voyageurs qui allaient se dégourdir les jambes, se montra hésitante, craintive d'aller seule. Sa tante préférait rester à sa place afin d'avoir un œil sur les bagages. Il proposa sa compagnie, laquelle fut acceptée d'emblée par les deux femmes. Un soldat, cela donne confiance. Il laissa sa valise à la tante et tint compagnie à Françoise.

Peu après qu'ils furent descendus, des avions allemands les survolèrent. Il y eut une sorte de panique. Léo ne s'affola pas, car Françoise, anxieuse, l'interrogeait du regard. Comme pour la rassurer, il la prit dans ses bras.

La jeunesse ne veut pas mourir sans connaître l'amour. La menace des bombes les fit bientôt, à l'instar d'autres couples, se blottir l'un contre l'autre. Il y eut des baisers brûlants dans de fortes étrhintes tout autour d'eux, mais il n'y eut pas de bombes. Il le regretta presque. Un tel dénouement eût été merveilleux comparé à tant de fin de vies. Les bombes, si elles avaient été larguées, eussent fait un effroyable carnage. Les Allemands, après leur survol, s'en retournèrent comme ils étaient venus. On crut, un court instant, qu'ils avaient lâché des torpilles, c'étaient des tracts qui tombèrent, un peu trop loin de la voie pour qu'ils puissent en prendre connaissance.

Ils arrivèrent à Lyon dans la nuit. Il aida à porter les bagages. Il fut alors entendu qu'il accompagnerait les deux femmes chez une amie de la tante. Cette amie voulut bien l'héberger et disposa, pour lui, un matelas sur le plancher de la salle à manger. Le matin, très tôt, alors que tout dormait, il se réveilla sous les baisers de Françoise en chemise. Elle ressemblait un peu à Jacqueline, c'était sans doute ce qui l'avait fait, dans le wagon, se diriger vers elle. Mais elle était, de beaucoup, plus téméraire.

Hélas, vint le moment des adieux. Il quitta les trois femmes pour se diriger vers le centre de triage.

Chemin faisant, mettant la main dans la poche de sa vareuse pour y saisir sa pipe, il en tira une enveloppe. Dans l'enveloppe, il y avait une petite lettre hâtive : « Léo, ne m'oubliez pas tout à fait, pensez un peu à moi ! » C'était comme un reflet des premières lettres de Geneviève et de Jacqueline. La peur de l'oubli. Sous la signature, il y avait, au rouge à lèvres, le sceau de sa bouche légèrement entrouverte. Douce et tendre image que Léo considéra longuement comme l'image même d'un sexe offert. Élan aveugle de la jeunesse ! Sous le sceau des lèvres, il y avait son adresse, à Bar-le-Duc. Il y avait aussi un billet de cinquante francs, une très forte somme, à l'époque, pour un soldat. Non, Léo n'oubliera pas. Les femmes qui traversent la vie des hommes sont rarement oubliées par ceux-ci. Les visages s'effacent avec le temps, mais les prénoms restent, comme gravés à même l'écorce du chêne plus ou moins ébranché de la mémoire.

Il ne songea plus alors à Geneviève, à Jacqueline, à Laure. Françoise les avait remplacées pour lui offrir, comme un léger soleil de printemps, lumière, douceur et tendresse. Mais Françoise, hélas, avait déjà vite rejoint Jacqueline, Geneviève et Laure, astre d'un jour et d'un matin, disparu dans le ciel soudain grisâtre qui allait redevenir noir. Cependant, il ne connaissait plus le désarroi ressenti en gare de Lure. Il ne se sentait plus abandonné. Une femme lui avait souri.

Il y avait maintenant quatre étoiles qui scintillaient dans sa nuit, quatre jeunes filles dont il ne pouvait plus, comme un croyant touche le vêtement d'un saint ou bien d'une sainte, affleurer ou caresser la jupe ou la robe, mais qui, néanmoins, lui tenaient compagnie. Peut-être, tous ces astres qui, dans l'infini, s'ajoutent les uns aux autres, peut-être représentent-ils des êtres qui ont été aimés et adorés, hommes et femmes, depuis le commencement des temps, depuis que le monde est monde. Peut-être. Qui sait ?

Après avoir rencontré Gobi, l'aiguilleur de son destin qui, à Lure, l'avait empêché de rejoindre Jean et Laure ; après avoir abordé un ange terrestre en la personne de Françoise, il lui fallait maintenant approcher de nouveau le diable, autre face du Dieuble. Ce fut au centre de triage qu'il tomba sur lui.

Au Centre, en attendant de décider de sa nouvelle affectation, on lui avait donné quartier libre. Malgré son désir, il avait rejeté l'idée de revoir Françoise, cela pour ne pas alerter la tante qui eût trouvé bien étrange sa réapparition. Mais l'idée rejetée revenait sans cesse et il était en pleine hésitation quand, à la cantine, il se trouva nez à nez avec Lucien Ferratier, un des chefs de bande de son école, à la communale. Ils passaient ensemble les heures de catéchisme et celles de l'étude du soir à jouer ou à faire des excursions dans les chantiers déserts, après le départ des ouvriers. Ensemble, ils avaient connu les plaies, les bosses et les déchirures de la petite guerre. Ils avaient, depuis, l'un et l'autre, gagné bon nombre de centimètres quant à leur taille. Ferratier, tout comme Gobi, venait de le ramener, ainsi, à l'improviste, vers de plus jeunes années.

Finalement, le pont du Nord qui, comme dans la chanson, s'était effondré sous lui au début de la débâcle, l'empêchant de revoir les principaux personnages liés à son existence, n'avait point interdit à des personnages secondaires, dans un présent renouvelé, de relier par un autre pont, du Sud cette fois, le passé et l'avenir.

La première question que Léo posa à Lucien concerna Guédolf.

– Est- ce que tu as revu l'Écureuil ?

– Oui, je l'ai revu, il y a cinq mois de cela. Il était avec une fille et, de ce fait, nous n'avons pas pu bavarder beaucoup. Nous nous étions promis de nous revoir, mais, les circonstances…

Cette question avait laissé Ferratier tout chose. Léo lui en fit la remarque.

– C'est vrai. C'est de te revoir ici, à Lyon. Je me dis, tout à coup, que j'aurais dû faire en sorte de le rencontrer à nouveau. Je l'aimais bien l'Écureuil. Mais je remettais toujours au lendemain. Et lui-même n'a pas fait l'effort. Curieux, quand même, comme les choses s'effilochent !

Léo ne reconnaissait plus Ferratier devenu presque sentimental. Il ne l'avait jamais vu sous ce jour. Était-ce dû au fait que, comme lui, il était coupé de tout ?

L'image dont Lucien venait de se servir lui était souvent venue à la mémoire. Les choses, c'était d'ailleurs aussi le point de vue de Jean Monegal, oui, les choses s'effilochaient…

La première chose que lui proposa Lucien, bien vite effilochée elle aussi, fut, après qu'ils eurent vidé quelques verres, de conduire Léo dans les rues chaudes. Après deux semaines d'escale dans Lyon, ville qui lui était auparavant inconnue, Lucien situait déjà parfaitement les mauvais lieux.

Il aurait dû, avait-il dit, se trouver normalement à Marseille, dans une unité en instance de départ pour l'Afrique du Nord. Mais il avait choisit de prendre tout son temps. Il n'était pas, en ce qui le concernait, à quelques jours près.

– Tu sais, Léo, j'en ai rien à foutre de leur cirque à la con.

Ils allèrent donc, alors que tout était sens dessus-dessous, du côté des filles de joie, lesquelles, plus aguerries que les militaires, continuaient partout la lutte au corps à corps.

Cela les ramenait loin en arrière, quand, rue du Moulin, derrière l'Église Saint-Epvre, ils regardaient les hommes pénétrer dans ces maisons qui excitaient leur curiosité de petits garçons. *Le Grand Six* et d'autres encore. Au-dessus de leur porte elles montraient alors une petite lumière rouge. Rue de la Pépinière et place Vaudémont, tout près de la place Stanislas, ils avaient pareillement observé les dames qui invitaient les messieurs. Eux-mêmes passaient quelquefois devant elles, mais elles n'invitaient pas les petits garçons. Maintenant, à leur tour, ils étaient devenus hommes, tandis que des fillettes de l'époque de leur enfance étaient, elles, devenues putains. À leur tour ils allaient guidés par le désir, et cela sous le regard, peut-être inaperçu d'eux, d'autres enfants un peu voyeurs, un peu voyous, comme ils l'avaient été eux-mêmes.

Dans une de ces rues chaudes, ils montèrent ensemble avec la même femme. Elle avait leur âge. Elle avait sauté à la corde ou bien joué à la poupée quand ils faisaient la petite guerre, ou bien quand ils tiraient les sonnettes des rues voisines de la rue de la Pépinière ou celles de la Grande-Rue. Ils la prirent, cette ancienne fillette, à tour de rôle.

Léo ne se souvint plus de Ferratier chevauchant leur commune cavale. Peut-être que, dans la chambre de passes, par discrétion, regardait-il ailleurs. C'est possible. Mais c'eût été à l'encontre de sa curiosité, de son voyeurisme naturel, de son goût de l'observation. Mieux vaut croire que la censure avait joué ; comme plus tard, elle joua, quand une femme, qui avait un peu trop bu, nue sous sa robe, assise au milieu de ses invités, son mari étant près d'elle, lui avait laissé entrevoir, dans le décor haut situé de ses bas, comme une offrande, écartant très consciemment ses cuisses, plus qu'il n'était permis. Peut-être son préjugé, dans ces deux cas, avait-il été, comme il l'avait lu dans un livre : « déjà assez fort pour faire violence à la perception » ? Cette offrande du grand écart, il l'avait d'ailleurs reçue, enfant, au moment d'un départ en gare pour l'école chrétienne. C'était une gamine de son âge, accroupie, non loin de lui, près de ses parents, les bras suspendus à une rampe servant à la canalisation des voyageurs, rampe qu'elle avait saisie pour le jeu. Remarquant ses regards appuyés, elle avait intercepté tout son désir et lui avait montré très ostensiblement, ou plutôt voulu lui montrer, ce que malheureusement cachait sa culotte. Il se demande parfois si ces « prises de vue » ont été bien réelles et le doute le prend, alors qu'il sait très bien qu'il n'y a pas lieu de douter. Le choc même de l'image vue avait alors brisé forme et dessin, éclair qui détruit tout.

Le lendemain même de ces frasques lyonnaises, il recevait sa feuille de route pour se rendre à l'école d'aviation de Cazaux, située à l'autre bout du pays, au bord de l'Atlantique, dans les Landes, près de Biscarosse. Lucien-le-Diable, peu pressé de gagner Marseille et l'Afrique, décida de flâner encore un peu.

Au cours du voyage, Léo ne cessa de penser à ce qui avait bien pu le pousser à sa dernière turpitude. La curiosité, certes, mais davantage encore le désir. Penser à Geneviève, à Jacqueline, à Laure et à Françoise, ces jeunes filles qu'il nimbait d'un idéal romantique, ne l'avait pas empêcher de choisir la « dépravation ». Cet idéal, impossible à atteindre, peut-être du fait de la guerre, laquelle est la dépravation des dépravations, il n'avait pas hésité à le déchirer à la première occasion. Une rupture s'était faite en lui soudainement. Quittant la monture du chevalier, il se surprenait à rouler, matelot ivre en goguette, vers les bouges. Il venait de changer. Il n'était plus le même. Beaucoup de choses s'étaient cassées en lui et s'étaient brisées sans qu'il s'en rendît bien compte. Cela s'était produit tout naturellement. Était-ce vraiment le fait de la guerre ? Ce n'est pas sûr. Ils avaient parlé de ces choses, Lucien Ferratier et lui, au café, avant de se diriger vers les filles. Comme Léo lui avait fait part de ses états d'âme, Ferratier l'avait regardé, les yeux ronds, et s'était esclaffé, plein d'une robuste santé rabelaisienne.

– Léo, toi ! Mais c'est pas vrai ! Voilà que tu tournes jobard avec tes histoires de pures jeunes filles. On voit bien que tu n'as pas eu, comme moi, des sœurs dont les copines me tripotaient et s'amusaient à me faire bander. Elles retiraient même leur culotte pour me montrer ce qu'elles appelaient leur *zézette*. Elles étaient déjà, comme dans le Nord, où le con sert tôt en sol mineur, de petites musiciennes précoces et délurées.

Léo s'était alors vite rattrapé aux branches et, pour ne point paraître un peu trop demeuré, avait abondé dans le sens de Ferratier. Mais Jean Monegal ? Qu'aurait-il fait à sa place ? Lui qui était si différent et fraternellement si proche, cependant. Peut-être comme le jour est proche de la nuit... Il pensa longuement à Jean Monegal dont la mise impeccable, le sourire un peu désabusé parfois avaient, dès le début, accroché son regard. Il se remémora certains de ses propos :

– Je m'en tiens à quelques règles, très strictes, qui me permettent, vois-tu, d'être indépendant, libre.

Et il ajoutait :

– Tous ces types qui se laissent aller à leurs impulsions, qui ne se contrôlent pas, qui ne se maîtrisent pas, et qui pensent être ainsi eux-mêmes, ils ne voient pas combien ils ressemblent à tous les autres, alors qu'ils croient, agissant comme ils le font, s'en distinguer.

Qu'eût-il fait, lui ? Dans le cahotement du train, il se surprit à hausser les épaules à la manière de Jules-le-Mendiant. Pourquoi regarder en arrière ? Il effaça Jean de sa pensée. Il effaça aussi Françoise qui ne se doutait pas qu'une partie de ses cinquante francs était passée entre les mains d'une ancienne fillette devenue putain. Il effaça pareillement Geneviève, Jacqueline et Laure. Seul le présent comptait. Il fallait vivre le présent. Il fallait, ce présent, le recevoir comme on reçoit un cadeau, un présent chaque jour renouvelé. Il est emballé, ce cadeau, dans sa boîte quotidienne et dans son papier de ciel d'azur, de ciel gris, d'orage ou d'étoiles, ficelé du ruban de notre vie. La boîte s'ouvre, il en sort une surprise : hier, c'était Geneviève, et puis Jacqueline, et puis la guerre, Tours, Jean Monegal, trois jours à Paris, la prison, Robert Neumans, Cernay, Laure, et, enfin, Françoise, Lyon, Ferratier, une putain anonyme ; aujourd'hui, c'était ce train en route vers le Sud-Ouest et, bientôt, ce sera Cazaux. Demain viendront d'autres boîtes, avec ou sans surprises, avec l'aventure, avec d'autres villes, avec d'autres êtres, d'autres choses, d'autres présents. À Dieuble vat... jusqu'à la dernière boîte, toute emballée de terre ou bien brûlée, telle celle de ce pilote allemand tombé en Alsace. Oui, à Dieuble vat...

*
* *

Dans son wagon, côté fenêtre, du coin du compartiment où il s'était d'abord endormi, Léo, fasciné, observait en face de lui les gestes d'un ecclésiastique faisant semblant de lire. Parfois, celui-ci quittait son bréviaire, gardant en sa main droite le bouquin maintenu à la bonne page par le signet de son index, et regardait le paysage. Il faisait alors quelques mimiques qui relevaient plutôt de la moue ou de la grimace, puis se replongeait dans sa pseudo-lecture. Dans une nouvelle expression de ce visage, il reconnut le curé de Saint-Epvre, celui-là même qui l'avait tellement déçu en disant à son père qu'il ne connaissait point Léo, le reniant comme Pierre avait renié Jésus, assurant que jamais il ne l'avait vu mettre les pieds au catéchisme. Mais c'est la voix de Jules-le-Mendiant, dont ce curé n'était qu'un des avatars, qu'il crut entendre quand, toujours sans le regarder directement, le personnage prononça ces quelques paroles :

– Alors Léo, on court le guilledou ?

Léo, agacé par cette amorce de basse morale, se révolta.

– Je fais ce qui me plaît. Je me moque de ce que vous ou les autres pouvez bien penser.

– *Spernere mundum*
Spernere se ipsum
Spernere...

– J'entends rien au latin, et je me moque de votre latin. D'abord, je reconnais votre voix, je sais que vous êtes Jules-le-Mendiant, et je me moque aussi de vos déguisements.

– J'avoue que c'est pas très malin de ma part d'avoir oublié de changer ma voix !

Disant cela, le personnage daigna enfin jeter les yeux sur Léo. Mais son regard s'arrêta et se riva à hauteur du nez. Après quelques secondes, Léo sentit des picotements suivis d'une chaleur qui devint bientôt intolérable. Il résista un peu, mais l'autre était le plus fort et Léo protesta.

– Mais bon Dieu, arrêtez ! Ça fait mal ce truc-là !

– Ça, Léo, c'est pour l'insolence. Je ne vois pas pourquoi tu m'appelles bon Dieu, c'est une insulte très grave ! Le bon Dieu n'est qu'une des nombreuses marionnettes du Dieuble. Personnellement, je ne suis ni bon ni mauvais, c'est selon. Pour ce qui est de ta moquerie à propos de ce que pouvaient penser les autres et moi-même, j'étais en train, en latin, de t'en féliciter. Se ficher du monde et de soi-même, se foutre de tout, du tiers comme du quart, de la vie comme de la mort, voilà un beau, un très beau programme. C'est celui de ton ami Guédolf. Mais, pour prendre cette voix royale, il te faudrait être autrement que tu n'es. Tu es trop ficelé par des liens contradictoires. T'as toujours besoin d'une rampe, de te raccrocher à quelque chose, comme un petit mouflet. L'amour, l'anarchisme, le Bon Dieu sont tes limites.

– Le Bon Dieu, je m'en tamponne. Je lui pisse au cul et...

– Non, non, Léo, c'est bien le Bon Dieu que tu viens d'évoquer, il n'y a pas une minute de cela. C'est pourquoi, d'ailleurs, je me suis affublé en curé. Quand tu es en colère, ne profères-tu pas des invocations telles, par exemple, des « Bon Dieu de merde » bien senties ? Quand ce ne sont pas des « bordel de Dieu de merde de putain de moine » ? Je suis bien placé pour savoir tout cela. Tous ces jurons prouvent que Dieu et toi, vous êtes comme cul et chemise. Non ? Pas mal pour un anarchiste de croire à ce point au bon Dieu ! Non ?

À cela, évidemment, Léo n'avait rien à répondre. Son langage intérieur, souvent grossier, et son langage extérieur, toujours policé, étaient bien différents l'un de l'autre. Et puis il lui paraissait vrai qu'insulter le bon Dieu n'était rien d'autre qu'un résidu mystique... Quant au Dieuble!....

Soudain, un bruit du côté du couloir lui fit tourner la tête.

Il vit alors entrer, tandis que la vitre de la porte s'effritait en une fugitive cascade de cristaux de verre, une sorte de grand échalas, lequel, voyant le « curé », s'exclama :

– Mais, mais, c'est Dieuble pas possible ! C'est vous, mon père !

– Mais oui, mon fils, c'est moi !

Le grand escogriffe posa sa petite valise sur le filet à bagages et allait s'asseoir à côté du « curé », quand celui-ci se leva pour, dit-il, aller « expulser ses urates ».

– Je reviens tout de suite.

L'autre s'installa sans façon dans le coin, en face de Léo, et dit à haute voix : « Qui va à la chasse perd sa place ! ». Et comme il avait un petit air très satisfait de ce qu'il venait de dire, Léo comprit qu'il faisait allusion à la chasse d'eau.

Le personnage se releva pour prendre un livre dont Léo ne put lire le titre ni le nom de l'auteur. Il feuilleta quelques pages et laissa le bouquin ouvert sur ses genoux. Son regard se posa sur Léo puis s'éleva vers un point mystérieux situé au-dessus de sa tête. Enfin, ses yeux considérèrent Léo avec douceur et, avec le plus engageant des sourires, il se présenta :

– Je suis Pince-à-Linge. Jules a dû vous parler de moi.

Caressante fut alors sa voix. Il fit lever le nez de Léo vers le point mystérieux sis au-dessus de lui. La toiture du wagon avait disparu. Léo vit alors le ciel où brillaient toutes les étoiles de la nuit.

– Regarde bien, Léo, tous les curés, de Saint-Epvre et d'ailleurs, nous montrent la voûte céleste et disent : « Voyez, là-haut est le Dieu qui vous regarde ». Or, là-haut, si tu regardes bien, il n'y a rien, absolument rien qui ressemble à ce distingué bonhomme. Regarde, tu vois bien que dans cette nuit sans nuages, le dieu biblique qui est si puissant sur terre au point d'en avoir chassé les dieux de l'ancienne civilisation, n'a pu, toutefois les éliminer du ciel. Vois, en cette nuit sans nuages, il n'y a ni l'étoile Moïse, ni l'étoile Jésus, ni l'étoile Jéhovah, ni celle du Saint-Esprit, ni celle de Mahomet. Mais tu y distingues au contraire tous les dieux de la Grèce antique : Diane, sœur du soleil qui est Apollon, et puis Saturne, et puis Jupiter, et puis Mars, et puis Mercure, et puis Vénus, sans parler de Pégase, de Cassiopée, d'Andromède. Quant à Apollon, frère de la Lune qui est Diane, il nous allume, chaque jour, l'une des sept chandelles du chandelier à sept branches qu'est la semaine et qui ont pour nom lundi, jour de la Lune et jour de Diane ; mardi, jour de Mars ; mercredi, jour de Mercure ; jeudi, jour de Jupiter ; vendredi, jour de Vénus ; samedi, jour de Saturne et dimanche, jour d'Apollon, le Soleil. Le nom des mois, eux-mêmes, ont échappé aux curés de Saint-Epvre et des autres paroisses. Cependant, de chacune des années de notre ère ils ont fait un bien triste cimetière en fourrant dans notre calendrier les cadavres de leurs saintes et de leurs saints. Vois, au ciel ne figure point le dieu lamentable de ces chrétiens qui, depuis la crucifixion de leur idole, ne cessent de se crucifier les uns les autres en de multiples massacres. Tout cela, ces joyeux massacres, ces saintes guerres de religion, est inscrit dans ce livre qui est sur mes genoux. Tu vas assister à un grand massacre, Léo, mais ce ne sera rien qu'une amusette en comparaison de ce que verra le prochain siècle. Ce sera véritablement grandiose.

Il raconta à Léo des choses horribles qu'il est préférable de ne pas rapporter ici. Il se tapait sur les cuisses et riait à gorge déployée de toutes les choses atroces qui devaient arriver après le troisième millénaire!

– Pense donc, Léo, il y aura sept milliards d'habitants sur terre alors qu'auront grandi les déserts. Il faudra éliminer, éliminer, éliminer. Il y aura fort à faire... Pour cela resurgira notre vieille amie... la Famine.

Jules ne revenait pas. Mais à un arrêt du train, en face d'une gare, le Mendiant tapa de l'extérieur, au carreau pour attirer l'attention de Pince-à-Linge et le héla:

– Dis donc, petite tête d'épingle, c'est là qu'on descend.

À Léo, il fit un ironique salut militaire.

Pince-à-Linge fit diligence et courut vers la porte du couloir, puis vers celle du train, sauta sur le quai. Et Léo demeura seul.

Dans sa précipitation Pince-à-Linge avait laissé son livre sur la banquette.

Seul, Léo feuilleta le livre. Quoique vieux de vingt-et-quelques siècles le contenu de ce bouquin, en ces temps de guerre, était de circonstance. C'était, en grec ancien, le bel ouvrage d'Alcidamas, *L'éloge de la mort.* Ouvrage dont avait parlé Jean Monegal.

Léo l'ouvrit au hasard et traduisant lui-même, car il avait aussi bien le don des langues que celui des rêves, lut:

« La mort n'est pas seulement la bonne grosse chienne qui se pourlèchera de la moelle de tes os. Elle est la grande guérisseuse qui détient le remède universel à tous les maux des âmes et des corps dans le monde. Elle est la panacée.»

Enfin, enfin, quelque chose d'assez gai!

Léo, cependant, préférait la mort telle que Jean Monegal l'avait décrite: une belle blonde aux yeux verts, laquelle aurait pu être Françoise enlacée, si les aviateurs Allemands avaient, plutôt que des tracts, daigné largué des bombes sur le train immobilisé de la ligne de Lyon.

Sur le quai, un employé siffla, agitant un petit drapeau rouge. Le train démarra lentement, prit de la vitesse, Léo se mit à regarder le paysage...

*
* *

L'image que Léo garde de Cazaux est celle du grand étang sur lequel, dans son souvenir, se superpose un visage.

C'est en fin d'après-midi que, peu après sa descente du train, la nouvelle boîte à cadeau de ce jour-là lui fut ouverte. C'est alors qu'il débarqua dans les baraquements proches de l'école d'aviation. À peine était-il arrivé, que le sergent de semaine le confia aux bons soins d'un caporal qui lui indiqua, au fond d'une baraque, un lit disponible à la tête duquel il devait installer son paquetage militaire. Sur le lit voisin, un jeune homme lisait. À la vue de Léo, il abandonna aussitôt sa lecture, se leva et se présenta :

– Je me nomme No. Si tu as besoin de renseignements, n'hésite pas, je suis là.

– Je me nomme Magnanje, Léo Magnanje. Ton prénom, c'est quoi ?

– No… ou, si tu préfères, Noël. Janmage est mon nom.

Ce garçon avait une tête sympathique, avec, entre le nez pointu et le menton légèrement en galoche, un sourire bienveillant. Léo jeta un coup d'œil sur son livre : *les Illuminations.* Ayant surpris son regard, l'autre commenta :

– C'est une façon de me dépayser un peu. Une manière de m'évader sans trop attirer l'attention.

– Je n'ai lu, répondit Léo, que *Le bateau ivre* et *Une saison en enfer.* Mais la saison en enfer ne se passe pas ici. Elle a lieu, en ce moment, tout au nord du pays, du côté de Charleville, précisément. Tu es rimbaldien ?

– Pas tout à fait. Mais, comme Rimbaud, je suis un peu Prussien. J'ai lu presque tous ses ouvrages. Il me manquait celui-ci. J'ai l'impression, d'après ces pages, que, après avoir écrit « Merde à Dieu » sur les bancs de Charleville, il a dû écrire « Merde à Claudel » sur les parois de son cercueil.

La conversation prenait un tour intéressant. Ils ne furent pas long à fraterniser.

Ils attendaient, chacun, de la part des autorités militaires, une affectation. Dans cette attente, ils se trouvaient, l'un et l'autre, comme dans une sorte de camp de loisirs. C'est ainsi que, dès le lendemain, ils décidèrent de louer une barque et de faire la traversée de l'étang, tout proche.

Au début, les choses allèrent très bien. Ils avaient le vent en poupe. La barque, comme le bateau du Hollandais Volant, planait sur l'eau. Léo songeait à Laure et il était presque heureux. Mais ils n'étaient pas mariniers du Rhin. Il n'y avait pas de Lorelei, et, de chant, il n'y avait guère que celui du vent. Toutefois, après un temps très long, tout étonnés de ne pas être déjà sur l'autre rive et passablement inquiétés par l'heure qui paraissait tourner très vite, ils renoncèrent à leur projet, car plus ils avançaient, plus la côte, en face d'eux, s'éloignait, comme si elle tenait à garder ses distances. Ils décidèrent alors, quoique à contre-coeur, de virer de bord pour être présents à l'appel du soir. N'ayant pas plus l'œil que le pied marin, ils avaient sous-évalué la longueur de leur course.

Mais le retour se passa moins bien et, même d'autant plus mal que le vent, de face cette fois, soufflait de plus en plus fort. La barque commençait à chahuter. N'allait-elle pas, la Vierge au rocher, la *Lorelei* lointaine, par le chant du vent grondant, faire verser leur barque et les noyer ? Léo entendit alors No murmurer…

– Sale temps dans ce baquet… pour une baignade sans savon, Laure !

– Quoi ? Tu parles de Laure ?

– Hein ? Oh ! un simple souvenir… mais je crois qu'il va falloir à présent ramer dur avant que la tempête nous fiche au bouillon.

Ils ne progressaient guère. Ils étaient secoués au point de risquer de chavirer à tout instant. Le crépuscule avait des lueurs rouges, lesquelles, reflétées sur l'eau agitée de l'étang, donnaient parfois à celui-ci l'aspect d'un lac de sang. La côte, de nouveau, semblait s'éloigner et le vent s'était arrêté de chanter comme pour chahuter et faire mieux danser l'embarcation. Cette fois, Léo ne songeait plus à la Lorelei mais à la barque même. Elle le faisait penser à un cercueil.

– Tu n'as pas le sentiment que nous sommes sur le Bateau ivre ?

– Ça ne m'étonne pas, répondit-il bravement, avec tout ce pinard qui nous entoure…

L'étang de Cazaux avait pris, comme dans Homère la Méditerranée, une couleur de vinasse.

Ce ne fut qu'au bout d'un très long calvaire, après avoir échappé maintes fois au plongeon et, pour Léo, piètre nageur qu'il était, à la noyade, qu'ils purent, encore tout ballottés, mettre les pieds sur le sol. Au débarcadère, ils s'affalèrent à même la terre et, nerveusement, éclatèrent de rire.

Au départ, ils étaient à mille lieues de penser qu'ils auraient à connaître la tempête et un pareil chahut de vagues sur un simple lac. La paume de leurs mains était rouge et brûlante. Le loueur, innocemment nommé Charon, déclara qu'ils l'avaient échappé belle et que, s'il avait connu leur projet d'aller sur la rive d'en face, il les en aurait dissuadés, car, leur apprit-il, l'étang était de sept cents hectares et la distance en était d'au moins dix bons kilomètres.

No se tourna alors vers Léo et, à l'ahurissement du nocher des enfers, tint ce propos :

– Ce que dit Monsieur me confirme que nous venons d'avoir affaire à un étang tout particulier, lequel, pour s'étendre ainsi toujours davantage, doit être, sans conteste possible, un étang en caoutchouc d'une très grande élasticité. La longueur, tu as entendu, en est d'au moins dix kilomètres et au plus, on ne sait pas trop, peut-être vingt ou trente. Tu sais, il ne faut pas s'en étonner. Ici, dans les Landes, on récolte la résine. A partir de là, on fabrique des boules de gomme et toutes sortes d'objets extensibles.

Sur ce, ils laissèrent près de la barque leur loueur qui affichait, les concernant, la plus grande perplexité.

Quand ils arrivèrent au camp, ce fut pour être quand même, mais d'extrême justesse, présents à l'appel du soir.

Le lendemain, dans la soirée, après avoir ingurgité le brouet du réfectoire, ils se retrouvèrent à la cantine, devant un litre de vin blanc. Ils arrosèrent leur « exploit » de la veille. Comme ils parlaient de la noyade à laquelle ils venaient d'échapper, Léo interrogea No sur les paroles obscures, tenues dans la barque à propos d'une baignade au soleil, mais sans savon.

– Il y était question d'une Laure.

No, jusqu'alors plutôt gai, eut alors un moment de tristesse, peut-être provoqué par le vin. Sa voix se fit plus sourde, comme voilée.

– Je me souvenais d'une petite fille. C'était à Toulouse. J'avais alors son âge, autour de cinq ans. Devant la porte de sa maison, on avait mis une grande tenture blanche. Il y avait une autre tenture, plus grande celle-là, devant le porche de l'église, blanche aussi. C'était très beau. C'était un peu comme une fête où, au lieu de rire, tous les gens pleuraient. Ces tentures blanches étaient pour moi comme les drapeaux d'une petite fille blonde aux yeux clairs que j'adorais. Toute cette fête avec chants et musique à l'église, était comme une communion, comme un mariage qui était le mien.

No regarda Léo, soudain, comme surpris. Il avait relaté ce souvenir sur un tel ton que Léo en était encore tout saisi.

– Je me demande pourquoi je te raconte ça. C'est si loin.

– Cette petite fille... Sur l'étang, tu avais murmuré le nom de Laure... serait-ce elle ?

– Oui, c'est elle. Ces funérailles blanches, cette mort d'une enfant, ont marqué profondément le gosse que j'étais. Adolescent même, il m'arrivait d'aller sur sa tombe. J'y méditais, et je reliais le souvenir que j'avais de cette fillette, aux petits ossements ensevelis, là, dans la terre. Il y avait un abîme entre la réalité de cette tombe et le souvenir de celle avec qui j'avais joué pendant des mois. C'était un abîme d'incompréhension. Sa mère la déshabillait devant moi. Les petites filles, à l'époque, portaient des bas noirs et ses bas me troublaient beaucoup. Sa mère la baignait ensuite dans un grand baquet. Elle était très gaie cette gamine dans son baquet, elle y riait toute heureuse. J'ai eu le sentiment, hier, qu'elle était dans la barque. Je me suis mis à ramer comme un forcené... afin qu'elle ne se noie pas !

Ces derniers mots rappelèrent à Léo combien l'attitude de No dans la tempête l'avait comme vitalisé. Sa détermination farouche lui avait alors comme fouetté le sang et, unissant leurs efforts, ils s'étaient mis à l'ouvrage. Son énergie l'avait secoué de l'image qui se faisait de plus en plus nette d'une noyade possible, comme lorsque près du pont de Malzéville, il avait failli couler dans la Meurthe. Tel Guédolf alors, No l'avait comme maintenu. No semblait, en effet, se battre contre quelque chose de plus que la tempête... contre la Mort qui menaçait la petite fille !

No changea de conversation, comme pour fuir quelque chose. Puis il s'anima peu à peu jusqu'à la franche gaieté retrouvée.

Il y avait autour de sa personne cette sorte d'aura romantique que, dans la prison de Tours, Léo avait déjà attribuée à Robert Neumans. L'histoire qu'il venait de raconter s'associait fort bien avec la nostalgie qui semblait l'habiter, une nostalgie qui était comme un désir rattaché au passé, mais projeté dans l'avenir comme une sorte d'attente.

– La vie est idiote. Dans le fond, on devrait se moquer de tout.

Léo était ravi de l'entendre parler ainsi. Il en venait à la conclusion de Jules le Mendiant : *spernere* et quelque chose. Se ficher de tout...

– Tu as raison, assura Léo. Mais ce n'est pas facile.

– On peut toujours essayer.

Ils étaient assis à une petite table. Autour d'eux, il y avait d'autres tables, d'autres chaises, d'autres militaires et pas mal de brouhaha. Ils étaient fatigués des efforts accomplis dans la tempête. Ils avaient le corps douloureux, la paume de leurs mains était ornée d'ampoules, ils étaient un peu ivres déjà, mais encore très éveillés, comme dopés, à la fois tristes et heureux, caressant leurs verres l'un en face de l'autre.

Ensemble, sans aucune raison particulière, comme sur le débarcadère de l'étang de Cazaux, pour la seconde fois, ils éclatèrent de rire.

De fil en aiguille, en entamant le deuxième litre de vin blanc, Léo mit sur le tapis le chapitre des prostituées. Sans doute, sa virée dans les rues chaudes de Lyon, en compagnie de ce diable de Ferratier, n'était-elle pas étrangère au sujet choisi. Il avait gardé de cette affaire comme un malaise, malaise différent, bien sûr, de celui ressenti après le bourrage de sa première pipe, et d'un tout autre ordre, mais, cependant, malaise. Il éprouva le besoin de parler de ces filles qui avaient jeté dans son esprit beaucoup plus de trouble que de joie.

No écouta avec grande attention puis, comme pour rassurer Léo, raconta sa propre passion pour une putain de sa bonne ville de Toulouse et, cela, avec de tels accents que Léo en oublia de rallumer sa bouffarde.

– Elle a été comme une mère pour moi.

– Tu exagères.

– Bien sûr, car il y avait quand même l'inceste en moins. Elle avait un corps et des seins magnifiques. Souvent, elle ne me faisait pas payer, parce que j'étais fauché. Elle me faisait ça « au béguin » comme elle disait. Elle m'a appris à faire l'amour.

– Tu reconnaîtras qu'une mère n'apprend pas ce genre de chose à son fils.

– Je dis une mère, parce qu'elle était plus âgée que moi.

– Elle avait une quarantaine d'années ?

– Non. Vingt quatre seulement. Mais j'en avais seize, à peine. Cela faisait quand même huit ans d'écart. À ces âges-là, cela fait une grande différence. Si tu l'avais vue à poil, avec ses bas noirs ! Magnifique, je te dis ! Il y a vraiment des êtres divins sur cette terre !

– Ces êtres divins on les appelle, le plus souvent, des créatures du diable.

– En tout cas, elle m'a fait connaître le paradis. Mais c'est vrai qu'elle aurait pu me conduire tout aussi bien en enfer !

Il était enthousiaste et, ma foi, avec l'aide du vin blanc, il communiquait à Léo sa propre fièvre.

– Des bas noirs ? Mais, dis donc, ne m'as-tu pas dit, tout à l'heure, que ta petite fille de Toulouse portait, elle aussi des bas de cette couleur ?

– Oui. Elle est au tout commencement. C'est pour cela que j'ai toujours eu du goût pour ces bas-là. C'est curieux, pour moi, ils représentent, ces bas noirs, tout à la fois l'innocence et la dépravation. La dépravation, c'est Livia, ma fille de joie, et l'innocence c'était cette petite gamine.

– En Alsace, j'ai, moi aussi, connu une petite fille qui portait des bas noirs.

– Alors, tu vas me raconter cela.

– Certainement. Mais pas ce soir, car tu vois, la cantine va fermer. Je te préviens tout de suite que, malheureusement, je ne l'ai pas vue comme toi, nue dans un baquet. Je le déplore beaucoup.

No avait le don de raconter. Il avait réussi à faire disparaître complètement le malaise lyonnais de Léo. Il lui avait fait franchir, avec la collaboration non négligeable du vin blanc, la barrière qui le séparait de ces femmes des rues pour lesquelles Léo avait éprouvé, en même temps que de l'attirance, un sentiment de répulsion.

Ce soir-là, Léo regretta qu'il n'y eût pas de rues chaudes dans leur coin des Landes.

– Tu as raison, ce serait quand même logique qu'il y ait des filles de joie dans les pinèdes.

Ils regagnèrent leur baraque avec du vent plein les voiles, cette fois sans les dangers de la tempête et riant de mille riens. La vie, malgré le désastre national, leur paraissait, grâce à l'alcool, belle.

– Mais, dis-moi, pourquoi tu te fais appeler No plutôt que Noël ?

– C'est le diminutif que ma famille m'a donné. Cette question, je l'ai posée à mon *pater*. Voici ce qu'il m'a répondu : « C'est le mot, dès que tu fus en âge de parler, que tu prononçais et que souvent tu répétais plusieurs fois de suite, pour refuser tout ce que tu n'aimais pas. Et ce mot tu le disais si souvent que nous t'avons surnommé No ». Finalement, j'ai adopté ce surnom car je suis plus enclin au refus qu'à l'acceptation. Je suis hostile au béni-oui-ouisme. J'ai tendance à ne pas faire comme tout le monde, je préfère, par goût, aller à contre-courant. J'ai un peu l'esprit de contradiction.

– Eh bien, No, nous allons bien nous entendre, car j'ai toujours eu un mal de chien à obéir à qui que ce soit.

Après être arrivés tous deux à bon port en dépit du roulis de leurs enjambées, et après avoir entendu vaguement la sonnerie de l'extinction des feux, Léo se coucha, et, légèrement bercé comme par le fond d'une barque de Venise, il s'endormit aussitôt, musique en tête sur son oreiller-mandoline, comme un jeune et gai gondolier.

Ce fut le lendemain, au cours d'une promenade, sur le chemin de l'une de ces pinèdes, où il aurait trouvé logique qu'il y eût des filles de joie, que No lui déclara à brûle-pourpoint :

– Tu sais, il faut quand même que je te le dise ; je ne suis pas du tout contre les boches.

– Moi non plus, rétorqua Léo. D'ailleurs, jamais je n'ai, pour ma part, employé cette expression de « boche » que tu utilises, cela bien que les Allemands aient bombardé notre maison. En France, nous nous servons aussi de bombardiers, alors je ne vois pas pourquoi ceux que tu appelles les boches nous enverraient des fleurs. La guerre est déclarée par les dirigeants et faite par les peuples qui sont bien obligés de subir. Je ne suis pas du tout du tout contre les Allemands.

– Ton cas me paraît grave. Mais le mien l'est davantage.

– Il me paraît au contraire moins grave, puisque toi tu te sers d'un mot qu'utilisaient les revanchards d'après la guerre de 1870. T'es presque un patriote.

– C'était par antiphrase.

– Ah ! que veux-tu dire ?

– Eh bien, je suis plutôt germanophile et, politiquement, peut-être à cause de Nietzsche, du côté du Petit-Caporal.

Ce fut un peu comme s'il avait dit qu'il était un habitant de la planète Jupiter ! Il faisait, dit-il ensuite, cette confidence par honnêteté, afin que leur camaraderie tournant à l'amitié, Léo sache tout de lui. Léo se demanda, soudain, si son compagnon avait tout son bon sens. Il savait que dans les asiles se trouvaient des esprits dérangés qui étaient fous de l'Empereur. Alors il se prit à rire et rassura No.

– Tu sais, moi, je n'ai rien contre Napoléon. Mais si j'avais un faible, comme toi, ce serait plutôt pour Jeanne d'Arc qui, elle, est une femme.

No se mit à rire à son tour.

– Je parlais du Napoléon actuel, celui du IIIe Empire allemand.

Cela devenait plus sérieux. Ne pouvant le suivre sur ce chemin-là, forçant même un peu la dose, Léo déclara que, lui se sentait plutôt proche des communistes, ce qui, d'ailleurs, depuis qu'il avait fait la connaissance de Jean Monegal correspondait presque, mais pas tout à fait, à la vérité. No lui répondit qu'il avait de la sympathie pour les communistes, mais seulement pour ceux de la base, lesquels n'étaient pas tellement éloignés des nationaux-socialistes. Mais Marx, Engels, Lénine, Trotsky, n'étaient pour lui que des réactionnaires.

– Les libéraux et les socialistes, ces bourgeois, fils de bourgeois, ne supportent pas qu'un fils du peuple prenne le pouvoir, et c'est pourquoi ils détestent le Petit-Caporal. Tu n'as pas remarqué ? De tous ces chefs de la révolution : première, deuxième, troisième et quatrième internationale, toutes ces grandes gueules de la lutte de classes, aucun, à part Proudhon, ne sort du petit peuple. Les Kropotkine, les Elisée Reclus, les Louis Blanc, les Jules Guesde, les Jaurès, les Léon Blum, sortent des grandes écoles du régime. Ils sont, assurent-ils, révolutionnaires, mais ils apportent dans leurs bagages des idées bourgeoises, basées sur l'économie et la production ; cela reste à ras de terre et se traduit par « comment organiser la société pour que chacun ait son quignon de pain et quelques patates ». J'ai essayé de les lire, cela me faisait bâiller et les bouquins me tombaient des mains. Crois-moi, ça n'a rien à voir avec les chevaliers de la Table Ronde ! Écoute donc, imagine un peu ! *Le Capital*, il y est question de la plus-value accumulée ; l'*Anti-Dühring* traite du matérialisme dialectique ; *Impérialisme, stade suprême du capitalisme*, a pour sujet les trusts et les monopoles ; *Les Principes du léninisme,* c'est la théorie et la tactique révolutionnaires ; *L'Histoire socialiste de la révolution française,* commencement de création d'un parti prolétarien ; *L'Histoire de la Révolution russe,* à propos de la conscience spontanée des masses, tu parles ! *Fédération, socialisme et antithéologisme,* contre l'État centralisateur ; et puis d'autres livres encore. Ce ne sont pas là des bouquins rédigés à l'usage de la classe ouvrière. J'ai posé à un copain outilleur, pour savoir ce que cela évoquait pour lui, la question suivante : « Dis-moi, Gustave, qu'est-ce que tu penses, toi, de l'empiriocriticisme ? » Tu sais pas ce qu'il a répondu, mon prolo ? « Arrête tes conneries ! ». Voilà ce qu'il m'a répondu. Il pensait que je me fichais de lui. En fait, tous ces livres sont autant d'évangiles écrits par des théologiens bourgeois pour être mises entre les mains de séminaristes bourgeois destinés à être les futurs prêtres, curés et évêques d'encadrement du prolétariat. Ces bouquins sont du latin de cuisine que seuls les initiés, sortis des grandes écoles de la bourgeoisie, ont le privilège de comprendre et dont l'intelligence prépare aux cures, sinécures, et post-cures et autres bénéfices ecclésiastiques faits sur le dos des fidèles en « bleus » de travail. Au moyen âge, le haut clergé faisait construire des églises, palais ouverts à tout le monde. Nos cardinaux et papes révolutionnaires, quand ils sont au pouvoir, font aussi construire des palais, mais pour eux-mêmes.

La remarque de No sur les chefs révolutionnaires qui étaient tous des bourgeois avait frappé Léo. Et No avait ajouté, comme pour faire bonne mesure :

– Le Petit-Caporal autrichien, lui, n'est pas un bourgeois. Il a su ce qu'était la misère dans les rues de Vienne, il a couché dans des asiles de nuit. C'est bien un fils du peuple. C'est pourquoi les révolutionnaires bourgeois ne l'aiment pas. Il n'est pas vraiment, et c'est bien le cas de le dire, de leur classe.

Enfin, il se tut et ils marchèrent longtemps, silencieux. Le premier, No s'arrêta.

– Alors ?

– Alors quoi ?

– On reste copains ?

Léo se revit dans la tempête où tous les deux, sur l'étang de Cazaux, chahutés par le vent et par les vagues ramaient comme des galériens. Les vagues étaient encore sous ses yeux, avec des reflets violets, couleur de vin rouge. Et il se revoyait avec No, devant leurs verres de vin blanc, à la cantine, et il revivait leur retour au baraquement, ivres, la terre dansant elle aussi comme des vagues sous leurs pieds mal assurés. Il y avait un tel accent dans les propos de No que, en plus de la sympathie spontanée qu'il avait eue pour lui, il se sentait désireux maintenant, la curiosité aidant, de fréquenter ce garçon qu'il considérait comme une sorte d'extra-terrestre !

– Pourquoi ne resterions nous pas copains. Toutefois, je m'efforcerai de te convaincre. Je ne suis pas sûr que Nietzsche conduise au national-socialisme. Je crains que tu ne fasses fausse route. Ton Petit-Caporal a été soutenu par Krupp, c'est bien un capitaliste, un bourgeois, ce Krupp, si je ne m'abuse, non ?

La réponse de Léo fut pour No comme un soulagement.

– Moi aussi, je m'efforcerai de te convaincre. Il ne faut pas que tu restes confiné dans des idées qui appartiennent au siècle dernier, il te faut voir plus loin que le nuage socialo-marxiste. Le Petit-Caporal a été soutenu par Krupp et par les autres capitalistes allemands d'origines catholique, juive et protestante, c'est vrai. Mais Lénine, lui, a été soutenu, pour foutre le bordel en Russie, tout comme *L'Humanité,* le journal de Jaurès l'avait été, pour foutre le bordel en France, par les capitalistes mondiaux qui veulent casser les nations pour mieux coloniser la terre entière.

Ils marchèrent encore longtemps, côte à côte, à nouveau silencieux, remuant l'un et l'autre leurs pensées. Nous étions en juin. Le soleil flambait, çà et là, dans la pinède. Léo fit quand même une remarque :

– Dis donc, tout ce que nous venons de dire n'est pas tout à fait ce que nous nous proposions hier soir, ce n'est pas se moquer de tout !

– Tu as raison. Se moquer de tout n'est pas chose si facile.

– Et puis, à propos du Petit-Caporal, pourquoi donc, en dépit du diminutif de ton nom, es-tu plutôt pour le oui que pour le non ? Tu lui dis oui comme une femme dit oui à un homme. N'est-ce pas là une sorte de sodomie intellectuelle ?

– Alors, là, tu exagères ! C'est un argument malhonnête ! À ce compte-là tout le monde est pédé ! Les royalistes, les léninistes, les trotskystes, les robespierristes, les bonapartistes, les guesdistes, les chrétiens, les bouddhistes, les... etc.

– C'est ainsi qu'on se fait toujours baisé. C'est peut-être une bonne façon de voir les choses.

– Tu exagères!

L'armistice venait d'être signé entre l'Allemagne et la France.

La IIIe République venait d'être culbutée par les soldats du IIIe Reich, mais, tout autour d'eux, les arbres étaient restés des arbres et les oiseaux des oiseaux qui chantaient le printemps. Pour la nature entière, la chute du régime était chose sans importance, moins qu'un pet de lapin. Elle s'en fichait éperdument, la nature, de la défaite française comme de la victoire allemande. *Spernere...*

Pour dire quelque chose, Léo parla de Robert Neumans qui, un mois après la déclaration de guerre, avait prévu la défaite.

No répondit simplement.

– Moi aussi, je le savais. Pour gagner le ciel ou bien la guerre, il faut au moins croire, avoir la foi. Cela fait bien longtemps que, en France, toute foi est morte! Jeanne d'Arc, ça remonte à loin. Tu te rends compte, à plus de cinq siècles!

Léo était de plus en plus convaincu d'avoir affaire à quelqu'un venu d'un autre monde. Mais d'où sortait-il donc encore celui-là, qui parlait comme Jean Monegal. Monegal qui se trouvait dans le camp opposé au sien! Des hommes peuvent donc en arriver à se battre tout en ayant des idées semblables? C'est vrai que quand sonnèrent les cloches du massacre de la Saint-Barthélemy, le grand patron des assassinés était le même que celui des assassins.

En tout cas, lui, depuis l'apparition du Dieuble, paradoxalement, il ne croyait plus guère à grand-chose. Son exaltation du début de la guerre était bien passée et, de plus en plus, il se ressentait comme un « homme de peu de foi », et il se demandait même si les choses n'iraient pas beaucoup mieux s'il y avait un peu moins de foi de par le monde. Pour l'instant il ne croyait guère qu'au Dieuble, fruit de sa propre imagination.

Pourtant, Jeanne d'Arc, dont la foi avait été si grande, était une bonne copine à lui quand il était écolier. Il allait souvent la voir, sur la petite place qui portait le nom de l'héroïne, à quelques cent mètres de chez lui. Elle était alors tout fière sur son cheval et, à l'époque, il s'efforçait de se tenir, comme elle, bien droit sur Merlin, son bel et franc destrier noir.

La foi, No l'avait, tout comme Jean Monegal. Elle paraissait aux yeux de Léo comme un leurre. Il y gagnait peut-être en lucidité, mais c'était aux dépens de l'enthousiasme.

Arriva juillet. Le quatrième jour de ce mois leur parvint la nouvelle de l'agression navale anglaise qui, la veille, avait eu lieu dans le port de Mers-el-Kebir contre la flotte française désarmée. Les Anglais avaient coulé ou endommagé la presque totalité des navires au mouillage. Trois jours plus tard, par les ondes, on informa d'une seconde attaque, aérienne cette fois, qui parachevait la destruction. Au tableau de chasse, près de 1300 marins tués et près de 700 blessés.

– Tu vois, dit No, ironique, on pourrait appeler cela du dépit amoureux. Cela fait à peine trois semaines, les « rosbifs » nous proposaient la double nationalité pour la totalité des habitants de l'un et de l'autre pays riverains de la Manche. Un Français devenait automatiquement Anglais et un Anglais automatiquement Français. Il suffisait, pour cela, d'un simple petit coup de baguette magique. Les Français ont refusé. Les Anglais, ulcérés, se sont vengés. Voilà les conséquences. C'est terrible l'amour : « Si tu ne m'aimes pas, je t'aime, et si je t'aime prends garde à toi ! »

Le lendemain de la seconde attaque, le maréchal Pétain déplorait : « En ces derniers jours, une épreuve nouvelle a été infligée à la France : l'Angleterre, rompant une longue alliance, a attaqué à l'improviste et a détruit des navires français immobilisés dans nos ports et partiellement désarmés. Rien ne laissait prévoir une telle agression. Rien ne la justifiait. »

Le vieux bonhomme paraissait affecté. Peut-être était-ce à cause de cet acte de guerre qu'il prononça ensuite des paroles surprenantes : « Le travail des Français est la ressource suprême de la Patrie. Il doit être sacré. Le capitalisme international et le socialisme international qui l'ont exploité et dégradé font également partie de l'avant-guerre. Ils ont été d'autant plus funestes que, s'opposant l'un à l'autre en apparence, ils se ménageaient l'un et l'autre en secret. Nous ne souffrirons plus leur ténébreuse alliance. »

– Tu te rends compte, No, voilà le vieux bonhomme qui parle comme ton Petit-Caporal.

– Bien trop beau pour être vrai. C'est une vieille ficelle. Il est, selon moi, plus proche du franquisme que du national-socialisme.

– Y a-t-il donc une si grande différence ?

– Une différence énorme. Pour moi le franquisme c'est la droite, le fascisme c'est le centre et le national-socialisme c'est la gauche.

Léo ouvrit de grands yeux.

– Mais, dis donc, et le communisme ? Qu'en fais-tu ? Tu le places où ? A l'extrême gauche ?

– Non. Je le place là-haut, tout là-haut, derrière les nuages. C'est une vieille lune.

Léo réagit aussitôt, No l'avait un peu piqué.

– C'est vrai, tu as raison, la lune est vieille. Des millions et des millions d'années. On ne peut pas en dire autant du national-socialisme.

– Ni du communisme.

Ainsi, ils se répondaient du tac au tac. Pourtant, ils étaient devenus presque inséparables. Sur tout ce qui ne concernait pas la politique, ils partageaient les mêmes points de vue. Leurs petites querelles mettaient un peu de piment dans leur amitié.

Quant aux événements eux-mêmes, pour autant qu'on pouvait en juger à l'École d'aviation de Cazaux, l'affaire de Mers-el-Kébir avait suscité contre les Anglais un véritable sentiment de haine.

*

* *

Quelques jours plus tard, ils firent partie d'un convoi qui se dirigeait vers Bayonne. La destination en était la commune de Laruns, située tout au sud, dans les Basses-Pyrénées, aujourd'hui devenues Pyrénées-Atlantiques. Ils n'y restèrent que quelques jours, le temps d'admirer le pic du Midi d'Ossau, de se baigner un peu dans les thermes d'Eaux-Bonnes et ils repartirent vers le Nord pour descendre sur Pau, dans un cantonnement proche de l'aérodrome militaire.

C'est près de Pau qu'ils virent passer des troupes allemandes, dans un ordre impeccable. Ils les voyaient pour la première fois. Le sergent de leur section salua militairement le général qui, dans une voiture découverte, au milieu d'un convoi de camions, de motos et autres véhicules, passait juste devant eux. Ils virent alors l'officier, déclenché tel un ressort, surgissant comme un diable de sa boîte, quitter son siège et rendre, debout, le salut. Eux, les bidasses, n'avaient point pour autant rectifié leur attitude, ostensiblement nonchalante et délibérément affichée. Ils n'en avaient pas moins été très impressionnés par l'allure de ce général et par celle de son armée. Rigidité, froideur, politesse. No était demeuré silencieux, intérieurement « remué », comme tous devaient l'être. Il avait, en quelque sorte, vu passer *ses* soldats. Les soldats de Léo, qui étaient plutôt ceux de Monegal, car il n'adhérait pas totalement au marxisme, étaient à l'autre bout de l'Europe, sous les drapeaux de l'armée Rouge. Cependant, *leurs* soldats à *eux,* allemands et soviétiques, fraternisaient sur la ligne de partage de la Pologne une fois de plus dépecée. Pas plus Léo que No ne croyaient, toutefois, à une réconciliation durable. No y mettait sa part d'ironie.

– C'est bien le contraire de ce qui se passe entre Anglais et Français, les amis d'hier devenus ennemis ! C'est maintenant l'amour entre Russes et Allemands ! Une vraie lune de miel !

– Tout le monde sait que l'ours aime beaucoup le miel.

– Évidemment, cela ne signifie pas, pour autant, que le IIIème Reich soit, en l'occurrence, con comme la lune...

Ils avaient toujours des discussions serrées. La mémoire de No était grande. Ils y mettaient de la passion et, pourtant, peu de choses les séparaient. Tous deux étaient franchement anticapitalistes ; l'un, fils de professeur, et l'autre, fils d'ouvrier. S'ils étaient « frères ennemis », comme ils se plaisaient à le dire, ils étaient toujours très proches l'un de l'autre. Il est vrai que, par ailleurs, ils n'avaient que peu de choses en commun avec leurs compagnons de route. Ceux-ci ne songeaient qu'à regagner, le plus tôt possible, leurs pénates et, comme si rien ne s'était passé, à se remettre à leurs occupations d'avant-guerre. Ils croyaient avoir tiré leur épingle du jeu ; ils pensaient avoir sauvé leur carcasse et la guerre étant, en ce qui les concernait, bien finie, ils ne comprenaient pas pourquoi l'on tardait tellement à les démobiliser. No et Léo avaient, en revanche, l'intuition que les choses ne faisaient que commencer.

– Je préférerais, avait confié No, en regardant défiler les Allemands, être sous leur uniforme plutôt que sous mes loques actuelles. Je serais quand même un peu plus fier.

Chose curieuse, ce sentiment d'envie, paradoxalement, filtrait dans les propos de ceux-là mêmes qui ne demandaient que de retourner à la vie civile. L'un d'eux eut ce propos :

– Bah ! c'est à leur tour d'avoir leur Napoléon.

Puis, creusant davantage sa pensée, il ajouta :

– Napoléon, ça s'est terminé sur la Berezina et à Waterloo.

Léo regarda No et s'enquit :

– Tu as entendu ?

– Oui, il est question du Petit-Caporal, mais l'histoire ne se répète pas.

Les « loques » dont No parlait n'étaient qu'une image pour illustrer combien la tunique qu'il portait le démangeait, telle une gale.

Il n'était guère plus patriote que Léo, mais il aurait préféré être Allemand plutôt que Français. Il pouvait, certes, avoir quelques regrets, car sa mère, née en Sarre, n'était française que par mariage. Jouant sur les mots, il pouvait affirmer :

– Ma langue maternelle, c'est l'allemand.

Le fait est qu'il parlait couramment cette langue.

– Si, comme toi, j'étais Alsacien, je serais du côté des Fritz. L'Alsace est un territoire germanique.

– Mais, je suis de leur côté ! Je suis du côté des communistes, des socialistes et des anarchistes allemands.

– Alors, tu ne dois pas être trop gêné dans tes mouvements, car ils sont tous devenus national-socialistes ! Et sais-tu pourquoi ils ont tous viré de bord ?

– Oui, je sais. C'est parce que ton Petit-Caporal a supprimé les partis de gauche, que les gens ont été victimes du bourrage de crâne de la propagande, et qu'ils n'avaient pas le choix. C'est tout simple.

– Comme bonjour ! Seulement, il ne te vient pas un seul instant à l'idée qu'avant le bourrage de crâne par la propagande, les marxistes bourgeois et les *intellos* avaient, et pas qu'un peu, bourré le mou des ouvriers allemands ? La propagande existait des deux côtés, non ? Pourquoi y aurait-il eu bourrage de crâne d'un côté et pas de l'autre ? Non, Léo, là tu fais fausse route. Les marxistes avaient d'abord berné ces prolos dont la condition après la grande guerre était misérable, en leur chantant qu'ils étaient la classe ouvrière. Dans une classe, on se sent toujours un peu à l'étroit. Le national-socialisme, lui, a élargi cet horizon borné. Il a ouvert la grande porte aux prolos. Elle donnait, cette porte, sur le peuple allemand tout entier. En prenant le pouvoir, le Petit-Caporal a donné du travail à plus de six millions de chômeurs que le capitalisme international avait réduits au chômage. Mais ce n'est pas à six millions d'ouvriers qu'il a donné du travail, c'est à six millions d'Allemands. Les ouvriers ont soudain compris qu'ils n'étaient plus à l'écart, mais qu'ils faisaient partie de la nation. Auparavant, ils ne pouvaient, certes, avoir ce sentiment-là, ils faisaient effectivement partie de la classe des parias, celle des esclaves du capitalisme, et c'est pourquoi ils avaient écouté autrefois la voix de Spartacus et s'étaient révoltés.

– Mais, tu oublies que beaucoup de gens ont quitté cette nouvelle Allemagne dont tu parles. En 1933, j'ai vu, dans Nancy même, un jeune Allemand qui venait de fuir son pays.

– Ils n'étaient pas beaucoup ceux-là. Ils n'étaient qu'une poignée. Ce n'étaient pas des gens qui faisaient partie des six millions de chômeurs, ce n'étaient pas des gens du peuple. C'étaient des bourgeois apatrides qui avaient assuré leurs arrières ou bien des *intellos* à la Thomas Mann, c'est-à-dire des bourgeois de l'esprit, alliés naturels des bourgeois au pèze. Des gens qui avaient le cul installé dans l'ordre ancien des choses, l'ordre confortable des classes, des castes et des millions de chômeurs.

La partie, pour Léo était rude. Il était, politiquement, moins calé que son compagnon sur l'histoire allemande et, afin de ne point se rendre pieds et poings liés à ses raisons, il fit la moue. Il resta un moment sans répondre, puis il essaya une diversion :

– En Russie aussi, il n'y a qu'un seul peuple et un seul chef. Les bourgeois, dans ce pays-là, ont été renversés et la classe ouvrière, grâce à la dictature du prolétariat, est au pouvoir. Je n'ai pas vu jusqu'à présent un seul Russe qui ait fui son pays.

No éclata de rire.

– Tu ne crois pas un seul instant à ce que tu dis ! D'abord, il y a plusieurs peuples en URSS, ils parlent des langues différentes, parmi eux se trouvent les Allemands de la Volga. Il y a, je te l'accorde, un seul chef, le Petit Père de tous ces peuples d'esclaves. L'abolition du servage par Alexandre II, en 1861, n'a été qu'un feu de paille. Slave, cela veut dire, étymologiquement, esclave. Un esclave n'a pas le droit de fuir, de quitter ses maîtres. Peu de chances d'en rencontrer un seul hors de Russie.

Quelque peu ébranlé, Léo ne fut pas pour autant convaincu. Malgré tout son talent, les idées de No appartenaient à cet autre monde qui, pour lui, Léo, existait depuis le printemps de 1934, de l'autre côté de la Moselle, dans une sorte de rouge planète Mars. Depuis cette date, une vieille impression était en lui. Elle le ramenait au collège. Les « chers frères » des écoles chrétiennes, au cours d'une excursion faite cette année-là dans le Grand-Duché de Luxembourg, leur avaient fait longer en autocar une partie de la rivière. Ils pouvaient apercevoir, de l'autre côté, des villages allemands sur lesquels flottait le drapeau rouge à croix gammée. Ils avaient alors entendu la voix tonnante de frère Régis :

– C'est l'étendard du Diable qui flotte là-bas, le drapeau de l'Antéchrist. Là-bas, ils ont tordu la croix de Notre-Seigneur !

Ils avaient ensuite, pour conjurer le Diable, entonné la Marseillaise !

Il y avait, à présent, près de Léo, un mauvais ange sentant le soufre, un croisé du Démon à la croix torte. Lui, Léo, n'avait pas tordu la croix. En 1936, il l'avait tout simplement cassée en morceaux. Pas plus No que lui ne chantaient maintenant *Minuit chrétien*. Deux énormes guerres en vingt ans, entre pays des terres chrétiennes, c'était quand même trop pour continuer à croire à Celui dont les fidèles s'entre-tuaient, comme le disait Pince-à-Linge, en ces gigantesques massacres de nouvelles Saint-Barthélemy. Son « anarchisme » larvé ne pouvait se rallier à la croix torte de son compagnon, de même qu'il l'empêchait de se lier pleinement à la faucille et au marteau, cette autre croix tordue qu'arborait Jean Monegal. Il songea que Robert Neumans, s'il avait eu la voix assez forte pour parler de sa prison de Tours et prendre ainsi part à leurs discussions, aurait sans doute su, mieux que lui, débrouiller les choses de la politique et convaincre peut-être cette sacrée tête de lard de No. Mais, peut-être mieux encore que Robert Neumans, Jules-le-Mendiant aurait été capable de mettre toutes ces choses au point dans la bonne et violente lumière du Dieuble.

Pourtant, l'image du Dieuble que Jules-le-Mendiant lui avait laissée, en tuant un moineau sur la place de la Carrière, s'était modifiée. Depuis, il avait relié cette mort de l'oiseau à l'assassinat du vieillard de Notre-Dame-d'Oé et à la jeune fille décapitée par un camion militaire sur la route de Tours, le premier mois de la guerre, puis, enfin, au pilote allemand carbonisé dans un champ des environs de Cernay. Dans son esprit, de plus en plus, le Dieuble était la mort, non pas celle que jusque-là il avait imaginée, mais la mort avec une majuscule, la Mort. Mais non pas la Mort, elle aussi, telle qu'il se l'était représentée jusqu'alors. Non. Mais la Mort qui tuait non seulement les êtres, mais aussi les choses, mais aussi les idées, pour permettre à d'autres êtres, à d'autres choses, à d'autres idées de prendre place en attendant de disparaître à leur tour. La Mort nécessaire en quelque sorte. Et il imaginait tantôt un bébé, tantôt un jeune enfant quittant, en l'enjambant, un cercueil placé au milieu d'un champ, pour s'élancer et se carapater dans la campagne. Il aurait bien voulu parler de tout cela avec Jules-le-Mendiant. Mais celui-ci semblait avoir disparu pour laisser place à un Dieuble géant, pareil à Fantômas enjambant des villes, ne laissant derrière lui que des décombres, un fantôme grandiose, traversant les esprits et les corps et ne laissant derrière lui que bouleversement.

En ce qui le concernait, le Dieuble avait fait un sacré boulot. Il avait tout rasé. Nancy, Tours, Cernay, s'étaient écroulés et tous ceux qu'il avait fréquentés étaient maintenant sous les ruines. Nancy, Tours, Cernay, pourtant étaient encore debout, mais pour d'autres que lui! Le Dieuble, était Destruction, Mort et Ténèbre. Le hasard cher à Guédolf avait au moins ses côtés heureux, Léo ne voyait alentour que des effondrements.

*
* *

No et lui furent affectés bientôt à des tâches autres que militaires, dans la tradition du soldat laboureur, et mis à la disposition d'un fermier béarnais du nom de Bataille. La terre avait besoin de bras et nombre de jeunes paysans, dont les deux fils de leur hôte, étaient prisonniers. Il fallait les remplacer pour les travaux des champs. Ils demeurèrent plusieurs semaines chez le père Bataille, travaillant dur à des ouvrages de canalisation. Ils creusaient la terre sous le soleil, à coups de pioche et de pelle. Le fermier, très exigeant quant au travail, était néanmoins généreux pour le gîte, le couvert et l'argent de poche.

Ce fut autour de la table de ferme, devant la soupière fumante, qu'ils apprirent, par radio, dans la dernière décade de septembre, l'échec de l'attaque anglo-gaulliste contre Dakar, alors possession française.

Le père Bataille, si on lui avait livré le général De Gaulle, ne l'eût peut-être pas mangé tout cru, mais l'eût, étant aussi grand que lui, pendu haut et court dans sa propre grange. Depuis Mers-el-Kébir, l'ex-allié britannique n'avait pas la cote en France, pas plus à la campagne qu'à la ville. L'hôte, qui avait fait toute la Grande Guerre, leur apprit, en grondant fort, que Joffre avait dû se mettre dans une colère épouvantable contre le général French pour forcer celui-ci à stopper la retraite des troupes anglaises, en septembre 1914.

Le père Bataille méritait bien son nom :

– Des alliés comme ça, vraiment, vaut mieux les avoir en face de ses canons qu'à côté.

Ce soir-là, la soupe était meilleure encore que d'habitude, cela changeait de la tambouille militaire. Ils traînèrent un peu plus longtemps à table que de coutume, car tout en parlant de Jeanne d'Arc, de Napoléon et de sa propre guerre, l'hôte voulait arroser la bonne nouvelle de Dakar. Il avait donc envoyé sa fermière chercher une bouteille d'eau-de-vie et, celle-ci, toujours maternelle avec eux qui représentaient ses deux fils, leur versa l'alcool comme s'il s'agissait de petit lait.

Ils restèrent encore plus d'un mois à travailler à la ferme. Ils n'avaient jamais tant sué. Après chaque journée, à peine au lit, ils s'endormaient. Dès les premières lueurs de l'aube bleue, la mère Bataille les appelait pour un déjeuner copieux et ils recommençaient une longue journée de labeur.

Un matin, alors qu'ils étaient tous les deux devant leur café au lait et leurs tartines, No fit savoir à Léo qu'il l'avait entendu parlé au milieu de la nuit.

– Je ne t'ai jamais entendu discuter ainsi, dans le noir. Peut-être que, d'ordinaire, je dors sur mes deux oreilles comme on dit bizarrement. Tu paraissais, d'abord, t'adresser à quelqu'un du nom de Servet ou Sermet. Là, je n'ai pas très bien compris ce dont il s'agissait.

C'était bien la première fois qu'on disait à Léo qu'il rêvait à haute voix. Pourtant, il n'avait cessé, depuis son incorporation, de passer ses nuits, dans des chambrées où dans des cantonnements, avec les autres soldats. No, apparemment, bien que prenant le Pirée pour un homme, n'avait pas, lui, rêvé. Léo rectifia, toutefois, son erreur.

– Cernay, ce n'est pas quelqu'un. C'est un petit patelin, en Alsace, pas très loin de Mulhouse.

– Puis tu t'es lancé dans la poésie allemande, sans doute parce que nous parlons tous deux beaucoup de l'Allemagne. Il était surtout question, dans ton rêve, de la Lorelei. Tu en connais le texte ?

– Quelques bribes seulement.

Alors No, d'une voix inspirée, récita, dans la langue de Goethe, la poésie de Heinrich Heine.

« Ich weiss nicht, was soll es bedeuten
Das ich so traurig bin
Ein Märchen aus uralten Zeiten
Das kommt mir nicht aus dem Sinn... »

Il prononçait les mots avec un sens de la diction remarquable et Léo l'écoutait, admiratif.

– Tu as, décidément, plus de mémoire que moi. Je pense que, dans mon rêve, il devait être moins question de cette poésie que d'une femme, une femme bien réelle.

– Tu as prononcé, pour finir, et cela très distinctement, ces mots étranges : « Lorelei ! Lorelei ! L'avion... dans tes yeux ciel... apporte la mort ! » Et comme cette phrase m'empêchait de dormir, tellement elle remuait en moi de souvenirs, je me suis levé et j'ai allumé la bougie pour la noter noir sur blanc.

No plaça le papier, écrit au crayon, devant Léo.

– Tu avais lu cela quelque part ?

– J'ai dû transformer en avion un bateau qui se fracassait sur le rocher de la Lorelei... Non, c'est pas ça... Attends voir un peu... à moins que...

Léo alors raconta ce qui s'était passé à Cernay : Jean Monegal, l'avion allemand abattu, le morceau de gant du pilote carbonisé, la musique allemande, premier lien entre Jean Monegal et Laure.

– Laure ? C'est la Lorelei de ton rêve ?

– Oui, c'est bien cela.

– Ne s'agit-il pas de cette petite fille dont tu devais me parler, à Cazaux, et dont tu ne m'as finalement jamais soufflé le moindre mot. Je croyais, moi, que c'était une toute petite gosse de cinq ou six ans. J'imaginais, entre autres, que c'était la fillette des patrons d'un café où tu buvais le coup et que cette petite te disait bonjour quand elle te rencontrait sur le chemin conduisant à sa petite école. Pourquoi ne m'en as-tu jamais parlé ?

– Je voulais la chasser de mon esprit. Tu sais, Cernay, c'est à l'autre bout de la France, au Nord-Est, et nous sommes, ici, en plein Sud-Ouest. Je ne la reverrai jamais.

– Oh, mon vieux, nul ne connaît l'avenir. Il se peut que tu la revoies.

– Je ne sais pas. Ou, plutôt, je sais. Je ne la reverrai jamais. C'est comme une certitude.

– Parfois, je te trouve quelque peu mélancolique ou distrait. C'est à elle que tu penses.

– Un peu, oui, un peu. Mais de façon assez vague, comme si cela datait maintenant de dix ans.

– Mais qu'a-t-elle donc à voir avec la Lorelei ?

– C'était une fille blonde aux yeux verts. Elle s'appelait Laure Ley.

– Laure... blonde... des yeux verts... des bas noirs... et l'avion qui apporte la mort...

Sa voix, tout à coup, paraissait changée, chargée d'émotion. Léo ne comprenait pas en quoi sa propre histoire pouvait le concerner et le toucher à ce point. Il se mit à regretter ses paroles. Il ne tenait pas à partager avec qui que ce soit ce que, à Cernay, il avait ressenti. Il ne voulait pas être dépouillé des cendres de son souvenir.

– Tu m'avais parlé vaguement d'une Geneviève et d'une Jacqueline, mais jamais de cette Laure. Il apparaît que tu appartiens surtout à cette dernière. Elle vient te visiter jusque dans tes rêves !

– C'est vrai que j'ai un peu de mal à m'en débarrasser ! Bah, ça finira bien par passer. La vie continue de bouger autour de nous, pourquoi faire des nuages de poussière avec le passé ?

– Tu as raison, allons-y, secouons la poussière.

Le petit déjeuner terminé, ils se levèrent pour aller prendre pelles et pioches et se dirigèrent vers leur tranchée. Ils se mirent à l'ouvrage, mais sans grande conviction. Le cœur n'y était pas. Au bout d'une demi-heure, No fit cette réflexion :

– Je me demande bien ce qu'on fout ici à faire des trous comme à Verdun ! Je comprends pourquoi notre fermier s'appelle Bataille. Je crois qu'il se prend pour Vauban !

Léo pensait à Laure et à Jean Monegal. Surtout à Laure. Jusqu'à présent, depuis son départ d'Alsace, Cernay s'était plus ou moins enseveli dans le flot des événements, et voilà que, sans crier gare ! la petite ville avait fait surface dans cette ferme béarnaise, à l'autre bout du pays, nouvelle Ys émergée ! Elle était remontée des profondeurs, en pleine nuit, à son insu. Si No avait mieux dormi, il n'aurait pas eu la révélation du rêve immergé dans l'encre de la nuit. Ce rêve était bien étrange, étrange comme l'est, d'ailleurs, la vie, cet autre rêve déchiqueté au fil des jours.

Le fermier ne les félicita pas. Le travail n'avait guère avancé. L'après-midi, davantage pour se secouer que pour donner satisfaction à leur hôte, ils rattrapèrent le temps perdu. Pour les récompenser, Bataille alla chercher une bonne bouteille dans le cellier. Il y avait toujours, chez lui, un mélange de rudesse et de gentillesse.

– Le soir venu, lorsqu'ils furent seuls, dans leur chambre sous les combles, No interrogea encore Léo, toujours à propos de son rêve.

– Ce Jean Monegal, quel genre de type est-ce ?

– Un gars dans ton genre, sauf qu'il est communiste.

– Il est plutôt dans ton genre, alors.

– Euh, si tu veux. Mais je crois que tu l'aurais trouvé sympathique.

– Telle que tu me l'as décrite, je préférerais rencontrer Laure elle-même. Pour des raisons évidentes, bien sûr. Mais encore, parce que la petite fille morte dont je t'ai déjà parlé, s'appelait, elle aussi, Laure, et qu'elle était blonde, et qu'elle avait des yeux verts.

Léo avait quelques difficultés à l'entendre, No se parlait comme à lui-même. Un certain trouble et, peut-être, une certaine gêne de se montrer ainsi, une certaine pudeur, l'habitait. Il resta un moment silencieux, puis continua :

– La phrase si bizarre, si étrange, que tu as prononcée, la nuit dernière, m'a véritablement empêché de dormir, et c'est peut-être pour cela que, ce matin, je me suis montré si peu vaillant au travail, peu reposé que j'étais de la fatigue d'hier. Cette phrase, je l'avais notée sur le papier mais ce n'était pas bien nécessaire car elle me rappelait suffisamment une distraction favorite de la petite Laure et que j'avais oubliée, celle de prendre un objet quelconque, par exemple un baigneur en celluloïd, de lever le bras et de cet objet faire un avion qu'elle promenait ainsi dans l'air en imitant un bruit de moteur avec les lèvres. Prise par ce jeu, il lui arrivait de se cogner à un meuble, une porte ou un mur. Cela m'amusait beaucoup, à tel point qu'elle faisait ensuite exprès de se cogner pour me faire rire.

A ce mot de baigneur, Léo songea, lui, au pilote, ce grand baigneur qu'il avait vu tout noirci tellement il avait été baigné par le feu, dans ce champ proche de Cernay.

No, après s'être tu, eut un geste évoquant l'impuissance en face de la fatalité. Il constata :

– C'est pas tout ça. Faudrait, peut-être, cette fois, songer à dormir !

Léo devina que No désirait être seul. Seul avec lui-même ou, plutôt, avec la petite Laure, pour se replonger dans ses souvenirs de môme. En des replis et des recoins de nous-mêmes, nous restons tous, toujours un peu mouflet.

Léo éteignit donc la lumière, c'est-à-dire la bougie qui était de son côté. No souffla à son tour sa chandelle et s'ensevelit dans la nuit pour rejoindre dans le sommeil celle qui dormait à la fois en lui et sous la terre. Et Léo se mit à l'écoute du silence.

Soudain, il eut le sentiment que, pour lui aussi, tout comme pour No, Laure était morte, et que, comme il l'avait déjà dit, il ne la reverrait plus jamais.

– *Au revoir, Léo... A bientôt... peut-être !*

Ce *peut-être,* avec l'intonation particulière que Laure, la Belle Blonde, y avait mis, résonnait encore cruellement à ses oreilles.

Il aurait pu la revoir, Laure, si, près de la gare de Lure, le Dieuble n'avait pris l'apparence de Gobi, ce copain de pension, pour l'accrocher et l'immobiliser trois jours et l'obliger ensuite à prendre la direction de Lyon, puis celle de Cazaux. Encore un coup en vache...

Peu avant de quitter la ferme des Bataille, ils apprirent, à la fin d'octobre, que le maréchal Pétain avait eu, à Montoire, petite ville du Loir-et-Cher, une entrevue avec le Petit-Caporal.

« C'est dans l'honneur et pour maintenir l'unité française – une unité de dix siècles – dans le cadre d'une activité constructive du nouvel ordre européen, que je rentre aujourd'hui dans la voie de la collaboration... »

No était stupéfait.

Le père Bataille, lui, se montra tout content.

– Mes enfants, on va trinquer ça ! Ça leur apprendra à ses sacrés salauds d'Anglais à jouer aux cons avec nous. C'est plus normal de s'entendre avec les Allemands qui sont nos voisins immédiats. Ils sont quand même plus francs du collier ceux-là. Quant aux Angliches, n'en parlons plus, ce sont de vrais faux-jetons.

Le père Bataille n'était pas seul, à l'époque, à penser ainsi. Il ne faisait qu'exprimer spontanément l'avis populaire général.

– Oui, on va trinquer ça. Sans doute que mes fils ne vont plus tarder à rentrer maintenant.

Ils étaient tout heureux, le père Bataille et sa fermière, à l'idée de revoir bientôt leurs garçons. Ils étaient aux anges.

Bientôt, quittant la blouse paysanne, ils endossèrent de nouveau la tunique militaire. Nous étions alors au commencement de novembre.

Ne négligeant jamais de se renseigner auprès de l'état-major, No, un soir, annonça qu'il y avait deux listes de soldats désignés pour les territoires d'outre-mer, et que Léo figurait sur l'une d'elles.

– Je suis sur une liste ? Tu en es sûr ?

– Écoute, Léo Magnanje, c'est bien toi, non ? C'est facile à repérer tout de suite, c'est dans l'ordre alphabétique. Tu es inscrit sur la liste du premier départ, vers l'Afrique du Nord. La seconde liste porte les noms de ceux qui sont désignés pour le Levant.

– Et toi, tu es sur quelle liste ?

– Sur aucune. Je reste en France. Pour l'instant. D'ailleurs, si je figurais sur l'une des deux listes, je ne partirais pas.

– Tiens ! pourquoi ?

– La politique... Elle va se faire en France. Dès que je ne serai plus sous les drapeaux, je m'en occuperai. Je songe à tracer ma voie dans le journalisme.

– Nous allons donc nous quitter.

– Oui. C'est dommage. Toi, tu vas faire connaissance avec Alger, Casablanca ou Tunis, et moi avec Paris.

– Je veux aller plus loin que l'Afrique du Nord. Je veux voir le Proche-Orient et même, si c'est possible, aller plus loin encore.

– Tu veux changer d'air, changer d'horizon, voir du pays, traîner un peu tes guêtres çà et là. C'est-à-dire que tu veux prendre encore plus de distance par rapport à Cernay, t'éloigner de Laure parce qu'elle est avec Jean Monegal. S'il n'y avait pas ce Jean Monegal, tu resterais en France. Seulement, crois-moi, ce n'est pas en foutant le camp, comme ça, que tu la reverras la Lorelei !

Il voyait clair, No. C'était vrai que Léo se sentait poussé par le désir de partir, happé par l'envie, comme il l'exprimait si bien, de foutre le camp. Et c'était vrai que Jean Monegal n'était pas étranger à son projet.

– Bah ! On dit que les voyages forment la jeunesse. Ici, en revanche, toi qui restes, seul dans ta barque cette fois, tu auras peut-être l'occasion de la voir la Lorelei. Tu lui diras alors que tu m'as rencontré et que je pensais bien à elle.

No le regarda d'un air amusé. Et mieux que la lumière électrique un sourire presque radieux éclaira son visage.

– Oui, oui, c'est ça, je lui parlerai de toi, tout là-bas, à Goarhausen, assis à côté d'elle, sur son rocher. Je lui dirai même que tu rêvais d'elle.

Sur un air que Léo ne connaissait pas, que peut-être il improvisait pour la circonstance, il chantonna quelques vers de la poésie de Heine.

L'air sera frais. La nuit tombera
Et le Rhin coulera tranquillement
Le sommet du rocher étincellera
Dans les rayons du soleil couchant.

Ils blaguaient, mais en réalité ils parlaient de choses graves. Ces choses touchaient à l'avenir mais ils ne le savaient pas. Ils faisaient face au hasard de leurs destins, ils dissimulèrent et surmontèrent une certaine tristesse de se quitter. Mais Léo était à vingt mille lieues d'imaginer que, effectivement, non loin des eaux qui baignent son rocher, No parlerait de vive voix à la Lorelei.

Léo s'arrangea pour manquer le premier départ et, sans que cela ne fasse trop de drame, il fut ajouté à la liste de ceux qui, le surlendemain, s'en allaient là-bas, loin, vers le Liban. Le Liban, marchepied d'une nouvelle aventure.

Ils échangèrent des adresses par lesquelles ils espéraient se retrouver plus tard.

– Voici l'adresse de mes vieux, Léo, tu pourras toujours m'y écrire. Tes lettres m'y parviendront.

– Voici celle des miens. Seulement, comme leur maison a été bombardée, il était question qu'ils déménagent.

Ils prirent congé l'un de l'autre. Ils s'étreignirent comme le peuvent faire deux frères. No fouilla parmi ses bouquins. Il en choisit un qu'il tendit à Léo. C'était *les Illuminations,* ce recueil qu'il était en train de lire le jour où Léo débarquait à Cazaux, à la suite de son équipée lyonnaise.

– Je te le donne en souvenir.

Dans sa petite bibliothèque portative, riche de quatre unités, Léo choisit un peu bêtement *L'éloge de la Mort* et le lui remit.

– Livre de chevet pour livre de chevet, tiens, prends, voici le mien.

No reçut le bouquin avec cette réflexion :

– Tu es gai toi au moins, quand tu choisis un livre de chevet !

Il l'ouvrit au hasard et lut à haute voix cette phrase : *« Les arbres abattus renaissent. Il n'est que d'attendre pour les contempler à nouveau, éternellement. »*

– Cela fait penser au retour éternel.

– Alors, nul doute que nous nous reverrons ici-même ! En attendant, que le Dieuble te garde, No.

– Le Dieuble ?

– Oui, c'est le personnage qui, sur terre, est à la fois le bien et le mal, l'ange et la bête, le dieu et le diable. Il est aussi le roi des Aulnes.

– Explique-moi donc ça !

– Je t'expliquerai dans ma prochaine lettre.

– Promis ?

– Promis.

*
* *

A Marseille, où le détachement de Léo resta quelques jours dans un camp de transit, ils eurent, les uns et les autres, loisir de visiter un peu la ville. Léo passa son temps en promenades sur la Canebière et dans le Vieux-Port, sans autre compagnie, ayant grand désir de solitude, que sa pipe. Nous étions vers la fin de novembre. Léo commençait à s'ennuyer ferme. Il avait hâte d'embarquer et de gagner la mer.

Enfin, un soir, ils grimpèrent à bord du *Henri-Estier,* un vieux rafiot. Dès que son paquetage et sa paillasse furent installés à fond de cale, il se hâta de monter sur le pont pour voir le large. Accoudé à la rambarde du navire, au moment du départ, il eut une ondée d'enthousiasme, comme celle qui l'avait exalté au premier jour de la guerre.

Marseille disparut bientôt, ainsi que les côtes de France.

Il resta là, sur le pont, fasciné, jusqu'à la tombée de la nuit. Seul...

Ce fut à la hauteur de la Corse qu'ils connurent la tempête. Il avait alors regagné, pour dormir, le fond de la cale et rejoint sa paillasse. Le *Henri-Estier* roulait et tanguait tout à la fois. L'image de No revint à lui de façon très précise. Ils étaient tous les deux sur l'étang de Cazaux, de nouveau tout secoués dans la barque ! Léo songea qu'il était resté plus longtemps en la compagnie de No qu'en celle de Jean Monegal. Il eut soudain le sentiment d'avoir, en le quittant, fait une perte irréparable. Ce sentiment, il l'avait déjà eu à l'égard de Monegal. Et il réalisa que c'était lui, toujours lui, à Pau comme à Cernay, qui était parti, alors qu'il aurait pu rester. Il suffisait, à Pau, et No le lui avait bien fait comprendre, que, profitant de la pagaille générale, il ne se présentât pas plus au départ prévu pour le Levant qu'il ne l'avait fait pour l'Afrique du Nord. Des questions se posèrent alors à son esprit. Pourquoi donc s'était-il engagé, si ce n'était pour quitter Geneviève et Jacqueline ? Pourquoi donc avait-il demandé une permission, à Cernay, sinon pour quitter Jean et Laure ? Pourquoi donc venait le visiter l'ennui, cet ennui de la vie cloisonnée qu'il voulait toujours fuir ? Son cafard se fit alors immense.

Il eut bientôt la sensation que tout tournait à l'intérieur de lui. À l'extérieur la tempête faisait rage.

Comme dans une baratte, il se sentit tout remué. Il se mit soudain à vomir. Jamais il n'avait si bien compris l'expression « rendre tripes et boyaux » ! Au fond de la cale, aucun d'eux ne pouvait dormir. Leurs paillasses ne restaient pas en place, mais glissaient à l'intérieur du bateau selon le roulis et le tangage, çà et là, capricieusement, d'un endroit à l'autre, essuyant les déjections des uns et des autres. Bientôt ils embarquèrent des paquets de mer de plus en plus impressionnants et les paillasses glissant sur les planches, dans l'eau semblaient elles-mêmes maintenant naviguer. Il se demanda si son aventure n'allait pas finir avant que d'avoir commencé. Cela dura longtemps, un temps interminable au bout duquel ils se retrouvèrent tous cul trempé, tout vidés et tout écœurés et, cette fois, pour Léo, sans enthousiasme du tout, accablé qu'il était, tel un naufragé de *La Méduse*. Ce ne fut que peu à peu, plein de lassitude, qu'ils reprirent vie. La tempête s'apaisa et, de marâtre qu'elle avait été, la Méditerranée se fit enfin bonne mère et les berça.

Le mal de mer, comme sur l'étang de Cazaux, lui avait rappelé les effets de sa première pipe. Elle l'avait fasciné, cette pipe, à la vitrine du marchand. Il en avait attendu, se souvenant des rituels du bourrage et de l'allumage pratiqués par Robert Neumans, de grands plaisirs. Au lieu de cela, il était devenu tout pâle et malade. « Il faut que tu t'accoutumes », avait dit Jean Monegal. Ainsi doivent s'accoutumer à la mer les matelots. Ainsi, les hommes à la vie.

Et de la même manière que les marins baptisent leur bateau, souvent d'un nom de femme, il baptisa, cette nuit-là, en esprit, avant de s'endormir, sa bouffarde. Il lui donna le nom de *Lorelei.* C'était le nom qu'il se proposait de donner à son navire, plus tard, si d'aventure, comme Robert Neumans, il devenait capitaine d'un superbe voilier. Pour l'instant, les voiles de la *Lorelei* étaient tissées de la fumée de ce tabac que l'on appelait alors « gros cul ».

Curieux, ce rêve qu'il avait eu à la ferme du père Bataille. Et ce sacré No ! Il avait même noté, en pleine nuit, la phrase prononcée par le rêveur en dormant. Il avait été tout bizarre quand, à propos de Laure Ley Léo lui avait parlé de l'avion à la croix de Malte, écrasé, et des gants du pilote, carbonisé. Il l'avait alors entretenu de la petite Laure aux bas noirs qui, à Toulouse, avant de mourir, transformait ses jouets en autant d'aéroplanes. Cette petite Laure, décidément, l'avait déchiré ! Lui aussi, d'ailleurs, quand il était môme, Léo, une petite môme l'avait fortement marqué, comme d'une griffe. Cette gamine, Jeanne, avait préféré, dans la petite école, faire la ronde enfantine en donnant la main à autre garçon plutôt qu'à lui. Cela avait été son premier grand chagrin. Était-ce pour cela qu'il quittait à présent les autres ? Pour ne pas être quitté ? La première rencontre amoureuse de l'enfance est peut-être de quelque importance ! Jeanne, mais ne s'appelait-elle pas Laure ? Est-ce qu'il ne commençait pas à tout mélanger ? Elle portait aussi des bas noirs, avec des jarretières, ainsi qu'un tablier noir. Sur ces tabliers noirs, les enfants portaient, parfois, la croix d'honneur au bout d'un ruban rouge. Léo n'avait jamais été un enfant sage, on ne lui avait jamais donné la croix, et il avait été, après la préférence affichée par la petite gosse pour un autre que lui-même, un enfant malheureux. Malheureux, tout comme No, mais sans avoir connu, comme lui, un premier grand bonheur d'enfant. No, le bonheur perdu, il l'avait retrouvé, plus tard, entre les cuisses d'une fille de joie. Le bonheur, Léo ne connaissait pas. Le bonheur le fuyait. Ou plutôt, était-ce lui, Léo qui, peut-être le fuyait. « Comme on fait son lit, on se couche » disait souvent sa sainte mère.

Ce fut aux environs de midi qu'ils débarquèrent à Bizerte. Il eut alors la surprise, dès ses premiers pas, de sentir le sol bouger sous lui et de voir le quai se lever et s'abaisser devant comme derrière lui, à la manière d'une balançoire. Il n'y avait point de différence entre le « plancher des vaches » et le « grand pré » qu'ils venaient de quitter. Ça tanguait dur ! Ce ne fut qu'après plusieurs minutes que le sol, la mer paraissant se retirer de dessous le bitume, devint parfaitement immobile, sans vague aucune.

Alors son cafard le quitta.

Ils attendirent quelques heures sur le quai tout ensoleillé avant d'embarquer sur l'*André Lebon,* un bien plus grand navire que l'*Henri Estier.* Là, il eut tout loisir de faire connaissance avec ses nouveaux compagnons. Ils étaient dans l'ensemble plutôt sympathiques, plutôt gais, plutôt conformistes, très antianglais, à cause de Mers-el-Kébir, très anti-italiens, à cause du « coup de poignard dans le dos » comme on appelait la déclaration de guerre de l'Italie à la France, et très anti-russes, à cause du pacte germano-soviétique. Tous étaient pétainistes, maréchalistes.

Ils mirent une petite semaine pour aller jusqu'à Beyrouth. Le bateau était plus confortable que le précédent, et la mer, cette fois, était relativement calme. Il finit par s'habituer au bercement continu des vagues, à le trouver plutôt agréable, au point d'éprouver, soudain, le désir d'être marin. Cependant, gardant un très mauvais souvenir de son séjour à fond de cale, il ne s'imaginait pas dans le rôle de soutier ; il se voyait mieux sur la passerelle, non par goût du commandement, mais pour le plaisir d'être compagnon des vents, du soleil, des étoiles, de la lune et de la pluie. Il supposait que c'était cette compagnie-là que recherchait Robert Neumans, à bord de son yacht, quand il n'était pas en prison.

L'agréable sensation de toucher au port, il la connut quand, en fin d'après-midi, le navire entra dans la rade de Beyrouth. Hélas, ce ne fut pas pour aller tirer une bordée en ville, à la manière des matelots. Sitôt à terre, ils prirent la direction de la gare.

Ce qui l'avait frappé, quand de la mer il avait vu grandir le port et la ville, c'était, derrière la cité, le vaste paravent des montagnes. Et ce furent ces montagnes du Liban que leur train à crémaillère ne tarda pas à gravir avec lenteur.

Il avait ouvert ses yeux tout grands pour traverser Beyrouth. Il avait remarqué l'habillement des Libanais, tantôt arabe, tantôt européen. Il avait, bien sûr, surtout regardé les Libanaises. Il y en avait de forts jolies parmi celles vêtues à l'européenne; les musulmanes étaient plus difficiles à contempler, sorte de chrysalides enveloppées des voiles noirs de leur coque, prisonnières à jamais, sans espoir du moindre envol. Il avait remarqué, également, que les militaires européens restaient entre eux. Il n'en avait pas vu un seul qui fut accompagné d'une femme.

Pour ce qui était des femmes, en mer, l'*Henri Estier* avait été comme un arbre sec, sans le moindre fruit. Quand à l'*André Lebon,* il avait été un pommier riche de bien peu de pommes. Quelques joyeux drilles, cependant, avaient assuré, concernant l'une des rares passagères, qu'ils avaient entendu des choses intéressantes de l'autre côté d'une certaine cloison, et même rapporté goulûment que, par un trou discret de cabine, ils l'avaient vue, toute nue, s'offrir aux appétits, chaque jour renouvelés, d'un passager de tribord.

Dans le train à crémaillère, ces joyeux drilles, maintenant, chantaient:

Ah quel plaisir d'avoir une belle Beyrouth!
Ah quel plaisir de pouvoir s'en servir!

Ils chantaient très gaiement et Léo se taisait. Il se demandait combien, derrière ces montagnes qu'ils franchissaient, combien d'oranges ou de pommes seraient branchées par les jeunes arbres du jeune *verger,* si vert déjà que ses camarades et lui formaient. En ce sens la ville, qu'ils venaient de traverser à pied et dont les chanteurs exaltaient le nom, lui était apparue plutôt comme la capitale d'une terre particulièrement aride.

Ils arrivèrent à la nuit tombée.

Le premier matin, ils purent reconnaître les lieux: bâtiments de caserne et terrain militaire avec, autour, la campagne. Proche du camp, un petit village: Rayak. Ils étaient dans la plaine de la Bekaa, à neuf cents mètres au-dessus du niveau de la mer.

Dès leur arrivée, ils avaient été répartis dans les chambres et mêlés aux anciens. Quelques-uns d'entre ceux-ci, pour lesquels ils n'étaient encore, eux les arrivants, que des *bleu-bites,* marinaient là depuis trois ans. Ces derniers se réjouissaient d'être proches de la « quille » et de rentrer bientôt en France. Ils n'imaginaient pas que la France n'était plus le pays qu'ils avaient quitté, qu'elle avait bien changé, et que les Français eux-mêmes étaient devenus différents, que les temps étaient devenus plus difficiles.

La caserne formait un vaste quadrilatère qui encadrait une place spacieuse. Elle était faite de petits bâtiments confortables à un seul étage et d'un certain nombre de baraques annexes, bien alignées, où se tenaient les différents services du matériel : habillement, armement et fournitures diverses. Plus loin, on voyait les hangars des avions de chasse et de combat ainsi que les pistes d'envol. Plus loin encore, par delà cette plaine de la Bekaa, il y avait à l'Ouest, derrière les montagnes du Liban qu'ils venaient de traverser, « la belle Beyrouth » et puis la mer ; au Nord et à l'Est, derrière les montagnes de l'Anti-Liban, la Syrie et Damas sa capitale, territoire également sous mandat français ; au Sud se trouvaient Saint-Jean d'Acre et la Palestine. Tout au centre, comme un noyau, se trouvait le corps de Léo. Son âme, très réticente, n'aspirait qu'au dénoyautage.

L'aventure, pour lui, venait seulement de commencer et, déjà, il songeait à la continuer. Il avait, une première fois, modifié le cours des choses en ne déférant point aux ordres qui l'enjoignaient de se rendre en Afrique du Nord. Il comptait bien le modifier une seconde fois. Se rendre, par exemple, en Russie. Il fallait, pour cela, sans se faire prendre, traverser la Syrie, la Turquie, et arriver au Caucase. Il pouvait aussi se diriger vers la Palestine, territoire sous mandat britannique. Il avait le choix entre le Nord et le Sud.

Le soir, avant que ne s'éteignent les lumières, les anciens racontaient que Untel et Untel étaient passés chez les Anglais. Ils n'étaient pas nombreux ceux qui avaient réussi à franchir la frontière. Plusieurs avaient fait une tentative et avaient échoué. On ne savait pas trop ce qu'ils étaient devenus après leur comparution devant le tribunal militaire, en France. Léo écoutait sans intervenir dans la discussion, suprêmement intéressé et, en apparence, parfaitement indifférent.

Il écoutait et il comprenait. Il n'était pas facile de s'évader. Sur un coup de cafard, X et Y, toujours aux dires des anciens, s'étaient flingués d'une balle dans la tête ou dans la bouche. La monotonie de l'existence, l'absence de femmes et le mal du pays créaient, au milieu de ces montagnes qui les isolaient, les conditions propres à des actes de désespoir.

André Plachez, alors qu'ils partaient vers l'Alsace était demeuré en Touraine. Il aurait pu trouver ici, à Rayak, en l'absence des rivales de l'autre sexe, certaines âmes à consoler, car parmi les histoires que leur contaient les anciens, certaines avaient pour thème l'amour, la jalousie et la passion entre jeunes hommes, sentiments qui, comme dans une pièce de Shakespeare, finissaient dans la tragédie, avec la mort d'une Desdémone, d'une Ophélie, ou d'une Juliette figée sous le masque rigide d'un petit soldat couleur de plomb.

Un autre agent de drame, présenté sous les dehors les plus inquiétants par les conteurs du soir, lesquels, rompant avec la mélancolie de la vie de caserne, leur donnaient au moins quelques frissons d'angoisse, était une certaine araignée, la tarentule. Pendant votre sommeil elle venait se promener doucement sur votre visage et le défigurait à jamais. La tarentule, cette sorte de vitriol vivant, avait, elle aussi, provoqué des suicides. Léo croyait beaucoup à cette araignée-là, cousine du cafard, elle était pour lui le mortel ennui, et ses pattes s'allongeaient continuellement pour trotter de plus en plus vite, au fur et à mesure que les jours passaient, dans sa tête et dans son cœur, y laissant des traces qui corrodaient tous ses sentiments, y tissant une immense toile dans laquelle s'engluait chacune de ses pensées.

– Il faut vous dire aussi, les gars, de faire bien gaffe aux moustiques car, dans ce foutu bled, le *palu* ça marche, et ça marche bien, on peut vous l'assurer !

En plus de la tarentule, donc, les menaçait, tout particulièrement agressif, cet autre insecte, l'anophèle, dont la charmante femelle, tout en le pompant jusqu'au sang, inoculait à l'homme sucé la paternité du microscopique, prolifique et fiévreux serpenteau du paludisme.

A Rayak, il faut le reconnaître, on était gâté !

Pour sa part, Léo n'avait nulle envie de fréquenter bien longtemps la tarentule ou *la* moustique — il lui fallait d'autres féminités — ni de se retrouver entre les pattes du Lion. Le Lion, ainsi appelait-on le capitaine-médecin de la base, le colossal animal brutal distributeur de la quinine.

Habituellement, les conversations du soir roulaient plutôt sur les femmes, les vedettes de cinéma et sur Paris. On retrouvait, ici, au Liban, le même « climat » qu'en France au moment de la « drôle de guerre », avant l'invasion allemande. Comme en France alors, on était en paix, face à l'ennemi. La différence tenait, toutefois, à ce que ceux d'en face ne parlaient pas la langue de Goethe, mais celle de Kipling. On attendait une éventuelle attaque, peu probable dans l'immédiat, à cause de l'hiver, mais pour laquelle il fallait se préparer et se tenir sur ses gardes. L'attaque était prévue pour le printemps. Il n'était surtout pas question, pour les troupes du Levant, de passer avec armes et bagages du côté des Britanniques, mais bien au contraire, de garder la Syrie et le Liban sous le contrôle politique du gouvernement du maréchal Pétain, chef de l'État français. Officiers, sous-officiers et soldats étaient cent pour cent fidèles. Il n'y avait que quelques rares exceptions, au nombre desquelles figurait Léo.

Il avait décidé, pour mieux réalisé son projet d'évasion, d'être un soldat modèle. L'exemple de Jean Monegal l'inspirait. Il prit soin de sa tenue et de son attitude qui devinrent celles d'un militaire parfaitement discipliné. Il réussit à donner le change et, sur sa bonne mine, il fut affecté au secrétariat de la base.

La neige était maintenant tombée sur la grande plaine de la Bekaa. Ce n'était plus qu'ennui et silence.

Hors du tran-tran ordinaire du service, Léo trouva qu'il y avait bien peu de distractions. À part l'unique bistrot du village, tenu par des Français, il n'y avait qu'un autre café, situé à Zahlé, bourg éloigné de quelques kilomètres.

Dans ces deux troquets, on pouvait consommer toutes les boissons servies en métropole. La plupart des militaires, cependant, avaient adopté l'arak local, alcool incolore qui était moins cher et que l'on transformait en « lait » par l'adjonction d'une mi-partie d'eau. L'arak était, le plus souvent, servi avec des *mezzés*, sorte d'amuse-gueules divers. Ce n'était pas ruineux et c'était agréable. La solde, supérieure à celle de la métropole, permettait même, parfois, de fréter à plusieurs un taxi pour aller jusqu'à Beyrouth où les amusements étaient plus nombreux et plus variés.

À Zahlé, toutefois, il y avait un bordel.

C'était une sorte de ruche-prison pour femmes, divisée en cellules étroites. Un bas-flanc recouvert d'une paillasse attendait, dans chaque alvéole, l'ouvrière cueilleuse de *pollen*. Chaque prostituée était sous contrôle médical militaire. Il n'y avait guère d'autre risque que celui, tellement tout y était lugubre et gris, de sortir de cet endroit avec un cafard plus grand qu'en y entrant. Réfrigéré par le lupanar et ses filles de mélancolie, Léo passa ses loisirs d'hiver à bouquiner des ouvrages sur le Liban « pays des Cèdres », car, dans cette monotone vie de caserne, il ne lâchait pas son idée d'évasion. Il attendait seulement la venue des beaux jours pour jouer la fille de l'air qui, comme la Livia de No, deviendrait peut-être, avec un peu de chance, sa fille de joie.

S'évader devenait de plus en plus son idée fixe, sa hantise, sa mythologie. Il lui fallait trouver le fil d'Ariane pour sortir du labyrinthe dans lequel il se trouvait. Il inventait différents lieux et circonstances de sa fuite où, dans les pires difficultés, il se jouait finalement des adversaires très coriaces qui le poursuivaient. Il voulait, entre autres, avoir bien en tête la géographie du pays. Il ne lui manquait que de savoir l'arabe, cette langue qui lui paraissait si difficile. Son idée de décamper avait bien mûri et, tout bien pesé, il avait décidé de s'en remettre, tout comme Guédolf, au hasard. Guédolf avait pris deux billes peintes, l'une jaune et l'autre verte, l'une représentant le soleil et l'autre l'herbe pour, selon le décret du sort, une fois la corniche de l'arc de Triomphe atteinte, continuer l'escalade jusqu'au sommet ou rebrousser chemin et rejoindre le trottoir. C'était peut-être la danse du soleil qu'il avait dansée sur le toit de l'Arc, Guédolf, après sa dangereuse acrobatie.

À défaut d'une bille jaune représentant la Palestine et d'une bille verte symbolisant la Russie, Léo prit une pièce de monnaie. Pile ou face ? Ce fut Pile. Messager du Dieuble, Pile, comme les gendarmes de Lure, lui conseilla de prendre la route du Sud et de gagner ainsi la Terre Promise.

Dans sa quête des êtres et des choses, comme guidé par un sûr instinct, Léo s'était fait un ami, Fabert. Fabert aussi, partageait l'idée de filer, et c'était alors bien le cas de le dire, à l'anglaise.

Fabert était attaché au service du matériel. Il séjournait, isolé, dans une des baraques qui faisaient suite aux bâtiment maçonnés de la caserne. Il bénéficiait d'un statut privilégié qui le rendait plus libre et quasi indépendant. Alors que tous couchaient dans des chambrées, lui, pour en assurer la garde, dormait dans sa baraque, parmi les ceinturons, les chaussures, les treillis, les sous-vêtements, les casques et les casquettes militaires.

C'était un Marseillais à l'accent chaleureux et, tout comme Léo, assoiffé d'aventures. Après avoir étudié chacun de ses compagnons, Léo l'avait distingué, intuitivement. Comme Léo, Fabert n'adhérait pas au milieu dans lequel il se trouvait, et c'était pourquoi, comme Léo au secrétariat, il avait réussi à se tenir à l'écart, bien à l'abri dans sa baraque. L'un et l'autre avaient été dispensés des corvées et des exercices collectifs de maniements d'armes.

Pour aller dans la baraque où trônait Fabert, Léo passa devant le bâtiment de pierre de l'infirmerie. Là, sans partage, reignait le fameux Lion. Il n'était allé dans ce local qu'une seul fois, lors de la visite médicale d'incorporation de ceux qui arrivaient de France. Ils s'étaient alors mis tous à poil et, à la queue-leu-leu, s'étaient soumis à l'examen carnassier du fauve.

En passant devant cet antre, une image lui revint à l'esprit. Celle d'un garçon qui, près de lui, s'était présenté aux griffes de la bête, nullement impressionné, mais au contraire avec la flamberge au vent bien dressée et conquérante. C'était à croire que l'on ne mettait pas de bromure dans leur vin !

Le Lion, lui, peut-être habitué à ce genre de manifestation intempestive, était demeuré impassible. De sa griffe, il avait simplement saisi la règle à sa portée et, vivement, d'une tape très sèche, avait rabattu le caquet de cette virilité effrontée, flambante, éhontée, laquelle, sous le coup de baguette magique, s'était empressée de baisser pavillon et, parfaitement disciplinée, de passer militairement du « garde-à-vous » au « repos » absolu. Le fauve avait ensuite continué son examen le plus naturellement du monde dans le silence craintif de leur troupe dénudée. Il lui avait suffi, une fois, de se battre avec un fier-à-bras redoutable et de l'avoir suffisamment corrigé pour que chacun, dans la base, se le soit tenu pour dit. Depuis, le Lion régnait en maître et, au passage du fauve, le salut militaire se faisait impeccable. Bien que faisant partie, lui aussi, de la gent léonine, Léo n'appréciait guère ce genre de bestiole.

Dans la baraque, Fabert et Léo passaient leurs heures de loisirs à comploter. Longuement, ils bavardaient de leur projet. Avec prévoyance, ils avaient décidé de dépenser peu. Il leur fallait réserver une certaine somme d'argent pour leur « cavale », notamment pour l'achat de deux costumes civils, lesquels ne les distingueraient pas, à Beyrouth, des jeunes Libanais vêtus à l'européenne. Fabert, qui était de type sud européen pouvait aisément passer pour un habitant de la ville. À Rayak, un artisan tailleur avait pris leurs mesures et ils lui avaient versé des arrhes.

Cependant, ils n'avaient guère progressé dans leur projet. Fabert continuait de se morfondre dans sa baraque et Léo continuait de se languir dans son bureau. Avant d'entrer dans l'armée, il avait suivi des cours de sténodactylographie dans le but de devenir, à l'instar de No, journaliste. Il « possédait » le clavier de la machine à écrire sur le bout des doigts et, sans avoir une grande dextérité, il pouvait, comme Jean Monegal qui remontait le mécanisme d'une mitrailleuse les yeux bandés, taper un texte les yeux fermés. Toutefois, faute de pratique suffisante, il ne maîtrisait pas la sténographie. Il tapait donc des lettres, des notes de service, des états, tout au long des jours, et l'adjudant Parat, son chef direct, était satisfait de ses prestations.

Ce fut au moment où ils commençaient à désespérer, où ils étaient en plein dans le noir quant à leurs possibilités de tirer leur révérence, que la solution se fit soudain connaître.

Ce matin-là, dès son entrée dans le bureau, l'adjudant Parat remit entre les mains de Léo un document manuscrit « ultra-secret ».

– Commencez par ça. En six exemplaires. Le capitaine le veut pour midi tapant.

À midi moins le quart, Léo apporta le travail demandé. Parat marqua sa satisfaction et porta le document au capitaine qui allait ensuite en faire autant jusqu'au bureau du colonel.

Le soir venu, dans la baraque, ils conférèrent longuement et, les heures passant très vite, ce fut de justesse que, dans sa chambrée, Léo se présenta à l'appel du soir. Il ne bénéficiait pas, lui, du privilège, seulement réservé à Fabert, de se soustraire à ce cérémonial.

Nous étions au début du mois de mai, cela faisait déjà cinq mois qu'ils étaient là, dans cette plaine encaissée qu'ils voulaient tellement quitter pour un espace plus large. Mais il leur fallait réussir, sinon... Sinon, c'était la prison et, certainement, le retour en France pour y être jugé. Leur projet les avait aidés à vaincre l'ennui, l'ennui qui, dans ce « trou » de montagne, avait été la cause de maints désespoirs et de quelques suicides. Le projet prenait soudain du corps et la sombre mélancolie commençait à faire place à la lumière incertaine de l'aventure. Léo avait lu Henri de Monfreid et ne désespérait pas de voir comme lui la mer Rouge. Pourtant, pour tous ceux qui ne le connaissaient point, Léo n'était qu'un bon petit soldat bureaucrate. L'entente entre Fabert et lui était complète. Pas plus que lui son compagnon n'était pour Pétain ou pour De Gaulle. Fabert voulait simplement, comme il disait, « respirer mieux et se dégourdir les jambes ».

Ils décidèrent de s'activer. Après leur longue hibernation, il fallait aller vite.

Le tailleur, lors de l'essayage des costumes, procéda à quelques retouches et leur promit la finition pour le surlendemain soir, vendredi. Comme ils avaient pris très peu de permissions, ils espéraient bien obtenir une « perm » de quarante-huit heures pour Beyrouth. Il leur faudrait, militairement, être de retour le dimanche à minuit. L'alerte concernant leur absence ne serait donc donnée que le lendemain matin, lundi.

En attendant le grand jour, chacun de leur côté, fidèle à la tactique qu'ils utilisaient depuis le commencement, ils se montrèrent, dans leurs conversations avec les uns et les autres, très antianglais. Ils firent part, dans leurs propos, de projets qu'ils étaient censés réaliser dans les quinze jours à venir, notamment celui d'aller louer des chevaux auprès des arabes pour passer un dimanche après-midi en promenades cavalières. Ils avaient même rallié quelques-uns de leurs camarades à cette idée. Ainsi, au cours de l'enquête qui ne manquerait pas d'avoir lieu dans la base même, il serait bien établi que leur disparition relevait plus de l'enlèvement ou de l'accident que de la préméditation.

D'autre part, ils avaient, entre-temps, écrit des lettres suffisamment édifiantes vers la France dans lesquelles ils exprimaient leur espoir de revoir vite la famille. Ces lettres, soumises au visa de la censure, montraient combien ils étaient attachés au pays.

Ils quittèrent la caserne le vendredi, en fin d'après-midi. Ils jetèrent un dernier regard sur la base aérienne, ils passèrent chez le tailleur pour y retirer le costume que chacun rangea soigneusement dans son « baise-en-ville » et ils prirent un taxi pour Beyrouth, première étape.

Dès leur arrivée dans la capitale libanaise, ils achetèrent chemises et cravates, puis louèrent une chambre d'hôtel pour deux nuits. Ils consultèrent l'annuaire téléphonique et notèrent l'adresse qu'ils cherchaient. Ils se mirent en civil et, avant de quitter l'hôtel bavardèrent un peu avec l'hôtelier qui, lui, n'avait aucun doute sur leurs projets.

– Ah, vous allez sur la place des Canons, voir les filles, c'est bien ça, n'est-ce pas ?

Après avoir bien ri, ils en firent l'aveu.

– On ne peut rien vous cacher ! Mais, d'abord, on va quand même goûter un peu d'arak, pour nous mettre en train.

– C'est ça, amusez-vous bien !

L'hôtelier connaissait bien les militaires.

Beyrouth, à l'époque, était une ville très agréable, paisible, aimable, de mœurs un peu dissolues sous des apparences chastes, pudiques même. Quant aux jeunes filles, elles étaient, dans l'ensemble, tout comme en Alsace, très tenues. Parmi les femmes, sauf fiançailles et mariage, seules étaient disponibles celles qu'on appelle les *filles* et celles-ci étaient suffisamment nombreuses pour être pécuniairement abordables.

Ils passèrent donc par la place des Canons, mais sans s'y arrêter. Ils allaient, plan dans la poche, reconnaître leur itinéraire du lendemain. Ils pouvaient passer, quant à leur aspect, pour deux jeunes Libanais en promenade.

Quand ils rentrèrent, assez tard dans la soirée, après s'être arrêtés, cette fois, dans un bistrot de la place des Canons pour y goûter un peu d'arak, ce fut, malgré l'invite des prostituées, pour se mettre sagement au lit et s'endormir tout à fait confiants dans leur bonne étoile.

Le lendemain matin, samedi, commençait le jour décisif.

À l'hôtel, ils prirent tout leur temps pour savourer le petit déjeuner et ils bavardèrent de nouveau avec le patron, lui laissant entendre qu'ils rentreraient tard parce qu'ils étaient invités à une soirée.

– Vous avez bien raison, il faut profiter de la vie pendant qu'on est jeune. Ah, si seulement j'avais votre âge !

Dehors, le soleil pomponnait les gens et les choses. Il semblait que tout souriait. Plus flâneurs que jamais, empruntant les rues du parcours appris la veille, ils arrivèrent enfin à destination.

Ils furent reçus courtoisement. Après avoir exposé qu'ils désiraient avoir un entretien avec un haut responsable, ils furent accueillis par un homme jeune, parlant un français impeccable, à qui Léo annonça qu'ils étaient deux officiers désireux de passer en Palestine pour combattre dans les Forces Françaises Libres. En échange, il sortit de son portefeuille le septième exemplaire du plan de défense et de protection de la base aérienne de Rayak. Leur interlocuteur se saisit du document et leur demanda d'attendre quelques instants. Ils restèrent une bonne demi-heure à patienter, muets dans un bureau silencieux. Quand il revint, le jeune homme leur proposa de retourner à la base aérienne de Rayak.

– Il serait bien que vous, qui êtes avec nous, demeuriez sur place.

Ils manifestèrent que telle n'était pas leur intention et qu'ils étaient venus pour être aidés dans leur détermination de passer la frontière et d'aller se battre dès maintenant, sans plus attendre. Le jeune homme s'absenta de nouveau. Leur attente fut aussi longue que précédemment. Ils faisaient plutôt grise mine. Les choses ne paraissaient pas aller tellement bien. À l'idée de retourner à Rayak, les jambes de Léo se firent flanelle.

Après un long moment, très long moment, le jeune homme revint.

Grand sourire.

– Eh bien, ça marche ! Vous vous trouverez, ce soir à cinq heures, à l'entrée principale du grand parc. L'un de vous portera cette pochette rouge. Quelqu'un passera vous prendre qui portera une pochette semblable.

C'est le cœur bondissant de joie qu'ils quittèrent alors l'ambassade de Sa gracieuse Majesté Britannique auprès de la République du Liban.

Quand ils sortirent de l'ambassade, il était midi sonné.

Ils avaient réussi.

Il leur parut certain que s'ils ne s'étaient pas présentés comme officiers, ils seraient restés au Liban. Ils avaient, en somme, dès le début, assez bien étudié leur affaire, notamment sous son aspect psychologique. Peut-être, toutefois, avaient-ils été trop modestes en s'élevant au grade d'aspirant plutôt qu'à celui de sous-lieutenant. Dans la vie, il faut toujours, à la manière des alpinistes, s'élever soi-même et se maintenir dans les hauteurs le plus longtemps possible, car il faut ensuite, de toute façon, redescendre, sinon dégringoler, vers cette vallée de toutes les vallées qu'est le trou final.

Malgré le déjeuner qu'ils firent traîner en longueur, les heures passèrent trop lentement à leur gré, et cela d'autant plus que, soudain, ils furent pris d'un doute.

– Dis donc, et si ce quelqu'un qui doit venir avec sa pochette rouge ne venait pas ?

– Alors, mon vieux, je crois qu'on serait dans la mélasse ! Il faudrait retourner à Rayak, la queue basse, et préparer un nouveau plan.

Leur doute voisina la certitude quand, à l'entrée du parc, après une attente de plus d'un quart d'heure, leurs yeux ne rencontrèrent aucune pochette rouge à l'horizon. Ils étaient las d'attendre quand, passé cinq heures et demie, se dirigea vers eux un homme, mais sans pochette.

Léo trouva cela plutôt insolite. Mais avant qu'il puisse faire part de quoi que ce soit à Fabert, l'homme était déjà là, devant eux.

– Excusez-moi, je suis en retard. Je n'ai pas de pochette. La vôtre suffisait. Ma voiture est à deux pas.

Dans la voiture, l'inconnu leur expliqua que, par précaution, il avait fait pas mal de détours pour venir jusqu'à eux. Cet homme, comme beaucoup de Libanais, parlait parfaitement français. Il conduisait sa voiture avec dextérité dans les rues et les ruelles de la ville où ils firent, en effet, de nombreux détours. Ce devait être une technique à employer dans les cas de ce genre. Cela, peut-être, afin qu'eux-mêmes ne se repèrent point. Peut-être aussi, alors qu'ils attendaient à l'entrée du parc, quelqu'un de l'ambassade les observait-il afin de s'assurer qu'ils n'étaient pas, apparemment, « brûles ».

Enfin ils arrivèrent devant une maison spacieuse et cossue dans laquelle l'inconnu les fit entrer. Là, ils furent accueillis par toute une famille. Beaucoup d'urbanité et de gentillesse. Là, cependant, on les enferma aussitôt dans une chambre, après leur avoir expliqué :

– Nous recevons perpétuellement des gens. Il ne faut absolument pas que l'on vous voie. Nous vous apporterons vos repas. Nous vous enfermons donc à clé, car il pourrait arriver que quelqu'un d'étranger à la famille, plus ou moins distrait, se trompât de porte. Vous allez donc être bouclés pendant deux ou trois jours.

La chambre, au rez-de-chaussée, était confortable, pourvue des nécessités, avec une fenêtre donnant sur un coin de jardin. Une petite bibliothèque anglo-française était à leur disposition.

De ce séjour, ils gardèrent le souvenir de petits plats savoureux apportés par une gracieuse jeune fille, souriante et douce. Ils étaient choyés. Ils apprirent alors qu'ils étaient chez les cousins du président de la République libanaise, S.E. M. Nacache. Ils en déduisirent que la bourgeoisie et les autorités libanaises étaient au mieux avec l'ambassade de Grande-Bretagne.

À propos du journal qu'il avait enseigné à Léo de lire en faisant fi des principaux titres pour ne considérer que les petites nouvelles de trois ou quatre lignes, Robert Neumans avait dit :

– C'est une bonne méthode, voyez-vous, qu'il faut appliquer dans la lecture de cet autre journal qu'est la vie ; que ce soit lors d'un fait politique, religieux, social, économique ou autre dont vous avez été témoin. Tenez, par exemple, vous avez sans doute remarqué que la guerre a été déclarée à l'Allemagne parce qu'elle voulait récupérer une ville, Dantzig, laquelle était allemande avant 1918, mais qu'elle n'a pas été déclarée, cette guerre, à l'Union Soviétique qui est entrée en Pologne et qui a occupé la moitié du pays. Or, de cela personne ne souffle mot.

– Je vous avoue que je n'y avais pas du tout pensé. Qu'en concluez-vous ?

– Rien, sinon que c'est là un fait très important dont les explications nous seront données plus tard.

Ici, à Beyrouth, Léo venait de découvrir, dans un petit coin du journal de la vie, que le Liban n'était pas aussi attaché à la France qu'on le disait et l'écrivait.

On ne les libéra qu'au soir du cinquième jour. Ce fut pour les faire monter, à la tombée de la nuit, dans une voiture toute différente de la première. Ils firent, à nouveau dans Beyrouth, de nombreux détours avant d'aboutir à un gros camion, partiellement bâché. Ils y grimpèrent pour s'installer au milieu de bidons d'essence verticaux, sorte de hauts tonneaux qui leur fut comme une ceinture métallique. Le camion partit aussitôt, dans la nuit et sous la pleine lune.

Sous la bâche, ils découvrirent un troisième fugitif.

– Je suis le capitaine Buy.

Rien qu'au ton, le bonhomme paraissait du genre pisse-froid.

Après les présentations, ils échangèrent quelques phrases et roulèrent longtemps, sans mot dire, jusqu'au moment où, près de Saïda, l'antique Sidon, le camion s'arrêta. Ils entendirent des voix arabes auxquelles le chauffeur répondit dans la même langue. Le moteur devint soudain muet et des pas bruyants s'approchèrent d'eux. Ils furent tout silence. Le camion fut partiellement débâché et, dans la clarté lunaire, ils virent soudain, entre les bidons d'essence, une baïonnette se glisser à proximité de leur nez, pareille à la langue gourmande d'un invisible fourmilier. La langue se retira pour tenter sa chance quelques bidons plus loin et, finalement, disparaître. Le camion fut rebâché. Les voix résonnèrent encore dans leur patois incompréhensible. Le moteur se remit en marche. Ils repartirent.

Ils roulèrent encore pendant une quarantaine de kilomètres avant de s'arrêter encore une fois. De nouvelles voix arabes inquiétèrent de nouveau leurs oreilles. Nul doute que, les concernant, l'alerte avait été donnée.

Le chauffeur déplaça les bidons d'essence, les cœurs battirent plus fort. La voix du chauffeur, cependant, était calme et rassurante. Ils s'extrayèrent, courbattus, d'entre les tonneaux. Le chauffeur leur expliqua qu'ils étaient arrivés à Sour, l'ancienne Tyr, et qu'il les confiait à des gens chargés de les héberger en attendant le moment le plus favorable pour le passage de la frontière.

La frontière était encore à près de quarante kilomètres, et ils se demandèrent comment ils allaient la franchir. Peut-être par le mont Hermon, avec un guide qui leur ferait traverser la montagne par des chemins de contrebandiers. Mais comment allaient-ils rejoindre l'Hermon ?

Pour l'instant, un homme servait de guide. Après quelques minutes de marche ils arrivèrent à un puits. À la suite de leur guide muni d'une lampe sourde, ils descendirent dans ce puits qu'il ne faut surtout pas imaginer muni d'une petite margelle à partir de laquelle, comme dans un conte oriental, réduits par magie à la taille de quatre bouteilles, ils prirent place dans un seau attaché par une corde ! Non, l'ouverture de ce puits était vaste, et ils y pénétrèrent par un escalier parfaitement maçonné pour arriver beaucoup plus bas, sur une plate-forme pavée, en forme de couronne munie de garde-fous encerclant le trou central. Là, ils purent, dans un confort relatif, s'asseoir et puis s'allonger sur des couvertures pour s'endormir à l'abri des curieux.

À l'aube arrivèrent deux femmes munies de pain, de café, de lait et de confiture. À midi, ces femmes revinrent, chacune avec un panier de provisions : tomates, concombres, pain arabe en forme de fine galette, fromage de chèvre et fruits. L'une d'elle, qui était peut-être la fille de l'autre, était belle, et Léo, dans ce puits, eût aimé être seul avec elle nue comme la Vérité, mais ils étaient, en leur cachette, tous habillés comme autant de mensonges.

À la tombée de la nuit, ils quittèrent leur profond terrier, guidés par un nouveau Libanais. Celui-ci les conduisit jusqu'à la plage. Là, attendait une grande barque dans laquelle des pêcheurs, au nombre de quatre, les firent s'allonger. Ces marins disposèrent sur leurs corps différents objets tels que filet, seaux de toiles et autres objets utiles à la pêche. Puis la barque glissa lentement sur la mer.

Soudain, un phare balayant les eaux de ses feux, transperça pendant quelques instants, comme une grande baïonnette de lumière vive leur nuit lunaire, pour déceler si, parmi les pêcheurs qui s'étaient mis à moduler un chant arabe, ne se dissimulait pas quelque chose de suspect. Cela faisait quelques jours que l'on devait rechercher les trois fugitifs ! Au-dessus d'eux, la lune, enfin réapparut bientôt, avec sa clarté bien à elle, plus sourde, pour reprendre discrètement le relai du phare qui s'en allait à peu de distance fourrager dans l'eau et fouiller d'autres barques. Ils allèrent, dans cette position couchée, assez loin en mer avant d'être débarrassés des objets qui les dissimulaient. Ils prirent alors une position plus confortable. Au milieu de la nuit, lâchant les rames, les bateliers les invitèrent à casser une croûte heureuse, bercés par une Méditerranée sage et rassurante.

Il n'y avait plus que leur bateau. Les autres barques avaient disparu comme avaient disparu la côte, le phare indiscret et sa longue baïonnette lumineuse.

Il faisait plein jour quand ils débarquèrent à Saint-Jean-d'Acre. Ils avaient traversé, sans le savoir, l'invisible frontière aquatique libano-palestinienne. Ils avaient réussi à atteindre le but de leur seconde étape. C'était la mi-mai. Un officier britannique avec voiture et chauffeur les attendait sur le quai. Décidément, les Anglais étaient supérieurement organisés. L'officier les informa qu'il était chargé de les conduire à Haïffa, auprès des autorités militaires.

Si Saint-Jean d'Acre leur était apparue comme une ville typiquement arabe, Haïffa se montra comme une cité plus mêlée, arabe et juive, moins occidentalisée cependant que la Beyrouth arabe et chrétienne, déjà très européanisée. L'entrevue avec les autorités fut courte. Georges Buy reçut immédiatement sa feuille de route pour se rendre à Tel-Aviv et prit congé d'eux. Ce capitaine peu locace devait faire, par la suite, une rapide carrière dans l'entourage du général De Gaulle.

Quant à eux, ils avaient à choisir entre deux propositions : rejoindre les Forces Françaises Libres ou bien entrer dans l'armée britannique. En attendant leur réponse, pour laquelle on leur demanda de bien réfléchir, on leur donna l'adresse d'un hôtel et suffisamment d'argent pour procéder à quelques achats indispensables. Ils n'avaient même pas une brosse à dents.

À vingt ans on ne réfléchit pas beaucoup. Ils décidèrent de garder le grade d'aspirant et de joindre les Forces Françaises. Poursuivre logiquement l'aventure pour l'aventure eût été pourtant d'opter pour l'armée anglaise. L'apprentissage d'une langue nouvelle étant elle-même en de telles circonstances aventure. Ils ne se rendirent pas compte que leur solution était boiteuse. Censés être sortis de l'École de l'Air de Salon-de-Provence, comme navigateurs, ils auraient, chez les Anglais, été moins à la merci de rencontrer un ancien élève de cette école. Ils jouaient avec le feu, tout comme des gamins. Ils étaient bien incapables l'un et l'autre, de donner à un pilote les ordres concernant l'itinéraire de sa route à la manière d'un commandant de navire faisant le point et maintenant son cap contre vents et marées. C'est pourtant ce qui allait leur être demandé ! Dans l'armée anglaise, l'apprentissage, même accéléré, de la langue leur aurait fait gagner un temps précieux pour se familiariser avec la technique de la navigation aérienne. Toutefois, rien ne les intimidait. Ils étaient à cet âge des phantasmes où tout paraît possible. Et puis, surtout, ils allaient monter en avion ! Léo en rêvait depuis trop longtemps pour se soucier d'autre chose.

Le lendemain, ils se présentèrent chez les Britanniques et leur annoncèrent qu'ils désiraient rejoindre les Forces Françaises Libres. Les autorités leur remirent alors comme au capitaine Buy, sans commentaires, leur feuille de route pour Tel-Aviv. Là, se trouvait une mission militaire gaulliste. Ils montèrent dans un camion militaire en partance. Ils passèrent devant le mont Carmel et prirent la route qui longe la mer.

À Tel-Aviv, ville déjà moderne, mais quelconque, ils se retrouvèrent devant les Anglais qui leur donnèrent l'adresse de la mission française. Là, un adjudant avec stick et culotte courte, aussi peu militaire que possible, les reçut. Il était, à lui tout seul, la mission. Il leur apprit tout de suite, sans doute pour les ranger d'emblée parmi les écoliers, que, avant-guerre, il était enseignant au lycée français du Caire. Comme les papiers militaires établis à Haïffa par les Britanniques mentionnaient qu'ils étaient *warrant officers* et que cela correspondait d'après eux au grade d'aspirant, l'adjudant décida, très professoral, que *warrant officer* équivalait chez les Anglais au grade d'adjudant.

– Mais en France cela correspond à sous-lieutenant, fit remarquer Fabert.

– En France, peut-être. Pas en Palestine.

Ainsi, avaient-ils passé la frontière, accompli une chose non facile, et cela leur valait d'être rétrogradés. Heureusement qu'ils s'étaient chargés de procéder eux-mêmes à leur avancement ! Ils s'étaient montrés bien timorés pourtant de ne point prétendre au grade de sous-lieutenant. La *Lorelei,* en fin de compte, était plus culottée que Léo. La *Lorelei,* sa pipe. Quant à la Lorelei en chair et en os, elle aussi était bougrement culottée. Cette façon dont elle les avait fusillé du regard, Jean Monegal et lui, quand ils l'avaient rencontrée pour la première fois ! Ici, à la place de Léo, elle aurait sans doute prétendu au grade de capitaine !

Au sortir de leur entrevue avec l'unique représentant de la mission militaire, Fabert eut une trouvaille. Il se mit à rire et puis à chanter.

Allons en Palestine
Pêcher la sardine
Allons en Orient
Pêcher le hareng !

Léo ne comprit pas tout de suite. Enfin, il se mit à rire et puis chanta à son tour *Allons en Palestine, pêcher la sardine.* Sur le pas de la porte de la mission, agitant nerveusement son stick, le professeur-adjudant, l'air ahuri, les regarda partir, les yeux tout écarquillés. Désapprobateur, il hocha lentement la tête. Ils étaient, pour lui, de très mauvais élèves.

Le lendemain, ils avaient de nouveaux papiers militaires, officiels, marqués d'une croix de Lorraine. L'adjudant-professeur décida qu'ils méritaient des vacances et leur accorda trois jours de permission pour visiter Jérusalem.

– Je crois que tous les deux, vous avez vraiment besoin d'un petit peu de repos.

Peut-être faisait-il allusion à leur comportement de la veille.

Ils déambulèrent donc, après un nouveau voyage en camion militaire, dans les rues et surtout dans les ruelles de l'ancienne capitale de la Judée. Ils visitèrent le Dôme du Rocher, Gethsémani, le tombeau de la Vierge, l'église du Saint-Sépulcre et le mur des Lamentations. Jérusalem, comme Saint-Jean-d'Acre se présentait à eux comme une ville typiquement arabe.

C'était la paix à Jérusalem, avec peu de voitures et peu d'uniformes. Une paix comme elle devait exister à l'époque de l'occupation romaine. Si la guerre rugissait quelque part ce devait être loin, très loin, dans un autre monde. Çà et là ils rencontraient des Bédouins montés sur des ânes et, parmi eux, Léo essaya de découvrir Joseph et Marie tenant son enfant dans les bras. La guerre était reportée dans l'avenir, ils étaient éloignés d'elle de près de deux mille ans.

À leur retour, l'adjudant leur apprit que le colonel Collet, ainsi qu'une centaine de cavaliers Tcherkess venaient de passer en Transjordanie après avoir franchi la frontière syrienne et qu'ils s'étaient ralliés à la France Libre.

– Vous voyez, ce n'est pas si difficile que ça de passer une frontière !

C'est Fabert qui lui répondit :

– En effet, il n'y a rien de plus facile... surtout pour les Tcherkess qui sont, précisément, des gardes-frontières !

Léo ne savait pas, à ce moment-là que, quelques mois plus tard, il ferait plus ample connaissance avec les cavaliers tcherkess, ces cousins des Cosaques, coiffés comme eux du bonnet d'astrakan, la poitrine ornée de cartouchières, armés d'un Kindjal, d'une nagaïka et d'un mousqueton. Ces Tcherkess qui seraient à nouveau gardes-frontières...

L'adjudant leur donna leur ordre de mission. Direction : État-Major des forces aériennes françaises libres, au Caire.

Le Caire ! Ce nom les fit rêver.

Voyage en train. Pas de camion, cette fois. Cela leur parut interminable. Gaza, Rafah, El Kantara. Paysages désertiques. Un peu assommés par la monotonie du décor, ils restaient de longs moments silencieux. Léo avait tout le temps de penser à ceux qu'il avait quittés de l'autre côté de la Méditerranée. Que faisait Robert Neumans ? Était-il toujours en prison ? Il évoquait les visages de Geneviève et de Jacqueline. Les photos qu'elles lui avaient données étaient toujours dans son portefeuille, mais il n'avait plus besoin de les regarder pour concrétiser un fuyant souvenir. Geneviève, petite, pétillante, son sourire qui faisait apparaître la petite fossette qui l'avait tellement enthousiasmé dès le premier jour, ses mains et ses pieds d'enfant. Jacqueline, plus jeune, si amoureuse déjà. Quant à Laure, elle ne lui avait point donné de photographie. Et son visage, aujourd'hui, s'estompait. Il la « voyait » moins bien, elle devenait floue à son tour, Laure, un peu comme une jolie fille à travers la brume de novembre, que l'on a croisée sur le chemin. On se retourne sur elle, elle disparait bien vite, ombre faisant place au brouillard. Laure et Jean Monegal, où donc étaient-ils ces deux-là ? Et No ? Sa confidence, à Cazaux :

– Il faut que je te le dise, je suis du côté du Petit Caporal !

Il lui avait dit cela sur le ton de la confession, comme s'il se fût agi d'une maladie. No lui était alors apparu comme quelqu'un qui avait pris un bon coup de lune, puis, ensuite, comme une sorte de Thibétain, mais nullement comme un pestiféré. Et voilà qu'il était, à présent, dans le camp opposé au sien. Il était devenu officiellement son ennemi ! Il était évident pour Léo que, placé en face de lui, en cette guerre, il ne pourrait jamais tirer sur sa personne ! Que penserait-il, No, de lui et de sa croix gaulliste, s'il savait ? Tirerait-il sur Léo ?

Le Caire, c'était Beyrouth en bien plus grand, à la fois arabe et européen. L'état-major des forces aérienne françaises libres se tenait au centre de la ville, sis dans un bâtiment spacieux et confortable, non loin du Nil. Cordialement accueillis, ils furent aussitôt affectés au groupe d'avions de bombardement français qui était en action près de Marsa-Matruh, au nord de l'Égypte ; là, précisément, où les troupes du général allemand Rommel se trouvaient bloquées dans leur avance, à mi-chemin de leur objectif : le port d'Alexandrie. En attendant, avant que d'être envoyés chez les Anglais pour effectuer un stage d'adaptation à bord des avions Glenne-Martin, on leur octroya un « repos bien mérité ».

Les choses commençaient à devenir presque sérieuses...

Nous étions au mois de juin. Le soleil, dieu tutélaire d'Héliopolis, immense topaze dans un ciel de saphir, couronnait de tous ces feux cette ville résidentielle du nord-est du Caire.

L'état-major avait bien fait les choses. Ils étaient, à présent, d'une belle élégance militaire. Ils avaient suffisamment reçu de livres égyptiennes pour s'habiller, ce qu'ils avaient fait sobrement. Aussi, ne déparaient-ils pas, installée parmi celles de leurs clients, la table de M. et Mme Wessinger, leurs hôtes, qui, prenant leur repas sur la terrasse de l'*Hôtel Héliopolis,* leur donnaient du « lieutenant » grand comme le bras puisque, aussi bien, ils étaient « aspirants ».

Ils s'efforçaient aux bonnes manières. Pour sa part, Léo avait quelques difficultés à tenir sa fourchette de la main gauche, comme on le lui avait vainement enseigné au collège, sans jongler avec elle pour la confier à la main droite réservée au couteau. Léo s'était même bien gardé de commettre l'erreur de boire l'eau tiède de son rince-doigts. Là, comme dans un club anglais, l'ambiance était feutrée, les serviteurs égyptiens évoluaient sans bruit, minces, dans leurs longues robes, entre les tables, précis, ponctuels, exacts. Quant à eux, savourant les victuailles, ils étaient comme des coqs en pâte.

Fabert, qui portait un tatouage au bras gauche, profita de ces courtes vacances pour le faire enlever chirurgicalement. Les officiers français n'ayant pas l'habitude, bien que cadres, de servir de toiles à peintures, fût-ce comme support d'une « marine » représentant un fin voilier. C'eût trop attiré l'attention. C'est à ce moment-là qu'il regretta le plus de ne pas être dans l'armée britannique.

– Tu vois, on ne pense pas à tout.

– C'est un tort, incontestablement.

– Dans l'armée anglaise, c'est plutôt bien vu les tatouages, même chez les officiers.

Comme il portait un pansement plutôt voyant, il dût inventer une chute, comme passager, de la selle arrière d'une moto.

D'Héliopolis, ils partaient chaque jour au Caire pour visiter monuments et jardins et, surtout, pour bavarder avec les jeunes filles d'un café grec, avenue Soliman Pacha. Elles parlaient couramment le français, elles étaient charmantes et sages comme des images. L'Égypte, comme la Palestine, comme le Liban, montrait des fleurs, mais il était très difficile de goûter aux fruits. La plupart des femmes du cru étaient voilées. Il n'y avait guère que les fleurs européennes de visibles, mais elles étaient surveillées par des jardiniers fort jaloux.

Le soir, tard, à Héliopolis, ils allaient pour se distraire à l'unique cinéma de plein air, fréquenté surtout par les Européens. Le film anglais ou américain, se terminait toujours par l'hymne égyptien. Sur l'écran apparaissait alors le jeune roi Farouk, élégant, mince, racé. Tout le monde se levait aussitôt et demeurait debout, silencieux, comme s'il se fût agi du *God save the King*. D'aucuns disaient pourtant que le jeune roi souhaitait, désireux de se libérer de la tutelle britannique, la victoire du général Rommel.

Quelquefois ils passaient la soirée avec leurs hôtes, dans la douce fraîcheur d'après jour. Gâtés par eux comme s'ils étaient leurs fils, ils sirotaient avec volupté des boissons glacées avant de passer à table.

Le matin, quand ils se levaient aux lueurs du soleil, un copieux déjeuner à l'anglaise, agrémenté de jus de fruits, les attendait dans leur chambre même, près de la fenêtre, laquelle donnait sur un vaste jardin.

Ils avaient le sentiment d'être les princes d'un conte arabe. Malheureusement, ils n'avaient pas droit aux bayadères, encore moins à la danse des sept voiles.

Bientôt, hélas, il leur fallut quitter l'accueillante et bienheureuse cité du Soleil.

N'ayant pas de femmes veillant au repos du guerrier, il leur restait la guerre. La guerre qui se montrait de plus en plus proche et commençait à caresser leur peau. En attendant leur départ en stage, ils furent dirigés sur un camp d'aviation voisin de Mena House, le grand palace, aux pieds des pyramides. Il y avait là, à Guizeh, des tentes occupées par des Français et par des Sud-Africains, non loin de quelques avions de chasse et de bombardement. À proximité d'eux se tenait un camp de cavaliers. La conséquence en fut que, à défaut de grimper dans les avions, ils montèrent sur les chevaux. Les cavaliers étaient heureux de procurer quelque exercice à leurs bêtes tout en faisant plaisir aux aviateurs. Ce fut, près du Sphinx qui leur paraissait aussi énigmatique que leur avenir, comme un prolongement de leurs récentes vacances.

Depuis qu'ils avaient quitté le Liban, il faut bien le reconnaître, au jeu de l'aventure ils n'étaient pas perdants. Au lieu de se morfondre derrière une machine à écrire dans le bureau de l'adjudant Parat, ou de s'ennuyer et de bâiller dans un magasin de matériel, ils avaient déjà visité la Palestine et l'Égypte, goûté de bonnes choses et pris pas mal de bon temps.

La vie, enfin, était devenue belle, ou, plutôt, car il n'y avait de femmes que pour les yeux, presque belle.

C'est en allant chercher leurs chevaux pour la promenade que les cavaliers leur apprirent que les armées allemandes venaient d'attaquer l'Union soviétique.

À ce moment même, du jour au lendemain, ils virent l'opinion cairote se retourner comme une crêpe.

Tous ces militaires qu'ils fréquentaient, la veille encore farouchement anticommunistes, antirouges et tout, se mirent très vite au diapason des journaux dont les titres encensaient soudainement la très chère et très sainte Russie.

Léo assistait, quoique de très loin, à un dénouement que Robert Neumans, dans sa prison de Tours, lui avait fait entrevoir. Il avait vu clair, Neumans, et de façon perçante malgré l'écran de ses quatre murs :

– 1914-1918 n'a été qu'une première manche. Croyez-moi, c'est reparti pour une nouvelle guerre mondiale « fraîche et joyeuse ».

Il se souvenait que Robert-la-Pipe avait commenté une photo prise en Pologne, clichée dans un journal, montrant des tankistes russes et allemands en train de fraterniser.

– Il y a un pacte germano-soviétique, mais regardez bien les tanks, Léo. Comme vous le voyez, ils sont face-à-face…

Ils avaient pourtant l'air bon copains les tankistes, les rouges et les bruns. Léo en avait fait la remarque.

– Ils vont peut-être combattre ensemble les pays capitalistes.

Neumans n'y croyait guère.

– Il y a une certaine continuité dans la politique des nations. Je pense, d'une part, que le schéma reste le même qu'en 1914. Les puissances centrales sous influence germanique, les pays slaves sous influence russe, et puis les pays occidentaux sous influence anglo-saxonne. D'autre part, il y a la puissance de l'or. La Cité de Londres, et cela remonte à loin, bien avant la Révolution française, n'a jamais cessé de cultiver la zizanie en Europe : diviser pour régner ! La Cité de Londres a aujourd'hui une sœur jumelle de l'autre côté de l'Atlantique : Wall Street. Ces deux sœurs détiennent toutes deux l'or, l'or nerf de la guerre, l'or tout puissant pour l'achat des âmes et des consciences. Souvenez-vous de vos cours sur les bancs de l'école : Napoléon, comme Hitler aujourd'hui, avait pareillement fait alliance avec le tzar, à Tilsit. Mais l'or ça travaille, ça travaille de façon souterraine et, en réalité, c'est lui qui fait l'Histoire. On ne voit pas très bien ces choses-là, bien sûr, quand on n'est pas dans le coup, quand on fait partie du bon peuple. Pour nos deux sœurs jumelles, un pacte germano-soviétique serait un trop grand danger. Bien que la Russie ait, elle aussi, envahi la Pologne, on ne lui a pas déclaré la guerre. C'est significatif. Je crois qu'il s'agit pour les deux sœurs, d'abattre avant tout l'Allemagne industrielle devenue trop puissante à leur goût. L'or, ou toute autre bonne monnaie d'échange équivalente devrait, une fois de plus, arranger cela.

Grâce à Neumans, Léo n'était pas surpris par l'événement. Cependant, il avait pensé, lui, que ce serait la Russie qui attaquerait la première. Neumans, qui réfléchissait longuement sur les choses, laissant s'éteindre sa pipe puis la rallumant, à partir de détails *significatifs* comme il disait, et un peu à la manière de Sherlock Holmes, avait peut-être prévu ce qui venait de se réaliser.

Léo songeait maintenant à No et à Jean Monegal. Comment donc les choses allaient-elles tourner pour eux dans cette tourmente ?

No, ce fou napoléonien, né à Toulouse et, pourtant, d'allure si nordique ; Monegal, ce fou marxiste, né dans les Flandres et, pourtant, d'aspect très sudiste avec sa gueule de Basque espagnol venu échouer sur les bords de la Lys. No, presque aussi débraillé que lui et, pourtant, admirateur de la discipline allemande. Jean Monegal, aux idées si rouges avec, pourtant, un comportement si militaire. Les voilà qu'ils se trouvaient tous les deux opposés l'un à l'autre. Qu'allaient-ils donc devenir? Il n'en saurait probablement jamais rien. D'ailleurs, où étaient-ils donc tous, les uns et les autres, tous ces gosses qu'il avait connus *jadis,* depuis la « trahison » de la petite Jeanne Lefébure ?

Il revoyait No et lui-même au débarcadère du lac de Cazau, fatigués d'avoir ramé contre la tempête, sortir de la barque, la traîner sur la rive et, las, se laisser choir à terre pour souffler un peu. Ils s'étaient alors regardés et, nerveusement, ils avaient éclaté de rire. Il pensait que c'était ce rire-là qui, plus qu'autre chose, les avait attachés l'un à l'autre.

Surtout, il revoyait Jean et lui-même près de Cernay, devant l'avion brisé et devant le pilote transformé en charbon. Cet avion l'avait laissé longtemps rêveur. Certes, il était mort, le pilote, on ne pouvait plus mort, mais, comme Icare. Il avait connu certaines ivresses et il imaginait son premier vol et sa joie. Alors, lui qui n'avait pas connu cette folle joie et ces ivresses, lui qui avait été recalé à l'examen médical de pilotage, il avait tendu la main et il avait recueilli un lambeau de gant du dieu tombé.

Et il songeait qu'il n'était plus en Alsace, mais bien en Égypte, au Caire, et que bientôt, lui aussi, il allait s'installer dans un avion : un avion dans lequel il allait pouvoir monter et dont il allait prendre la direction, à défaut d'en prendre les commandes, un avion d'où il apercevrait la Terre. Comme Perrette, Léo avait son pot au lait.

Fabert, lui, demeurait insouciant, heureux de toute l'aventure. Il se contentait de vivre au jour le jour.

– Tu ne te rends pas bien compte, Léo, à Rayak, tu serais en train de jouer les demoiselles dactylos, et moi, dans ma baraque, j'en serais encore à garder les mites ! On s'emmerderait ferme, à en crever, alors qu'ici, il faut bien le dire, on ne s'embête pas du tout. Tu imagines la gueule qu'ils ont dû faire, là-bas, au moment de notre disparition. Aucune trace, aucune piste. Ils ont dû penser que nous nous étions évaporés !

Fabert, apparemment, était à cent lieues de tout ce qui touchait la politique. Il aimait surtout les femmes, la danse, le soleil, l'aventure. Il avait le côté chaleureux des hommes du Midi et des Italiens. Très exubérant à propos de tout ce qui les entourait, il était, en revanche, sur tout ce qui le concernait, très réservé et ne se livrait point. Léo avait été très étonné, cependant, quand, chez les Britanniques, Fabert avait donné son nom, lors de la rédaction de leurs papiers militaires.

– What is your name ?

– Fabert de Thiéricourt.

Au sortir des bureaux, Léo l'avait interrogé.

– De Thiéricourt, mazette ! Ça fait partie de ton nom ?

– Fabert de Thiéricourt est mon nom.

– Et pourquoi donc ne l'utilisais-tu pas ?

– Je l'ai toujours guillotiné pour faire républicain. Aux Anglais, qui sont royalistes, je peux le donner en entier.

– Tu es royaliste ?

– Oui, mais jusqu'à Louis XIV seulement. Après lui commence la dégringolade et tout perd de son intérêt. Avec le mariage de Loui XV s'est amorcée la chute. Tu sais, ça compte la femme dans la fabrication d'un roi. Il n'était, hélas, que trop logique que Marie Leczinska, fille d'un Stanislas qui n'avait pas été capable de conserver sa couronne de Pologne, donnât naissance à un dauphin qui fut éloigné du pouvoir et qu'elle eût un petit-fils qui, comme son grand-père maternel, se montrât incapable de gouverner. Louis XVI a été notre roi Stanislas.

– Stanislas, à Nancy, a pourtant embellit la ville.

– Oui, il s'occupait d'architecture comme son petit-fils Louis XVI s'occupait de serrures. C'était très insuffisant pour faire un roi qui sache se faire obéir et qui sache régner ; un roi qui, au lieu de s'occuper de clés, n'aurait pas laissé grande ouverte la porte de son royaume et ne se serait pas laissé enfermer sous les verrous. Avec Louis-le-Grand, il n'y aurait pas eu de révolution française. Les Marat, Danton, Saint-Just, Robespierre et autres Fouquier-Tinville, de peur de se retrouver en caleçon auraient filé doux, et peut-être même auraient été de fidèles serviteurs de la couronne. Poignez vilain il vous oindra, oignez vilain il vous poindra.

– Alors, comme Louis XIV est plutôt loin dans le temps, tu n'es plus royaliste ?

– Je le suis jusqu'en 1715 seulement, date de sa mort, date à laquelle, à travers mes ancêtres, j'ai assisté en même temps qu'à son enterrement, à la mise en bière de la noblesse. La royauté est bien morte. Aujourd'hui, politiquement, je suis j'menfoutiste. *Peu me chaut* est ma devise.

– Il me semble que Louis XIV l'avait déjà enterrée la noblesse. En son château de Versailles il en avait fait des domestiques.

– Il y a du vrai là-dedans. De toute façon, Léo, il suffit de lever les yeux pour s'en apercevoir, le vrai roi soleil est toujours présent. Et les républicains peuvent toujours se brosser, ils n'arriveront pas à le guillotiner celui-là.

À l'état-major du Caire, le commandant, particulier à particule lui aussi, s'était exclamé :

– Fabert de Thiéricourt ! Mais je connais un Fabert de Thiéricourt. C'est mon ami Anselme !

– C'est mon oncle.

Ainsi, des quatre compagnons de Léo, en vingt mois de guerre, trois avaient été, en France, communiste, anarchiste et national-socialiste. Ici, à l'autre bout de la Méditerranée, le dernier faisait partie de la cour de Versailles à l'époque de Louis-le-Grand !

Léo avait essayé d'en savoir un peu plus sur son camarade d'aventure, mais l'autre avait rapidement détourné la conversation vers les choses anodines et futiles. Léo n'avait pas insisté. Fabert semblait se complaire dans ce qui était insignifiant et frivole, rejetant loin tout ce qui était trop sérieux, trop pesant à son goût. Ce devait être là manière aristocratique. Seulement, ce manque de communication, cette prise de distance de l'un à l'autre, cette réserve entre eux, faisait que Léo regrettait de plus en plus la présence de Robert Neumans, ou celle de Jean Monegal, ou celle de No.

Il fallut bientôt prendre congé des Pyramides et dire adieu à leurs amis les cavaliers pour retourner au Caire, dans les locaux de l'état-major. De là on les dirigea sur un camp, près de Zagazig, au Nord-Est de la capitale, pour accomplir leur stage d'adaptation sur les avions de bombardement britanniques. Une nouvelle fois ils traversèrent par la route ces villages égyptiens installés dans d'imposantes palmeraies où jouent, comme dans un tableau de Chirico, la lumière éclatante du roi soleil et les amples ombres noires, caravagistes, des êtres et des choses comme découpées à grands coups de peinture au couteau.

Ils en arrivaient maintenant aux choses sérieuses. Un officier instructeur, balbutiant juste quelques mots de français leur fit des cours pendant trois petits matins. L'après-midi, ils faisaient le point, essayant de trouver un chemin à travers l'enseignement reçu. Il s'agissait de bien connaître le vocabulaire anglais de ce qu'ils étaient censés connaître en français. Dans le nez d'un appareil en vol, dans les aléas de la guerre et carte en main : distinguer le nord magnétique du nord géographique, convertir en *miles* les kilomètres, tenir compte de la dérive de l'appareil provoquée par le vent, maintenir le cap en donnant les ordres au pilote installé juste derrière aux commandes et, flèche au cœur de la cible, arriver pile au but.

Le quatrième jour, la tête farcie de noms anglais, groggy, Léo monta en avion pour la première fois de sa vie. Il s'agissait, pour lui, de guider cet avion-là !

Ce fut loin d'être une réussite ! Certainement moins que passable. Sans doute assez proche du désastre...

L'officier instructeur leur souhaita néanmoins bonne chance. Fabert coupa à l'épreuve. L'examinateur estima que, handicapé de façon voyante par un bandage chirurgical de l'épaule droite et du haut du bras, il devait être aussi excellent que Léo...

Jamais, pour sa part, Léo n'avait fourni un tel effort. Pendant ces trois jours d'apprentissage, il avait construit autour de lui un *cockpit* imaginaire dans lequel il avait placé de mémoire les différents appareils de bord. Pendant trois jours et trois nuits il avait « navigué », les yeux sur le *bombsight,* le cerveau truffé de mots barbares, avec l'espoir insensé d'arriver à bon port.

Il n'y était pas arrivé. Il s'en fallait sans doute d'un bon nombre de *miles* !

Comme Pangloss, Fabert estima que tout était pour le mieux dans le meilleur des mondes possibles.

De retour à l'état-major du Caire, on les expédia sur le théâtre des opérations, dans cette région de Marsa-Matruh où le général Rommel et l'*Afrikakorps* stationnaient et préparaient une offensive en direction d'Alexandrie.

Fabert et Léo descendirent jusqu'à Alexandrie, mais sans visiter la ville. Là, ils prirent place dans un convoi en partance vers le front. On les déposa à proximité de la base aérienne française commandée par le lieutenant-colonel Marmier. C'était un camp sous les tentes, avec quelques avions sur des pistes d'envol à même le désert, tout proche de la route longeant la Méditerranée. Ils y furent accueillis avec chaleur. On leur désigna une tente où ils attendirent pendant plusieurs jours leur départ en mission. Ils ne tuaient pas le temps, comme tout un chacun, au mess, aux cartes ou à la lecture. Ils utilisaient ce temps précieux pour améliorer leur maigre savoir en navigation aérienne. Chaque jour un ou deux équipages prenaient l'air pour survoler les lignes allemandes. Ils attendaient leur tour.

Ce tour arriva enfin.

L'équipier de Léo fut l'adjudant-chef Le Cornu, un pilote de ligne, un vieux de la vieille, ami très proche du commandant de la base. Au bar du mess ils avaient trinqué ensemble et sympathisé. Le Cornu avait la réputation d'aimer boire. Ils avaient l'un et l'autre, prenant place dans l'avion, quelques verres dans le nez. Le Cornu, apparemment le plus éméché des deux, mit tout de suite Léo en confiance.

– Ne te casse pas la bobèche, je connais la route.

La route était toute simple. Il suffisait, tout bonnement, de longer la mer vers l'Ouest en direction du port de Marsa-Matruh. C'est ce que Léo avait déjà repéré. Pour le retour, il suffisait de faire un virage de 180° et de nouveau longer la mer. Il n'avait donc aucun souci à se faire pour maintenir le cap, car, pour cela, un pilote aussi confirmé que Le Cornu n'avait nullement besoin du savoir d'un observateur, d'autant plus que ce n'était pas la première fois, comme tous les autres pilotes, qu'il empruntait cette route. C'était une simple promenade de routine. C'était l'euphorie !

Tout alla très bien jusqu'au moment où Le Cornu lui annonça qu'il y avait des camions allemands juste au-dessous d'eux et lui demanda de les photographier. La visibilité était excellente et Léo ne discerna rien qui ressemblât à des camions et le fit savoir. Comme Le Cornu n'était pas très content de sa réponse et que notre Léo pensa que son pilote avait quand même plus d'expérience que lui, il se décida, il appuya sur le bouton. Il en fut aussitôt fort contrarié. Il eut l'impression d'avoir fait une boulette. Le Cornu était suffisamment éméché au sortir du mess pour finalement confondre les camions avec les nuages !

Mission terminée, ils rentrèrent à la base sans encombres.

À terre, Léo remarqua tout de suite que Le Cornu n'était plus tout à fait le même. Moins chaleureux. Bizarre.

Fabert interrogea.

– Alors ?

Léo raconta. Ils ne savaient trop que penser. Léo avait toujours l'impression d'avoir fait une boulette et elle lui restait dans la gorge.

Le soir même, il fut appelé par Marmier. Apparemment, pas de bon poil, le Marmier.

– Vous avez photographié des nuages !

La chose, en elle même était plutôt poétique. Des nuages, surtout dans un ciel presque toujours bleu, c'était un peu comme un petit bouquet de fleurs. Le colonel préférait visiblement les tanks, les camions, les canons, et si possible la photo du général Rommel, commandant de l'*Afrikakorps.*

Rigide, au garde-à-vous, Léo demeura silencieux.

Il était coincé. Il ne pouvait pas mettre son pilote en cause. Le commandant de bord c'était lui et non pas l'autre. Il ne le pouvait pas et, pour l'élégance même, il ne le devait pas.

– C'est bon. Vous pouvez disposer.

Léo exécuta un salut militaire et un demi-tour impeccables. C'était Jean Monegal qui l'inspirait ! Une manière de ne pas accuser le coup, de se redresser et de réagir.

Il garda toutefois le sentiment d'avoir été piégé. La petite manifestation de légère ébriété du Cornu était une bonne mise en scène, ainsi que son air cordial au moment de l'envol, sa manière de mettre en confiance. Il s'était fait avoir comme un bleu, Léo. Le montage avait parfaitement réussi. S'il avait été ivre, ce Cornu, au point de confondre nuages et camions allemands, c'était à lui, Léo, de décider de son travail. Son pilote encorné ne s'était pas montré ivre, du tout, au moment de regagner la base. Il avait conduit l'avion de main de maître et ils avaient atterri sur la piste d'accueil comme sur un tapis de velours. Normalement, ce Cornu biscornu aurait dû faire part au colonel qu'il avait lui-même demandé de prendre les photos.

Pourquoi avait-il donc agi ainsi ? Léo supposa que, selon les termes du rapport de leur officier instructeur anglais, Fabert et lui n'étaient pas jugés suffisamment formés, pas assez *fit and well* pour être efficaces. Pourtant, si cet examen chez les Britanniques avait été totalement négatif ils n'eussent pas été envoyés sur le théâtre des opérations. Marmier, commandant de la base, avait sans doute estimé qu'il ne devait pas prendre le risque de mettre ses pilotes et ses appareils en danger. Il avait trouvé avec l'Encorné une « solution » afin que les « mômes », comme disait ce dernier, se fichent dedans. Tout cela était de bonne guerre et Léo se gardait bien de récriminer. Toutefois, il ressentait de l'amertume.

Fabert, allongé sur sa couchette, venait de poser son livre d'anglais.

– Te frappe donc pas. Demain, il fera jour. Cet échec fait aussi partie de l'aventure. De toute façon, on est mieux ici, en Égypte, qu'à Rayak. C'est quand même plus drôle, non ? Allons, la fête continue !

De fait, le soir même, il y eut la fête. Les Français accueillaient des Sud-Africains qui venaient d'arriver sur une base voisine de la leur. Ce fut alors l'occasion d'une beuverie entrecoupée de chants des deux pays. Faisant contre mauvaise fortune bonne gueule, Léo s'efforça d'y participer crânement. Quant à Fabert, il plaisanta sur son pansement et fit rire en annonçant qu'il s'agissait pour lui, par bandelette interposée, d'un commencement de momification.

Le lendemain, feuille de route en poche, ils prirent la direction du Caire.

Leur sort allait donc être remis entre les mains du colonel Cornimont-Moulinier, commandant l'État-Major des forces aériennes. Ce « Cornichon mal mouillé » comme le nommait fort approximativement et familièrement les aviateurs, ils se demandaient bien ce qu'il allait faire d'eux. Léo encaissait le coup dur, mais il était quand même « secoué », comme en France après la visite médicale d'aptitude au pilotage où il avait été éliminé. Fabert, lui, continuait de prendre les choses du bon côté.

– Bah, t'en fais pas ! Tout n'est pas perdu. Le jeu est encore ouvert. On n'est pas encore tout à fait à poil.

Sur la route du Caire, leurs réflexions, cependant se rejoignaient.

– On a fait des sottises au départ, Léo. On les paye maintenant. Nous avons eu tort de nous être présentés, d'entrée de jeu, à l'ambassade, comme aspirants et non pas comme sous-lieutenants. Ensuite, nous avons mal misé en ne choisissant pas l'armée anglaise où j'aurais pu garder mon tatouage. Nous avons commis une autre erreur encore en ne remettant pas à sa place le médiocre petit adjudant-professeur, porteur de stick, qui nous a rabaissés du grade d'aspirant à celui d'adjudant et ainsi fait passer du rang d'officier à celui de sous-officier. Que nous ayons accepté cela qui était inacceptable a dû conduire nos supérieurs hiérarchiques à se tapoter légèrement le menton.

– Tu crois qu'ils ont des doutes ?

– Écoute, nous nous sommes présentés sans aucun papier militaire. Ils ont dû se contenter de nos dires. Comme nous sommes passés par la filière britannique, ils ont même pu penser que nous étions des agents anglais. C'est quand même bizarre la manière dont les choses se sont passées. Ce n'est même pas comme navigateur que tu as été blâmé, mais comme photographe. Quant à moi, on ne m'a même pas fait voler. On ne m'a même pas mis à l'essai.

– Peut-être à cause de ton pansement.

– Mon pansement ne m'empêchait pas de monter dans un avion et d'appuyer sur un bouton pour prendre, à mon tour, des photos. Et puis ce Corniaud qui t'a joué la comédie de l'ivresse. Tout ça, mon vieux, c'est cousu de fil blanc. Il t'a d'ailleurs fait boire au mess plus que tu n'aurais dû pour te faire perdre tes moyens. Il a fait semblant d'être paf, tout en tenant bien le coup, pour mieux te rouler dans la farine.

Sous ses apparences frivoles, Fabert savait faire jouer ses méninges. Son analyse concordait avec celle de Léo.

– Je vois les choses tout comme toi. C'est vrai, il n'est pas normal que tu ne sois pas parti en mission, à ton tour, au-dessus des lignes allemandes.

– C'est l'évidence même. En tout cas, tu auras toujours fait deux vols et moi zéro. Je fais partie du personnel navigant et je n'ai pas reçu le baptême de l'air. Tu imagines, toi, un adjudant de cavalerie qui n'aurait jamais monté à cheval ?

Cette idée l'amusa tellement, Fabert, qu'il éclata de rire.

Quand ils arrivèrent à l'état-major du Caire « Cornichon mal mouillé » les affecta aussitôt à la base aérienne de Damas.

Au sortir du quartier général, Fabert fit cette réflexion de circonstance.

– Dis donc, sur le chemin de Damas, on va rencontrer Jésus !

– À Dieuble vat !

– À Dieu quoi ?
– À Dieu rien, à Dieu vat, à Dieu-va-comme-je-te-pousse.
– Tu sais, à Dieu, on y va de toute façon.
– Tu y crois à ce personnage, toi ?
– Comme à mon cul. C'est pourquoi j'appelle cet indien-là Œil-de-Bronze.

Depuis la mi-mai, date de leur passage en Palestine, la guerre avait modifié la carte du Proche-Orient. Trois semaines après leur franchissement de la frontière, les Anglais avaient attaqué le Liban et la Syrie. Les troupes gaullistes, grâce aux forces britanniques, avaient pu prendre la relève des forces pétainistes. Nous étions maintenant en plein mois d'août.

Tous deux craignaient surtout de se rencontrer nez à nez avec des anciens de la base aérienne de Rayak. Ralliés au général De Gaulle, ils ne manqueraient pas de s'étonner de leur rapide ascension dans la hiérarchie militaire. En fait, les soldats du maréchal Pétain avaient choisi, malgré l'occasion qui leur était offerte de rejoindre la « France Libre », de regagner la France tout court. L'appel du 18 juin 1940, lancé de Londres par De Gaulle, était demeuré ici sans effet. Les soldats, sourds comme des pots, étaient restés fidèles à l'exemple du général Dentz, haut-commissaire et commandant des troupes du Levant, condamné à mort en 1945 et effectivement mort de froid, les fers aux pieds, dans la prison de Fresnes. Mais surtout, les soldats, reliés à elles par un courrier régulier en dépit de la distance, étaient restés attachés à leurs familles. Ils n'avaient pas voulu rompre le lien et plonger leurs proches dans l'inquiétude.

Damas, ville musulmane, n'avait rien de commun avec Beyrouth, ville à forte densité chrétienne. La capitale de la Syrie contemple le désert. Celle du Liban, adossée aux montagnes, s'ouvre sur la mer. L'une est prisonnière des sables, l'autre a devant elle l'Ouest infini, seulement limité aux frontières du ciel par la ligne d'horizon.

Le commandant de la base de Damas ne savait trop que faire d'eux. Dans l'attente d'une décision, ils vivaient des jours maussades. Des jours où, à part le soleil, il n'y avait de distraction que celles de la lecture, du boire et du bordel.

Fabert ne lisait pas. En attendant de boire et de faire connaissance avec le bordel, Léo lisait, comme autant de contes merveilleux, une histoire de la mythologie grecque. Il l'avait achetée au Caire en souvenir des jeunes héllènes qu'il courtisait rue Soliman Pacha.

Pour ce qui était du boire, il releva, dès le deuxième jour, le défi lancé par un sergent-chef au mess des sous-officiers. Celui-ci avait allongé dix verres d'arak devant lui et dix devant Léo, comme accueil de bienvenue. Il était entendu que celui qui n'en boirait pas la totalité offrirait la tournée générale. Léo demanda que l'on ajoutât, pour faire la douzaine, deux autres verres d'arak, de part et d'autre. Ils burent tout cela « cul sec ». L'adversaire cala après le onzième verre. Léo but son douzième et, par bravade, liquida sous les bravos celui que l'autre avait laissé.

Comme pour sa première pipe, il eut l'impression qu'il allait trépasser.

Son lit, que Fabert l'avait aidé à gagner, roulait et tanguait comme la barque sur l'étang de Cazaux et comme l'*Henri Estier* au large des côtes de la Corse.

Lorsqu'il se réveilla d'une sorte de coma, il s'intéressa, après avoir repris une faible partie de ses esprits, à une petite araignée qui, du plafond, se balançait légèrement au bout d'un fil, au-dessus de lui, comme pendue. Il était cette araignée-là, qui était peut-être une tarentule. Il était comme pendu, mais pendu à l'alcool qui lui serrait encore le cou avec l'envie de vomir et, dans son lit, il se balançait au bout d'une corde tissée de treize araks, telle Arakné la jeune lydienne. La pauvre, elle s'était pendue de désespoir après que Minerve, défiée par elle, lui eût arraché et déchiré sa broderie. Telle Arakné que la déesse changea ensuite en araignée, il avait, lui aussi, tramé, tissé, brodé une tapisserie imaginaire que l'adjudant-chef Le Cornu avait déchirée. Il n'était plus suspendu, mais tombé du fil et de la toile déchirée de sa propre aventure.

Qu'il ait accepté un pari aussi stupide et qu'il en ait même rajouté, montrait qu'en lui, contrairement au soleil de plus en plus brûlant, les braises de sa jeunesse s'étaient déjà pas mal éteintes et refroidies. Sa vie avait perdu ses flammes et oriflammes. Il avait accepté, hors toute raison, le défi d'un sous-off tout aussi paumé que lui. Le Cornu, en lui faisant photographier les nuages, l'avait fait tomber des nues tel Icare et l'avait brisé. Finalement, au sol, redevenu rampant, il se consumait de plus en plus, avec, lui serrant toujours le cou, une forte envie de rendre l'âme.

Au bordel, ils y allaient de temps en temps pour se distraire de leur mélancolie dans Damas, ville austère. C'était le seul endroit où ils pouvaient voir des femmes qui ne fussent pas de la tête au pieds emballées dans des sacs. Le désert, en Syrie, n'était pas fait que de sable, le bordel y était comme une oasis.

Un soir, dans son lit de camp, au retour d'une visite aux femmes de plaisir, lui revint un souvenir d'enfance. Cela lui fit comprendre l'origine du malaise qu'il avait éprouvé dans Lyon, à la sortie de cette rue chaude où il était entré avec Lucien Ferratier dans une chambre de prostituée. Ce malaise s'était atténué avec ses nouvelles expériences, il ne l'avait pas tout à fait quitté.

La rue de la Hache à Nancy… La rue de la Hache, ses trottoirs étroits et ses tapineuses.

Ils y étaient arrivés, sa mère et lui petit garçon, venant de Thiaucourt, petit patelin des environs de Toul. Son père les avait précédés. Il avait trouvé du travail comme ouvrier maçon. Il avait loué une chambre d'hôtel dans cette rue, en attendant de trouver un logement plus convenable. Très prude, la mère n'apprécia pas le choix de l'endroit. Pourtant, le patron et la patronne de l'hôtel se montraient aux petits soins pour eux. La patronne, elle, cajolait Léo. Les repas y étaient simples et bons. Léo trottait dans tout l'hôtel, et rencontrait dans les couloirs des dames à robes et à jupes courtes accompagnées de messieurs.

Dans la cour, il avait surtout plaisir à contempler des chiots qui venaient de naître. Ils ne voyaient pas encore bien clairs les chiots. Un jour, après le repas, pour aller les voir une fois encore, il courut jusque dans la cour ouvrir leur porte. Ils attendaient, eux, que cette porte s'ouvrît enfin. Non pas pour accourir vers lui, mais pour se précipiter vers une bonne soupe qui les attendait de l'autre côté et dont, déjà, ils venaient de sentir le fumet appétissant. La porte ouverte, ils s'élancèrent donc. La soupe était là toute brûlante... toute brûlante... Tous s'y ébouillantèrent. Pas un n'en réchappa.

Ce fut le premier drame.

Le second drame ne le concerna point. Cependant, il eut lieu dans leur chambre même.

Ce fut le matin d'un jour de marché, un peu avant midi. Quelqu'un frappa à la porte. La mère ayant ouvert, un homme entra. C'était un fort gaillard. Porteur d'un grand tablier bleu à poche ventrale, il tenait à la fois de l'épicier et du kangourou. Il était marchand de légumes au marché de la place Saint-Sébastien, toute proche.

– Henri n'est pas là ?

– Non. Il travaille. Il rentrera ce soir. Pourquoi ?

– Eh bien, il a bien de la chance de ne pas être là.

L'homme était de fort méchante humeur. La mère devint très inquiète.

– Mais, qu'est-ce qui se passe donc, Monsieur ?

L'homme montra quelque chose, dissimulé dans sa poche ventrale, quelque chose que Léo ne put voir.

– Il a bien de la chance. S'il avait été là, c'était pour lui. Mais, je vous assure qu'il ne perd rien pour attendre.

La mère, pâle, vraiment blanche comme un linge, regarda Léo, un instant, comme pour l'interroger, angoissée. Lui, intérieurement, il se sentait tout barbouillé. Ne recevant pas de réponse, elle affronta l'homme.

– Mais, Monsieur, dites-moi donc ce qui se passe ici !

– Il se passe, il se passe que ça ne va pas se passer comme ça. Il se passe que je vais lui faire la peau, moi, à votre bonhomme, s'il ne décampe pas d'ici. Et vite fait !

– Mais pourquoi donc, mon Dieu ! Qu'est-ce qu'il vous a donc fait, je ne comprends rien à tout ce que vous me dites !

– Eh bien je vais vous le dire, moi. Je vais vous mettre les points sur les *i*. La patronne, ici, c'est chasse gardée. Elle est ma maîtresse. Je vous fiche mon billet qu'elle ne sera pas la sienne. Elle est à moi. Pas à lui. Je crois que c'est bien clair cette fois, oui ? Pas besoin de dessin. Vous avez compris maintenant, non ?

Dans la poche ventrale de ce kangourou marchand de quatre-saisons, Léo le sut le soir même, il y avait un revolver. Il le sut comme témoin de la scène orageuse qui éclata entre ses parents. Soudain la mère venait de comprendre, effectivement, pourquoi la patronne, très jolie d'ailleurs, était tellement gentille avec elle. Cela l'avait bien étonnée, la mère. Elle n'était pas habituée à tant de prévenances. La raison de cet accueil peu coutumier, particulièrement chaleureux, venait de lui être révélée de façon brutale.

Deux jours après père et mère quittèrent les lieux pour un petit logement situé à l'autre bout de la ville, dans la Grande-Rue, près de la porte de la Kraff.

Le père, devant les supplications et les pleurs de la mère, avait accepté de battre en retraite, mais bien à contre-coeur. Il avait promis aussi de ne plus revoir la trop jolie patronne. Mais ce sacré foutu marchand de quatre-saisons, il ne le digérait pas. Il l'avait, comme il disait, sur la patate.

– Oh mais, tu vas voir, je vais lui parler un peu du pays, moi, à ce plouc. Non mais des fois ! Il pouvait pas venir s'adresser à moi, directement, en face, d'homme à homme ? Il savait où me trouver pourtant. Mais non, il a fallu qu'il vienne ici, chez moi, pour moucharder, ce pauvre con foireux. Il a fallu qu'il vienne jusqu'ici pour faire tout son cirque. Avec deux bonnes baffes sur le museau, je vais le lui faire lâcher tout de suite son pétard, à ce jocrisse. Qu'est-ce qu'il se croit donc ? J'en n'aurais pas pour longtemps à le lui faire avaler son feu. J'en ai corrigé de plus coriaces que lui, pauvre minable qu'il est.

Ancien gamin de Paris, le père, pour avoir appris la savate, fréquenté *Le Petit Balcon* de la rue Lappe où guinchaient les mauvais garçons et pour avoir été mis en pénitence dans la forteresse de Belle-Ile-en-Mer, puis fait partie des corps francs pendant la première guerre mondiale, au temps de sa jeunesse, savait comment s'y prendre avec les faux durs. Il avait fallu toutes les implorations et supplications de la mère pour que l'affaire en restât là.

Mais depuis ce jour, Léo vit bien que quelque chose était brisé dans les sentiments de sa mère. Le père l'aimait pourtant bien sa bonne femme ; il avait quitté Paris et s'était même « enterré » à Thiaucourt pour elle, elle qui, déjà, avait craint pour lui les tentations de la ville. À la suite de cette affaire, dans le petit logement de la Grande-Rue, la mère s'était arrêtée de chanter. *Le Jeune homme du parc Monceau ; Il y a des loups Huguette, des loups qui te guettent ; Le Temps des cerises ; Mes parents sont venus me chercher* et tant d'autres airs que Léo aimait bien entendre, car elle avait une jolie voix, s'étaient envolés à jamais. Sa voix chaude les avait quittés pour ne plus revenir. La maison s'était tristement refroidie.

À Damas, il la revoyait bien la rue de la Hache, avec toutes ces filles dans le café en bas de l'hôtel. Elles venaient prendre une orangeade en attendant le client. Elles le caressaient. Il les avait bien aimées toutes ces femmes. Pourtant, après cette histoire, tout en le fascinant, elles lui avaient paru fort dangereuses. Craignant l'eau froide, après avoir été sinon ébouillanté à la façon de ses pauvres chiots, mais tout au moins suffisamment échaudé par ce qu'il avait ressenti lors de la scène du revolver, il s'en méfiait.

Pour la lecture, il y avait quelques librairies dans Damas, et après avoir fait quelques incursions dans l'une d'elles, Léo passa son temps à bouquiner, allongé sur son lit de camp, en attendant que l'on décide de son sort. Fabert, plus sociable, se faisait des amis. Il venait parfois interrompre les relations que Léo avait nouées avec les différents personnages de ses livres.

Fabert prenait un des bouquins.

– Abul Mutahhar Al-Azdi. Qu'est-ce que c'est que ce truc-là ?

– C'est le nom de l'auteur.

– Tu lis l'arabe maintenant ?

– Non, c'est une traduction.

– Hikaya badawiyya. C'est quoi ça ?

– Badawiyya, c'est les Bédouins. C'est un livre sur les mœurs des

Bédouins, il y a mille ans de cela.

– Tu files un mauvais coton. Tu devrais changer d'air. Allons, secoue-toi. On va faire une balade sur la colline.

Ils grimpaient alors sur le mont Qassiyn pour voir le panorama. Au retour ils s'installaient à une terrasse pour boire un café turc et ils rentraient à la base. Ou bien ils allaient jeter un coup d'œil à la mosquée des Omeyades ou sur le cimetière si imposant de Bilal.

Oui Léo filait un mauvais coton. L'uniforme, de nouveau, lui pesait. Il enviait les Damascènes. Ils étaient libres. Dans ses phantasmes, il se demandait s'il n'allait pas embrasser la religion du Prophète, non par croyance, mais plutôt par attirance pour le genre de vie que menaient ces arabes fils du soleil et pour devenir l'un d'eux. Cela aussi, eût été l'aventure! Malheureusement, il était coupé d'eux, il ne connaissait pas la langue du Coran. Cependant, il interprétait à sa manière l'expression « trouver son chemin de Damas » et il comprenait qu'il s'agissait bien là d'une conversion, non pas en religion mais en un autre mode de vie, en une autre civilisation qui valait bien la nôtre. Beyrouth, Tel-Aviv, Le Caire lui avaient paru des villes trop occidentalisées et, par cela même, de moindre intérêt. Saint-Jean d'Acre, Jérusalem, et puis Damas lui avaient procuré une certaine émotion par cela même qu'elles lui étaient étrangères.

Fabert, le soleil c'était son élément. Quand il avait décidé de passer avec Léo la frontière palestinienne, c'était l'hiver. Il était déprimé. Léo se demandait s'il aurait accepté de franchir cette frontière s'il y avait eu du soleil cet hiver-là! Il était homme du Midi; Léo, homme de l'Est. Ils étaient différents. Cependant, Léo l'enviait. Fabert vivait mieux que lui dans le présent. Léo vivotait dans le passé qui avait pris diverses couleurs. En Alsace il y avait, couleur rouge, Jean Monegal et son amour pour Laure, la vierge au rocher – rouge était ce rocher du Rhin dont elle avait quitté la légende pour ne plus chanter la mort aux marins fascinés sous le rouge projecteur du soleil couchant. Dans la prison de Tours il y avait, noir, l'anarchisme de Robert Neumans l'insoumis. Dans la région de Toulouse il y avait, rouge et noir, Noël Janmage, comme il y avait eu, rouge et noir, Julien Sorel amoureux lui aussi de son Petit Caporal, les couleurs mêmes du national-socialisme! À Nancy, il y avait le rose candide de Geneviève et de Jacqueline. Il y avait aussi, jaune solaire, comme la couleur de la bille qu'il avait peinte, Guédolf dit « l'Écureuil ». À Damas, dans la mesure où le présent lui était devenu de plus en plus insupportable, Léo, outre de vivoter dans le passé tentait de vivre dans l'avenir. Il était incapable toutefois d'en discerner la couleur. Peut-être celle du brouillard, celle de la purée de pois... Que faire donc, pour modifier l'aujourd'hui, changer l'ordre des choses afin que demain soit tout autre?

Souvent, il sortait ses cartes. Il y avait quelques mois de cela, son regard suivait le tracé de la frontière sud. Il scrutait maintenant celui de la frontière nord. Derrière, s'étendait la Turquie, derrière la Turquie se trouvait l'Union Soviétique, chère à Jean Monegal. Il repliait ses cartes et il restait tout songeur.

« Tu devrais changer d'air », lui avait dit Fabert.

De plus en plus, il était de cet avis.

Au bout d'un temps, les êtres et les choses autour de lui bougèrent enfin. Fabert fut affecté à l'état-major de Beyrouth et lui à la base aérienne de Rayak. On les séparait. À Fabert, le port et la Méditerranée, comme lorsqu'il était à Marseille. À lui, les montagnes, à neuf cents mètres d'altitude, comme au jour de sa naissance! Il était de nouveau à Rayak, d'où il s'était une première fois enfui...

Chose étrange, à Rayak, dans le même bureau, il eut à assumer les mêmes fonctions que l'adjudant Parat, son ancien chef de service pour lequel il avait dactylographié le plan de défense et de protection de la base aérienne. Telle était sa récompense!

Apparemment, à Rayak, personne n'était passé dans les Forces Françaises Libres. L'adjudant Parat, heureusement, comme tout le monde, avait regagné la France. Seuls les soldats libanais étaient restés. Il est vrai qu'ils étaient chez eux.

Comme Parat sous les ordres du capitaine Marsolet, il s'occupait, sous ceux du commandant Tulasne, du secrétariat. Comme Parat, devenu son professeur fantôme, il rédigeait les notes de service, il donnait des coups de téléphone et en recevait. Sa distraction favorite était de prendre la voix du commandant qu'il imitait parfaitement. Cela lui facilitait les choses. Il écoutait celui qui était au bout du fil et selon son interlocuteur il intervenait avec sa propre voix ou avec celle légèrement traînante qu'il savait si bien imiter. On lui répondait alors: « Oui, mon commandant »; « bien mon commandant »; « mes respects mon commandant ». Cela l'amusait. Il avait encore pris du galon. À cette allure, il n'allait sans doute pas tarder à finir dans la peau d'un général, comme Jean Monegal qui espérait bien devenir commandant d'une armée rouge à l'issue d'une nouvelle révolution, après guerre. Il se débrouillait bien mieux dans ce bureau que comme commandant de bord d'un avion de bombardement.

Cependant, il finit par se lasser de cette vie monotone. Comme lors de son premier séjour, la tarentule de l'ennui venait souvent le tarauder. Pour y porter remède, il allait, le dimanche, faire une randonnée dans la plaine de la Bekaa, sur un cheval de louage. Il allait alors seul, attentif au plaisir du cavalier, poussant de temps en temps une pointe de galop.

À la base, il faisait scrupuleusement son travail. Sa tenue était strictement militaire. Il avait le cheveu court. Ses chaussures étaient impeccablement cirées. Ses chemises et son linge lavés en ville étaient nets. Il faisait bonne impression. Il était toujours à l'heure, réglé comme une montre. Il fallait, pour réussir sa nouvelle évasion, donner le change.

Un samedi, vers midi, permission en poche, signée par le commandant Tulasne, c'est-à-dire par lui-même, il débarqua du train en gare d'Alep, la grande ville du nord de la Syrie, à trois cents kilomètres de Rayak. Il n'y avait aucun danger, à cette époque, pour un Euopéen, à se trouver seul parmi les Arabes libanais ou syriens. Ils étaient neutres et courtois. C'était sans crainte qu'il se mêla à eux pour emprunter le car allant en direction d'Azaz, petite ville située en bordure de la frontière turque.

Arrivé à destination, il se trouva bientôt sur un chemin de terre en direction du nord. À sa gauche comme à sa droite, les paysans faisaient la récolte des olives. Quand la frontière lui parut proche, il s'assit à l'ombre d'un olivier pour attendre la nuit. Si, dans un sac quelconque, il avait pu emporter avec lui des vêtements de bédouin, il aurait eu là, dans cet endroit désert, une belle possibilité, tel le caméléon, d'emprunter un peu de couleur locale. Dans ce coin de campagne, en uniforme, il détonnait.

Néanmoins, avec sa chemise blanche, son pantalon bleu marine, sa veste sur le bras et sa casquette à la main, tout cela vu d'assez loin, il pouvait vaguement être confondu avec un paysan flâneur. C'est ce qui lui vint en tête au bout d'une heure. Rester là comme une souche, sans rien faire d'autre sous son arbre que bayer aux corneilles lui donna des démangeaisons. Soudain, impatient de liberté, comme l'est un jeune chiot de la soupe qu'il sent toute proche de l'autre côté de la porte, il se leva, las d'attendre encore, et décida brusquement de tenter le dieuble. Et c'est ainsi qu'il passa la frontière syrienne à travers les plantations d'oliviers, hors des chemins.

Il marcha longtemps en territoire turc.

Le soleil le cuisait.

Bientôt, il se trouva sur une route poudreuse. Il avait l'intention de marcher vers le nord-est jusqu'au soir, jusqu'à ce qu'il rencontrât l'Euphrate qui le conduirait, ensuite, soit en direction des montagnes d'Arménie, soit, en empruntant une voie septentrionale, vers la mer Noire et la Géorgie.

Mais le jeune chiot s'était trop tôt précipité vers la porte ouverte par l'enfant, trop précipité vers la soupe brûlante.

Dans un nuage de poussière qui les avait d'abord cachés, se révélèrent bientôt à ses yeux quatre cavaliers d'apocalypse qui, soudain, l'encerclèrent.

Ce n'étaient pas des Turcs ces cavaliers, mais des Cosaques ! À croire que, en trois bons quarts d'heure, il avait traversé toute l'Anatolie et tout le Caucase pour se trouver, sans coup férir, sur les rives du Don tranquille ou bien dans les fertiles plaines de l'Ukraine ! À croire que, comme dans un conte des *Mille nuits et une nuit,* la terre elle-même lui avait servi de tapis volant !

– Vous avez bien failli réussir votre coup, lui dit le chef des cavaliers, mais, hélas pour vous, j'ai entendu les chiens aboyer. Ils n'aboyaient pas comme d'habitude. C'est ce qui a attiré mon attention. Si vous aviez continué de marcher entre les oliviers, je n'aurais pas relié leurs aboiements à votre présence sur la route car nous ne vous avions pas remarqué. Pourquoi n'avez-vous pas attendu la nuit ? Vous auriez eu beaucoup plus de chances.

En effet, à son passage de la frontière, les chiens d'un groupe de paysans récolteurs d'olives avaient clabaudé un bon moment.

Ces cavaliers n'étaient pas turcs, ils n'étaient pas non plus cosaques. C'étaient les anciens cousins mais néanmoins ennemis mortels de ces derniers, des Tcherkess, descendants des Circassiens du nord du Caucase, chassés de leur pays, entre 1860 et 1880. Ils s'étaient réfugiés dans l'empire ottoman, alors maître de tous les territoires du Levant. Après la première guerre mondiale et le démantèlement de l'empire turc, la France, puissance mandataire du Liban et de la Syrie, avait procédé au recrutement de ces merveilleux cavaliers pour en faire, sous les ordres du lieutenant Collet, de magnifiques combattants. Ils se révélèrent précieux pour mater, en 1925, la révolte des Druzes. Léo se trouvait devant une de leurs patrouilles de garde frontières.

Sous le kalpack, bonnet d'astrakan, quatre paire d'yeux aigus surplombant quatre moustaches bien fournies le scrutèrent avec curiosité et aussi avec tout le respect dû à son grade.

Il leur fit aussitôt remarquer qu'ils étaient en Turquie, ce qui déclencha leurs rires. Il n'avait pas songé un seul instant que ces hommes, nés au temps de la Sublime Porte, ne faisaient guère de différence entre la nouvelle Syrie et l'ancienne Turquie.

– Vous savez, mon adjudant, on serait allé vous chercher même à trente kilomètres à l'intérieur des terres.

De toute évidence, il avait une idée un peu folle, propre aux Européens, de l'inviolabilité des frontières.

– Bon, dit le chef, maintenant on vous emmène. Vous montez à cheval ?

Et comme il répondit affirmativement, il donna des ordres. L'un des cavaliers lui céda sa monture, une superbe jument toute fringante, et sauta lestement en croupe derrière l'un de ses collègues.

– Vous promettez de ne pas vous enfuir ?

Il répondit qu'il se garderait bien de se sauver, trop certain de leur supériorité équestre et de leur réputation de bons tireurs. Cela eut le don de détendre l'atmosphère. Il était prisonnier des Tcherkess comme, garçonnet, il l'avait été de « Ceux du Canal ». Il se débattait alors comme un beau diable. Cette fois, il jugea plus prudent d'accepter le mauvais sort.

Bientôt, avec son escorte caucasienne, il savait bien qu'il finirait par atteindre ce grade, il fit son entrée de général vaincu dans la caserne tcherkess d'Azaz. Azaz n'était pas Batalpachinsk et la Syrie était bien trop au sud et non pas au nord du mont Elbrouz. Il n'était pas du bon côté du Caucase !

Ils ignoraient alors, ces Circassiens, qu'ils n'étaient pas, eux non plus, du bon côté du Caucase. Ils ne savaient pas encore que, pour avoir « collaboré » avec l'occupant français, ils seraient massacrés, avec femmes et enfants, par leurs ennemis, les Druzes ; les Druzes qui leur feraient payer, trois ans plus tard, en 1945, dans une Syrie devenue indépendante, une dette de sang vieille de vingt ans.

Dans la caserne, il fut accueilli par un lieutenant qui, après avoir entendu le chef des cavaliers, le questionna.

– Qu'est-ce qui vous a pris ?

– Le cafard.

L'autre n'insista pas davantage et le fit conduire dans une chambre non fermée où il passa la soirée et la nuit.

Ainsi, il avait échoué. Comme il avait échoué dans sa mission de reconnaissance aérienne au-dessus du désert de Libye. Cela valait peut-être mieux. Il avait toutefois réussi une chose : fuir Rayak qu'il n'aimait décidément pas. C'était le seul résultat positif, car, pour le reste, il s'était conduit, une fois encore, comme un écolier. Pourquoi donc n'avait-il pas attendu, comme il l'avait d'abord sagement décidé, et comme le lui avait fait remarquer le chef des cavaliers, pourquoi n'avait-il pas attendu que vienne la nuit pour passer la frontière ? Pourquoi donc, comme les chiots de la rue de la Hache s'était-il élancé vers la soupe brûlante du plein soleil ?

Et s'il avait réussi ? Et s'il était parvenu à rejoindre l'Euphrate pour gagner ensuite l'Arménie, serait-il pour autant arrivé sans encombres ? Il n'y avait pas loin de mille kilomètres à parcourir avant d'atteindre Érivan ou Batoum.

Il s'aperçut tout à coup que, dans sa précipitation, vraiment « tête en l'air », il avait même oublié sa boussole à Rayak !

Le lendemain matin, en compagnie de trois tcherkess, il prit la route d'Alep, en voiture, jusqu'à la gare où deux des trois cavaliers prirent alors le train avec lui. Ils étaient un peu, vus de l'extérieur, comme trois camarades appartenant à des armes différentes, se rendant à une commune destination : Tripoli, sur la côte libanaise, à quatre-vingts kilomètres de Beyrouth.

Tripoli. Il aurait aimé jeter un coup d'œil sur le port. Pas le temps de faire du tourisme. Il se retrouva dans une caserne. D'entrée de jeu, un capitaine d'infanterie, style baroudeur, l'interrogea.

– Cette désertion… Pourquoi ?

Il avait eu le temps de réfléchir à sa réponse au cours de la nuit. Il raconta l'épisode concernant son auto nomination à un grade supérieur lors de son passage de la frontière palestinienne et déclara que, depuis, il se sentait mal dans sa peau.

– Et qu'alliez-vous faire en Turquie ?

– La vie dans les bureaux ne m'intéresse pas. Je pensais traverser la Turquie pour me rendre en Union Soviétique et me battre aux côtés des Russes.

La Russie, malgré ses défaites, était maintenant à la mode. C'était la grande alliée. L'Amérique n'était pas encore entrée en guerre.

Il vit tout de suite que ses réponses convenaient à son juge d'instruction. Après quelques questions de moindre importance, le capitaine le fit accompagner par un soldat en arme.

– Je ne vous mets pas en prison. Je vous mets, pour l'instant, aux arrêts.

En conséquence, il fut installé dans une chambre d'officier avec, bien sûr, la stricte interdiction d'en sortir. Une chambre spacieuse avec lavabo et toilettes. Un lit de fer, une table, deux chaises. De tout son séjour dans l'armée, il n'avait jamais été si bien logé ! Le capitaine, bien visiblement, lui avait fait une fleur. Une fenêtre donnait sur la cour, il pouvait y voir évoluer les soldats.

L'un d'eux lui apporta le déjeuner et, le soir, un autre vint lui servir le dîner. Il passa une nuit paisible. La précédente avait été plutôt agitée, comme celle d'un animal trop soudainement captif. De toute façon, cette fois, il avait raté son coup. Il n'avait pas su patienter. Dans la prison de Tours, Robert Neumans à qui il avait demandé quel était le secret de son calme face à la perspective de passer devant le conseil de guerre, lui avait répondu :

– C'est une question de nerf. Il faut être calme et savoir attendre. La patience implique d'ailleurs le calme et le calme implique l'absence de peur.

À la frontière turque, il n'avait pas su attendre de mettre sur ses épaules le manteau noir de la nuit.

Le lendemain, dans la matinée, un jeune lieutenant vint lui rendre visite, non pour l'interroger à la manière du capitaine, mais pour lui demander s'il avait besoin de quelque chose. Il répondit qu'il avait seulement besoin d'un peu de lecture.

Le jeune officier mit alors, juste à côté de la *Lorelei,* sa pipe, sa compagne fidèle, un paquet de tabac en lui disant qu'il allait voir ce qu'il pouvait faire pour les livres.

L'après-midi, un soldat lui apporta *La Cavalière Elsa* de Mac-Orlan, sans doute une allusion malicieuse à la Russie ; *Le livre de Monelle* de Marcel Schwob ; *L'Or* de Blaise Cendrars, et *Un homme se penche sur son passé* de Maurice Constantin Weyer, avec, en plus, un deuxième paquet de tabac. Tout cela indiquait qu'il devait rester ici encore plusieurs jours et qu'on usait avec lui d'une grande élégance !

Quand, pipe au bec, tard dans la soirée, après avoir « dévoré » le beau *Livre de Monelle* pendant tout le jour, il prit en main *La Cavalière Elsa* et s'endormit avec elle, la nuit fut particulièrement agitée. Il voulut feuilleter quelques pages du livre. Il trouva le volume plus lourd qu'il n'était normal. Il fut aussitôt alerté. Il avait déjà la puce à l'oreille. Quand, le livre bien en main, un passage pris au hasard l'ayant intéressé, il voulu, après avoir lu quelques lignes, tourner la page et que cette page resta collée à la suivante, il eut alors la certitude de la présence insolite.

Cette certitude devint plus certaine encore quand, la lampe s'étant éteinte, il fut plongé dans le noir.

– Alors, toujours aussi con ?

– Oh mais, je ne per...

– Ta gueule. Il n'y a pas de *Oh mais, je ne per...* C'est bien compris ?

– Bon, je...

– Il n'y a pas de *Bon, je...* C'est bien compris ?

– Oui.

– Bon. Alors je commence.

Léo fut pendant une bonne minute à attendre. Intimidé par la nuit et le ton, il se tint coi. Enfin, il entendit, à peu près, ce qui suit :

– D'abord, dis-moi un peu, qu'est-ce qui te permet de croire que tu es pour quelque chose dans tout ce qui t'arrive ? Tu n'es qu'une petite marionnette, comme tout le monde. Tu as bien de la prétention. Sache que si tu n'as pas attendu la nuit, une nuit identique à celle que tu vois autour de toi, c'est que je t'ai poussé au cul, que je t'ai fait lever pour que tu voies au moins un morceau de Turquie. Tu veux que je te dise ce qui se serait passé si tu avais attendu la nuit. Tu te serais levé, tu aurais marché à tâtons jusque sur le chemin sur lequel tu t'es engagé pour te diriger vers le Caucase, et puis, tes yeux s'étant légèrement habitués, tu aurais marché, marché, marché. Et puis, au petit matin, sans ta boussole oubliée à Rayak, après avoir dépassé Azaz, tu te serais retrouvé sur la route d'Alep, égaré de plusieurs *miles* comme lorsque tu guidais au-dessus de Zagazig l'avion de ton instructeur anglais. Étonné d'être encore en Syrie tu te serais retrouvé tout au sud de la frontière turque et non pas au nord. Et fatigué, et crevé, et grelottant dans la fraîcheur du petit matin sous ta vareuse légère et ta chemise mouillée par la sueur, sans un sou en poche, ton portefeuille ayant glissé de ta fouille pour tomber sur la route. Les Tcherkess t'auraient arrêté en voyant ta mine. Arrêté et demandé tes papiers. Pas de papiers. Ils t'auraient embarqué et auraient appris, le lendemain, que tu étais recherché. Ils auraient aussi retrouvé ton portefeuille, mais sans argent, dans le fossé. Tu es bien faraud de croire que tu es pour quelque chose dans ta propre histoire, comme sont bien farauds tous ceux qui ont une telle prétention. Tu n'es comme eux que le jouet des dieux. Pour se distraire de leur sagesse, ils ont besoin de la sottise des hommes, comme moi j'ai besoin de la sottise des dieux.

Ce fut tout.

Léo voulut rallumer, mais le commutateur avait disparu...

Après cette intempestive intervention du Dieuble, Léo était bien résolu, cette fois, à se laisser aller au fil de ce que nous avons coutume d'appeler destin. Il resta là, dans cette chambre, tranquille et apaisé pendant deux semaines. C'était un peu comme une nouvelle retraite, laquelle au lieu d'être faite parmi d'autres « moines », comme dans la prison de Tours, avait lieu dans la claustration d'une cellule particulière, bien confortable. Il n'avait pas, toutefois, été tout à fait seul. En plus du Dieuble noctambule, bien des gens venaient lui rendre visite. Ils avaient traversé la mer pour venir jusqu'à lui. Tout particulièrement Laure. Elle quittait souvent l'Alsace pour venir se promener dans ses rêveries ainsi que dans les fumées de tabac gris de sa *Lorelei* de bois de merisier.

Un matin, le capitaine le fit appeler pour lui annoncer que son emprisonnement était terminé, qu'il était libre, et que son affaire était classée.

Léo était à cent lieues de s'attendre à pareille issue. Devant les deux yeux scrutateurs qui l'observaient, il sut demeurer calme.

Le capitaine lui remit un ordre de mission pour se rendre à Beyrouth. Léo prit congé d'une manière strictement militaire et par un salut impeccable les yeux droit dans les yeux de l'officier. Celui-ci sut déceler dans son regard et dans sa pâleur, sans qu'un seul mot ne soit prononcé, toute sa gratitude...

Sans escorte cette fois, il prit le train en direction de la capitale.

Ainsi, cela s'était passé comme à Tours après son escapade à Paris. Même peine, quinze jours de « prison ». Cette fois, c'était pourtant, et de beaucoup, plus grave: désertion et non pas fausse « perm ». Il lui fut rapporté, par la suite, qu'il n'avait pas déserté... au contraire, il s'était dirigé vers le front russe pour se battre! Le Dieuble avait sans doute arrangé les choses...

À l'état-major de Beyrouth, il se présenta en simple soldat. Il fut reçu par un lieutenant qui prit connaissance de son ordre de mission.

– Ah! c'est vous Magnanje. Je suis au courant. Voici, en quelques mots: vous allez regagner Rayak où vous vous mettrez à la disposition du commandant Verdy en attendant de revenir ici, à Beyrouth, pour prendre place dans un convoi. Le départ aura lieu prochainement. Vous regagnerez ainsi l'Égypte où, comme vous le désirez, vous ferez campagne.

En sortant de l'état-major, encore tout étonné d'être libre, il avisa dans la cour un planton. Il lui demanda s'il avait une quelconque idée du lieu où se trouvait l'adjudant Fabert.

– L'adjudant Fabert ? Il a été envoyé en mission quelque part. Je ne sais trop où. Je l'ai vu partir, habillé en simple soldat. Il paraît qu'il fait partie des services de renseignements.

Telles furent les dernières nouvelles concernant Fabert. Léo n'en eut jamais d'autres. Curieux quand même cette vitesse avec laquelle certaines personnes, proches encore la veille, disparaissent au fur et à mesure du déroulement de notre vie : Geneviève, Jacqueline, Laure et puis Robert Neumans, Jean Monegal, Noël Janmaje et, maintenant, Fabert. Et tellement d'autres encore, disparues après quelques semaines ou quelques mois de présence quotidienne. Ses amis d'enfance s'étaient tous évaporés !

À Rayak où il apparaissait pour la troisième fois, il ne resta que quelques jours auprès du commandant Verdy. Très paternel, le commandant. Lui aussi, connaissait toute son aventure. Il s'était montré compréhensif.

– Vous avez fait une connerie, lui dit-il au moment du départ, vous seriez venu me voir, plutôt que d'aller en Russie, j'aurais arrangé votre affaire. Allons, bonne chance !

L'armée, décidément, avait bien changé !

Il se retrouva donc à Beyrouth, au milieu d'un contingent de soldats en partance pour l'Égypte. Il ne décela aucune hostilité à son encontre de la part de ceux qui l'entouraient. il eut même pour voisin, dès le commencement, un compagnon sympathique, Jean Trépieux, de la marine marchande. Il avait quitté son bateau pour passer du côté des Forces Françaises Libres.

Léo retraversa la Palestine, une troisième fois, pour aboutir à Ismaïlia, en bordure du canal de Suez.

D'Ismaïlia, il garda surtout le souvenir des jardins proches du canal où Trépieux et lui, rendus euphoriques par quelques verres de zibib – cousin du pernod, du pastis, de l'arak libano-syrien et de l'ouzo grec – bus en compagnie de marins avec qui son nouveau camarade avait parlé nostalgiquement de la mer, ils s'étaient allongés un soir pour se reposer, sur la pelouse, des fatigues d'une longue promenade dans la ville. Là, sous un arbuste, protégés par les massifs de buissons décoratifs, ils ne tardèrent pas à s'assoupir et à s'endormir dans l'optimisme béat de l'alcool.

Il faisait nuit quand, sous la lune et les étoiles, Léo s'éveilla soudain. Trépieux le secouait énergiquement.

– Je ronfle ?

– Non, lève-toi vite ! J'ai l'impression qu'on vient de nous faire nos portefeuilles.

Léo se leva aussitôt et porta la main à la poche intérieure de sa vareuse. Le portefeuille était là.

– Non. Je l'ai.

Trépieux s'assura à son tour.

– Moi aussi. Pourtant, j'ai bien senti comme une main sur ma poitrine.

– T'as dû rêver.

Pourtant, près d'un buisson, à quelques dix mètres, se détachait une ombre qu'ils aperçurent en même temps. Ils s'élancèrent aussitôt à l'attaque, sans plus réfléchir et de façon sans doute bien imprudente puisqu'ils n'étaient pas armés.

L'ombre resta sur place et fut aussitôt rejointe par une autre ombre. Il se trouvèrent en face de deux formes enveloppées de voiles noirs.

Deux musulmanes!

L'une d'elles, un doigt sur les lèvres, les invita à garder le silence et leur montra un groupe d'arabes qui, dans la rue voisine, discutaient avec animation. Les deux femmes les prirent par la main pour les entraîner sous les buissons, véritables cavernes de branches, à l'abri de tous regards.

Ils comprirent vite que la plus âgée, assez jeune cependant, était la mère. Elle parlait quelques bribes d'anglais. Pour quelques piastres, elle leur vendait l'amour de sa fille. Il ne fallait pas faire de bruit, car:

– Hommes arabes jaloux. Eux tuer femmes si...

Sous les voiles noirs, Léo eut la révélation d'un sexe très participant, mais complètement rasé. Il n'avait jamais cueilli tel fruit exotique sous les arbres et sous les jupes. Celle qui le lui offrait avait nom Leila, ce qui veut dire « la nuit ». La nuit était dans ses bras et ils étaient tous, eux-mêmes et les hommes qui parlaient dans la rue voisine, dans les bras de la nuit.

Ainsi les femmes arabes n'étaient pas tout à fait les religieuses que, vues du dehors, Léo imaginait si farouches. Il songea aussi que pas mal de misère avait conduit ses femmes à cet acte tout commercial. Cet acte lui avait paru, néanmoins, emprhint d'une certaine gravité.

La mère avait souvent tourné une tête inquiète du côté des hommes qui parlaient dans la rue: « ... eux tuer femmes si... »

Lorsqu'elles se furent coulées, ombres parmi les ombres, dans la nuit pour y disparaître à jamais, Léo garda le sentiment religieux d'avoir fait l'amour avec une moniale.

Son compagnon l'interrogea:

– Qu'est-ce que tu penses de cela?

– Ce sera un des meilleurs souvenirs que je garderai du Proche-Orient.

– Je garde un meilleur souvenir encore des Martiniquaises. Tu sais ce qu'elles chantent les Martiniquaises?

– Je n'en ai pas la moindre idée.

Et Trépieux chanta comme un cantique:

Les femmes de Fouance sont des putains
Elles font l'amou pou de l'agent
Tandis que nous à la Matinique
On fait l'amou pou ien du tout
Tandis que nous à la Matinique
On fait l'amou pour ien du tout.

Déjà nostalgique de la mer, le marin Trépieux, non moins nostalgique de l'archipel des Antilles, lui parla longuement et « très pieusement » de Fo de Fouance.

Quelques jours plus tard, leur troupe était mise au repos dans un camp de transit proche d'Ismaïlia, Abu-Sweir. Abu-Sweir ou Temple d'Osiris ! Était-ce donc Isis métamorphosée que Léo avait tenue dans ses bras sous le buisson ardent du jardin au bord du canal de Suez ?

En même temps qu'une mise au repos, c'était aussi une sorte de stage qu'ils faisaient là pour être conditionnés, sous les toiles de tentes, à la vie du désert. Ce n'était pas encore le théâtre des opérations. Le rideau était encore baissé pour eux. Pour l'instant, ils ne faisaient qu'attendre dans les coulisses. Ils savaient que la guerre grondait mais cette bête sauvage était encore assez loin d'eux, de l'autre côté du Nil. Là, le rideau allait se lever bientôt pour eux sur scène, au rendez-vous de la colère.

Isis-Leila avait insufflé à Léo courage et vie. Et cette vie, sous la tente, lui convenait. Il comprenait que l'on puisse prendre goût au désert. Il y avait décidément du bédouin en lui. Son estime pour les gens des sables remontait à plusieurs années. C'était en effet en juillet 1934 qu'avaient eu lieu les obsèques du maréchal Lyautey dans les rues de la vieille ville à Nancy. Les avait-il assez admirés et enviés ces cavaliers du Prophète qui accompagnaient « l'Africain » à son dernier domicile. Léo avait alors treize ans. Depuis, et plus encore après son aventure dans les buissons d'Ismaïlia, il avait sympathisé avec les Arabes. Mais déjà, avant les funérailles nancéiennes, il avait été enthousiasmé par les Touaregs. Il en avait rêvé. Comme ils avaient fière allure sur leurs chameaux quand, sur l'écran du cinéma, ceux qu'on appelait alors « les hommes bleus » à cause de la couleur de leurs voiles étaient passés, un après-midi, à quelques mètres de lui. Ils avaient remplacé dans son admiration les Indiens qui l'avaient tellement fasciné dans un film de Far-West. Les chameaux, le désert, le sable à perte de vue, les tentes et les villages aux maisons blanchies par le soleil, projetant leurs ombres comme découpées à coups de ciseaux l'avaient transporté ! Pauvres Touaregs ! Depuis, ils avaient dû revêtir les bleus de chauffe et les bleus des *jeans* de cette civilisation nôtre que l'orthographe joycienne dotait du tréponème de la syphilisation. Pauvres Touaregs ! Ils ne sont plus très nombreux aujourd'hui à transporter le sel à travers le Sahara.

Ce temps passé aux abords du canal de Suez avait été, pour eux soldats, une courte période de vacances. Léo avait néanmoins suivi, sur ses cartes, les opérations militaires. Il y avait eu l'attaque japonaise sur la base américaine de Pearl Harbor et les U.S.A. venaient d'entrer en guerre contre l'empire nippon, le IIIe Reich et l'Italie. La bête sauvage proche du Nil et celle qui grognait et mordait en Russie venaient d'être imitées par une troisième qui venait de bondir sur les terres baignées par le « Pacifique » !

Après Abu-Sweir et après un court séjour au Caire, ils furent dirigés enfin sur un camp proche de Marsa-Matruh et la ligne du front. De temps en temps ils voyaient les avions de reconnaissance, de bombardement et de chasse prendre leur envol ou bien atterrir. Léo n'y prêtait guère attention. Il faisait toujours partie de l'armée de l'air, mais parmi les « rampants ». L'adjudant-chef Le Cornu et le lieutenant-colonel Marmier lui avaient coupé les ailes. Il n'était plus maintenant qu'un pauvre « renard des sables » !

Il ne songeait plus à prendre la clé des champs. Après sa tentative manquée d'escapade vers l'Union Soviétique, il ne souhaitait plus tellement nouer connaissance avec le pays du socialisme. Le communisme pour lequel, par amitié pour Jean Monegal, il avait eu de la sympathie le laissait presque indifférent. La propagande sur l'invincibilité de l'armée Rouge avait été démentie par les faits. L'armée allemande avait enfoncé toutes les lignes russes. Cela, toutefois, n'avait pas été déterminant dans sa soudaine froideur. Il avait été refroidi, d'un seul coup, au cours des trois journées qu'il venait de passer au Caire où, de la rue, un soir, il avait assisté à une manifestation de fraternité entre des militaires de haut rang, anglais, français et russes. Elle avait lieu dans un palace. D'entendre soudain l'*Internationale,* après la *Marseillaise* et le *God save the King* le plongea dans une espèce de stupeur. Les « bourgeois » et les « prolétaires » réunis ! Ces officiers communistes ! tous chamarrés ! plus encore que les autres ! Il eut beau se raisonner. La dialectique demeurait sans effet. La dialectique était devenue muette. Tout s'était effondré. Il y avait eu à cela, toute émotionnelle, une réminiscence qui n'avait d'ailleurs rien à voir avec la dialectique. Il s'était souvenu alors d'un officier qui, à Nancy, tout décoré lui aussi et perché tout en haut de son grand cheval, lors d'un défilé militaire sur la place Stanislas, avait, devant les badauds parmi lesquels il se trouvait, fait sauter de la pointe de son sabre la casquette que son père avait gardé sur la tête au passage du drapeau. La casquette, que tous les ouvriers ou presque portaient à l'époque, avait voltigé par dessus les têtes à quelques mètres de là. Ces officiers de l'armée Rouge, au Caire, n'étaient alors à cheval que sur l'étiquette, ils n'avaient pas de sabre, mais tout de même, avec leurs batteries de décorations dont il se demandait si elles ne leur descendaient pas jusqu'à la braguette, il leur trouvait une bien sale gueule. Mais où donc Jean Monegal avait-il été mettre ses pieds ! Le communisme, pour Léo, c'était ce que lui en avait dit Jean Monegal, c'était le drapeau rouge des prolétaires, qui n'avait pas à être mélangé aux drapeaux multicolores des bourgeois ; c'était l'hymne international des ouvriers, qui n'avait pas à se mêler aux différents hymnes nationalistes des pays capitalistes. C'est ainsi qu'il avait ressenti les choses, bien jeune et bien vierge en politique, inexpérimenté, naïf, et pur. Pur ? Beaucoup moins que ne l'était sans doute Jean Monegal. Après avoir vu ces officiers communistes, il avait fait part à Jean, de façon toute imaginaire, de ses réflexions. Et Jean lui avait alors répondu, comme il l'avait déjà fait une première fois dans un café de Tours :

– Tout ça, Léo, c'est de la frime, du théâtre pour les gogos. Derrière les apparences, il y a la tactique et la stratégie révolutionnaires.

Après être tombé de haut, il avait donc essayé, avec l'aide de Jean, de se raccrocher aux branches de l'étoile rouge.

Puis de nouveau plein de doutes, il avait posé la question qui le hantait.

– Dis donc, Jean, et si c'était toi le gogo ?

Il avait ensuite essayé de répondre à la place de son ami lointain. En vain…

Les pensées de Léo, soudainement libérées, se posèrent sur les êtres et les choses qui l'entouraient. Les tentes du camp, dans le désert, lui plaisaient. Jean Trépieux, ne pouvant résister à ses nostalgies, venait de le quitter pour rejoindre la marine. Léo, toujours un peu chasseur de têtes, prêta davantage intérêt aux visages pour y déceler un futur camarade. L'un de ces visages retint plus particulièrement son attention, celui d'Yves Decaux.

Dans ses très jeunes années, en Belgique, chez les « chers frères », il s'était d'abord épris des frimousses de Jean Debild et de Gontrand Lahalle. Cette fois, dans ce nouvel internat qu'était l'immense étendue de sable, il fut attiré par la belle gueule d'Yves. Il s'agissait bien, d'ailleurs, en Belgique comme en Égypte, de désert, puisque il n'y avait point de femmes. Désert, lieu des mirages et des images insaisissables. Lui, qui avait été gauche avec les filles, il se trouvait timide devant ce garçon. Enfant, il avait embrassé, avec ferveur, Gontrand Lahalle sur la joue. Jean Debild il ne l'avait jamais embrassé que des yeux. Comme Yves. Yves, c'était un grand bonheur de le voir. Peut-être s'était-il douté de ce qui était le secret de Léo. Avant de disparaître à son tour au prochain carrefour des chemins de la vie, il avait donné à Léo une belle photographie de lui avec ces simples mots : « Pour que Léo n'oublie pas un vieux copain ». Yves tomba malade. Cela dura deux jours pendant lesquels Léo ne cessa de s'occuper de lui, lui tenant compagnie, lui apportant des rafraîchissements. Léo trouvait cela merveilleux. Il avait de terribles battements de cœur quand il s'approchait de cet être qui le fascinait d'un seul sourire. Léo ne montrait pas son émoi. Il ne voulait surtout pas l'alarmer et se rendre ridicule à ses yeux. Il réussissait à paraître paisible. La présence d'Yves le comblait.

Ainsi, il pouvait prendre feu pour des êtres aussi bien que pour des projets, de la musique ou des livres. Là était toute sa richesse. Mais des êtres, il ne lui restait pour la plupart d'entre eux que la cendre du souvenir. Il pouvait flamber aussi pour des idées, mais du communisme transmit par Jean Monegal, il ne lui restait que quelques braises tièdes, non rougeoyantes. Ici, dans le désert, l'amour seul restait vivant et ne savait où se poser, occulte et battant de l'aile au visage d'un garçon, sous la tente, au milieu d'autres soldats, au milieu des sables. Il goûtait ce présent. L'éphémère fait partie de l'éternité. Toutefois, il commençait à comprendre pourquoi il avait regardé avec passion Jean Debild et Gontrand Lahalle, pourquoi de jeunes soldats de la base aérienne de Rayak s'étaient suicidés. Souvent, à défaut de femme, l'amour d'un homme se laisse prendre au visage d'un autre homme, chez les soldats par exemple, chez les religieux et chez les forçats.

Un matin, au réveil, Yves lui dit qu'il avait, lui Léo, décidément une âme d'aventurier. Cela flatta ce dernier, mais il ne voyait pas sur quoi pouvait être fondée une telle appréciation.

– Je me demande bien ce qui te fait dire cela. Tu es aussi aventurier que moi s'il s'agit simplement d'être ici, sous une guitoune, entouré de sable.

– D'accord, mais cette nuit, tu as quitté la guitoune !

– Je suis somnambule ?

– Dans un certain sens, oui. Cette nuit, tu devais, je pense, te promener dans le Klondike ou en Californie et, apparemment, tu y avais trouvé un filon d'or ou bien une sacrée pépite ! Je t'ai bien entendu, tu t'exclamais, comme si tu avais découvert le Pactole, « L'or ! l'or ! l'or ! » En tout cas, tu dois être maintenant assez riche pour m'offrir un whisky au bar, tout à l'heure.

Léo venait de sortir du sommeil et ne réalisait pas très bien ce qu'il y avait derrière les paroles de son compagnon. Après réflexion, il comprit enfin ce dont il s'agissait et, tout heureux d'avoir trouvé, il s'exclama :

– Ah oui ! Laure ! Laure ! Laure !

– C'est cela même, je vois que tu récidives. C'était bien ça : l'or ! l'or ! l'or ! Tout à fait ça.

Le quiproquo amusa Léo

– Non, Laure est une très jolie jeune fille et il ne peut s'agir ici que de l'or de ses cheveux, car elle blonde, blonde comme la Lorelei.

– Ah, c'est ta petite amie ?

– Pas tout à fait. Une simple apparition, en Alsace, dans un patelin, où j'étais cantonné au début de la guerre. Sans plus.

– Sans plus. Mais tu en rêves la nuit ! Il est vrai que, ici, nous ne sommes pas tellement loin du Hoggar et du château de la belle Antinéa !

Ainsi, tous les deux, ils avaient commencé cette journée à parler femmes, dans ce désert de Libye, non loin de l'Atlantide, non loin du pays des « Hommes Bleus ».

Pourtant, au cours des journées, à l'état de veille, Léo ne pensait guère à Laure. Pourquoi donc « la Belle Blonde », la Sirène, la *Lorelei* surgissait-elle la nuit sous la tente au lieu de chanter au soleil couchant ? Était-ce pour protester d'avoir été transformée en pipe ?

Il fit néanmoins une petite découverte. Dans le visage d'Yves, il y avait quelque chose qui lui rappelait Laure, une expression fugitive rendue par le dessin du sourire. Ce petit détail physionomique, il le percevait maintenant dans le souvenir qu'il avait gardé de Jean Debild et de Gontrand Lahalle. Cela se situait au coin des lèvres, un certain plissement qui provoquait en lui comme un élan de sensualité. Cela remontait à loin, très loin même, jusqu'à la petite Jeanne Lefébure qui, à la petite école, préférait son rival, Jean Cacheleu, ce trois fois maudit ! L'amour commence bien tôt et se termine sans doute bien tard chez ceux que la vie, avant que ne surgisse la mort, n'a pas desséchés. Jeanne Lefébure, Jean Debild, Gontrand Lahalle, Laure Ley, Yves Decaux avaient tous, à peu de chose près, ce même coin de sourire, lequel n'était pourtant point celui de la Joconde, mais que, comme dans une salle du palais d'un Louvre intérieur, Léo gardait accroché, en lui, dans le musée portatif de sa mémoire.

Cependant, il y avait dans l'entourage de Léo quelque chose plus voisin de la haine que de l'amour. Cela se manifesta dans la personne d'un nommé Pinabello, lequel, un peu éméché, fit allusion, à haute et intelligible voix, à l'ancien grade d'adjudant de Léo, lequel était au bar à quelques pas de lui. Léo fit la sourde oreille. Sans doute encouragé par ce silence, l'autre remit ça, peu de temps après. Mais, cette fois, il n'avait plus l'excuse d'avoir bu. Léo lui conseilla, avec douceur, de rester tranquille.

C'était la première fois que cela se produisait. Jusqu'alors, personne, et il en était le premier étonné, n'avait fait, le concernant, allusion à quoi que ce fût et il n'avait toujours, jusque là, rencontré que sympathie.

Pinabello, physiquement était plus fort que lui. Cela devait lui donner de l'assurance. Après l'intervention léonine l'invitant à garder son sang-froid, faite devant témoins, il dut estimer qu'il ne pouvait reculer sans perdre la face. Il était évident pour tous, y compris pour Léo lui-même, qu'il allait y avoir un éclat.

Pour l'instant, Léo était celui des deux qui affichait le plus de calme. Il s'efforçait de rendre ce calme plus impressionnant encore aux yeux de son adversaire par une attitude détachée. Cela n'était, toutefois, pas seulement une attitude car, effectivement, il se sentait détaché de sa propre personne, comme si le vide s'était fait en lui et qu'un étranger était venu habiter sa propre peau, extrêmement déterminé et glacial, prêt à jouer cette peau qui ne lui était, à lui, de rien.

Cela faisait la seconde fois que ce visiteur tout intérieur et suprêmement indifférent aux choses de ce bas monde venait, en quelque sorte, s'installer en lui pour y prendre toutes ses aises. La première fois, c'était à la base aérienne d'Essey-les-Nancy. Un ancien, nommé Durieu, avait voulu l'asticoter, provoquer le « bleu-bite » qu'il était encore. Comme Léo s'était rebiffé, les choses s'étaient aggravées et elles se présentaient plutôt mal. Durieu avait le nez cassé des boxeurs, il était déjà monté sur le ring. C'est alors que Léo ne fut plus le même quand un début de panique, au lieu de s'amplifier, fit place au calme plat, à la bonace. Son langage était à la fois devenu doux et, en même temps, très froid. Son attitude extérieure montrait à son adversaire qu'il avait tout intérêt à ne pas insister s'il ne voulait pas aller à sa perte. Léo était devenu la personnification de l'assurance même. Cela fit son effet. Durieu s'apprivoisa, et, enfin, l'invita à prendre un pot avec lui. Ils étaient rapatriés. Ils devinrent amis. Peu après, l'autre avouait que le calme de Léo l'avait impressionné.

– J'avoue que tu m'as fichu la trouille. Je me suis demandé si tu n'allais pas jouer du couteau !

Il ne savait pas que d'un seul coup de poing, il pouvait régler toute l'affaire. Léo n'avait rien dans les mains, rien dans les poches. Cependant, Léo s'était interrogé si, après ce coup de poing, l'autre n'aurait pas effectivement été tué. Pas par lui, Léo, bien sûr, mais par celui qui avait pris possession de son enveloppe charnelle, cet autre venu d'il ne savait où, et qu'il ne connaissait point. Le Dieuble ? Non, une sorte d'héritage. Ce calme, en face de l'agression, il l'avait finalement découvert, était celui de son paternel avant le déclenchement d'une bagarre. Quand sa voix devenait suave et que lui venait un très discret sourire, c'était là le signe. De fait, d'un coup de tête brusque, dit « coup de boule » en pleine figure, l'autre se trouvait vite à la renverse, le nez en sang. À moins que ce ne fut d'un coup de godasse sous le menton savamment allongé en un rapide « retourné ». La mère de Léo avait été témoin de ces choses lorsqu'elle avait été importunée au bal par des hommes qui voulaient imposer leur loi. Plus tard, elle avait raconté. Il lui était arrivé, au paternel, de se battre contre plusieurs individus et il les avait particulièrement malmenés avec pour armes la tête, les pieds et les poings qui se déclenchaient et se succédaient rapidement. Il s'était entraîné très jeune, le père, dans les rues pas très bien fréquentées du quartier de la Bastille, à Paris.

Léo avait le désavantage par rapport à l'auteur de ses jours de tout méconnaître du noble sport de la savate ! Chapitré par la mère et ne voulant pas montrer le mauvais exemple, le père ne lui avait pas appris, malheureusement, à bien se battre.

La chose se passa au réfectoire. Il lui fallait, à Pinabello, que tout le monde fut là. Il lui fallait du public pour daigner monter sur scène et montrer aux autres son savoir faire. Ils n'étaient pas à table depuis trois minutes que Léo entendit de nouveau sa gueule d'empeigne. Cette fois, il était pris directement à partie.

– Dis donc, l'adjupette, tu t'es gouré, tu devrais être au mess des sous-offs ! Qu'est-ce que tu fous ici ?

L'étranger qui avait pris place dans la carcasse de Léo bondit alors comme un ressort. Du banc où, parmi d'autres, Léo se trouvait assis, il se sentit jaillir et, propulsé au beau milieu de la table, en deux enjambées, écrasant plats et couverts, il plongea sur l'autre. Ils roulèrent à terre.

Léo ne sut trop ce qui se passa dans cette lutte. Quand on les sépara, la force physique de son adversaire, revenu de sa surprise, allait sûrement l'emporter sur la sienne. L'autre avait le visage couvert de sang et Léo couvert de « bleus ». Chacun fut consigné dans sa tente le reste du jour.

Le lendemain soir, « l'étranger » alla trouver Pinabello pour lui tenir quelques propos, en l'absence de témoins, d'une voix douce, car la douceur de la voix avait de l'importance. À cette douceur, il ajouta même comme une pointe de gourmandise.

– Je t'attends demain matin à cinq heures, petit, devant ta tente, avant la sonnerie du réveil. Nous irons régler cela à quelque distance du camp.

« L'étranger » était décidé. Il ne fallait absolument pas qu'une telle chose se renouvelât.

Le lendemain matin, Léo était debout bien avant l'heure. Il attendit longuement devant la tente jusqu'à l'heure du réveil. Pinabello ne se montra pas. Peut-être, lui aussi, craignait-il un mauvais coup. Léo avait gagné la partie.

À son retour, Yves l'accueillit avec ces simples mots :

– Bravo, Léo !

C'est à ce moment-là qu'il regagna sa propre peau. Le personnage qui l'avait occupé durant cette affaire lui rendait son bien. Son rôle était terminé. Il avait fait bon marché de la vie de Léo, de façon froide, glacée, et Léo trouvait absolument impossible que cet étranger fût lui-même. Ainsi, peut-être, sommes-nous parfois habités par des inconnus. Ils viennent, selon telle ou telle circonstance, prendre livraison pour un temps de notre carcasse. La parole d'Yves étaient davantage la récompense de celui qui venait de se dépouiller de la peau de Léo plutôt que celle de Léo qui venait de la récupérer en bon état.

Quand à l'ami Pinabello, il se contenta, en sa propre dépouille, de faire place à un personnage apprivoisé, assagi, visiblement disposé à vivre en paix, et les choses restèrent dans l'ordre. Léo n'eut plus jamais la moindre réflexion désobligeante de la part de quiconque.

Dans le camp, ils eurent bientôt des tentes individuelles, suffisamment éloignées les unes des autres pour limiter le plus possible les dégâts en cas d'attaque aérienne.

Chaque après-midi, leur détachement se rendait à la plage pour la baignade. C'était une nouvelle « drôle de guerre » qu'ils menaient, les « rampants », semblable à la paix en armes des neuf premiers mois de conflit en France, laquelle, le calme précédant la tempête, avait accouché en mai 1940 des foudres tonnants de la guerre éclair.

Les « navigants », après leur départ en mission, rentraient toujours à la base. Léo pensa qu'il n'aurait pas risqué grand-chose s'il avait pu, comme navigateur, continuer à survoler l'Égypte et la Libye avec l'adjudant-chef Le Cornu comme pilote.

Un jour, pourtant, ils eurent droit, au moment bien choisi d'une sieste sous la tente, au mitraillage en règle d'un avion allemand. Léo était alors couché sur son lit et lisait. Dès qu'il entendit les premières rafales, il plongea derrière le muret de sacs de sable qui longeait sa couche. Il y eut plusieurs passages au-dessus du campement pendant lesquels, chaque fois, il eut l'impression d'être personnellement visé. La sale bête, sorte de dragon hurlant, tournoyait au-dessus de lui. Quand la séance fut enfin terminée, il chercha vainement des trous dans sa toile de tente. Il n'y eut aucun blessé, à croire que le mitrailleur avait tiré à blanc. Le commandement, toutefois, avait été bien inspiré d'opter pour les guitounes individuelles.

Deux jours après, ils reçurent un ordre de départ, ou, plutôt, un ordre de repli. Le général Rommel, commandant de l'*Afrikakorps*, après une période de répit, avait décidé de reprendre l'offensive. Les Allemands bousculèrent les Britanniques. Le mitraillage qu'ils venaient d'essuyer n'était que le prélude de l'attaque en cours.

C'est ainsi qu'ils se fixèrent dans un camp situé aux portes mêmes d'Alexandrie. Ce fut au cours de cette nouvelle installation qu'un vote eut lieu pour nommer le nouveau responsable du bar. À sa surprise, sans qu'il fût candidat, Léo fut désigné. Il pensa que cette marque d'estime n'était pas étrangère à son comportement général et, plus particulièrement, à l'attitude de « l'étranger » en face de Pinabello ! Sa tâche désormais consistait à tenir, à gérer et à procéder au ravitaillement du bar. Cela lui permettait de se rendre en camion à Alexandrie et de visiter un peu la ville.

Il y avait maintenant trois ans que les photos de Geneviève et de Jacqueline dormaient dans son portefeuille. Elles lui paraissaient appartenir à la nuit des temps. Quant à Laure, un peu de son souvenir avait été ressuscité, avec ce pli de gaieté au coin des lèvres dont Yves venait parfois susciter le fantôme. Ce fantôme, par deux fois, était venu le visiter en rêve. Bien qu'il l'eut quittée sans lui donner une quelconque adresse, Laure avait su, sinon elle du moins la partie impalpable d'elle-même, découvrir en quel lieu de la terre il se trouvait. Geneviève et Jacqueline, elles, n'avaient pas encore réussi à venir jusqu'à lui. Dans son portefeuille elles étaient comme feuilles mortes.

Les troupes allemandes furent stoppées à El-Alamein et Léo eut encore l'occasion de venir à Alexandrie pour le ravitaillement du bar. Disposant d'un petit quart d'heure, il faisait quelques pas dans les rues voisines de l'entrepôt militaire. Il lui arrivait de rencontrer quelques silhouettes féminines.

Un après-midi il croisa deux marins français coiffés du béret à pompon rouge. À son sourire engageant, ils opposèrent un visage de bois. C'est alors qu'il réalisa que, bien que compatriotes, ils étaient ennemis. Il s'agissait de marins du croiseur *Suffren,* appartenant à la « Force X », c'est-à-dire à l'escadre immobilisée dans le port par les Anglais, laquelle, à part quelques rares matelots devenus gaullistes, était demeurée massivement fidèle au maréchal Pétain. Il y avait dans le port d'Alexandrie un cuirassé, nombre de croiseurs et de sous-marins dont les équipages venaient de temps en temps à terre se dégourdir un peu les jambes. Il leur arrivait parfois de se dégourdir les bras en faisant le coup de poing avec les soldats gaullistes qu'ils croisaient dans la ville. Les deux marins, tout en lui faisant la gueule, l'avaient laissé en paix.

Une rumeur devint bientôt certitude. Ils allaient partir, soit pour la Russie, soit pour l'Angleterre. Ils allaient les uns et les autres être versés dans le groupe de bombardement *Lorraine* qui partirait pour l'Angleterre, ou dans le groupe de chasse *Alsace* qui s'en irait en Union Soviétique. Son désir était d'aller en Russie, pour voir. Il savait que ce désir ne serait pas satisfait. On n'ignorait pas qu'il avait déserté pour tenter d'aller là-bas et il s'attendait bien à être désigné pour les îles britanniques. Ce qui eut lieu.

Avant de quitter l'Égypte, ils prirent leurs quartiers dans un camp proche de Zagazig. Il vit beaucoup moins Yves, devenu agent de liaison. Yves passait son temps à moto, entre le camp et l'état-major du Caire. Il disparut bientôt de son champ visuel jusqu'au moment où le hasard le fit ressurgir, l'espace d'une petite heure, devant une bière de comptoir parisien, la paix revenue, comme officier pilote de chasse. Il alla ensuite rejoindre ceux que Léo nommait les « morts-vivants », ceux qui, à un carrefour de notre vie, suivent leur propre itinéraire et leur propre destin, changent de cap et nous quittent à jamais.

À la fin de septembre, ce fut le départ. Le soleil, pour Léo, s'était arrêté pendant vingt-deux mois dans les pays du Proche-Orient. Il allait de nouveau tourner et s'arrêter pour éclairer d'autres paysages.

Le départ fut le prétexte d'une grande beuverie. Fort bien placé comme barman Léo ingurgita bière sur bière et quand il regagna, le soir venu, la grande tente où il devait dormir près de ses compagnons, ce fut pour basculer instantanément avec eux dans le sommeil. Le marchand de sable lui avait jeté dans les yeux tout le couchis du désert.

Cependant, au milieu de la nuit, habité par quelque rêve marin, Léo se leva pour soulager sa vessie devenue trop lourde et vider son contenu par delà la rampe métallique d'un bastingage tout imaginaire. Cramponné au poteau central de la tente, devenu soudain mât principal de son navire, les roulis et les tangages l'empêchant d'aller à bâbord ou à tribord, il arrosa copieusement les dormeurs qui l'entouraient dont un, pourtant, qui avait sans doute moins bu que les autres, le réveilla totalement par la stridence de ses cris d'écorché vif.

– Mais, mais, mais, il me pisse dessus ! Il me pisse dessus ! Le salaud ! Je suis tout trempé !

Léo eut vite fait de reconnaître la voix de Pinabello !

Devenu magnanime, il le rassura aussitôt, d'une voix pâteuse :

– Chut ! chut ! c'est rien, mais c'est rien, petit, c'est, c'est juste un tout petit peu d'eau de mer.

Tout autour chacun continuait de dormir et, après avoir vacillé, Léo replongea dans le sommeil du juste.

Le voyage dura trois longs mois. Ils embarquèrent à Suez, ils contournèrent l'Afrique, faisant escale à Mombasa, Diégo-Suarez, Durban, Le Cap, Freetown, Gibraltar et ils débarquèrent à Glasgow. Il n'était pas question de couper court par la Méditerranée devenue trop dangereuse, fréquentée qu'elle était par ces squales géants qu'étaient les sous-marins allemands et italiens. Cependant l'Océan Indien n'était pas sûr pour autant, car d'autres grands requins, japonais ceux-là, y rôdaient.

Mombasa, c'était déjà l'Afrique Noire, belle, racée, élégante, faite de nez fins et de lèvres non lippues. Durban et Le Cap, l'Afrique blanche. Cette Afrique du Sud, qui se battait au côté des Alliés, n'était pas du tout incriminée des péchés racistes pour lesquels on allait l'accabler après la guerre. Chaque chose en son temps. Ce racisme existait pourtant, davantage sans doute que dans les années quatre-vingts où elle fut dénoncée et condamnée par la « conscience » universelle. C'est ainsi qu'ils ne purent rentrer dans les bars, car ils ne voulaient pas se séparer de l'un de leurs camarades qui, mi-blanc, mi-noir, leur confiait :

– Comme tous les nègres, je suis d'origine obscure. Mon histoire, et je suis le premier à le reconnaître, n'est pas des plus claires. C'est, je pense, parce que j'affiche ma race sur ma peau que je suis raciste et que c'est par antiracisme qu'on m'empêche d'entrer dans un bistrot !

À Gibraltar, ils restèrent tous à bord, comme pour reprendre haleine avant d'affronter les squales des eaux européennes.

Pendant qu'ils naviguaient, le général Rommel et l'*Afrikakorps* s'étaient fait battre ; les Alliés avaient débarqué au Maroc et en Algérie ; les Allemands avaient envahi en France la zone non occupée ; la flotte française s'était sabordée en rade de Toulon ; sur le front de l'Est, Stalingrad, occupée par les Allemands, était encerclée par l'armée Rouge.

Ils débarquèrent finalement sans encombres à Glasgow, en même temps que l'année nouvelle, à l'aube du 1er janvier 1943.

En Écosse, Léo retrouva enfin l'Europe. Il était heureux d'avoir vu les pays arabes proche-orientaux de près. Ces hommes et ces femmes du Liban, de la Syrie, de la Palestine et de l'Égypte, il les avait côtoyés dans une courtoisie réciproque. Il pensait que Fabert avait peut-être raison de dire que les Arabes et les Européens avaient en commun, comme une mère, la Méditerranée. Il comprenait et même approuvait qu'un de ses camarades, Alsacien comme lui, eût épousé une libanaise.

– Une femme digne de ce nom, lui avait-il énoncé, finit toujours par mettre l'homme dans sa poche.

Léo le savait porté, comme lui-même, sur cette poche-là. Poche des nuits. Poche si douce de Leila…

Libre pour quelques heures, son premier plaisir, à Glasgow, fut d'acheter et de manger un cornet de frites dans une rue proche du port. Au cours de sa promenade, il joua les badauds, tout étonné de retrouver l'Occident. Il se joignit à une petite foule attentive et se mit comme elle à l'écoute d'un orateur juché sur une caisse.

Cet homme, il ne le comprenait guère mieux que s'il se fût exprimé en langue arabe. Peu familiarisé avec la prononciation, il lisait mieux l'anglais qu'il ne l'entendait. Il discerna néanmoins quelques mots. Il devina qu'il était question d'anarchisme, de guerre et d'artichaut. Il pensa qu'il pouvait s'agir d'anarchisme végétarien. Les auditeurs étaient tous des ouvriers, avec ou sans casquette, peut-être ceux de l'usine dont il apercevait à quelques mètres la grande porte ouverte. Ils écoutaient, silencieux, marquant parfois leur approbation avec un hochement de tête et souriant et même riant à ce qui devait être un bon mot. Eux comprenaient. À la fin de la harangue, il eut une pensée pour Robert Neumans qui, à Tours, l'avait le premier entretenu d'anarchisme. Il acheta le journal que quelques amis de l'orateur entreprenaient de vendre : *War Commentary.* Il l'enfonça dans sa poche pour le lire plus tard. L'orateur était entouré par un groupe d'ouvriers qui l'interrogeaient. À l'écart, il les observa pendant quelques instants encore, perplexe, quelque peu étonné qu'ils puissent s'intéresser à la cuisine végétarienne et il s'en alla, continuant sa promenade en pensant aux feuilles et aux culs d'artichauts, essayant de deviner les liens cachés qui pouvaient exister entre les théories libertaires et ce brave légume qu'il aimait savourer avant-guerre en vinaigrette.

Ils ne restèrent qu'un jour sur la côte atlantique pour, ensuite, rejoindre un camp situé de l'autre côté de l'Écosse, sur la mer du Nord, proche d'Édimbourg, la capitale. Ainsi, il allait comme un touriste après une longue croisière, visitant un nouveau pays et sympathisant avec ses habitants. Les voyages ouvrent les yeux sur le monde indifférent, mais toujours différent.

War Commentary, qu'il lut avidement d'un bout à l'autre, se servant souvent de son dictionnaire, lui montrait un aspect nouveau de ce monde. Il y était bien question d'anarchisme et de guerre mais pas du tout, avec ou sans vinaigrette, d'artichaut. Artie Shaw était simplement l'auteur de l'article important du journal et l'orateur de Glasgow avait dû, alors qu'il l'écoutait, attirer l'attention de son auditoire sur le texte dans lequel Artie Shaw mettait tous les dirigeants des pays en guerre dans le même sac, ou plutôt dans la même poubelle. Léo était étonné, toutefois, qu'il y fourrât aussi Staline. Sa foi de néophyte communiste, depuis les embrassades des militaires bourgeois et communistes au Caire, était, certes, bien ébranlée, mais elle n'était pas tout à fait morte, il y avait quelques braises encore tièdes. Cependant, il reconnaissait bien là, dans cette feuille anarchiste, le langage que Robert Neumans avait employé dans sa prison pour lui parler de la guerre, solution aux problèmes politiques et sociaux insolubles que pose la paix.

– La guerre, vous allez voir, va supprimer les chômeurs et même les mendiants. On va leur donner à tous une livrée et un trousseau complet. Allez, hop ! bon pour le service !

Neumans n'avait pas voulu endosser la livrée, il avait refusé la servitude. On l'avait mis en cage pour cela. Lui, Léo, cela faisait presque quatre ans qu'il était de service. Mais être en service en costume civil ou l'être en uniforme, il ne voyait pas bien, en temps de guerre, la différence. Tout le monde était mobilisé. Il essaya bien de réfléchir un peu sur certains mots, tel celui de « liberté » qu'il tourna dans tous les sens, mais pour n'en tirer jamais rien de bien satisfaisant. Il avait décidément bien du mal à se payer de mots. Les mots, comme les hommes, hélas, se battaient entre eux et sa tête était leur champ de bataille. Cet orateur de Glasgow employait d'autres mots que les siens, ceux d'une autre langue. Comme il aurait voulu, pourtant, le comprendre ! Mais plus encore que les mots, c'était les êtres qui, depuis le début de la guerre disparaissaient à peine entrevus, de façon incompréhensible, comme aspirés par le temps et l'espace, comme si l'on avait retiré brusquement, de dessous leurs pieds, le terrain même sur lequel Léo allait et venait jusqu'alors, pour le planter là, seul, immobile et pantois. Ces êtres avaient été soustraits à ses yeux, enlevés sur le sol-tapis volant magique et fugitif de la vie elle-même qui, tel un mirage, toujours se dérobe.

Bientôt, à nouveau, comme s'ils étaient des « gens du voyage », ils quittèrent l'Écosse pour s'installer dans un camp du Sud-Est, près de Londres, à Camberley, dans le Surrey. Dans ce camp, il n'avait guère auprès de lui que quelques bons garçons, mais point de gars de la trempe des Neumans, Monegal, Janmage, Fabert et Decaux.

Dans une baraque de Camberley, il apprit par les journaux, l'arrivée à Londres du camarade Fernand Grenier, ancien député communiste de Saint-Denis et ancien secrétaire général des Amis de l'Union Soviétique qui avait été reçu longuement par le général De Gaulle. Il était fort question dans ces journaux, à propos de cette nouvelle, des communistes français. Ils étaient présentés comme la principale force de résistance à l'occupation allemande. Avec le prestige que lui conférait la victoire de Stalingrad, le communisme était à la mode. Léo décida donc, avec Jean Monegal comme référence, d'aller voir Fernand Grenier. À cette occasion, il découvrit Londres.

Le camarade Grenier le reçut. L'homme avait une tête de boxeur sympathique. Léo lui parla de Jean Monegal.

– Ce sont des jeunes hommes comme vous et comme votre ami, le camarade Monegal, qui feront, demain, la force de notre parti.

Léo lui fit part du trouble que lui avait causé la fraternisation militaro-soviéto-capitaliste dont il avait été le témoin au Caire.

Grenier se montra sûr de lui et affirma :

– Cette manifestation est sans importance. N'oubliez pas que les militaires sont sous les ordres du Parti et que le Parti ne lâche pas d'un pouce son but final qui est l'Internationale et la prise du pouvoir ouvrier dans tous les pays.

– Et de Gaulle ?

– Nous ferons notre chemin avec ou sans De Gaulle.

À la fin de l'entretien, après avoir serré la main de Léo d'une poigne chaleureuse, Grenier lui donna le nom d'un lieutenant Loti, à Camberley, que Léo pourrait contacter de sa part.

L'ancien député de Saint-Denis l'avait raccommodé avec le communisme pur et dur et Léo se sentit de nouveau tout proche de Jean Monegal.

Ils n'avaient cependant pas parlé d'anarchisme...

Londres était peu éloignée de Camberley. Léo y retourna plusieurs fois en fin de semaine. Cependant, les transports étaient chers, comme toutes choses. L'une de leurs premières astuces à laquelle il fut bien vite mis fin consista, à l'arrivée en gare de Waterloo à Londres, à se mettre à la queue-leu-leu en arrivant devant l'employé chargé de percevoir les tickets et, au fur et à mesure qu'ils passaient d'indiquer le suivant comme étant le détenteur des billets et cela jusqu'au dernier qui ne donnait que le sien, disant qu'il n'avait absolument rien à voir avec ceux qui l'avaient précédés. Évidemment, cela n'allait pas sans commentaires du préposé et l'on pouvait entendre de sa part un chapelet d'horreurs qui étaient beaucoup plus fortes que le mot de cinq lettres prononcé par le général Cambronne à Waterloo même.

Un dimanche matin, dans Londres, à Hyde Park, à deux pas de Marble Arch, des orateurs publics, peu éloignés les uns des autres selon la distance mais beaucoup plus selon les idées, s'adressaient aux passants. Nombre de ceux-ci s'arrêtaient et se groupaient pour les écouter. Léo se mêla aux badauds. Il y avait là des prêches religieux et des harangues politiques. Il écouta en premier lieu le communiste. Celui-ci réclamait avec véhémence l'ouverture d'un second front pour soulager l'Union Soviétique laquelle supportait tout le poids de l'envahisseur allemand et pour l'aider dans la tâche sacrée qui était la sienne: écraser le nazisme. L'ouverture du second front était le thème central du parti. Puis il alla à l'écoute d'un autre orateur qui, comme à Glasgow, se révéla être anarchiste. Celui-ci n'était pas pour l'ouverture d'un second front. Il était pour la paix immédiate. Comme Léo attachait toujours plus d'importance aux personnes, à leur manière d'être davantage qu'à leurs idées, il trouva ce conférencier plus chaleureux et plus sympathique que le précédent. Cet anarchiste s'attachait à brosser le tableau tragique de la guerre, de la tuerie, tandis que le premier en acceptait la prolongation et ses terribles conséquences. Léo acheta de nouveau le journal *War Commentary.*

Il fut de nouveau étonné que, en plein Londres, en pleine guerre, des orateurs puissent ainsi en public s'en prendre au gouvernement de Sa Majesté, de façon toute directe. Cela eût été inimaginable en France, avant comme après l'Armistice. La démocratie, chez les Anglais, toute relative qu'elle était, avait davantage de sens que dans les Gaules. Pourtant, ici, à Londres, il y avait un roi et, de l'autre côté de la Manche, une république issue de trois révolutions. Ici, en pleine guerre, on pouvait acheter, dans la rue, un journal anarchiste qui pouvait paraître sans imprimatur, et dans lequel il n'y avait pas, comme dans les journaux français d'avant la débâcle, ces grands espaces blancs dans la plupart des articles supervisés par celle que l'on nommait alors « Anastasie »: la Censure, armée de ses longs ciseaux.

Le lieutenant Loti, auprès duquel Fernand Grenier avait déjà recommandé Léo, lui fit, à propos de la fraternisation des officiers soviétiques avec les officiers alliés, au Caire, une réponse identique à celle de l'ancien député communiste.

– Ne vous arrêtez pas à ces petits détails. Les soldats de l'armée Rouge ont bien fraternisé avec les soldats de la Wehrmacht, au début de la guerre, en Pologne. Chaque chose en son temps. Il faut toujours attendre que sonne l'heure. L'armée Rouge en Union Soviétique est soumise au pouvoir politique, comme jadis la classe guerrière était soumise au pouvoir sacerdotal.

Le lieutenant Loti était optimiste quant à l'issue de la guerre. Les Russes attaquaient partout et les Allemands étaient à présent sur la défensive sur tous les fronts.

– Nous, communistes, nous allons bientôt être débarrassés des fascismes. En ce qui concerne la France, le camarade Grenier et le général De Gaulle se sont mis d'accord : tous les « collabos » devront rendre des comptes. On va nettoyer les écuries d'Augias et nous aurons en face de nous un terrain devenu plus propre et plus libre. Cette guerre va nous faire accomplir un pas de géant en Europe et en Asie. La guerre de 1914-1918 nous a donné l'immense Russie, cette guerre va peut-être nous donner l'Europe. La guerre est l'allumage de la Révolution.

Léo pensait qu'il avait raison. Les rapports de force n'étaient plus les mêmes qu'en septembre 1939. Il se demanda ce qu'il allait bien advenir de Noël Janmage, son pauvre No, devenu sans doute l'un de ces *collabos* chargés de rendre des comptes. Il s'inquiéta moins de Jean Monegal qui était dans le bon vent de l'histoire.

No allait être pris dans la tempête, comme sur l'étang de Cazaux. Cette fois, sans Léo. Il serait avec d'autres égarés, pris dans la tourmente. Il entendit de nouveau sa voix et la dernière phrase qu'il avait prononcée au moment des adieux.

– Peut-être, Léo, nous reverrons-nous. On ne sait jamais. Si le Petit-Caporal perd la guerre et si je suis encore vivant, je me ferai peut-être communiste, car ce sont encore eux qui, malgré tout, avec les nationaux-socialistes sont les moins bourgeois. Ce sera un moyen de nous revoir. Mais, Hitler, j'en suis sûr, va gagner.

Depuis, beaucoup d'eau avait coulé sous les ponts de l'Europe. Plus de mille jours étaient passés et peu à peu l'éclairage s'était modifié. Il faisait beaucoup plus clair sur les bords de la Tamise et de la Moskowa que sur les rives, soudain devenues très sombres, de la Seine et de la Sprée.

Léo ne vit qu'une seule fois le lieutenant Loti, car, de nouveau, il se retrouva bientôt dans un autre campement, situé à proximité de Wolverhampton, ville proche de Birmingham, dans une région minière et industrielle où la population était accueillante. Si les Anglais lui plaisaient par leur conception de la liberté, davantage encore le séduisaient les Anglaises, très libres elles aussi. Enfin, des femmes qui n'étaient pas voilées, de belles Européennes, coquettes, courageuses, souriantes et liantes. Surtout les femmes-soldats. Il est vrai que les relations entre militaires sont plus faciles qu'avec les civils, tout particulièrement quand ces militaires sont du sexe, non pas opposé, mais complémentaire.

Dans ce comté de Stafford, les femmes, dans leur ensemble, étaient faciles avec, parfois, un comportement déconcertant. C'est ainsi que l'un des soldats s'était résolu à sodomiser une jeune fille qui voulait se présenter vierge au mariage. Était-ce là « respectabilité » ? C'était plutôt une sorte de compromis entre la morale et le désir. Hypocrisie victorienne ? Pourquoi pas ? La respectabilité est apparence. L'hypocrisie cimente cette apparence, laquelle, sans la dissimulation, s'effriterait et finirait par tomber en ruine. Ce serait un grand dommage. Apparence vaut titre. Une moniale, dans un couvent, peut avoir des relations « coupables » avec son confesseur. Elle reste une moniale. Si toutes les religieuses menaient une vie dissolue, le couvent perdrait alors son nom pour prendre celui de lupanar. Il est plus épicé, et partant plus agréable de visiter, comme le Saint-Esprit le fit de la Vierge, une moniale qu'une fille de joie. On ne découvre que ce qui est voilé. Voilé ou bien recouvert de nuit, comme Leila l'était dans les jardins d'Ismaïlia.

Léo allait, chaque soir, dans une petite ville proche du camp, située à une station de chemin de fer. Là, il rencontrait la peu chaste Suzan, une jeune ouvrière très belle à cheveux noirs. Elle l'attendait à l'arrivée du train et ils allaient vers un bouquet d'arbres proche d'une petite place. Là, ils faisaient l'amour. Debout. Il y avait, non loin d'eux, quelques couples qui faisaient comme eux. Un soir Suzan voulut le raccompagner. Elle prit donc le train du retour avec lui. Les places assises étaient toutes occupées, comme à l'ordinaire. Serrés, l'un contre l'autre, ils firent à nouveau l'amour, l'un dans l'autre. Dans le couloir, il y avait d'autre couples, plus chastes peut-être, se donnant des baisers et ne voyant qu'eux-mêmes. Suzan, après s'être rajustée, lui dit, comme elle le disait toujours, d'une voix douce :

– Thank you, Léo.

Elle était grande, svelte, fine, intelligente. Une gentille ouvrière adorant l'œuvre de chair. Il avait en elle une bonne amie, une belle et tendre amie. Pour peu de temps. Il lui fallut encore changer de camp et rejoindre une autre base. Longtemps, il regretta Suzan. Rencontres fugitives, furtives, du temps de guerre ; silhouettes dans la ville qui se croisent et s'entraînent. Sur les glorieux champs de bataille, d'autres silhouettes se croisent et s'éventrent.

La femme universelle, tout comme l'homme, a des centaines de millions de visages. C'était cette femme universelle, à la fois unique et multiple que Léo, à présent, aimait. Geneviève, Jacqueline, Laure, Françoise, Leila, Suzan étaient une seule et même femme. Tout comme Aphrodite, Artémis, Athéna n'étaient en somme qu'une seule et même déesse. C'est le propre de la divinité d'avoir plusieurs visages. Léo était devenu à la fois polythéiste et monothéiste.

Il échouèrent dans un cantonnement proche de Warwick, sur la rivière Avon, non loin de Stratford, la ville natale de Shakespeare.

Dans ce nouveau camp, Léo fut désigné pour faire en permanence la vaisselle au mess des sous-officiers.

Il ne se présenta point.

Bon pour le service. Bien, d'accord. Pas pour le servage.

Interrogé, il fit savoir qu'il se refusait à empoigner la lavette. Il s'agissait là d'une brimade de mauvais goût. Il était prêt à aller en prison pour refus d'obéissance. Et, s'il le fallait, il était même prêt à aller jusqu'au poteau. Son propos était peut-être quelque peu grandiloquent, mais prononcé avec calme, avec douceur, il montrait sa détermination. Son attitude paisible fit qu'il n'y eut point de vagues et que son nom disparut du tableau des corvées aussi vite qu'il était apparu. Il se garda bien, cependant, de pavoiser. Il resta discret.

– Dis donc, Magnanje, t'étais pas inscrit, toi, pour la corvée permanente de vaisselle ?

– Si, mon vieux, mais c'était une erreur.

Quelques jours après, il alla trouver le capitaine pour poser sa candidature au parachutisme. C'était sa meilleure réponse. Cette demande, il était décidé de la formuler depuis les premiers jours passés dans le camp de Wolverhampton où, déjà, il commençait à s'ennuyer. Suzan était alors apparue, soudain rayon de soleil parmi les nuages, et il avait différé sa décision.

Le capitaine fut aimable, il lui fit rédiger sa demande. Il ne fit nulle allusion à son insubordination. Peut-être même n'en avait-il pas été informé. Peut-être était-il pour quelque chose dans la décision de clore l'affaire. Léo ne sut jamais ce qu'il y avait eu derrière cette histoire de vaisselle. Il se garda bien d'interroger qui que ce fût. Les choses étaient arrangées, elles étaient redevenues normales, il n'en demandait pas davantage.

Il eut une permission pour se rendre à Sheffield où il devait être reçu par une famille anglaise dont l'adresse lui avait été communiquée par un de ses camarades. Un certain nombre de familles ouvraient ainsi leur porte à des soldats français permissionnaires. Si, comme il avait pu le constater, Mers-el-Kebir avait terni l'image de la Grande-Bretagne auprès des Français en Métropole et des troupes stationnées en Syrie et au Liban ; en revanche, en Angleterre le gaullisme, la résistance des soldats de la France Libre à Bir-Hakeim, le sabordage de la flotte française à Toulon, le ralliement de l'Afrique du Nord aux Anglo-Américains avaient redoré le blason gaulois.

Il fut accueilli par une femme d'une quarantaine d'années et par sa mère, comme un membre de la famille. Une heure après son arrivée, apparut la blonde Murielle, jeune fille d'allure bien décidée. Le père étant aux armées, il fut, pendant huit jours, le seul homme de la maison. Les journées, très courtes, passèrent vite. La maman se mettait parfois au piano et chantait. Elle avait une belle voix. L'air à la mode était *Russian Rose.* Dans la chanson, cette rose devenait *My lovely russian rose.* Ainsi, la Sainte-Russie pénétrait en force dans les maisons bourgeoises. Le lieutenant Loti avait eu de bonnes raisons d'être optimiste.

– Cette guerre, Magnanje, va nous faire accomplir un pas de géant !

Le soir, peu après le repas, Murielle et lui restaient seuls dans le salon dans les bras l'un de l'autre. Maman et grand-maman se couchaient tôt.

L'après-midi du deuxième jour, alors qu'il était rentré d'une promenade dans le quartier et que par l'escalier intérieur il montait dans sa chambre, il avait vu, passant devant la salle de bains, la porte grande ouverte. Murielle, toute nue, lui avait souri ! Comment n'aurait-il pas souri à son tour à cette merveilleuse apparition, comment ne l'aurait-il pas prise dans ses bras ? La veille au soir, leurs regards, à plusieurs reprises, s'étaient accrochés longuement. Cette apparition dans la salle de bains en était la conséquence. Murielle avait fait preuve d'une grande audace, car la maman et la grand-mère étaient dans la maison, elles aussi très proches.

Ils se retrouvèrent peu après, au salon, devant quatre tasses de thé. Murielle était strictement vêtue. Le soir même, ils étaient seuls dans le salon, elle était dans sa robe, mais il n'y avait rien d'autre sur elle, comme chacun des soirs qui suivirent.

Puis ce fut le retour au camp.

Suzan et Murielle ! Que sont-elles devenues ? Elles ensoleillèrent et illuminèrent longtemps les pensées de Léo. De Geneviève à Murielle, il avait alors tout un rosaire dont il égrenait avec ferveur le souvenir, celui de la femme-déesse, païenne et souriante, dont les multiples apparitions aux détours de son chemin semblaient aussi miraculeuses à ses yeux que celle de la Vierge Marie dans les tableaux de Murillo, de Rubens, du Dominiquin ou de Carrache. Une Vierge devenue Vénus au corps multiple.

À peine de retour, Léo fut dirigé de nouveau sur Camberley, de là, il devait rejoindre un groupe d'élèves-parachutistes.

Il se retrouva bientôt avec de nouveaux compagnons au centre d'entraînement de Ringway. Il fut alors à son affaire : sauts à partir d'une hauteur de quatre ou cinq mètres avec roulé-boulé dans la sciure, course, boxe, franchissement d'obstacles, parcours du combattant, longues marches, saut en parachute à partir d'une montgolfière, suivi d'une dizaine de sauts à partir d'un avion de transport de troupe et, pour conclure, grande manœuvre en présence d'officiers britanniques à qui, après son atterrissage, il fut présenté pour avoir effectué le meilleur saut, lequel, selon eux, avait été exécuté de façon impeccable. Satisfaction d'amour-propre ! Il devait sans doute ce bon résultat à son enfance. Le soir, en sortant de l'étude, à l'école communale, il ne pouvait passer devant un chantier en construction sans y entraîner ses camarades pour grimper dans les échaffaudages-volants qu'il avait déjà fréquentés pour y avoir vu maçonner son père. Il aimait, à partir d'un premier étage, sauter dans le tas de sable qui se trouvait au sol. Quand c'était trop haut pour les autres, cela allait bien pour lui. Il aimait les sports. En Belgique, chez les « chers frères » il avait obtenu le prix de gymnastique, son seul prix. Il s'était toujours senti à l'aise et joyeux dans les exercices corporels.

Il revint de Ringway avec son brevet. Il put alors coudre l'insigne d'un parachute distinctif sur son nouvel uniforme, de couleur kaki et il coiffa le béret amarante.

Deux bataillons de parachutistes français étaient en formation. L'un sous les ordres du lieutenant-colonel Durand et l'autre sous ceux du commandant Bourgoin, manchot. Léo était dans celui commandé par Durand. Celui-ci, toujours tiré à quatre épingles, avec sous le nez une fine moustache, était l'opposé de Bourgoin, colosse d'allure plus populaire et plus décontractée. Bourgoin plaisait davantage comme meneur d'hommes.

Ils s'initièrent au combat par maints exercices. Léo aimait sauter de l'arrière d'un camion en marche sur la route, avec ses armes, en réussissant, dès le toucher du sol, un roulé-boulé qui amortissait le choc.

Cette vie-là lui convenait. Ils se préparaient sérieusement à l'ouverture du second front qui paraissait de plus en plus imminente. Léo s'appliquait. Il savait que dans les combats au corps à corps il fallait être en pleine forme pour vaincre et échapper à la mort. Le soldat allemand n'était pas, on le leur avait dit, un soldat d'opérette.

Soudain, Léo fut appelé par Durand.

– J'ai lu, entre autres, dans votre dossier, que vous tapiez à la machine à écrire. Vous allez vous installer devant celle-ci et me dactylographier ce texte.

Léo s'installa et tapa. En même temps, il se demanda ce que Durand avait bien pu lire d'autre dans son dossier. Était-il au courant de ses aventures ? Elles devaient normalement y figurer.

Quand il lui rendit le texte composé, Durand en prit connaissance et dit :

– Je pars à Londres. Vous allez m'y rejoindre. J'ai besoin de vous là-bas.

Léo était à cent lieues de s'attendre à celle-là !

Le lendemain il se trouvait à Londres, à South Kensington, quartier général des Forces Françaises Libres.

Dans un bureau pas très grand, il y avait place seulement pour quatre personnes : le colonel, Paoli, la machine à écrire et lui, à nouveau dans les paperasses ! Léo regretta les exercices, mais trouva finalement que Londres avait bien du charme.

Le colonel était toujours aussi strict quant à la tenue, quant aux horaires et quant au travail qu'il voulait soigné. Paoli et Léo lui donnaient satisfaction sur tous ses points, moyennant quoi ils étaient libres comme l'air. En dehors du bureau, ils ne dépendaient de personne. Leur tenue de parachutiste faisait d'eux des êtres à part, ni rampants, ni volants ; des êtres appartenant tout à la fois à l'infanterie et à l'aviation, à la terre et au ciel, un peu comme la chauve-souris dont le parachute figurant sur leur insigne paraissait être la silhouette en même temps que leur emblème.

Il fit donc connaissance avec la ville qu'il n'avait fait qu'entrevoir. Il put musarder dans Picadilly Circus, le Soho, Regent's Street, Hyde Park et Marble Arch où, une fois de plus, il retrouva les anarchistes dont les propos peu conformistes faisaient de nombreux couacs dans le concert des autres propagandistes, lesquels n'utilisaient guère que le clairon, les tambours et les trompettes. Les violons, les harpes et les mandolines faisaient, il faut le reconnaître, quelque peu décousus et, dans tout le tintamarre on les entendait à peine. Il acheta de nouveau l'hebdomadaire *War Commentary.* Sur ce journal, il y avait une adresse : 27, Belsize Road, où, parfois, se tenaient des réunions. Il décida de s'y rendre à la première occasion. Il avait toujours eu un faible pour ceux qui pensaient autrement que la foule. Et puis il était surtout curieux de connaître mieux les idées dont Robert Neumans lui avait déjà tracé les grandes lignes. En Angleterre le parti communiste était à la pointe du patriotisme chauvin. Il n'était plus question de lutte de classes mais de combat entre nations, étant entendu que la nation allemande contenait la lie de l'humanité. Les anarchistes considéraient les Allemands comme un peuple frère, dévoyé, comme l'étaient tous les autres peuples, par ses dirigeants. Léo préférait de beaucoup cette analyse-là.

L'année 1943 allait bientôt s'achever. Les Allemands reculaient dans tous les secteurs. Les Russes avaient gagné à Stalingrad une très grande bataille, reconquis Kiev et Koursk. Léo était inquiet pour No. Peut-être était-il quelque part, sous la terre. Il avait lu qu'une brigade de Français combattait face à l'armée Rouge. National-socialiste, fils de mère allemande, No le romantique n'était pas garçon à se planquer.

Belsize Road est une rue typiquement anglaise, faite de petites maisons séparées du trottoir par des jardinets en contre-bas. Le n° 27 était l'une d'elles et rien, à part son numéro, ne la distinguait de ses voisines, sinon qu'elle était fréquentée par des anarchistes qui y louaient un local au premier étage. Il assista, comme il se l'était promis, à l'une de leur réunion.

Il y avait là une quinzaine de personnes : Anglais, Espagnols, Italiens, Allemands. Il était le seul Français. Son uniforme de parachutiste était le seul vêtement militaire. Il était venu parmi les premiers et, pour s'occuper, en attendant l'heure de la conférence, il regardait et feuilletait les brochures de propagande et quelques livres d'auteurs libertaires, quand, levant les yeux pour voir le nouvel arrivant, il vit une jeune femme, cheveux noirs dont quelques-uns flottèrent pendant quelques instants au souffle d'air, entre fenêtre et porte ouvertes. Une jeune femme dont la beauté le récompensait d'avoir surmonté ses hésitations de venir ainsi, en uniforme de para, dans un repaire d'anarchistes !

Elle causa d'abord avec les uns et les autres. Sa voix était chaude et claire. Mais il comprenait d'autant moins ce qu'elle disait, cette femme, qu'il était moins subjugué par sa parole que par sa physionomie ornée de cette chevelure qui déferlait sur ses épaules et projetait quelques vaguelettes jusque vers sa poitrine, et par sa personne tout entière qui lui rappelait une autre silhouette, un autre visage, une autre chevelure semblable mais blonde : Laure ! Après quelques minutes, elles s'approcha de lui. Il avait, dans sa main, une brochure traduite en anglais. L'auteur était le prince Kropotkine.

– Je vous en fais cadeau. Ce sera mon offrande de bienvenue. Qu'est-ce qui vous a poussé à venir jusqu'ici ?

Laure aux cheveux noirs et aux yeux noirs venait de lui parler en français avec cet accent particulier des Parisiens qu'il connaissait depuis son enfance par le parler de son propre père.

Léo tira de sa poche *War Commentary.*

– Ce sont vos militants de Hyde Park qui m'ont poussé. Je leur avait acheté cet excellent journal annonçant la réunion d'aujourd'hui.

Parlant alors du journal, il lui raconta, pour l'amuser, la confusion qu'il avait faite à Glasgow entre artichaut et Artie Schaw.

La petite salle devint bientôt pleine et John Hewston, le conférencier, un médecin, commença à parler l'anglais. Léo n'appliqua guère son attention à ce que disait l'orateur. La jeune femme, plus attentive, assise à côté de lui, écoutait. Dans les propos du conférencier, cependant, il avait entendu qu'il était question, plusieurs fois, de Camillo Berneri. Quand la conférence fut terminée, il entama de nouveau la conversation avec « Laure ».

– Un de mes amis, lui dit-il, a combattu avec les anarchistes en Espagne. Il a bien connu Camillo Berneri, à Barcelone.

– Comment s'appelle votre ami ?

– Robert Neumans.

– Je ne le connais pas, mais je suis Marie-Louise, l'une des deux filles de Camillo Berneri.

Laure, ou plutôt Marie-Louise, dut quitter Léo pour s'occuper de la librairie et vendre à qui une brochure, à qui un journal, à qui un livre. Quand elle eut terminé, il s'approcha d'elle pour prendre congé.

Quelques instants plus tard, il se retrouvait au rez-de-chaussée, chez Madame Fairand, dont Marie-Louise, à qui il avait formulé, en la quittant, qu'il cherchait une chambre, lui avait laissé espérer une réponse heureuse.

Madame Fairand était française. C'était une femme d'une quarantaine d'années, souriante et sympathique. Elle avait bien une chambre disponible.

Ainsi Marie-Louise, il lui fallait bien, maintenant qu'il connaissait son nom l'appeler ainsi, telle une bonne et belle fée anarchiste, venait de lui accorder plus d'indépendance et plus de liberté. Il ne dépendrait plus, au quartier général, que du bureau du colonel et, pour son repas de midi, que de la cantine.

Pour aller de South Kensington à Saint John's Wood, quartier de Belsize Road, il lui fallait traverser une petite partie de Londres. Il faisait ce trajet par le métro ou, de préférence, par autobus. Il grimpait alors au premier étage, dans l'impériale, la vue y était excellente. Il aimait regarder, comme dans un car de touristes, défiler les rues, les jardins, les monuments et les parcs.

La caractéristique du 27 Belsize Road était que cette maison, comme ses voisines, était dénivelée de telle manière que si l'on descendait d'un étage les escaliers intérieurs à partir du rez-de-chaussée, on se trouvait non pas au sous-sol mais toujours, sur la face arrière donnant sur le jardin, au rez-de-chaussée. Ce type d'appartement londonien a nom *flatbasement.* Madame Fairand habitait ce second rez-de-chaussée, face à son jardin avec lequel elle communiquait par une double porte vitrée.

Léo allait parfois prendre le thé chez elle. Il y flambait toujours un bon feu de bois.

Devenu londonien, sa vie ne différait pas de celle des civils et, comme eux, il allait travailler, à la fois anarchiste et parachutiste, aux heures d'ouverture des bureaux ! Cela se conciliait très bien en sa personne, et c'était par la grâce de l'identité des contraires qu'il vivait dans la paix en pleine guerre. Le réseau de ses relations s'étendant, grâce à Marie-Louise, il ne tarda pas à devenir un habitué des réunions du groupe surréaliste de Londres qu'animaient E.L.T. Mesens et J.B. Brunius que fréquentaient aussi quelques anarchistes proches du critique d'art Herbert Read et quelques trotskystes qui fraternisaient à travers le manifeste du surréalisme.

Ainsi passèrent les premiers mois de l'année 1944.

En mai, il se préoccupa. Il posa la question à Durand, un jour qu'il se trouvait seul avec lui dans le bureau.

– Je pense, mon colonel, que l'attaque en France ne va pas tarder. J'aimerais bien rejoindre mon bataillon.

Durand fit savoir qu'il n'en était pas question.

– Vous restez avec moi. D'abord, vous n'êtes plus, à présent, suffisamment entraîné. Et puis, dites-moi donc un peu, Magnanje, est-ce bien le rôle d'un anarchiste d'aller se battre pour la patrie ? Non, n'est-ce pas ? Alors vous restez avec moi.

Le colonel venait de lui donner une impeccable leçon d'anarchie et Léo en fut médusé. Comment Durand savait-il ?

– Cela n'a rien à voir, en effet, avec l'anarchisme, mon colonel, je vous l'accorde, et je le sais très bien. Cela ne relève que de moi. Je désire seulement me battre aux côtés de mes camarades.

– Moi aussi, je désire me battre aux côtés de mes camarades, et, pourtant, je reste ici, et vous, vous restez ici, à mon exemple, tout comme moi.

En juin, le bataillon fut parachuté en Bretagne, à Saint-Marcel. Le débarquement anglo-américain venait de commencer.

À Londres, la bataille commencée en Normandie vint faire des vagues de *Vergeltungswaffen I,* armes de représailles allemandes qui venaient exploser dans la capitale anglaise ruinant et ensevelissant de nombreuses maisons. Le jour, ces bombes volantes se discernaient à l'oreille par un bruit caractéristique, mais plus encore la nuit. Quand ce bruit s'arrêtait, au-dessus de votre tête, l'impression était que l'engin vous était tout droit destiné. En réalité, il tombait aussi bien à plusieurs kilomètres qu'à dix ou vingt mètres. Les dégâts étaient toujours importants. L'un de ces engins tomba de jour tout près du Quartier général. La fenêtre du bureau était ouverte et, lors de la déflagration, le rideau noir du *black-out,* servant à cacher la lumière électrique quand venait la nuit, se détacha et tomba sur le plancher. Paoli et Léo avaient retrouvé instantanément les bons réflexes de l'entraînement. Allongés sur le sol, levant la tête, ils virent avec ahurissement que leur colonel était resté vissé sur sa chaise, tétant tranquillement son éternelle cigarette, toujours très strict, toujours tiré à quatre épingles, plus froid et flegmatique encore que Sherlock Holmes ! C'est ainsi qu'il devait être, mais debout cette fois, quand, en Tunisie, à Bizerte, peu après la guerre, il fut abattu par balles au coin d'une rue. Il devait sans doute fumer tranquillement une cigarette qu'il ne savait pas être la dernière. Il fut le premier officier supérieur tué en Afrique par la résistance maghrébine. Cet homme, si peu bavard, fut le seul qui en ait imposé à Léo par son style, à la fois calme, blasé et secret.

Les *Vergeltungswaffen II,* deux mois plus tard, remplacèrent les précédentes armes de représailles. Ces bombes volantes arrivaient sans faire de bruit, sans prévenir, on entendait l'explosion que lorsqu'elles touchaient le sol.

Bientôt arrivèrent au Quartier général quelques-uns des parachutistes qui, sous le commandement de Bourgoin, avaient renforcé le réduit des résistants bretons de Saint-Marcel. L'un d'eux fort grand gaillard, grand amateur de bière et de femmes, sous une apparence de reître dissimulait une touchante sensibilité. Il fit part à Léo de ce qui l'avait le plus bouleversé. Entre deux batailles, dans l'accalmie, il s'était arrêté, saisi, devant un Allemand tué.

– Si tu avais vu ce garçon, allongé dans l'herbe, comme il était beau. Une sorte de dieu de la jeunesse qui dormait là. Je me suis agenouillé. Je lui ai caressé le visage. Je me suis penché et je l'ai embrassé. Puis, j'ai pleuré en silence. Je n'y pouvais rien, c'était plus fort que moi.

Puis vint l'automne. Léo eut le plaisir de voir flamber de nouveau les bûches dans la cheminée de Belsize Road. Madame Fairand était triste. Elle imaginait le jour, qui ne devait plus tarder, où Léo quitterait Londres pour retourner en France. Triste de se retrouver toute seule, dans cette paix revenue qu'elle ne souhaitait pas. Seule, elle allait retrouver le prétexte de l'âge pour vieillir. Vieillir en paix, disait-elle, comme on meurt en paix...

La guerre touchait à sa fin. La bataille des Ardennes engagée par von Runstedt venait d'être perdue et les troupes alliées allaient bientôt s'enfoncer en Allemagne comme, il y avait 130 ans de cela, elles s'étaient enfoncées en France après la bataille de Waterloo.

Ce fut le dernier hiver de guerre. L'hiver où Léo cassa sa pipe. Des millions d'hommes, de femmes et d'enfants l'avaient cassée leur pipe, tout autrement, et notamment, ce jour-là, plusieurs milliers dans le terrible bombardement de la ville de Berlin. Il avait la mauvaise habitude, Léo, pour enlever la cendre de sa pipe, d'en taper le fourneau contre le talon de sa chaussure. Peut-être l'avait-il cognée trop fort. Le fourneau se rompit net à la base. Sa fidèle amie de guerre, sa *Lorelei,* venait de s'éteindre pour toujours. Mais la Lorelei de chair et de sang, la Belle Blonde, la Sirène, Laure, qu'était-elle donc devenue, elle qui avait vingt ans ?

Puis ce fut le dernier été. Madame Fairand espérait que Léo resterait encore un peu. Dans les réunions anarchistes auxquelles, habitant la même maison, il assistait régulièrement, il aimait voir et entendre Marie-Louise Berneri. C'est vers elle que l'avait conduit, au commencement de la guerre en la prison de Tours, le lien mystérieux de l'anarchisme que Robert Neumans avait noué, alors qu'il lui parlait de Camillo, le père, assassiné en Espagne.

Les Alliés, après l'échec de la contre-offensive de von Runstedt avaient franchi le Rhin et pénétré en Allemagne.

Les parachutistes français avaient de nouveau participé à la bataille en Hollande, du côté d'Arnhem. Le parachutiste fraternel qui s'était agenouillé dans la Bretagne des Pardons pour embrasser le visage d'un jeune guerrier germanique mort, était tombé, étrhint peut-être à son tour par ce mort qu'il avait effleuré de ses lèvres. Léo imagina ce camarade endormi, parmi d'autres corps, près des ponts du Rhin, rocher de chair naguère si vivant, roidi parmi d'autres pierres si vives, aujourd'hui bien mortes, chaux à jamais éteintes.

L'aventure de Léo touchait à sa fin. Elle avait tourné court. Sa vie, sans qu'il n'en ait jamais lâché un seul instant le gouvernail, avait été conduite et préservée par quelques leçons de machine à écrire sans lesquelles elle aurait suivi un autre cours. Elle était devenue, à Londres, toute bourgeoise, sa vie, et sans plus aucun danger depuis que les bombes volantes, à la fin du mois de mars, s'étaient tues.

Il quitta Londres en mai. Madame Fairand, les larmes aux yeux, le voyait partir. Elle allait se retrouver seule avec le cortège de ses souvenirs. Il lui restait toutefois, en sa maison, les anarchistes, Marie Louise et son compagnon Vero, et tous les autres. Elle verrait, quatre ans plus tard, Marie-Louise mourir d'une mauvaise grippe à l'âge de trente ans...

Léo, chrysalide, se dépouilla de sa livrée militaire au milieu du mois de juillet. *Ite missa est,* il pouvait maintenant s'en aller. Les 6 et 9 octobre 1945, la seconde grande messe du sang dans le monde allait se terminer avec les deux beaux feux d'artifices humanitaires d'Hiroshima et de Nagasaki. Démobilisé avec le grade de caporal-chef, le cul sur une chaise, Léo avait pris du galon, officiel cette fois. Il se retrouva dans ce Paris que, en fausse permission, il avait vu pendant trois jours comme pour reconnaître les lieux où, plus tard il allait vivre le reste de ses jours avec la blonde sœur de Marie-Louise.

Il essaya de retrouver ceux à qui il n'avait jamais cessé de penser pendant ces années de guerre. Nul doute qu'il allait revoir, par exemple, Jean Monegal, sinon général de l'armée Rouge, comme il l'avait annoncé en plaisantant, du moins commandant ou colonel, car, dans la Résistance, à l'exemple du général Chaban-Delmas, on montait assez vite en grade. Il était beaucoup moins certain de revoir No.

Il alla donc à la recherche du passé. Après les retrouvailles avec père et mère qui, tout en ne s'entendant guère, étaient toutefois demeurés ensemble, il constata que Geneviève s'était mariée, que Jean Monegal n'était pas en sa ville de Commines, que Laure avait quitté Cernay, pour Strasbourg disaient les uns, pour Colmar assuraient les autres. Quant à No, ses craintes se confirmèrent quand il sut que l'on n'avait plus de nouvelles de lui à Toulouse. Nous étions en automne, tous étaient devenus comme des feuilles mortes, par les vents dispersées. Tous, y compris Guédolf qui avait quitté la ville. Tous à part Jacqueline.

Jacqueline, elle, l'avait attendu !

Elle était allée souvent voir les parents de Léo au cours des cinq années de guerre. Elle avait écouté les messages de radio-Londres avec l'espoir toujours déçu d'entendre son nom.

Elle devint toute pâle quand elle sut, de sa bouche, qu'il n'était plus libre. À cette annonce, elle devint muette de saisissement, puis soudain, elle se mit à rire, à rire, à rire. Il eût été, pour elle, bien préférable qu'elle apprît sa mort.

Elle n'était plus la gamine qu'il avait quittée. Elle avait pensé à lui, alors que ses pensées vers elles s'étaient effilochées. Elle était devenue femme, belle et désirable. Il n'était pas celui qu'elle avait imaginé et, devant elle, il se sentit mal à l'aise, très à l'étroit, tout soudain, dans sa peau. Elle n'était pas passée sous un camion militaire comme la jeune fille de Notre-Dame-d'Oé, elle n'était pas allongée, tête coupée, sur le trottoir sous une couverture. Il voyait bien pourtant que, piètre conducteur, sur la route, il venait de gravement l'accidenter...

À Nancy, place de la Carrière, le vieux mendiant, Jules, était toujours là.

– Salut, grand-père, comment ça va ?

– Ah ! te v'là, toi. Alors, t'as été brouter sur les champs de bataille ?

– Brouter ?

– Oui, brouter. Moi aussi, en 1914, j'ai fait l'âne pour paître en campagne les pissenlits. Beaucoup d'amis y ont laissé leur sac de tripes et d'os. C'est toujours comme ça quand on veut se mêler aux troupeaux. Faut jamais s'embarquer dans les troupes ou les groupes. Ça vire toujours du côté de l'abattoir et c'est très mauvais pour les abattis.

– Tu es un sage, grand-père.

Léo était allé boire un verre de vin avec Jules le Mendiant. En le quittant, il eut la tentation, l'espace de quelques secondes, de quelques secondes seulement, de se faire mendiant lui aussi. Mais il n'était pas suffisamment sage pour cela : devenir cette espèce de moine. Il avait encore le goût de se frotter à ses semblables, ses frères ! Jules, lui, il le lui avait confié, était pour la solitude.

– La solitude, p'tit gars, c'est encore ce qu'il y a de mieux, à condition, toutefois, de ne pas se regarder dans une glace…

En se quittant, il se serrèrent très fort la main. Léo avait toujours considéré le Mendiant comme un père un peu plus âgé que son père naturel. Pour lui comme pour Guédolf, il avait été le Dieuble. Pour Léo, il l'était toujours, mais Jules le Mendiant paraissait l'avoir oublié.

Comme en trinquant avec lui, Léo lui avait parlé d'anarchisme. Jules lui avait dit :

– Pour moi, p'tit gars, l'anarchisme est princier. Regarde-moi bien, ne vois-tu pas mes vêtements d'or et de pierres précieuses ? Pour faire un mendiant convenable, il faut comme moi, avoir été très riche et, malgré les revers, toujours le demeurer. Tu connais mon immense domaine. Place de la Carrière, place Stanislas et dans mon parc de la Pépinière tu peux entrer sans frapper, les portes te seront toujours ouvertes et tu seras toujours le bienvenu.

« Dans la mort et pareil à une ombre
existe le soldat. L'amour et la mort
sont l'esprit de l'homme de guerre.
Sur terre, la guerre est chez elle.
Il faut qu'il y ait la guerre ici-bas. »
(Friedrich von Hardenberg Novalis)

SENNHEIM
ou
LA MUSIQUE ALLEMANDE

Noël Janmage
13, Weserstrasse
Berlin

le 18 janvier 1971

Léo, vieux matelot,

Ça alors, tu parles d'une surprise!

Je me souviens bien de ce coup-là!

Mai 1968. Après un court séjour à Toulouse, je monte à Paris. Là, je cède au démon de la curiosité et, tout naturellement, je vais me promener dans le quartier Latin où les étudiants s'agitent et braillent à qui mieux mieux.

En attendant le passage des manifestants, je contemple, installé près de la fontaine de la place Saint-Michel, l'archange qui, comme chacun ne le sait pas, est le chef de la milice protectrice du peuple d'Israël. Saint Michel, avant de le jeter à l'eau, est en train de régler son compte à Satan, l'esprit du Mal. Le chef des anges, ailes déployées et l'épée de feu levée, m'évoque ces avions des milices célestes anglo-américaines qu'il devait alors conduire quand, lors de la Deuxième guerre mondiale, elles écrasèrent vaillamment sous les bombes incendiaires les villes et les villages, les femmes, les enfants et les vieillards allemands. Alors mon imagination, toujours gamine, place, sous le nez du Démon, la célèbre petite moustache de l'ennemi des fils d'Abraham, le Petit-Caporal autrichien.

J'en suis là de ma polissonnerie lorsque, soudain, j'entends les étudiants qui commencent à défiler, crier et proclamer, en réponse à un ministre qui vient de dénoncer l'origine judéo-allemande d'un de leurs meneurs, ces mots ahurissants: Nous sommes tous des juifs allemands!

A les entendre ainsi crier, je pense aussitôt, avec ce très mauvais esprit qui me caractérise, l'esprit du Mal précisément, que la manifestation de ces jeunes gens prouve au moins deux choses: primo, *que Philon-le-Juif avait certainement raison, à l'époque de Jésus, de déclarer que la multitude israélite constituait, à elle seule, en nombre, la moitié du genre humain, et* secundo, *qu'il y a, à Paris, peu ou point du tout d'étudiants français.*

Comme, auparavant, ces gentils écoliers ont conspué De Gaulle assassin! *je me mets à regarder, de plus en plus perplexe, la statue où Satan se trouve déjà en si mauvaise posture face au bon saint Michel, l'adversaire céleste, et, toujours de façon imaginaire, je retire au démon sa petite moustache hitlérienne pour, de manière fort incivile, lui poser sur la tête le képi à deux étoiles du général-président de la République française, devenu le nouveau Satan depuis sa dénonciation à haute et intelligible voix, d'un peuple juif* sûr de lui et dominateur.

Finalement, saint Michel archange n'allait pas tarder, mais cela je ne le savais pas encore, à faire chuter et faire boire le bouillon à ce nouvel adversaire que, en son temps, un journaliste communiste avait pourtant doté d'une main de fer, d'un sabre de bois et d'une culotte de peau. Mais, bonté divine! que pouvait faire alors un pauvre diable de général de brigade de l'armée de terre face au chef de toutes les milices célestes? Que pouvaient deux pauvres petites étoiles sur un képi confrontées à la brillante armée des cieux? Cette fois, en quelques mois de paix, et non pas en cinq années de guerre, l'affaire allait être vite réglée par l'ami saint Michel, qui, après l'avoir emprunté à la banque Rothschild, installa M. Pompidou dans le fauteuil élyséen du fondateur de la Ve République.

Tout satisfait de ma contribution à l'enrichissement de l'œuvre du sculpteur Duret, je m'approche alors du trottoir pour regarder ces jeunes juifs allemands qui, je le déplore, comparés aux jeunesses hitlériennes, défilent de façon plutôt pagaille. Soudain, le fil de mes pensées critiques et sympathiques qui me relie à tous ces jeunes talmudistes est coupé net.

Depuis quelques instants déjà, je suis distrait par un bonhomme qui se trouve sur le trottoir d'en face.

Il a, ce bonhomme, à peu près mon âge. Il est proche de la cinquantaine. Le nez, ainsi que les yeux me rappellent vaguement quelqu'un. Je cherche en vain dans mes souvenirs quand, tout à coup, comme alerté par mes propres pensées, son regard m'accroche. Tout en ne le quittant pas trop de l'œil, mais apparemment « ailleurs », je me mets à observer les gens qui sont près de lui, ainsi que les enseignes avoisinantes et, balayant ainsi du regard, avec plus ou moins de nonchalance, la zone qu'il occupe, j'enregistre, au passage, qu'il continue de me fixer. Dès qu'il peut, il descend du trottoir, commence à traverser la largeur du boulevard en coupant le cortège des jeunes Hébreux pour se diriger vers moi.

Je reste sur place, je l'observe s'approchant, et je suis de plus en plus perplexe. Qui donc peut-il être? Il doit me prendre pour un autre.

Pourtant, il y a dans son visage quelque chose de familier, quelque chose de déjà vu qui me paraît remonter du fond des âges. On dirait quelqu'un qui vient vers moi, messager de mes vies antérieures. Peut-être, après tout, s'agit-il d'une coïncidence et cet homme se dirige-t-il vers un autre que moi. Je jette un coup d'œil sur mes voisins. Personne ne paraît s'occuper de lui. Tous ceux qui sont là, près de moi, n'ont d'yeux que pour les enfants d'Abraham, père de la multitude.

Enfin, arrivé devant moi, l'homme s'exclame:

– Je t'ai bien retrouvé, malgré tes cicatrices et ta canne, j'ai identifié

ton nez pointu quand il s'est présenté à moi de profil. Il faut dire que, tout comme moi, tu es doté, comme tarin, d'une sacrée trompette. Ton pif est plus court que celui de Pinocchio ou que celui de Cyrano, mais quand même, il se pose un peu là. Je t'ai surtout reconnu à ta manière de porter ta main gauche sur la hanche, comme si ton bras était une anse.

Les intonations de sa voix font que je mets instantanément un prénom sur ce personnage sorti de la foule indifférente, ce personnage un peu étrange à mes yeux, qui est toi et, tout étonné, je m'écrie, comme devant un miracle :

– Léo ! Ça alors, c'est une sacrée surprise !

Te reconnaître, ainsi, longtemps, bien longtemps après avoir failli boire le bouillon ensemble dans l'étang de Cazaux ; te revoir de nouveau au bord de l'eau, celle de la Seine (non pas bien sûr celle de la fontaine Saint-Michel !), ton pied gauche et ton pied droit dans les barques de tes chaussures, c'est là, oui, une fameuse surprise !

À l'instant même, nous oublions tous deux les passeurs de la mer Rouge et de tous les océans, et nous entrons dans le café le plus proche.

Il y a, vois-tu, de grands moments dans la vie, où, de façon imprévue, le merveilleux se fait réel. Ce merveilleux est dû le plus souvent, à l'apparition magique, comme l'étincelle entre deux silex heurtés au cœur de la nuit, de points lumineux, fugitifs qui s'éteignent et se rallument comme un signal, s'immobilisent tout à coup, et, d'abord faible lueur palpitante et incertaine, se font fragile clarté dansante, vacillante, à la merci du moindre souffle de vent, puis enfin deviennent, peu à peu, flamme, chose extraordinaire entre toutes. Cette flamme peut être, au moment de la jeunesse, dans la rue, l'amour qui flambe soudain, après l'étincelle d'un regard entre deux êtres. Quelques heures auparavant ils ignoraient tout l'un de l'autre, ils ne savaient rien de la personne qui allait devenir, pour une certaine durée, l'être qui compte le plus au monde. Ce peut être aussi l'amitié, surtout celle perdue que l'on vient de retrouver.

Donc, assis en face de toi, dans ce café-tabac, je te considère comme un être débarqué de l'autre monde. Je pose ma main sur ta manche, m'attendant à la trouver vide de ton bras. Apparemment, cette manche de veste est pleine et, tel saint Thomas, j'accepte enfin de donner corps au revenant qui s'efforce, par sa présence même, de me convaincre de sa matérialité. Songe donc ! Il s'est passé moins de temps entre notre naissance et notre première rencontre qu'entre celle-ci et les retrouvailles de ce jour de mai 68. Près de trente années changent un être. Lorsque j'avais fait ta connaissance, tu avais une figure d'adolescent. J'ai maintenant, devant moi, les traits accusés, burinés par le temps, ce sculpteur énergique, le visage d'un homme accompli ; tes cheveux, de châtains, sont devenus gris. Alors je constate :

– Eh bien dis donc, nous avons bien changé !

– Oui, mais je t'ai quand même reconnu. Je crois que c'est parce que tu es resté mince, que tu as moins vieilli que moi. Toi, tu ne pouvais pas me reconnaître. J'ai pris pas mal de poids, j'ai bien épaissi. Mais, dis-moi, ces balafres, tu as eu un accident ?

L'accident en question, je te le décris alors et tu me regardes, les yeux ronds, me disant que je l'ai échappé belle. Afin de changer un peu de sujet, je te fais, me frottant les mains d'avance, cette proposition qui ne peut avoir que ton approbation.

– Et si nous prenions un petit vin blanc, comme à Cazaux, après la tempête sur l'étang, tu te souviens ?

Bien sûr que tu te souviens. Nous avons ensuite traversé cette plus grande tempête qu'est la guerre, mais, cette fois, nous n'avons pas été dans la même barque. La mienne te parait avoir été tout particulièrement secouée, tandis que la tienne n'a rencontré, selon toi, qu'un peu de houle.

Le garçon de café nous apporte deux verres qu'il remplit d'un sauvignon couleur paille. Il va se retirer quand tu le retiens :

– Laissez donc un peu la bouteille.

Tu parais alors tout heureux, comme je le suis moi-même. J'ai souvent pensé à toi pendant ces trente années. Aujourd'hui encore, il m'arrive de songer à des enfants qui étaient mes compagnons de jeux et d'école. J'y pense avec nostalgie. Ils sont peut-être passés, un jour, tout près de moi, comme tu venais de le faire, mais je n'ai pu les reconnaître dans leur enveloppe d'adultes. Eux non plus ne m'ont pas reconnu. Nous sommes devenus, comme ça, les uns pour les autres, des disparus, des évadés, des morts qui se croisent dans la rue, se regardent machinalement et poursuivent tranquillement leur chemin. C'est assez fantastique !

Pendant que nous dégustons ce petit vin blanc, tu me racontes un peu ta vie et, à travers les mots prononcés, je retrouve, peu à peu, par-delà trois décennies, le jeune homme rencontré lors de la débâcle de 1940, ce jeune homme dont les idées s'étaient opposées aux miennes et, par une sorte de retour en arrière, par l'effet peut-être de ce petit vin blanc transformé en liqueur de jouvence, comme après un long coma, tu finis par t'identifier pleinement avec le garçon de Cazaux : les rides de ton visage disparaissent, tes cheveux reprennent la couleur d'autrefois, et le temps de notre jeunesse nous enveloppe de nouveau. Il est vrai que c'est d'elle, notre jeunesse, que nous parlons devant nos verres.

Tu racontes et tu mets fin à ton récit par un court exposé sur ton abandon du communisme pour un anarchisme en marge de l'anarchisme même.

Ainsi donc tu t'es glissé sous les plis du drapeau noir. Finalement nous avons servi sous les mêmes couleurs ! Peu de choses nous séparent si ce n'est que ton drapeau noir n'a point porté comme le mien les deux runes de la SS. En Espagne, lors de la guerre civile, le rouge et le noir étaient les couleurs communes de la Confédération Nationale du Travail anarchiste et de la phalange fasciste. Identité des contraires ! Le rouge et le noir étaient aussi les couleurs du national-socialisme, mais, pour moi, elles sont avant tout les couleurs de la vie qui, à l'origine, commence par l'acte d'amour, et se termine par la mort. Par l'amour qui est sang et flamme rouge et par la mort qui n'est plus que cendre noire. C'est ainsi que j'interprète le titre choisi par Stendhal pour la geste de Julien Sorel. Le rouge et le noir, c'est la vie et la mort, ou, ce qui revient au même, l'amour et la mort. La flamme et la cendre. Ces deux couleurs symbolisent le destin de tout homme et de toute femme ici-bas. Les communistes et les socialistes, qui n'arborent que le rouge, ne voient qu'une partie des choses.

Avant que tu ne partes pour la Syrie, je t'ai dit que si le Petit-Caporal était battu, ce que je ne croyais guère à l'époque, j'entrerais au parti communiste parce que, au moins, il était anticapitaliste. Je crois que ce serait déjà fait s'il ne s'était agi que d'idées. Mais la vie est avant tout charnelle et, encore vivant, je reste attaché à ceux qui sont morts à côté de moi, en se battant contre l'armée Rouge. Je suis lié à eux à jamais. Les quitter serait commettre une trahison. Certaines choses ne peuvent se faire. Je ne peux oublier le noir, c'est-à-dire tous ceux qui ne sont plus, ceux qui sont en terre, et qui constituent le sol même de ma patrie intérieure.

Suis-je, toujours, pour autant, national-socialiste ?

Non, Léo, le national-socialisme, n'est plus. Disons simplement que je ne renie pas mon passé. Je suis pour la nation et je suis pour le socialisme. Du passé on ne peut faire table rase. Du passé, c'est-à-dire, de tous ceux qui sont ensevelis dans le noir de la terre et qui, vivants, ont fait les nations européennes, tous ceux dont les ossements sont comme les fondations sur lesquelles chacune de nos nations repose.

Quand nous quittons notre café-tabac, nous voyons des groupes d'étudiants en pleine discussion sur la place Saint-André-des-Arts. Plus loin, du côté de la Seine et du pont Saint-Michel, les policiers casqués forment d'autres groupes silencieux et attentifs. Les uns et les autres s'observent. Il y a comme de l'électricité dans l'air. Après avoir traversé la place, nous entrons dans un restaurant, l'Alsace à Paris, *où, princier, tu commandes un repas pantagruélique. Admiratif devant les plats, je fais un gueuleton tellement plantureux que je suis obligé de sauter deux repas de suite ! Je supprime quelquefois un déjeuner ou un dîner. Je garde, comme ça, quelques habitudes de la S.S. Sous notre ceinturon se dissimulait la ceinture de l'ascétisme. On ne mangeait pas alors tous les jours à notre faim. Pour une part, cela peut expliquer la supériorité que nous avions dans les combats. On était plus légers ! Les Russes, eux aussi, étaient d'excellents combattants, ils ne se nourrissaient, souvent, en campagne, que de graines de tournesol ! Avec leur bol de riz, les Viets, en ce moment même, viennent de battre les Américains peut-être trop bien nourris ! C'est après ce mémorable repas que, soudainement, je suis étonné que l'heure soit venue de regagner la gare de l'Est si je ne veux pas rater mon train. Parfois, on trouve le temps bien long ; en ta compagnie je l'avais trouvé bien court.*

Sortant du restaurant, nous constatons que, sur la place Saint-André-des-Arts, se tiennent toujours des jeunes gens de plus en plus fidèles à leur judaïté. Ils s'en prennent aux sections de Himmler en scandant un slogan à deux voix, émis par des centaines de poitrines : « C.R.S… S. S ! C.R.S… S. S ! C.R.S… S. S ! »

Ces S.S., d'ailleurs fort nombreux, occupent le pont Saint-Michel. Ancien de la Waffen-SS, si rassurant aujourd'hui avec ma canne, et marchant près de toi, je m'avance incognito parmi les insurgés puis au milieu des groupes de l'Ordre Noir. Ces cris de C.R.S… S. S ! *m'amusent beaucoup.*

Après nous être faufilés à travers les deux foules antagonistes, nous longeons le palais dit de Justice et, après avoir traversé le second bras de la Seine, nous prenons par la rue Saint-Denis et puis par le boulevard de Strasbourg.

Dans la rue Saint-Denis qui est une sœur de la provinciale rue Bertran de Born que, jeune, je fréquentais à Toulouse, nous passons en revue les prostituées nombreuses, pour arriver rue des Degrés, et là tu m'indiques l'immeuble où tu habites et où, faute de temps, tu regrettes de ne pouvoir me montrer ton gîte. Mais j'imagine que, dans ce quartier chaud, tu ne dois pas avoir très froid ! Enfin, par le boulevard de Strasbourg, nous arrivons à la gare de l'Est où m'attend le train en partance pour l'Allemagne.

Claquements de portières. Les voyageurs sur le quai, s'empressent de grimper dans les voitures et se penchent ensuite au dehors pour faire leurs adieux, coups de sifflets prolongés... mon train démarre, puis glisse lentement, prenant de plus en plus de vitesse. Cette fois, c'est moi qui prend la direction de l'Est, non pas vers la Syrie, comme toi vingt-huit ans plus tôt, mais vers Berlin, ma bonne ville.

Ainsi, à Paris, après onze mille jours sans nouvelles l'un de l'autre, nous avons parlé du passé.

Depuis cette rencontre, nous nous sommes écrit. Tes lettres, malgré nos divergences politiques – encore que, depuis 1940, tu aies mis beaucoup d'eau dans ton vin rouge et moi gardé ma bière brune presque pure – tes lettres amicales et mes réponses ont été comme le déroulement de nos bandes dessinées mentales, de nos tapisseries de Bayeux.

Malheureusement, ma broderie n'évoque pas, comme celle de la rhine Mathilde, et malgré les couleurs « chemise brune » qui lui sont voisines, une histoire semblable à la grande conquête normande de l'Angleterre après la bataille d'Hastings ; elle illustre, hélas, la terrible défaite allemande, et selon moi, européenne, après la bataille de Berlin. En 1944, nous avions, nous, des fusils, et non pas, comme en 1066, des arbalètes et si, comme les valeureux compagnons de Guillaume le Conquérant, nous avions eu des chevaux, je ne pourrais, ici te les dépeindre tels qu'on peut les voir dans la bibliothèque bayeusine, en train de rire pareils à des enfants, mais versant, au contraire, de bien lourdes larmes.

Ce sont pourtant les chevaux d'un autre Guillaume qui, il y a tout juste cent ans aujourd'hui, avaient dû bien rire, eux aussi, quand, dans le cadre grandiose du château de Versailles et dans la galerie des Glaces, fut proclamée par Bismarck la renaissance du Reich que Napoléon Ier, par ses victoires, avait détruit en 1806, et dont Napoléon III, par ses défaites de 1870, avait permis la résurrection. Ces chevaux-là sont morts à leur tour et, depuis, le Reich par deux fois a été défait.

Ce Reich millénaire que voulait fonder le Petit-Caporal est donc celui du passé, et non, comme je l'espérais, celui de l'avenir. Il est né, en effet, il y a mille ans. Il aura duré neuf siècles, avec deux courtes interruptions, deux syncopes qui annonçaient, malgré le sursaut hitlérien, que sa fin était proche. Ainsi se terminent les empires, les rires des chevaux de batailles et les belles tapisseries tissées par les rêves. Comme tu le sais, les chevaux du Petit-Caporal sont, pour moi, devenus des fantômes drapés de noir avec des œillères largement ouvertes sur la mort. La guerre est une chose horrible...

En ce jour qui est aussi celui de ton cinquantième anniversaire, je ne te souhaiterai donc pas de vivre mille ans mais, plus raisonnablement, dans le temps qui te reste, de passer des jours heureux en ta barque de pêcheur paisible. Pour ma part, j'ai abandonné le drakkar conquérant des Vikings pour un rafiot de moindre allure, j'ai quitté le flot agité des plaines ukrainiennes pour les eaux plus calmes de la Spree. Cependant, sur le fleuve de la vie, nous nous rapprochons, tous les deux, de l'estuaire final, en direction de cet océan pacifique dans lequel nous allons bientôt nous fondre. J'attends tranquillement ce jour. Toutefois, je me sens toujours aussi glacé, toujours aussi figé, comme dans un froid sibérien, quand je pense à ceux-là qui nous étaient chers et qui nous ont précédés en haute mer, il y a longtemps déjà.

Reçois, Léo, vieux matelot, avec ses pensées hérétiques, l'amical salut de…

No.

Telle fut la lettre que j'avais adressée à Léo pour son cinquantième anniversaire. Elle faisait état de nos retrouvailles à Paris où, dans un café, puis dans un restaurant, nous nous étions raconté l'histoire de nos vies.

Au commencement de l'histoire qui est mienne, il faut m'imaginer jeune enfant du Languedoc et des bords de la Garonne, à Toulouse, ancienne capitale du royaume d'Aquitaine, pays des Eaux.

Ai-je seulement cinq ans ?

Cela fait plus de deux ans déjà que je joue avec la petite Laure. Poupée aux yeux verts et aux cheveux blonds. Laure, la fillette de la voisine.

Laure exerce une grande attraction sur moi du seul fait que, souvent, quand il fait beau, sa mère la baigne dans un baquet, au dehors, dans le jardin, derrière leur demeure. J'assiste parfois, toujours avec envie, à ce bain, lequel est une sorte de fête. Je regarde, ébloui, cette vivante leçon d'anatomie, et je m'étonne et je m'émerveille de voir ce corps tellement différent du mien. Mais, déjà, à cet âge tendre, ce qui me fait comme un choc, c'est au déshabillage de Laure, ses bas noirs ; ces longs bas qui, plus hauts que ses genoux, montent à l'assaut et à la conquête de ses cuisses blanches. A moi, No, mes lamentables chaussettes ternes ne dépassent pas le mollet et s'effondrent, bien vite épuisées, sur mes chevilles.

Chez moi, on me lave dans la cuisine, comme la vaisselle, ou bien dans la buanderie, comme la lessive. Sur ce chapitre du bain, j'ai donc quelques raisons d'être jaloux du privilège de ma petite compagne pour qui le soleil même, au moment de sa toilette, vient parfois peindre chaque bulle de savon aux couleurs de l'arc-en-ciel.

Le plus souvent nous passons, Laure et moi, nos journées dans l'un des deux jardins attenants à nos maisons, ou bien, par mauvais temps, à l'intérieur de l'un de nos deux appartements, dans une pièce qui est presque toujours la salle à manger ou, plus rarement, dans le petit salon. Nous jouons alors avec toutes sortes de choses, objets ou jouets, sous la surveillance de l'une de nos mères. Parfois, la maman de Laure s'assied devant le piano. De ses doigts agiles s'échappent des rondes enfantines et s'envole de la musique légère et gaie. Quelquefois, un air plus grave s'élève et, comme par enchantement, captive davantage l'attention de mon amie. Elle abandonne alors le jeu en cours pour écouter, et, sérieux comme un pape, faisant comme elle, j'écoute à mon tour avec application. Dans notre maison, ma mère chante, d'une belle voix, des chansons étrangères dont je ne comprends pas le sens. C'est Laure, le plus souvent, qui demande à ma mère de chanter ces chansons-là.

Les jours se suivent alors comme une guirlande, dentelle d'heures heureuses.

Cela dure jusqu'à ce matin de février où, la neige s'étant mise à tomber, je suis dévoré, à l'égard de ma petite compagne, d'une plus grande jalousie que celle qui me consumait lors de ses baignades ensoleillées dans le baquet de son jardin. Car, cette fois, ma petite amie capte d'un seul coup l'attention de tout le voisinage. Alentour, les gens hochent gravement la tête ou bien font des gestes inhabituels dont la signification m'échappe.

Ils vont même, les gens, jusqu'à la déposer, Laure, comme s'il s'agissait d'un violon, dans une longue boîte qu'ils voilent d'une étoffe blanche. Un grand nombre de personnes suivent cette boîte posée sur une charrette toute parée, tirée par un cheval vêtu d'un grand drap blanc. Tous ces gens vont ensuite la cacher, Laure, pourtant déjà cachée dans sa boîte, dans un grand jardin, bien plus vaste que ceux de derrière nos maisons.

Quelques jours plus tôt, je suis allé, comme à l'accoutumée, voir ma petite amie chez elle. C'est un matin un peu différent des autres, puisque les volets de la maison demeurent clos. Je pousse la porte, j'entre, et c'est pour me trouver devant la maman qui pleure. Laure dort, elle ne veut pas se réveiller. Dans un rêve heureux, un sourire immobile aux lèvres elle dort paisiblement. Oui, paisiblement, sans s'agiter, car elle est une petite fille calme, beaucoup plus sage, selon ma mère, que je ne le suis moi-même.

La veille, je m'étais mis dans la bouche une pelote en caoutchouc, de la taille d'une de ces balles que l'on fait danser sur un jet d'eau. Laure, aussitôt, m'a demandé de la retirer.

– No, faut pas avaler la balle, sans ça on va mourir !

Comme je tarde à l'enlever cette balle, Laure insiste.

– Maman l'a dit. On va mourir quand on avale la balle.

Devant la maman qui continue de pleurer, je cherche du regard cette sacrée balle que je ne vois nulle part. Laure, cela ne fait plus de doute, l'a avalée.

Une mouche se pose sur le visage de Laure. Elle se promène, cette bestiole, sur le nez, sur les paupières, et puis sur les lèvres, sans la réveiller. Les lèvres, c'est pourtant sensible ; moi, je l'avoue, je l'aurais certainement faite la grimace. Non, ma petite amie reste parfaitement calme, tout comme, parfois, lorsqu'elle écoute le piano maternel. Enfin, la mouche, cet intéressant insecte, s'envole vers la cuisine. La maman de Laure n'a même pas remarqué la noire visiteuse. Il est vrai que, avec des larmes plein les yeux, on ne peut pas bien voir les choses ; elles deviennent forcément troubles les choses. Le jour précédent, Laure avait beaucoup pleuré elle aussi, elle avait eu très mal à la tête.

Dans ma tête à moi, il y a la petite boîte vêtue de blanc, il y a la grande foule habillée de noir. En mon for intérieur, je me promets bien de suivre l'exemple donné par ma petite compagne et de faire marcher, à mon tour, jusqu'au grand jardin, beaucoup de gens qui me suivront en pleurant jusqu'au trou même où Laure continue de dormir maintenant.

Je ne suis malade que trois jours. Pas plus que d'être baigné au soleil du jardin, dans un baquet aux bulles de savon irisées, je n'ai pu obtenir que l'on mette mon corps dans une petite caisse blanche et que l'on chante pour moi à l'église.

Laure, cependant, revient.

Elle revient me tenir compagnie, en cachette de tous, un doigt sur les lèvres pour m'inviter à garder le secret. Elle joue même avec moi. Non pas comme auparavant, quand je la voyais de tous mes yeux, mais d'une manière autre, et je sens bien qu'elle est là, tout près de moi. Je lui donne alors un objet que je pose près d'elle, à terre, ou sur le plancher, ou sur une chaise. Elle n'y touche pas, je sais pourtant que cela lui fait plaisir, et je lui remets toujours le plus beau jouet, enfin celui que je considère comme tel, ce jour-là. Je lui offre aussi une part de ma tartine ou de mon gâteau. Elle n'y touche pas non plus. Mais je sais qu'elle en est très contente, car elle est gourmande.

L'image que j'ai d'elle est changée. Elle ne rit plus aux éclats, bruyamment, mais sourit, modifiant à peine le visage qu'elle avait en dormant, l'autre jour, quand sa mère pleurait tant. Cependant, elle ouvre ses yeux de poupée, ses yeux verts, profonds comme la mer ou la nuit. Habituellement, elle s'assied dans un coin d'où elle me regarde. Ou bien elle joue avec le petit crucifix qu'un jour je lui ai confié et qu'elle a transformé en aéroplane. Le crucifix reste à présent immobile, mais cela n'empêche pas Laure de le faire voler, de la même manière que, chez elle, elle avait fait voler son baigneur. Nos jeux sont maintenant beaucoup plus silencieux et, si elle vient chez moi, je ne vais plus chez elle.

Ainsi grandissons-nous ensemble.

Je ne suis pas allé raconter, pas plus à mes parents qu'à sa mère, que la petite Laure est revenue. J'ai suffisamment d'expérience pour savoir que les grandes personnes ont souvent des idées très arrêtées et qu'il n'est pas facile de leur faire entendre raison quand elles ont quelque chose ancré dans la tête. C'est pour moi seulement que Laure a quitté sa nouvelle demeure du grand jardin, c'est moi seulement qu'elle est venue retrouver. Après une journée passée ensemble, le soir venu, je lui fais une petite place dans mon lit et nous dormons dans les bras l'un de l'autre jusqu'au matin. J'ai même obtenu de ma mère un oreiller supplémentaire qui, finalement, m'a été accordé parce que cela m'aide à mieux dormir.

Ce sommeil, jusque-là plutôt paisible, l'est moins une certaine nuit où Laure, posant sa main sur mon sexe, me réveille. Cette nuit-là est le commencement de ce qu'il est convenu d'appeler de mauvaises habitudes où, le plus souvent, ma compagne s'offre toute écartée et toute nue, les cuisses, comme avant et après les bains dans son jardin, ceinturées de bas noirs.

Longtemps nous vivons ainsi l'un près de l'autre. Je ne sais si les personnes solitaires parlent à voix haute dans la rue, s'adressent à elles-mêmes ou à un être invisible aux autres, mais, dans la ville, en compagnie de Laure, devenue jeune fille, je suis la discrétion même. S'il nous arrive de discuter ensemble, cela ne se remarque guère. L'humeur pacifique de ma compagne fait que, même lorsque nous avons des points de vue différents, nous ne nous disputons pas.

Les mois, puis les années passent. Ce n'est que dans la solitude du soir que ma gentille compagne vient me retrouver. Le jour, le plus souvent, elle prend congé de moi. Il suffit cependant d'un moment de trop grand abandon pour qu'elle réapparaisse aussitôt.

– Alors, No, on s'ennuie ?

– Oui. La vie, c'est pas tellement drôle, Laure.

– La mort n'est pas tellement gaie non plus, tu sais. Cela fait un bon bout de temps qu'on ne s'est pas rencontrés dans la rue.

– Peut-être bien une semaine.

– Oh, bien davantage, réfléchis donc un peu. La dernière fois, c'était dans la cathédrale Saint-Étienne. Tu y avais suivi une jeune femme. Comme toujours, c'était moi.

– Oui, il arrive que tu te glisses dans la peau d'une autre, l'espace de quelques instants.

– Et toi ? Tu voudrais bien, à ton tour, te glisser dans cette peau-là ?

– Oui, bien sûr, c'est tout naturel.

– La cathédrale n'est pas le meilleur endroit pour jouer les incubes. Irais-tu jusqu'à vouloir posséder une femme en prière ?

Ainsi nous rencontrons-nous parfois le jour, quels que soient l'heure, l'endroit ou la saison. Laure saisit toujours le moment où je suis seul. Suis-je en compagnie, une personne m'aborde-t-elle, Laure me quitte aussitôt, sur la pointe des pieds, pour ne revenir que la nuit car, chaque soir, tandis que les lumières s'éteignent les unes après les autres un peu partout, elle accourt vers moi, quittant les profondeurs de la terre, comme le font tous les fantômes.

Laure a grandi en même temps que moi. Elle est maintenant une belle et grande jeune fille aux yeux d'un vert intense, de bien grands yeux qui n'ont guère changé depuis ses baignades dans le baquet de bois où je l'ai vue, se tenant debout et riant aux éclats, toute habillée de la robe de laine blanche et mousseuse d'un gros morceau de savon de Marseille. C'est une jeune ondine évadée de mon rêve, celle que, charnelle, je n'ai pas encore rencontrée.

Laure est la maladie de mon enfance. De cette maladie, je ressens toujours les séquelles et je n'en suis pas tout à fait guéri.

Jouant avec les mots, comme elle jouait, jadis, de son vivant, avec les jouets de bois ou de celluloïd, ma douce amie s'amuse beaucoup de cette maladie-là.

– No, ton cas est particulièrement pathétique, mais relève de la maladie mentale. Vraiment, je ne me savais pas pathologique à ce point. Tu ne vas pas finir tout patraque, au moins ?

– Je ne sais. Mon mal ne relève pas seulement, comme tu le dis, de la psychopathologie, mais surtout de... disons du cœur ; d'une affection... cardiaque.

– C'est bien sympathique, No, ce que tu dis là.

– C'est vrai, cependant, que ça touche au cerveau, et que c'est bien extravagant, hors toute raison. Et le monde, tout nouveau depuis ta mort, passe par cette excentricité-là ! Déjà les gardes de Toulouse m'ont donné les clés de la ville, ainsi que celles des champs. Par toi, les portes battantes de cette terre, que tu as refermées sur toi, s'ouvrent sur tous les soleils, sur toutes les étoiles et lunes, sur tous les astres et désastres !

Au lycée, il faut bien le dire, je ne suis pas l'élève modèle. Je m'en tiens, sauf en allemand où je suis toujours premier, à une note un peu au-dessus de la moyenne et, parfois, légèrement au-dessous. L'allemand est la langue natale de ma mère, née dans la Sarre. Et mon père le professe au lycée de notre quartier. Mon intérêt pour la langue de Goethe a été, outre mes parents, stimulé par Goethe lui-même et par son *Roi des Aulnes* : Un père chevauche, dans la nuit, tenant son enfant dans les bras. L'enfant, qui a vu le Roi des Aulnes, frissonne de peur. Le père s'efforce de le rassurer. La terreur s'empare de l'enfant quand la voix du Roi, pour lui, se fait menaçante. Il délire et bientôt pousse un cri. Le père est épouvanté. Arrivé au seuil de sa maison, il ne voit plus dans ses bras qu'un enfant mort.

C'est un magnifique et bouleversant poème. Pour moi, l'enfant que le père tient dans ses bras, c'est Laure. Et je suis ce père-là. Je me demande si la maman de Laure connaît le *Roi des Aulnes,* et si elle se l'est récité, au milieu de ses larmes.

– C'est possible qu'elle connaisse ce poème, No, par ta mère, car elles parlaient souvent musique toutes deux.

– Et toi, Laure, tu as entendu le Roi des Aulnes ?

– Le dernier jour, j'ai eu très mal à la tête avant que d'aller au lit. Je me suis réveillée au milieu de la nuit, j'ai ouvert les yeux, puis je les ai refermés aussitôt en voyant quelqu'un bouger dans ma chambre. J'ai alors entendu des chuchotements à mon oreille. J'ai voulu appeler, mais aucun son ne sortait de ma bouche. Oui, je l'ai entendu, le Roi des Aulnes. Je ne pouvais crier toute ma peur. Il avait déjà volé ma voix. Puis j'ai entendu de nouveaux chuchotements très doux, puis comme une chanson très douce, elle aussi, et j'ai senti que je devenais plus légère, de plus en plus légère, et que je flottais dans les airs. J'étais très heureuse. Ensuite, tu m'as accompagnée jusqu'au cimetière. Tu me croyais dans la boîte et tu ne savais pas que je marchais tout à côté de toi.

– Et ce Roi des Aulnes, est-ce que tu l'as vu ?

– Oui. C'est un homme pas très grand et mince, vêtu d'une grande cape bleue et coiffé d'un chapeau rabattu sur des yeux très sombres. Il a de longs cheveux blonds et noirs qui lui tombent sur les épaules, il n'a pas de barbe, mais il porte une moustache verte.

Encore aujourd'hui, je peux dire la ballade de Goethe, non de mémoire, mais par *cœur*. Depuis longtemps, cavalier du vent et de la nuit, je porte sur ma monture le corps de Laure qui, au tout début, est comme le corps de ma sœur jumelle et, avec le temps qui passe, le corps de ma femme et, enfin, le corps de ma fille, le corps de mon enfant. Je sais qu'il faut compter avec le Roi des Aulnes, toujours présent, d'arbre en arbre, de maison en maison, de chemin en chemin. Ce Roi des Aulnes que Léo Magnanje m'avait dit être une incarnation de ce qu'il avait appelé curieusement, au moment de me quitter, le Dieuble. Mais je sais aussi qu'il me faut continuer ma route, jusqu'au bout, sans broncher, sans trembler.

Sans trembler... Après le poème de Goethe, c'est la gravure de Dürer, *le Chevalier et la Mort,* où le Chevalier, impavide, va droit son chemin, qui consolide ma propre volonté de vaincre cette mort, malgré les terribles évocations des prêtres, malgré le Diable et les flammes de l'Enfer. Pourtant, je ne connais pas encore les paroles de *Deutsch mein Bruder.* Ces paroles...

Nargue la mort
Ne tremble pas, n'hésite pas,
Ne demande rien, ne te plains pas.
La lâcheté est une terrible souillure...

Ces paroles, je les apprendrai plus tard.

*
* *

Lorsque vient la guerre, je suis appelé sous les drapeaux. Ils flottent, en ce qui me concerne, dans le vent des Landes, à quelques encablures de l'Océan, loin, très loin du front. Pareil aux pins qui m'entourent, je suis comme ensablé dans la base aérienne de Cazaux avec, pour principale compagnie, quelques livres pris dans la bibliothèque paternelle.

Je ne suis guère enthousiaste d'être ainsi mobilisé contre les Allemands, et cela me convient bien d'être plongé dans la lecture, à mille kilomètres des frontières du Nord et de l'Est. Cependant, si les autorités militaires m'avaient posté en première ligne, fusil en main, j'eusse exécuté sans broncher, sans hésitation ni murmure, comme dit le manuel militaire, les ordres de tirer. J'eusse fait, bien qu'à contrecœur, le coup de feu sur les compatriotes de celle, si chère, qui m'a donné le jour. Malgré ma sympathie pour ceux d'en face, je reste attaché à la terre où je suis né, solidaire de mon coin d'Europe. Laure, elle aussi, me tient compagnie, à l'insu de tous, elle m'approuve et me chuchote :

– No, il ne faut jamais trahir, ni son pays, ni sa propre race.

Elle dit cela, un peu pour se moquer de moi.

Car, je suis, moi, de deux races et de deux pays bien différents. Une sorte de guerre civile oppose une moitié de mon sang à l'autre moitié. Ce n'est jamais là, je l'accorde volontiers, que mon souci personnel, et non pas celui des autorités militaires.

Mais, bien vite, en France, la prophétie de Drieu la Rochelle qui, dès 1934, nous avait prévenu, se réalise : « La guerre éclate dans cinq ans. La France et l'Allemagne se ruent l'une sur l'autre, la France seule serait battue... »

La bataille, effectivement, est perdue en quatre semaines.

En ce beau printemps de l'an quarante, près de cent cinquante mille morts fraîchement cueillis de ce côté-ci du Rhin gisent sous terre. Dix millions de Français se sont enfuis devant l'avance allemande, ils errent sur les routes à la recherche d'un gîte. Plus de la moitié du territoire est occupé. Le Génie de la Nation, invisible pour tous, a préféré la défaite plutôt que de se retrouver avec deux ou trois millions de cadavres à ajouter au million et demi de tués de l'autre guerre.

Je n'ai donc pas à faire le coup de feu.

Je les vois parader, les Allemands. Ils chantent. Je n'ai jamais vu l'armée française défiler ni chanter ainsi. Des femmes sont troublées par ces chants de soldats hâlés par le soleil. Je crois que les hommes l'eussent été tout pareillement s'il se fût agi d'un défilé de jeunes filles et de jeunes femmes allemandes en uniformes. Dans l'assistance, cependant, je suis un des rares à comprendre le sens des paroles chantées.

Démobilisé après les armistices avec l'Allemagne et l'Italie, je demeure quelque temps à Toulouse, au sein de ma famille, heureux de la retrouver, savourant la paix revenue. On est lié aux êtres comme aux choses du temps de notre enfance; ils restent longtemps le havre sûr où, après une longue absence, on aime aborder et faire escale. Puis vient l'heure où, las de pérégriner sur des quais trop paisibles, tout alangui, on repart brusquement au loin, vers une quelconque bourrasque.

Mon père, royaliste, s'est battu contre les soldats de Guillaume II lors de la Grande Guerre; il a sur l'Allemagne un point de vue contraire au mien. S'il ne porte pas en lui, son mariage l'obligeant, la germanophobie craintive d'un Maurras ou d'un Bainville, il refuse néanmoins le national-socialisme, trop révolutionnaire à son goût.

– Le national-socialisme, c'est bon pour les Allemands, pas pour nous.

Je pense, toutefois, que mon père a raison: le national-socialisme, qui a apporté la force de l'autre côté du Rhin et qui a été le révélateur de notre propre faiblesse, n'a pas été bon pour nous. Mais père, comme un fou du roi, en revient à sa marotte.

– Pour nous autres, il faut un roi.

Ma sœur, devant son miroir, élégante déjà, accroche à son corsage la broche vert bleuté que je viens de lui offrir pour ses quinze ans: une libellule... parce qu'elle devient *demoiselle.* Elle aussi est royaliste, mais d'une manière plus sentimentale que mon père qui, se référant à l'empirisme organisateur maurassien, se veut réaliste.

– Un roi? Oui, papa, mais à condition qu'il commande et qu'il ne démissionne pas comme Louis XVI ou comme ce pauvre Édouard VIII.

Elle a été très touchée par l'histoire du roi Édouard qui, quatre ans plus tôt, a renoncé à la couronne d'Angleterre et à celle de l'Empire des Indes pour, dit-on, l'amour d'une roturière divorcée.

J'approuve vivement ma sœur.

– Louise a raison, un roi est fait pour commander et non pour obéir. Il ne peut être que suzerain et non point vassal. Un roi ne doit pas être une simple potiche décorative.

Père hoche la tête, découragé, et convient:

– C'est vrai qu'il n'y a plus grand chose de solide en ce monde.

Je prends alors la balle au bond.

– C'est pourquoi il faut changer ce monde. Le national-socialisme, c'est du solide. D'ailleurs, Maurice Barrès, dans son programme politique, alliait le nationalisme et le socialisme, et c'est sur ce programme-là qu'il avait été élu député de Nancy en 1889, année de la naissance de Hitler. Et puis, l'ex-roi Édouard n'était pas, tout comme Barrès, hostile au national-socialisme ; il a gardé, devenu simple duc de Windsor, d'amicales relations avec le Führer, autre prince, celui-là, mais sorti du peuple. Pourquoi donc ce qui est attitude de roi et de duc ne peut-elle être mienne ? Ne puis-je décider d'être, pour moi-même, sinon roi tout au moins duc ?

Haussant les épaules, père s'efforce de me convaincre.

– Le national-socialisme n'est pas aussi solide que tu le crois. C'est peut-être d'ailleurs parce qu'il avait eu quelque sympathie pour Hitler que, à tous égards jugé faible, Édouard VIII a dû renoncer à la couronne sous prétexte de s'être mésallié avec Mrs Simpson. Hitler est aussi fragile que le roi Édouard, et toi qui n'est ni roi ni duc, tu risques tout simplement ta peau en allant de ce côté-là. Toi aussi, comme tout homme, tu es fragile. N'oublie pas l'araignée à six pattes. N'oublie pas que ceux qui ont été battus par Hitler, en Allemagne, en Autriche et dans une bonne partie de l'Europe centrale, appartiennent à des internationales, lesquelles continuent la lutte et estiment que, si elles on perdu une bataille, comme dit l'autre, elles n'ont pas perdu la guerre. L'aragne qui veut piéger le monde dans sa toile n'a besoin pour cela que de ses six pattes juive, chrétienne, franc-maçonne, libérale, socialiste et communiste. N'oublie pas que le Veau d'or qu'Aaron, frère de Moïse, fit façonner au pied du Sinaï, à la demande du peuple juif qui voulait vénérer un Dieu visible, est, comme dit la chanson, toujours debout, toujours debout au saint des saint des banques et que toujours il y règne et que toujours il y commande au monde. N'oublie pas que c'est lui le nouveau Minotaure et que c'est lui qui te feras aller au bout de la nuit, car c'est à lui que, depuis bien trop longtemps déjà, on fait le sacrifice de millions d'humains en temps de paix comme en temps de guerre. Toutes ces internationales dont je te parle constituent un rassemblement puissant, et l'autre, je veux dire De Gaulle, ne s'y est pas trompé qui est allé rejoindre tout ce ramassis à Londres. Crois-moi, tu vas avoir du pain sur la planche, avec tout ça sur les rhins, par-dessus ton sac à dos.

Cette fois, subjuguée par l'éloquence paternelle, ma petite Louise me lâche.

– Papa a raison, tu devrais l'écouter. C'est lui le chef de famille, c'est lui le suzerain, et tout duc que tu es, ou prétend être, tu devrais t'incliner.

Malgré certaines de ses idées qui me paraissent désuètes et ses costumes passés de mode, j'aime quand même bien ce suzerain-là, en ne lui obéissant, toutefois, pas beaucoup. La sorte de courtoisie affectueuse qu'il a toujours eue à mon égard, même dans mon enfance, n'est pas étrangère au respect que je lui porte. Ma mère, elle, si douce, regrette l'empereur Guillaume II et le temps de sa jeunesse heureuse en Sarre. Elle ne s'intéresse point à la politique, elle se contente de veiller sur Louise, chrysalide, qui dans le cocon maternel, mêle encore la puérilité de l'enfance à la gravité de la jeune fille. Pourtant, elle se souvient, ma mère.

- Même le Kaiser a été renversé. Le Kaiser, ce n'était pas rien ! Il représentait la force et la puissance de l'Empire allemand. Il est tombé. Il avait pourtant la plus forte armée du monde avec des soldats courageux. Et je me souviens que toute l'Allemagne était derrière lui. Il n'a pas été, en fin de compte, le plus fort. Il avait des soldats de qualité, mais en quantité insuffisante. Les Allemands ont toujours été trop peu face à leurs nombreux voisins hostiles.

Et mon père poursuit :

- Ta mère a raison. Tiens, Napoléon, puisque tu parles du Petit-Caporal, qu'en est-il resté, après quinze ans de pouvoir en France et en Europe ? La France avait pourtant, à l'époque, une population presque double de celle de la Russie et presque triple de celle de l'Allemagne et de celle de l'Angleterre. Il a succombé devant l'alliance de toute l'Europe. Crois-moi, le Veau d'Or est plus puissant que tous les taureaux de chair réunis. Tu n'es, toi, qu'un pauvre petit taurillon. N'oublie pas, toi qui a lu la traduction des *Eddas*, l'existence des Niebelungen, ces gnomes qui, de Zurich à New-York, en passant par Londres, règnent, tout environnés de brume, dans un monde souterrain, détenteurs de l'or terrestre. N'oublie pas que ces nains difformes, surtout moralement, sont des êtres avides et méchants. Siegfried, leur vainqueur, étant mort depuis longtemps, ils ont reconquis le casque magique qui rend invisible et l'épée qui donne le pouvoir sur le monde, et ils ont laissé sur cette pauvre terre d'Europe l'anneau maudit qui suscite les zizanies et fait flamber les guerres. Siegfried, s'il est ressuscité, reste vulnérable. La légende rapporte que lorsqu'il s'est plongé dans le sang du dragon vaincu, une feuille est tombée sur lui, empêchant que cette partie de son corps soit protégée, il pourra donc, encore, à cet endroit, comme Achille la flèche, recevoir le coup de lance fatal.

Je fus sur le point de me rendre. Mais, entre le nid douillet et l'envolée si tentante, entre le connu trop monotone et tout le mystère de l'inconnu, j'eus un vif sursaut.

- Écoute, père, tu sais aussi bien que moi ce qui s'est passé en Sarre, la patrie de maman ! Les Sarrois, rattachés à la France pour quinze ans, ayant connu le bonheur inestimable de vivre dans une démocratie, dans le pays champion de la liberté, de l'égalité et de la fraternité, le 13 janvier 1935, sans aucune propagande hitlérienne, puisqu'ils étaient alors sous l'influence de la propagande française, ont voté démocratiquement et librement, à 90,8 pour cent, leur rattachement à l'Allemagne nationale-socialiste. 475.000 voix pour l'Allemagne et 2.000 voix pour la France, le reste étant des voix nulles. N'oublie pas que, par le sang, je suis à demi Sarrois.

Voyant que ma résolution était inébranlable, mon père poussa un soupir et dit :

- Ah Noël ! Noël ! Tu mérites bien, vraiment, d'être appelé « No » ! Enfin, la croix gammée est un très vieux symbole religieux aryen, longtemps païenne elle a été ensuite un symbole chrétien. Bien qu'il ait tendance à redevenir païen, ce symbole a derrière lui, en Allemagne, des millions de protestants et des millions de catholiques. J'espère donc que Dieu, s'il existe, te protégera.

À la fin du mois de septembre, enfant prodigue, je laisse derrière moi les bords de la Garonne et le haut mât de l'église Saint-Sernin pour les rives de la Seine et le phare si attirant de la tour Eiffel. Je quitte Toulouse où je ne veux pas m'accagnarder davantage, pour Paris que je n'ai jamais vue. Je décide de passer de la zone libre à la zone occupée par les Allemands.

En me voyant partir ma mère et ma sœur se mettent dans les larmes. Je me mobilise pour la seconde fois et, cette fois-ci, pour une cause qu'elles jugent mauvaise. Je veux œuvrer à l'édification du monde nouveau. Un monde qui ne soit jamais celui d'avant-guerre, le monde pourri des députés et des ministres associés à l'escroc Stavisky, le monde des voleurs.

De plus, après le coup de félonie de l'Angleterre, laquelle a terni son blason en coulant en rade de Mers-el-Kébir l'escadre de son alliée vaincue, tuant 1300 marins, je suis convaincu qu'il faut rompre avec ce pays de mercantis, toujours appliqué à diviser l'Europe pour mieux régner; qu'il faut détruire ce repère de pirates, berceau d'une société industrielle marchande sans âme, comme il fallait détruire Carthage; qu'il faut abattre tous ces banquiers véreux de la Cité de Londres et de l'ombre qui, s'ils peuvent bien s'accommoder, sur le continent, des successeurs de Lénine, commercialement peu dangereux pour l'univers des affaires, ne peuvent, sous peine de péril majeur, supporter davantage un pouvoir révolutionnaire autrement redoutable, prodigieusement efficace, lequel, en six ans, a fait de l'Allemagne battue et misérable une grande puissance industrielle en plein essor, économiquement performante. Oui, il faut, mieux que ne l'ont fait les bolcheviks, ces bureaucrates, reconstruire un monde nouveau, un monde qui ne soit plus asservi au monde souterrain des usuriers, au bas monde des blattes et des cloportes.

En quittant la maison, je ne veux pas que l'on m'accompagne jusqu'à la gare. Je referme derrière moi la porte donnant sur la rue et je fais quelques pas sur le trottoir avant de me retourner. Ma sœur et mes parents sont penchés à la fenêtre, effondrés. Je lève le bras vers eux. Ce bras levé est moins olympique, moins olympien que le salut hitlérien, ce n'est que le geste mélancolique de mes adieux. Ils agitent la main à leur tour et c'est avec soulagement que je tourne le coin de la rue. Il me semblait que mon dos flambait sous la brûlure de leurs regards. La rue tournée, je songe un instant à revenir sur mes pas, à rebrousser chemin: le retour de l'enfant prodigue. J'imagine leur surprise et leur joie. Le rôtissage du veau gras. Mon père descend les escaliers de la cave pour aller chercher une bonne bouteille, tandis que ma mère vaque déjà à ses casseroles et à son fourneau. Non. Il y aura une place vide à table et le repas se fera sans moi, ce sera un repas de tristesse. Mes jambes, déconnectées de mon cerveau et de mon cœur, continuent d'aller de l'avant. Elles me conduisent, mécaniquement, vers mon destin.

Bien que ce ne soit pas le chemin le plus court, je prends par la rue Denfert-Rochereau et la rue Bertran de Born. Ces rues chaudes me rappellent des souvenirs. C'est là que, à seize ans, j'ai perdu mon « innocence ». Il y a six ans de cela. La maison de mon déniaisement est toujours là, mais Livia, la putain capiteuse aux cheveux noirs et à la poitrine provocante, n'est plus derrière ses rideaux à guetter le client. Elle est partie vers d'autres rues dans une autre ville... Je me souviens très bien... un jeudi. Je passe, ici, devant chez elle. Alors, elle m'appelle. Je poursuis mon chemin avec une froideur toute scandinave, quasi polaire. Cependant, cet appel n'est pas lancé en vain. Il suscite en moi le désir de tout mon être, et mon esprit bat la chamade. Le lendemain, je repasse, en ralentissant le pas, devant la fenêtre aux rideaux écartés, et, après avoir à nouveau entendu l'invite, je me coule dans le couloir de la maison. Elle ouvre sa porte. D'emblée, je lui avoue que je n'ai jamais fait l'amour. Elle m'ébouriffe alors les cheveux.

- Tu verras, ce n'est pas bien difficile !

Une Révélation ! Elle s'agenouille d'abord, nue, devant moi, pour prendre mon sexe tout dressé dans la bouche, comme une hostie. Plusieurs va-et-vient. Il me semble que je vais basculer dans le vide... Puis, d'abord assise sur le bord de son large lit, elle s'allonge, soudain, sur le dos, les jambes en l'air, cuisses écartées. La vision de son sexe offert entre deux longues cuisses, deux longues cuisses ceinturées de bas noirs. Je suis nu, moi aussi.

Je suis tout saisi, subjugué, comme pétrifié dans le cristal de l'instant.

– Viens !

Je viens, d'abord aimanté. Puis happé. Comme avalé. L'éternité, un instant fixe, redevient changeante, mouvante et vivante.

L'oiseau a grande joie en la cage : moineau, moinillon au fond de la cellule.

Dans un bouleversement de tout l'être, j'entre comme en extase, et, au même instant, dans la joie et la douleur, fulgurantes...

– Toi, tu es un coquin. Tu as déjà fait l'amour !

– Non, je vous assure. C'est la première fois.

– Hum ! J'en doute. C'est trop bien pour une première fois.

Sans doute dit-elle cela pour me faire plaisir.

Au sortir de cette maison, toujours regardée depuis avec émotion, j'ai la fierté d'un jeune écuyer venant d'être armé chevalier.

La petite Laure de mon enfance m'interroge alors.

– Les bas noirs, ça te rappelle pas quelque chose ?

Oui, bien sûr que ça me rappelle quelque chose, et je comprends qu'ils aient de l'importance pour moi ces bas noirs, ces bas noirs que Laure portaient autrefois. Je me souviens et je revois sa mère qui la déshabille et la rhabille, près du baquet d'eau claire ou savonneuse ou mousseuse. Qu'est-elle devenue, sa mère ? Elle a déménagé depuis longtemps, je ne l'ai plus revue. Ce sont d'autres gens qui habitent sa maison.

Je retourne plusieurs fois chez Livia.

Hélas, à mon grand chagrin, l'Initiatrice, qui me fait des petits prix d'amie, disparaît à son tour. Elle m'a confié son projet d'aller en Amérique du Sud. Les Français lui reprochent trop d'être Italienne. C'est la période où nos frères latins, les *ritals,* les *macaronis,* comme on les appelle, sont fort mal vus en France.

Grâce à Livia, à sa douceur, je garde comme première emprhinte de la femme, une image belle et poétique de l'amour physique, une image toujours aussi merveilleuse et dans laquelle les démons de mon catéchisme d'enfant ont fait place à la bonne fée des contes. Le soir de mon initiation, mes parents sont étonnés de m'entendre les remercier de m'avoir donné la vie et de m'avoir fait là un superbe cadeau.

Je ne connais alors, hormis le fantôme de Laure, d'autres filles que Livia qui est un peu comme ma seconde amie. Jusqu'à présent je n'ai fréquenté que la salle de gymnastique et le stade.

Repasser par ses rues, avant de quitter Toulouse, c'est aussi faire des adieux. Il y a toujours des filles, et aussi d'autres jeunes garçons, le cœur battant, sans doute aussi peu argentés que moi à l'époque, passant et repassant devant elles, guettant l'invitation libératrice.

Arrivé à la gare, je quitte toute nostalgie, et c'est d'un pas décidé, martial, après avoir revu les Vénus de la rue Denfert-Rochereau, défenseur de Belfort, et celles de la rue Bertran de Born, compositeur de chants guerriers, que je grimpe d'une allure toute militaire dans le train en partance vers le Nord, en direction de l'étoile Polaire.

Dans mon wagon, il y a beaucoup de personnes âgées, dont un prêtre. Près d'une grand-mère, une gentille fillette d'une dizaine d'années porte des nattes tressées qui me font penser aux jeunes filles allemandes, et je songe, tout naturellement, à cette jeunesse d'outre-Rhin qui a tourné le dos au vieux monde, à cette magnifique jeunesse qui a chanté autour des feux de camp et fait des feux de joie avec les livres des vieux messieurs. J'aime tous ces garçons et ces filles, surtout les filles; j'aime tous ces jeunes gens qui, comme moi, ne pensent pas tout à fait comme leurs grands-parents. Certes, les flammes de leurs autodafés ont calciné les pages des écrits bourgeois, et cela dérange les belles consciences des vieillards. Mais, par exemple, les ouvrages de ce Thomas Mann? A dix-huit ans, j'ai pu lire, de lui, dans *la Dépêche de Toulouse,* un appel à la guerre, lancé aux prétendues démocraties, contre son propre pays, cela au nom de la « civilisation »; les ouvrages de cet auteur peuvent-ils être considérés comme sacrés aux yeux des jeunes Allemands? Ces feux allumés par la jeunesse d'outre-Rhin n'ont jamais été qu'enfantillages en regard du bel incendie, nullement symbolique celui-là, et parfaitement chrétien, qui a consumé de si précieuses vies au cours des guerres de religion. Les doux fidèles d'un Dieu d'amour et de grâce, d'un Christ symbolisé par l'Agneau, ont quand même allumé, et sans grand dommage pour la propagation de leur foi, bien d'autres bûchers.

Les curés! Il y a celui-ci, dans le coin du wagon, près du couloir. Une soixantaine d'années, visage sympathique. De temps en temps, il ouvre son bréviaire, lit, referme le livre et médite. Inoffensif, un peu tristounet. Sans doute un fort brave homme. Mais les nymphes, Vénus, Diane, Athéna, Apollon, les dieux et les déesses des bois, des terres, de la mer, Daphnis et Chloé, c'était quand même plus gai que ce pauvre croque-mort que je vois, là devant moi.

Le bruit du train, son tam-tam, fait que je ferme les yeux.

Les bûchers... Jeanne d'Arc, la Pucelle, brûlée vive... la jeunesse brûlée par les vieillards... la bibliothèque d'Alexandrie... la bibliothèque paternelle, volumineuse... les nombreux ouvrages sur Jeanne... la belle tragédie de Schiller, sur la jeune fille d'Orléans, que j'ai lue et aimée... mon père, ce maurrassien, qui tant l'admire... Jeanne, 19 ans, rôtie.

Quand je me réveille, je vois que la petite fille aux tresses s'est endormie sur les genoux de sa mère-grand. Le train roule en pleine campagne et, çà et là, quelques arbres surgissent de temps à autre, et, en dépit de la garde vigilante des poteaux télégraphiques en faction le long de la voie, jettent un coup d'œil furtif sur les voyageurs. Après plusieurs mois de soleil, leurs feuilles commencent à jaunir sur les branches, elles ne vont plus tarder à roussir, déjà l'approche du froid les brûle. Je ferme à nouveau les yeux, et la petite Laure, sans attirer autrement l'attention de mes voisins, vient me rejoindre. Je suis habitué, depuis toujours, à ces apparitions subites où, sans crier gare ! elle me retrouve quand trop me pèse la solitude.

– Alors, ça y est, cette fois, No-Lapin ! Les dés sont jetés, à ce que je vois ?

– No-Lapin ? C'est bien la première fois, ma petite, que tu m'appelles ainsi !

– Parce que c'est la première fois que tu risques de prendre un coup de fusil de la part des chasseurs.

– Mais qu'est-ce que vous avez donc tous ? Les uns et les autres ? Je t'assure que vous aurez du mal, tous autant que vous êtes, à me foutre la trouille !

Laure, elle, se fait moqueuse, ironique même.

– Bon, puisque cela te chiffonne, je retire No-Lapin. Je suis bien obligée de me rendre à l'évidence : tu es No-Sans-Peur !

Cela fait un certain temps que la petite Laure n'est venue près de moi. De mon côté, trop occupé par la résolution qu'il me fallait prendre : quitter Toulouse, cette ville qui n'est pas seulement faite de maisons, de bâtiments publics, de la cathédrale et des églises, des rues et des places, des jardins et des parcs, de la Garonne et du canal du Midi, cette ville qui est surtout le lieu où vivent ceux qui me sont les plus chers, mes parents, mes amis, Edith. Edith dont je viens de faire la connaissance et avec qui je n'ai échangé que quelques mots, quelques regards, une poignée de main brûlante. Edith m'aurait gardé à Toulouse si je n'avais précipité mon départ.

– C'est pourtant une fille sympathique, Edith.

– Trop sympathique, gentille Laure. Je risquais, à cause d'elle, de m'encroûter à Toulouse. Il me faut partir, pendant qu'il en est encore temps, partir pour me défendre avant que d'être pris, avant que d'être complètement ficelé.

– Je crois que tu as bien raison. Tu as bien autre chose à faire que d'être fourré dans des jupes.

Laure disparaît de nouveau, pour regagner son grand jardin parmi les morts. Je me mets alors à penser longuement, entre veille et sommeil, dans le bercement du train, à la belle Edith. Edith qui n'a pas tout à fait quinze ans.

Je la vois, pour la première fois, à la sortie du lycée où je suis allé attendre Louise, ma sœur. Louise, alors, me présente la jeune fille. Nous échangeons quelques paroles et puis Edith nous quitte. Je reste tout songeur. Louise me ramène sur terre :

– Qu'est-ce que je viens de te dire ?

– Hein ? Euh...

Ensuite, je rencontre Edith, dans la ville, et nous nous asseyons à la terrasse d'un café. Puis nous marchons côte à côte. Nos paroles sont, de part et d'autre, une fois de plus, des plus banales, elles sont un peu comme des barrières tenant à distance les interlocuteurs dont les lèvres voudraient être muettes et se rapprocher, doucement, en silence. Mais non, il ne fallait pas qu'elles se rejoignent, nos lèvres ; un tel sceau eût immobilisé mon destin. Il ne le fallait pas.

*
* *

À mon arrivée à Paris, je visite longuement la ville, puis me mets en quête d'une chambre. Je suis dans la fièvre de la découverte et les rues, dans lesquelles je passe et repasse, m'enchantent. Je finis par dénicher un studio, dans un cinquième étage du quartier Latin, à quelques pas du jardin du Luxembourg.

Être à Paris, après avoir quitté Toulouse, me laisse l'impression d'avoir débarqué dans une nation francophone mais étrangère, une sorte de Québec, au sein d'une population dont les coutumes sont différentes. La ligne de démarcation entre les deux zones, occupée et non occupée par l'armée allemande, de chaque côté de la Loire, est une véritable frontière, avec ses gardes et, aussi, ses passeurs. Les uniformes ne sont pas les mêmes. A Toulouse, c'est un peu l'avant-guerre encore, la tenue des soldats est la même que celle d'avant l'armistice. À Paris, au début, les uniformes militaires me dépaysent, mais bientôt je n'y prête plus attention. Les femmes qui se promènent parfois avec des soldats allemands ne me choquent pas plus que celles se montrant, à Toulouse, aux côtés de soldats français. De par ma naissance, j'ai l'esprit européen, l'esprit de collaboration qui fut celui de mon père, descendant gallo-romain des anciennes peuplades, et celui de ma mère, issue des anciennes tribus germaniques unifiées pour me mettre au monde.

Rue Cujas, où je demeure, dans le quartier des Écoles, j'ai le sentiment d'être, au milieu des Parisiens, un petit *nouveau* parmi les anciens élèves qui, chaque année, dans leur lycée, se retrouvent ensemble, de classe en classe. Il me faut, maintenant, dans cette sorte de collège qu'est la ville, être accepté, trouver une coterie accueillante. Finalement, après bien des démarches, je suis admis au journal *l'Œuvre,* dans le quartier de l'Opéra.

L'Œuvre, avant tous les autres journaux, vient de faire paraître son premier numéro d'après la défaite. *L'Œuvre* est le journal qui, avant la déclaration de guerre, s'insurge contre le massacre, et cela dans un retentissant article : *Mourir pour Dantzig ?* Hélas, depuis le commencement des hostilités, il y a eu beaucoup de morts pour empêcher que Dantzig, ville allemande, patrie de Schopenhauer et de Fahrenheit, ancienne capitale de la Prusse Occidentale, habitée par des Allemands voulant être rattachés à l'Allemagne, ne redevienne allemande. L'occupation par les troupes germaniques de cette ville, arrachée au Reich en 1919, déclenche, malgré *l'Œuvre,* la Deuxième Guerre mondiale.

Ce qui me paraît le plus surprenant, dans Paris, c'est le métro. C'est à partir de la station Saint-Michel que je me rends au journal. Sans doute la statue de l'Archange abattant le Diable, qui orne la fontaine de la place Saint-Michel, n'y est-elle pas étrangère, mais j'ai la sensation, en dévalant les escaliers de cette station, de m'engager dans une descente aux Enfers. J'ai cette impression dès que j'arrive sur la première marche, en haut de la rampe. Cela m'évoque Orphée s'en allant sous terre à la recherche d'Eurydice. Mon Eurydice, tandis que le premier jour j'attends le train comme une âme morte la barque de Caron, s'approche et me parle.

– Puisque tu vas œuvrer à *l'Œuvre,* No, il ne te reste plus, à présent, qu'à ne pas mourir à ton tour pour Dantzig.

– C'est vrai, et ce serait bien bête, en effet ma petite Laure, de mourir pour cette ville que je ne connais pas, d'autant plus que je me suis laissé dire qu'on y fabrique une excellente eau-de-vie.

– Une excellente eau-de-feu, tu veux dire. L'Europe ivre en est toute brûlée.

Je sens que cet enivrement brûlant me gagne. Et parfois je me trouve comme en état de manque. En manque de guerre ! comme on peut être en manque d'alcool ! Dans le métro, je songe à mes demi-frères, les jeunes Allemands qui, après avoir repris Dantzig, envahi la Pologne, vaincu la France, vont peut-être repartir, comme les soldats de Guillaume-le-Bâtard il y a près de neuf siècles de cela, livrer une nouvelle bataille d'Hastings et, suprême ivresse, conquérir l'Angleterre.

Au loin, un bruit se précipite, celui de la rame de la barque à Caron qui s'approche et casse mes songes. La voix revenue de mon Eurydice me réveille et me chuchote :

– Le Diable te tente. Fais bien attention, l'Enfer est pavé de mauvaises intentions. Eau-de-vie, eau-de-mort. Avec celle de Dantzig, fais gaffe de ne pas attraper une impassible et définitive gueule de bois.

La rame s'arrête devant moi. J'embarque. Eurydice, quittant le quai, s'en retourne vers les ombres.

Coup d'œil circulaire dans mon wagon. Parmi les voyageurs, quelques soldats allemands. C'est très curieux, j'ai à la fois le désir et la crainte d'endosser leur uniforme. Un effet, sans doute, de la gloire, cette mortelle eau-de-vie !

Eurydice, ou plus exactement Laure, dans les discussions que, par son truchement, j'ai avec moi-même, reprend souvent les arguments de ma mère qui prétendait ne rien connaître mais ne manquait pas d'un certain bon sens. C'est ainsi que, à propos de Dantzig, du traité de Versailles, et de l'attitude des maurrassiens qui s'étaient montrés très hostiles au maintien de Guillaume II sur le trône, ma mère s'était étonnée auprès de mon père :

– Je ne comprends pas bien, Paul, comment vous autres, de *l'Action Française,* qui vous prétendez royalistes, vous vous soyez trouvés, tout à coup, aux côtés des républicains allemands contre les partisans de l'empereur. On est royaliste ou bien on ne l'est pas. On ne peut pas être pour la monarchie en France et, en même temps, pour la république en Allemagne.

– Ma chère Erna, tu ne comprendras jamais rien à la politique.

– Si c'est à cela que conduit la politique, c'est sûr que je n'y comprendrai jamais rien. Pour moi, un chat c'est un chat et un chien c'est un chien. Pour ma part, je n'ai jamais entendu un chat aboyer et je n'ai jamais entendu un chien miauler. Les royalistes français me paraissent comme des chats qui, dans cette affaire allemande, se seraient mis à aboyer.

– Ma pauvre Erna ! C'est peut-être plus compliqué que cela la politique !

– Ce que je comprends bien, en revanche, c'est que, de ce côté-ci, comme de l'autre côté du Rhin, les femmes ne doivent, dans l'esprit et dans la politique domestique des hommes, ne s'occuper que de l'église, des enfants et des épices !

Comme ma mère, donc, Laure, dans les discussions, y va de son bon sens.

– Si je comprends bien, No, tu voudrais bien te battre contre les Anglais, toi aussi, mais pas mourir.

– Oui, bien sûr.

– Pourtant, s'il est normal de vivre en paix, il est tout pareillement normal de mourir en guerre.

- – Oh ! j'accepterais bien d'être un peu blessé !

– Malheureusement, une balle, c'est fait pour tuer et non pour égratigner. Une balle n'est pas fabriquée pour faire des gros câlins. Tu te souviens de ce que je te disais, quand on jouait ensemble, à Toulouse ?

– Non, tu me disais tellement de choses !

– À propos de balle, précisément.

– Faut pas avaler la balle, sans ça on va mourir.

– Bravo ! Tu as bonne mémoire.

Ma petite compagne vient de jouer sur les mots. Elle a toutefois raison. J'ai comme une folle envie de me battre contre les Anglais mais, évidemment, la balle, ça ne me dit rien qui vaille de l'avaler.

Au journal, rue Louis-le-Grand, je me rends compte cependant, étant mieux informé, que, s'il y a chez les Allemands un esprit européen concernant la collaboration avec les femmes françaises, il y a aussi, chez eux comme chez nous, bon nombre de gens bornés, indécrottables, incapables de regarder plus loin que leur Germanie. L'Europe révolutionnaire dont je rêve, capable d'aller plus loin que la révolution dévoyée de 1917 à Petrograd, est encore loin d'être faite. Le national-socialisme ne m'intéresse que dans la mesure où, passant par une sorte de Saint-Empire romain germanique, il peut s'étendre et faire de chaque nation une province européenne, comme la Bretagne ou la Savoie sont des provinces de France. Trop de nationaux-socialistes rêvent d'une Europe allemande, comme trop de Français avaient rêvé, sous Napoléon, d'une Europe française. Les cloches européennes se sont alors tues à Waterloo.

Avec les nouvelles victoires allemandes en Grèce et en Yougoslavie, l'Europe s'agrandit. Sur le continent la Feldgendarmerie contrôle les routes où passent les convois de camions et de chars se dirigeant vers l'Est.

À Paris, ce sont les agents de police, en gants blancs, qui règlent la circulation : beaucoup de bicyclettes, peu d'automobiles, quelques voitures conduites par des chevaux. Est-ce une sorte de retour à 1900, à la « Belle Époque » ? Non. Il faut remonter plus loin dans le passé : à 1871 !

1870-1940 : naissance dans la défaite et puis mort dans la débâcle de la Troisième République. Le maréchal Pétain prend le relais que lui tend le maréchal de Mac-Mahon.

Hors les activités du jeune journaliste, consacrées aux chiensécrasés, à la lecture de la *Pariser Zeitung* et aux traductions d'articles parus dans la presse allemande, je prends plaisir à la vie de café où je rencontre de multiples amis et, plus rarement, quelques amies. Le soir venu, après le couvre-feu, je suis le plus souvent seul, dans ma chambre comme dans mon lit. Mes pensées font alors, d'un seul coup d'aile, des voyages jusqu'à Toulouse, vers Edith, puis aussi vers la chambre de Livia. En rêve, ou plutôt en rêveries, je ne déshabille pas Edith, tout au plus aperçois-je ses genoux et ces genoux-là, autant que ceux qui émouvaient Michel-Ange, me troublent. Mais, si je reste très pudique, et même pudibond, avec Edith, je le suis beaucoup moins avec Livia. Plus loin, beaucoup plus loin, en remontant la pente du temps, c'est Laure que je vois rire, savonnée par sa mère, dans son baquet, et mon regard d'enfant perplexe s'attarde alors sur son abricot fendu, fruit précoce.

– Dis-moi, No, est-ce que le pape pense, lui aussi, à l'albikourk ?

– Je ne le crois pas, ma petite. J'ai lu quelque part que c'était un des fruits dont la digestion est la moins facile. Je ne sais pas si le pape a des ennuis digestifs. Mais, que vient-il faire là-dedans, le pape ?

– Il vient en association d'idées avec Pie VII. Mais, n'as-tu pas lu que Jean XII était le plus débauché des papes pornocrates ?

– Puisqu'il détenait la clé de saint Pierre, il était normal qu'il voulût ouvrir la porte du Paradis.

– Si je comprends bien, pour toi, le paradis c'est l'abricot et la clé de saint Pierre c'est...

À Paris, je ne mène pourtant pas une vie de débauche à la manière du pape Jean XII, même si mes rêveries, en fin de journée, sont faites d'images trop profanes pour servir de signets dans un livre de prières.

Coup de tonnerre.

L'Opération Barberousse, l'attaque allemande, le 22 juin, contre l'Union des républiques socialistes soviétiques est lancée.

Tel le capitaine Hatteras, héros vernien, qui n'avait jamais cessé de regarder vers le Nord, le Petit-Caporal autrichien a toujours, depuis 1920, dirigé ses pensées vers l'Est. Et, cent-vingt-neuf ans, jour pour jour, après les armées napoléoniennes, les troupes allemandes franchissent le Niemen et foncent. L'Europe nouvelle, cette fois, s'élargit jusqu'aux portes de Leningrad et de Moscou et s'étend jusqu'au pied du Caucase. En Afrique, le général Rommel et son Afrika Korps parviennent aux abords d'Alexandrie.

En décembre de la même année, la guerre est à un tournant. Avec l'entrée des États-Unis dans le conflit, contre le Japon, l'Allemagne et l'Italie, elle devient mondiale. Les capitalistes se coalisent avec leurs prétendus adversaires communistes contre l'ennemi commun. Ensemble, ils ont, le Japon et son empire excepté, la quasi-maîtrise du monde non-européen et représentent une puissance colossale.

Dans mes rêveries, j'ai quitté, depuis longtemps, les rives de la Manche où, sous l'uniforme feldgrau, j'attendais de débarquer sur les côtes anglaises, pour m'en aller rejoindre les armées qui sont aux prises avec le Russe innombrable ; le Russe qui attendait, comme le singe de la fable, que sonne l'heure de croquer les marrons sortis du feu par les autres.

Mais ce ne sont là que rêveries. Comme Achille dans le palais de Lycomède, ce sont les filles qui me fixent à Paris. Elles remplacent Edith qui faillit m'attacher à Toulouse. Je suis leur prisonnier et je ne parviens pas à me délier, à me délivrer d'elles. Je préfère toujours leur compagnie à celle qui, dans l'armée, se trouve placée sous les ordres d'un capitaine.

En France, la population est dans l'expectative. Les Parisiens s'accommodent, tant bien que mal, de l'occupation allemande. Les Allemands, s'ils n'ont pas, loin de là, été accueillis à bras ouverts, se sentent néanmoins en sécurité, et tout le monde s'accorde à reconnaître que les occupants font preuve, dans l'ensemble, de correction. On n'assiste pas à des vexations et à des viols comme ce fut le cas pendant l'occupation de la Rhénanie, en 1923, par les troupes franco-sénégalaises.

Les soucis ont surtout trait au ravitaillement. Pour le pain, la viande, les matières grasses, le fromage, le vin, le riz, les pâtes, les rations sont maigres et se traduisent par des carences alimentaires. Le marché noir prospère cependant. En ce qui concerne le ravitaillement, les Allemands prélèvent moins pour eux-mêmes que ne prennent et ne volent à la nation les spéculateurs. En Allemagne, les voleurs de ce genre sont décapités ou fusillés. Lesdits voleurs, en France, condamnent une telle barbarie. En France, pays de haute civilisation, les fausses cartes d'alimentation se multiplient avec la complicité de fonctionnaires et de policiers. La Révolution nationale, chère au chef de l'État, n'est qu'une farce. Les choses vont comme par le passé, les gens les mieux placés se *goinfrent,* les autres ont les miettes, quand il en reste. Malgré de nombreux retours en France, des centaines de milliers de prisonniers sont encore en Germanie. « Mourir pour Dantzig ? » Plus de cent cinquante mille jeunes gens tués lors de la bataille pour Dantzig ? Plus de cent mille jeunes gens tués lors de la campagne de France sont sous terre. Maintenant, il faut « souffrir pour Dantzig » !

Dans le quartier Latin où je demeure, les étudiants sont un peu frondeurs, mais ils n'en continuent pas moins, sagement, leurs études ; on est quand même mieux dans les facultés que dans les usines. Du côté des boulevards, quartier des journaux et des imprimeries, où je me rends maintenant à bicyclette pour mon travail, je perçois bien quelques murmures chez les ouvriers du Livre, mais, sagement, le papier continue de s'imprimer ; on est quand même mieux dans les ateliers de Paris qu'en Allemagne. Il faut comprendre. Et je comprends très bien tout cela. Murmures ne sont pas révolte. On ne se révolte contre le poing de fer que lorsqu'il est bien rouillé.

Après trois mois passés à Paris, je milite avec conviction pour le Rassemblement National Populaire et, souvent, je me rends au siège de cette organisation, rue du Faubourg Saint-Honoré, en quête d'échos pour le journal. Mais ce militantisme enthousiaste disparaît après ma seconde fête de Noël dans les murs de la capitale. Plusieurs de mes camarades, estimant que leur place est ailleurs que dans les parlotes politiques, se sont engagés dans la Légion des Volontaires Français et quelques-uns, en Russie, sont déjà tombés. Comme eux, je pense que le meilleur témoignage que l'on puisse donner de son attachement à une cause, quelle qu'elle soit, n'est point fait que d'encre ou de paroles. J'hésite encore, cependant, à sauter le pas. À l'automne, pour me rendre compte, je vais dans une caserne de Versailles où se tient la première manifestation publique de la Légion. Ce jour-là, je suis témoin que la guerre civile pointe à son aurore. Un jeune homme, au cours de la cérémonie, tire sur le chef de mon parti et sur le chef du gouvernement, les blessant gravement. Pour Pierre Laval, le chef du gouvernement, ce n'est là qu'un acompte dont le solde lui sera versé plus tard avec douze balles dans la peau. Ceux de la Légion, toutefois, sont plus en danger en Russie que nous autres en France dans les partis nationaux. Au R.N.P., d'anciens militants communistes, socialistes, anarchistes et syndicalistes sont venus nous rejoindre. Notre doctrine alors, qui coïncide avec ma propre pensée, est fondée sur une étroite collaboration avec l'Allemagne. Cette pensée est chez moi toute naturelle, puisque je suis né, en 1920, de cette collaboration même.

L'Œuvre reflète dans ses écrits les thèses du Rassemblement National Populaire. Toutefois, dans les locaux, quelque chose flotte dans l'air qui a comme un parfum de franc-maçonnerie ; cela m'incommode, cela me gêne. Dans le parti comme au journal, la fraternité, quelle qu'elle soit, m'agace toujours un peu. La seule fraternité que je reconnaisse, hors la famille, est celle des armes. Je me méfie toujours de tout ce qui est plus ou moins feutré, sinueux, onctueux, confessionnel, dans les loges, les ateliers, les églises, les temples.

Je me demande toujours ce qu'il y a sous l'emballage de la philanthropie et de l'amour des hommes pris dans leur généralité. Cela me met mal à l'aise et me donne envie de changer d'air. Le sirop, les sucreries, les pâtisseries de la foire humaine me soulèvent le cœur et je ressens la nausée. En revanche, j'aime bien la viande. Avec cette différence, toutefois, qui me distingue des prêcheurs, lesquels tout comme moi sont carnivores, que je sais très bien d'où elle provient la viande. Je sais quelle m'arrive tout droit des abattoirs. Et je sais comment cela se passe dans les abattoirs. J'y suis allé, pour voir. Ceux-là qui prêchent la philanthropie et qui font néanmoins bonne « chair », et qui continuent à parler de l'Homme, la mine gourmande, ne parlent point des animaux, ni du sang des animaux. Bouffer de la viande, faire couler le sang des bêtes, tuer, reste compatible, pour eux, avec l'amour du prochain et les *droits* de l'Homme. Pas pour moi. Pas plus que n'est compatible avec l'amour de Dieu de lui offrir une bête en holocauste, d'égorger une autre créature de Dieu, de la faire rôtir et de la lui offrir pour satisfaire ses narines divines. Je serai philanthrope le jour où l'on ne massacrera plus les bêtes. Cela dit, je continuerai, en attendant ce grand jour, à bouffer de la viande, mais de grâce, que ceux qui en bouffent, se gardent de venir me prêcher l'amour des hommes. Je sais trop que cet amour-là n'a rien d'angélique et que c'est l'amour de la chair et du sang, alimentaire ou sexuel. Le reste n'est que fleur de rhétorique, hypocrisie, mensonge. Il ne faut pas trop se raconter d'histoires. Il ne faut surtout pas venir m'en raconter. Il m'a suffi de faire un tour aux abattoirs pour savoir à quoi m'en tenir. L'agneau pascal, celui de notre Pâque, n'est pas sur la croix des églises, il est pendu au croc des boucheries par les garçons bouchers, ces enfants de chœur. Il est notre sainte hostie, notre très sainte eucharistie, où la Bête, et non le Verbe, se fait chair.

Alors, l'autre boucherie... la guerre... le sang... ça coule de source... Ce n'est, là, que le reflet de ce que tous nous sommes. La condition humaine est celle de l'animal. L'homme est un grand fauve. Il peut toujours faire l'ange, il reste animal féroce.

Si je sais ce qu'est la religion, l'Agneau si doux... au ventre, j'en connais aussi un bout, par voie de conséquence, sur la dialectique, celle en cours et bien en cour, celle de Hegel, Marx, Engels et tutti quanti : thèse, antithèse, synthèse.

La thèse, c'est la gazelle. L'antithèse, c'est le tigre qui a le ventre vide. La synthèse, c'est le tigre qui a le ventre plein.

Une fois qu'il a le ventre plein, notre tigre se met à philosopher et parle des *droits* de l'homme.

Sainte Aise...

Ni au journal, ni au parti, cependant, je n'arrive encore au stade de la nausée. Mais je sais qu'il est temps, qu'il est grand temps pour moi de m'en aller. La mer, là-bas, à l'Est, me paraît comme attirante, elle me paraît comme le meilleur moyen de m'évader, elle est comme mugissante et comme si elle était au bord de mon rivage. Je la contemple, assis au bord de la falaise. Elle est agitée, il y a la tempête, raison de plus pour en finir avec la platitude terrestre, raison de plus pour quitter le plancher des vaches. Je vais donc me mouiller et rentrer dans le ventre de la baleine de la grande aventure. Mais, installé sur la falaise, je balance encore, j'hésite. À l'autre bout de l'Europe, des soldats continuent de tomber, de se noyer, de plus en plus nombreux dans cette mer russe du front de l'Est. Mon malaise s'alourdit de jour en jour et je commence à avoir toujours plus d'aversion pour les feuilles de papier blanc et pour l'écriture dont on les noircit. Le moment est venu de me décider une bonne fois. Il me faut choisir. Ou bien je pense soutenir mes idées, mais, selon l'enseignement de Rabelais, jusqu'au feu exclusivement, et je quitte alors le parti et le journal pour regagner Toulouse et revoir la belle Edith, ou bien je décide d'aller me chauffer aux flammes de mes convictions et je me dirige vers les combats. Ma seule hésitation tient à cela que la Légion des Volontaires Français ne me dit rien qui vaille. Je désire me battre aux côtés de camarades révolutionnaires et non pas être commandé par des « culottes de peau » ancienne manière, pour lesquelles il n'est question que de la France et du maréchal Pétain. Je souhaite qu'on parle d'autre chose, d'un nouveau destin pour les jeunes Européens dont je fais partie. Depuis longtemps, je n'ai plus l'esprit de clocher. Ma patrie, puisqu'on a ce mot à la bouche, est aussi bien l'Allemagne que la France, je porte en moi cette double nationalité, c'est pourquoi il m'est plus facile qu'à d'autres d'être à l'avant-garde de cette Europe supranationale dont je rêve pour demain.

Que le cardinal-académicien Baudrillart, six mois après l'attaque allemande de la Russie, après avoir parlé des puissances du bien et des puissances du mal qui s'affirment dans un combat décisif, eût fait l'éloge des légionnaires français, me trouble quant à mon choix, car lui, ce prince de l'Église, n'a pas hésité : «... j'oserais dire que ces légionnaires se rangent parmi les meilleurs fils de la France. Placés à la pointe du combat décisif, notre légion est l'illustration agissante du moyen âge, de notre France des cathédrales ressuscitée... Cette légion constitue, à sa manière, une chevalerie nouvelle. Ces légionnaires sont les croisés du XXe siècle. Que leurs armes soient bénies. »

Aux Etats-Unis, à la même époque, le cardinal Spellman, lui, bénissait les armes américaines.

« Tuez-vous les uns les autres. »

Si je ne crois pas au Petit Jésus, j'éprouve toujours quelque émotion devant les cathédrales et même devant les plus humbles chapelles, témoignages de l'ancienne foi. Au Moyen âge, je me serais sans doute agenouillé. De nos jours, on ne construit plus de cathédrales. La foi est morte. Je tiens à rester debout. Mais le cardinal Baudrillart ne m'est pas inconnu. J'ai lu, extrait de la bibliothèque paternelle, son ouvrage sur Philippe V, et ses paroles sur la chevalerie et la bénédiction des armes satisfont mon goût des tournois, de la belle dame et de la guerre, tels que les a chantés le troubadour périgourdin qui a donné son nom à la rue Bertran de Born, dans ma bonne ville de Toulouse. La rue où ma Livia guettait les hommes.

Mes hésitations durent peu. Les pétarades d'un motocycliste allemand, dans la rue Louis-le-Grand, à Paris, me ramènent à la réalité. Les officiers français, dans leur majorité, à part les Cadets de Saumur, ont filé vite du côté de Bordeaux, lors de la débâcle. Je ne tiens pas à être de nouveau sous leurs ordres, même avec un flingue béni par le cardinal Baudrillart.

Un débarquement anglo-américain en Afrique du Nord a lieu en novembre. Après Mers-el-Kébir, Dakar, le Gabon, la Syrie, Madagascar, une fois de plus, l'armée du maréchal Pétain est prise à partie dans l'empire français convoité. Cette fois cette armée rend les armes aux Américains. Il devient alors évident pour les Allemands que, en cas de débarquement ennemi sur les côtes françaises de la Méditerranée, cette armée ne se battra pas. Le 11 novembre, ils occupent alors la zone libre et décident de dissoudre ce qui reste de l'armée française. Ils proposent au maréchal, chef de l'État, de quitter Vichy pour Versailles. Est-ce dérision? Le maréchal Pétain qui n'est même plus Mac-Mahon, peut-on l'imaginer dans le palais de Louis XIV? Par-dessus empereurs et rois, il recule dans le temps jusqu'à prendre la place du « petit roi de Bourges ». Hélas, cette fois, celui qui avec sa croix de Lorraine veut brandir l'étendard de Jeanne d'Arc est du côté des Anglais, lesquels envoient leurs avions bombarder la France. Ce ne sont plus des marins désarmés, comme à Mers-el-Kébir, qui sont tués, mais des femmes et des enfants.

Je vois soudain, un peu plus clairement les choses. Fils de mère allemande, comme l'était, entre autres, Mallarmé, ne puis-je m'engager dans l'armée allemande? Après tout, j'appartiens aussi bien à un pays qu'à l'autre et, croisé pour croisé, je peux l'être tout autant sous la bannière à croix gammée que sous celle de la Légion française.

Après la défaite de Stalingrad, due au fait que l'Allemagne a été obligée de retirer des troupes de Russie pour les diriger en toute hâte vers l'Europe de l'Ouest menacée par les deux mâchoires de la tenaille anglo-américaine largement ouverte entre l'Angleterre et l'Afrique du Nord, et prête aussi à se refermer, l'année 1943 ouvre l'ère des revers de l'armée du Petit-

Caporal obligée de combattre sur trois fronts.

Drieu la Rochelle, qui s'est mouillé jusqu'au cou dans la collaboration et que je viens de rencontrer par hasard, seul, dans un café proche des bureaux de la Nouvelle Revue Française, n'est pas optimiste sur la situation militaire allemande en Russie.

– Les effectifs jouent en faveur des Russes, me dit-il. Les Allemands sont fichus. Ils ont eu des pertes terribles. Cela se répercute jusqu'ici. Ceux qui, il y a un an, me faisaient des sourires grands comme ça, me font aujourd'hui la gueule. Qu'allez-vous faire ? Pour vous, qui êtes jeune, il vous reste le communisme, si vous voulez une Europe autre que démocratique.

– Je crois que je vais aller là-bas, en Russie, mais dans la Waffen SS. Je n'ai pas envie de me nicher dans la barbe de Karl Marx ou dans la barbichette de Lénine ou dans la moustache de Staline, elles sont pleines de poux. Je préfère me battre pour l'Europe plutôt que pour l'Internationale.

Drieu hausse les épaules.

– Je ne crois pas à l'Europe. Pas plus à celle d'Heinrich Himmler qu'à celle d'Heinrich Heine. Je ne crois pas non plus à l'Internationale. Je ne crois pas aux empires, toujours ils s'effondrent. Si j'avais votre âge, je ferais comme vous. À cinquante ans on ne peut pas s'engager dans la SS !

Il fait bien sa cinquantaine maintenant, Drieu. Lui qui était si plein d'allant la dernière fois que je l'ai vu.

Les Français commencent à sentir d'où vient le vent et se montrent réticents pour collaborer avec l'Allemagne. Des jeunes, pour échapper au Service du Travail Obligatoire, prennent le maquis afin de ne pas aller besogner dans les usines allemandes. Ils ont pour cela d'excellentes raisons que j'admets aisément et que toujours je comprends. Mais, pour moi qui, dans *L'Œuvre*, ai participé à la campagne de propagande pour l'engagement dans la Légion française, je ne peux décemment continuer à verser de l'encre, planqué dans un bureau, tandis que d'autres vont se battre, et encore moins déserter. L'heure est venue où l'action va être le gage de ma pensée sincère.

Il y a bien le NSKK, *Nazional-Sozialistisches Kraftfahrer Korps,* qui vient de s'ouvrir aux volontaires français. C'est une formation de conducteurs et mécaniciens du parti national-socialiste. Il me faudrait pour y entrer posséder des connaissances techniques que, hélas, je n'ai point.

Avant de prendre ma décision, je fais un saut jusqu'à Toulouse pour revoir les miens et goûter, malgré les restrictions, au cassoulet familial que ma sarroise de mère sait cuisiner comme une Toulousaine de vieille souche. À Toulouse, je peux encore modifier mes projets. J'avoue que j'en ai la tentation. Pourquoi me lancer dans une aventure, dans une partie qui me paraît perdue d'avance. Toutefois, je ne succombe point. Il y a en moi quelque chose qui me pousse à persévérer dans ma résolution et je ne reste dans ma bonne ville que la durée d'une semaine.

Lorsque je suis à Paris, à partir du pont Neuf ou du pont Saint-Michel, je me plais, afin de me retremper dans Toulouse, à considérer la Seine comme étant simplement la Garonne. À Toulouse, à présent, me penchant de même sur le pont Saint-Michel ou sur le pont Neuf, je m'amuse à faire passer au-dessous de moi l'eau de la Seine et, dans mes promenades, je transforme, d'un coup d'œil magique et roman la basilique Saint-Sernin en église Saint-Germain-des-Prés, tandis que d'un regard gothique je substitue le clocher de l'église des Jacobins et le remplace par celui de la Sainte-Chapelle ! Mais là s'arrêtent mes pouvoirs et mes transmutations. Toulouse redevient bien vite Toulouse, plus chaude, plus cordiale que la capitale que je trouve un peu trop cérébrale, un peu trop distante.

Je suis heureux de revoir notre maison et la ville. C'est comme un voyage accompli dans mon passé. Ma famille, toutefois, se montre très inquiète. On a interrogé mon père à propos de moi.

– Tu sais, me dit-il, il commence à y avoir de l'agitation. Il y a eu dans le quartier un militant du Parti Populaire Français abattu par les résistants. Étienne est passé par ici pour demander de tes nouvelles.

Le Parti Populaire Français est le premier parti de France, dirigé par un ancien membre du bureau politique du parti communiste, Jacques Doriot, qui a rompu avec le bolchevisme et qui a entraîné à ses côtés, dans la dissidence, des bataillons entiers de militants ouvriers. Étienne, lui, est un de mes anciens camarades ; il est devenu communiste. Il sait quelles sont mes idées, plus proches de celles de Doriot que des siennes. Suzanne, la sœur d'Étienne, et Louise, ma sœur, se fréquentent néanmoins et s'entendent bien.

Je rassure mon père.

– Je ne pense pas qu'Étienne se conduise mal à mon égard.

– Je ne le pense pas non plus, mais tu aurais intérêt à virer de bord.

– Pas question. Je ne suis pas une girouette.

– Ce que je t'en dis... C'est surtout mon inquiétude qui parle ainsi, et aussi, à travers moi, l'angoisse de ta mère et de ta sœur... En tout cas, je te mets en garde... Fais attention.

Mon père est visiblement anxieux. Ma mère et ma sœur ont l'air effrayé et ressemblent à de pauvres chiennes battues.

Dans le quartier, il ne m'a pas été difficile de remarquer que des gens que je connais ont changé de trottoir ou bien, l'esprit ailleurs, se sont soudainement intéressés au contenu de vitrines presque vides ou laissés distraire par un chien qui va flairant les murs et les portes. Quelques-uns, cependant, me saluent de façon craintive, apparemment trop en retard dans l'horaire de leurs activités pour pouvoir s'arrêter. Alors, pour ne pas embarrasser ces gens qui m'entourent, je joue à mon tour la distraction, regarde les chiens errants ou les chats et contemple les vitrines vides.

Un seul, alors que je regarde ailleurs, suprêmement intéressé par une quelconque enseigne, s'approche et me tape sur l'épaule.

– Tu me reconnais pas ?

– Tiens ! Larmet !

C'est un copain de lycée. Il bavarde avec moi pendant cinq bonnes minutes, chaleureusement. Quand il me quitte, c'est pour me dire, alors que nous avons parlé de tout autre chose :

– Tu ne devrais pas, comme ça, te mettre dans la gueule du loup ! Tu risques de te faire descendre !

Après avoir quitté Larmet, le monde me paraît soudain comme

embelli.

Louise, le soir même, me raconte comment le militant du parti de Doriot a été abattu de plusieurs balles dans le dos sur le trottoir.

C'est la bonne vieille méthode provocatrice employée à Paris, le 21 août 1941, dans le métro Barbès-Rochechouart. Au départ, sur le quai, on se place derrière l'aspirant de marine Moser, qui attend, ainsi que d'autres voyageurs, l'arrivée de la rame. La voilà qui s'arrête, les voyageurs entrent dans les wagons, un coup de feu éclate, l'officier s'écroule et on prend la fuite en courant dans les couloirs. À l'arrivée, on devient colonel et héros. Beau fait d'armes, pas tout à fait dans la tradition du chevalier Bayard mais très efficace cependant, et sans aucun danger pour l'*exécutant.* Beaucoup plus angoissant, toutefois, pour les otages. Deux conditions pour réussir un tel exploit : savoir se servir d'un pétard et avoir de bonnes jambes. Ensuite, il suffit d'appliquer cette simple formule : tirer et se tirer.

Je me promène néanmoins dans Toulouse. J'ai besoin de revoir les rues et les quartiers dans lesquels j'ai passé mes jeunes années. Après avoir revu ma maison natale et surtout celle de Laure, le désir me prend de revoir aussi Edith.

J'interroge Louise, comme ça, sans trop avoir l'air d'y toucher.

– Tiens, à propos, que devient donc Elise ?

– Elise ? Connais pas.

– Mais si, ton amie, celle qui était au lycée avec toi.

– Elles étaient nombreuses à être au lycée avec moi.

– Celle a qui tu m'as présenté, à la sortie des cours. Une brune aux yeux un peu en amande.

– Ah, Edith ! Elle songe à faire des études très poussées : licence ès-lettres, école archéologique de Rome. Elle travaille dur. Je la vois peu, de loin en loin. Tu sais pas ? La dernière fois, elle m'a demandé des nouvelles de toi. Il m'a semblé, à l'entendre parler, que tu lui avais tapé dans l'œil.

Le lendemain, je me rends dans le café où j'avais invité la jeune fille. Je marche dans le quartier où nous nous sommes promenés et j'espère fort la rencontrer au détour d'une rue. J'imagine la scène :

– Tiens ! No !

– Edith ! Quelle bonne surprise !

– Vous revenez parmi nous ?

– Non, je vais repartir, m'engager dans la SS, me battre. La vie, c'est le corps à corps, Edith, que ce soit au combat ou en amour. La vie, depuis l'origine des temps, est une lutte éternelle.

– Nous pouvons faire le corps à corps tous les deux, No. Mais dans ce cas, vous restez avec moi à Toulouse.

Je rêve tout éveillé sur le trottoir le long des rues, mais je ne rencontre pas Edith. Elle doit avoir autour de dix-huit ans, maintenant. Elle seule pourrait encore détourner ma route. Son absence est à mes yeux un signe du destin. Je dois partir.

Le soir même, avec l'esprit très guerrier du corps à corps, du combat rapproché, je tourne le dos au fantôme d'Edith et, tel Tannhäuser se rendant au Venusberg, je vais m'encanailler rue Bertran de Born. C'est là que, comme un chat sautant sur mon épaule, l'émotion bondit sur moi quand je reconnais la silhouette que je n'ai pas tout à fait oubliée.

Je m'avance aussitôt, traversant la rue sans prêter plus attention, injurié par un cycliste que je n'ai pas remarqué. Alertée par l'engueulade, elle tourne la tête vers moi et s'écrie :

– Ah ! mais c'est mon petit béguin. Tu ne sais plus traverser les rues maintenant ? Heureusement que ce n'était pas une voiture ! Il est vrai qu'il n'y en a pas beaucoup de voitures en circulation !

Elle n'a pas tellement changé la Livia : cheveux et yeux noirs, taille et hanches d'amphore grecque, jambes fermes gainées de noir.

– Livia ! Je te croyais en Amérique du Sud…

– Je n'y ai pas seulement mis les pieds. J'étais en Italie. J'avais le mal du pays. Je suis finalement revenue à Toulouse, je me plais mieux ici.

Elle m'embrasse.

– Tu vois, je ne me cache plus derrière les rideaux de mon ancien rez-de-chaussée. Qui va à la chasse perd sa place. Je suis obligée, maintenant, de faire le trottoir. Mais, dis donc, tu as bien forci !

– Toi, Livia, tu as toujours fière allure.

– N'exagérons rien. J'essaye seulement de me maintenir. Je ne voudrais pas tourner trop vite à la vieille peau. Qu'est-ce que tu fais, tu es libre ?

Nous nous retrouvons d'abord dans un bistro, puis dans un restaurant où le patron nous réserve une place pour clients spéciaux après que Livia se fut entretenue avec lui. En cette période de vaches maigres, elle a obtenu à prix d'or qu'on nous serve le veau gras.

Ensuite je passe la nuit chez elle.

– Eh bien, dis, tu t'es dessalé à Paris. C'est fou, ce que tu pouvais être timide les premières fois, tu étais comme une jeune fille !

Quand, le lendemain matin, je rentre chez moi, mes parents et ma sœur, dans la plus noire inquiétude, se demandaient si je n'avais pas été assassiné.

Je suis physiquement attaché à Livia. Je ne vois pas en elle la prostituée, mais la femme intelligente et experte.

– Tu sais, m'a-t-elle dit, personne ne vit à mes crochets. Mais toi, si tu voulais…

– Il faudrait que tu changes de vie, Livia !

– Oh, le voilà bien le pâle et sale jaloux ! Le vilain propriétaire ! Tu sais, même si je changeais de vie, je ne pourrais rester fidèle très longtemps. J'ai pris des habitudes de putain. J'ai des copines qui voudraient, elles, se ranger, vivre bien bourgeoisement, alors je leur dis d'aller vendre des rutabagas et des topinambours plutôt que leur ventre et de trouver un mari. Moi, il me faudrait plusieurs maris.

Dans le train, j'ai pensé à Livia, plein d'indulgence pour cette femme de mauvaise vie et mœurs.

Elle m'a confirmé ce que m'ont dit mes parents.

– Ça commence à s'agiter ferme dans Toulouse. J'ai connu ça en Italie. Tu es de quel bord, toi ? Résistant ou collabo ?

– Collabo.

– Alors, mon petit, il faudra faire attention. En Italie, je tiens cela de source sûre, les communistes ont déjà établi des listes de gens dont ils veulent se saisir afin de les juger. Pour les juger à leur manière, bien sûr. Pan, pan !

– Mais toi, Livia, tu couches bien avec des soldats allemands. Il va falloir que tu fasses attention.

– Moi, ce n'est pas pareil. Je suis une putain. Il y a de tout dans les putains. Il y a celles qui sont pour la résistance, d'autres qui sont pour le Maréchal, d'autres qui, comme moi, s'en foutent. Elles sont toutes amenées à coucher avec des Allemands. Il serait difficile de juger les unes et pas les autres. On ne me touchera donc pas. Toutefois, les femmes qui fréquentent les Allemands par sentiment, faudra bien qu'elles fassent gaffe. Les mâles d'ici ne le supportent pas. Nous autres, on est renseignées, on a des clients des deux bords. Sur l'oreiller, on se rend bien compte qu'ils ont des projets, ceux de la résistance et, d'après ce qu'ils peuvent dire, tu peux être sûr qu'il y aura de la casse. Eux aussi ont leurs listes pleines. Pan, pan, pan, pan !

J'ai confirmation de tout cela à la veille de mon départ.

Dans la soirée, notre repas vient de se terminer quand on sonne à la porte. Ma sœur va voir et revient dans la salle à manger. Elle est suivie d'Étienne.

Étienne salue courtoisement mes parents et se tourne vers moi.

– Je viens pour te parler et je t'emmène.

Il s'adresse ensuite à mes parents et dit :

– Je vous le ramène dans une heure.

Louise se précipite pour me retenir.

Étienne, alors, fait un geste extraordinaire. Il caresse la joue de Louise.

– Je te le ramènerai, Louise. Seulement, pas un mot de tout ceci à personne. Que cela reste entre nous.

Étienne est grave. Je ne reconnais plus l'ancien camarade. Au lycée, il avait choisi une devise qui le caractérisait bien : « Et est Estienne éveillé, enjoué ». S'il reste éveillé, il est loin d'être enjoué, il a perdu toute sa gaieté, il se veut sérieux et persuasif.

– Tu ne dois pas rester à Toulouse. Tu es repéré. Tu dois partir au plus vite. Nous savons que tu as signé de ton nom des articles dans *l'Œuvre* incitant les jeunes à rejoindre les volontaires qui « combattent avec leurs frères allemands sur le front de l'Est ». Nous avons été copains. Nous ne le sommes plus. Il est cependant normal qu'à travers celui que tu es devenu, je prévienne l'ancien camarade pour lui dire qu'une balle, c'est vite arrivé. Il te faut absolument quitter Toulouse et te faire oublier.

– Merci, Étienne, et mes parents ?

– Ils n'ont rien à craindre. Je les prends sous ma protection. Ils ne sont pour rien dans ton histoire.

– Merci.

– Je ne te demanderai pas de rejoindre la Résistance... Ce serait pourtant une bonne solution...

– Tu as raison de ne pas me demander cela. Tu sais bien que je ne suis pas une girouette.

– C'est tout à ton honneur. Au moins, celui qui était mon copain, reste droit, même si à mes yeux sa raison va de travers.

Étienne me raccompagne à la maison. Pendant le trajet, nous parlons de choses et d'autres, de la pluie et du beau temps.

Quand Étienne quitte mes parents, je vois que ma sœur, cette fois, regarde Étienne avec confiance. Il lui fait un petit sourire, timide, un peu triste, un gentil sourire cependant.

Nous ne nous sommes pas serré la main. Mais, moi aussi, comme Louise, j'ai confiance en Étienne. Étienne, je l'ai toujours su, n'est pas n'importe qui.

*
* *

À Paris, je me rends à l'ambassade d'Allemagne, rue de Lille. Là, on m'oriente vers les services du général commandant suprême des SS, avenue Foch.

Comme deux ans auparavant, je vais changer de vie, rompre avec des habitudes pour d'autres habitudes, quitter des amis pour d'autres amis.

Je commence par ouvrir la porte de la librairie allemande, boulevard Saint-Michel, non loin de chez moi, pour y acheter deux ou trois bouquins et surtout bavarder une dernière fois avec les charmantes vendeuses accueillantes et chaleureuses et leur faire mes adieux.

C'est Irma, une gentille Viennoise, qui m'interroge.

– Vous allez donc nous quitter, où partez-vous ?

– Plus loin que Vienne, chère Irma, du côté des frontières militaires, tout à l'Est.

Elle me regarde étonnée. Je perçois de l'inquiétude dans ses yeux et elle murmure :

– Alors, laissez-moi vous embrasser. Je penserai à vous. Si vous le pouvez, arrêtez-vous à Vienne, vous y aurez peut-être une petite pensée pour moi. Vous savez, c'est très beau Vienne.

Irma, catholique fervente, qui porte au cou un collier orné d'un crucifix, ajoute :

– Il y a même, au musée, la lance qui transperça le cœur du Christ, la lance du Graal.

Elle m'a dit cela d'une voix mêlée de douceur et de douleur, une voix qui me laisse « tout chose », une voix que je perçois comme vaporisée d'un impalpable érotisme, comme de l'amour mêlé à de l'abandon, mais céleste. Il y a des femmes comme cela qui unissent la terre et les étoiles. Edith aussi était de ces femmes-là, et sa voix toute pareille à celle d'Irma. Edith !

Ce matin-là, je descends le boulevard Saint-Michel et, comme un flâneur ayant tout son temps, je longe la Seine, en aval, regardant le fleuve et les maisons le long de la rive, l'eau et puis Paris, de tous mes yeux. Le soleil, pâle encore après le coup de vieux de l'hiver, rajeunit les êtres et les choses. Je me mets soudain à rêver les yeux dans le vague.

Quai Voltaire, dans mon rêve éveillé, je ramasse un gant. De loin je l'ai vu tomber de la poche d'une femme. Je cours pour rejoindre cette femme qui, déjà, est entrée chez un antiquaire. J'entre à mon tour dans la boutique pour remettre le gant. Là, j'entends cette fin de phrase :

L'antiquaire. –... phrasie ! Tu es un gouffre d'argent.

Euphrasie (elle rit). – Ah ! Ah ! Ah !

L'antiquaire. – Bonjour, Monsieur, vous désirez ?

Moi. – Remettre à Madame ce gant tombé sur le trottoir.

L'antiquaire. – Ah ! ne m'en parlez pas, elle perd ses gants et jusqu'à ses culottes. Heureusement que je suis là pour qu'elle n'aille pas cul-nu !

L'antiquaire et Euphrasie se mettent à rire joyeusement, ce qui dissipe ma gêne. Je rends le gant à la belle Euphrasie. Elle me remercie gracieusement et je m'apprête à sortir.

L'antiquaire. – Pas si vite ! jeune homme. Vous méritez récompense.

Moi. – Mais non, Monsieur, il n'y a vraiment pas de quoi.

L'antiquaire. – Si, tenez, choisissez un quelconque objet, n'importe lequel pourvu qu'il vous plaise.

Moi. – Eh bien, ce porte-mine.

L'antiquaire. – Vous êtes la discrétion même, ça n'a pas grande valeur.

Moi. – Il me plaît bien.

L'antiquaire. – Alors il est à vous. Auparavant, écrivez quelque chose, là sur cette feuille, pour voir au moins s'il marche.

Moi (écrivant). – « J'ai ramassé le gant de la ravissante Euphrasie. »

L'antiquaire (lisant). – « J'ai ramassé le gant de la ravissante Euphrasie. » Voyez, Euphrasie, j'ai l'impression que vous pourriez une fois de plus égarer votre culotte.

Euphrasie (riant). – Oh, vous savez, parfois, je n'en mets pas !

L'antiquaire. – Voilà bien un signe d'innocence ! *(S'adressant à moi)* C'est curieux, le mot gant, écrit par vous, est tremblé par rapport aux autres mots. Ce mot-là ne vous dit rien, il doit avoir une signification pour vous ?

Euphrasie. – Ah ! voilà le graphologue !

Moi. – Non, cela ne me dit rien, cela n'a aucune signification pour moi.

L'antiquaire. – Rien, dans votre passé, ne se rattache à un gant ?

Moi. – Non, rien.

L'antiquaire. – Alors, souvenez-vous de ce que je vous dis, cela se rattache à votre avenir. Le gant que vous avez ramassé, jeune homme, est fait de peau. Je souhaite que la vôtre, de peau, dure aussi longtemps que la mienne. Si, je vous disais que je suis né en 1728, vous me croiriez ?

Moi. – Non, bien sûr.

L'antiquaire. – Et si c'était en 1828, vous ne me croiriez pas davantage ?

Moi. – Pas davantage.

L'antiquaire. – Alors disons que j'ai l'âge de votre grand-père. Ça vous va ?

Moi. – Là, c'est plausible.

L'antiquaire. – Eh bien, je vous conseille de prendre bien soin de votre peau sinon vous risquez qu'elle devienne une peau de chagrin, sinon pour vous qui ne pourrez pleurer sur vous-même, mais pour les autres si vous ne la ménagez pas. Une peau ça s'allonge ou ça se rétrécit. Je vous souhaite d'allonger votre peau aussi longtemps que j'ai allongé la mienne. Pour ça, un seul mot d'ordre : « Du calme, du calme, du calme ! »

Selon le mot d'ordre de l'antiquaire, la Seine est calme et les femmes me paraissent plus belles et comme enveloppées d'un léger châle de lumière. De la Seine je ne tarde pas à m'évader vers la Garonne dont l'eau reflète un soleil plus chaud, comme un soleil d'été renouvelé. Ce soleil éclaire dans mon cœur la façade de notre maison et le petit balcon familial. Je suis dans le Toulouse d'aujourd'hui, tel que je viens de le quitter. Ce Toulouse-là ne tarde pas à me servir de tremplin pour sauter, comme à pieds joints, dans le Toulouse d'hier, celui où je retrouve Laure couverte de savon, baignée par sa mère. Et Laure, soudain, quitte la ville rose pour vite me rejoindre alors que, entre la tour Eiffel et le Trocadéro, je viens de traverser le pont d'Iéna. En une seconde elle se fait jeune fille.

– Iéna ? C'est en Fritzland ça, No ?

– Oui, ma toute belle, c'est en Allemagne, c'est près de Weimar, pas loin de Berlin. Poléon y gagna une grande bataille.

– Tiens, regarde, No, nous sommes déjà en Fritzland, rue Bite-au-Vent !

Je ne sais trop pourquoi, pour Laure comme pour moi-même, Beethoven se prononce Bite-au-Vent. Peut-être parce que, l'un comme l'autre, nous trouvons dans la musique de ce compositeur des sentiments virils.

– Et puis, pour toi, qui va en Fritzland, Bite-au-vent, ne sont-ce pas les quatre coups du destin qui vont frapper, dans quelques instants, à la porte de la SS ?

– Les quatre cents coups du destin ? Oui.

Nous prenons donc, par déférence pour le destin, par la rue Beethoven.

– No, c'est peut-être ainsi, la bite au vent, que tu vas vers la mort.

– La Mort est femme. Laure, toi qui la fréquentes, dis-moi, comme elle est belle.

– C'est une jeune fille, tout comme moi.

– Belle ?

– Plus que belle... *ravissante* !

Dans la rue, un chien noir vient me flairer et commence à me suivre. Comme toujours, en ces cas où vient se joindre à moi un tiers quelconque, Laure, très discrète, mais surtout très exclusive, m'abandonne sans crier gare.

C'est un chien du genre barbet, avec un collier de cuir étiqueté d'une plaque de cuivre portant un nom que je ne peux lire car, dès que je m'approche de lui, ce chien bizarre s'éloigne aussitôt pour me rejoindre dès que je reprends ma route. Il me suit tout d'abord, puis me dépasse pour me précéder et puis m'attendre et repartir en avant, jetant de temps en temps un coup d'œil vers ma personne. Au moment de traverser une rue, il vient se ranger bien sagement à mon côté et, une fois sur l'autre trottoir, recommence son manège. Ce barbet m'accompagne ainsi sur un long trajet jusqu'au moment où j'entre dans l'immeuble de la Waffen-SS. Le chien m'observe et s'assied ensuite près de la porte comme pour m'attendre.

À la SS, formalités diverses, longue attente, visite médicale extrêmement sévère, apparemment faite pour éliminer les volontaires plutôt que pour les accepter. Cela ne laisse pas de m'étonner : on a pourtant besoin de combattants là-bas, en Russie. S'agit-il d'une mise en scène, sans plus ? Je me demande cependant si je vais être agréé et si je n'ai pas pris congé de mes amis un peu trop tôt. C'est enfin avec une sensation de délivrance que je signe ma feuille d'engagement.

Quand je sors des bureaux de la SS, c'est pour constater que mon compagnon à quatre pattes, las d'attendre, a disparu.

Sur le trottoir, j'hésite à choisir une direction, ne sachant où aller, je demeure là, quelques minutes, immobile.

J'ai donc franchi le pas. Je vais aller me battre sous les plis du drapeau noir aux runes d'argent, sous la draperie couleur de nuit où fulgurent dans les ténèbres les deux éclairs de la SS, annonciateurs des futurs orages. Moi, qui viens de choisir la guerre, j'éprouve tout soudainement comme un désir de paix. Je décide de faire une promenade dans le bois de Boulogne. Là, je ne tarde pas à me trouver au bord du lac, silencieux, paisible, tout reposé. Je suis loin des batailles sanglantes des hommes.

Il y a sur le sentier du bord de l'eau que j'emprunte quelques couples très jeunes et des jeunes filles enjouées par la saison nouvelle. Il me semble que tout cela est irréel, mirage. Il me paraît que je viens de quitter le désert et d'entrer dans une oasis et, pour un peu, comme un homme assoiffé, la bouche sèche, je me coucherais sur la rive du lac pour y boire de cette eau qui est à mes pieds. Cette oasis ne doit être après tout qu'un mirage, car je suis toujours dans le désert, comme perdu. Ces jeunes filles que je croise appartiennent sans aucun doute à une autre époque. Je suis en plein conflit. Il est bien réel, car je viens de faire à mon tour, à l'instar d'une puissance militaire, une déclaration de guerre.

Alors que je contemple l'eau quasi irréelle du lac, Laure, qui tout à l'heure m'avait abandonné, vient me rejoindre.

– Tu sais, No, que ta mère soit allemande leur a fait bonne impression. Quant à la visite médicale, elle t'était favorable. J'ai le sentiment que tu ne vas pas tarder à prendre la direction du casse-pipes.

– Oui. Bon pied, bon œil, dents parfaites, j'ai des chances d'aller là-bas pour me faire démolir le portrait. Cette fois, cela va être plus sérieux qu'il y a quatre ans.

– Il y a quatre ans, tu étais déjà dans le camp de ceux qui ont perdu une guerre. Tu es dans le camp de ceux qui risquent de t'en faire perdre une deuxième.

– Je ne serais pas très fier de moi si je n'avais pas pris cette décision.

Je me sens vraiment soulagé d'avoir franchi le pas. Je ne pouvais faire autrement. Je commençais à me demander de quel bois j'étais fait, puis à douter de mon courage. Bien sûr, celui qui écrit est aussi utile à une cause que celui qui se bat, mais, à un moment donné, pour se jauger, mieux vaut lâcher la plume pour ramasser le mousqueton.

Laure reprend la conversation.

– Tu as déjà quitté le Sud pour aller vers le Nord, et, maintenant, tu dévies vers l'Est. Tu n'es pas trop désorienté ? Tu vas quitter tes petites amies.

– Pour me retrouver moi-même.

– Tu t'étais perdu ?

– J'étais un peu perdu, oui.

– Et, en cherchant, tu vas trouver un héros !

– L'héroïsme, ce serait de rester à Paris, de continuer de voir les filles et de pouvoir, malgré tout, me regarder ensuite dans une glace, tout en étant très mal dans ma peau.

– Alors, pour être bien dans ta peau, il te faut la risquer ?

– Oui. C'est cela, vois-tu, qui m'est confortable.

– Affreux bourgeois !

Bourgeois, en l'occurrence, est le mot juste. En optant pour la guerre et ses risques, étrangement, je retrouve, toute intérieure, une sorte de paix pantouflarde, comme on peut la ressentir au coin du... *feu !*

« T'es pas un peu piqué ? » me demande l'un de mes bons amis. « Tu ferais bien mieux d'attendre tranquillement la fin de la guerre. Tu es fou à lier, décidément, on devrait te conduire à Sainte-Anne ! »

Je décide, en conséquence, le soir même de mon engagement, de me rendre à Sainte-Anne. Non pas à l'hospice cependant, mais dans la rue de ce nom. Je me dirige d'abord vers l'*Esperia* pour y dîner avant que d'aller me distraire à *La Vie Parisienne.* Comme je ne suis pas assez riche pour inviter quiconque, je vais donc seul enterrer ma vie de garçon, comme il est normal après ce mariage que je viens de contracter avec l'armée de la SS. À l'*Esperia,* moyennant forte finance, on peut sortir un peu du maigre ordinaire des restrictions, et je dîne comme un prince d'un bifteck frites et d'une salade. Cela, tout près du Diable qui, lui, dîne en galante compagnie démunie de longue cuiller, à quelques tables de moi, et qui, sous les traits de Jules Berry, vient de faire une entrée fracassante dans *Les Visiteurs du Soir,* le très beau film de Marcel Carné. Sur les affiches publicitaires du film, le Diable, au tout premier plan, est habillé d'un costume et d'un chapeau noir à parements rouges. Noir et rouge, les couleurs du maître de l'Allemagne, ce diable d'homme que je vais rejoindre.

Devant une coupe de champagne, je m'installe ensuite, parmi d'autres visiteurs du soir, à *La Vie Parisienne,* un cabaret décoré, comme une galerie, de multiples tableaux représentant Suzy Solidor, la chanteuse que je veux voir et entendre avant de quitter la livrée civile. Je m'étais promis, depuis longtemps déjà, d'aller l'écouter dans son répertoire de chants de matelots, avant que de m'en aller au large. Épaules nues, moulée dans une grande robe, blonde sirène, elle chante la mer, les bateaux, les ports, les marins, *Johnny Palmer, Le 31 du mois d'août,* la Bretagne et *Lili Marlène.* C'est pour moi une excellente mise en condition pour mon proche voyage et, comme un capitaine au long cours se donne quelque agrément et prend un peu de bon temps dans une taverne, je me distrais avant que d'entreprendre cette folle navigation pour laquelle j'ai décidé de mettre le cap en direction de la tempête.

Dans cette taverne, Drieu la Rochelle en compagnie de Christiane Renault, l'épouse du constructeur d'automobiles, me fait signe au moment où je m'apprête à sortir. Je m'approche.

– Alors, où en êtes-vous?

– Ça y est. J'ai signé. Mais ça n'a pas été sans mal. La visite médicale est terrible.

- Alors, je crois que, pour ma part, ce n'est pas la peine que je présente ma candidature! Il me faudra trouver une autre solution. Vous allez dans la gueule du loup, alors je vous souhaite *in bocca al lupo!* ce qui, en italien, veut dire « bonne chance »!

Je le quitte. Sa poignée de main est ferme et cordiale. La compagne de Drieu me fait un sourire et me souhaite aussi « bonne chance ».

La gueule du loup! Elle est largement ouverte, mais sur toute l'Europe, sur Paris comme sur Berlin. Drieu le sait aussi bien que moi. Drieu qui, comme Socrate, pour échapper aux crocs, sirotera bientôt le poison...

*
* *

« Le ciel est pur, la route est large... » Je viens de quitter la petite gare de Sennheim. Désorienté, je ne sais quelle direction prendre. Les maisons m'ont accompagné quelques minutes puis, comme lassées déjà, elles ont passé le relais à un cimetière. Une vieille femme, vêtue de noir, me remet sur mon chemin, l'index esquissant mon itinéraire.

– C'est simple, vous contournez le cimetière et vous allez tout droit. Puis vous prenez la première route à droite et vous allez jusqu'au bout.

– Merci, Madame.

L'ombre vivante s'est effacée et, après quelques pas, Laure vient me chuchoter dans l'oreille.

– Tu as bien entendu, No, ce qu'elle a dit: «... et vous allez jusqu'au bout ». Il n'est plus question de reculer maintenant.

Mon cœur bat fort. Ces vêtements que je porte sont une vieille peau que je vais changer. Pour faire peau neuve, la tenue feldgrau m'attend au bout du chemin. Je vais me transformer, tout comme un académicien, en lézard vert. Toutefois, simple mortel, je ne serai pas doté, comme les immortels, d'une épée pour rire, élégante et sans danger.

– Sois tranquille, ma petite Laure, j'irai jusqu'au bout.

Le cimetière est militaire, des soldats allemands y sont enterrés depuis l'an 1915 après s'être heurtés aux Français lors des batailles du « Vieil-Armand » qui détruisirent la ville dans sa presque totalité... Le sommet, du Vieil-Armand haut de ses 956 mètres, derrière moi, à quelques kilomètres, contemple aujourd'hui mon dos déséquilibré par le poids de ma valise. Je regarde les tombes. Une balle, m'a dit Étienne, c'est vite arrivé...

L'air est léger. Le printemps, entouré de fleurs et couronné d'oiseaux, vient tout juste de s'asseoir à la place encore froide laissée par ce cul-gelé d'hiver.

Je marche, je marche, je marche longuement, malgré la limpidité du ciel, dans une sorte de brouillard intérieur. Là-bas, des maisons viennent à ma rencontre. Des bâtiments et des baraques, espacés parmi les arbres, se rapprochent pour m'accueillir.

Je marche pour rejoindre la Grande Armée du Petit-Caporal. Oh, je sais bien que l'ère des grandes victoires : Austerlitz, Iéna, Wagram, est terminée pour lui. Cela fait deux mois déjà qu'il vient de perdre la bataille de Russie à Stalingrad et que commence la retraite. Je sais bien que, de la Berezina à Waterloo, la défaite est au bout.

Je suis arrivé. Mon corps, cheval de mon âme, vient de s'arrêter devant la porte.

Sankt Andreas ! L'Ausbildungslager ! C'est là !

Je souffle un instant et pose ma valise devenue trop lourde. Je me retourne. Non, ce n'est pas le Vieil-Armand que j'aperçois là-haut, sur la route des Crêtes ; car, depuis que Hitler a détaché l'Alsace de l'Est de la France pour la rattacher à l'Ouest de l'Allemagne, ce sommet des Vosges a repris son vieux nom d'août 1914. C'est bien l'Hartmannswillerkopf qui, maintenant, veille sur l'ossuaire où, depuis plus d'un quart de siècle, reposent les restes mêlés de dix mille soldats inconnus.

Je reprends ma valise. À la porte de la caserne, un soldat allemand, bien vivant celui-là, mais sans mot dire, me désigne l'entrée du poste où m'accueille fort militairement un Unterscharführer, c'est-à-dire un sergent de la SS.

Je montre mes papiers.

– Bienvenue parmi nous, camarade.

Je suis conduit par un jeune soldat dans un bâtiment, puis dans un autre, pour me retrouver, après être passé du sous-officier de service entre les mains des garde-mites des magasins d'équipement, puis dans une chambrée déserte, près d'un lit de fer qui m'est affecté, contemplant mon paquetage. Ceux qui vont devenir mes nouveaux compagnons sont à l'exercice. Le dortoir, comme tout ce que j'ai pu voir du camp, est d'une propreté extrême, méticuleuse, quasi maniaque.

– Cette fois, ça y est, No, t'es dans le bain.

– Ouais !

Je me demande tout à coup ce que je fais là !

– Et dire que tu pourrais être pénard à Toulouse !

Toulouse, je revois Toulouse, en pensée, mais surtout la rue Bertran de Born et c'est Livia qui vient prendre place auprès de moi.

– T'es collabo ou résistant ?

– Collabo.

– Alors, faudra faire attention.

Ça, cette fois, collabo, je le suis plus que tout autre ! Je n'ai plus à faire gaffe, maintenant. J'ai pris l'ultime décision. Définitivement. Je vais à présent collaborer à fond. Et aussi jouer à la roulette russe. C'est la meilleure réponse à faire à moi-même, je n'ai plus à m'interroger, et la balle que je risque d'avaler ne sera pas gauloise mais slave, avec faucille et marteau. Plutôt que de me faire descendre en pleine ville comme un lapin, sans arme, je vais pouvoir répondre du tac au tac. Et c'est bien ainsi. Je me sens mieux dans ma peau maintenant, dans tout ce véhicule de chair qui est mien et qui m'a conduit jusqu'ici dans cette chambrée. Au bout d'une heure qui me paraît interminable, ils rentrent tous, un peu étonnés de me voir là. L'un d'eux me lance une phrase rapide que je ne comprends guère. À tout hasard, je réponds « ja » et ils se mettent tous à rire.

Le chef de chambrée est un Flamand, comme la plupart de ceux qui m'entourent. Je sais que, auprès d'eux, les Français n'ont pas bonne presse. Force est de constater, cependant, qu'ils sont très corrects avec moi. Le chef de chambrée a chargé le seul Français de la salle de m'informer de la vie du camp et de mes devoirs. Ce garçon n'est autre que mon voisin de lit, à ma droite.

Ce Français aux yeux clairs, d'allure tranquille, sans vain discours, en quelques mots très simples, me met aussitôt dans la confidence.

– Ici, mon vieux, c'est la Légion étrangère.

Et, après un petit silence, il ajoute, avec un léger sourire d'encouragement :

– En beaucoup plus dur… Mon nom est Raphaël Jano Engelmann, autrement dit Raph.

– Moi c'est Noël Janmage, c'est-à-dire No.

Je suis sur le terrain de sport, en survêtement noir. Cela me rappelle le stade, à Toulouse, et la salle de gymnastique de mon quartier, avant-guerre. Je figurais alors parmi les juniors et toutes mes performances étaient prometteuses. Depuis, malgré les restriction alimentaires, je me suis fait un peu de lard à Paris en cessant toute activité sportive.

Ma première nuit d'apprenti SS est courte. Il fait presque jour quand nous nous retrouvons tous dehors.

Nous nous alignons pour entendre l'exhortation de notre chef de section. Il nous parle, à voix rauque, de l'esprit d'équipe, indispensable à toute victoire. Je parais être toute ouïe mais je n'écoute que d'une oreille distraite. J'observe et je suis légèrement inquiet. Ceux qui m'entourent sont, dans l'ensemble, plus jeunes que moi. Le benjamin du groupe vient d'avoir seize ans. J'ai sept ans de plus. Ce sont tous de jeunes pur-sang et déjà je me sens devenu vieux cheval. Aussi je me demande avec curiosité, si l'esprit d'équipe prôné par le chef de section va avoir raison de tout ce qui nous sépare eux et moi : les différences d'âge, d'éducation, de pays. Jusqu'à présent tout paraît bien huilé et tourne rond. À coups de gueule et de sifflet. Tous les commandements sont donnés avec une certaine rudesse de bon aloi, annonciatrice des difficiles exercices à accomplir, de plus en plus ardus, de plus en plus éprouvants.

– Le meilleur de vous-même est dans l'effort commun. Ce meilleur vous reliera les uns aux autres, je l'exige de vous tous ici, ne me le marchandez pas, soyez-en généreux, pour notre tâche, notre dure tâche de demain, pour notre raison d'être, pour notre cause. Cet effort que je vous demande aujourd'hui, sachez que c'est tout simplement du velours par comparaison avec celui que vous devrez fournir sur le champ de bataille. Camarades, la vie est un combat !

Le chef de section est décoré de la double croix de fer, première et deuxième classe ; de la médaille des blessés ; il porte les insignes d'assaut et de combats rapprochés. Son visage grêlé paraît à mes yeux comme une décoration supplémentaire, laquelle souligne une indéniable énergie.

À chaque quart d'heure, la cloche de la tour carrée se fait entendre. Elle me signale, cette fois, le passage de deux oiseaux dans le ciel. Non loin de nous flotte le grand drapeau noir de la SS, orné de ses deux éclairs d'argent qui me paraissent, eux, deux oiseaux blancs dans le ciel de la nuit.

Le caporal qui assiste le chef de section vient prendre le commandement. Coup de sifflet.

– Tous derrière moi au pas de gymnastique!

Nous prenons la direction du stade.

Finalement, je ne me suis pas trop mal débrouillé. Les inquiétudes gâchent toujours notre existence. Bien sûr, la vie parisienne m'a quelque peu rouillé. J'ai bon espoir, cependant, de tenir honorablement ma place dans les épreuves sportives à venir. Pour le saut en longueur, j'ai gardé la bonne détente qui, naguère, me distinguait dans cette spécialité. Pour la course, il me faut acquérir davantage de souffle. Au lancement du poids, je ne me comporte pas trop mal. Cependant, dans chaque discipline, mon voisin, l'autre Français, est meilleur que moi. C'est le benjamin qui, cependant, est le plus heureux de tous car il est le plus rapide au 100 mètres, l'épreuve vedette. Il a bon espoir de remporter cette épreuve-là dans les joutes olympiques qui ont lieu chaque samedi et dans lesquelles nous sommes opposés aux autres sections. Kirchhoffer, mon autre voisin de chambrée, celui de gauche, un Wallon, espère se distinguer au saut en hauteur.

Au moment de passer sous la douche, je me sens comme épuisé par l'effort. Après le passage sous l'eau froide, il me semble que le jet ruisselant emporte avec lui toute ma fatigue et je me sens prêt déjà pour la partie de basket-ball prévue pour le lendemain.

Le tintement de la cloche, laquelle découpe le temps en tranches régulières, me donne parfois l'impression, bien que la chapelle ait été désaffectée et transformée en salle de cinéma et de conférences, d'être dans une sorte de cloître militaire où la génuflexion a été remplacée par le pas de gymnastique et la méditation religieuse par la théorie politique. Comme les moines, nous ne nous restaurons que d'une maigre chère agrémentée d'eau; comme eux, nous montrons le visage émacié des ascètes.

Après quinze jours d'exercices, de marches et de manœuvres, l'habit civil que j'ai quitté ne serait plus aujourd'hui à ma taille. J'ai singulièrement minci. Je n'ai pas seulement changé de vêtement, mais aussi de corps et, sans doute, d'âme.

Cette métamorphose ne s'accomplit pas sans douleur. Tous ces exercices sont physiquement pénibles. Je me suis terriblement encroûté à Paris, assis derrière les paperasses de mon bureau. Je me trouve tout à coup à rude école. Mais, peu à peu, façonné par les instructeurs allemands et suisses — eh oui, il y a des Suisses — je retrouve l'élasticité musculaire. Les exercices incessants et la nourriture quasi spartiate font de moi un homme autre, plus vigoureux, plus souple, plus ferme aussi, plus jeune et, c'est bien le cas de le dire, plus volontaire. Comme tous mes compagnons, j'ai maintenant le cheveu court et, comme eux, je salue militairement mes supérieurs à la manière SS, le bras droit tendu, comme les anciens Romains.

Dans notre section, Raph détonne par une sorte de paix intérieure que nous autres ne possédons pas. Nous sommes tous plus ou moins passionnés dans nos propos, tandis que lui reste dans une neutralité teintée de bienveillance. Nous nous agitons alors qu'il est plutôt spectateur de nos agitations. Il y a dans ses yeux les reflets ensoleillés d'une eau limpide et sa physionomie exprime une sorte de sérénité profonde. Sa voix est calme, posée, détendue ; ses gestes, précis, mesurés, harmonieux, expriment, eux aussi, toute cette tranquillité que je discerne en lui et cette sorte de bonheur discret qui semble l'habiter.

Pour entrer en conversation plus longue et plus intime avec lui, car il attire ma curiosité par sa manière d'être, je lui pose la question qui me brûle les lèvres :

– Comment es-tu venu jusqu'ici ?

– Par chemin de fer. À pied, c'eût été trop long.

C'est, décidément, difficile de le faire accoucher de quelque chose le concernant. Sa voix n'est pas hostile, il a plutôt l'air amusé. S'il me répond ainsi, c'est sans doute parce qu'il me juge un peu trop curieux. C'est dû à ma déformation de journaliste.

– Je veux dire... ne me réponds pas si je suis indiscret, qu'est-ce qui t'a fait prendre cette tenue ?

Il me regarde placidement et dit, avec un gracieux sourire :

– Poil au cul.

Soudain, il y a un éclat de voix et toute la chambrée se trouve aussitôt debout, figée, silencieuse.

On entendrait, comme l'a déjà dit mon voisin de gauche, voler un pickpocket.

Le caporal vient de lancer un ordre.

– Garde-à-vous !

J'admire toutes ces statues de pierre dont je fais partie, et je comprends que les Français aient perdu la bataille en face de soldats formés à une telle discipline. Les pauvres Gaulois à bandes molletières n'ont pas pesé bien lourd en face d'une telle armée de Romains. Raph, lui, est comme un marbre. Infiniment respectueux des formes et des convenances, il affiche un sérieux incroyable dans l'exercice de la vie militaire.

Dans le silence de la chambrée figée au garde-à-vous, Laure se glisse derrière moi pour chuchoter :

– Ce respect des formes et des convenances, No, ne l'a pas empêché de te répondre avec insolence tout à l'heure.

Je ne sais que répondre à cette remarque. Il est vrai que j'ai été assez décontenancé. Jusque-là, Raph m'a témoigné sinon de l'amitié tout au moins de la sympathie, laquelle, d'ailleurs, est réciproque.

Mais Laure revient à la charge.

– Tu connais, n'est-ce pas, ce genre de plaisanterie. À la question « Qu'est-ce qui t'a fait prendre ce vêtement ? », la réponse est...

– Poil aux dents.

– Si tu avais demandé : « Qu'est-ce qui t'a fait prendre cet habit ? », il aurait répondu quoi ?

– Poil au zizi.

Le sous-officier de service vient d'entrer. Il annonce que nous n'avons que quelques minutes pour nous retrouver dans la cour, équipés, prêts pour une longue marche avec manœuvres de nuit.

Il n'est pas question de reprendre la conversation où Raph et moi l'avons laissée. Il est difficile d'aborder maintenant ce qui me paraît être comme un début de querelle. Il faut, pour vider l'abcès qui se forme, davantage de temps.

Bientôt nous sommes tous rassemblés dans un ordre impeccable. Nous quittons Sankt Andreas au pas de parade pour, après une marche au pas cadencé de vingt kilomètres, nous arrêter à la lisière d'une forêt et commencer une série d'exercices divers tels que l'approche et l'attaque d'un objectif déterminé sur la carte ou encore l'emploi forcené de la pelle pour creuser un abri individuel, à même le sol, dans un temps très court, avant l'attaque supposée de chars de combat. Pour le moment, les chars ne sont qu'imaginaires. Mais, plus tard, ils seront bien réels et il faudra être tapi le plus profondément possible, chacun dans son trou, alors qu'ils rouleront au-dessus de notre tête. Puis, enfin, c'est une nouvelle marche de vingt kilomètres, toujours au pas cadencé, en chantant, tandis qu'autour de nous se nouent et se dénouent des foulards de vapeur blanchâtre dans la pâleur naissante de l'aube humide.

J'observe Raph. Rien dans son comportement ne marque une hostilité quelconque à mon égard. Il est tout à sa tâche et parfois même esquisse à mon adresse un sourire de connivence que je me garde bien de lui rendre. Raph est l'innocence même et moi je suis la colère rentrée.

Arrivés au camp tout crottés, on nous annonce une visite de propreté pour le matin même. Nous n'avons plus, au lieu de dormir, qu'à nous laver et puis à peiner sur nos tuniques, nos pantalons, nos chaussures, pour nous présenter en ordre, parfaitement récurés, à l'œil vigilant de l'adjudant qui ne manquera pas de vérifier jusqu'à la solidité d'attache d'un quelconque bouton.

L'après-midi sollicite toute notre énergie pour divers exercices sportifs. Il nous faut courir le 100 mètres, sauter en hauteur et en longueur, lancer le poids et, le soir venu, assister à divers cours. Les exercices ne sont pas chronométrés. S'ils ont lieu après notre longue marche de nuit, c'est simplement pour nous faire bonne mesure. Trente-six heures de veille et d'efforts transforment chacun de nous, une fois gagné le lit, en un « Bel-au-Bois-Dormant » qu'aucune princesse ne pourrait éveiller.

Ce n'est que le lendemain soir que je pose à Raph la question qui me préoccupe. Je le fais avec calme, comme lui au moment de son insolence.

– Dis donc, Raph, ton « poil-au-cul » ? Qu'est-ce que ça veut dire au juste ?

– Poil-au-Cul ? Oh, c'est un très grand personnage !

Je ne comprends plus très bien. Il semble se parler à lui-même, plutôt que de me répondre. Sa voix n'est nullement agressive mais, déjà échaudé, je suis plein de méfiance, comme en alerte. Je me demande si je ne vais pas en venir aux mains avec lui. Je me contrôle, et sur le même ton, je poursuis, dans la logique de ce qu'il vient de dire :

– Un grand personnage ? Hitler ?

– Non. Quelqu'un de plus grand que Hitler.

C'est incohérent. J'ai de plus en plus le sentiment de tomber dans une conversation idiote.

– Le pape ?

– Plus grand que le pape !

– Alors, c'est Dieu. T'es croyant ?

Raph fait la moue et hoche la tête négativement.

– Entre le pape et Dieu, il y a souvent quelque intermédiaire.

– Un ange alors. Saint-Michel ? Gabriel ? Lucifer ? le Diable ?

– Il y a peut-être de cela. Écoute. A l'origine, quand j'étais gosse, ce personnage s'est d'abord montré à moi sous la forme d'une pièce de monnaie.

Je me sens de plus en plus intéressé. Ma colère rentrée tombe, mais je me demande bien où il veut en venir. Il reprend :

– On lançait une pièce de monnaie en l'air pour parier ou pour départager, par exemple dans un tirage au sort, ou bien lors d'un conflit entre deux garçons ou deux groupes, selon qu'elle tombait du côté *pile* ou du côté *face*. Avec le temps « Pile ou Face » ne tarda pas à se transformer, à se métamorphoser en « Poils ou Fesses ». Entre pile et poil, entre face et fesse, il n'y a pas grande différence. Sauf que, l'ordre devant-derrière étant inversé, on ne tirait bientôt plus à pile ou face mais à poils ou fesses car, quand la pièce tombée présentait l'effigie de la République, c'était le côté de ses poils pubiens et quand elle montrait sa valeur fiduciaire, c'était le côté de ses fesses. Quand la pièce était à terre, on lisait alors à haute voix le résultat. Le vocabulaire ayant subit une nouvelle transformation, le côté face se traduisait par « Poil-au-Con » et, le côté pile par « Poil-au-Cul ». Mais l'histoire ne s'arrête pas là. Peu à peu, à nos yeux d'enfants, se dégagea de ces mots pétillants une sorte d'être spirituel, de divinité chinoise en deux personnes, femelle et mâle : Poa-Lokon et Poa-Loku. Dans les circonstances solennelles où l'on consultait l'oracle, on ajoutait, comme pour sacraliser le verdict : « Dieu est grand, Poa-Loku (ou Poa-Lokon) est son prophète ! ». Ainsi, Poa-Lokon et Poa-Loku avaient pris une dimension céleste ; il fallait compter avec eux et s'incliner devant eux. Ainsi commencent les religions. L'usage voulait que Poa-Lokon fût la divinité du « oui » et Poa-Loku, la divinité du « non ». Nous avions tout un langage à nous. C'est ainsi, par exemple, je ne sais trop pourquoi, peut-être parce que le mot nous plaisait, celui qui perdait à ce jeu de Pile ou Face était déclaré « Zanzibar » ! « Tu vois, Machin, j'ai gagné et t'es Zanzibar ! »

Je suis soulagé. Cette explication de Raph restaure la paix entre lui et moi.

– Je comprends cela, Raph. Les enfants ont le sens du merveilleux. Mais, dis-moi, qu'est-ce que cela peut avoir de commun avec ton engagement dans la Waffen-SS ?

– Eh bien, voilà. J'ai reçu des autorités une paperasse m'invitant à prendre le chemin du Service du Travail Obligatoire. J'ai alors interrogé l'oracle qui, dans l'incognito se présente ainsi :

Raph sort de son porte-monnaie une pièce quelconque.

– Et alors ?

Raph forme une boîte de ses deux mains et y secoue la pièce pendant quelques secondes pour me la présenter, ensuite, à plat, sur la paume.

– Comme tu le vois, c'est pile, c'est-à-dire Poil-au-cul ou Poa-Loku, divinité du *non.* Pas de S.T.O pour moi.

– Et si cela avait été face ?

– Je serais parti.

– D'accord. Mais ton engagement dans la Waffen-SS, dans tout cela ? Je n'y vois pas plus clair. C'était quand même mieux, pour toi, qui n'étais pas national-socialiste, d'aller travailler en Allemagne plutôt que d'être ici.

– C'est toujours la pièce de monnaie qui a décidé. Avant la sentence, je n'étais pas national-socialiste. Le choix d'en haut a fait que je le suis automatiquement devenu.

– Mais comment ça ? Comment la pièce de monnaie a-t-elle pu décider cela ?

- Quand on est convoqué pour le Service du Travail Obligatoire, il n'y a guère que deux moyens de l'éviter : le maquis ou bien la milice, la Résistance ou bien la Collaboration.

– Oui. Je suis d'accord avec cela.

– J'ai donc posé cette question à ma pièce : « Puisque je ne dois pas rejoindre le Service du Travail Obligatoire, dois-je rejoindre la Résistance ? » La réponse, une fois de plus, a été « pile », c'est-à-dire *non.* Vexé, je me suis fait cette réflexion que je n'allais tout de même pas pousser la collaboration jusqu'à m'engager dans la milice ! C'était d'abord comme une exclamation scandalisée à l'intérieur de mon esprit, une exclamation qui, toutefois, retint suffisamment mon attention et, par jeu, je ne tardai pas à transformer cette exclamation en interrogation. Saisi par le démon du jeu, j'ai secoué aussitôt ma pièce. J'ai fermé les yeux. J'ai ouvert la main. Je suis resté longtemps les yeux clos. Je n'osais pas ouvrir les paupières. Mon cœur battait la chamade. C'était délicieux et douloureux à la fois, car j'étais bien décidé à déférer au verdict de l'oracle. La pièce à répondu. C'était de nouveau pile, j'étais soulagé.

Je respirais. Mais la paperasse était toujours là. Elle demandait réponse et je m'exclamai : « Mais sacré nom d'un chien, je ne vais tout de même pas m'engager dans la Waffen SS, quand même ! »

Le démon du jeu ne me lâcha pas. Il me fallait, selon lui, interroger de nouveau les deux divinités chinoises ! Je lançai ma pièce, mais, cette fois, avec le pressentiment de la réponse. En effet, la face ronde de la déesse du *oui,* Poa-Lokon, m'apparut et me demanda de prendre la route et cette route m'a mené ici.

Je regarde Raph avec stupeur.

Raph s'amuse de voir ma mine. C'est comme pour me rassurer, cependant, qu'il ajoute :

– De toute façon, le jeu c'est le jeu. Pour ma part, je serai un Waffen-SS modèle. C'est en quelque sorte un ordre venu d'en haut.

– Tu es croyant ?

– Oui, je crois au Hasard, notre père à tous.

– Mais, dans ton système, quel est notre rôle à nous autres, créatures humaines ?

– Notre rôle, puisque nous sommes les enfants du Hasard, est celui de tous les enfants, nous amuser.

– Ainsi, nous autres SS, tu trouves qu'on s'amuse!

– Oui, bien sûr. Tout comme ceux d'en face, ceux qui sont contre nous. Nous avons, comme tous les enfants, fabriqué des jouets et depuis la guerre, nos jouets de prédilection sont les revolvers, les mitrailleuses, les canons, les bombes. Et nous faisons tous joujou.

– Et le Hasard, notre père à tous, nous regarde en souriant?

- Je ne sais pas s'il a des yeux, il n'en a pas besoin. Si oui, ils nous regarde sans doute avec une cruauté pleine de bienveillance.

– Tu penses vraiment ce que tu dis?

– Bien sûr, sinon je ne serais pas ici.

– Pile ou Face! Avec ce système, tu aurais tout aussi bien fait un résistant, un franc-tireur modèle!

– Certainement. Cela dépendait de la pièce de théâtre dans laquelle le sort choisissait de me faire jouer. Car, n'est-ce pas, tout est jeu, tout est théâtre et j'adore le théâtre qui n'est que simulacre, c'est-à-dire de l'art. C'est Pile-ou-Face le grand patron, c'est lui qui m'a attribué mon rôle. Et j'aime ce jeu qui fait de la vie un jeu. J'ai mis longtemps avant de comprendre une certaine chose, vois-tu...

– Je ne vois pas, non, pas du tout, mais, en revanche, je t'écoute et je t'écoute très attentivement.

– Qu'il me fallait, pour trouver la vie un peu plus vivante, identifier le « je » au jeu...

– Je vois de moins en moins bien, mais continue, j'écoute toujours.

– Qu'il me fallait m'identifier, en tant que personne, au jeu. Le « je pense donc je suis » de Descartes comporte deux fautes d'orthographe. C'est « Jeu pense, donc jeu suis » qu'il faut lire. Être moi-même jeu, pour moi, pour mon plaisir.

– Il y a toutes sortes de jeux que Rabelais a énumérés. Il n'y a pas, sur sa liste, celui de la roulette russe. Il semble bien que ce soit ce dernier que tu as choisi.

– C'est un peu à cela que tu joues toi-même, à la seule différence que, pour toi, c'est du sérieux, ce n'est pas un jeu. Mais le jeu est peut-être plus sérieux que tout ce qu'on a l'habitude de désigner par ce terme. C'est pourquoi, ici, je suis le plus grave et le plus sérieux de tous. C'est en tout cas, pour moi, la manière la plus sérieuse de gagner enfin ma vie... ou de la perdre, ce qui, pour un joueur digne de ce nom, est la même chose, et tout aussi drôle.

Et Raph me montre sa pièce de monnaie.

Tout ce que Raph vient de dire éclaire pour moi l'espèce d'impassibilité profonde qui habite cet étrange compagnon. Il n'est pas un richissime oisif venu ponter dans un casino mais il a l'étoffe et les nerfs d'acier d'un grand joueur et il joue sa vie. Le monde est devenu son casino.

– Mais, Raph, tu vas peut-être être tué et, pour ainsi dire, gratuitement, comme ça. Tu ne te sens pas un peu « zanzibar »?

– Tu sais, il y a longtemps que je suis mort, et, dans le fond, je n'ai rien à perdre. Jean-Paul, dans son *Journal*, notait qu'il n'y avait point de différence, pour lui, à mourir demain ou dans trente ans. Depuis sa mort, plus d'un siècle est passé et, pour qui sait voir, il n'y a, entre la prochaine heure et la dernière, toujours point de différence si ce n'est, bien sûr, pour les horlogers.

Une peau n'est jamais qu'une peau. Quand on est à l'intérieur on est bien obligé de s'en arranger. Quand elle se fend et que les tripes passent à travers, on passe à la trappe et tout est dit. Il n'y a pas là de quoi en faire un fromage si ce n'est, pour les vers, un bon *munster* bien coulant. Quant à nous, rien ne nous est dû. En tout cas, je suis personnellement convaincu que, sur cette terre, rien ne m'est dû, ni sur la glèbe ni dessous. Dessous, la terre a faim, elle dévore les cadavres jusqu'à l'os. Laissons-la bouffer en paix. Quant à ceux qui ont l'âme montgolfière et qui prétendent grimper aussi dans les espaces interstellaires et y ressusciter avec leur corps, c'est-à-dire ressusciter bossus s'ils sont bossus, cagneux s'ils sont cagneux, aveugles s'ils sont aveugles, chiasseux s'ils sont chiasseux, laissons-les tranquilles en compagnie de leur Chimère.

La voix de Raph est tranquille. Il n'y a aucun romantisme dans le ton de ses paroles, lesquelles semblent s'écouler claires comme de l'eau pure sur la pente légère d'un lit de cailloux. Il fait le simple constat du peu de chose qu'est un homme. Et cela me surprend, moi qui, dans mes écrits journalistiques, avais plutôt tendance à magnifier la bête humaine.

Et Raph poursuit :

– Ce qui m'intéresse, c'est d'être là où m'a placé ce metteur en scène qu'est le Hasard car, tout dans la vie est le fait du Hasard. C'est le Hasard qui place les gens là où ils sont. Les gens, en général, ne savent pas cela. Ils se sentent tous déterminés. À leur différence, je sais que je suis ici par hasard, et de cela je ne puis douter, la pièce de monnaie qui m'a conduit jusqu'ici en est la preuve.

– Mais tu ne crois donc, finalement, à rien ?

– La croyance est aussi un produit du hasard. Le hasard m'a donné comme croyance le national-socialisme lequel est lui-même un produit du hasard d'une rencontre d'un homme avec une idée et, par profond respect pour le Hasard, mon maître, je serai fidèle à la croix gammée. Pour Pascal, il suffisait de se mettre à genoux pour croire. En ce qui me concerne, il suffira de tendre le bras, sans croire à quoi que ce soit d'autre qu'au hasard.

Raph me montre de nouveau sa pièce de monnaie. Il la lance en l'air et la reçoit dans la main. Elle est maintenant, cette pièce, comme le symbole de l'essence des choses : l'aléatoire, le fortuit, l'imprévu.

J'ai remarqué que mon compagnon porte toujours sur lui une pierre qui a la taille et un peu la forme d'une noix. Il la fait passer, quand il se change, d'un vêtement à l'autre en même temps que son porte-monnaie et son mouchoir. Je lui demande s'il s'agit là d'un souvenir.

– Oui, c'est un souvenir. J'aime les pierres, je l'ai ramassée quand je portais encore les culottes courtes. Je l'ai toujours gardée avec moi. Elle me rattache au lieu de ma naissance. Il y a des gens qui emportent un peu de terre de l'endroit qu'ils quittent lorsqu'il s'en vont s'établir ailleurs. Moi, j'ai choisi un caillou, c'est plus pratique. De plus, ce caillou est symbole d'autre chose. De même qu'il m'a été pratique de l'emporter avec moi, plutôt que de la terre, de même il m'a été moins encombrant de le prendre, ce caillou, plutôt qu'un crâne humain. Or, ce caillou, comme son nom l'indique, ne dit-on pas d'un homme chauve qu'il n'a plus de poils sur le caillou, ce caillou est un crâne. Et comme un crâne, il est pour moi, quand je m'ennuie, prétexte à méditation. Je le regarde alors, et toutes sortes de souvenirs qui lui sont rattachés me viennent à l'esprit ainsi que les méditations anciennes qu'il a suscitées. Ce caillou, donc ce crâne, c'est un peu ma mémoire. Disons, pour résumer, qu'il est mon propre crâne, mais en réduction, un peu comme ceux qui sortent des mains des Jivaros. Quand je médite, tu vois, c'est comme Hamlet, avec un crâne dans la main, mais il s'agit de mon propre crâne. Voilà. Tu sais tout. Ou à peu près tout.

Obsédé par l'absence de femmes, je pose à Raph une autre question.

– L'amour ? Qu'est-ce que tu en penses ? Hasard ?

– La femme que l'on rencontre dépend aussi du Hasard, même en l'absence des pièces de monnaie qui permettent de rétribuer les plus vénales. Ce peut être un hasard heureux ou malheureux qu'une telle rencontre. Le plus souvent malheureux, si l'on en croit le cinéma et la littérature. Je ne peux et ne sais que dire. Je suis sans expérience. La femme pour l'homme, c'est l'aventure, comme la mer, le Sahara ou bien la guerre. Je pense toutefois que l'aventure vaut ce que vaut l'aventurier.

– Et la mort ?

– Je t'en ai déjà parlé. Elle me laissera toujours froid. Avant comme après.

Enfin, au moment de l'extinction des feux, je pose une dernière question.

– De quelle région es-tu ?

– Je suis né à Merlebach, en Moselle.

La lumière s'éteint. J'ai alors une longue conversation avec Laure. J'ai du mal à m'endormir. Je songe à Raph et à moi-même qui, ici, sommes réunis sous le signe de la croix gammée, et réunis par hasard. Ce hasard, cher à Raph qui en fait une sorte d'archange, est soudain, pour moi, comme une sorte de révélation venue de derrière les choses visibles, et je me demande si la part de cet archange dans la marche du monde n'est pas, en effet, la plus importante. Raph semble faire de cet être spirituel un personnage facétieux, ironique et joyeux et, quand il en parle comme s'il s'agissait de l'une de ses relations privilégiées, il lui vient un sourire amusé. C'est aussi d'un sourire amusé qu'il m'a parlé des curés, des pasteurs et des rabbins « et tout le saint-frusquin » avec la gaieté d'un enfant devant des personnes surprenantes, exprimant même à leur sujet une certaine tendresse, une certaine reconnaissance pour ces gens qui, m'a-t-il dit, peuvent procurer tant de plaisir à les observer et parfois tant de jubilations. Mais j'ai du mal à suivre Raph sur ce terrain. J'ai, un court instant, l'impression de comprendre ce que Raph veut dire et puis, soudain, cela se brouille. À l'intérieur d'une écorce faite de sérieux, et même de gravité, coule en Raph comme une sève dont un des corps subtils est la désinvolture. Cela me trouble. Son Hasard me paraît assez proche parent du Dieuble dont Léo Magnanje m'avait entretenu dans une lettre. Moins sombre cependant, moins tragique, plus désinvolte et j'm'enfoutiste.

À Sankt Andreas, l'entraînement se fait, chaque jour, plus intensif et, au bout d'un mois, nous accomplissons des performances qui nous auraient parues impossibles au moment de notre incorporation. C'est ainsi que, après la marche de quarante kilomètres, trouvée si exténuante, nous ne pensions faire mieux. Or, sac au dos, nous avons ensuite parcouru soixante-cinq kilomètres. Nous commençons à croire qu'il est à notre portée d'accomplir des miracles et, avec confiance, avec la certitude que tout ce que l'on nous demande est réalisable, je me lance à l'assaut de toutes les difficultés proposées.

J'ai même pris goût au saut des fortifications. Cela consiste à courir de plus en plus vite sur une plate-forme, afin de prendre élan jusqu'à l'*appel* d'un des deux pieds sur le bord du vide pour se projeter le plus loin possible, par un saut prolongé, sur un tapis de sable situé à plus de dix mètres en contrebas.

– C'est tout simple, a dit Raph.

En effet, c'est tout simple ! Il suffit de ne point se casser une jambe. C'est ainsi que la Grèce antique, à force de gymnastique avait fait de sa jeunesse la meilleure armée du monde.

Si mes deux voisins de chambrée, Raph et Pol Kirchhoffer, me distancent en sport, malgré mes bonnes performances, ils se situent après moi quant à la théorie politique. Il est vrai qu'ils n'ont point puisé, comme moi, leur savoir dans la bibliothèque paternelle. Mais Pol, bien que catholique pratiquant, a une bonne formation révolutionnaire. Quand il parle des capitalistes, il emploie, pour ces gens qui dominent à partir de leurs banques, le terme éloquent de *banksters.* Comme je trouve ce mot parfaitement imagé et parfaitement imaginé pour définir le capitalisme, je l'interroge. C'est Léon Degrelle, son chef politique, qui, en Belgique, dans ses journaux et ses meetings, employait volontiers ce terme.

– Degrelle, c'est un type vraiment bien, sais-tu ?

L'admiration de Kirchhoffer pour le chef du mouvement rexiste est fondé. Être chef de parti et se battre comme simple volontaire sur le front en commençant par être simple soldat, est bien l'attitude d'un type bien.

J'aime bien Pol Kirchhoffer, garçon bienveillant, sensible, obligeant, dont la tranquillité d'âme me paraît plus naturelle, moins intellectuelle que celle de Raph. Son entrée dans la SS. n'est pas due au hasard d'un lancer de pièce de monnaie. J'ai d'ailleurs posé la même question à Pol qu'à Raph.

– Pourquoi donc es-tu ici ?

– Tu sais, c'est tout simple, mon chef s'est engagé dans la SS. Je rentre donc, à mon tour dans la SS. Je vais le rejoindre, à la fin de mon stage, à la division « Wallonie ».

Le chef du parti rexiste se bat sur le front russe avec gloire. Pol va tout naturellement le rejoindre, appliquant à la lettre la devise de la Waffen SS : « Mon honneur est ma fidélité ».

Pol est tout l'opposé de Raph. Autant celui-ci peut paraître froid, énigmatique, autant celui-là est chaleureux, simple. Tandis que Raph se montre indifférent en matière religieuse, comme moi d'ailleurs, Pol affiche sa croyance catholique. Je me sens néanmoins plus proche de Raph par tempérament. Mais, tout naturellement, Raph et moi nous avons adopté Pol, plus généreux et moins réservé que nous, pour ami.

Je ne peux qu'admirer avec quel abandon Pol est entré dans l'armée du Führer.

– La croix gammée, ce n'est pourtant pas la croix du Christ, dis-je.

Il sort, en souriant, une pieuse image de son portefeuille.

– Regarde bien. C'est l'ange de l'Annonciation, peint par Van der Stockt. Tu trouveras l'original, un tableau très ancien, au musée de Dijon.

Je regarde donc, et je constate que l'Ange de l'Annonciation porte un baudrier couvert de croix gammées !

– Tu en sais plus long que moi là-dessus, Pol, les curés de ma bonne ville de Toulouse en faisaient un insigne du Diable.

– Cette croix, ça remonte à bien plus loin que Hitler. C'est même assez drôle puisque, par exemple, les bons d'emprunt de l'Angleterre, lors de la première guerre mondiale, étaient frappés du svastika. La croix gammée figure dans l'héraldique britannique. On la trouve aussi, et cela remonte à très loin, en Irlande, en Finlande, en Norvège et dans d'autres pays encore, tel la Hongrie. C'est un vieux signe aryen. Les Aryens, tu sais, ce sont tous les vieux Européens, y compris les slaves. Tous ces pays-là ont connu le Svastika bien avant que ton Petit-Caporal soit né, ils l'ont tout simplement oublié. Or, tu ne sais pas ce que c'est que la croix gammée ? Eh bien, c'est tout simplement le Graal, c'est-à-dire le sang des Aryens, c'est-à-dire le sang du Christ.

– Mais le Christ n'était pas aryen !

– Qu'en sais-tu ? On le représente toujours avec les cheveux blonds, comme un Viking. Mais c'est sans importance d'ailleurs puisque trois branches aryennes sur les cinq qui existent se distinguent par des cheveux bruns. La croix gammée et la croix chrétienne d'ailleurs se ressemblent puisque Odin, le dieu aryen, tout comme Jésus, a été, lui aussi, transpercé d'une lance.

Chaque dimanche après-midi nous avons quartier libre. Nous allons à Thann, chez Charles Filiger, au bistrot de la Dîme, rue Gerthofer, pour y boire avec mesure un petit vin que nous a recommandé notre chef de section. Comme nous ne buvons que de l'eau tout au long de la semaine, il ne nous faut pas beaucoup de verres, que nous dégustons lentement et quasi religieusement pour, ensuite, rentrer au camp avec pas mal de gaieté. Quand je commence à être un peu « parti », Pol s'en aperçoit tout aussitôt et, fort consciencieusement, donne le signal du départ.

– Allons Raph, en route, sinon il va falloir le porter sur nos épaules !

Les kilomètres qui nous séparent du camp ont tôt fait de me remettre d'aplomb. Mes deux amis, il est vrai, encaissent mieux que moi la boisson. En chemin, il arrive que, soudain, Raph ramasse une pierre. Il ramasse ainsi, parfois, un caillou qu'il garde dans sa main ou qu'il enfouit dans sa poche. Cela m'amuse toujours.

– Qu'ont-elles donc de si particulier ces pierres que tu récoltes ?

– Parfois leur forme, parfois leur couleur. Je me demande si leur aspect qui m'attire au point de les ramasser n'est pas indicatif de mon avenir. Je sais qu'elles sont indifférentes mais j'aime à imaginer qu'elles sont porteuses d'oracles. Cela me distrait.

À l'arrivée à Sankt Andreas, nous nous rendons rituellement au foyer pour y boire encore une ou deux bières. Telle est, certains dimanches, notre tournée des grands-ducs.

Je suis fier de porter mon uniforme, en vert et contre tous, comme le dit, fort justement Pol, très satisfait de sa parure. Raph semblant avoir dépassé toute chose de ce bas monde, porte cette tenue comme s'il l'avait toujours endossée. Pour ma part, la tête de mort, à l'étrave de mon calot, survolée par l'aigle à croix gammée, me ramène à un âge plus tendre, alors qu'à mon doigt je portais une bague ornée d'une pareille tête de mort, laquelle était un objet de convoitise pour les autres gosses. Ils ne savaient pas ces mômes, que cette tête de mort était reliée au convoi funèbre drapé de blanc portant le corps d'une petite fille, cadavre de ma compagne de jeu. Le symbole de cette mort était passé maintenant de mon doigt à mon couvre-chef! Me comblent, également et presque autant, les deux éclairs en fil d'acier qui étincellent sur fond noir à l'écusson droit de mon col. Ils sont la marque distinctive qui fait de moi, malgré mon uniforme feldgrau, un membre du parti national-socialiste et non pas, comme ceux qui se battent dans les rangs de la Légion des Volontaires Français, un simple soldat de la Wehrmacht.

– Dis donc, Raph, ça ne te fait rien ces aigles nazis et ces lettres SS que tu trimbales avec toi?

– Si, cela m'amuse. Mais parce que je trouve que c'est assez drôle de vivre.

– Curieux ce que tu dis là, alors que tu portes au front une tête de mort.

– Elle est symbolique. Tout le monde porte sur ses épaules une future tête de mort. On ne la voit pas, elle est cachée sous les chairs, les muscles, la peau, les poils, les cheveux, la moustache ou la barbe. C'est ça qui est drôle.

– Eh bien! On peut dire que t'es drôle aussi, toi!

– Oui, parce que, comme je te l'ai dit, la vie c'est drôle.

Il ajoute, après trois secondes:

– Tout comme la mort d'ailleurs. Je m'imagine déjà, comme un petit lapin, dans le terrier que l'on creusera pour moi, tôt ou tard.

Et il se met à rire gaiement.

Ce rire n'a rien de nerveux, ce n'est pas un rire méphistophélique ou sarcastique. C'est un rire frais, jeune, véritablement joyeux. Je me demande alors si Raph connaît la tristesse, à moins que, peut-être, il faille nommer ainsi l'impassibilité qui lui est ordinaire. Peut-être même est-il un peu fou.

– Dis donc, Raph, est-ce que tu penses qu'il y a quelque chose après la mort?

– Oui.

– Quoi?

– L'âme se détache du corps et s'en va au hasard.

– Tu crois vraiment cela?

– Je ne crois pas. J'en suis sûr.

– Et où va-t-elle, l'âme, selon toi?

– Je te l'ai dit. Elle s'en va au hasard. Quelque part, dans l'immensité. Je ne crois pas au Paradis ni à l'Enfer, mais je pense à l'immensité. Rien ne se perd, tout se transforme. Pourquoi ne serait-ce pas vrai de l'âme ? Toutefois...

Comme soudain il reste silencieux, songeur, un peu comme s'il se trouvait tout seul, je le rappelle à la réalité.

– Toutefois ?

Il se réveille et s'ébroue.

– L'âme ! La mort dans l'âme ! Je n'avais jamais pensé à cela. Je retire tout ce que je viens de te dire. Je quitte toute certitude sur ce sujet. L'âme est mortelle ! Peut-être la seule âme existante est-elle celle des canons, celle qui contient la mort et met fin à la vie. Oui, après tout, après la mort, peut-être ne reste-t-il que les blanches ruines de nos ossements...

Après ce dimanche de repos, aux premières heures de l'aube, nous sommes repris en main par un instructeur un peu goguenard.

– J'espère que vous n'avez pas trop fait la bombe hier. En tout cas, il va falloir éliminer bien vite tout le lard que vous vous êtes fait. Au moins un bon kilo à perdre. Allons ! en route. Pas de gymnastique !

Et ça recommence !

L'exercice que je prise le moins, l'exercice disciplinaire, consiste à courir et à se jeter vite à terre et à se relever pour de nouveau, courir, se jeter à terre et ramper. Cela sous des commandements qui durent plusieurs heures. Peu importe le temps, pluie ou soleil, et peu importe l'état du terrain, poussière ou boue. Souvent, il s'agit d'une punition prise aux dépens du temps de loisir ou de sommeil. Il suffit de peu de chose : la chambrée n'est-elle pas impeccable que, bientôt, on entend le coup de sifflet fatal, même si la nuit est tombée. Tout le monde se précipite dehors en tenue d'exercice et la séance commence :

- *Hinlegen ! Auf ! Hinlegen ! Auf ! Hinlegen !....*

Cela pendant deux heures au moins, quand ce n'est pas pendant quatre ou six, dans le rythme lancinant des coups de sifflets. Ensuite, il n'y a plus qu'à procéder au brossage des vêtements et au lavage du corps, en attendant l'inspection toujours sévère.

Bientôt je comprends combien ce *Strafexercice* est utile pour progresser, au cours d'une attaque, sous le feu de l'ennemi. À la première détonation il faut savoir, comme instinctivement, plonger au sol, ramper pour se mettre à couvert, se relever pour courir quelques mètres et plonger à nouveau. Dès que je comprends la raison de cet exercice, je n'ai plus aucune réticence à faire ce que je croyais être une sorte de brimade. Je comprends de plus en plus, aussi, pourquoi le jeune Allemand a surclassé, sur le front de l'Ouest, la totalité de ses adversaires. Il est à tous les échelons, incontestablement, le meilleur combattant.

Déjà, en 1936, aux jeux olympiques de Berlin, le jeune Allemand avait été le meilleur sportif, raflant le plus grand nombre de médailles d'or, d'argent et de bronze. Avec le national-socialisme, l'Allemagne avait choisi, pour vaincre l'adversité, l'effort et la ténacité.

Dans notre camp de Sankt-Andreas, un bassin est en construction en vue de futures compétitions de natation. En attendant, notre section doit se rendre à la piscine de Mulhouse. C'est là que Raph se distingue au plongeoir et Pol en natation. Cela me ramène en arrière, à Toulouse, avant-guerre où j'aime, à la piscine, voir évoluer les nageuses tandis que mon regard caresse les jambes et la poitrine de celles qui me paraissent les plus belles. À Mulhouse, malheureusement, il n'y a pas de naïades pour me faire un peu rêver. Parmi les tritons que j'ai sous les yeux, ceux qui ne savent pas nager sont les plus nombreux, même parmi les natifs des ports d'Anvers ou d'Ostende.

Cette trempette a été, néanmoins, appréciée par tout le monde, surtout par Raph. Il finit par me dire :

– Plus j'y pense, plus je trouve que Pile-ou-Face a fait le bon choix. Je crois que je me serais davantage emmerdé au Service du Travail Obligatoire ou dans la Résistance. Dommage qu'on ne vienne pas plus souvent à la piscine.

Il a pris goût aux plongeons, Raph, depuis que le Hasard est devenu son maître nageur.

Cette fois, mon appartenance à la SS est inscrite dans ma chair même. La lettre A, indicative de mon groupe sanguin, est tatouée sous mon aisselle gauche à l'aide d'un appareil. Ce marquage m'est désagréable. À Pol, cela donne plutôt confiance.

– Cela veut dire que nous sommes de la SS et que nous sommes sous sa protection. En cas de coup dur, au feu, il suffira qu'on lève mon bras pour savoir quel sang il faudra me transfuser.

Je finis par me rallier à son point de vue. Il y a encore du vieil homme râleur en moi. Pol, lui, est tout neuf. Il est comme une médaille d'or. Alors que je me vois marqué comme une marchandise, comme un esclave ou comme une bête, Pol est tout heureux d'être remarqué, distingué et, en quelque sorte, consacré SS. En nous-mêmes, la couleur de nos pensées, rose ou noire, reflet du monde dans lequel nous vivons, est toute subjective.

Quant à Raph, c'est à peine s'il a remarqué cette séance de tatouage. Il s'agit pour lui d'une simple formalité.

Baekelandt, un Namurois bon enfant, a cette réflexion :

– Ça sera un souvenir, pour plus tard, si l'on en réchappe.

Il s'attire aussitôt cette réflexion de son ami Debaeker :

– Dans cinquante ans d'ici, à poil devant ton armoire à glace, quand tu lèveras le bras gauche en criant « Heil ! », tu verras cette lettre et tu penseras à Dolfi.

– Dolfi ?

– Dolfi, oui. Adolf, quoi. Adolf Hitler.

– Âne bâté ! Je lève le bras droit pour faire le salut hitlérien.

– Âne bâté toi-même ! Si tu veux te voir lever le bras droit dans la glace, tu dois, devant cette glace, lever le bras gauche.

– Charrie pas !

Il faut que Debaeker conduise son ami devant la fenêtre rabattue vers le mur pour permettre à Baekelandt de se rendre à l'évidence. Il n'a jamais prêté attention à cela et s'en émerveille.

– Alors ça ! je n'avais jamais remarqué qu'il était gaucher, ce type qui me singe dans la glace !

Debaeker, affligé, prend alors son air de grande commisération.

– Non mais... dis... t'es pas un peu con toi ?
Baekelandt s'offusque et s'indigne.
– Non ! J'suis pas un peu Comtois. J'suis un pur Flamand. M'sieu.

Je dois être le seul de la chambrée à avoir, souventes fois, le soir, une femme dans mon lit. Heureusement que Livia n'est pas visible à tous ces futurs SS ! Comme moi-même, ils ressentent la solitude charnelle. Livia aurait peut-être beaucoup de joie à passer d'un lit à l'autre. Pour moi, elle n'est pas comme la sylphide de Chateaubriand, un fantôme d'amour, mais une femme expérimentée, et plutôt qu'une chaste Diane, une Vénus offerte. Elle a un langage cru.

– Il te faudrait une femme comme moi, une femme avec une moule ardente et un beau cul.

– Mais aussi avec ta belle poitrine.

- – Je trouve mes nichons un peu trop gros.

Je lui confie que la vie monastique ça commence à bien faire !

– Tu devrais aller à Mulhouse. Il y a sans doute dans cette ville quelques rues chaudes.

– À Mulhouse comme à Toulouse ! Ce serait le rêve !

– Ne te fais pas trop d'illusions. Il n'y a guère qu'une Livia...

Et nous dormons ensemble, d'une seule traite jusqu'au petit matin car chaque soir je suis exténué de fatigue. Cette dure fatigue de fin de journée donne à tous, dans ce dortoir, un sommeil profond comme la mort. La chambrée est alors comme une morgue.

Au commencement de l'été, après un trimestre bien rempli, une courte permission m'est accordée pour Mulhouse. J'ai l'espoir d'y rencontrer, comme à Toulouse, rue Bertran de Born, une nouvelle Livia. Je décide de profiter seul de cette escapade. Je veux être seul, trouver une femme, et puis aussi me retrouver moi-même et faire le point, voir ce qui, en moi, fait tout mon vague à l'âme. Il est encore temps, si je le veux, de revenir sur ma décision d'engagement, et je suis encore libre de quitter le camp et de reprendre ma liberté. La SS ne me ficelle pas, elle ne fait aucune pression pour que je reste. Je n'ai pas encore prononcé le serment qui va me lier à elle. La SS demande des volontaires, elle ne force personne. Elle a même tendance à mettre les gens à la porte. Vais-je faire comme Raph ? vais-je tirer ma décision à Pile ou Face ?

Pour l'heure, mon intention est de me rendre à Sennheim où nous ne devons pas tarder à nous cantonner. Je veux visiter rapidement la petite cité avant de prendre le train de Mulhouse, la plus grande ville voisine.

Je quitte Sankt-Andreas parmi les premiers et je marche d'un bon pas sur la route afin de distancer les autres permissionnaires. Je pense à Raph. J'ai eu d'autres conversations avec lui et, parfois, il me désarçonne. Nietzsche, quelque part, dit que le chemin conduisant vers le surhomme passe par un nihilisme nécessaire à la transmutation de toutes les valeurs. Je me demande, tout à coup, si l'ami Raph n'en est pas arrivé à ce stade-là. Raph sur le chemin du Surhomme !

Je lui ai donc parlé de Nietzsche. Bien sûr, il connaît.

– Nietzsche n'est pas à mettre entre toutes les mains. Ça se grignote, peu à peu, à petite dose, aphorisme par aphorisme. Il n'y a pas de place, dans le nietzschéisme, pour les morales de soumission, de servitude et d'esclavage comme le judaïsme, le christianisme, le socialisme, le rationalisme, mais pour des pensées plus altières.

Il ne m'a pas dit si le national-socialisme est une morale de soumission et d'esclavage et s'il y a de la grandeur dans notre servitude. Je pense à Léo Magnanje, anarchiste qui ne voyait de grandeur que dans l'homme seul et quelque peu aventurier, à l'image d'un certain Robert Neumans. Devant moi s'ouvre l'aventure mais je suis loin d'y être seul !

Raph semble avoir tout lu, mais, apparemment, il lit n'importe quoi. J'ai quelques ouvrages que je lui ai proposés.

– Combien t'as de bouquins ?

– Cinq.

– Bon. Donne-moi celui qui est au milieu.

Celui qui est au milieu, c'est le plus petit des cinq. Le *Manuel d'Epictète,* cartonné et ne contenant que quelques feuilles ; je l'ai ramassé je ne sais trop où, et je l'ai trouvé assez « barbant ». Ainsi Raph confie au hasard le soin de choisir jusqu'à ses livres. Pourtant, grâce à une très bonne mémoire, il a retenu de ses lectures une foule de choses. Dans ses bagages, toutefois, il n'a qu'un seul livre. C'est un cours de russe.

– Puisqu'on va traîner nos guêtres là-bas, en Russie, autant apprendre la langue. Ça devrait d'ailleurs faire partie de notre entraînement.

Sur la route de Sennheim, j'arrive bientôt par le cimetière militaire allemand proche de la gare et des agglomérations de la petite ville. J'y jette un coup d'œil, je me demande une fois de plus si, à mon tour, je ne vais pas être bientôt allongé dans la plaine russe, là-bas, sous une croix que l'on coiffera de mon casque. Le soleil, toutefois, rend cette idée moins triste que si je voyais toutes ces tombes arrosées de pluie ou bien saupoudrées de neige. Le très beau soleil de mai dore le pays des morts.

Dans Sennheim, je me promène en curieux, heureux de me trouver en ville. Tous ces jours passés à l'entraînement m'ont bien changé. Une vitrine reflète mon image, j'ai l'impression de me trouver en face d'un autre. Mon visage a troqué des rondeurs pour des angles et mon œil est plus vif, peut-être plus fiévreux, plus ardent qu'à Paris. Mon corps est celui d'un gymnaste. Il est vrai qu'en sport j'ai fait d'énormes progrès, sans doute dus à ma pratique du stade avant guerre, dans ma bonne ville de Toulouse. Avec Raph, Pol et quelques autres j'ai été sélectionné pour suivre les cours d'élève-sous-officiers. Toutefois, après ces six dernières semaines de vie intense, je suis heureux de souffler un peu.

Sur un trottoir du centre de la ville, un léger parfum, discrètement vanillé, vient soudain me troubler. Une odeur que je connais.

– Tu ne trouves pas que c'est mon parfum ?

– Oui, Livia, je l'ai tout de suite reconnu.

– C'est de l'héliotrope. C'est cette femme qui marche devant toi.

Je ralentis aussitôt la marche, afin de ne point dépasser cette jupe qui me précède, afin de rester dans son sillage. C'est comme une bouffée de bonheur. Elle a d'ailleurs des jambes qui méritent bien qu'on les suive.

– Toi aussi tu ressembles à l'héliotrope.

– Tiens en quoi donc?

– Tu te tournes toujours du côté des femmes.

– C'est vrai, elles sont mon véritable soleil.

– Tu es donc bien un tournesol, du genre lithosperme, ce qu'on appelle un gynécotrope.

Elle est calée, Livia. Il est vrai que, par mes lectures et par toute mon expérience, elle apprend de moi beaucoup de choses.

Gynécotrope. Une espèce de mélancolie, due sans doute à l'absence de femmes fait que mes regards se portent d'eux-mêmes vers les jupes et les robes que je rencontre. J'ai la nostalgie de Paris et de Toulouse. Non, certes, je ne vais pas quitter la SS. Je me sens accroché par elle. Je vais continuer de lui donner « le meilleur de moi-même », comme ils disent. À ce meilleur, cependant, il manque quelque chose, un visage, un sourire, et davantage encore. Il y a en moi comme une brèche que la SS n'a pu colmater.

Et cette brèche, cette fêlure, c'est le sexe de la femme. J'en suis, malgré la fatigue de mon entraînement, tout obsédé. Souvent je pense aux femmes que j'ai connues à Paris, à Thérèse, qui n'était ni d'Avila ni de Lisieux, à Paulette et à Jeanne qui était un peu folle, à d'autres encore. Mais c'est surtout du côté de la rue Bertran de Born et vers Livia que volent mes pensées, à ses cuisses écartées que je revois toujours. Cette entrée des entrailles est comme une profonde déchirure dans mon âme. C'est l'œillet que me tend la déesse Vénus. L'œil du cyclope dans lequel j'ai enfoncé mon bâton de feu, l'œillère mystérieuse à travers laquelle j'imagine la création du monde, la création de tout ce qui m'environne, les maisons, les jardins, les machines, tout ce que l'homme, sorti du ventre de la femme a construit, y compris les canons pour détruire. Là, sous une robe ou sous une jupe, se trouve ma chapelle ardente, ma mystique et, peut-être, toute ma sainteté. Là est mon bois sacré où je peux me recueillir pour adorer l'univers. Mais à Sennheim, je n'ai point d'officiante et je suis comme perdu. Je réalise tout à coup que si j'ai tant tardé à rejoindre le camp militaire c'est à cause de cela: le ventre des femmes! Le ventre de mes sœurs! Car telle a été, car tel est toujours, ma fraternité, ma religion et ma litanie. Non, cela n'a pas été si aisé pour moi de quitter le camp de la vie facile, facile malgré le rationnement et les privations, pour rejoindre celui de la mort possible. Et pourtant, c'est là, où je me trouve maintenant, que je peux le mieux apprécier, avec le recul du temps, tout le bonheur perdu. Mais aujourd'hui c'est quand même fête, je peux voir enfin, ne fût-ce que dans la rue, des jambes et des visages féminins.

C'est dans une des rues du centre de la ville que, soudain, la jeune femme dont j'admire la silhouette, juste devant moi, tombe. Je me précipite. Elle est évanouie. Son visage, d'une blancheur de craie, est beau. Penché sur elle, je la prends dans mes bras et je me relève avec ce doux fardeau au moment où l'on me tape sur l'épaule. C'est un vieil homme qui, parlant alsacien, m'indique la pharmacie, à quelque cent mètres, de l'autre côté de la rue.

C'est dans cette officine que la jeune femme revient à elle. Là, la jeune fille que j'ai aperçue en entrant s'est aussitôt absentée un court instant pour revenir avec un petit verre empli d'une liqueur verte qui ressemble à une liqueur de menthe et qu'elle tend à la malade. Revenue à elle, la jeune femme boit et dit que c'est la seconde fois en deux jours qu'elle perd ainsi connaissance. La jeune fille lui parle d'une voix douce et convaincante, comme si elle parlait à sa propre sœur. La jeune femme approuve. Elle se sent mieux, je m'offre à l'accompagner jusqu'à chez elle. Elle ne veut pas me « faire perdre mon temps ». Elle est fort gênée d'accepter. Je dois la rassurer, lui disant que j'ai encore une bonne heure devant moi avant que de prendre mon train pour Mulhouse. Elle finit par accepter car elle se sent encore bien faible. Je l'accompagne donc. Elle s'appuie à mon bras et me parle. J'entends ses paroles sans trop les lier entre elles, répondant au petit bonheur. J'ai l'esprit ailleurs. En arrivant devant sa demeure, avant de la quitter, je lui renouvelle la recommandation d'aller voir son médecin, recommandation déjà faite par la jeune fille de la pharmacie. Elle m'assure que sa mère va, dans l'heure, la conduire jusqu'à l'hôpital et me remercie, me disant combien elle m'est reconnaissante de mon aide. Quelques couleurs lui sont revenues. Elle est maintenant souriante, d'un sourire un peu triste. Chagrin causé par un homme ? Peut-être. Comment savoir ?

Quand, enfin, je suis seul, c'est pour retourner à la pharmacie, car je veux la revoir, elle. Elle que j'ai à peine entrevue, tendant le verre de menthe. Elle, l'apparition. Elle qui a semblé sympathiser avec moi, peut-être à cause de mon uniforme. Elle, qui m'a mis quelque peu la tête à l'envers.

Arrivé devant la porte de l'officine, j'hésite. Je reste près d'une minute comme paralysé, et puis, enfin, je me décide à rentrer. Elle est là ! ses cheveux blonds, souples, denses et fins, ondulent jusque sur ses épaules, ornant un visage très jeune dans la douce lumière de deux yeux verts étonnés.

– Vous avez oublié quelque chose ?

– Oui, Mademoiselle. Vous.

– Moi ?

Elle est plutôt interloquée. Elle rougit, inquiète.

– Je désire vous faire une demande. J'aimerais avoir une marraine de guerre telle que vous.

Cette demande me paraît stupide. Je viens de l'improviser, sans plus réfléchir.

La tête levée et légèrement penchée sur le côté, la jeune fille me regarde comme si elle ne comprenait point mes paroles, comme si je lui avais demandé une potion, un médicament, un remède inconnu d'elle, ne figurant nulle part dans le Codex. Il me paraît qu'elle a quelque peine à saisir le sens de mes paroles, et c'est en français que, cette fois, je répète :

– J'aimerais avoir une marraine telle que vous. Cela m'aiderait dans les moments difficiles.

Elle hésite. Que je lui parle en français la surprend. C'est en français qu'elle me répond :

– Cela n'est guère possible. Je n'ai pas encore l'âge d'être une marraine, et puis, déjà, je corresponds avec quelqu'un qui est au front.

Avec le sentiment de commettre une terrible maladresse, j'ajoute que, si elle veut bien accepter, de ce quelqu'un je me ferai une raison.

Elle esquisse un sourire.

– Si j'en juge par votre uniforme, vous n'êtes pas tellement raisonnable !

Elle m'éblouit littéralement, par son être, par ses gestes, par sa voix et surtout par son regard. Je sens, en même temps, que ma gaucherie est quelque chose qui joue plutôt en ma faveur. Je continue de parler.

– C'est vrai, Mademoiselle, je le confesse, j'ai toujours eu beaucoup de mal à être un tant soit peu raisonnable.

Il me semble qu'il n'y a que nuit, maintenant, autour de ses yeux verts. Je ne vois qu'eux, fascinants. Deux étoiles. Deux étoiles douces qui, tout à l'heure, m'avaient déjà transpercé l'âme. Deux étoiles qui sont comme les yeux d'une chatte quand, autour, tout le reste s'est éteint. Puis j'entends de nouveau sa voix.

– Qui vit sans folie n'est pas si sage qu'il croit. C'est toujours ce que dit mon père.

Nous rions tous les deux et je sens qu'elle va se rendre.

Je sus beaucoup plus tard, qu'à travers son père, elle avait cité La Rochefoucauld.

– Alors, Mademoiselle, au nom de la sagesse, acceptez. Ne soyez pas plus raisonnable que moi.

À son sourire, je sais que j'ai cause gagnée.

Pour détourner son attention et afin qu'elle ne revienne pas sur ce que je considère comme acquis, je lui demande si elle a une idée de la raison de l'évanouissement de la jeune femme.

– Elle est enceinte.

Sans aucune suite dans les idées, je lui dis alors que j'aimerais la voir habillée en Alsacienne ; que l'Alsace, terre tantôt allemande, tantôt française, devrait être, plutôt qu'une pomme de discorde, un lien entre la France et l'Allemagne et que pour moi elle est, elle, comme le symbole de l'union des deux pays. Trois guerres en trois quarts de siècle, dis-je, cela devrait rapprocher deux peuples.

Elle m'écoute, amusée, car j'ai quitté, rassuré par le résultat heureux de ma demande, le ton grave et inspiré, pour un ton plus plaisant. Je vais continuer de parler quand des bruits se font entendre de l'autre côté de la porte du fond.

– C'est mon oncle. Vous devriez partir ; sinon il faudrait que je vous présente à lui et vous risqueriez, car il aime parler, de manquer votre train.

Ma montre frôle l'heure du train et c'est de justesse que, arrivé sur le quai de la petite gare, je monte dans un wagon.

Dans ce train, je me sens tout chahuté, non par le tintamarre des roues sur la voie mais par mon tam-tam intérieur. Le cahot des roues sur les rails, eux, ne fait que me répéter le prénom miraculeux que je viens d'apprendre : *Laure ! Laure ! Laure !*

De tous les gens qui m'entourent, je ne vois, à travers eux devenus transparents, qu'un seul visage, celui d'une jeune fille blonde qui vient d'entrer dans ma vie, toute vivante, à l'instant même.

À Mulhouse, que, sans doute à cause de son évocation sonore, je voulais visiter dans l'espoir d'y trouver comme à Toulouse une rue Bertran de Born, je ne m'aperçois pas que le train vient de s'arrêter. C'est un employé du chemin de fer qui me ramène à la réalité. Je suis demeuré tout seul dans le wagon, je n'ai même pas remarqué que les autres voyageurs sont déjà descendus. Le quai est complètement désert!

Sur la place de la gare, un peu désorienté, pensant à tout autre chose qu'à ce pourquoi je suis venu, je m'engage au hasard, comme l'aurait sans doute fait l'ami Raph, dans la première rue qui se présente à moi. Je me promène alors dans la ville, oublieux de mon projet et sans trop savoir ce que je fais là. Il m'est difficile de dire où mes jambes me portent et je me demande bien qui, en mes lieu et place, elles peuvent bien transporter ainsi; peut-être est-ce ce sacré Raph lui-même, ou bien Pol Kirchhoffer qui a décidé de se mettre en vadrouille car, moi, je sais très bien que je n'ai pas quitté la pharmacie de Sennheim.

Je n'y ai pas pris de médicament mais une drogue dont je vais être, je le sens bien, de plus en plus dépendant.

Quand, pour le retour, après avoir erré dans les rues et plusieurs fois demandé le chemin de la gare, je monte à nouveau dans le train, je constate que, contrairement à l'aller, il y a peu de monde dans les wagons et je peux choisir dans un compartiment une place à ma convenance. Je songe toujours à la jeune fille de Sennheim, mais d'une manière floue et somnolente, quand, brusquement, après avoir eu la vision de la maison de la petite Laure à Toulouse, je vois celle-ci faire, comme autrefois, le geste de faire voler un avion dans l'espace. Cet avion n'est autre que son baigneur en celluloïd dont les bras levés servent, approximativement, d'ailes. Je sursaute. D'un bond, mon souvenir me fait rejoindre la ferme du père Bataille, près de Pau, où Léo Magnanje, une nuit dans un rêve, prononce ces paroles étranges: « Lorelei! Lorelei! L'avion... dans le ciel... apporte la mort! ».

Le lendemain de ce rêve, Léo me parle d'une jeune Alsacienne nommée Laure. L'avion et la mort se mettent soudain en triangle tantôt avec la petite Laure de Toulouse et tantôt avec la jeune fille de Sennheim; cela me trouble fortement. Dans ce train de Mulhouse, il ne fait plus de doute, pour moi, que cette jeune fille évoquée dans la ferme du père Bataille et celle que je viens de rencontrer ne sont qu'une seule et même personne. J'ai alors le sentiment que la petite Laure de Toulouse et la Laure nouvelle ne forment plus qu'un seul être, que la première s'est réincarnée en la seconde. Elle a toujours les yeux verts et ses cheveux blonds, et même, oui, c'est vrai, ses bas noirs. Ce sentiment est si fort et si poignant que je dois me lever et, afin que, dans mon compartiment, l'on ne remarque pas mon agitation, je me réfugie dans le couloir; là, j'appuie mon front contre la vitre de la portière pour contempler le paysage qui défile devant moi. Je suis tout saisi et tout figé devant ces arbres, ces maisons qui roulent à contre-voie et qui appartiennent à un monde devenu insolite.

Je suis exalté. Je délire. À travers la vitre, je regarde au loin, sans voir, je ne suis plus tout à fait dans le train, je ne suis plus tout à fait sur terre.

Le train passe et glisse devant les gens qui s'enfuient vite en sens inverse, du côté de Mulhouse, comme vers un passé qui s'effrite. Le train roule, rapide, exalté lui aussi, danse et me transporte comme au-dessus de la ligne d'horizon, vers Sennheim qui se rapproche et qui est tout mon devenir.

*
* *

Depuis quelque temps, il est fortement question, selon certaines rumeurs, que des Français, jusqu'ici très rares dans la Waffen SS, arrivent nombreux à Sankt Andreas. Et c'est pour leur faire place qu'on envisage de répartir une partie des effectifs actuels dans les localités voisines et, notamment, à Sennheim; Sennheim où je vais être si près de Laure, de Laure dont je suis sans nouvelles depuis plus d'un mois. Certes, je suis retourné dans la petite ville, mais en compagnie de camarades, juste le temps d'une permission de dimanche, jour où Laure se trouve être, plus que les autres jours, en famille.

Tandis que nous attendons notre éventuel départ vers Sennheim, nous sommes, un matin, conviés à l'ancienne chapelle de Sankt Andreas pour entendre une conférence sur la race.

Le conférencier, venu de Munich, un homme jeune encore, nous fait un exposé brillant et documenté. Il nous apprend de façon très humoristique d'ailleurs, combien le national-socialisme est, en matière raciale, redevable à la Bible.

Après avoir projeté ces textes sur l'écran, il conclut:

– C'est notre devoir et notre droit de préserver l'identité du peuple allemand comme le fit Esdras pour préserver l'identité du peuple juif. Je vais maintenant mettre un point final à cette petite conférence en citant mon excellent ami, lord Beaconsfield: « Il n'y a que la race, d'autre vérité il n'en est point. Et toute race court à sa ruine qui se montre insoucieuse de préserver son sang. » Vous connaissez tous lord Beaconsfield, je suppose.

– Non. Pas du tout.

– Ah, cela me surprend! Son nom, il est vrai, est plus connu sous son patronyme: Benjamin Disraeli, coreligionnaire de mon ami Esdras...

Le jeudi 1er juillet, nous quittons Sankt Andreas pour Sennheim et nous prenons nos quartiers dans l'ancien théâtre paroissial. Nous formons à présent une section du peloton des élèves sous-officiers.

Dans mon groupe, commandé par un caporal hollandais, se retrouvent mes amis Raph et Pol, Baeklandt et Debaeker, les deux inséparables compères; un Suisse alémanique et deux autres Flamands, Van Landeghem et Vincke.

C'est le plein été, et je suis heureux. Laure est là, toute proche. Raph, si discret d'habitude, me fait une remarque:

– On dirait que tu trimballes comme un surcroît de gaieté, et puis aussi, parfois, de mélancolie, depuis que tu es allé te baguenauder dans Mulhouse.

A Sennheim, le caporal, le sergent commandant la section ainsi que le sous-lieutenant dirigeant le peloton d'élèves-gradés, ce dernier avec son bandeau noir sur l'œil, ressemblant à un pirate, me paraissent tout particulièrement féroces. Je me doute que ce stage sera plus dur encore que celui de Sankt Andreas. Le pirate, dans mon imagination, s'harmonise à merveille avec le pavillon noir de la SS. Il nous prévient :

– Garçons, ça va barder !

Et comme preuve d'un tel dire, l'armurier remet à chacun de nous un superbe fusil.

Le matin, la séance de gymnastique est suivie d'un cours politique ou d'un exercice de maniement d'arme à la suite duquel, fusil sur l'épaule gauche, nous faisons une marche au pas cadencé jusqu'au terrain de tir.

Avant le départ, Baekelandt, plus loustic que jamais, s'est adressé à son complice Debaeker.

– Tu ne trouves pas que ce *Mausergewehr* ressemble plutôt à une gonzesse ?

– Ça va pas, chez toi, non ?

– Si, ça va bien, merci, mais je trouve qu'il sent la poudre.

Il flaire son fusil et le met sous le nez de l'autre.

– Respire donc un peu ça, tu sens pas cette odeur de poudre de riz ?

Soudain, il me semble, après coup, que de Laure émanait un parfum discret, léger et subtil, lequel se glisse tout feutré dans ma mémoire.

Pas aussi gonzesse que le prétend Baekelandt, notre mauser est devenu notre compagnon de tous les jours.

– Votre fusil, dit notre sergent, n'oubliez pas cela, c'est votre camarade. Vous devez être aux petits soins pour lui.

Ce camarade Mauser est souvent l'objet d'examens scrupuleux de la part du lieutenant de compagnie. Nous devons le lui présenter aussi soigné que pour une sortie de bal.

Je suis devenu très bon tireur. Le copain Mauser, la cible et moi, faisons un tout suffisamment harmonieux pour satisfaire l'instructeur.

– C'est déjà bon. Il faut que ça devienne très bon, puis excellent, pour être tireur d'élite.

Ensuite, on nous met en contact avec la grande sœur ainsi qu'avec le beau-frère du camarade Mauser : la mitrailleuse et le fusil-mitrailleur. Un couple trépidant.

Cette fois, c'est sérieux. Jusqu'à présent, nous étions, avant tout, des sportifs soumis à une discipline de fer. Nous sommes, à présent, des soldats en armes et, dans les longues marches que nous faisons sur les chemins de campagne et de forêt, nous portons, en plus du sac à dos, Mauser, notre maître.

Les enfants de la petite ville de Sennheim nous regardent passer avec des yeux éblouis. Les adultes, eux, se sont habitués, mais beaucoup s'arrêtent encore pour nous voir. Ces soldats qui défilent dans un ordre impeccable et qui chantent, impressionnent et, visiblement, émeuvent. Des femmes et des hommes s'arrêtent. Ils ont connu naguère d'autres soldats, plus rassurants peut-être, mais moins martiaux que nous. Parmi les curieux, je cherche, mais en vain, la silhouette de Laure.

Nous apprenons à nous battre, à nous camoufler, à nous défendre, à surprendre l'ennemi, au cours de manœuvres où les compagnies et les sections rivalisent d'endurance et de ténacité.

Toutefois, si cela ne tenait qu'à la volonté de notre chef de section comme à celle de notre commandant de compagnie, nous aurions, en cet été, de la neige, de la glace, de la pluie et de la boue. Ce n'est point là sadisme de leur part mais simple regret de ne pouvoir, hélas, nous mettre dans les conditions des combats d'hiver, telles qu'ils les ont connues sur le front de l'Est, et telles que, à notre tour, nous ne tarderons pas à les découvrir.

Baekelandt, lui, bien sûr, en rajoute. Il n'a jamais mis les pieds en Russie, mais il se souvient très bien.

– Les gars, c'était terrible. C'était devant Moscou. J'avais une épouvantable envie de pisser et je n'arrivais pas à trouver ma quéquette, laquelle, en temps normal est pourtant de taille imposante. Elle était devenue tellement recroquevillée par le froid qu'elle n'était pas plus grosse qu'un petit pois. Quand, enfin, j'ai réussi, après avoir retiré mes gants, c'était des gants de boxe car il faut bien ça pour se battre contre la froidure, quand j'ai réussi finalement à saisir mon robinet, il ne fonctionnait plus. D'habitude ça coulait de source, mais là rien ! C'est en m'imaginant dans la peau du Mannekenpiss que c'est venu. Mais alors c'est avec ahurissement que j'ai constaté que j'urinais une fine et longue tige de glace, légèrement recourbée, pareille à du verre, jaune et translucide, pareille à de la topaze et d'un diamètre à peine supérieur à celui d'une très mince ficelle. Terrible ça, je vous dis. D'autant plus terrible que ma main, ma pauvre main, sans gant était en train de geler et que moi, poussé par la tige de verre incassable que j'usinais, je me trouvais à plus de deux mètres de hauteur !

Raph a terminé la courte lecture d'Epictète. En me rendant le petit livre, il a quelques mots sur le stoïcisme.

– L'ennui, avec les stoïciens comme avec presque tous les philosophes, Nietzsche étant bien sûr mis à part, c'est leur foutue morale. Ça va presque toujours dans le sens de l'acceptation. J'ai lu, dans la préface, qu'Epictète était esclave. Il a une morale d'esclave, tout comme un juif, un mahométan, un bouddhiste ou comme un chrétien. Son maître, un jour, lui tord la jambe dans un appareil. « Tu vas la casser » dit Epictète à son maître. Celui-ci continue de tordre et casse, comme prévu, la jambe. « Tu vois, je te l'avais bien dit », constate le philosophe. C'est la soumission au destin, les choses extérieures sont indifférentes.

– C'est un peu ta philosophie, non ?

– Mais pas du tout ! D'abord, fort heureusement, je ne suis pas philosophe, bien que, entre autres, la métaphysique soit assez drôlette. Ensuite, ma morale n'est pas une morale d'esclave, mais de maître. Si j'obéis au hasard, c'est moi qui, d'abord, le convoque.

J'ai déjà décelé que, sous une carapace de tranquillité, Raph, en réalité, est en perpétuelle ébullition intérieure et que tout l'intéresse. Sous son aspect détaché, calme, il est, comme au théâtre, attentif à tout ce qui se passe sur la scène, avec cette différence qu'il n'est pas si éloigné des planches et que, lorsqu'il s'y trouve, il s'y révèle excellent acteur, notamment pour nos exercices physiques de sport et d'entraînement au combat dans lesquels il figure parmi les meilleurs.

- Et qu'aurais-tu fait, toi, Raph, à la place d'Epictète ?

- Je lui aurais tout simplement fait la peau à mon maître imbécile et, après, j'aurais avalé la ciguë.

C'est un bien curieux personnage que Raph, et c'est toujours avec étonnement que je pense qu'il aurait pu, tout aussi bien, s'engager dans la Résistance et qu'il y aurait été aussi compétent qu'ici. Il est spectateur intéressé. Il est acteur appliqué, se mettant à la place, c'est le propre de tous les acteurs, de son personnage. Un acteur joue Faust, il sait très bien qu'il n'est pas Faust. Raph joue les SS et sait tout aussi bien qu'il n'est pas SS. Il aurait, de la même façon, joué les résistants tout en n'étant pas davantage résistant. Il n'est, au fond, ni SS ni résistant. Nous sommes tout simplement joués par lui, abusés par lui. Il est Raph, sans plus.

*
* *

Enfin, je revois Laure !

Je la rencontre trois semaine après notre installation dans notre nouveau cantonnement de Sennheim. C'est un dimanche, en fin d'après-midi, que je me trouve auprès d'elle. Malgré mon émotion, je réussis pourtant à paraître naturel. Peu à peu, le calme de Raph a débordé sur moi. Ce n'est, toutefois, qu'apparence.

Laure m'accueille comme si nous étions des amis de longue date. Je ne vois d'elle, d'abord, que son sourire illuminant son visage. Un sourire gai, comme un reflet de pensée amusée, pensée qui est elle-même le reflet d'un souvenir : celui de notre première entrevue, à la pharmacie. Puis, prolongeant ce sourire, et comme en faisant partie, le regard vert limpide de la jeune fille, eau pure réfléchissant la mer où je voudrais me noyer. Puis, je vois le flot soyeux et souple de ses cheveux légèrement ondulés qui, d'instant en instant, flamboient dans une sorte de halo vaporeux ou frissonnent au vent léger de petites touffes d'un blond plus pâle. Je lâche sa main à peine saisie, car ma main, aussi aimante et désirante soit-elle, ne se doit d'être, dans la salutation toute formelle, que la main simple et cordiale d'un soldat et d'un tout récent filleul. Tout récent ? Depuis cet autre souvenir, lointain celui-là, vieux de trois ans, et qui se rattache à la ferme du père Bataille, Laure a pourtant déjà commencé à rejoindre et à se confondre, par l'opération d'un baigneur transformé en aéroplane, avec les premières images de ma vie. La petite Laure ressuscitée, ne sait pas qu'elle est pour moi plus qu'une marraine, que ma « froideur » n'est qu'apparente, que je suis, en réalité, comme une chaudière !

Nous ne sommes ensemble que depuis quelques minutes, quand une jeune fille, aussi brune que Laure est blonde, nous croise et parle en alsacien à ma compagne. Elle sort d'un terrain vague proche. Elle est très charnelle, un peu comme l'était Livia ; animée et joyeuse elle caresse son ventre, tenant des propos qui me paraissent des plus osés. Elle nous quitte très vite.

– Voilà une personne plutôt gaie, dis-je.

– C'est Anne Bändeln, une camarade d'enfance et d'école. C'est une nymphe qui aime les faunes. Elle vient de me dire qu'elle a couché, à l'instant, avec un soldat, dans les herbes hautes, là-bas. Il y a trois ans de cela, elle avait quinze ans, elle couchait avec les soldats français, maintenant elle va avec les soldats allemands. Elle est un corps ouvert à tous les hommes, comme un jardin public. Elle reste mon amie, cependant, car je suis fidèle. C'est une drôle de fille. Elle rit, toute heureuse, après avoir fait l'amour, puis elle pleure à la pensée que celui qui lui a fait l'amour peut être tué sur le champ de bataille. Alors elle prie pour lui, heureuse de l'avoir rendu heureux. Je me demande parfois, si tous ces soldats avec qui elle a couché ne meurent point ensuite quelque part au front. J'avoue que c'est là, de ma part, une idée bizarre.

– Qu'a-t-elle dit, Laure, quand elle se caressait le ventre?

– Qu'elle était toute contente d'avoir été dans les bras d'un beau soldat, mais qu'elle était en retard et qu'elle allait se faire réprimander par sa grand-mère. C'est l'histoire du Petit Chaperon Rouge qui vient de rencontrer le loup.

Comme nous passons devant la boulangerie-pâtisserie, nous voyons cette jeune fille, à l'intérieur du magasin, qui regarde les quelques gâteaux qui se trouvent là. Laure avec un ton d'indulgence s'en amuse.

– Vous voyez? Anna Rotkäppchen, à la recherche d'une galette pour sa mère-grand.

J'interroge ma compagne avec curiosité.

– En ce qui concerne les hommes, vous ne paraissez pas penser comme Anna?

Ma question, un peu scabreuse, est formulé de façon légère, un peu badine. Je crains, cependant, de l'avoir heurtée. Elle ne s'en offusque cependant point.

- – Non, voyez-vous, car je trouve que le mantel d'Anna est beaucoup trop court.

Elle a employé un mot qui appartient à la fois à l'allemand et au vieux français pour désigner un manteau. J'ai, bien sûr, noté que la jeune fille portait une robe d'été, simple et seyante, tout comme Laure. Mais par esprit de jeu je me récrie.

– Laure! Où aviez-vous donc les yeux? Elle porte une robe qui lui va jusqu'aux genoux!

Ma compagne rit.

– Je remarque que vous êtes bon observateur quant à la longueur des robes. Ma remarque faisait allusion à un conte du Moyen âge. Il est question, dans un fabliau, d'un mantel qui s'allonge ou se raccourcit selon la vertu de la femme qui le porte. Pour moi, l'aventure se doit d'être unique, ne concerner qu'un seul homme, celui qu'on a choisi, une fois pour toutes. Mais ne me croyez pas prude. Je ne blâme pas Anna Bändeln. Seulement, vous me demandez ce que je pense, je vous donne donc ma réponse.

– Cet homme qui est au front, est-il celui dont vous parlez?

– Oui, il le sera.

Ce verbe au futur me surprend, non en ce qu'il préjuge l'avenir, mais en ce qu'il dévoile: le mantel de Laure, contrairement à celui d'Anna, n'a point du tout bougé. Mais je veux m'assurer, à présent, de l'identité de cet homme-là.

– Pardonnez-moi, Laure, si je suis indiscret. Vous le connaissez depuis longtemps, cet homme ?

– Vous êtes, en effet, on ne peut plus indiscret. Je le connais depuis plus de trois ans.

– Laure, donnez-moi votre main.

Ses yeux s'écarquillent.

– Non ! Je ne vous fais pas, après tout ce que vous venez de me dire, une demande en mariage ! Donnez-moi seulement votre main pour que je puisse être plus indiscret encore, pour y lire certaines choses. Vous n'avez pas peur j'espère ?

Elle a un sourire amusé, avec une bonne tonalité de moquerie.

– Je ne crois absolument pas qu'on puisse lire quoi que ce soit dans les lignes de la main.

– Donnez-la toujours. Je vous promets de vous étonner au sujet de cet homme dont nous parlons.

Laure me tend la main.

– Je serais très étonnée que vous m'étonniez...

Je suis ému de tenir enfin, plus longuement que tout à l'heure, cette main si douce. Je sens que ce contact trouble Laure. Comme moi-même, elle n'est pas de bois ! Je commence ma lecture, mais je lis au fond de ma mémoire et je me souviens très bien de ce que Léo Magnanje me disait, dans la ferme du père Bataille, à propos de cette jeune fille dont je tiens la main, là, en face de moi.

– Laure, il s'agit d'un homme plutôt grand, à peu près de ma taille. Disons un mètre soixante-seize. Il a un visage énergique. Il a des yeux noirs et des cheveux très noirs aussi. Est-ce bien cela ?

– Oui.

Laure est stupéfaite. Quant à moi, je ne peux plus douter, à présent, de l'identité de cet homme.

– Donnez-moi l'autre main, maintenant. Je vais vous en dire davantage.

Laure me tend l'autre main, laquelle me trouble tout autant que celle que je viens de quitter et je continue de « lire ».

– Il est Flamand. C'est un compatriote de Philippe de Commynes. Il s'appelle Jacques... attendez que je voie mieux... non, il s'appelle Jean... attendez... Jean, Jean Monegal.

Laure retire alors doucement sa main.

– Tout cela est vrai. Mais ce ne sont pas là des choses que l'on puisse lire dans les lignes d'une main. Comment savez-vous cela ?

Elle est souriante, mais visiblement étonnée.

– Mes parents sont seuls à savoir ses choses à Sennheim. Dites-moi ? Comment savez-vous ?

Elle est inquiète et troublée. Moi aussi d'ailleurs, je suis troublé, car j'ai la certitude, maintenant, que la Laure dont il était question dans la ferme du père Bataille est bien là, devant moi, qui me regarde, de plus en plus anxieuse de savoir.

– Qui vous a renseigné ainsi ?
– Léo Magnanje.
– Léo Magnanje ?
– Souvenez-vous, Laure, de ce garçon qui, à Cernay, était l'ami de Jean Monegal.

Je lui raconte comment Léo Magnanje et moi sommes devenus amis, malgré nos idées opposées. Laure est soulagée. Son inquiétude s'est effacée.

– Je me souviens bien de Léo. S'il a été votre ami, nul doute que vous ne sympathisiez avec Jean et que, lui, sympathise avec vous.
– D'autant plus, Laure, que Jean Monegal et moi avons des idées qui, maintenant, nous sont communes. Ce qui n'aurait pas été le cas il y a seulement trois ans puisque, comme Léo Magnanje, il était...
– Communiste...
– Communiste, oui.
– Tout cela est vrai.

Elle se tait, comme plongée dans ses propres réflexions. Il y a un long silence que j'interromps.

– Vous étiez communiste, vous, Laure ?
– Non, j'étais déjà nationale-socialiste, comme mes parents.
– Mais...
– Oh, vous savez, les idées de Jean n'étaient pas contraires aux miennes. À l'époque, il a fait connaissance avec mon père et il s'est rendu compte que bien peu de choses les séparaient. Jean n'a jamais fait que rejoindre les centaines de milliers de communistes allemands qui sont devenus nationaux-socialistes. Et vous, Noël, qu'étiez-vous donc à cette époque-là ?
– Tout comme vous, Laure, j'étais déjà national-socialiste et je l'étais depuis avant-guerre. J'aurais voulu, à cette époque-là, que la jeunesse française fût semblable à la jeunesse allemande, créative et enthousiaste. Et que ces deux jeunesses fussent amies.

Laure me regarde longuement, songeuse. J'ai le sentiment que, à partir de cet instant, elle me considère plus proche d'elle et qu'elle tient moins ses distances.

– Vous voyez, Jean s'entendra aussi bien avec vous que vous avec Léo. Je lui ai d'ailleurs écrit et il a déjà dû recevoir ma lettre dans laquelle je lui parle de vous.

Je note alors que l'homme qui est au front a été, tout de suite, informé de mon existence.

– Et dans ma lettre de ce soir, je pourrai, grâce à vous, lui donner des nouvelles de Léo. Mais, dites-moi, en quelle circonstances ce dernier vous a-t-il parlé de Jean et de moi ?
– Vous savez, il m'avait chargé de vous dire, au cas où je vous rencontrerais quelque part en ce monde, qu'il pensait toujours à vous. Léo, lui aussi, était amoureux de vous.

Cet *aussi,* m'a échappé et me trahit. Il signifie que, tout comme Léo à l'époque, je suis épris de Laure. Je sens une chaleur envahir ma joue, tandis que la jeune fille, pour mon inquiétude, rougit à son tour.

– C'est, me répond-elle, ce que Jean avait deviné lui-même. Il m'avait dit, peu avant que Léo ne nous quitte : « Je crois que tu ne laisses pas mon ami indifférent ! ». Je ne m'étais aperçu de rien. Léo était timide et d'une grande discrétion.

Je respire. Laure interprète mes paroles dans un sens qui me rassure. Je ne veux surtout pas effaroucher son amitié par des propos malheureux qui feraient obstacle à des sentiments plus profonds, à des liens qui se pourraient nouer de plus en plus serrés entre elle et moi. En mon esprit, la petite Laure, morte à Toulouse, vient de ressusciter, de façon bien visible, ici, en Alsace. Pendant sa longue absence charnelle, elle a grandi près de moi. Invisible à tous, elle a parlé avec moi. Mais visible et bien vivante, elle ne se souvient plus de moi. Il me faut entreprendre sa reconquête. Pour l'instant, en l'état présent des choses, tout est clair, parfaitement clair même, elle n'éprouve qu'une certaine amitié pour moi, sans plus. Bien que cette amitié commençante me soit chère, je ne puis espérer, pour l'heure, davantage.

Je lui fais part d'un souvenir.

– Écoutez, Laure, ceci s'est passé un peu après l'armistice, pendant la nuit, dans le sud de la France. Cette nuit-là, Léo Magnanje a rêvé de vous, à haute voix.

– Vous me faites peur. J'espère qu'il n'a pas eu de cauchemar !

– Il y a de cela. Son sommeil était agité et il s'est mis à dire une phrase mystérieuse qui m'a troublé. Je me suis alors levé pour en noter les termes de crainte de les oublier. Ils avaient trait à la *Lorelei,* la poésie de Heinrich Heine. Le matin, au réveil, j'ai interrogé Léo et j'ai su. J'ai su que, pour lui, la Lorelei était une jeune fille de la petite ville de Cernay, en Alsace, une jeune fille qui est vous-même.

– Vous piquez ma curiosité ! Quels étaient donc, si je ne suis pas trop indiscrète, ces mots mystérieux que vous avez notés. Peut-être, cette fois, les avez-vous oubliés ?

– Non, je les ai toujours présents à l'esprit, et les voici tels qu'ils sont demeurés dans ma mémoire : « Lorelei ! Lorelei ! l'avion dans tes yeux ciel, m'apporte la mort ! ». Le matin, après avoir réfléchi sur le sens de ces mots prononcés par lui, Léo me dit que cela concerne un avion allemand qui s'est écrasé près de Cernay. Il me raconte alors l'histoire d'un morceau de gant du pilote carbonisé que Jean Monegal vous avait remis peu de temps après qu'il vous eut rencontrée et vous eut entretenue de musique allemande. Léo a ensuite interprété que cet avion lui apportait la mort, non la sienne mais la vôtre, dans la mesure où il était persuadé de ne plus jamais vous revoir en ce monde. Il en était tellement sûr qu'il n'est pas resté en France et qu'il a profité du départ d'un contingent de soldats pour se changer les idées outremer. J'ai reçu une dernière lettre de lui expédiée du Liban.

Laure est silencieuse.

Je la vois pâle, soudain courbée comme sous le poids d'un lourd fardeau. Consciente de ma présence, elle se redresse et me sourit.

– Pardonnez-moi cette sensibilité ridicule. Ça y est, c'est passé... Connaissez-vous Vienne ?

Je ne puis alors m'empêcher de revoir en pensée la librairie allemande du boulevard Saint-Michel, à Paris, et la petite Irma me recommander de visiter sa ville. « Arrêtez-vous à Vienne. Vous verrez, c'est très beau Vienne ! »

Et, comme un écho d'Irma, et presque avec l'accent enthousiaste qu'elle avait eu dans la librairie, je répète :

– C'est très beau Vienne !

– Vous y êtes allé ? Racontez-moi !

– Non, hélas, je n'y suis pas allé. On m'a simplement dit que c'était une très belle ville.

Le visage de Laure est resplendissant maintenant, de façon toute magique. Elle s'est transformée, éclairée comme par une lumière intérieure, et mon cœur se met à battre fort quand, avec abandon et confiance, sûre d'elle, elle me prend le bras.

– Vienne est... enfin, disons que... je mène une double vie...

– Vous, Laure !

Elle prend, par jeu, une attitude de confession, une expression contrite.

– Oui ! je ne suis là, devant vous, que mon propre double. L'autre est à Vienne.

Je me demande où elle veut en venir et je suis assez décontenancé. Je crains qu'elle ne me parle de spiritisme ou de quelque chose de ce genre.

– Il ne s'agit, bien sûr, que d'une Vienne imaginaire. Je ne fais, moi, que m'y promener en pensée. Peut-être irai-je un jour. J'aimerais y vivre. Pour le moment, elle n'est que mon île au trésor issue du rêve. Mais je pense que ce qui se passe en nous est plus réel que ce qui a lieu hors de nous. L'imaginaire est l'âme, évidemment cachée, de la réalité. C'est même pour moi la seule réalité, laquelle ne peut être que subjective avant que d'être objective. Tout n'est qu'état d'âme. Le mal dont on souffre est plus réel pour soi que pour le passant que l'on croise sur un chemin. Nous portons en nous toute la réalité des êtres et des choses, c'est-à-dire l'ensemble du monde. Si je me tire une balle dans le cœur, je ne fais pas que me supprimer, je détruis, en même temps, le monde qui m'entoure et qui ne m'est qu'apparence, mais encore je détruis davantage, je fais disparaître tout le réel qui m'habitait et m'animait, tout l'imaginaire, toute la poésie qui est création et je supprime ainsi jusqu'à Dieu même. C'est un mystique allemand qui a exprimé le mieux cela : « Je sais que sans moi, Dieu ne peut vivre un clin d'œil ; si je deviens néant, il faut qu'il rende l'âme. ». Si je me tue, je commets un déicide. Je supprime les dieux.

Elle est passionnée, belle, feu et flamme. Je suis émerveillé.

– Vous me suivez ?

– Jusqu'à Vienne. Jusqu'au bout du monde même.

Elle a repris sa gaieté. Elle est à nouveau dans son univers, dans son pays à elle, et ce pays, de toute évidence, n'est plus Sennheim !

D'une vois plus grave, elle continue :

– N'allez surtout pas croire, parce que je vous ai dit que le monde extérieur n'était qu'apparence, que j'en sois pleinement détachée, au contraire, je me fie aux apparences et, non loin d'ici, les deux cimetières militaires, allemand et français, ainsi que l'ossuaire de l'Hartmans-willerkopf me rappellent que la guerre est chose horrible. Quand vous avez cité cette phrase de votre ami Léo Magnanje concernant l'avion qui lui apportait la mort, j'ai été saisie par la justesse du propos, mais avec, toutefois, une interprétation différente car, dans cet avion-là, la mort elle-même était installée aux commandes. Jean Monegal m'avait décrit cette mort atroce, celle d'un homme carbonisé. Cette description était si bouleversante que j'en avais les os comme gelés, j'étais, moi, non pas brûlée, mais glacée. C'est pourquoi, à ce rappel de souvenir, vous m'avez comme écrasée. C'est pour résister à la guerre que je me réfugie à Vienne et que je m'y promène parfois avec ceux qui sont mes amis, avec ceux que j'aime. Il me semble alors, que là, nous sommes protégés.

En quelques instants, le visage de Laure, d'abord ombré de tristesse, s'est à nouveau illuminé avec, dans les yeux, cependant, comme un peu de rosée de la nuit sur l'herbe des cils, au soleil levant d'un sourire un peu confus et comme moqueur pour elle-même.

D'une voix troublée elle ajoute :

– Je sais très bien, croyez-moi, que le réel intérieur lequel, pour moi, est rêve et, peut-être aussi poésie et musique, se heurte à l'apparence extérieure, voile qu'il me faut pourtant soulever. Sous le voile, il y a la tragédie. Elle a commencé, pour moi, avec ce pilote de houille, cette mort en charbon décrite par Jean Monegal. Cette mort aussi est poésie mais poésie à faire hurler, où la musique n'est plus qu'un pesant silence et le rêve comme une pierre tombale, comme une stèle, immobile. Le rêve étant réalité, cela me trouble cependant que Léo Magnanje, dans le sien, ait entrevu la mort non pas rattachée au pilote carbonisé, mais liée à moi. Je pense parfois que je mourrai jeune parce que mes parents m'ont prénommée Laure.

Je reste tout saisi et tout silencieux. Saisi par le ton et la pâleur de Laure. Cette même pâleur de visage qu'avait la petite Laure de Toulouse quand elle *dormait* près de sa mère en larmes. Les dernières paroles que je viens d'entendre me font très mal. Et Laure s'en aperçoit.

– Allons, mon filleul, marchons donc un peu. Cela m'évitera de continuer à dire des bêtises.

Laure reprend corps. Elle est à nouveau avec moi. Nous avons quitté Vienne depuis longtemps, ainsi que le royaume des morts, et nous sommes revenus sur terre, à Sennheim. Loin des rives du bleu Danube et des eaux du Léthé, elle est redevenue une charmante alsacienne qui me tient le bras au bord de la petite rivière Thur. Nous marchons côte à côte. Je l'interroge encore sur ce Jean Monegal, cet homme dont j'aimerais qu'il n'existât point. Sur le chemin d'une femme, il y a souvent un homme et, quand ce chemin est large, il peut y en avoir plusieurs. Pour Laure, le chemin qu'elle suit me paraît être un sentier des plus escarpés, étroit et difficile, peu praticable, contrairement aux chemins de plaine, apparemment plus fréquentés, tels ceux suivis par Livia ou bien par Anna Bändeln au court mantel.

Laure me parle donc un peu de Jean. Ce peu suffit à me faire deviner combien elle en est éprise.

J'écoute Laure, je l'admire, je bois ses paroles. Il y a un vent très léger et quelques-uns de ses cheveux flottent librement sur son visage. Je la regarde pour mieux me souvenir. J'écoute cette voix comme pour mieux me la réciter. Je reste ainsi deux heures auprès d'elle, deux heures que je ne vois point passer. Qu'est-ce que deux heures ! Quand je me retrouve seul, je sais qu'elle est complètement subjuguée par Jean Monegal. Je ne peux avoir aucune espérance si ce n'est celle, abominable, de la mort de celui que je considère déjà comme un rival. Je m'efforce de chasser de ma pensée cette idée innommable, mais, je le confesse, sans y parvenir.

Je me souviens de femmes qui furent charmantes. Laure, cependant, est différente. Les autres femmes, comparées à elle me semblent boiteuses ou bossues. J'ai quitté les femmes de Paris, si attachantes pourtant, pour prendre rendez-vous, cœur battant, avec le national-socialisme, lequel n'a que vingt ans d'âge et qu'une affiche de propagande a personnifié en un grand et beau garçon aux yeux clairs, en tenue de combat, pointant son index vers moi, dans la rue, me désignait et m'interpellant : « Toi aussi ! tes camarades t'attendent à la Waffen SS ! ». Depuis, ce jeune homme de l'affiche s'est métamorphosé et, à Sennheim, comme Achille à Scyros, a pris l'aspect d'une très belle jeune fille, image idéale d'un national-socialisme plus poétique, moins guerrier. Laure me paraît s'être détachée de l'un de ces chœurs qui chantaient autour des feux de camps de la jeunesse allemande, de ces feux de camps auxquels j'aurais tant aimé participer, rien que pour me faire trouver plus léger et tout simple d'aller vers ces autres feux qui embrasent, à l'Est, la frontière de l'Europe occidentale, de cette Europe devenue, hélas, de plus en plus impossible à réaliser, de plus en plus mythique.

Laure est nationale-socialiste, comme son père et comme sa mère. Elle ne fait plus partie de l'Alsace d'avant-guerre. Elle fait partie d'un peuple de cent millions d'âmes. Elle est hitlérienne, comme toutes les jeunes filles allemandes, jeunes filles qui, comme les jeunes filles des autres pays, n'en sont pas moins belles, sensibles et aimantes. Elle est aussi une jeune fille blonde aux yeux verts, née à Toulouse et que j'ai retrouvée vivante après une absence de quinze ans !

Je sais, bien vite, dans ma section, que Laure et moi ne sommes pas passés inaperçus des permissionnaires SS en promenade près de la rivière Thur. Debaeker est le premier à y faire allusion à haute voix.

– Y en a des, jeune Janmage, qui s'mouchent pas du pied ! Y en a des qui ont eu la main heureuse à Sennheim !

Je suis gêné d'un tel manque de discrétion, cependant je m'efforce de ne point le montrer. J'aurais préféré que Laure fût tenue à l'écart des conversations plus ou moins grivoises des hommes. Baekelandt, lui, est plus direct encore.

– Tu dois pas t'ennuyer avec. C'est du beau châssis, la pépée.

Je prends alors mon ton le plus détaché.

– Oui, elle n'est pas mal.

Et il y a un soiffard pour décréter :

– Une poupée comme ça, ça s'arrose !

Et comme je crains que le mot « arrose » ne suscite aussitôt des rebondissements graveleux, je coupe court.

– D'accord, je paye le coup.

L'arrosage est la meilleure façon d'éteindre le feu des propos et d'arrêter le naissant incendie.

Mes deux voisins, Raph et Pol, se montrent plus réservés. Ils demeurent silencieux. Raph, un peu plus tard, devient presque humain.

– Comment s'appelle-t-elle ?

J'avais été fort curieux à l'égard de Raph lorsque, au début de notre amitié, je l'avais interrogé sur lui-même. Je pouvais donc lui accorder une compensation.

– Florence.

– Un bien joli nom. Ton Epictète dit ceci : « Si tu aimes une marmite, dis-toi : « C'est une marmite que j'aime ». Tu sais qu'on appelle une marmite la prostituée qui entretient son souteneur. Toi, tu pourras te dire, comme un conquérant : « C'est une ville que j'aime. C'est une ville d'art. La ville des Lys ! ».

J'ai transformé le nom de Laure sans trop m'en rendre compte, sans doute pour la voiler, la cacher au regard d'autrui, tel un musulman qui cache sous un voile noir sa musulmane. Cependant Raph a dit vrai. Laure est une ville, une ville que je n'ai fait qu'entrevoir. Cette ville est Vienne, la ville imaginaire de Laure, ville qui aurait pu être Florence. Dans cette ville se tient un château, celui de Vienne. Je n'y ai point pénétré et je pense que je n'y pénétrerai jamais. Un autre seigneur que moi détient la clé et la châtelaine sous serrure !

Malheureusement, je ne puis voir Laure autant que je le désire. Elle est rarement libre le dimanche et je ne le suis de toute la semaine. Elle ne tient pas non plus, sans doute, à me consacrer un temps d'amitié dont j'évaluerais la durée à l'aune d'un sentiment qu'elle n'éprouve pas pour moi mais pour un autre. Quand j'ai insisté pour la revoir, elle m'a souri.

– Je vous reverrai avant que vous ne quittiez Sennheim. Si cela se fait brusquement, venez sonner à la porte de mes parents.

Apparemment, tout comme Jean Monegal, ses parents connaissent mon existence. Laure ne vit pas dans l'ombre, mais en pleine lumière et ses faits et gestes sont connus de ceux qui lui sont proches.

Elle m'a interrogé sur Toulouse, sur Paris. Nous avons parlé de l'Alsace et des montagnes voisines. Le temps est passé bien vite et il ne me reste, pour l'heure, avec moi, près de moi, que Sennheim, ces maisons qu'elle connaît toutes et ces gens autour d'elle dont elle sait les noms et prénoms. C'est tout cela qui, Laure absente, me parle d'elle. Et c'est pour être dans ces rues, dans cette petite ville qui est devenue ma Vienne, que j'ai suggéré à Raph et Pol d'abandonner nos randonnées à Thann. Nous buvons, à présent, notre vin dominical à Sennheim même, au café des Deux-Ponts.

C'est le premier dimanche d'août que, après être demeuré seul dans la chambrée pour écrire quelques lettres à Toulouse et à Paris, je rejoins mes deux amis au café. Ils sont, là, en compagnie d'un sergent SS qui, sur le point de partir, décide de rester encore un peu quand il apprend que je connais Paris. Il s'agit de Philippe Merlin, le responsable de la Division VI, chargée de l'éducation et de la propagande, l'homme de confiance de la SS française. À Sankt-Andreas, il organise avec les autorités allemandes, l'installation et la formation idéologique du premier contingent des volontaires venus de France. Merlin, un peu plus âgé que nous, est un grand garçon aux cheveux clairs et aux yeux bleus dont le regard assuré et persistant surprend.

– Salut, camarade chevalier, installe-toi à cette table ronde qui n'est rectangulaire que de simple apparence. Paris, je connais. En 1933, je fréquentais le quartier Latin. J'y avais de bons amis.

– J'ai habité le quartier Latin, rue Cujas.

– Rue Cujas ! C'était ma rue ! Cujas, un savant légiste toulousain.

– Je suis Toulousain, mais ni savant, ni légiste.

– Tu seras un plus grand savant légiste après ton stage SS, tu connaîtras les lois de la guerre dont la principale est la loi du plus fort. À propos, tes amis viennent de me dire qu'ils ne tiennent pas à entrer dans la formation française. Vous allez être prêts avant nous, vous pourriez être les cadres de cette formation. Qu'en penses-tu ?

Je ne veux pas contredire mes amis Raph et Pol, et j'abonde aussitôt dans leur sens.

– La SS, dis-je, est au-dessus des idées de nationalités. Le drapeau noir est au-dessus des autres drapeaux. Issue de l'Allemagne, la SS en a maintenant dépassé les frontières pour s'étendre aux dimensions d'une plus grande nation, l'Europe, où, je l'espère, même les Slaves auront leur place.

Les yeux bleus me scrutent.

– Ce que tu dis est vrai, mon camarade, mais ce sont ceux de la SS française qui prendront le pouvoir en France quand la parole y sera donnée aux « Croix de Fer » revenus du front. Il faudra bien chasser les pétainistes, les maurrassiens et les autres réactionnaires plus ou moins spécialistes du double jeu. Ce sera à nous de commander, à eux d'obéir. Car le pouvoir est toujours absolu. Il y a ceux qui commandent, il y a ceux qui obéissent. Cela quel que soit le régime. Seuls les imbéciles croient bêtement que cela changera. En attendant je paye le coup.

Merlin a une intelligence brillante et donne l'impression de tout connaître. Rien ne lui est étranger. La chose la plus surprenante est qu'il me paraît concilier les certitudes idéologiques de Kirchhoffer et le détachement olympien de Raph en sa personne même.

Nous l'interrogeons sur ces Français dont la plupart viennent de la zone occupée et principalement de Paris. Quelles sont leurs raisons, pour le moment, de se battre ?

– Ce sont, pour la plupart, de jeunes ouvriers et, avant tout, il s'agit, pour eux, de combattre. Vous avez peut-être lu *Les Réprouvés* d'Ernst von Salomon ? Nombre de jeunes Allemands, au lendemain de l'armistice du 11 novembre 1918, réprouvés de tout le monde, partaient se battre contre les Russes et les Polonais afin de maintenir les frontières orientales attaquées. Ils étaient accusés par les défaitistes et notamment par leur propre gouvernement, en Allemagne même, et ils étaient dénoncés par les Anglais et, davantage encore, par les Français, tous polonophiles. Eh bien, les réprouvés, aujourd'hui, sont français, belges, hollandais, danois, croates, hongrois, etc. Ils sont européens et ils sont jeunes et ils sont issus du peuple européen. Eux aussi montent au créneau, eux aussi veulent transformer une défaite en victoire, et en une victoire avant tout sur eux-mêmes, pour ne point subir, pour conserver toute leur fierté. Pour ne pas faire partie des vaincus.

Placidement, Raph goûte son vin. Je me souviens qu'il aurait pu tout aussi bien être avec ceux du maquis, avec les résistants, et que ceux des maquis peuvent, eux aussi, puisqu'ils se battent, conserver leur fierté et vouloir transformer une défaite en victoire. Je m'adresse alors à Merlin.

– Ceux de la Résistance, ils obéissent aux mêmes sentiments, non ?

– Ce que tu dis est vrai, mon camarade. Mais cela seulement pour les communistes parce qu'ils sont solidaires des communistes russes, et c'est vrai aussi de quelques naïfs, plus rares ceux-là, parce qu'ils voient en nous l'incarnation du Diable. Mais, les autres, et ce sont les plus nombreux, s'ils sont dans la Résistance, c'est surtout pour échapper au Service du Travail Obligatoire.

Raph esquisse un léger sourire où je discerne une petite pointe de moquerie.

Merlin, cependant, semble éprouver de la sympathie pour Raph, et ses yeux bleus se tournent souvent vers lui.

Le sourire de Raph traduit sans doute qu'il a, lui, échappé au Service du travail Obligatoire, en s'engageant, sous le conseil de Pile-ou-Face par lui convoqué, dans la SS ! Alors, curieux, un tantinet provocateur, je l'interroge.

– À quoi penses-tu, Raph ?

Raph, comme s'il m'avait deviné, abat sa carte maîtresse.

– Je pense que, tout comme je l'ai fait, on peut s'engager dans la Waffen SS pour échapper au Service du Travail Obligatoire.

Il a joué de main de maître car, aussitôt, Merlin la trouve bien bonne et ne peut s'empêcher de rire.

– Excellent et très drôle. Je la ressortirai celle-là.

Et il continue de rire, s'arrête, et repart de plus belle.

– Eh bien j'ai du succès avec toi, constate Raph qui commence à s'amuser.

– Oui, c'est excellent. Mais j'imagine, pour corser ton histoire, que tu es juif.

Et il repart dans un rire qui se communique à nous et qui fait se tourner les têtes dans le reste de la salle.

– Voilà, ajoute-t-il en reprenant son sérieux, j'envisage, tout soudain, que la chose est très possible. Tu as un peu le type nordique des gens de la région de Dantzig, Koenigsberg, Riga, tu as un peu l'allure d'un Balte. Or, au début du XIVe siècle, dès l'an 1308, cette région fut conquise par les Chevaliers Teutoniques qui, obéissant alors à une décision du Saint-Siège, se mirent à convertir de force les païens du coin. C'est ainsi que des milliers et des milliers de païens, afin de ne pas être enregimentés, se déclarèrent juifs et finalement le devinrent. Il y a paraît-il de divines surprises, mais il y a aussi de divines farces telle celle que je raconte, où le successeur de saint Pierre se fait un beau croche-pieds sous l'œil de Jéhovah qui se fend la gueule en se tapant sur les cuisses. Qu'est-ce que tu en penses, Raph, tu as l'air bien rêveur on dirait ?

Comme s'il surgissait effectivement d'un rêve ou de la lune, Raph, à travers la fumée de plus en plus dense des cigarettes, répond.

– Je pense que ton histoire témoigne de ton érudition et donne beaucoup à penser mais aussi qu'il ne faut pas trop penser... Penser trop risque de te jouer quelque mauvais tour.

Merlin fait alors la moue.

– Attention, mon camarade, je t'arrête, qui ne pense pas, si j'en crois Descartes, n'est pas. Et je tiens à mon être.

Raph prend aussitôt la pose d'Hamlet en tournant dans sa main, à la place du crâne du pauvre Yorick, son verre de vin qu'il considère d'un air grave.

– Être ou ne pas être, Merlin, là est toute la question.

Et Merlin d'enchaîner, comme au théâtre, pour lui donner la réplique.

– En effet, mon camarade, toute la question est là. Est-ce que, par exemple, le soleil pense? Voici ce que, pour ma part, je sais. Après que l'astre du jour eut entendu Descartes déclarer « Je pense, donc je suis », c'était à ce moment du crépuscule où, comme un bateau en feu, il sombrait à l'horizon, il prononça à haute et intelligible voix ces mots: « Je ne pense pas donc je ne suis pas ». Et ce fut la nuit. Quand la lune apparut à son tour sur la terre, elle fit comme le soleil et dit à haute voix: « Je ne pense pas donc je ne suis pas ». Les étoiles ne demeurèrent pas en reste et, avec un bel ensemble, chantèrent en chœur « Nous ne pensons pas, donc nous ne sommes pas ». Et, bien tôt ce fut le jour. Le lendemain, le soleil entendit, quand il réapparut, les herbes, les arbres, les pierres et même les bêtes répéter tous « Nous ne pensons pas, donc nous ne sommes pas ». Et, les animaux diurnes cédèrent la place aux nocturnes.

Merlin nous conte cela d'une manière aussi amusante qu'illogique et nous fait bien rire. Stimulé, Raph, continue le jeu.

– Ce que tu dis là est vrai, mon camarade l'Enchanteur Merlin. Les choses se sont bien, en effet, passées ainsi. Je le sais, car j'étais présent alors. Mais tu ne dis pas qu'un seul animal alla bravement à l'encontre de tous ces dires.

- Oui, l'homme.

- Non, le cochon.

Et Raph tend son ventre en avant, pointé comme une bedaine, et le caresse avec satisfaction.

– Le cochon annonça bien fort, en tapant sur son ventre: « Descartes a raison: Je panse, donc je suis ». Et, un bourgeois qui était présent, ayant entendu le cochon, tapa à son tour sur sa bedaine et répéta les paroles du cochon. Et tous les riches bourgeois du monde l'ayant entendu s'écrièrent à leur tour: « Nous pansons, donc nous sommes! » et tapèrent, satisfaits d'être, à grands coups de tam-tam sur leur bidon.

Kirchhoffer, plus taciturne, considère son verre et l'approche de son oreille et dit:

– Voici ce que dit mon verre: « Je suis, donc je pense ».

Après avoir écouté de nouveau son verre, Kirchhoffer ajoute:

– « Et je pense que je suis pour être rempli ».

Merlin, pour conclure, énonce alors la Moralité:

– Il ne faut donc pas seulement penser, mais dépenser. Et, comme le soleil, dépensons donc, dépensons tout notre or et, comme la lune et les étoiles, tout notre argent.

Pour mettre en pratique ce qu'il vient de formuler, il commande une autre tournée.

Puis, légèrement ivres, nous commentons les événements d'Italie : la démission de Mussolini et la formation du gouvernement du maréchal Badoglio.

– Les Italiens vont sans doute nous lâcher, dit Merlin. Ils viennent de trouver leur maréchal Pétain, un maréchal Pétain qui va fonctionner dans le sens de la collaboration avec les Anglo-Saxons. L'Allemagne va devoir combattre sur plusieurs fronts. Nous autres SS nous allons devoir faire face pour ne point prendre la pile.

Merlin a le sens des formules. Il se lève bientôt pour s'en retourner à Sankt-Andreas où la tâche ne lui manque pas. Il nous demande de réfléchir à notre entrée dans la SS française. Il nous quitte après avoir prononcé quelques mots incontestablement pessimistes :

– Salut, petits enfants, ne manquez pas le rendez-vous avec la fin du monde !

Marches, manœuvres, séances de tir au fusil, au pistolet-mitrailleur, à la mitrailleuse et lancement de grenades se succèdent à bonne cadence. Nous ne cessons, pendant tout ce mois, d'accumuler exercice sur exercice. Je questionne l'ami Kirchhoffer.

– Dis-moi, t'as une idée, toi, de ce que c'est comme ville, Vienne ?

– Non. Pourquoi ?

– Comme ça, pour savoir. Il paraît que c'est une ville très belle, une ville de rêve.

– Possible. Je ne connais guère de Vienne que les valses. C'est une ville où l'on dansait. La joie de vivre, quoi ! On ne doit plus guère s'y amuser, ni plus guère y danser, ni, je pense, plus guère y rêver beaucoup…

*
* *

Du temps, beaucoup de temps est passé, du temps qui m'a semblé terriblement long. Nous sommes déjà à la mi-septembre, et je désespère de revoir Laure, quand, enfin, je reçois une lettre d'elle. Elle m'invite à venir la voir chez ses parents. Et c'est peut-être ma dernière sortie que je ferai avant de recevoir mon brevet et de prêter serment, avant de partir, comme Jean Monegal, vers le front.

J'aurais préféré, plutôt que d'être invité chez Laure, l'emmener le long de la Thur, la rivière, assez loin de la petite ville, dans un endroit un peu à l'écart du centre où mes camarades sont beaucoup trop nombreux. J'aurais préféré la conduire vers une pelouse semblable, par exemple, à celle d'où, comme une biche satisfaite du cerf rencontré, la compagne de Laure, Anna Bändeln, avait surgi. Ah ! comme j'aimerais bien emmener Laure dans les hautes herbes, sous les arbres. Mais ce n'est là que fantasme de ma part. Laure n'est pas une lorette, elle n'est pas, comme Anna, de mœurs très faciles ! Je suis devenu, pour la jeune fille, comme une sorte de chevalier de l'amour courtois et d'un amour d'autant plus courtois qu'il est à sens unique, qu'il ne peut se déclarer, qu'il se doit d'être indicible. Et pourquoi d'ailleurs lui dirais-je mes sentiments ? Elle les connaît. Et, peut-être, ce non-dit est-il plus précieux ainsi, petit diamant enseveli dans le secret que je vais emporter d'elle avec moi. Ce ne sera point souvenir d'une dame coiffée d'un hennin et me regardant partir du haut de sa tour, mais celui d'une jeune fille aimant quelqu'un d'autre que moi, d'une jeune fille révélée dans une sorte de génuflexion en l'offrande d'une menthe verte.

Laure elle-même vient m'ouvrir la porte et me présente à son père et à sa mère. Si le café que l'on m'offre n'est qu'un ersatz, les parents, eux, sont accueillants. Le père me parle aussitôt de la grande nouvelle qui a fait le tour de Sennheim ; le contingent de Français vient d'arriver à Sankt-Andreas. Il me demande si je vais faire partie des SS de France. Je lui réponds que je n'ai rien décidé. Je lui raconte l'histoire de Kirchhoffer qui a choisi de rejoindre son chef politique dans la division « Wallonie » et que, l'amitié aidant, je vais peut-être prendre cette direction-là.

– Il vous importe peu, donc, d'être ici ou là ?

– Cela m'importe peu. Je suis SS. Je vais me battre dès que j'aurai prononcé mon serment. À ce titre, je ne me sens aucune préférence. L'essentiel est de se battre, si possible jusqu'à la paix.

– Vous savez, beaucoup de soldats, toujours beaucoup trop, trouvent la paix avant les autres.

– Je veux dire jusqu'à la victoire.

Ma réponse semble lui plaire.

– Oui, la victoire. Toutefois, elle est n'est pas encore acquise. Nous sommes bloqués en face de Leningrad et de Moscou et...

Il baisse alors légèrement la voix.

– Et il y a eu le revers de Stalingrad. Nous avons eu beaucoup de pertes, humaines et matérielles. Il faut que le Japon attaque les Soviétiques en Sibérie. Peut-être le feront-ils.

Nous sommes seuls, lui et moi. Laure nous a laissés, après le café, dans le salon. L'homme qui est assis devant moi, d'une taille légèrement au-dessus de la moyenne, a un visage énergique. Il est franc et ne se paie pas de mots. Après avoir puisé son tabac dans un pot en forme de chouette, dont la tête forme couvercle, il flambe, à la manière de Robert Neumans en sa prison de Tours, une allumette pour allumer une pipe.

Je suis troublé par ce qu'il vient de dire. Il a eu, parlant de Stalingrad, la même expression que Drieu la Rochelle me confiant que les Allemands étaient fichus. Comme je regarde du côté de la bibliothèque, il se lève, saisit un ouvrage et m'en montre les pages jaunies par le temps.

– Voyez ce que peut devenir un livre ! Les pages en étaient blanches, il y a de cela vingt ans. Voyez, elles sont aujourd'hui comme fanées, elles sont passées. Tout passe ainsi de vingt ans en vingt ans. Vingt ans ! d'une guerre à l'autre ! À propos de guerre, avez-vous lu Céline ?

- Seulement *L'Église* et le *Voyage,* Monsieur. Je me souviens de certaines scènes du *Voyage*. Celle, horrible, notamment, où le colonel au ventre ouvert s'en va, projeté par un obus, embrasser un cavalier décapité, « toutes ces viandes, dit Céline, saignaient énormément ensemble ».

– Se battre, dit-il, il faut être d'accord avec Céline là-dessus, c'est idiot ; et pourtant c'est tout ce qui reste à un homme digne de ce nom, quand il ne peut faire autrement. Mais vous, rien ne vous obligeait à vous battre ?

– Extérieurement, non. Je pouvais rester à Paris. C'est intérieurement que je m'en sentais obligé. Je ne pouvais pas, comme vous le dites, faire autrement.

Ses yeux bleus se rivent sur moi et je sens que ma réponse vient de faire définitivement sa conquête.

– Cela se passe, en effet, de cette manière-là. Il n'est pas besoin de contrainte extérieure. Ces choses-là viennent du plus profond de l'être.

Il me paraît, disant cela, plus grave, plus recueilli.

– Et, à part Kirchhoffer, vous avez d'autres amis ?

– Oui. Raph Engelmann.

À sa demande, je lui fais une rapide esquisse de mon camarade, laquelle l'amuse.

– Sa décision lui est venue de l'extérieur. Mais auparavant, il s'est tracé une voie à suivre. Ce garçon là est certainement solide. Vous avez d'autres amis encore ?

– Il y a aussi Merlin, mais lui est déjà sous-officier, il ne fait donc pas partie du peloton des élèves.

– Ah, Merlin ! Je connais. Un garçon brillant, et même fascinant.

– Il aimerait nous avoir dans la SS française, mais nous sommes assez réticents, Kirchhoffer, Engelmann et moi.

– Pourquoi donc ?

– Engelmann est de la Lorraine de langue allemande, Kirchhoffer est Belge et moi, par ma mère, je suis à demi Sarrois.

Rire.

– Évidemment, je comprends que vous soyez assez partagés. Mais peut-être que Merlin va réussir à vous convaincre.

– Nous aimons bien Merlin, mais nous préférerions qu'il nous rejoigne, lui.

– Ce serait une solution, mais il a bien d'autres tâches. C'est un garçon ambitieux, à qui je souhaite de réussir, il a de l'étoffe, il ne faut pas, cependant, qu'il aille trop vite. À propos d'ambition, vous ne songez pas à suivre les cours de l'école des cadets, en Bavière, à Bad-Tölz ? Vous avez déjà été sélectionné pour suivre les cours d'élèves sous-officiers, pourquoi vous arrêter en chemin et ne pas continuer ? Pourquoi ne pas prendre, dès maintenant, un bon départ pour commander dans l'armée de demain qui, je l'espère, sera entièrement nationale-socialiste. Dans l'armée d'aujourd'hui, il y a, hélas, encore beaucoup trop de *von* avec des idées étroites de caste ; ils sont, le plus souvent, réactionnaires.

– Je me suis engagé pour me battre et je craindrais de perdre du temps.

– Votre réponse me plaît, mais il faut, avant tout, apprendre à se battre. Il faut passer par toutes les écoles de soldats pour faire une armée de fer et non pas d'opérette. Comme je le disais tout à l'heure à propos de Philippe Merlin, il ne faut pas aller trop vite.

Il me parle ensuite de la guerre. Il exprime ses regrets que l'armée allemande ait perdu un temps précieux dans les Balkans.

– Le prince Paul, régent de Yougoslavie, était notre allié sincère. Malheureusement, son gouvernement a été renversé par le jeune roi Pierre II.

Manipulé par les Anglais, il a, par son coup d'État, transformé la situation en notre défaveur. Il nous a fallu intervenir. Nous avons ainsi perdu, en Yougoslavie et en Grèce, trois précieux mois. Nos parachutistes, en Crète, comme dans la fable autrefois les jeunes filles, ont été dévorés par le Minotaure. Ils nous manquent sur le front russe. Sans ces fâcheux contretemps, nous serions, aujourd'hui, maîtres de Leningrad et de Moscou. Il n'y aurait pas eu Stalingrad. De toute façon, les dés sont jetés à présent, on ne peut retourner en arrière pour changer l'ordre des choses.

– Les Allemands ont été aussi bien trop généreux avec les Anglais. Ils n'auraient pas dû les laisser rembarquer à Dunkerque mais, puisqu'ils le pouvaient fort bien, les faire prisonniers.

– Cela est sans doute vrai.

– À propos des Anglais, nous étions très perplexes à Paris, nous autres journalistes, en apprenant, le 11 mai 1941, l'atterrissage en Écosse de l'un des plus grands personnages de l'État national-socialiste. Qu'est donc allé faire là-bas, selon vous, Rudolf Hess ?

– C'est une affaire bien mystérieuse. Je suppose que c'était pour rencontrer les Anglais afin de rétablir la paix entre eux et nous. Établir la paix entre Germains, toujours trop divisés par l'Histoire. Malheureusement, Churchill est un descendant de Marlborough. Marlborough, son ancêtre, a remporté la victoire au début de la guerre de Succession d'Espagne sur les généraux de Louis XIV. Churchill a sans doute eu la tête enflée par la lecture de *La Campagne,* ce poème dans lequel Addison a comparé Marlborough à un ange envoyé par Dieu pour châtier la France, coupable de vouloir dominer l'Europe. Vous connaissez bien cette chanson de votre pays : « Malbrouk s'en va-t-en guerre, mironton, mironton, mirontaine… ». Et bien Churchill veut à son tour faire le mironton, il veut continuer la guerre contre le IIIe Reich. Il veut faire l'ange exterminateur, lui aussi. L'Angleterre a toujours tenté de faire la loi en Europe et Churchill a jugé que, depuis 1933, l'Allemagne, comme Louis XIV au début du XVIIIe siècle, faisait trop d'ombre à la Grande-Bretagne. C'est une politique insensée, car les ombres géantes des Etats-Unis et de la Russie soviétique ne vont pas manquer, en cas de défaite allemande, d'occulter l'Angleterre et, avec elle, toute l'Europe.

– Vous connaissez, Monsieur, mieux l'Histoire que moi !

– C'est pour ainsi dire ma spécialité, ou plutôt ma passion. Je parle, bien entendu, de l'Histoire réelle, exacte, qui n'est pas celle que l'on raconte dans les livres à grand tirage et dans les journaux. Bon, maintenant, je vous laisse avec Laure, elle m'a dit du bien de vous, et c'est pourquoi je désirais vous connaître.

Je voudrais interroger encore le père de Laure, car il me paraît savoir beaucoup de choses, mais déjà il s'est levé. Laure entre dans le salon et son père nous quitte.

Jamais je n'ai vu Laure aussi belle.

Il est très difficile, lorsque l'on désire un corps, de ne pas laisser percer une certaine tendresse dans la voix et dans le regard. Je m'efforce de parler de choses et d'autres et de maintenir une conversation qui ne soit pas trop quelconque, grâce à des anecdotes plus ou moins intéressantes. Je l'interroge sur Sennheim. Elle sait raconter et, parfois, ajoute à ses propos, par un geste heureux et discret de la main ou par une légère expression du visage, comme un surcroît de précision au discours. Je m'efforce de tout noter, de tout enregistrer d'elle quand elle parle, afin de me souvenir, de me bercer d'elle, plus tard.

Je ne sais trop que faire de mes mains, faute de pouvoir étrhindre la jeune fille, elles m'embarrassent. Les livres, tous bien rangés, me donnent, une fois encore, un bon sujet de conversation.

– Tous ces bouquins, vous les avez lus?

– Mon père s'est occupé amoureusement de cette bibliothèque, mais il n'a guère le temps de lire à présent. Pour ma part, je n'en connais qu'une partie seulement. J'ai toujours dans ma chambre un livre de chevet et...

J'ai remarqué un vide sur un des rayons de la bibliothèque et je lève le doigt pour interrompre Laure.

– Laissez-moi deviner le livre que vous lisez en ce moment. Ils sont tous bien classés alphabétiquement par auteur et je vois, là, à côté de l'espace vide laissé par le livre que vous y avez pris *Le Rouge et le Noir* ainsi que *La Chartreuse de Parme,* c'est peut-être un troisième Stendhal que vous avez choisi, seriez-vous intéressée par les amours de Lucien Leuwen et de Madame de Chasteller?

– Vous avez perdu, Monsieur Sherlock Homes. Ce n'est pas un Stendhal mais un Stevenson, ce n'est pas *Lucien Leuwen* mais *Le Docteur Jekyll et Mr. Hyde.*

– Et vous osez lire cela avant de vous endormir? Vous n'avez pas peur que ce sinistre Mr. Hyde ne vienne vous surprendre dans votre sommeil, lors d'un affreux cauchemar?

Elle fronce le nez, amusée. Elle me rassure.

– Ce Mr. Hyde est sujet de Sa Majesté Britannique. Je crois que la Wehrmacht surveille assez bien, en ce moment, tout ce qui vient des ports anglais de la Manche pour empêcher cet individu de venir jusqu'à Sennheim, même sous les traits et l'apparence de ce bon docteur Jekyll. Et, ici même, les personnages des romans peuvent quitter les pages de leurs livres pour se promener à leur convenance dans l'appartement. Jusqu'à présent, quoique en liberté, ils se sont toujours relativement bien conduits.

– Vous me rassurez. Mais, dites-moi, qu'est devenu le *Lucien Leuwen?* Il semble qu'on pourrait y mettre deux livres dans cet espace vide.

– Alors là, Monsieur le détective, vous avez droit à un bon point. *Lucien Leuwen* est entre les mains d'Anna Bändeln, le Petit Chaperon Rouge. Elle adore les histoires d'amour. Elle va pouvoir garder ce beau hussard de Lucien pour elle.

Laure ne peut s'empêcher de rire.

Soudain, je suis distrait. À côté des deux Stendhal, et séparé par le vide des deux livres manquants, il y a un autre ouvrage dont je lis au dos de la couverture le nom de l'auteur et le titre à haute voix.

– Albert Stimming, *Bertran de Born, sein Leben und seine Werke.* Votre père est formidable. Savez-vous que si, un jour, j'ai un fils, je l'appellerai Bertran, à cause de celui-là qui vivait dans l'ancien pays de France qu'on appelait Born, dans le Bordelais?

Je ne doute pas, sur le moment, que c'est Laure qui va me donner ce fils-là, tant je me sens exalté. Puis, reprenant conscience, je reviens vite à la réalité immédiate, au rire que j'entends et aux paroles qui s'ensuivent.

– Seigneur! Quel enthousiasme! Après avoir lu Stevenson, je ne vais pas manquer de me jeter sur ce Stimming pour savoir qui est ce fameux Bertran qui vous transporte ainsi.

– Un troubadour.

– Il chantait les gentes dames?

– Il était surtout le chantre de la guerre et des armes, un homme à la Du Guesclin qui, plus tard, porta le même prénom que lui, une sorte de Quichotte de la guerre pour la guerre et qui n'aimait point la paix. Dante, dans sa *Divine Comédie,* le place en Enfer, parmi les auteurs de désordre, marchant et tenant à bout de bras, par les cheveux, comme s'il s'agissait d'un fanal, sa tête coupée.

– Eh bien, voilà qui, plus que Mr. Hyde, risque de me donner des cauchemars. Cet homme est affreux!

– Oui, comme le sont tous les hommes. Les hommes se battent toujours, même quand ils se prétendent pacifistes. Et, croyez-moi, c'est quand ils se prétendent pacifistes qu'ils sont le plus dangereux, comme le sont les serpents cachés dans la verdure. Tout ce qui vit sur terre se bat et s'entre-dévore. Pourquoi l'homme échapperait-il à cette terrible loi naturelle? Qui ne se bat pas choisit de mourir, accepte d'être mangé, dévoré, physiquement et moralement. Oui, Bertran de Born était un homme
d'enfer, c'est-à-dire un homme qui avait sous ses pieds notre boule terrestre où flambe, dit-on, le feu central. Il était éclairé, tout comme nous, par le soleil, cette autre boule de feu. Nous sommes en enfer, Laure, et cette guerre, dans laquelle nous sommes plongés, qu'est-ce d'autre que l'Enfer? Croyez-moi, plus il y aura de monde sur cette terre, plus il y aura de guerres en tous genres, guerres raciales, guerres religieuses, guerres civiles, etc., et plus il y aura, à l'échelle individuelle, de crimes, de vols, de viols, de rapines. La guerre est un moyen de sélection naturelle. La force fait la loi dans l'Enfer par le fer et le feu.

Je suis étonné des phrases que je viens de prononcer. Ce sont presque mot pour mot les phrases que Léo Magnanje m'avait écrites dans sa lettre expédiée du Liban à propos du Dieuble!

Laure me regarde longuement, comme intimidée, interdite, puis elle murmure:

– Il faudrait peut-être tenter de supprimer l'Enfer.

– Supprimons-le, et tout, aussitôt, deviendra mièvre. La mort est un sacrement et la guerre en est le plus grand cérémonial. Sans l'épice de la mort la vie paraîtrait pesante et fade.

– Ce que vous dites là est horrible!

– Non, c'est la vérité. Tenez, prenons, puisque c'est précisément le sujet, l'*Enfer* de Dante et retirons-le de la *Divine Comédie* pour en jeter toutes les pages au feu. Que reste-t-il? Le *Purgatoire* et le *Paradis.* Tout Dante, alors, s'écroule. Il ne reste entre nos mains que des pages ordinaires, sans suffisamment de flammes. Si vous supprimez l'Enfer, ses péchés et sa douleur, si vous supprimez, par exemple, la croix du Crucifié ou bien le bûcher de Rouen, que reste-t-il du Christ et de Jeanne ? Ces deux-là n'ont existé que parce qu'ils se battaient, avec ou sans armes, et que leur mort a été une victoire. Pour se battre, cependant, il est préférable d'être armé, c'est pourquoi je suis là, devant vous, dans cet uniforme. Certes, il y a la Poésie, il y a, par exemple, François d'Assise avec les fleurs et les petits oiseaux. Sachez qu'il n'a pu exister, lui, que parce que d'autres montaient la garde, tout armés, à son époque. Il faut des soldats pour protéger les poètes et les saints.

Laure me regarde, étonnée, toute saisie, comme par un courant d'air glacé ou par une soudaine bourrasque. Je vois deux yeux immenses comme la mer dans lesquels je voudrais tomber et me perdre et j'entends sa voix qui me paraît, par contraste, brûlante.

– La poésie est peut-être le fruit de l'amour que se portent le ciel et l'enfer. Un mélange d'enfer et de paradis. Peut-être la poésie est-elle le mariage, apparemment impossible, de votre Bertran de Born avec la Béatrice de Dante, ou, peut-être, le sentiment ou la vision de l'insaisissable ou de l'indicible, la révélation du caché, ou, mieux, l'illusion de cette révélation. Pour Immermann, l'enchanteur Merlin est fils de Satan et de la Vierge Marie.

– Pensez-vous cela vraiment ? Voyez-vous vraiment les choses avec le regard de cet Immermann ?

– Vous savez, l'enchanteur Merlin s'est un peu promené dans cette maison même. C'est un personnage qui, effectivement, m'a paru à la fois diabolique et angélique. Il avait, lui des yeux qui changeaient de nuance quand il parlait. Bleu foncé quand il abordait des histoires de crimes et bleu clair quand, par exemple, il évoquait, précisément, votre saint François d'Assise qu'il admirait. Il avait même parfois un œil plus sombre ou plus clair que l'autre. Comme vous voyez, nous en revenons au Docteur Jekyll et à Mr. Hyde et, peut-être, aux bonnes intentions dont est, dit-on, pavé l'enfer.

Je note que Laure, non seulement laisse les personnages de ses romans et de ses contes se promener dans l'appartement mais aussi qu'il lui arrive de s'entretenir avec eux, le plus naturellement du monde.

Laure me séduit par ses paroles et par son être. Elle est jeunesse et savoir, sensibilité, fraîcheur et grâce. Mes yeux ne voient qu'elle jusqu'au moment où ils aperçoivent une vitrine qui, sortie de je ne sais où, vient subitement d'apparaître à leur regard. Je ne me souviens plus aujourd'hui, à part les fleurs, les livres, ladite vitrine et le piano, des autres objets de ce salon qu'éclairait, par intermittence et plus vivement, un soleil qui jouait à cache-cache avec les nuages. Ce soleil se promène en cet instant-là sur une sorte de petite armoire, protégée par une porte vitrée, avant de s'éteindre de nouveau.

– Cette vitrine, me confie Laure, contient tous mes joujoux : les trésors de mes lectures. C'est ma vitrine des Chevaliers, ainsi nommée parce que j'ai commencé par lire des ouvrages sur la chevalerie. C'est ainsi que très tôt je me suis plongée dans les pages du Quichotte.

– Dites-moi, Laure, Vienne, dont vous m'avez parlé l'autre jour, au bord de la Thur, a-t-elle quelque relation avec cette vitrine des Chevaliers et Don Quichotte ? Avec, en quelque sorte, votre refus du monde tel qu'il se présente à vous ? Et puis, pourquoi Vienne ?

– Oui, il y a relation. Cependant, je ne refuse pas, tout comme vous, ce monde. Seulement, je le modifie à ma toute petite échelle. D'ailleurs, vous aussi, vous vous efforcez de le modifier, enveloppé que vous êtes dans votre uniforme. Jean Monegal dit que chaque homme est Dieu et peut, comme Jésus, Napoléon, Lénine ou Hitler modifier ou transformer, comme le fit Galilée, le monde.

– Il s'efforçait de le modifier, aussi, quand il était sans uniforme et communiste.

– Qui ne veut pas transformer le monde ? Qui n'est pas, sous une forme ou sous une autre, le Quichotte, et qui n'est pas, aussi, Sancho Pança ? Ce sont deux inséparables coexistant parfois dans le même individu. Vous me demandez pourquoi j'ai choisi Vienne ?

– Oui. Pourquoi avez-vous choisi cette ville plutôt que, par exemple, Venise ou bien Florence ? Ce sont aussi de magnifiques villes qui auraient pu tout aussi bien que Vienne devenir votre cité de rêve, votre cité imaginaire, non ?

– Venise me paraît une merveille. J'avais songé à Venise, à cause de la mer, et puis aussi à Florence parce qu'elle est comme le cœur de la magnifique terre italienne. Vienne s'est finalement imposée à moi par un jeu de mots de la langue française. Parce que Vienne est la ville de tous les désirs, de tous les souhaits, de tous les voeux et même de toutes les prières... Vienne la paix, vienne la joie, vienne l'amitié, vienne la musique, vienne l'amour, oui, que nous vienne tout cela !

Je me sentis soudainement transporté par la pensée dans les bras serrés de Laure, elle-même devenue Vienne, cité des valses de mon délire.

– Laure ! Vienne est la capitale du monde ! J'y entends Rimbaud !

– Ah ! et que dit-il ?

– « Qu'il vienne, qu'il vienne, le temps dont on s'éprenne ». Si vous saviez combien je me sens devenir viennois ! Je suis à l'instant même dans le temps dont je suis épris.

Laure légèrement troublée, me regarde et murmure :

– Quand vous prononcerez votre serment SS, vous devrez y dire ces mots « Que Dieu me vienne en aide ! ». Ce sera l'expression d'un désir ou, plutôt, d'une prière. Vous penserez à moi, votre vieille marraine, qui aura pareillement souhaité que le ciel vous aide.

– Seriez-vous croyante, Laure ?

– Oui, je le suis. Jean, lui ne l'est point. Pourtant, un jour il m'a dit que s'il devait croire à une présence surnaturelle ce serait plutôt à celle du Dieuble telle que la lui avait rapportée Léo Magnanje. Vous ne savez pas ce qu'est le Dieuble ?

– Si, je le sais. Léo, par lettre, m'avait également fait connaître ce très haut personnage, ce dieu diabolique ou diable divin, créateur et maître de l'univers, dont on ne peut guère attendre grand-chose de bon. Je pense, tout comme Léo, que ce Dieuble correspond mieux que le Bon Dieu de carton pâte de la Bible à l'état de guerre permanente dans lequel se trouve le monde.

– Eh bien, dans ma solitude, je l'invoquerai et le prierai de vous protéger. Peut-être, on ne sait jamais, entendra-t-il ma pauvre prière.

– Léo m'écrivait même qu'il était partout ; dans le regard d'un chien, dans le coup de griffe d'un chat, dans le pépiement d'un oiseau, dans le cri d'un enfant.

– Alors, s'il en est ainsi, je pourrai peut-être me faire écouter de lui. Comme il est présent partout, je trouve qu'une cathédrale est un bel endroit, pour s'adresser à lui. Au moment de votre serment, ma chambre sera la cathédrale Saint-Étienne de Vienne où, devant le maître-autel, le priera votre amie.

– Je suis certain, maintenant, bien que l'on ne puisse attendre grand-chose de lui, que vous le séduirez et qu'il recevra votre prière.

Laure vient de me dire des choses merveilleuses. Je l'imagine à genoux, priant le Dieuble pour moi qui ne croit « presque point », priant dans sa chambre, dans cette chambre qui m'est vraiment la cathédrale dont elle est la chapelle.

Les yeux de Laure pétillent et son sourire un peu moqueur fait alliance avec le soleil revenu. Ce soleil éclaire, un instant, une coupe qui étincelle comme pour être distinguée des autres objets contenus dans la vitrine des Chevaliers. Comme je regarde cet objet, elle me renseigne :

– C'est la coupe du roi de Thulé.

Le soleil se dérobe aussitôt comme pour céder la place au visage pénétré de la jeune fille.

– Thulé est pour moi une autre Vienne, mais située loin dans le Nord. Thulé est une île où, de six mois en six mois, à chaque solstice, le soleil succède aux ténèbres. Ce soleil qui dure deux trimestres, c'est l'image de la vie. Puis la nuit vient qui dure aussi cent quatre-vingts jours, image de la mort. Thulé c'est aussi le symbole de la fidélité. Dans un ballet de Goethe, le roi de Thulé possède une coupe que lui a donnée, avant de mourir, la femme qu'il a aimée. Il boit dans cette coupe, mais avec chagrin. À l'approche de sa propre mort il se sépare de tous ses biens et ne garde pour lui que cette coupe. Son château surplombe la mer et c'est là qu'il réunit ses chevaliers, boit une dernière fois dans la coupe qu'il jette ensuite dans les flots, et, la coupe engloutie, meurt.

– Et vous, Laure, vous êtes allée chercher cette coupe d'or au fond de l'océan ?

– Non. Pas moi, mais mon père. Comme il voyage beaucoup, je lui ai remis la liste où figurent un certain nombre d'objets qu'il me doit retrouver et que signalent maints livres qui sont là, devant vous, dans cette bibliothèque.

– Ensuite, il va les retrouver jusqu'au fond de la mer ?

– Mais bien sûr, en douteriez-vous ?

Je comprends que l'instant est décisif et qu'il m'appartient ou bien de demeurer platement à Sennheim ou bien de prendre, à la seconde même, la route de Vienne. Laure, par jeu, par évasion peut-être, a choisi de vivre dans un autre univers que celui des apparences. C'est dans ce monde-là, dans ces terres inconnues, nouvelles, différentes des nôtres, dans ce pays étrange que je dois aller si je veux pénétrer jusqu'au château de Vienne ou celui de Thulé où séjourne Laure, la belle princesse d'un monde imaginaire. Certainement admettrait-elle bien que je demeure les pieds sur la terre de Sennheim, cela d'autant plus qu'elle a le don d'ubiquité et qu'elle peut être, par conséquent, dans deux endroits à la fois, à des milliers de kilomètres de mon école de SS.

Laure ouvre la vitrine et me remet la coupe, laquelle est très lourde. Est-elle vraiment en or ? Devenu tout à fait « viennois », je décide qu'elle est en or massif. Cette coupe me fait songer par sa forme à la courbe des hanches harmonieuses de mon hôtesse. Je caresse ces formes et, déjà, me rendant par la voie des airs en plein cœur de Vienne, je déclare, avec ma foi naïve de catéchumène :

– Votre père a eu la main heureuse. J'ai maintenant la certitude que c'est bien la coupe du roi de Thulé qui est entre mes mains.

– C'est l'évidence même !

La voix de Laure vient de se faire plus grave et, en même temps, plus douce.

– Mais Thulé ? N'y avait-il pas une Société Thulé, dont le siège était à Munich ? Thulé n'est-elle pas un peu à l'origine du national-socialisme et de la croix gammée ?

– En effet. Pendant la guerre civile allemande, de jeunes combattants ont fait le coup de feu à Munich, puis en Rhénanie, puis en Silésie. Ils appartenaient au corps franc « Oberland » et mon père en faisait partie. Au départ de ce corps franc, il y avait la société Thulé. La devise de la Waffen SS qui est inscrite sur la boucle de votre ceinturon *« Mon honneur est ma fidélité »* vient de cette société et, à travers les siècles, du roi de Thulé lui-même.

– Vous me donnez le sentiment, que je suis, maintenant, un chevalier du vieux roi !

– Mais vous l'êtes !

Il y a, précisément, dans cette vitrine, une lance, une lance cassée en plusieurs morceaux, qui me laisse perplexe.

– Vous ne reconnaissez pas la lance du Quichotte, cassée par l'aile du moulin qu'il avait attaqué ?

– La lance cassée, est-ce un heureux présage ?

– Elle prouve au moins que le Quichotte a bel et bien existé et que les moulins à vent existent toujours qui sont témoins des folies des batailles.

– Il y a aussi deux cornes dont je ne doute pas que l'une d'elle soit l'olifant dont le preux Roland se servit à Roncevaux pour appeler à son secours l'empereur Charlemagne. L'autre trompe étant sans doute celle de son ami, le sage Olivier.

– Non pas. C'est celle d'Astolphe, le paladin à la lance d'or, le cousin de Roland. Les fées ont doté ce cor d'une telle stridence que le son n'en est pas supportable.

Comme je manifeste mon désir d'y souffler, Laure me retient et me dit en souriant :

– Vous voulez donc épouvanter toute l'Alsace ?

Je conviens que cela serait une folie et je m'empresse de replacer le cor enchanté dans la précieuse vitrine.

– Laure, vous me parliez, à l'instant d'une lance d'or. Cela me rappelle que, à Paris, juste avant de m'engager dans la Waffen SS, une jeune Viennoise, Irma, m'a parlé de la lance qui transperça le cœur du Christ, la lance du Graal, qui se trouve au musée de Vienne. Votre vitrine est un second musée de Vienne !

– C'est, hélas, un tout petit musée et je ne puis y mettre des objets aussi encombrants qu'une lance. Pour mon père, le Graal, c'est le sang versé par les hommes qui se sont battus pour leurs rêves. Le Graal est peut-être le rêve, le songe lui-même.

Proche des deux olifants, dans une boîte transparente, placée sur une étoffe jaune pâle, se trouve un objet courbe et acéré que je ne reconnais pas.

– C'est une des griffes de l'Hippogriffe, le cheval ailé au bec d'aigle, qui conduisit le chevalier Astolphe dans la lune.

– Et c'est toujours votre père qui vous l'a donnée ?

– C'est lui qui est à l'origine de toute cette vitrine. Un jour, j'avais pris dans sa bibliothèque le *Roland furieux* de l'Arioste. Comme il avait remarqué combien cette lecture m'avait enflammée, mon père, amusé, revint d'un de ses déplacements avec un cadeau pour moi. Je coupai le ruban, puis j'ouvris la boîte. Quand il m'eut expliqué qu'il avait dû, en Asie, livrer bataille à un terrible dragon pour pouvoir me rapporter ce trésor, je vis l'auteur de mes jours sous un aspect bien différent de celui sous lequel les autres enfants considèrent leur père. L'enthousiasme fit que j'eus l'idée de cette vitrine. Mon père alors devint mon complice. Il prit bonne note de mes désirs avant que d'aller affronter d'autres dragons, d'autres sorciers ou d'autres gardiens de cavernes fabuleuses.

– Votre père est un magicien, Laure. Et ce clou, que je vois là, est-ce un des clous qui transpercèrent les mains et les pieds du Christ ?

– Non. C'est plus simplement le clou où Brunehild suspendit, pendant toute une nuit, Gunther, son mari !

Dans cette merveilleuse vitrine, se trouvent d'autres objets sur lesquels j'interroge Laure. Ils sont plus fabuleux les uns que les autres, telle la main de fer du chevalier de Berlichingen dont la jeune fille me raconte l'histoire en quelques mots. Il y a aussi un calice ciselé.

– Vous connaissez son histoire ?

– Je suis toute ouïe.

– C'est, dans un conte de Tieck, la coupe que le vieil Albert présenta aux yeux du jeune Ferdinand, afin que celui-ci puisse y voir s'il serait heureux dans son amour. Il y avait à cela deux conditions : que Ferdinand fut sincère dans sa foi et qu'il ne bougeât point. Ferdinand, comme le lui demandait Albert, regarda l'intérieur de cette coupe d'où une musique se fit d'abord entendre puis cessa pour faire place à une nuée dans laquelle il distingua le visage puis la poitrine nue de la femme qu'il aimait. Ferdinand, ne pouvant résister au sortilège, bougea comme pour saisir l'apparition, et la vision s'effaça. Au pied de la coupe apparut alors une rose rouge. Ferdinand s'en saisit pour y porter les lèvres et la fleur disparut aussitôt. Parce qu'il avait bougé, le jeune homme ne put savoir s'il serait heureux.

– Mais le fut-il ?

– Ferdinand quitta le vieillard que sa désobéissance avait fâché et se rendit au bord de la route où devait passer la voiture de sa bien-aimée. La voiture arriva et la jeune femme se pencha à la portière pour voir celui qu'elle aimait. Le jeune homme vit son visage et sa poitrine admirable d'où une rose rouge accrochée se détacha pour tomber à ses pieds, tandis que la voiture continuait son chemin. Ferdinand recueillit la fleur et y porta les lèvres. Il sut à ce moment-là que son bonheur venait de se briser. Ce ne fut que beaucoup plus tard que, devenu vieux, il put renouer avec Franziska, après quarante ans de solitude, et la mort ne les sépara que pour les réunir de nouveau après.

– C'est une histoire triste, Laure, mais belle. Et vous savez raconter aussi bien que Shéhérazade. Puis-je à mon tour, regarder dans la coupe et voir si...

– Surtout pas, vous risqueriez de bouger. Comme Ferdinand !

Par jeu, je me lève alors et je prends une rose blanche dans le bouquet contenu dans un vase posé sur la petite table du salon, j'y porte les lèvres et je mets, pour la maintenir, la fleur dans la poche de ma vareuse, du côté du cœur.

Laure, comme le vieil Albert, joue la fâcherie.

– Je vois, *Ferdinand,* que vous ne craignez pas la solitude. Vous avez bougé. Il ne le fallait pas.

Elle fait une excellente imitation de la contrariété.

– Mais ce n'est pas bien grave, *Franziska,* cette rose n'est pas rouge mais toute blanche.

– Peut-être est-ce, *Ferdinand,* beaucoup plus grave encore !

Laure est maintenant toute pâle.

Je m'empresse de remettre la rose blanche dans le vase. Par deux fois, la jeune fille m'a appelé *Ferdinand,* et je l'ai appelée *Franziska !* Pendant quelques instants nous avons été les deux héros du conte. Et, soudain, je me demande s'il s'agissait bien, de notre part, d'un simple jeu. Il m'a semblé, un moment, que ce jeu n'en était plus un et que Laure s'était transportée avec moi dans les lieux mêmes de l'histoire qu'elle m'avait contée. Pour dominer ce sentiment étrange, par crainte peut-être, devant la soudaine pâleur de Laure, de me retrouver avec son fantôme sur la falaise du roi de Thulé, je regarde à nouveau, afin de ne pas me trahir, le cœur battant à se rompre, la vitrine des Chevaliers.

Dans un flacon de verre fin et fragile, se trouve un objet qui m'intrigue et qui a la forme d'une danseuse aux bras levés, la tête rejetée en arrière, immobilisée par un gel de givre.

J'interroge Laure.

Le soleil vient, l'espace d'un instant, de la surprendre et j'ai comme entrevu, à travers sa robe rendue transparente, le dessin de ses jambes. Je viens de voir, émerveillé, comme un magnifique violon vivant jusqu'au moment où, brisant mon élan intérieur, le noir d'un nuage obscurcit et brise le divin stradivarius qui s'efface aussitôt.

J'interroge Laure, la gorge sèche.

– C'est, dit-elle, le rameau de Salzbourg, par lequel Stendhal, que vous mentionniez tout à l'heure, à propos de *Lucien Leuwen*, symbolisait la cristallisation de l'amour. Cette cristallisation se fait au moment où celui ou celle que l'on aime apparaît comme une sorte de divinité. Stendhal, vous le savez, a trouvé pour illustrer ce phénomène, l'image merveilleuse d'un rameau d'arbre effeuillé par l'hiver que l'on abandonne au fond d'une mine de sel gemme des environs de Salzbourg et que l'on retire après trois mois. On obtient alors ce que vous voyez dans ce vase et où, dit Stendhal, les plus petites branches, pas plus grosses que la patte d'une mésange, sont garnies de diamants. On ne reconnaît plus le rameau ainsi métamorphosé par le sel.

De plus en plus, j'ai le sentiment que, moi aussi, j'ai fait ma cristallisation. Toutefois, pas encore transformé en statue de sel, c'est d'une voix blanche, altérée, que je parle.

– Le sel est donc l'image de l'amour qui transforme l'objet aimé ?

Le regard de Laure est vert intense.

– L'amour est le sel même de la vie.

Je pense à Jean Monegal, celui que je considère comme mon rival.

– Mais, dis-je, l'image de cet objet aimé ne correspond guère à sa véritable nature et, si je m'en rapporte à vos paroles, il n'est guère qu'une illusion.

Le vert du regard de Laure se fait plus intense encore.

– Parce que l'amour est un songe. Mais ce songe est chose réelle, comme la poésie, la musique.

– Peut-être comme la femme elle-même puisqu'on l'a comparée à un violon...

Laure me sourit. Son sourire, enveloppé de mon propre songe, est celui d'un ange, d'une déesse ou d'un démon. Elle reprend, affirmativement, mes paroles.

– Comme la femme, oui, ou comme l'homme, ou comme le Graal.

Pour échapper à l'image de Jean Monegal et à la jalousie qui m'envahissent, je montre dans la vitrine une sorte de tissu noir frisé.

– Et cela, qui ressemble à un béret ?

– C'est ce que portait en guise de selle, Zinzin, le cheval-vapeur du chevalier Patapouette. Je vous raconterai peut-être un jour l'histoire de ce chevalier dont les vêtements étaient faits en cuir chevelu. Outre cette selle qui, venue d'Afrique, est faite de cheveux crépus, Patapouette portait une veste blonde et un pantalon noir dont les cheveux flottaient au vent, quand il galopait sur son coursier.

– Patapouette ? Dans quel livre l'avait-vous déniché ?

– Il ne figure dans aucun des livres qui se trouvent ici. C'est une histoire que me racontait mon père quand j'étais enfant.

– Et cette longue mèche de cheveux, là, tressée, appartient à Patapouette ?

– Non pas, elle faisait partie du fier baron de Munchhausen qui, sur le point de disparaître corps et âme dans un marécage, se secourut lui-même en s'empoignant par les cheveux qu'il tira de toutes ses forces jusqu'à s'extraire de la bourbe et regagner ainsi, à bout de bras, la terre ferme.

L'admiration, admirablement feinte de Laure pour l'exploit du fameux baron dont je venais à l'instant de faire la connaissance me baigne alors de joie.

– Et ceci, Laure, qui ressemble à un sifflet de bois.

– C'est bien un sifflet de bois, taillé dans un rameau de saule. Merlin l'Enchanteur le portait à son cou. Il s'en servait pour appeler son ami le vent.

Laure me laisse là. Elle a deviné combien j'ai soif. Je songe quelques instants au chevalier Patapouette, puis au baron de Munchhausen, puis à Merlin, mais c'est Laure qui, bien vite, se saisit à nouveau de mon esprit. Le dessin de ses jambes, à travers sa robe, a fait de moi cet enfant de Paris que j'ai vu au cirque... Alors que tout le monde, autour de l'arène, regardait le spectacle et que les autres enfants applaudissaient bruyamment les clowns, lui, avait tourné le dos à tout cela, pour ne s'intéresser qu'aux gradins, qu'aux marches qu'il montait et descendait avec une attitude de funambule. Il ne voyait rien d'autre que ces escaliers, comme je n'avais vu, loin, très loin de la guerre, que cette ombre nue de Laure à travers sa robe. Je viens, moi, de fabriquer mon propre rameau de Salzbourg et quelques secondes ont suffi pour le cristalliser. Plus rien n'existe que Laure.

Je demeure tout rêveur devant la danseuse de givre aux bras levés vers le ciel. Laure n'est plus, dans mon esprit, une jeune fille. Elle s'est transformée, comme le rameau jeté dans la mine de sel, en tout autre chose, cela au moment même où le soleil a éclairé la ligne de ses jambes ; elle est venue devant moi se métamorphoser au plus profond de mon être, non plus en déesse éthérée, mais en femme. Et de cette femme-là, tout ce que Laure veut bien m'accorder relève maintenant, comme elle me l'a laissé entendre, non de sa robe, mais du songe, de la musique, de la poésie qui sont comme le théâtre irréel de l'amour. Je regarde la petite danseuse, tanagra étrange dans sa fragile prison de verre, si précieux et si délicat, et j'ai des yeux qui, à travers elle, voient cette auberge de la Jarretière qu'est le sexe de la femme, le sexe de ma petite Laure, à Toulouse, dans son baquet, sous un bain de savon ; le sexe de Livia, le sexe de Laure ressuscitée à Sennheim, le sexe de toutes les femmes, comme une déchirure, comme une faille, une absence, une souffrance... Soudain, le prénom de Ferdinand, dont pendant quelques instants j'ai tenu le rôle, me vient à l'esprit sous la forme d'une exclamation : *Ah ! Ferdinand !* Il y a quelque chose qui bouge derrière ce prénom-là. Je cherche, je cherche ; mais je vais presque abandonner quand, enfin, je trouve. Je trouve une phrase autrefois lue. Après l'avoir répétée plusieurs fois, je lui donne les intonations de la voix de Laure redevenant Franziska : *« Ah ! Ferdinand ! tant que vous vivrez vous irez entre les jambes des femmes demander le secret du monde ! »* Je me souviens bien, à présent, j'ai lu cela dans *L'Église,* de Céline, livre que j'avais emprunté à la bibliothèque paternelle. Oui, je suis ce Ferdinand-là et j'imagine la « petite fleur merveilleuse » que je voudrais cueillir, corolle voilée par le tissu du calice, cilice et supplice, de la robe transparente de Laure-Franziska. Cueillir le nymphéa de ma nymphe. Voir sa marguerite anacycle épanouie à ma propre tige, tuteurer son achillée. Orner ma rocaille de sa tendre anémone, réjouir ma pergola de sa capucine. Oui, voir son adonide du fleuve Amour, son doux pavot de soie d'Himalaya ou de Californie, son gentil coquelicot se marier à mon glaïeul de printemps, son volubilis garnir ma branche. Oui, je voudrais cueillir sa tulipe *Chaperon Rouge, Éros, ou Triomphe ;* sa fleur de lotus, sa jonquille des bois, son aconit dont je suis intoxiqué ; sa balsamine que je souhaiterais plus impatiente, sa scabieuse du Caucase ; sa campanule des Carpates ; son dahlia pompon ; sa rose trémière ; sa rose *Sourire d'orchidée ;* sa rose cuisse de nymphe émue, sa rose de Noël, sa rose de No... Hélas non ! hélas non ! *no, no, no !* La rose tourne au chrysanthème, la « petite fleur merveilleuse », la « petite fleur bleue » tourne au cobée « fleur des déceptions ». Les roses du bouquet de mes pensées se sont fait mélancoliquement violettes...

– Mais, comme vous paraissez triste!

Laure est revenue. Elle est à nouveau là. Il me semble qu'elle a changé de robe pour une plus légère. Je me retiens pour ne pas me laisser aller à l'exaltation, pour ne pas avoir le geste fou qui consisterait, dans un tout autre lieu, peut-être du haut d'une falaise, à me jeter avec elle dans la mer afin d'éterniser cet instant de bonheur intense et malheureux qui m'habite, ou, tout simplement, dans ma folie et dans ce salon même, couvrir de baisers le bas de cette robe.

Elle s'est arrêtée dans son mouvement, comme étonnée de me voir ainsi.

– Non, Laure, je ne suis pas triste. Vous m'avez dit que l'amour était un songe... alors... en vous attendant... je songeais.

J'ai le sentiment que, à la suite de mes paroles, quelque chose bouge dans l'âme de Laure. Le verre, heureusement vide, qu'elle me destine, bascule, déséquilibré, sur le plateau. Elle redresse le verre, puis dans une nouvelle clarté de soleil, elle m'adresse un tendre sourire, me verse à boire et, posant doucement sa main sur ma main, me dit ces simples mots:

– J'aime aussi mes amis. Ils font partie de mes songes. Et le songe impalpable est la plus belle part de la réalité.

Il ne fait, maintenant, aucun doute pour moi que tous ces objets de la vitrine des Chevaliers sont authentiques. Ils n'ont fait que s'envoler du monde imaginaire pour venir s'inscrire dans le monde dit réel. J'admets aisément le point de vue de Laure selon lequel seul compte ce qui est vécu par la pensée qui n'est pas séparable du corps. Je commence à croire que Laure est une magicienne et je suis de plus en plus sous le charme, arbre miraculeux. Je suis de Vienne et je suis de Thulé. Nous avons, elle et moi, quitté Sennheim. Nous sommes à mille lieues de la guerre.

Il me paraît soudain que la fenêtre flambe de toutes ses vitres tellement le soleil éclate. Laure commande-t-elle donc aux éléments? Pourquoi a-t-elle changé sa robe pour une plus légère, pourquoi le soleil éclatant a-t-il avalé cette robe? Pourquoi, pourquoi Laure se présente-t-elle nue, là devant moi, dévêtue par l'astre diurne et pourquoi, pourquoi tandis que s'estompe légèrement son visage son corps se fait-il soudaine offrande et pourquoi suis-je gelé alors que s'est faite en moi, voilée par la prudence naturelle de mes mains, la résurrection de ma chair; pourquoi suis-je immobile, pétrifié, alors que là, devant moi, il y a ce ventre et la fleur touffue que je voudrais y cueillir? La fleur merveilleuse! Rose, lys...

La fenêtre vient de s'obscurcir et le corps de Laure vient de s'éteindre.

Laure, au-dessus de moi, inquiète, me parle.

– Vous avez eu un malaise...

– Un éblouissement.

– Mon père dit que la SS surmène trop ses moines-soldats.

Laure pose sa main sur ma main.

– Cette vie qui est la vôtre est aussi dans mes songes qu'elle attriste.

Cette fois, je ne vois plus que son visage où je crois discerner plus que de l'amitié dans ces paroles chuchotées alors que de l'autre main elle me tend mon verre.

– Tenez buvez cette menthe. Vous êtes pâle comme un linge.

– J'aimerais bien, Laure, que vous jouiez quelque chose, quelque chose que vous aimez.

Elle accepte, sur ma prière, de se mettre au piano. J'admire alors l'élégance de ses gestes. Je ne perds rien de chacun de ses mouvements. Je regarde pour me souvenir mieux d'elle, pour les graver en moi, la robe bleu pâle, les bas noirs, les cheveux légers d'un blond vénitien et le visage sur lequel s'éteint et se rallume le soleil, je regarde de mes cent yeux.

Dès les premières notes, mes oreilles écoutent, subitement alertées. Je suis, tout à coup, transporté dans un passé lointain. Ce début musical, je m'en souviens depuis bien longtemps, mais je n'ai jamais pu reconstituer la suite. J'écoute alors de toute mon âme.

Toute ma tristesse, toute ma peine de petit garçon que j'avais tant refoulée jusqu'ici, soudain remontée des profondeurs, vient me prendre à la gorge et je m'efforce de l'empêcher d'éclater dans le cœur de l'homme que je suis devenu. Dès les premières notes, la petite Laure, dans sa maison de Toulouse, est apparue, assise sur le plancher et je suis venu m'asseoir à côté d'elle, près du piano où joue sa mère. La petite Laure a interrompu notre jeu et a écouté. Surpris, je fais comme elle. D'autres notes succèdent aux premières, celles dont je ne me souvenais plus et c'est, à Sennheim, la petite Laure elle-même devenue grande qui joue, là, devant moi. Je la vois avec ses cheveux blonds et j'imagine ses yeux verts... vraiment ressuscitée.

Je réussis à maîtriser mon émotion qui, de violente avec l'image du petit cercueil drapé de blanc, apparue dans mon souvenir, s'est adoucie à mesure que la petite boîte où gisait le petit corps, a pris les contours plus rassurants du piano, cette autre boîte que vient de quitter Laure jeune fille, en ce jour de résurrection, comme sortant du tombeau. Cette émotion s'adoucit pour resurgir, plus violente encore, dans cet amour aux très longues racines qui vient d'éclater comme un coup de cymbales en moi, dans les cuivres dorés d'une chevelure et d'une apparition de soleil. Cet amour est comme une sorte de renouvellement de la communion qui avait déjà eu lieu à Sennheim même, là-bas, dans cette chapelle qu'était la pharmacie de l'oncle de Laure.

Quand elle a fini de jouer, Laure est saisie de mon recueillement et sans doute aussi par l'aspect de mon visage.

– C'est ma musique qui a un tel effet sur vous ?

– Oui, Laure, cela remonte à loin.

Je raconte ce lointain. Les deux maisons, les deux jardins, nos jeux d'enfants, la mère de ma petite amie et le piano. Laure écoute, grave.

– Comment s'appelait cette petite fille ?

– Laure. Comme vous, elle avait les cheveux blonds et les yeux verts.

– Et vous l'aimiez ?

– J'en ai eu la révélation après son enterrement.

– Et vous dites que sa mère jouait, avant qu'elle ne meure, ce morceau que je viens d'interpréter ?

– Oui, Laure, quand vous jouiez cela, je me suis retrouvé à quinze ans en arrière. Quel est le nom de cet air ?

– Ce que je viens de jouer, No, c'est la chevauchée fantastique, tragique et nocturne d'un père portant son enfant mort, *Le Roi des Aulnes,* de Franz Schubert.

Cela me donne un coup violent au cœur.

– Mais pourquoi jouez vous donc ça ?

Ma voix est comme une protestation venue de je ne sais où. Il me semble que Laure est de nouveau en danger, comme *elle* l'était, enfant, à Toulouse.

– Ça, comme vous dites, je le joue parce que le roi des Aulnes existe. Parce que sur tous les chemins de l'Allemagne, des pères chevauchent avec des enfants morts sur les bras et près d'eux chevauchent les mères, elles aussi chargées du même fardeau. Ils sont des milliers, des centaines et des centaines de milliers, des millions, No, avec leurs gosses invisibles pour qui regarde, leurs gosses tués par balle et par bombe sur les champs de bataille. Le roi des Aulnes est partout. Partout il a étendu son empire. C'est *ça* que je ressens. Vous voyez, je ne m'évade pas toujours à Vienne, ville de rêve. Je sais que Vienne est en Allemagne même et que le roi des Aulnes, qui est sans doute un des masques du Dieuble, est dans les rues viennoises. Et je sais aussi que ma pauvre vitrine des Chevaliers ne peut contenir toutes les épées, les poignards, les revolvers, les fusils de tous ces chevaliers qui, tous les jours, se font massacrer, comme ils le furent, jadis, à Tannenberg.

Laure, décidément, est comme le ciel. Tantôt soleil, tantôt nuage. Mais cette fois-ci le nuage est devenu tout noir. Il s'est fait nuit. Et dans cette nuit, son visage est devenu celui d'une Pierrette lunaire. Ses mains blanches, elles aussi, tremblent légèrement. Elle me paraît alors, fantôme somnambule dévoilé, *affreusement et terriblement belle.*

C'est à ce moment-là que le sablier du temps s'étant retourné, il me faut quitter Laure…

Le visage de Laure a repris ses couleurs. Non, elle est bien vivante. La nuit qui l'enveloppait a disparu. Le soleil est revenu dans son regard vert printemps. Elle a retrouvé Vienne et ses songes. Elle s'est échappée de la « réalité » qui l'avait tuée.

Après que j'ai remercié et salué ses parents, Laure m'accompagne jusqu'à la porte de sa maison. Avant de la quitter, je ne peux résister à l'envie de lui demander s'il y a une médaille religieuse au bout de la chaînette d'or qu'elle porte au cou. Elle tire alors cette chaînette et me montre la médaille. Une face y représente une flèche et l'autre une faux. Je porte mes lèvres sur cette médaille et je murmure :

– Cela me portera bonheur.

Je n'ai pu résister au désir de baiser cette médaille qui avait encore la tiédeur des seins de Laure. Elle sait, malgré le rose soudain de ses joues, feindre de croire à mon prétexte imbibé de superstition, lequel sert à peine à dissimuler mon désir. Hypocritement intéressé par la signification des symboles, pour donner le change, je l'interroge encore.

– Laure, cet arc et cette faux, que signifient-ils ? Dites-le moi, afin que j'en fasse le thème de mes méditations.

J'ai pris le ton de la légèreté, afin d'atténuer le geste que je viens d'accomplir et qui vient de mettre du rose aux joues de la jeune fille. À son tour, elle prend un ton plaisant.

– Pourquoi ? Vous pratiquez tellement la méditation ?

– Non. Je l'avoue. Je pratique plutôt la préméditation. Quand on est soldat, mieux vaut ne pas trop réfléchir et céder à ses propres impulsions et s'en tenir à quelques idées simples et sommaires liées à quelques bons réflexes. Par exemple tuer pour ne pas être tué. Être un peu comme le tireur à l'arc, face à un fauve tout proche de lui s'apprêtant à bondir. Est-ce que l'arc de votre médaille représente la chasse ? Et la faux, représente-t-elle l'agriculture ?

– Les symboles, No, ont souvent plusieurs significations.

Et la voix de Laure devient plus grave.

– Les symboles de ma médaille représentent la vie sur l'une de ses faces et la mort sur l'autre. Le destin de chacun.

Puis, après une hésitation :

– Cette médaille n'a rien de commun avec ma vitrine des Chevaliers. Ce n'est pas mon père qui m'a offert ce collier. C'est Jean Monegal.

J'ai l'impression que mes lèvres, à présent, prennent feu. Comme si j'avais, en les posant sur la médaille, commis un sacrilège. Laure perçoit mon trouble et, comme pour l'effacer, me fait un gai sourire de pardon.

Tel saint Sébastien, c'est une flèche, tirée d'un arc sûr, que je viens de recevoir. Au moment même de me séparer de la jeune fille, je me raccroche pourtant à elle comme à une barque qui, loin du rivage, se serait retournée.

– Laure, vous allez trouver que j'ai l'esprit de l'escalier, mais j'aimerais quand même bien avoir une image de vous.

Est-ce un effet de la lumière ? Là, sur le pas de cette porte, Laure me paraît, tout à coup, être devenue plus jeune encore. Elle a un visage qui appartient encore à l'adolescence. Je lui en fait la remarque.

– Comme vous êtes jeune, Laure !

Le ton de ma voix l'amuse.

– Mais, bien que je sois votre vieille marraine, je ne suis pas si vieille ! Quel âge me donnez-vous donc ?

– Je ne saurais dire au juste. Attendez voir, que je vous observe encore un peu…

Et pour donner une note plus puérile à nos adieux, j'exagère sa jeunesse.

– À peine treize ans !

Et c'est gaiement, dans la plaisanterie, que nous nous quittons.

– Treize ans ! Comme vous me vieillissez ! Mais c'est entendu, je vous le promets, vous l'aurez la photo de votre vieille marraine.

Je m'arrache et quitte Laure à regret. Au bout de quelques pas, je me retourne. Elle est encore sur le pas de sa porte, elle agite la main et je fais de même. Je marche encore un peu avant que de me retourner une nouvelle fois. Il n'y a plus maintenant que l'alignement des maisons et j'ai un grand coup de cafard. Heureusement que je vais me réfugier auprès de mes amis. À cette heure, ils doivent être encore au café des Deux-Ponts, en face d'un verre de vin blanc d'Alsace. Je ressens une grande envie de boire.

En chemin, *j'entends* ces paroles de Laure :

– L'amour est un songe, mais ce songe est chose *réelle,* comme la poésie, comme la musique...

J'ai le sentiment, alors, que Laure est toute proche... Elle est de nouveau là... *Réellement.*

En songe...

*

* *

L'animation du café des Deux-Ponts me met de plain pied dans une réalité nouvelle, et si ma tête est encore un peu dans les nuages, ce sont ceux des fumées de tabac qui flottent au-dessus des consommateurs et non point ceux, plus impalpables, du rêve.

Je reconnais, au fond de la salle, à leur carrure, les dos de Raph Engelmann et Pol Kirchhoffer. En face de mes deux amis se trouve Philippe Merlin qui m'aperçoit et s'écrie :

– Eh bien ! On traîne ses guêtres dans les rues, on abandonne les copains, maintenant ? C'est du joli !

Merlin m'offre une cigarette, souriant, chaud, cordial.

– Il est amoureux, précise Paul en riant.

Merlin simule aussitôt une gravité profonde et déclare :

– Il y a un temps pour aimer et un temps pour mourir...

J'ai la vision-éclair de la médaille que porte Laure. L'arc et la faux, cette médaille que j'ai si dévotement baisée. J'imagine Raph disant « Face, l'amour ; Pile, la mort ! ».

– Entre-temps, camarade Janmage, il y a un temps pour boire ! Que veux-tu ? du vin ? du schnaps ?

– Je veux de la bière. J'ai soif.

– Ça, la bière, dit Merlin, c'est pour ceux qui sont morts !

Pol, qui paraît vouloir me taquiner un peu, ajoute :

– Pour ceux qui sont morts d'amour !

– Alors, camarade Janmaje, je vais te citer l'*Edda,* recueil de chants scandinaves qui sont plus vieux encore que mon vieil ami Homère, l'*Edda* qui veut dire l'aïeule. Écoute bien :

Il te faut connaître les runes de la bière
Si tu veux de la femme d'un autre
Trahir la foi et te sentir assuré,
Sur une corne il te les faut graver,
Puis, sur le dos de ta main,
Tatouer les deux tibias de la mort.

Ces paroles, je les avais déjà lues à Toulouse, mais, prononcées lentement par Merlin, elles me remettent en mémoire mes souhaits abominables à l'égard de Jean Monegal. Merlin ne semble pas s'apercevoir de mon trouble et craque une allumette pour allumer ma cigarette, et me fait en même temps cette demande qui me plonge dans le brouillard :

– Une blonde ou une brune ?

– Quoi ?

– Tu veux une bière blonde ou bien une bière brune ? On dirait que tu es ailleurs, quelque part loin d'ici.

– Il est encore dans les jupes, dit Kirchhoffer.

– Je veux une blonde.

– Bon, voilà qui est clair, avec des yeux de quelle couleur ?

– Des yeux ?

– Tu dis que tu veux une blonde. Je suis peut-être indiscret de te demander la couleur de ses yeux. Sache seulement qu'il faut éviter les jeunes filles et la bière, deux appâts dangereux pour les jeunes gens qui veulent s'affirmer dans la vie.

Je rattache les derniers mots que je viens d'entendre concernant les jeunes gens qui veulent s'affirmer dans la vie, à la réflexion du père de Laure sur l'ambition qu'il décelait chez Merlin. Ce Merlin, je le trouve, en effet, brillant et je ne doute pas qu'il ait beaucoup d'avenir ; toutefois je le trouve assez diabolique.

– Cette jeune fille, Philippe, est blonde en effet. Et elle a les yeux verts. Tu nous parlais, l'autre jour, des naïfs qui voient en nous l'incarnation du Diable ; sache que cette jeune fille vient de me dire, il y a quelques minutes de cela, que Merlin l'Enchanteur était, selon un auteur allemand dont je n'ai pas retenu le nom, fils de Satan et de la Vierge Marie.

Pol, Raph et Merlin lui-même éclatent alors de rire et je suis heureux de constater que l'attention se détourne ainsi de Laure pour se porter sur Philippe qui, visiblement très amusé, déclare :

– Autrement dit, Méphisto fait l'SS ! Eh bien voilà, je vais vous dire tout. Je dois à la vérité de reconnaître que, en effet, je suis Jésus.

– Eh, doucement, doucement ! intervient Pol scandalisé. Notre Seigneur n'a rien de commun avec le Diable !

– Écoute, Kirchhoffer, selon les compagnes mêmes de la Vierge Marie, qui d'après saint Matthieu s'adressaient à Joseph perplexe de voir sa jeune épouse enceinte, l'ange de Dieu s'entretenait avec Marie tous les jours. Et si tu veux savoir nos pensées, disaient-elles à Joseph, personne ne la pouvait rendre enceinte si ce n'est l'ange de Dieu.

– L'ange de Dieu était Gabriel et…

– Silence, Kirchhoffer ! Silence ! Sache que l'ange de Dieu était en réalité Lucifer, mon père, qui s'était *annoncé* à Marie sous le nom de Gabriel. Marie n'a pu résister à la beauté de l'ange de lumière et n'a pas douté un seul instant qu'en lui cédant elle accomplissait la volonté du Père éternel. Incline-toi donc, Kirchhoffer, incline-toi devant moi qui suis ton Seigneur éternellement ressuscité ; devant moi qui suis le fils du Dieu-Diable, devant moi qui suis le Dieuble en trois personnes.

Kirchhoffer alors, suffoqué, offusqué par l'impertinence de Merlin, s'exclame complètement ahuri :

– Le Dieuble ?

Et moi, à ce mot répété en écho, je ne puis m'empêcher de sursauter et, pour des raisons autres que Kirchhoffer, de répéter à mon tour, mais à voix si haute que des têtes étonnées se tournent un instant vers nous.

– Le Dieuble !

Merlin fait l'étonné devant les mimiques que Kirchhoffer et moi affichons devant l'insolite vocable.

– Eh bien quoi, oui, le Dieuble. Vous me regardez là, tous les deux, comme deux ronds de flan. Raph, qui n'est pas aussi ignare que vous, ne bronche pas, lui. Je suis sûr que parmi tant d'autres intelligents il connaît et reconnaît l'existence du Dieuble. Dis-moi, Raph, je me trompe ou pas?

Raph opine de la tête, et faisant bonne mesure ajoute froidement:

– En effet, qui ne connaît le Dieuble! Mais je le croyais plus âgé que tu ne l'es, toutefois je t'accorde, Merlin, que tu peux vieillir et rajeunir à volonté, et même changer de forme comme il te plaît puisque, personnellement je t'ai déjà rencontré sous l'aspect d'un marteau à tuer les boeufs, d'une hache à fendre le bois, et d'une petite corde faite de trois fils de caret.

Merlin salue cérémonieusement Raph et se tourne vers moi.

– Quant à toi, Janmage, sache bien que, si cette jeune fille dont tu parles connais aussi parfaitement Merlin l'Enchanteur, c'est tout simplement parce qu'elle est, elle aussi, une bien grande enchanteresse. Or, je ne connais d'enchanteresse, ici, que la *Lorelei* aux yeux verts, blonde comme la bière blonde, qui hante nos pays du Rhin.

Je reste interloqué. Devant moi, Merlin me sourit d'un air entendu. Ses yeux bleus sont clairs. Il me semble que tout à l'heure, quand il me citait l'*Edda,* ses yeux étaient, au contraire, d'un bleu très foncé. Mais je n'en suis pas certain. On ne fait pas assez attention à la couleur des regards.

Pour dissiper mon malaise et détourner l'attention de mes amis, un instant portée sur la Lorelei, je reprends la parole.

– Cette jeune fille m'a dit que Merlin portait un sifflet à son cou.

– Je l'ai dans ma poche. Il y a fort longtemps de cela, dans la forêt de Brocéliande, je le portais au cou. C'était alors un sifflet de bois.

Merlin nous montre alors un sifflet de fer, sorti de la poche de sa vareuse.

– Avec ce sifflet, m'a dit cette jeune fille, il appelait son ami le vent.

– Oui, c'est exact, comme ceci.

Merlin souffle dans le sifflet, mais il n'en sort aucun bruit.

– C'est un sifflet à ultrasons, précise-t-il.

À cet instant même, un fort courant d'air, dû à l'entrée de plusieurs clients vient jusqu'à nous.

À la vue de notre ébahissement, Merlin mesure et savoure son triomphe. Il sait, il voit combien je suis troublé de l'avoir entendu faire allusion à la *Lorelei* et veut me faire reprendre contenance en parlant de Sankt Andreas.

Selon Merlin, les Français nouvellement arrivés s'adaptent très bien à la discipline SS, font bonne figure et rivalisent de force et d'adresse avec les autres formations étrangères dans toutes les compétitions sportives.

– Les Français, dis-je, sont encore peu nombreux, à peine un millier. Y en aura-t-il assez qui rentreront en France, revenant du front avec la croix de fer pour y prendre le pouvoir une fois la guerre terminée? Combien resteront au front, sur le carreau, faisant du surplace sous une croix de bois?

– Je vois que tu n'as pas oublié ce que j'ai dit la dernière fois: « La parole est aux croix de fer ». C'est vrai que le pouvoir ne sera pas donné aux croix de bois. Mais, tu sais, c'est toujours une poignée d'hommes résolus qui détient le pouvoir dans un pays, que ce soit en pays dits « démocratiques » ou en pays baptisés « totalitaires », ou bien c'est encore une poignée d'hommes bien décidés qui le conquièrent. À cette poignée d'hommes s'agrège ensuite une petite minorité à moitié convaincue et sincère et à moitié opportuniste et combinarde. Quant à la majorité de la population, elle s'adapte toujours, elle se contente de vivre et, parfois, en temps de troubles, de guerre civile, par exemple, de survivre. Elle est le troupeau prêt à être tondu ou écorché que dirigent toujours les bons pasteurs et les gouvernements.

Raph approuve :

– Ton analyse est parfaite, sauf que, à mon sens, les participants sincères et convaincus ne représentent peut-être pas le dixième de la minorité dont tu parles, tandis que les opportunistes et les combinards, eux, font l'énorme majorité.

Merlin sourit, d'un air entendu.

– Je ne voulais pas trop vous décourager !

– Et il y a autre chose encore…

Raph hésite, puis lâche ces mots :

– Les Croix de fer en question… il leur faut gagner la guerre.

Merlin simule la plus vive contrariété.

– Raph, tu veux me démoraliser !

L'atmosphère est à la gaieté. Pol, qui ne croit absolument pas à la défaite, décide que la guerre sera bientôt gagnée et qu'il sera au pouvoir avec son chef, Léon Degrelle et Lucien Lippert, autre figure de proue de la légion *Wallonie*.

– Degrelle va rétablir le duché de Bourgogne dans ses anciennes frontières, de la Hollande à la Savoie, avec Dijon qui redeviendra capitale.

Je trouve qu'il y va un peu fort.

– Là, tu exagères, Pol Kirchhoffer, tu vas un peu trop loin et je proteste. On va être obligé de te déclarer la guerre !

Pol me toise aussitôt fort comiquement.

– Cela nous permettra, à nous autres Bourguignons, d'étendre les frontières de la Bourgogne jusqu'à Bordeaux. Ainsi nous détiendrons tous les vignobles et tous les bons vins. Et nous irons même jusqu'en Bretagne pour nous inviter chez notre ami Merlin pour bien lui montrer, ah ! ah ! ah ! je m'en réjouis d'avance, que Notre Seigneur Jésus n'a rien de commun avec le Dieuble.

– Jésus, répond Raph, est l'attrape-nigaud du Dieuble, ah ! ah ! ah !

Après le départ de Merlin, repris plus tôt que nous par le service, nous sommes surpris de rester à trois. Merlin nous manque. Raph, d'habitude si réservé, va jusqu'à dire que Philippe aurait fait un bon quatrième. Quant à Kirchhoffer il déclare simplement que ce Dieuble de Merlin l'a charmé !

Comme la première fois, Merlin nous a quittés en prononçant ces paroles aussi surprenantes que le personnage qui les formule :

– Salut, petits enfants, ne manquez pas le rendez-vous avec la fin du monde !

Le soir venu, lumière éteinte, je me tourne et me retourne dans mon lit, cherchant le sommeil. Je ne songe plus à nos discussions du café des Deux-Ponts, mais aux quelques heures passées chez Laure, et mes pensées deviennent de plus en plus assassines quand elles s'égarent sur la ligne du front de l'Est, là où je souhaite que mon rival trouve la mort. Les paroles de l'*Edda* prononcées par Merlin me reviennent à l'esprit : *Il te faut connaître les runes de la bière si tu veux de la femme d'un autre trahir la foi et te sentir assuré...* Décidément, ce Merlin est bien diabolique ! Et cette allusion directe à la Lorelei ! Sait-il ? Quand même ! ce sourire et ce regard fixe et transperçant, comme s'il avait lu en moi comme dans un livre !

Une semaine passe, très dure, à Sankt Andreas, quand Pol, Raph et moi-même sommes convoqués par le Pirate, chef du peloton des élèves sous-officiers. Le Pirate, avec son bandeau sur l'œil, nous accueille avec un sourire aimable. Ce n'est pas ordinaire, pas tout à fait son genre. D'habitude, le sourire ne se distingue guère des nombreuses cicatrices qui bourrellent son visage. Je suis plein de méfiance.

– Voici donc la bonne nouvelle pour vous autres de Sennheim : vous préparez vos affaires, vous prenez vos cliques et vos claques et vous nous débarrassez le plancher. Et en vitesse !

Ces paroles sont claires et disent bien ce qu'elles veulent dire. Nous sommes, je ne sais pour quelle raison, renvoyés. La question est de savoir si nous sommes éliminés du peloton des élèves ou limogés de la SS.

Tout à coup, tout chancelle. L'entraînement a été très dur, de jour comme de nuit. Cela, quoique difficile, m'a parfaitement convenu. J'ai d'abord eu à vaincre ce Parisien un peu goguenard, supérieur à toute chose, que j'ai failli devenir. J'ai mis de l'acharnement à vaincre ce Parisien-là. Mes résistances au dressage de la SS ont peu à peu disparues. Peu à peu il n'y a eu plus eu l'ombre d'une réticence à mettre en jeu ma peau, la faisant passer après le froid dépouillement d'une intime sagesse qui comptait maintenant cette peau pour rien. Je me suis livré corps et âme et c'est en m'abandonnant ainsi que je me suis senti devenir différent de ce que j'étais avant d'entrer à Sankt Andreas. Ce dressage m'a rendu comme libre vis-à-vis de moi-même. Chose curieuse, Raph n'est pas étranger à ce changement. Son mariage avec la SS, que j'ai trouvé aberrant, a fait l'objet d'une de nos conversations et cela m'a éclairé sur mon propre engagement.

– Il n'y a pas si longtemps, m'a-t-il dit, on unissait un jeune homme et une jeune fille sans leur demander leur avis. Ces mariages-là n'étaient pas moins solides que les autres. En ce qui me concerne, ça tient, car le hasard, pour moi, a toujours bien fait les choses.

Cela tient aussi pour moi. Mon esprit s'est modifié, comme s'est modifié mon aspect physique. Le national-socialisme, comme toute organisation humaine, a ses défauts, et parmi ses défauts celui d'être composé d'hommes, et les hommes toujours différents les uns des autres, ne sont pas de purs esprits. Sous le même uniforme on peut apercevoir des êtres bien divers. Les uns tout à fait recommandables, comme Kirchhoffer toujours prêt à se dévouer, d'autres qui le sont beaucoup moins, d'autres encore qui sont troubles. Raph m'a trouvé bien naïf d'avoir fait une telle découverte.

– Ce qui compte, No, ce n'est pas tellement ce que sont les autres, ni comment les autres se conduisent ou se conduiront dans telles ou telles circonstances ; ce qui compte, c'est l'opinion que l'on a de soi-même et de savoir comment on se comportera dans les situations difficiles. Cela, bien entendu, demande un peu d'imagination.

– C'est une question d'honneur, non ?

– L'honneur ? C'est une sorte de code de la route. Ça n'empêche pas les accidents, toutefois ça peut les limiter. Avec ou sans code, il y a, avant tout, les bons conducteurs et ceux qui sont dangereux. Conduire sa propre voiture en évitant d'écrabouiller les autres, c'est là ce qui importe. Ce qui est vrai quand on dispose d'une voiture est également vrai quand on dispose d'un revolver.

– Avec un revolver, on est bien obligé d'écrabouiller les autres.

– À condition que les autres disposent d'un revolver. Il ne faut jamais tricher. Tricher n'est pas jouer. Il faut jouer le jeu ou ne pas jouer. Honnêtement, il n'y a que ces deux attitudes. Sinon, on n'est qu'un chauffard, je veux dire que l'on fait partie de la race de ceux qui, jadis, chauffaient les pieds de leurs victimes à même le feu pour les obliger à donner leur argent. Des chauffards, il n'y en a pas que sur les routes. Il y en a dans la SS, comme il y en a chez les communistes, les démocrates et même les religieux. L'évêque Cauchon que tu détestes tant et qui a fait brûler Jeanne d'Arc, était de la race des chauffards. En dehors de cette triste engeance, il y a ceux qui, sans avoir besoin d'un code, conduisent et se conduisent correctement. Rester un joueur correct, tout est là, c'est la seule règle du jeu. Je préfère ces mots : « correct au jeu » à tous les autres, à l'honneur ou à la dignité qui sont des mots pour le théâtre, pour le cinéma, pour la grandiloquence et pour les remises de médailles. Et puis, ils ont l'avantage ces mots simples, sur tous les mots ronflants d'être, à titre personnel, d'usage quotidien, même dans les plus petites choses.

Correct au jeu, c'est bien ce qui caractérise Raph, tout comme, d'ailleurs, l'ami Pol.

Pol, lui, ne se pose pas de problèmes. Tout lui paraît simple. Il a un chef, il va bientôt le rejoindre pour se battre à ses côtés. Il a une fiancée avec laquelle il correspond régulièrement. Il a des parents dont il reçoit des colis qu'il partage aussitôt. Il est chrétien, discret, très respectueux de la religion.

Le pirate, paré de son bandeau noir, sourit toujours. Je suis paniqué. Il y a surtout, dans mes pensées qui se bousculent, Laure. Laure, objet d'un rêve fou dans lequel je me suis follement jeté. J'ai déjà été fou de rentrer dans la SS, et j'ai été fou de rêver à Laure, et de ces deux folies je n'en ai fait qu'une qui n'est plus qu'une seule et même passion. J'ai identifié l'une à l'autre. Et tout cela pour en arriver à ce rejet tout à coup formulé. Qu'avons-nous fait ? Le père de Laure est-il dans le coup ? A-t-il voulu m'écarter du voisinage de sa fille ? Non, dans ce cas, je serais seul à devoir partir.

Le Pirate, inquiétant cyclope, prend tout son temps. Enfin, après un long moment, une certaine lueur de malice passe dans l'œil du corsaire et vient à ma raison comme un fragile espoir. Cette fine lueur semble en contradiction avec les paroles entendues.

Comme nous sommes muets, pareils à des carpes à l'œil rond, le flibustier se contente de savourer notre ahurissement et prend encore son temps pour, finalement, nous dire :

– Quand vos affaires seront prêtes, vous reviendrez me voir. Je veux que votre tenue soit, alors, irréprochable. Ensuite vous prendrez le chemin de la gare. Direction Munich. Puis, à partir de Munich, direction Bad-Tölz. Et que ça saute !

Bad-Tölz ! Le Saint-Cyr de la SS !

Après avoir salué et quitté le chef du peloton des élèves sous-officiers, je me sens inondé par la joie. J'ai eu tellement peur d'être rejeté que, par contrecoup, je me sens tout transporté. Peut-être, dans leur cloître, certains religieux connaissent-ils des transports semblables. Nous sommes, il est vrai, en quelque sorte des moines-guerriers, les nouveaux chevaliers de l'Ordre teutonique.

Seul Pol paraît contrarié. Il n'apprécie pas tellement de devoir encore attendre pour être au front, près de son chef et près de Lucien Lippert, le grand guerrier ! Quand à Raph, le j'm'enfichiste personnifié, il a été plutôt amusé par la mise en scène du Pirate.

Dans le ciel de Sennheim, un lent passage de cigognes aux immenses ailes nous fait lever le nez. Ce sont les premières que je vois. Je pensais qu'il n'y en avait plus. J'interprète cela comme un bon présage. Nous sommes dans une journée magnifique de septembre, en Alsace. Cette Alsace tendre, celle de Laure, que nous allons quitter pour la Bavière.

Ma joie n'est pas sans mélange car, en même temps, je ressens comme une sorte d'arrachement.

Quand nous sommes prêts à partir de Sankt Andreas, un moment de répit me laisse tout songeur.

Je continue à me demander si le père de Laure, soupçonné un instant d'être à l'origine d'un mauvais coup, n'est pas, cette fois, pour quelque chose dans notre envoi à Bad-Tölz.

Je me remémore ma conversation avec lui et je m'arrête à sa question posée à propos de mon choix d'entrer ou de ne pas entrer dans la Waffen-SS française.

– Il vous importe peu, donc, d'être ici ou là ?

– Je suis SS... À ce titre... je ne me sens aucune préférence.

Ma réponse, je crois, a dû faire son chemin.

*
* *

Arrivés en gare de Munich, en ce premier jour d'octobre, nous sommes aussitôt pris en charge par un sergent. Il appelle nos noms et s'assure que nos papiers correspondent bien à nos personnes. Il nous conduit ensuite à sa camionnette pour nous mener jusqu'à Bad-Tölz.

Sertie, au sud de la capitale de la Bavière, dans le cadre grandiose des Alpes de Karwendel, l'école des Cadets de Tölz se présente comme une sorte de grande chartreuse à l'aspect sévère et ordonné. L'entrée, une arche spacieuse flanquée de deux tours blanches en poivrière, nous accueille dans un mélange d'ombre et de lumière ciselées par le soleil.

Dans le ciel, deux grands oiseaux survolent l'école, majestueux.

– Ce sont des aigles, dit le sergent. Ils viennent souvent nous rendre visite. Ils viennent de la montagne.

– En Alsace, dit Pol, les cigognes nous on fait leurs adieux et, ici, ce sont les aigles qui nous accueillent. Cela a peut-être quelque signification.

Nous entrons. Nous n'avons pas de diplômes à présenter. En aurions-nous à exhiber que l'on ne les regarderait même pas. La SS n'a que faire des peaux d'âne. Ce qu'il va falloir montrer, c'est tout ce dont nous sommes capables. On va nous juger sur le terrain.

Pour l'instant, nous nous trouvons dans un immense quadrilatère bordé de bâtiments d'un étage. Là-bas, les Alpes nous ont déjà envoyé leurs messagers : ces aigles dont nous portons l'insigne sur le bras gauche. Le message de ces oiseaux est qu'il faut voir le monde de haut :

… le monde enfin peut bien
nous maudire ou nous louer
Comme il plaît à chacun…

Raph et Pol m'ont fait part de leur étonnement que nous ayons été choisis tous les trois.

– C'est le hasard, dis-je à Raph. Je pense que nous sommes l'avant-garde et que d'autres vont venir de Sennheim dans les prochains jours.

– De toute façon, hasard ou pas, dit Pol, je crois que, une fois de plus, il va falloir faire de nouveau suer la chemise.

Si, à Sankt Andreas, il n'y a pas encore de piscine, il y en a une à Bad-Tölz. Nous ne tardons pas à la connaître et tout particulièrement le plongeoir situé à dix mètres de haut. Nous y avons accès, incorporés tous les trois dans un groupe de Flamands qui sera désormais notre groupe.

Le premier qui plonge, un peu hâbleur, un peu plastronnant, se fait une sévère tape sur les cuisses, le ventre et le thorax, ce qui lui donne l'aspect d'un Indien et lui vaut, de la part de Pol, le surnom provisoire de « Flamand rose ». Nous sommes, nous, les derniers arrivés, en queue, et je suis le dernier.

Quand vient son tour, Pol plonge avec beaucoup plus d'élégance que Flamand rose et surtout attire l'attention sur sa maîtrise de la natation.

Raph, lui, se révèle le meilleur au plongeon. Grâce, souplesse et sûreté. Et toujours, chez lui, ce calme, cette tranquillité, cette manière d'être comme s'il était habité par la Paix elle-même.

Vient mon tour. Du courage, j'en ai, le cœur ne me manque pas. Mais dix mètres, quand on est sur la planche, c'est bien haut, très haut même. Je murmure le nom de Laure. C'est pour moi le Sésame qui ouvre les portes de l'impossible. Si l'eau de la piscine était de l'essence et que l'on y mette le feu, je me lancerais dans les flammes. Laure, pour moi, c'est le mot magique. Je ne suis pas certain que, sans lui, je n'aurais pas flanché dans les épreuves les plus dures. Or, il ne faut surtout pas flancher, en rien, sous peine de repasser en sens inverse l'arche de la porte d'entrée de l'école de Tölz. Il faut avoir une résistance de fer, dormir peu, manger peu. Mon poids, soixante treize kilos en entrant à Sankt-Andreas est maintenant de soixante.

Nous sommes, à présent, habitués à ce régime et je ne me suis jamais senti dans une telle forme. Nous devenons infatigables. Je comprends toute la supériorité que peuvent avoir des soldats, des sous-officiers et des officiers, exercés de cette manière, face à des soldats et gradés, comme cela a été le cas des Français, plus civils que militaires ou plus fonctionnaires que conducteurs d'hommes.

Plonger ! c'est bien ce que nous avons tous fait en entrant dans la SS. Et, maintenant que nous y sommes, quand nous ne plongeons pas dans l'eau, nous plongeons alors à terre, au coup de sifflet. Au front, il n'y aura pas de sifflet au moment d'une progression vers l'ennemi, il y aura le réflexe acquis. Au premier tac-tac-tac de la mitrailleuse d'en face, il faudra se lancer au sol et ramper comme d'autres nagent, puis repartir et plonger et « nager » encore…

– Debout… couché… en avant… debout… couché… en avant… c'est une véritable litanie gestuelle.

Nous sommes sous la poigne d'instructeurs, combattants hors pair, dont le rôle est de façonner une élite de guerriers. Pour cela il faut que, mettant la main à la pâte, la pâte soit bonne, sinon ils la rejettent. Ils nous pétrissent en vue du four, là-bas, à l'Est, ouvert et tout béant.

Je reçois, chaque semaine, une lettre d'Alsace. C'est la lettre d'une sœur gentille, j'y réponds comme peut le faire un frère. Ce ne sont pas de longues lettres, mais j'y décèle plus que de l'amitié mais moins que mon désir. Il me semble, parfois, y discerner un très léger reflet de ma passion, une légère tendresse. Mes lettres, toutefois, sont sages. Je n'ai pas à dire ce que Laure sait déjà. Les lettres de Laure sont mon soleil. Elle me parle souvent musique, et, à Tölz, la journée commence avec des émissions musicales diffusée par des hauts parleurs, et c'est un peu comme si Laure, elle-même, faisait passer des disques de Mozart, de Beethoven, de Strauss ou de Wagner.

– Dis-moi, Raph. Tu vois un peu où c'est Thulé, toi ?

– Je situerais cela du côté de l'Islande ou du Groenland. Pourquoi ?

– Pour rien, un nom, comme ça, qui me passe par la tête.

À la suite d'un rêve, dans lequel, parmi d'autres affaires que je retire de mon sac-à-dos figure la coupe du roi de Thulé. J'écris à Laure qu'il ne s'agit, malheureusement, que d'un rêve. Je reçois d'elle, par retour du courrier, une photographie de la coupe avec ces mots : « Buvez-y, si vous le désirez, mais pas avec l'immense chagrin du pauvre roi ! » Cette photo, je la range précieusement dans mon portefeuille avec une autre photographie jointe à sa première lettre vers Tölz, afin de tenir la promesse faite sur le pas de la porte de sa maison.

– C'est entendu, vous l'aurez votre photo !

Je l'ai, ma photo. C'est une image de Laure à l'âge de treize ans ! l'âge que je lui ai accordé par plaisanterie, juste avant de lui faire mes adieux. Je suis quand même amoureux de cette image d'elle en buste, col de corsage ouvert surmonté d'un visage où deux yeux malicieux m'observent, où se dégage un gai sourire. Sur le front, les cheveux ont un mouvement tournant de droite à gauche et font glisser sur les épaules deux ravissantes tresses enrubannées. Cependant, derrière la facétie de cet envoi, je discerne une signification : je ne dois pas voir en elle la femme. Elle n'est pour moi qu'une fillette, *ein Mädchen*. La femme, elle, est pour un autre. Toutefois, il y a la photo de cette coupe du roi de Thulé dans laquelle je peux boire, mais pas avec l'immense chagrin du roi ! Cette petite fille en image venue de Sennheim, ou de Vienne ou de Thulé, dont la conduite est si ambiguë, me devient de plus en plus chère et, à cause d'elle, il m'arrive de regarder, dans la rue, de jeunes écolières et, parfois, pourvu qu'il y ait quelque vague ressemblance de l'une d'elle avec la photo, d'en être troublé. Il y a deux Laure : une fillette et puis une jeune fille qui à travers une robe enchanteresse se fait femme au jeu du soleil de Sennheim. Peut-on devenir amoureux d'une image ? Oui, sans doute, quand elle devient, elle, toute la réalité interne, la seule réalité selon Laure. Je ne suis encore qu'un jeune moine. J'imagine qu'il y a, dans les chartreuses, de plus vieux moines qui prient de très jeunes saintes et d'autres mêmes, qui adorent l'enfant Jésus... *L'amour est un songe.*

Parfois, à Tölz, nous ne dormons notre nuit que le temps d'une sieste, car il y a, impromptu, exercice de campagne ou de montagne jusque très tard après minuit. Il n'est plus question alors de rêver. Il faut être prêt à affronter une rude journée encore. Nous sommes, il est vrai, déjà suffisamment rodés à toutes sortes d'imprévus depuis notre stage de Sennheim.

Outre les exercices de tir, les cours de théorie militaire et la caisse à sable pour la manipulation des soldats de plomb dans les cours de tactique et stratégie, le terrain de manœuvre et les marches au pas de parade avec chants, il y a la formation idéologique où je me distingue.

Raph continue de ramasser sur les chemins une pierre qu'il garde quelque temps et qu'il rejette ensuite comme une coquille de noix, après l'avoir vidée de toute sa substance.

– Mais qu'est-ce que tu découvres donc dans tes pierres ?

– Parfois, une sorte de message. Le plus souvent, une sorte de stoïcisme indifférent dont je m'imprègne pour continuer de vivre.

Le grand jour est venu.

Dans la grande cour de parade, nous sommes comme des statues, immobiles, attentifs.

Le Commandeur parle et nous écoutons. Il commente la devise de la SS : « Mon honneur s'appelle fidélité. »

Hormis ces paroles qui me font penser au roi de Thulé, il n'y a que le silence et trois aigles venus des montagnes qui volent à grands cercles, juste au-dessus de nous.

Je vais donc bientôt partir pour la croisade. Je vais aller me battre contre les nouveaux Sarrasins. Je vais être fait chevalier.

Je vais être fait chevalier teutonique et les gonfanons flottent au vent. À Paris, je me trouvais en plein XXe siècle, devant une machine à écrire idiote, jacassante et lourde, moins gracieuse, moins légère et moins vivante que la fine et légère plume d'oie de M. de Voltaire. Ici, sous le casque, sous l'armure, et huit siècles plus tôt, je suis compagnon de Bertran de Born et tout comme lui homme de guerre. Je me sens bien dans cette nouvelle peau échangée contre l'ancienne et qui est cependant toujours mienne ; plus périssable certes que celle d'un journaliste, mais combien plus supportable et dans laquelle je me sens tellement mieux à l'aise. Cette peau-là ne me gêne plus aux entournures, comme l'autre. Je ne sais si je vais la garder bien longtemps ; peut-être va-t-on m'en dépouiller en quelques minutes, qu'importe, la vie qui me reste à vivre me paraît belle et je suis presque heureux.

Le Commandeur de Tölz parle, j'écoute, mais je suis perdu dans mon rêve, un peu ivre ; les paroles qu'il prononce flottent dans l'air tandis que les aigles tournoient là-haut, tantôt à ma droite, tantôt à ma gauche : heureux et mauvais présage.

C'est à nous, maintenant, de prononcer les paroles, celles de notre serment.

La cérémonie, solennelle, est austère et dépouillée.

Une épée nue, tenue par un officier, est posée sur la hampe du drapeau SS maintenue par un porte-étendard.

Nous formulons, en allemand, main droite levée, les mots qui nous lient au Petit-Caporal : « Je te jure, Adolf Hitler, Führer germanique, fidélité et bravoure. Je jure d'obéir, à toi et aux chefs désignés par toi, jusqu'à la mort. Que Dieu me vienne en aide. »

Musique. Celle du *Treuelied,* le chant de la fidélité.

À ce moment je rejoins Laure. J'entre dans la cathédrale Saint-Étienne, à Vienne. Laure est à genoux, devant le maître-autel. Elle y prie le Dieuble. Il n'y a que nous deux dans la cathédrale, et je l'entends prier et formuler ces mots :

– Vienne, oui, que lui vienne toute ton aide !

Cependant, cette cathédrale Saint-Étienne, je ne peux me la représenter autrement que sous la forme de la cathédrale Saint-Étienne de Toulouse. Peu importe. L'essentiel c'est d'être en pensée, à Vienne, ville où demeure Laure, c'est-à-dire, dans sa chambre même, à Sennheim !

J'ai toujours eu le goût des cérémonies, pour le côté solennel et théâtral des choses, pour tout ce qui, par l'immense sérieux des uns, peut devenir objet de dérision des autres.

Ce serment m'engage. Il est cependant dans la suite logique de mes actes. Il en est de même pour Pol, ainsi que pour tous les autres qui m'entourent. Mais pour Raph ?

– Pour moi, me répond-il, après la cérémonie, pour moi, le serment n'était pas nécessaire. Je suis toujours décidé, puisque je me suis déjà engagé devant le grand prêtre Pile-ou-Face, à poursuivre jusqu'au bout le chemin indiqué par le dieu Hasard. Ce fut ma cérémonie toute personnelle. Pour un groupe, la religion, c'est-à-dire ce qui relie chacun à tous les autres, est indispensable à la cohésion. Le parti national-socialiste s'est montré le plus religieux de tous les partis. C'est pourquoi il ne pouvait qu'attirer sur lui la haine des autres religions. Comme il y a beaucoup de religions politiques, la religion nationale-socialiste risque, à cause de cette haine, de succomber sous le nombre.

Ces paroles de mon ami sont comme une confirmation. C'est bien sous cet aspect religieux que j'ai ressenti profondément la cérémonie du serment transportée, en pensée, jusque dans la cathédrale que Laure a bâtie dans sa chambre pour moi.

– Mon paternel me disait, lui aussi, que la croix gammée était un vieux symbole religieux. D'où tiens-tu, Raph, cet aspect religieux du national-socialisme ?

– De ce que je viens de voir et d'entendre au cours de cette prestation de serment, nettement plus religieuse que militaire. Cela me paraît évident avec les derniers mots prononcés au cours de la cérémonie : *« Que Dieu me vienne en aide ! »*

– Mon père, hostile à mon engagement, espérait que, à cause de la croix gammée, vieux symbole chrétien, Dieu me protégerait.

– Sa conclusion est plutôt optimiste quant à l'aide divine, puisque, selon moi, nous devons succomber sous le nombre !

Raph sourit. Je suis toujours déconcerté par ce sourire alors que les choses tournent au plus mal. Je l'ai vu, Raph, dans la fameuse marche de 65 kilomètres, épuisé, comme moi-même, me regarder en souriant et, à partir de ce sourire, renaître, tenir, et m'aider à tenir jusqu'au bout. Il est fils du hasard, mais pour avoir un tel père adoptif, il a montré, en la circonstance, combien il est rude compagnon. Il trouve toute sa force dans ses cailloux !

Raph regarde, un instant, le ciel vide. Les aigles ont disparu et il sourit de nouveau.

– Le Dieuble est toujours du côté des plus nombreux, du côté du plus fort. Napoléon disait que Dieu aimait les gros bataillons. Le Dieuble a fait cette loi de la nature que le plus fort gagne afin qu'elle ne dépérisse pas. Tu le sais d'ailleurs mieux que moi que nous devons succomber et je crois que, comme moi, tu as assez le goût des choses désespérées. Pour moi, elles sont celles qui valent le plus la peine. En tout cas, je t'ai observé, tu étais littéralement transporté par la cérémonie. Tu flottais sur ton grand nuage parmi les songes. En te voyant ainsi sur ta nuée, j'ai compris que le national-socialisme était d'essence religieuse.

Raph est trop subtil pour ne pas deviner, connaissant sous le nom de Florence l'existence de Laure, qu'il y a par-delà mon grand nuage, de l'autre côté de l'épais brouillard de ma nuée, une grande-prêtresse.

– Bon, Raph, malgré ta petite pointe d'ironie, je suis d'accord avec toi pour ce qui me concerne. Mais toi ?

– Moi ? Je suis toujours fidèle à ma propre devise.

– Peut-on savoir qu'elle est cette devise ?

– *Ici, aussi bien qu'ailleurs.*

Après quelques instants, il ajoute :

– J'avais une autre devise, à laquelle j'ai renoncé.

– Ah ! Peut-on savoir ?

– *Ne pas se commettre !* C'était, je l'avoue, trop aristocratique. J'ai donc tué l'aristo pour le remplacer par un autre personnage, plus proche, cette fois, des autres, quels qu'ils soient.

– Quoi que tu fasses, Raph, tu resteras toujours un aristo !

Le soir, quand c'est possible, nous allons dans la petite ville de Bad-Tölz pour nous installer, comme à Sennheim, au café et déguster une ou deux bières, croquer ce qui est disponible afin de compléter, autant que faire se peut, notre maigre ordinaire. Nous n'avons guère le temps de nous éterniser, car le couvre-feu est à 21 heures. Raph se laisse alors distraire, comme je l'aurais fait moi-même avant ma rencontre avec Laure, par la présence des femmes, malheureusement trop peu nombreuses à son goût.

– De les voir un peu, comme ça, dit-il, sans plus, rafraîchit l'esprit. Même si nous ne les connaissons pas, elles demeurent nos compagnes.

Ce soir-là, près de nous, se tient un homme mince, longs cheveux gris, long manteau foncé, grand chapeau rabattu. L'homme a l'allure d'un soldat et me fait penser au sous-lieutenant, borgne, qui dirige le peloton des élèves gradés, à Sennheim. Cependant, celui-là, non loin de moi, fait davantage pirate en vêtements civils que l'autre ne le faisait dans sa tenue militaire.

Raph, ne voyant cette fois aucune femme, s'exclame :

– Elles ne sont pas toutes au front quand même !

– Elles sont dans leurs foyers, avec leurs enfants ou bien leurs mamans, répond l'ami Pol.

Nous parlons français. Près de nous, le vieux Bavarois rit de bon cœur.

– Pour les femmes, il faut aller jusqu'à Munich, mes garçons. Elles sont moins tenues dans les grandes villes que dans les petites.

Pol remarque alors que Munich est hélas un peu trop loin de Tölz.

L'homme scrute avec application le visage de notre ami et lui dit d'une voix douce :

– Alors mon petit, sois patient. Attends tranquillement la Walkyrie qui, à partir du champ de bataille, te conduira jusqu'au septième ciel.

Mais voyant Pol se rembrunir, l'homme se fait aussitôt plus rassurant.

– Non, je plaisante. Je constate seulement que déjà vous buvez l'hydromel, mais celui que vous buvez n'est pas le meilleur.

Quelques instants plus tard, comme Pol se montre distrait, Raph constate :

– Tu es quelque part, dans la lune ?

– Non je regarde ce papillon là-bas, à l'extérieur de la fenêtre, collé à la vitre.

– Ah, vous l'avez remarqué, Kirchhoffer ! intervient le vieil homme. C'est un superbe papillon de nuit. Il est venu fasciné par la lumière. Si vous étiez dehors, près de lui, vous l'entendriez gémir de ne pouvoir entrer, comme une douce fiancée gémit qui vient d'apprendre que son futur ex-mari ne rentrera pas parce qu'il a été tué au front. Ce papillon se nomme le sphinx tête-de-mort. Il y a d'autres papillons tragiques. À la veille de la déclaration de guerre, sur les murs des magnifiques châteaux de notre très grand roi Louis II de Bavière, une *pluie de sang* s'était abattue, tout comme sur Munich, Berlin, Dresde et d'autres villes d'Allemagne. À l'origine de ces *pluies de sang* sont les vanesses, magnifiques papillons diurnes aux ailes dentelées et scintillant des plus riches couleurs dans les tonalités rouges. Ces *pluies de sang* augurent toujours, dit-on, de grands massacres.

Le vieux Bavarois se lève, droit comme un i, et nous quitte en nous saluant avec bienveillance. Il s'en va parler au patron puis il sort. Une minute après on nous apporte des bières. Comme nous venons juste d'entamer les nôtres, nous pensons à une erreur.

– Non, celles-ci ont été commandées pour vous.

Quand nous goûtons cette bière, nous trouvons, en effet, qu'elle est d'une qualité nettement supérieure à celles bues jusqu'alors.

Un peu plus tard, quand nous sortons du café, nous nous sentons dans un grand état d'euphorie. Ces bières offertes étaient plus fortes que celles que nous avions coutume de boire.

Sur la route conduisant à l'école des Cadets, nous rencontrons de nouveau le Bavarois en compagnie de deux magnifiques chiens-loups et je l'interpelle :

– Eh bien, Monsieur, vous êtes bien protégé ! Merci pour les bières !

– J'ai eu plaisir à vous les offrir. Quant à mes loups, ce sont de bien braves bêtes, d'excellents soldats à quatre pattes ?

Les deux chiens-loups s'approchent de nous en jouant. Ils s'arrêtent devant Pol et le flairent et lui donnent, ensuite, de gentils coups de pattes. Notre ami les caresse un instant et ceux-ci disparaissent aussitôt sur un appel de leur maître qui nous quitte et s'enfonce dans la nuit.

Nous sommes quelque peu saisis, car il nous a salué d'une façon qui nous est pour le moins familière !

– Salut, petits enfants !

Les mêmes mots et une voix presque pareille à celle de Merlin !

Raph, aussitôt, nous en fait la remarque. Mais nous avions eu Pol et moi la même impression, pour ne pas dire le même choc.

Nous regardons tous les trois du côté où l'homme et ses chiens ont disparu. C'est la nuit et le silence. Raph ajoute ces mots étranges :

– Nous voulons nous rassurer en pensant que c'étaient des chiens. Non, il l'a dit lui-même, c'étaient des loups. Je pense, moi, que pour nourrir de pareilles bestioles, il faut avoir pas mal de cartes de ravitaillement.

Puis Raph, alors même que je me remémore la scène des deux bêtes avec Pol, ajoute :

– Eh bien, t'es gâté ce soir, Pol. On te promet le Paradis et voilà que deux anges à quatre pattes viennent te faire la fête !

Pol ne répond pas. Je sens qu'il est assez ému par le personnage que nous venons de rencontrer. Comme je le suis moi-même d'ailleurs. Et sans doute aussi comme Raph. Mais ce que je ressens est indéfinissable et c'est peut-être Raph qui l'exprime le mieux.

– J'ai le sentiment que ce bonhomme-là hante, avec ses fauves, les hauts châteaux de celui qu'il nomme, d'une manière inspirée, « notre très grand roi Louis II de Bavière ».

Quelque part, pendant quelques instants, nous entendons les deux loups hurler, puis tout retombe dans le silence. Nous nous appliquons, dans cet épais silence, à ne point nous perdre dans la nuit. Et dans cette nuit, Raph nous dit :

– Comment se fait-il que ce vieil homme a prononcé ton nom, Kirchhoffer, alors que je suis certain, pour ma part, de ne pas l'avoir prononcé une seule fois dans cette brasserie. Tu as prononcé ce nom, toi, No ?

– Non, je n'en ai pas le moindre souvenir.

Le plus souvent, le soir, nous restons à l'école des Cadets pour « fayoter », c'est-à-dire brosser et nettoyer nos vêtements, graisser nos armes, astiquer nos godasses et réviser nos cours. Ma pensée, alors, s'évade du côté de Sennheim. Je rêve à Laure. Mes compagnons doivent, eux aussi, rêver, plus ou moins. Je voudrais savoir, parfois, à quoi ils pensent, quels sont leurs songes.

J'entends soudain la voix de Pol.

– Tu parais bien rêveur, No.

– Oui, je pense que nous allons bientôt quitter Tölz et que tu vas retrouver enfin ton chef.

– Raph et toi viendrez peut-être avec moi dans la légion *Wallonie* ?

– Peut-être. Personnellement, tu sais, je n'ai rien contre.

Raph répond à son tour.

– Moi non plus, je n'ai rien contre. Mais peut-être que tout dépend de l'homme-aux-loups.

J'étais en train de songer à Laure. À la question de Pol, j'ai répondu en faisant diversion. Les songes de chacun sont autant de chasses gardées. Raph, lui, pensait à l'homme étrange de notre rencontre.

Je songe, moi, que cet homme a quelque ressemblance avec ce Jules-le-Mendiant dont Léo Magnanje m'avait décrit la silhouette à propos du Dieuble. En ce cas Raph n'aurait pas tort dans sa réflexion que tout dépend de l'homme-aux-loups.

*
* *

Une surprise ! On m'informe que j'ai une visite. J'imagine, follement, qu'il s'agit de Laure. Mais, je me trouve en face d'un lieutenant, mince, élancé, orné de la Croix de fer de 1ère classe et de quelques autres décorations, visage énergique, air assuré.

Jean Monegal !

Il est venu saluer des camarades et ses anciens instructeurs. Puis il a demandé à me voir, ce qui lui a été accordé. Sa poignée de main est ferme.

Nous nous promenons alors dans un couloir et nous parlons du camp de Sankt Andreas, de Sennheim, de Tölz, des combats sur le front. Nous parlons de Léo Magnanje dont, par Laure, il sait que je suis l'ami.

Une idée me vient alors à l'esprit, laquelle m'amuse et me fait sourire.

– Léo Magnanje, quand j'ai fait sa connaissance, était communiste, tout comme vous alors.

Jean Monegal se tait, puis lui vient un petit sourire au coin des lèvres. Mais un sourire sérieux, celui-là.

– Mais, je suis toujours communiste !

Et comme j'ai un léger sursaut et que j'écarquille les yeux, il éclaire ma chandelle.

– Dites-moi, Janmage, qu'y a t-il de plus communiste que la Waffen SS ?

Puis, après un court instant :

– Léo Magnanje, lui, était plutôt anarchiste.

Un rassemblement a lieu et je suis obligé de le quitter au bout d'un quart d'heure. Une poignée de main, de nouveau, très chaleureuse cette fois. En me quittant, il me laisse en tête ces dernières paroles :

– Ce serait bien, si vous pouviez être avec moi, à la brigade d'assaut « Langemark ».

La « Langemark » est la division flamande. Il n'y a pas encore de Waffen-SS française, elle se crée à Sennheim. Les Français sont dans la « Légion des Volontaires Français » ou bien, pour quelques-uns, dans la division « Wallonie » que nous sommes tout disposés, Raph et moi, à rejoindre en compagnie de Pol.

Ma connaissance de la langue allemande me permettrait d'opter pour « Langemark » plutôt que pour « Wallonie » et de combattre aux côtés de Jean Monegal. Je ne formule déjà plus le souhait de sa mort ; ce souhait abominable, je ne l'avais fait que pour un personnage abstrait. Jean, à présent, est devenu « réel » et, en un quart d'heure m'a conquis. Je comprends qu'il ait séduit Laure, car il doit aisément retenir l'attention des femmes.

À Tölz, les élèves de mon peloton sont hollandais, flamands, wallons et scandinaves. Je me mets à fréquenter davantage les Flamands, surtout ceux qui viennent de la « Langemark ». Tous sont décorés, quelques-uns portent les bandages de récentes blessures. Je les interroge sur Jean Monegal. C'est Jan Mermans, un de ses vieux compagnons, qui me donne le plus de renseignements :

« Lors de la création du régiment SS « Westland », lequel accueille les Flamands et les Hollandais, Jean Monegal, venant d'Alsace, s'engage et, au début de l'automne 1940, prend la route de Munich pour suivre une période d'instruction dans un camp d'entraînement. Il est parmi les premiers volontaires. L'entraînement est très dur. Monegal est bientôt remarqué par les instructeurs qui le classent parmi les meilleurs élèves. C'est avec le grade de caporal qu'il rejoint son unité et commence sa carrière de Waffen-SS.

Les trois bataillons du régiment « Westland » ont été rattachés à la 5e division Waffen-SS « Wiking », laquelle, lors de l'attaque contre l'URSS, entre en Ukraine. Avec Jean Mermans et ses camarades, Monegal s'engouffre, ainsi que tous les volontaires germaniques, dans l'immensité russe. Les premiers tués tombent au cours d'escarmouches et d'embuscades, dans les bois et les champs de blé qui longent la route de l'invasion. Prise de Tarnopol et de Jitomir, sur la route de Kiev. Les villes et les villages qu'il faut conquérir avant de progresser de nouveau. Des rafales, éclairs et tonnerre, éclatent tout à coup, alors que tout paraît calme, et fauchent les hommes. Attaques et contre-attaques se succèdent. Les tanks russes s'efforcent de tronçonner la colonne qui s'avance, il faut les faire sauter les uns après les autres. Le soleil. La poussière. Les missions de reconnaissance pour tâter le terrain dans un paysage où l'ennemi, fluide, apparaît et disparaît aussitôt son coup fait, de jour comme de nuit. Et, précédant une sérieuse contre-attaque soviétique, voici l'artillerie russe qui pilonne. Il faut subir, vaincre, avancer, avancer toujours. De temps en temps les avions ennemis viennent lâcher des torpilles. Et tombe aussi la pluie. La plaine est transformée en bourbier, les véhicules patinent. Il faut avancer, on avance. Le soleil est revenu qui a tout séché. On arrive maintenant à Dniepropetrovsk après avoir livré de multiples batailles. Jean Monegal a sa première blessure, une éraflure au bras. Il sait se battre, se dissimuler, tirer juste, sauter et se coucher dans le moindre repli de terrain avant que de repartir en avant, au moment le plus propice. Septembre. Il faut maintenant franchir l'immense fleuve Dniepr, établir une tête de pont de l'autre côté, sur la rive en face si éloignée, sous le feu de l'ennemi, et puis de nouveau avancer et avancer toujours, en direction de Rostov. Steiner, le commandant de la division « Wiking », lance ses trois régiments d'infanterie, ses chars, ses sapeurs, ses groupes de reconnaissance les uns après les autres, par roulement, protégés par son artillerie, ses canons-antichars et ses canons antiaériens, tout cela en liaison avec les autres divisions de la 1ère armée de von Manstein. Les pertes sont importantes, mais l'ennemi, surclassé, cède le terrain. Les soldats russes se rendent par dizaines de milliers et abandonnent un énorme matériel. Toutefois, les réserves de l'adversaire sont inépuisables et l'espace qu'il contrôle est infini. Les pluies commencent à tomber. Le soleil, cette fois, tarde à sécher la boue qui immobilise à nouveau les véhicules. Le ravitaillement se fait mal. Il faut employer les chevaux. Voici octobre maintenant, et déjà, la neige. Et voici le froid et voici les poux.

Soudainement, car, telles les attaques des partisans, tout est soudain en Russie, le soleil revient et, grâce à lui, c'est de nouveau la marche en avant. On dépasse Stalino, on travers le fleuve Mius. On s'approche de Rostov-sur-le-Don. C'est novembre. Il faut traverser le fleuve, essuyer une attaque de cosaques, casser une attaque de blindés T-34, subir le bombardement des avions et celui des « orgues de Staline », subir aussi le froid et la dysenterie. Rostov finit par tomber pour être de nouveau repris par les Russes. Et c'est alors le repli sur le fleuve Mius, au bord duquel on va passer l'hiver, dans des températures variant autour de – 40°, température terrible contre laquelle les Russes, dans leurs vestes en peau de mouton, sont mieux prémunis que les Allemands. Il faut attendre des conditions plus favorables pour repartir en avant.

Jean Monegal, lors de la bataille de la rivière Mius et de la prise de Rostov, s'est particulièrement distingué par son audace et sa détermination. Il reçoit, en même temps que la Croix de fer de 2e classe, celle de 1ère classe, la médaille des blessés et le grade de sergent.

Au début d'avril 1942, Jean Monegal se trouve à Tölz, dans le décor austère de la Junkerschule. Les instructeurs ne le lâchent pas, le travaillent, le laminent, le martèlent pour en faire une « épée » de chair et de muscles, ils utilisent toutes les qualités du matériau, éliminent les scories en leur forge guerrière. Ils veulent, ici, nous voir vibrer comme des lames, et donner le maximum de nous-mêmes, nuit et jour. À la fin du stage, Monegal quitte la Junkerschule avec le grade de sous-lieutenant. Il ne retourne pas au Caucase pour rejoindre la division « Wiking », il est dirigé, par ordre de l'Hauptamt de Berlin, sur la division « Flandern ».

Monegal se trouve maintenant du côté de Leningrad, dans les forêts marécageuses que traverse, avant de se jeter dans le lac Ladoga, la rivière

Volkov. Dans cette région, la division « Flandern », depuis neuf mois, a perdu les trois quarts de ses effectifs en se battant sur le front d'encerclement de l'ancienne capitale des Tzars. Monegal arrive en plein hiver, – 50°. Il fait partie des renforts qui viennent d'arriver. Toutes ces jeunes recrues ont d'abord été accueillies par la boue, les moustiques, les poux. Les Russes, après neuf mois de combat, viennent de perdre leur bataille et, d'encercleurs, se trouvent encerclés, malgré la présence à leur tête du meilleur général de l'armée Rouge, Vlassov, le prestigieux défenseur de Moscou.

Dans ce secteur, la guerre éclair s'est, depuis longtemps transformée en guerre de positions avec, nuit et jour et de part et d'autre, des attaques-surprises. Une forte panoplie de farces et attrapes se manifeste par des mines, des torpilles, des coups de feu ajustés de tireurs d'élite invisibles. L'ennemi se trouve parfois à quelques mètres, il faut le déloger, le réduire, l'exterminer pour enfin pouvoir pénétrer dans la ville de Leningrad. Monegal et les hommes qu'il commande reçoivent les missions les plus difficiles qu'ils mènent à bien. Ils excellent dans les attaques de corps francs et dans les corps-à-corps les plus durs. C'est au cours d'une randonnée, en janvier, par un froid sibérien, dans un secteur occupé par les Russes, que Monegal, au retour, resté en arrière, atteint d'une balle, reste sur le terrain. La patrouille s'aperçoit de sa disparition et fait demi-tour. Après une bonne heure de recherches, il est enfin retrouvé, presque inconscient. Il est porté jusque dans les lignes allemandes et confié aux soins des infirmiers qui, après les premiers soins, le dirigent vers un hôpital de l'arrière.

À la fin de février, Jean Monegal rejoint sa compagnie, au moment où les Flamands relèvent les Espagnols de la division « Azul ». Les Espagnols ont laissé près de trois mille morts sur le terrain de Krasny-Bor, sur la rive de la Neva. À la suite du dégel, ces morts, Ibères et Slaves mêlés, pourrissent sur place. L'odeur en est épouvantable. À défaut de fours crématoires ambulants, il faut se débarrasser de tous ces cadavres. Monegal met la main « à la pâte » en compagnie d'hommes de corvée dont quelques-uns vomissent d'écoeurement. Il faut ramasser les corps en décomposition que l'on transporte dans le *Schüdderump,* carriole de la Mort. On les déverse en tas, arrosés d'essence, pour en faire des bûchers comme aux meilleurs temps de la peste. Corps livides aux positions grotesques, couverts de pustules et d'ulcères ou bien d'une légère mousse savonneuse ; corps devenus noirs dont les membres manipulés se détachent du tronc, dont les os quittent les chairs devenues trop « mûres ». Visages aux lèvres rongées par les rats, montrant leurs dents dans un « rire » silencieux, atroce ; visages sans nez, visages sans yeux. De ci, de là, des pieds et des mains épars, égarés. L'horrible besogne dure de longs jours. Les croque-morts boivent pour se donner du courage. Les Russes, en face, ne tirent pas. La Neva elle-même apporte son aide, elle charrie des soldats morts qu'elle emporte dans ses eaux gonflées vers le golfe de Finlande…

Au printemps, les Russes lancent une nouvelle offensive. La troisième bataille du lac Ladoga commence. Dans le secteur de Krasny-Bor, les Flamands contre-attaquent sous les projectiles inépuisables de l'artillerie ennemie et réoccupent des positions précédemment tenues par les Espagnols.

C'est, maintenant, soutenus par des canons tractés de D.C.A. qu'ils font face à une attaque de chars accompagnés de l'infanterie rouge. Les Flamands se battent une fois de plus au corps à corps pour reprendre, au long des jours, Krasny-Bor et son cimetière : un petit cimetière serti dans un plus grand champ de morts, car « Flandern » laisse sur le terrain, comme les Espagnols avant eux, la presque totalité de ses effectifs. Monegal fait partie de l'académie des survivants : une quarantaine. Mais, c'est grièvement blessé qu'il est ramassé sur le champ de bataille. Les brancardiers le transportent à l'infirmerie d'où, après les premiers soins, il est évacué de nouveau sur un hôpital. Les Russes viennent de perdre la troisième bataille du lac Ladoga.

Les survivants de « Flandern » sont alors dirigés sur le camp de Debica, en Pologne, immense camp où se retrouvent les volontaires de toutes le nationalités européennes. « Flandern » est dissoute. Monegal, à sa sortie d'hôpital, participe à l'organisation de la 6e brigade d'assaut SS « Langemark », ainsi qu'à l'entraînement du nouveau contingent de volontaires flamands. »

Après ce récit de Jean Mermans, je me sens, soudain, très petit. J'ai le sentiment qu'il me faut encore grandir !

Ici, en Bavière, tombent les feuilles de novembre. Presque chaque jour le brouillard et la pluie nous accompagnent dans nos marches à travers la nature comme dans nos exercices d'entraînement. Nous faisons connaissance avec la boue sur laquelle nous n'hésitons pas à ramper pour échapper aux balles des tirs réels. Nous avons ensuite de belles séances de nettoyage que j'accomplis avec un solide stoïcisme, lequel, cependant, un soir, me fait défaut. Tandis que je peste, Pol et Raph, eux, se récurent consciencieusement, calfeutrés dans leur carapace de tranquillité. Raph décrotte, racle, brosse, essayant d'atteindre la perfection artistique et, mine de rien, pour s'amuser, s'adresse à Pol.

– Sais-tu ce que le camarade Goebbels a dit, à l'adresse de ceux qui grommellent, grognent et murmurent ?

– Non, raconte.

– Il a dit ceci : « Le bougonnement est une défécation de l'âme ».

Tous les deux me regardent en-dessous, comme si le bout de leur nez était chaussé de lunettes.

– En effet, dit Pol, il faut bien reconnaître que c'est loin de sentir la rose.

– C'est vrai que ça ne sent pas du tout bon dans le coin, ajoute Raph.

Alors, entrant dans le jeu, c'est à moi d'expliquer l'origine de ma mauvaise humeur.

– Mais ce n'est pas mon âme qui pue ainsi, bougres d'ânes. Mon âme, à moi, a un parfum d'humble et douce violette. Mais, tout à l'heure, j'ai dû ramper pour tout de bon dans de la merde.

– Eh bien ! dit Raph, tu as une drôle de façon de commémorer l'Armistice de 1918 !

En effet, nous somme au 25e anniversaire du 11 novembre.

Cela fait un quart de siècle que... en 1918...

Près de dix millions de morts.

La guerre ne sent jamais bon.

Les cours et les épreuves d'entraînement se succèdent à un rythme de surchauffe : sauts d'obstacles à cheval, sauts à la perche, maniement de la moto à plein gaz, football à pieds nus et puis, pour changer, arrangement de fleurs dans un vase. Je m'applique à toutes choses. On ne nous passe rien. Il faut que tout soit impeccable et tout l'est, depuis les parquets cirés jusqu'aux allées nettoyées, propres, nettes. Nos vêtements ne connaissent point de poussière ni la moindre trace de boue nos chaussures. Il ne faut pas. Cela n'est pas admis. Nous appartenons à un ordre guerrier qui aime l'ordre.

Peu après la visite de Jean Monegal, je reçois une lettre de Laure. Elle me dit sa crainte de l'hiver. Non pour elle-même, mais pour Jean, pour moi, et pour les soldats du front. Je sais, par ceux qui ont déjà combattu, que les Russes sont supérieurement équipés pour les grands froids et que l'hiver est leur meilleur commandant en chef. Les soldats de la coalition germanique, mal équipés contre le froid, n'ont eu, lors de leur premier hiver de guerre en Russie que leur immense courage pour affronter le gel et les millions d'hommes qui leur faisaient face.

À Tölz, en attendant de prendre part à la bataille du prochain hiver, il faut, en cet automne, s'entraîner, quels que soient le temps et l'heure, de jour comme de nuit. La guerre, nous répète-t-on, ne dort pas la nuit. La nourriture est toujours aussi légère, quoique parfaitement bien équilibrée, et toujours agrémentée d'eau claire. On nous fait vivre les conditions de la guerre sur le front.

Nous savons bien, malgré tout le réalisme dont les instructeurs sont capables pour notre mise en condition, que, en dépit des mitraillages à tirs réels, des sonorisations d'explosions d'obus et de torpilles, nous savons bien que nous oeuvrons seulement en plein décor et que la « réalité », sur la ligne de feu, se manifestera tout autre. Nous n'ignorons pas que ça manque de sang, de blessés hurlant de douleur, et de cadavres...

Et puis, ici, nous pouvons nous absenter, aller en ville, boire une bière, voir des civils. Ce n'est pas encore l'Enfer, seulement le Purgatoire où nous nous purgeons du péché des anciennes habitudes.

– Ça serait le Walhalla s'il y avait suffisamment de femmes.

C'est Raph qui parle, Raph qui, comme moi, aime voir les jupes et les robes plutôt que les falzars que l'on nomme parfois « fusils à deux coups » !

– T'en fais pas, tu feras connaissance bientôt avec les petites Ukrainiennes, dit Pol.

– Ça sera comme à Tölz. On n'aura pas le droit de leur parler.

À Tölz, il y a bien des Ukrainiennes, dont quelques-unes sont fraîches et belles. Ce sont des servantes. Nous n'avons pas le droit d'y toucher.

– S'agit pas, ajoute Pol, de transformer une école d'officiers en bordel, mon vieux.

Un dimanche, nous nous rendons à Munich, capitale du national-socialisme, ville des premiers actes du fantastique Petit-Caporal et de ses camarades. Nous voulons voir les lieux de ce passé évoqué par nos instructeurs de la Junkerschule : la Hofbräukeller, la Feldernhalle...

Dans les rues de Munich, Raph est tout d'abord satisfait de constater qu'il existe encore des femmes. Il ne s'imagine guère dans une société uniquement masculine, monastère ou prison. Bucolique, Pol approuve :

– Une vie sans femmes, c'est une campagne sans bois, sans jardins, sans rivière, sans oiseaux.

Nous sommes, bien sûr, d'accord avec lui, mais, pour ce qui me concerne, Laure est toute ma campagne et tous mes oiseaux. Pol reçoit des lettres de sa fiancée et y répond régulièrement. Raph, lui, est disponible. Il semble que sur le chapitre féminin, il soit un peu moins flegmatique que sur les autres.

Fréquemment, dans les différents quartiers de la ville, nous rencontrons sur notre chemin des maisons dont il ne reste que quelques pans de murs. Les journaux sont discrets au sujet de la guerre aérienne. À en juger d'après ce que nous voyons, les bombardiers anglo-américains survolent l'Allemagne et font des ravages.

– Tu penses bien, dit Raph, que ce que nous voyons ici, à Munich, on peut l'observer aussi dans les autres villes du Reich. On peut être tué à Nuremberg ou à Cologne, tout aussi bien que sur la ligne de front. Dans cette guerre tout le monde déguste, y compris les petits enfants de la maternelle.

Nous sommes, à présent, au mois de décembre et nous passons nos examens. On doit, entre autres, rédiger un texte sur le thème : « Le national-socialisme, moteur révolutionnaire ». Je me souviens d'un paragraphe lu dans la traduction française du livre d'Hermann Rauschning, *Hitler m'a dit.* J'ai retenu en mémoire ce passage qui m'a fait penser à Jean Monegal et à la réponse qu'il m'a faite : « Mais, je suis toujours communiste ! » ; il s'agit d'un passage où le Petit-Caporal disait : « Il y a plus de choses qui nous lient au communisme que de choses qui nous en séparent. Il y a par-dessus tout le sentiment révolutionnaire. J'en ai toujours tenu compte et j'ai donné des ordres pour que les anciens communistes soient admis au Parti aussitôt. Le social-démocrate et le syndicaliste petit-bourgeois ne sera jamais national-socialiste, mais le communiste le sera toujours. » L'exemple de Jean Monegal me paraît aujourd'hui la meilleure illustration de la justesse de ce propos. Je me remémore son petit sourire du coin des lèvres et la réponse qu'il m'a donnée lorsque j'ai fait allusion à ses convictions d'avant son entrée dans la SS. Et c'est par cette réponse que je commence la rédaction de mon propre texte : « Mais je suis toujours communiste. Dites-moi, Magnanje, qu'y a-t-il de plus communiste que la Waffen-SS ? »

Après les examens, Raph, Pol et moi-même recevons le brevet de Standartenjunker, c'est-à-dire le grade d'aspirant. Nous avons déjà notre feuille de route pour Neweklau où se trouve le camp de la division SS « Wallonie » quand, à la dernière minute, il y a contrordre. Nous sommes, Raph et moi, ainsi que seize Flamands, dont Jean Mermans, incorporés à la 6e brigade d'assaut « Langemark », c'est-à-dire à ce qui reste de l'ancienne division « Flandern » après la troisième bataille du lac Ladoga, après les terribles combats de Krasny-Bor.

Je comprends aussitôt qu'il y a du Jean Monegal là-dessous et, sans aucun doute, derrière lui, le père de Laure qui m'a déjà paru avoir ses grandes et petites entrées au sein même de la Waffen-SS.

C'est ainsi que Raph et moi devons nous séparer, avec une réelle tristesse, de l'ami Pol.

L'année 1943 est à sa fin.

« Car l'Amour et la Mort
n'est qu'une même chose. »
Pierre de Ronsard.
(Dernier Sonnet.)

NEUKÖLLN

Quand nous arrivons, Jean Mermans, Raph et moi-même dans l'immense camp de Debira, la 6e brigade d'assaut est sur le pied de guerre. Elle est au grand complet grâce à l'arrivée d'un fort contingent de jeunes volontaires arrivés des Flandres et parfaitement entraînés en Allemagne.

Nous nous présentons, Raph et moi, au Commandeur allemand de la « Langemark ». Il nous accueille de camarade à camarades et tient à nous faire connaître un point d'histoire.

– Savez-vous ce que signifie *Langemark?* Non, n'est-ce pas? On ne vous apprend pas ces choses en France. Eh bien, cela remonte à 1798. Les sans-culottes venus en Flandre s'y sont conduits comme ils s'étaient conduits en 1793 en Vendée. Pillage, églises et maisons incendiées, atrocités. Dix mille morts en deux mois: femmes, enfants, hommes. Langemark symbolise le sort que les autres villes et villages flamands ont subi de la part des armées de la République propagatrice des Droits de l'homme. Il est bien que vous, Français, vous vous battiez sous les drapeaux flamands. Voilà pour le passé. Pour le présent, vous, Janmage, êtes affecté à la compagnie du lieutenant Monegal. Vous, Engelmann, qui avez quelques notions de russe, vous êtes attaché à mon état-major. Nous n'allons pas tarder à monter en ligne.

Le planton du Commandeur m'accompagne pour me conduire auprès de mon commandant de compagnie quand, au détour d'un chemin, m'ayant aperçu, Jean Monegal vient à ma rencontre. Le planton prend alors congé de moi.

Ce n'est pas Jean, toutefois, que je reconnais tout de suite, le temps d'un éclair, mais celui qui l'accompagne. Même si j'en suis tout saisi, je n'en laisse rien paraître. Ce compagnon, à son côté flairant la terre, ce compagnon n'est autre que le barbet noir qui, à Paris, m'a suivi jusqu'à l'immeuble de la SS, le jour de la signature de mon engagement. C'est bien lui ou, sinon lui, c'est très certainement son frère jumeau.

Lorsque Jean me serre la main, le chien, soudainement intéressé par ce témoignage de sympathie de la part de son maître, vient mettre et remettre son nez sur chacune de mes jambes. Jean me présente alors celui qui ne m'est pas tellement étranger.

– Son nom est Höllweg. Je l'ai adopté en Russie. C'est un très bon soldat. Comme le général Vlassov, il a quitté l'armée Rouge pour passer de notre côté. C'est pour ainsi dire la mascotte de notre compagnie.

À peine âgé d'un an de plus que moi, Jean, à mes yeux, a le prestige d'un aîné. Son grade, ses décorations, sa manière d'être, ce que je sais de lui, tout cela m'impressionne. Sa cordialité efface mon trouble de voir en lui l'amant de Laure.

– Enfin, vous voilà ! Venez, vous êtes mon adjoint. Nous allons passer ensemble une dernière inspection de la compagnie, avant de partir pour le front. Ainsi vous ferez connaissance avec nos camarades.

La compagnie est alignée, les sections sont détachées les unes des autres, sous le commandement des sous-officiers. Les hommes sont d'une rigidité et d'une tenue militaire toute prussienne, comme à Sennheim et à Tölz. Jean, suivi de Höllweg, passe lentement devant chaque SS, regardant chacun droit dans les yeux, vérifiant parfois la solidité d'un bouton, redressant un fusil trop penché. Je marche derrière lui, à son rythme.

Jean me présente à la compagnie. Parmi les sous-officiers, je reconnais mes compagnons de Sennheim, Van Landeghem, Vincke, Debaeker et Baekelandt. Il annonce qu'une revue d'armes aura lieu dans l'après-midi, puis fait rompre les rangs afin de bavarder un peu, en camarade, avec ses hommes, à propos de nouvelles familiales, de lectures, de souvenirs en commun, pour faire connaissance avec les nouvelles recrues, et pour répondre, enfin, aux questions des uns et des autres.

Debaeker et Baekelandt sont légèrement en retrait du groupe. Debaeker, toutefois, parle assez fort pour que nous l'entendions prononcer des paroles qui ont trait à Höllweg à la suite desquelles Baekelandt déclare haut et clair : « Oui, tu as raison, effectivement, c'est dommage. »

Jean a parfaitement entendu, il interpelle aussitôt ce dernier.

– Qu'est-ce qui est dommage, Baekelandt ?

- – Eh bien, mon lieutenant, c'est à propos d'Höllweg.

– Oui, c'est bien ce que j'ai cru comprendre. Qu'est-ce qui ne va pas avec lui ?

– Euh, c'est à propos de sa couleur, mon lieutenant.

– Qu'est-ce qu'elle a donc sa couleur ?

– Elle est noire.

– Oui, je sais cela. Vous n'aimez pas le noir ?

– Si mon lieutenant, mais le noir c'est la couleur de la SS politique, la SS noire.

– Et alors ?

– Eh bien, nous, mon lieutenant, on est de la SS militaire, la SS verte.

– Et alors ?

– Alors, votre chien devrait avoir les poils verts et pas les poils noirs.

– Bon, je vais y réfléchir. Rien d'autre ?

– Non, mon lieutenant, rien d'autre pour aujourd'hui.

L'atmosphère, apparemment, est bon enfant.

Quand nous sommes seuls, je fais part au lieutenant Monegal de mon impression que les SS de sa compagnie lui semblent très attachés.

– Oui, je n'ai qu'à commander pour être obéi. Non pas tellement par esprit d'obéissance de leur part mais parce que nous sommes camarades d'un même combat.

Comme j'insiste, en lui disant que cela paraît aller plus loin que la simple camaraderie, qu'il y a visiblement autre chose, il me répond en me regardant droit dans les yeux.

– Oui, il y a autre chose, il y a que nous avons la même maîtresse...

Il reste silencieux, pendant que, cette fois, je me trouble pour de bon.

Il reprend :

– La même maîtresse qui est la Mort. La Mort qui nous emmène les uns après les autres, dans sa chambre. Nous allons tous vers cette chambre-là, c'est pourquoi nous sommes vraiment camarades. Nous sommes tous dans l'antichambre.

Il retire son calot et regarde un instant la tête de mort qui, comme sur le mien, s'y trouve, puis il se recoiffe et dit :

– Nous portons son signe sur notre front. Nous sommes tous marqués, comme tout homme, avec cette différence que, nous autres SS, nous le savons mieux que personne.

Il me regarde de nouveau droit dans les yeux, soudain très grave :

– Une même maîtresse, cela crée un lien solide, qu'en pensez-vous ? Ne croyez-vous pas ?

J'ai la gorge sèche et je réponds, d'une voix mal assurée :

– Oui, cela peut, effectivement, créer un lien solide, jusque dans la terre, jusque dans la tombe.

L'après-midi, nous passons ensemble la revue d'armes. Jean, toujours suivi d'Höllweg, se montre très sévère, n'acceptant pas la moindre poussière, ni dans le canon, ni dans le mécanisme qu'il veut parfaitement graissé.

– Le canon doit briller comme du verre au soleil et le mécanisme fonctionner comme les rouages d'une montre suisse. Une arme ne doit jamais s'enrayer au combat.

Il se montre cependant très satisfait, car les armes sont entretenues par les SS avec l'amour du bon ouvrier pour son outil !

Après la revue d'armes, laissé seul, je songe à ce diable de Höllweg. Je ne suis pourtant pas superstitieux mais sa ressemblance avec ce chien qui m'a suivi dans Paris vers l'immeuble de la SS me fascine et je vois, dans son nom même, comme un présage néfaste qui me concerne et que je n'ose déchiffrer. Höllweg : chemin de l'Enfer, ou mieux, chemin de la Mort !

Cette mort, que je lui souhaitais avant de le connaître, Jean, jouant ce matin l'ambiguïté, s'est-il seulement rendu compte, en la qualifiant de notre « même maîtresse », qu'il identifiait ainsi Laure, notre commune amante, notre belle blonde aux yeux verts, à la Lorelei mortelle et mortifère que Léo Magnanje avait perçu en elle ?

Le lendemain, notre brigade, forte de près de deux mille hommes, embarque pour l'Ukraine dans un long convoi fait de plusieurs trains. Le temps me paraît interminable. Il y a là bon nombre de jeunes hommes qui, tout comme moi, montent au front pour la première fois. Peut-être, comme moi, ont-ils cette boule d'angoisse, cette boule de glace au-dessus du nombril, comme une pierre gelée. Quelques-uns ont à peine seize ans, ou dix-sept. Ils ont trafiqué leur date de naissance afin de ne pas être écartés de la terrible aventure. Ils viennent de Bruges, de Gand, de Courtrai, d'Ostende ou d'Anvers. Ils chantent. Je chante avec eux mais d'une voix blanche. Dans la région de Jitomir, à quelques 250 kilomètres à l'est de la frontière polonaise, le convoi s'arrête en pleine campagne, près d'un village en ruines. Les rails du chemin de fer ont été coupés par les partisans.

Nous partons aussitôt en patrouille pour repérer l'ennemi. C'est pour revenir, le soir, bredouilles, sans rien à signaler dans le secteur qui m'avait été désigné.

Dans le village où nous sommes provisoirement cantonnés, des combats ont eu lieu. Dans la campagne, proche des maisons, dorment ceux qui sont tombés.

Les maisons, très endommagées, ont été bricolées pour redevenir à peine habitables. Çà et là, quelques habitants, des vieilles gens, vaquent à leurs affaires, comme des ombres, sans, apparemment, prêter trop attention à notre présence.

Toutefois, Raph me rapporte la réflexion d'une vieille ukrainienne. Voyant passer des blessés sur des brancards, elle s'est arrêtée et a lentement murmuré :

– Elle aime, elle aime bien le sang, notre terre !

Les maréchaux soviétiques, Joukov et Koniev, manoeuvrent pour encercler les troupes de von Manstein.

Nous faisons rapidement connaissance avec le froid, ou plutôt avec le *Grand Gel,* comme dit Raph aux lèvres gercées, près de moi. De nos bouches s'échappent des écharpes de vapeur, comme autant de fumées de cigarettes. Raph, cependant, se met à réciter :

Dans un immense coup de fouet
le Grand Gel apparut
dans sa troïka velue

Les escargots ne sortent plus leurs cornes
Les araignées ont les pattes gelées
de longtemps toutes les mouches sont mortes
et la chandelle tremble de froid.
Quel amour les réchauffera ?
« Tout ça casse » dit le Grand Gel
« Cassez, cassez pour mon grand feu ».

Le Grand Gel a des glaçons dans ses souliers ferrés
Le Grand Gel a des garçons
fourrés dans tous les fourrés qui pincent
pour tuer les alouettes
et manger leur cœur plein d'amour

Le Grand Gel lèche les glaces
de son carrosse à bosses.
Le Grand Gel ratisse les cailloux collés
avec ses doigts de pied gelés…

À ce moment, Jean vient près de nous, suivi de son inséparable compagnon à quatre pattes. Raph s'arrête de réciter.

– Continuez, dit Jean.

Le Grand Gel est monté
sur son Grand Cheval de Verre
avec sa Grande Cinglure
passée dans sa Grande Ceinture
Il enfle sa poitrine de bise
et ses côtes saillent comme dans un stupre.

Dans un chemin sec
où s'enlacent passionnément les givres
Il inspecte les arbres féaux
qui font la haie de clôture
« C'est la clôture de l'an de l'âme
de l'amour et de l'appel au bois dormant »
disent les fées aux arbres en s'endormant
dans leur linceul de perce-neige.

Mais le Grand Gel hèle ses fidèles
candide comme l'optimisme
Il les saisit jusqu'aux moelles
et les fourre dans son grand sac.
Et hop ! le carrosse en bosses
traînés par les aquilons rayés !
Et clac ! l'immense fouet de tramontane
En avant vers les grands échecs !

Raph s'adresse à Jean et à moi-même.

– Ce poème est plus long, c'est tout ce que j'ai pu noter. Quand je reverrai Philippe Merlin, le responsable politique des SS français, si toutefois je le revois un jour, je pourrai le compléter. Merlin nous avait récité cela autour d'une table du café des Deux-Ponts, à Sennheim. Noël, ici présent, était alors absent. Nous venions de parler de l'hiver en Russie, mauvaise saison pour la guerre éclair. Comme vous voyez, c'est un poème de circonstance !

– Je suis curieux, dis-je, d'en connaître l'auteur.

– Un certain Julien Torma, ami de Merlin, disparu en montagne, au fond d'un glacier. Le Grand Gel, pour lui, c'était prémonitoire, non ? Je trouve que cela ferait une belle chanson SS.

C'est alors que Jean pose sa main sur l'épaule de Raph.

– Ce serait peut-être un très beau chant. Mais ceux qui se sont gelés les couilles, comme moi, n'auront guère le cœur de la chanter cette chanson. Il y a, dans les contes de Grimm, l'histoire de celui qui s'en alla de par le monde pour apprendre à frissonner. Pour contribuer à cet apprentissage sa jeune femme, une nuit, alors qu'il dormait, versa sur lui un seau d'eau glacée. J'ai reçu ce seau d'eau glacée près de Leningrad, à Krasny-Bor. Le gel, il faut me croire, c'est l'enfer. J'en suis tout brûlé.

Comme nous restons silencieux, saisis nous-mêmes par le ton de sa voix, il murmure, s'adressant plus particulièrement à Raph, comme en confidence :

– Vous ne savez pas combien le dernier vers que vous venez de réciter, qui ne devrait jamais figurer dans un chant SS, est juste et terrible !

Et Jean, toujours flanqué de Höllweg, nous plante là.

C'est l'enfer. J'en suis tout brûlé. Cette phrase bourdonne longtemps dans mes oreilles et j'imagine le pilote calciné dans cet avion écrasé près de Sennheim, en 1940, comme étant Jean Monegal lui-même ! Au même moment, j'entends sa voix ; il appelle son chien :

– Höllweg !

Prononcée à l'allemande, *Heul-Vek!* ces deux syllabes claquent à mes oreilles comme deux coups de feu.

Les jours passent et, de plus en plus, sévit le froid. Quand nous ne manoeuvrons pas, quand nous faisons du surplace, le froid nous fait danser et nous fait battre nos flancs à grands coups de nos mains gantées. Nous ne nous reconnaissons plus que par nos silhouettes, notre visage est dissimulé dans des foulards. Pisser devient un problème. Debaeker et Baekelandt estiment que nous devrions être dotés, pour nous protéger également les couilles, de capotes anglaises en chaude et bonne laine. Ils s'adressent à Jean.

– Vous devriez y songer, mon lieutenant, et en parler en haut lieu.

Jean Monegal, tout brûlé pour s'être, comme il dit, « gelé les couilles », plaisante de manière désabusée, à froid :

– J'y songerai. Effectivement, vous auriez le choix, pour vous réchauffer, entre ces petits manteaux de laine et une bonne chaude-pisse. C'est à étudier.

Et Debaeker réplique :

– Ah ! une bonne et chaude pelisse, je ne dirais pas non !

Hors le froid, nous connaissons l'isolement et les marches forcées. Tantôt nous perdons et tantôt nous retrouvons le contact avec les troupes voisines. Souvent encerclés, parfois encercleurs, nous ne cessons de nous battre dans des conditions de plus en plus difficiles. Les Russes sont partout et nulle part. Ils sont invisibles et, soudain, fondent sur nous à l'improviste. Il faut être continuellement aux aguets, dépêcher des agents de liaison, envoyer des patrouilles qui, parfois, ne reviennent pas.

Jean se révèle alors à moi comme un personnage extraordinaire. Il connaît trois choses à la perfection : l'attaque, la résistance à l'attaque ennemie jusqu'à la dernière minute, le décrochage qui n'a jamais rien d'une fuite. Je n'ai jamais vu un homme plus méthodique ; une sorte de machine au centre de tous les combats, une machine aux mille regards. Il est alors dans une sorte d'état second, donnant pourtant des ordres de façon précise, sans hésitation aucune, et ne cédant jamais sa place dans les endroits qu'il faut maintenir coûte que coûte.

– À notre échelon, me dit-il, il ne faut jamais se tenir en marge et c'est au cœur même de la bataille que l'on voit le plus clair.

Il a inculqué un certain esprit dans sa compagnie au cours d'exercices dans différents camps d'entraînement. Ses SS, grenadiers d'un corps d'élite, tout en lui obéissant, se révèlent de véritables chefs. Chacun se sent libre d'interpréter les ordres en prenant une initiative heureuse.

– Il faut, dit-il, allier l'obéissance à l'intelligence et savoir détourner au besoin un ordre inadéquat.

Dans son système de combat, ses hommes agissent par petits groupes de cinq. Ce que Jean appelle des quintes. Et ces quintes sont reliées deux à deux. Mais elles évoluent différemment selon les circonstances et les missions à entreprendre : « comme des mains ; lesquelles, selon la tâche qu'il faut accomplir, disposent leurs doigts de telle ou telle façon ».

La première fois que je pars en mission de reconnaissance avec lui, je tente de lui dire quelques mots. Il m'écoute puis me dit :

– Maintenant, cela devient sérieux. Il ne faut plus parler, sauf en cas de force majeure. Une main est toujours silencieuse, elle sait où elle va et ce qu'elle fait, elle a comme des yeux au bout des doigts. Afin que ces yeux restent vigilants et que la main ne commette pas une maladresse due à la distraction, respectons le silence dans l'action, dans le geste de l'action.

Ce jour-là, nous surprenons un groupe de trois officiers subalternes russes. Ils se sentent en sécurité à l'orée d'un bois, conversant, assis sur leurs talons. Nos deux quintes, ou plutôt nos deux « mains », nos deux *manipules,* se referment sur eux en venant de deux côtés opposés et, sans coup férir, les capturent. Les minutes me paraissaient longues, alors que, dissimulés comme des Indiens, nous nous rapprochions de notre but. Tout s'est passé silencieusement, avec la rapidité de l'éclair, sur un simple geste de Jean. Les trois Russes sont tout effarés.

Nous réussissons ce coup de main audacieux à la frange des nouvelles positions russes conquises sur le secteur allemand. Mais la situation des ennemis en présence est encore très indéterminée.

Je sais m'adapter à un tel chef et, par mimétisme, comme tous les SS qui m'entourent, je m'identifie à lui. Le plus silencieux de tous, c'est encore Höllweg. Lorsqu'il nous voit ramper, il se coule sur le sol, dans les herbes tel un chat en quête d'un oiseau. Mais lui, pour discerner l'ennemi, se sert de son flair. Le soldat Höllweg est notre meilleur éclaireur.

Nous sommes la compagnie des coups durs. Jean ressort toujours d'une conférence au P.C. du Commandeur avec la mission la plus audacieuse. Il se met alors à l'écart, prend ses cartes, trace des croquis rapides, réfléchit, après avoir inspecté longuement lui-même le terrain de l'adversaire à la jumelle ; terrain que toujours il s'en va reconnaître lui-même, avançant jusqu'aux premières lignes ennemies, accompagné de quelques hommes, pour trouver le point faible, la faille.

Raph qui, à l'état-major du Kommandeur, a un rôle d'officier de liaison, vient souvent nous voir. Il s'établit entre lui et Jean une estime réciproque et comme un commencement d'amitié.

Lors d'un premier coup dur, aux prises avec les partisans, Raph tire, comme moi, ses premiers coups de feu. Tandis que je ne suis pas tellement rassuré, il demeure aussi calme que s'il s'agissait d'un exercice à Sennheim, alors que, moi, je fais très bien la différence entre les exercices d'entraînement et le combat réel.

Peu après cet engagement, qui a été sévère, une conversation porte sur l'héroïsme. Jean et « soldat Höllweg » sont présents. Comme je lui demande s'il peut s'imaginer dans la peau d'un héros, Raph me répond :

– Pendant la première guerre mondiale, mon père a connu un héros. Alors que l'on recherchait partout un soldat qui avait fait un coup d'éclat dont je ne me souviens plus les détails, mon père, qui savait, lui, qui était ce soldat, s'était approché de lui pour lui demander : « Allons, Thomas, pourquoi ne dis-tu pas que c'est toi ? » L'autre lui réplique : « Écoute, tu la boucles et moi aussi. Je n'en ai absolument rien à foutre de leur connerie. » Un autre soldat, un nommé Weber, s'est finalement présenté comme étant l'auteur de l'action, pensant peut-être que l'auteur réel avait été tué. Il reçut donc la croix de fer. Mon père était étonné que Thomas ne réagisse pas à un tel mensonge. Thomas se contenta de hausser les épaules et lui dit : « Mais laisse donc pisser, si ça peut lui faire plaisir à ce Weber, pourquoi pas ? »

Jean se montra enchanté de cette histoire et nous demanda de l'accompagner.

– Allons voir les héros !

Les héros sont les tués. Plus d'une quarantaine d'Allemands et de partisans, ces derniers étant les plus nombreux.

Höllweg nous précède, court vers les hommes allongés, les flaire, revient vers nous et repart aussitôt vers d'autres cadavres. Il flaire avec science, mais discrètement, il nous regarde puis s'applique de nouveau à son étude. Il a acquis de la tenue, il ne lèche pas le sang des blessures de ceux qui attendent de partir pour le Walhalla. D'un coup de patte inefficace, il essaye parfois de réveiller l'un de nos compagnons morts, il donne ensuite de la voix, mais en vain, et renouvelle son coup de patte pour essayer de nouveau de rendre vie à un autre soldat qui, sans doute, un jour, l'a caressé. Tentera-t-il de me réveiller, un jour ?

Je regarde tous ces gisants parmi lesquels je reconnais les nôtres. Parmi eux se trouve un jeune garçon de dix-sept ans.

Il y a aussi trois femmes russes qui se sont sauvagement battues. Elles sont jeunes elles aussi. Parmi les partisans, je distingue un homme assez âgé, aux cheveux blancs. Leur chef ?

Jean regarde, lui aussi. Il me paraît assez détaché. Comme blasé. Cela fait près de quatre ans qu'il se bat. Il en a vu d'autres. Il nous a conduits jusqu'ici, pour aider à notre adaptation, nous acclimater.

Raph est impénétrable ; attentif, cependant.

Moi, je songe aux vieilles photographies jaunies que, enfant, je voyais dans les foires. Pour quelques centimes, on les regardait dans leurs boîtes à travers des lunettes grossissantes. Elles représentaient les cadavres des soldats dans les tranchées de la Grande Guerre. C'était atroce. Il n'en est pas de même ici. Tous ceux qui sont là couchés sont entiers, il n'ont pas été tronçonnés, écrabouillés, éventrés, guillotinés, à demi enterrés, ou bien les membres éparpillés par les obus.

Nous retournons au camp. Silencieux. Je pense aux trois jeunes femmes russes. Si elles avaient été prisonnières, et non pas tuées au combat, elles eussent été fusillées, tout comme les hommes, pour contravention aux lois de la guerre. Ce sont des femmes ou des jeunes filles sans uniforme.

Elles portent des vêtements paysans. Les mêmes vêtements avec lesquels elles auraient pu nous accueillir au village, leurs armes étant cachées.

Si nous avions été les prisonniers de ces mêmes partisans, ils nous auraient tués sur place. Les femmes nous auraient peut-être émasculés.

Boucherie et charcuterie que tout cela.

Je songe alors aux abattoirs...

*
* *

Neige et vent glacial, pluie et boue, se succèdent. La boue est encore ce qu'il y a de pire pour le soldat. C'est comme de la merde. Tout patine, le matériel roulant, les camions et l'artillerie tractée font du surplace.

Plusieurs fois, je pars en reconnaissance pour nous situer par rapport à nos voisins allemands avec lesquels nous n'avons plus le contact. Il arrive que nous tombions sur des détachements russes. Plusieurs fois accrochés, nous décrochons, faisant des victimes chez l'ennemi, mais laissant aussi sur le terrain nombre de nos camarades.

En patrouille, accompagné de Debaeker, de Baekelandt, de Julien Holst et de quelques autres, je reçois ma première blessure. J'ai le bras gauche devenu soudain comme du plomb. Nous nous sommes battus corps à corps avec acharnement contre une patrouille russe plus nombreuse que la nôtre. Nous sommes rentrés après l'avoir entièrement anéantie. Surentraînés, les Waffen-SS, à un contre deux ou trois et souvent plus, finissent par l'emporter. Gens de métier, nous avons souvent affaire à des apprentis. Nous rentrons à cinq au lieu de dix. Venue de je ne sais où, d'un tireur isolé et caché, dissimulé peut-être dans un sapin, une balle vient me mordre le haut du bras. Notre mission est terminée. Nous savons maintenant que nous sommes coupés de nos voisins allemands, probablement encerclés. Nous nous demandons si nous-mêmes ne sommes pas pris dans la nasse après tronçonnement de nos lignes. Nous avons rejoint notre base. Quand une patrouille ne rentre point, chacun sait qu'elle est prisonnière ou bien, ce qui est plus probable, anéantie dans une lutte inégale, les blessés étant massacrés après combat. Quand une patrouille ne rentre pas, il faut être vigilant car l'ennemi peut tout à coup se présenter, en ordre de bataille, avec des effectifs bien supérieurs aux nôtres.

Je suis effaré par les pertes que nous subissons et je ne suis pas loin de partager les sentiments de Baekelandt sur notre civilisation industrielle. Comme Debaeker parle de progrès à propos des nouvelles armes allemandes que nous attendons, Baekelandt fait cette réflexion que le progrès consisterait plutôt à ce qu'il y ait moins de tués dans les combats.

– Écoute Debaeker, le progrès, je crois, serait que nous nous battions avec des lances, des arcs et des flèches dans une forêt d'oriflammes et au chant des trompettes, tous montés sur des chevaux. Je me demande finalement si le progrès n'est pas derrière nous avec les chandelles, la charrue à bras, le rouet et, sur mer, les voiliers.

Debaeker ne répond pas tout de suite. Il réfléchit un temps, puis plein de bonne volontés, opine.

– T'as bien raison, tu sais. Je vais essayer ton progrès et commencer par allumer mes cigarettes avec deux pierres de silex.

Il se tait un instant, puis, à haute voix, développe sa réflexion.

– Comme cela prendra beaucoup de temps, ce sera autant de moins que je fumerai. Il faut prendre soin de sa santé... Alors, j'aurai bien moins mal à la gorge... Ce serait trop bête de mourir ainsi, par négligence, quand on a toute la vie devant soi. Il faut, sais-tu, prendre bien soin de sa peau si l'on veut vivre vieux. Seulement, du silex, on n'en trouve pas, comme ça, sous le pied d'un cheval.

– Dans ce cas, pour remplacer le silex, je te conseille l'arani.

C'est Raph qui vient de prendre la parole. Il sait, à l'occasion, prendre le ton de Baekelandt ou celui de Debaeker.

– L'arani ? C'est pas une sorte d'araignée ?

Raph explique en prenant son air le plus avantageux.

– Eh bien, voilà, moi qui suis allé aux Indes...

– Tu es allé aux Indes ?

– Bien sûr. Tous les bons Indo-Européens se doivent d'aller aux Indes, au moins une fois dans leur vie...

– C'est bien ce que nous nous sommes efforcés de faire en essayant de traverser le Caucase, non ?

– Exactement. Mais ceux d'en face refusent de nous laisser passer. Donc, aux Indes, les prêtres, pour allumer le feu sacré, se servent de deux bâtons de bois qu'ils frottent l'un contre l'autre. J'ai vu ces bâtons-là. Quand on les mets en croix, ils forment une sorte de svastika. On les frotte, on les frotte, et, tout d'un coup, surgit Agni, dieu de l'éclair et dieu du feu.

– Si j'ai bien compris, on prend donc les deux branches de la croix gammée, on les frotte, on les frotte, et l'on obtient l'éclair des SS puis le feu de la guerre et l'on allume sa cigarette.

– Eh, pas si vite ! Agni n'est pas le dieu de la guerre.

– Qui c'est le dieu de la guerre ?

– C'est Indra, dieu de l'orage, de la force et de la victoire. Mais Indra est aussi le dieu capricieux du hasard.

– Alors il ne faut pas trop compter sur lui. Il n'y a pas de déesses ?

– Parmi les déesses, il y a Kali, la femme du dieu Çiva, c'est la déesse de l'amour et de la mort.

Raph est très intéressé par l'hindouisme, lequel, malheureusement selon lui, quitte de plus en plus le polythéisme pour le monothéisme.

– Tu vois, me dit-il, chez les dieux c'est comme chez les hommes. Ils sont plusieurs au départ à gouverner, puis, finalement, il y en a un qui prend le commandement et qui accapare tout. Aux Indes c'est Vichnou qui prend le pouvoir.

– Tu préfères, toi, bien sûr, Indra, le dieu du hasard.

– Oui, c'est à lui que les joueurs s'adressent en espérant la victoire toujours incertaine. Avec un seul dieu, on ne peut plus guère jouer. Tout redevient sérieux et monotone.

Seul, je songe à Kali, la déesse de l'amour et de la mort. Sous les attributs de l'arc et de la faux, elle plane sur Jean et sur Laure, sur Raph, sur moi et sur tous les autres.

Pendant ce temps, le canon tonne et, par intervalles réguliers, des obus arrivent sur nous. Évidemment, il ne nous est pas possible de revenir en arrière, à l'époque des châteaux forts, et notre vie, cependant, est moins confortable que celle des hommes des cavernes. Toutefois, si nous ne pouvons reculer dans le temps, vers les temps heureux de Bertran de Born, afin de nous remettre à l'emploi des flèches et des arcs, il en va tout autrement de l'espace. Dans l'espace, beaucoup plus que dans le temps, oui, nous reculons et nous reculons de plus en plus. Nous cédons du terrain à l'ennemi qui a le vent en poupe, toujours plus nombreux, tandis que nos effectifs diminuent.

Au cours d'une autre mission, je suis blessé à la cuisse. Quand Jean m'accueille, c'est par ces mots :

– Eh bien, No ! Tu ne vas tout de même pas prendre un abonnement !

C'est bien la première fois qu'il me tutoie et m'appelle par le diminutif de mon prénom. Je comprends alors qu'il n'y a plus aucune distance entre nous, que nous sommes plus proches, que nous avons, comme il le dit, une même maîtresse, aux cheveux blonds, aux yeux verts. Comme la Lorelei de la ballade de Brentano et comme la déesse Kali, elle veille aux portes de la Mort.

Le soir même, Jean vient me revoir et me demande où en est ma blessure. Je lui réponds que c'est peu de chose, il se montre rassuré, comme soulagé. Lui, au moins, ne souhaite pas ma mort ! Il y a peu, je désirais la sienne et me complaisais à l'imaginer écrasé par une bombe.

– Moi aussi, me dit-il, j'ai été blessé. Il y a parfois de vilaines blessures. Il y en a guère, à dire vrai, de bonnes. J'aimerais, No, que tu n'ailles pas trop au devant des risques. Tu as fait la preuve de ton courage. Ne te porte pas, maintenant, trop en avant. Laisse-moi ce rôle-là. C'est celui, normal, d'un commandant de compagnie. Tu le reprendras, après moi, si jamais je dois tomber. Pour ma part, je voudrais te garder en vie le plus longtemps possible.

Je suis médusé. Ce n'est pas là sa manière habituelle. Il me dit cela avec une telle amitié que j'oublie mes souhaits abominables et je m'écrie :

– Jean ! C'est à toi de rester en vie. Pour *elle* !

Il sourit.

– C'est peut-être pour elle que je suis encore vivant. Sans elle, il y a longtemps que tout serait terminé. Mon nom serait sur une sépulture.

Je suis déconcerté. Il s'en aperçoit.

– No, il n'y a en ce bas monde qu'Éros et Thanatos. Éros c'est le jour, la vie, l'amour ; Thanatos, la nuit, le sommeil, la mort. Le reste n'est que guirlandes et décors. Pour ma part, je suis affecté de nyctalopie et je vois mieux la nuit. Je me suis habitué à la nuit depuis que, comme je l'ai déjà dit, je me suis gelé les couilles à Krasny-Bor.

Il se lève.

Il me regarde et me tend la main. Une main solide et ferme. Un large sourire. Puis des paroles qui me paraissent si ahurissantes qu'elles bouleversent mon esprit.

– N'aie pas peur d'aimer.

Mais je ne suis point sûr de ne pas avoir entendu autre chose que je n'ose affirmer tellement cela me paraît invraisemblable :

– N'aie pas peur de *l*'aimer.

Jean Monegal, j'en suis maintenant convaincu, est sur le chemin de la folie. La fournaise des combats pour Leningrad ont partiellement brûlé sa raison. Le sourire de tout à l'heure, les paroles étranges, l'histoire de nyctalopie, tout me le confirme.

Louis Van Landeghem est déjà parti plusieurs fois en patrouille avec moi. Natif de Courtrai, il parle français et, lorsqu'il m'accompagne, il emploie cette langue pour la mieux pratiquer. Je soupçonne fort Jean de l'avoir, après ma seconde blessure, attaché à ma personne, le chargeant de veiller sur moi. Dans les coups durs il est aussitôt à mes côtés. Je pense souvent à Louis, personnage quelque peu extraordinaire. Toujours d'humeur égale, souriant, il semble s'amuser de tout comme si toute chose, au fond, était peu sérieuse. Il est comme heureux de vivre chacune des heures de sa vie. Alors que je m'étonne de son attitude insouciante et frivole, il me répond, ajustant ses lunettes dépourvues de verres :

– Tu sais, il ne reste peut-être que peu d'heures, alors autant les vivre gaiement.

Louis a trouvé, sur le visage d'un soldat tué de la Wehrmacht, une paire de lunettes qui lui conviennent parfaitement. Les verres n'étant pas adaptés à sa vue, il les a cassés et retirés de leur monture et, avec ses « nouveaux verres faits de l'air du temps », il a, depuis, participé à tous les combats. Selon lui, elles ont un pouvoir magique, elles diminuent les moyens de l'adversaire, notamment dans les corps à corps, elles troublent l'ennemi par leur absurdité.

– Ces lunettes, vois-tu, elles seraient terriblement efficaces si elles portaient des verres de couleur rouge. Les Russes et plus encore les Mongols seraient terrorisés.

L'esprit de Louis a d'ailleurs imprégné quelque peu notre compagnie, sorte de réaction saine face à l'adversité. Mais nous ne portons point comme lui des lunettes sans verres. Malheureusement, car je crois qu'avec ce genre de besicles, et plus encore si, effectivement, les verres en étaient rouges, nous surprendrions ceux d'en face dans les combats rapprochés. Nous avons bien besoin de cet esprit de Louis Van Landeghem comme de celui de ses amis Baekelandt et Debaeker, autant que de notre foi pour faire front, pour faire face.

Les armées allemandes naviguent à travers la marée russe afin d'échapper à un nouvelle défaite de Stalingrad. Dans cette difficile navigation, notre brigade d'assaut va en zigzag, virant parfois du Sud au Nord et de l'Est à l'Ouest. Les contrordres succèdent aux ordres. Nous engageons de petites et de grandes batailles contre les fantassins russes et contre les chars T-34. Tous ces engagements font de plus en plus fondre nos effectifs. Jour après jour augmente le nombre des « éraflés » et des « troués » qui, dans la langue de Louis, distinguent les blessés et les tués. En compensation nous « éraflons » et nous « trouons » davantage encore l'ennemi qui, pourtant, en hommes comme en matériel, dispose de ressources inépuisables. Souvent le ravitaillement ne nous parvient pas. Il nous faut attendre et protéger le parachutage des vivres et des munitions.

Au bout de trois mois de reculs incessants, nous nous retrouvons, finalement, dans les Carpates polonaises. Nous sommes bien dans les montagnes, mais ce ne sont point celles que nous avions prévues, situées, elles, bien loin, là-bas, tout là-bas, dans le si lointain Caucase !

Notre brigade, qui est partie en campagne avec deux mille hommes, en revient avec moins de quatre cents. La compagnie Monegal, qui comprenait environ deux cents grenadiers, n'en a plus que trente ! Parmi les « éraflés », il y a Louis, rendu aveugle par des éclats. Il était alors à trois pas de moi. Il a maintenant les yeux bandés. Avant le combat, il n'avait pas retrouvé ses lunettes. Il les avait cherchées partout. En vain. Je lui demande comment il se sent. Il a un sourire triste.

– Pour un coup de grisou, c'est un sacré coup de grisou ! J'ai l'impression d'être au fond de la mine. Je tiens le rôle de Michel Strogoff, mais, à part les nègres que je distingue très bien dans mon tunnel, j'y vois moins que lui, car je ne peux rien voir sans mes lunettes.

– Tu vas être dirigé vers l'arrière où tu seras confié à d'excellents praticiens qui te sauveront la vue. Aie courage !

– Du courage, sais-tu, j'en ai plein ma bonbonnière !

Cette réponse fait référence à sa provision de *cartouches*. Je l'interprète comme une détermination de revenir combattre parmi nous. Elle ne tarde pas, toutefois, à manifester tout son contenu.

Nous enterrons Louis le lendemain matin. Dans la nuit, à l'écart, il s'est « troué » d'une balle dans la bouche, sa dernière « dragée ».

Baekelandt et Debaeker sont très affectés par la mort de Louis. Comme ils ont l'âme en peine, je me joins à eux et, triste comme eux, je me laisse aller à mes regrets.

– C'est quand même moche... Louis...

– Mon lieutenant, on l'avait pourtant prévenu.

Debaeker a dit cela d'un ton grave. Il ajoute :

– Ce n'est pourtant pas faute de lui avoir fait toutes les recommandations. Il ne nous a pas écoutés.

Baekelandt confirme :

– Il était têtu comme une mule.

– Il ne voulait en faire qu'à sa tête, sans tenir compte de l'avis autorisé des anciens.

Je suis assez étonné de ces propos. Je me demande où ils veulent en venir en m'amorçant ainsi.

– Mais de quoi donc l'aviez-vous prévenu ?

– Eh bien, quand on part au combat, il faut tout faire pour se protéger, non ?

– Bien sûr. C'était l'objet même de notre préparation à Sennheim.

– C'est vrai, mais Sennheim c'est Sennheim. C'est moins dangereux que l'Ukraine et, figurez-vous, mon lieutenant, que Louis n'avait même pas pris avec lui sa capote !

– C'était quand même jouer avec le feu, non ?

– Mais qu'est-ce que vous me chantez là, tous les deux ?

Chacun des deux complices sort alors une boîte de sa poche et en extrait un objet qu'il montre : une « capote anglaise ». Une capote qui n'est pas en laine !

Je ne peux m'empêcher de rire, mais je me demande bien où ils veulent en venir. C'est Debaeker qui me sort de ma nuit, tout en caressant la boîte où il a replacé l'objet.

– C'est un préservatif, non ? mon lieutenant.

– À première vue, il semble que oui.

– Nous, ajoute-t-il, on part toujours au combat avec notre préservatif. Avec ça on est tranquille.

– On est paré, on n'a plus rien à craindre, ajoute Baekelandt.

– S'il nous avait écoutés, Louis, il serait encore là. Il aurait retrouvé à temps ses lunettes et vu le danger.

C'est une manière bien à eux de lutter contre la tristesse, contre leur lourde peine ! La rigolade, parfois traduit mieux le chagrin que les larmes.

Pourtant, je les vois ces larmes, aux bords de leurs paupières...

Nous reprenons vie au camp de Jaslo, à quelques kilomètres de Cracovie, et, au cours d'une prise d'armes, je passe, tout comme Raph, du grade d'aspirant à celui de sous-lieutenant, avec comme décoration la croix de fer de 2e classe. Je me suis presque aussi bien battu que mon commandant de compagnie. La peur qui, dans le train roulant vers le front, s'était d'abord installée au creux de mon estomac, a disparu. Elle a fait place à une légère appréhension avant chaque engagement pour disparaître tout à fait dans le déroulement des combats. Toutefois, si j'ai acquis le courage, je ne possède pas la science de l'utilisation du terrain aussi parfaitement que Jean.

Jean et moi sommes amis, unis par le même sang SS, celui que nous allons peut-être verser encore, l'un et l'autre. Unis aussi par Laure dont jamais nous ne parlons.

Quand il m'arrive d'être seul, je retourne dans tous les sens les propos qu'il a tenus lors de ma dernière blessure. Nous avions alors parlé de Laure. L'un et l'autre, nous sommes à présent trop timides pour parler d'elle.

Je suis de plus en plus convaincu qu'il a bien prononcé ces paroles incroyables : « N'aie pas peur de *l'*aimer » ! Il ne pouvait s'agir que de Laure. Je suis pourtant certain qu'il ressent une immense passion pour elle. Je ne sais que penser. Je ne comprends pas. Quelque chose m'échappe. Il y a là un mystère que j'essaye vainement de percer. Attend-il que je l'interroge ? Je ne comprends pas sa folie.

À part cette attitude si troublante, hors de tout bon sens, tout chez Jean indique la maîtrise, la raison, l'équilibre, la logique et l'intelligence. L'amitié qu'il me porte est réelle. Il est aussi, pour tous, un excellent camarade. Dans les moments de loisir, il va, en compagnie du brave soldat Höllweg, parmi les groupes de grenadiers et devient copain parmi les copains. Il m'a enseigné, et c'est en quelque sorte l'esprit de la SS, qu'il ne faut pas se couper des hommes auprès de qui on se bat. Et cette règle, il la respecte scrupuleusement, non par obligation, mais parce qu'il a plaisir à être parmi ses compagnons de guerre. Cette attitude porte tous ses fruits dans les combats. Chacun fait alors partie d'un même corps, avec une seule âme. Sur le terrain, la compagnie Monegal est terriblement efficace.

Nous recevons des lettres. Un jour, le vaguemestre m'en confie trois pour Jean. J'y reconnais, pareille à celle qui m'a été adressée, l'écriture élégante de Laure. Quand je lui remets ce courrier, son visage s'éclaire. La joie l'habite, le bonheur...

Une fois seul, j'ouvre mon enveloppe. Elle contient plusieurs pages. Après lecture, je sais que je fais partie de l'âme de Laure, que j'entre dans ses pensées. Elle sait que Jean et moi vivons à présent dans les mêmes lieux, mystérieux pour elle, faits de froid, de neige, de glace, de blessés et de morts, lieux infernaux. Ses mots sont simples et directs, ils ne sont ni banals ni conventionnels. Ce sont des mots vivants, parfois tourmentés, parfois très gais, un mélange de soleil et de pluie qui m'éclaire par une sorte d'arc-en-ciel fait de passion, d'amour, d'amitié auxquels j'ai part. Comme ensoleillée par Jean, Laure réfléchit inconsciemment vers moi la chaleur et l'amour qu'elle partage avec lui. Je ne me sens pas cependant en tiers. Il y a comme une unité divine en trois personnes, au sens païen, et cela ne relève point, pour moi, de la pièce de boulevard, il n'y a point là de parisianisme, mais de ma part, un religieux secret où se tisse l'avenir de nos vies, dans le danger et notre commune folie.

Jean et moi ne parlons point de ces lettres. Nous ne prononçons point le nom de Laure. On ne prononçait point, dans les temps anciens, le nom de l'être qui était, pensait-on, à l'origine des choses.

Après une certaine accalmie, les armées russes, pour commémorer à leur manière le troisième anniversaire de l'attaque allemande à l'Est, développent, le 22 juin 1944, une gigantesque offensive. La situation évolue complètement.

À Knowitz, en pays tchèque, nous nous préparons de nouveau au départ pour le front. Le 11 juillet, comme chaque année, nous célébrons la fête nationale des Flandres dite « les Éperons d'or », laquelle célèbre la grande victoire des Flamands sur la chevalerie française, à Courtrai, en 1302. En face de nous, la chevalerie française a fait place à la cavalerie blindée de l'armée Rouge. Malgré de forts bons yeux, je ne vois pas la victoire poindre à l'horizon.

Le 19 juillet, nous quittons Knowitz, pour affronter, petite cohorte d'un demi-millier de Flamands au sein d'une armée courageuse, un adversaire de plus en plus redoutable: des milliers de chars, des milliers d'avions, des dizaines de milliers de canons, des millions d'hommes.

Nous nous trouvons bientôt aux abords de l'Estonie. Devant le déferlement incessant de l'ennemi nos lignes de résistance cèdent les unes après les autres. Cependant, notre petite armée réussit à stopper, avec l'aide des Danois et des Norvégiens, durant toute une semaine, l'invasion de l'Estonie du Nord, détruisant plus d'une centaine de chars, dont cinq par le lieutenant Monegal qui, encore blessé, obtient, cette fois, la Ritterkreuz, la croix de chevalier de la Croix de fer, tandis que deux chars seulement, détruits par moi, me valent la Croix de fer de 1re classe... Nous sommes relevés en août. Sur plus de six cents au départ, une semaine a suffi pour que nous nous retrouvions à cinquante ! Raph est légèrement blessé, lui aussi. Dans le feu de l'action, il ne s'est aperçu de rien. Ce n'est que, venue l'accalmie, qu'il ressent une cuisante douleur au bras. Cette fois, je suis passé à travers, ainsi que Höllweg, hardi soldat.

Raph a fait sourire Jean.

– Höllweg, c'est vraiment un brave « poilu » !

De retour à Knowitz, la brigade « Langemark », exsangue, est informée que de nouveaux effectifs, venus du Nord de la Belgique, nous attendent dans le Hanovre. Grâce à ces renforts, la création d'une division flamande, avec des cadres flamands, devient possible.

Quittant la brigade, je vais faire un stage à l'école des canons d'infanterie de la Waffen SS à Breslau. Jean, Raph et Höllweg se dirigent, avec les survivants de la « Langemark » et son Kommandeur, vers les grandes landes de Lünebourg, pays des fantômes, dans l'Ouest de l'Allemagne, pour organiser le centre d'entraînement de nos recrues.

C'est à Breslau, au mois d'octobre, qu'une lettre de Laure m'apprend sa nouvelle adresse : Berlin, 44 Hermannstrasse.

Laure a dû quitter Sennheim. Des amis de ses parents, appartenant à la Résistance, faisant passer l'amitié avant leurs convictions politiques, les ont prévenus qu'ils sont, ainsi que leur fille, condamnés à mort comme nationaux-socialistes notoires. Ces amis les ont persuadés de se réfugier en Allemagne même.

C'est d'ailleurs l'exode. Venant de l'Ouest, plusieurs milliers de Français et plus de deux cent mille Belges, hommes, femmes et enfants viennent se réfugier en terre allemande. Des guerres civiles succèdent à l'avance des troupes anglo-américaines.

Cependant, ce n'est pas l'exode qui a conduit du côté de Neukölln, le quartier de Laure à Berlin, ce personnage qui ne m'est pas inconnu et que Laure me décrit. Ce personnage a fait grande impression sur elle :

« Erika et moi, nous avons rencontré, près de l'Hôpital, un homme étrange qui s'est d'abord adressé à mon amie pour s'enquérir de la route à suivre pour rejoindre une rue qui n'était autre que la Hermannstrasse. C'est un vieux monsieur qui se tient bien droit, mince, couvert d'un grand chapeau, enveloppé d'un grand manteau, accompagné de deux magnifiques chiens-loups. Nous l'aurions pris pour un officier en civil s'il n'avait porté des cheveux aussi longs. Après que nous l'eûmes remis sur son chemin, il nous a remerciées avec beaucoup de gentillesse puis nous a dit ces mots, à propos d'un enterrement qui passait près de nous :

– On meurt beaucoup dans notre vieille Allemagne. Mais la guerre va bientôt finir.

Il nous a regardées l'une et l'autre avec beaucoup de douceur dans le regard et nous a assuré que nous connaîtrions la paix avant trois mois.

Il a caressé ses deux superbes bêtes et leur a demandé de nous dire au revoir.

– Allez, messeigneurs, dites adieu à ces charmantes demoiselles.

Les deux chiens-loups nous ont donné la patte ainsi qu'un petit coup de langue sur la main. Leur langue, chose étrange, était glacée !

Si vous saviez, No, combien ce mot de paix nous a fait plaisir, à Erika comme à moi ! »

Familiarisé avec les canons, je quitte Breslau à la fin de novembre. Breslau l'admirable, deux mois plus tard, va soutenir un siège de plus de onze semaines et résister au déferlement des troupes russes malgré le bombardement et malgré la famine.

Je dois maintenant me diriger vers le Hanovre, gagner Lünebourg et rejoindre ma compagnie. Je délaisse le chemin de fer pour monter dans un camion militaire empruntant l'autoroute Breslau-Berlin. Je dispose de quelques heures pour m'arrêter dans la capitale.

*
* *

Laure est, au titre de la Croix-Rouge, en service à l'hôpital de Neukölln. C'est la première fois que je vois Berlin, mais Laure est mon seul but. Je monte dans un taxi sans même songer à regarder les rues, tout enfoncé que je suis dans mes pensées.

À l'hôpital, on envoie chercher Laure et je la vois bientôt paraître. À ma vue, son visage s'éclaire. Je me sens un peu gauche, comme à mon habitude devant elle, ne sachant que faire. C'est elle qui s'élance et se jette dans mes bras pour m'embrasser et me serrer contre elle. Elle me quitte très vite. Elle va prévenir le service avant de venir me rejoindre. Je suis décontenancé par la chaleur de son accueil. Cependant, je m'attends à ne la revoir qu'avec ses vêtements d'infirmière et à ne lui parler, avec un peu de chance, qu'une courte demi-heure avant qu'elle ne soit obligée de reprendre son travail. En attendant, je regarde avec émotion tous ces soldats mutilés qui, dans le couloir, passent près de moi. Et je vois revenir Laure, en manteau, avec une infirmière qu'elle me présente.

– Voici Erika, ma meilleure amie. Elle va me remplacer pendant que je vais vous montrer un peu Berlin.

– C'est-à-dire, corrige Erika, ce qu'il en reste !

Selon Laure, Erika n'est pas tellement gentille.

– Bien qu'elle me propose de me remplacer afin que je puisse rester avec vous, elle va me quitter. Mais je dois reconnaître qu'elle a beaucoup de chance. Elle va partir pour Dresde, une ville admirable, une petite Vienne.

Nous parlons un peu de Dresde, puis nous prenons congé de la jeune fille. Je me retiens de sauter au cou d'Erika, belle et jeune brune, tellement je voudrais la remercier de me laisser Laure. Erika porte une rose rouge à la boutonnière et, avant de nous quitter, elle l'accroche sur le revers du manteau de Laure.

– On vient de me l'offrir. Elle fera mieux sur ton manteau que sur mon tablier. Tu vois que je suis quand même gentille !

Nous quittons l'hôpital. Notre conversation roule d'abord sur le travail des infirmières et sur les blessés. Nous marchons côte à côte le long de l'aérodrome de Tempelhof. Laure a pris mon bras. Je suis heureux de me sentir si proche d'elle. Il n'y a, pour nous éclairer, qu'un petit jour blafard, grisâtre et froid.

Neukölln, quartier populaire, a pendant les années vingt, les années de misère et de famine allemandes, touché le fond de la désespérance...

Dans la Hermannstrasse, Laure me montre sa maison, puis m'y fait entrer. Dans son studio, elle prépare un « café » pour nous réchauffer un peu. En retirant son manteau, Laure, par mégarde, a fait tomber la rose rouge d'Erika sur le plancher. Je la ramasse et la replace discrètement au revers de l'encolure du vêtement. Elle ne s'est aperçue de rien. Depuis sa dernière lettre, je suis devenu superstitieux. L'homme-aux-chiens-loups à la langue glacée ne me dit rien qui vaille et la rose rouge me rappelle trop celle du conte que me récitait Laure à Sennheim!

La première chose qui attire mon attention est la « vitrine des Chevaliers » avec, à sa place, parmi les autres objets, cette coupe du roi de Thulé que le père de Laure est allé chercher au fond de la mer!

– Vous n'avez plus de piano, ni de bibliothèque, comme à Sennheim?

– Ils sont toujours à ma disposition, chez mes parents. Ici, c'est bien trop petit. J'ai cependant quelques livres et quelques disques.

– Les deux mamelles: littérature et musique...

–... et peinture. Cela fait trois mamelles!

Laure me désigne alors le tableau que j'ai remarqué au mur: *L'arbre aux corbeaux* de Friedrich, le peintre dresdois. Pour Laure, c'est l'image de la guerre. L'arbre tourmenté et dénudé par l'hiver représente à ses yeux une ville en feu et les corbeaux, ailes déployées, les avions de bombardement!

– Je pense, dit-elle, comme mon père, que la littérature, c'est l'Angleterre et la France; la peinture, c'est l'Italie, la Hollande et les impressionnistes; la musique, c'est l'Allemagne. La musique, c'est l'âme de l'Allemagne et de sa province autrichienne. Après la guerre de Trente ans, il y a trois siècles de cela, l'Allemagne morcelée et quasi détruite, a repris vie, peu à peu, par la musique, *sa* musique, la musique populaire allemande, jusqu'à ce que cette vie, cette sorte de sang spirituel, jaillisse dans Beethoven, Mozart et Wagner, ainsi que dans le corps de l'Allemagne ressuscitée. Aujourd'hui, un Suisse alémanique communie avec un Bavarois ou un Prussien, ou un Autrichien, en écoutant Mozart, Beethoven, Bach, Strauss, Schubert, Weber, Wagner et tous les autres. Si, demain, elle est à nouveau divisée, l'Allemagne restera néanmoins unie par la musique de façon toute spirituelle. Je ne crois pas que la peinture ou la littérature puisse unir un peuple davantage que la musique. Mais il y a une musique pour la foule, celle des grands concerts, celle des armées, la musique religieuse, et puis il y a la musique pour l'individu, celle dite de chambre, c'est celle que je préfère.

Nous ne nous doutions pas alors, Laure et moi, que cette musique allemande, en Allemagne même, serait remplacée bientôt par le jazz et ses succédanés devenus musique mondiale.

Elle me parle peinture et sculpture et je suis toujours aussi étonné de l'étendue de son savoir.

– C'est votre père qui vous a appris tout cela?

– Pour une grande part, oui, il a été pour moi un très bon précepteur.

Tout ce qu'elle me dit intéresse ce qui me reste d'intelligence, tandis que je me dédouble. Une autre part de moi-même est à l'affût de ses moindres gestes. Ses genoux, la courbe de son mollet, me rappellent la vision que le soleil complice me fit entrevoir à travers sa robe, à Sennheim. Il n'y a pas de soleil, aujourd'hui, à Berlin. Mais Laure non plus ne doit pas être de bois et je la soupçonne de me parler littérature, peinture et musique afin de meubler un vide silencieux dans lequel nous pourrions l'un est l'autre basculer. Et malgré le froid la température monte dans mon thermomètre et ce que j'éprouve incommode assez gravement ma virilité prisonnière de mes vêtements tout en me faisant craindre de trahir mon ardent désir et mon supplice. Mais ce n'est pas seulement charnel, c'est tout mon être qui est tendu et cela a pour centre un point hors du temps. Cela n'a rien à voir, par exemple, avec l'image de Livia offerte, rue Bertran de Born, ou alors que trop partiellement. Quand la spiritualité, qui n'est pas que musicale, est vraiment forte, elle envahit, comme dans le rêve, la sexualité. La spiritualité est-elle tellement séparée de la sensualité ? J'imagine qu'en franchissant quelques degrés de plus on atteint l'extase et quelques degrés de plus encore, la mort.

Laure est là, devant moi, j'entends la musique de sa voix ; je vois son visage, ses yeux verts, ses cheveux blonds, son corps enveloppé, car il ne fait vraiment pas chaud, dans son manteau bleu marine. Elle porte au cou un foulard bleu pâle, ses jambes sont habillées de noir. Je voudrais la saisir dans mes bras, nous réchauffer mieux l'un et l'autre, poser mes lèvres sur l'oiseau, hirondelle ou mouette, que dessine en plein vol la délicate courbe de ses lèvres jointes. Je pense aux aigles de Bad-Tölz.

– À quoi pensez-vous No ?

– Aux aigles de Tölz.

– Ah !

– Je voudrais être un oiseau de proie, Je voudrais être un aigle immense pour vous enlever dans mes serres.

– Mais je ne suis pas Ganymède ! Je vous en prie ! Il ne faut surtout pas me faire de déclarations. Jean défend suffisamment bien votre cause auprès de moi sans que vous ayez besoin de vous en mêler.

Ces paroles me sont comme une bombe.

– Mais que dites-vous là ?

– Je dis que Jean défend suffisamment bien votre cause pour que vous ne vous en mêliez pas, vous aussi.

– Laure ! je ne comprends pas exactement ce que vous dites.

– Dans chacune de ses lettres, il ne parle que de vous et peu de lui-même. Vous, vous avez trouvé le moyen de venir jusqu'ici. Cela fait plus de deux ans que, lui, je ne l'ai vu. Depuis sa blessure de Krasny-Bor. L'ennemi l'a t-il défiguré ? Dites-moi, que se passe-t-il ? Comment est-il ? Pourquoi ne vient-il pas ?

Je suis bouleversé par son accent. Je ne sais que répondre. J'avais pensé, lors de son passage à Bad-Tölz, que Jean partait en Alsace ou bien en revenait !

– Ses lettres même ont changé. Il ne parle que de vous ou bien de son chien ou bien de choses extérieures à nous. Ses anciennes lettres parlaient d'avenir, il attendait la fin de la guerre avec impatience. Il est, à présent, comme installé dans cette horrible guerre interminable et j'ai le sentiment qu'il souhaite qu'elle se prolonge le plus longtemps possible.

– Je suis certain, Laure, je suis absolument certain qu'il ne pense qu'à vous. Ce que vous me dites est incompréhensible quant à son attitude, c'est en totale contradiction avec ce que j'ai pu observer. J'ai vu ses mains trembler quand il reçoit vos lettres.

Je me souviens soudainement que, après une lettre reçue, il s'est absenté. Nous le cherchons partout pour une question de service. Il ne réapparaît que longtemps après. Nous l'interrogeons. Il a un pâle sourire.

– J'ai eu un petit malaise. Ce n'est rien.

Nous croyons que cette défaillance est due à la fatigue, car il ne se ménage pas. Je l'exhorte à prendre mieux soin de lui et à ne point se surmener comme il le fait. Je pense alors qu'il se drogue d'activités, qu'il se saoule d'action pour ne point trop subir la douleur de la séparation d'avec Laure. D'ailleurs, il me le dit :

– Cela m'évite de penser.

Mon supplice a cessé. Le désarroi de Laure en est la cause. Mais ce point hors du temps qui m'unit si intimement à elle, ne me concerne pas seul. Dix minutes ont passé. Il doit y avoir, dans mon expression même, dans mon regard qui la saisit quelque chose de trouble. Il me semble alors que, vraiment, je ne fais plus qu'un avec son être. Son propre regard me paraît d'une douceur extrême ; elle me regarde ainsi longuement et mon supplice revient. Elle me sourit. Elle est pâle. Et soudain, elle se lève. Sa voix est voilée.

– No, si nous sortions, si nous marchions un peu... Nous devrions aller faire un tour, voir Berlin ou, comme le dit Erika, voir ce qu'il en reste.

Je sursaute. Passer ainsi de « Vienne » à Berlin, en une seconde, revenir ainsi sur terre, m'est douloureux. Je me lève, tout comme si quelqu'un d'autre que moi-même m'avait fait lever de façon toute mécanique ; et, avec effarement, je me rends compte que, tous les deux, nous quittons le studio pour nous retrouver dans la Hermannstrasse. Au coin de cette rue se trouve un petit cimetière qui m'évoque celui devant lequel je suis passé, seul, à Sennheim, le premier samedi de l'été, l'année dernière, pour rencontrer, pour la première fois Laure. Laure qui est là, maintenant, près de moi, en ce premier samedi de décembre, tandis que nous avançons dans l'hiver, Laure qui est mon soleil intérieur, mon soleil qui marche à côté de moi, pâle, tout contre moi serrée, qui est mon soleil malgré deux larmes qui viennent de couler sur son visage, deux larmes essuyées pour céder la place à un renaissant sourire.

Nous longeons la Hasenheide, la « Lande des Lièvres ». La Hasenheide me fait penser de nouveau à Sennheim et à ma deuxième rencontre avec Laure, à la jeune nymphomane qui, après avoir quitté son soldat en même temps que les hautes herbes, est sortie de la pelouse au bord de laquelle nous nous promenions, se caressant doucement le ventre.

Laure est toujours serrée contre moi.

– À quoi pensez-vous, No ?

– À nos précédentes rencontres. À la troisième, j'avais fait la connaissance de vos parents. Que devient votre père ?

– Il y a plus de trois mois que nous n'avons pas de nouvelles de lui. Il était en mission en Lettonie, à Riga.

Je songe que cela fait déjà près de quatre mois que nous avons été rejetés de l'Estonie et que, sous la pression de l'ennemi, nous avons retraversé Riga. La Lettonie, depuis un certain temps déjà, est aux mains de l'armée Rouge. Laure a donc de sérieuses raisons d'être inquiète.

Nous passons devant de nombreuses maisons en ruines. Berlin a terriblement souffert des bombardements et, tout comme elle pour la vie de son père, je commence à craindre pour la vie même de Laure.

Soudain, ma compagne s'arrête devant le magasin d'un photographe.

– Ici, je dois prendre quelque chose pour vous.

Elle m'entraîne. Dans la boutique, une vieille dame lui remet une enveloppe contenant des photographies. Nous sortons et revenons sur nos pas, comme pour retourner chez elle, mais Laure me conduit dans une brasserie située sur la Hermannplatz. Il y a peu de monde encore et nous trouvons une table suffisamment isolée.

On nous sert aussitôt deux ersatz de café. Laure prend une photographie dans l'enveloppe et me la tend.

– Elle est pour toi.

Laure vient de me tutoyer ! J'en suis tout étonné.

– Je ne sais comment vous remercier, je...

– Il ne faut plus me dire *vous.* Jean, dans sa dernière lettre, m'a demandé de te tutoyer : « Tu devrais dire tu à No ». C'est aussi Jean qui m'a demandé de te faire parvenir cette photographie : « Tu devrais envoyer à No la photo de toi où, en Alsacienne, tu es si belle ! » Puisque tu es là, je te la remets. Mon intention était de te l'envoyer dans ma prochaine lettre.

La photographie représente Laure coiffée d'un bonnet à large rubans noirs, elle porte ses cheveux tressés en deux longues nattes, semblables à celles figurant sur la photo déjà reçue à Tölz, deux longues nattes qui glissent de part et d'autre de ses épaules sur un corselet de velours noir lequel contraste avec un petit tablier blanc protecteur d'une ample jupe rouge. Ses jambes sont ornées de bas blancs, à ses pieds brillent des souliers vernis noirs. Moins enfantine que sur l'image reçue à Tölz, elle est éblouissante.

– Tu te souviens ? À Sennheim, tu as dit que tu désirais me voir en ce costume. J'avais, à cette époque, rapporté tes propos, dans une de mes lettres à Jean. Il m'a demandé dans sa dernière lettre de t'envoyer cette photo. C'est précisément celle qu'il préfère. Tu ne penses pas qu'il est devenu fou ? Son comportement est-il toujours normal ?

– Son comportement est toujours normal. Tout ce que vous dites, euh, pardonnez-moi, pardon, je veux dire pardonne-moi ! J'ai décidément bien du mal à quitter le vouvoiement !

Elle sourit. Il y a de la tendresse en ses yeux verts.

– Ce sont des ordres, No !

– Oui, dans la vie de tous les jours, le comportement de Jean est normal. Ce qui est étrange c'est son amitié pour moi. Peut-être cette amitié repose-t-elle sur le simple fait que je suis le seul être avec lequel il pourrait parler de toi.

Laure m'écoute attentivement. Elle paraît, ensuite, suivre une idée. Elle se trouble puis, après une hésitation, elle demande :

– Il ne t'a jamais fait de déclaration d'amour ?

Elle dit cela, un peu sur le ton de la plaisanterie, mais ne peut voiler son anxiété.

– Mais qu'allez... que vas-tu chercher là ! Comment penser de lui une chose pareille ? Il est vrai qu'en amour, comme se plaisait à le dire Merlin que semble si bien connaître votre père : « Aimer un homme, une femme, la lune, le rossignol ou la rose, ou bien encore un cadavre vieux de deux mille ans, cloué tel une chouette sur une croix, c'est toujours de l'amour ». Toutefois, Jean ne relève pas du paragraphe 175, article du code pénal allemand réprimant l'homosexualité. Rien n'est plus étranger à sa manière d'être comme à la mienne.

Il reste que Laure ne peut être que troublée. Le comportement de Jean est, à ses yeux comme aux miens, des plus étranges. La certitude, toutefois, demeure qu'il aime trop les femmes pour être pédé. Comme je lui demande, un soir, en ville, où je le vois suivre des yeux certaines passantes, ce qu'il pense de l'autre sexe, il me répond :

– Beaucoup de bien. Je me sens toujours un peu complice quand elles se parent pour être belles et pour plaire. Je note souvent que celles qui remarquent en moi cette complicité, un peu comme si elles avaient des antennes spéciales, me remercient, parfois, d'un regard et d'un sourire qui est plus ou moins perceptible. Ce ne sont que des passantes. Elles reçoivent l'hommage. Elles en accusent réception. Cela ne va pas plus loin. Cela embellit cependant le paysage. C'est un peu comme un soudain rayon de soleil.

Devant moi, Laure est songeuse.

– Sois-en certaine, Jean aime trop les femmes et l'amour qu'il éprouve pour elles s'est cristallisé sur toi. J'en ai la certitude.

– Peut-être les aime-t-il toutes, à présent...

– Je ne l'ai jamais vu avec aucune femme. Comme moi, il les regarde et, comme moi, ne leur parle point.

Laure retrouve son sourire. Mes propos la rassurent. Une certaine flamme dans le regard, et ce sourire, me rappellent le sourire et le regard de Raph quand, après la longue marche où, soudain, alors que nous commencions à faiblir, il s'était redressé. Comme Raph, Laure, là devant moi, se redresse elle aussi.

– Pardonne-moi, No. Je me conduis mal. Une marraine devrait mieux recevoir son filleul que je ne le fais. Je te fais remarquer, à propos de devoir, qu'une marraine a le droit de tutoyer son filleul. Je me demande cependant si elle a encore le droit de porter le titre de marraine dès l'instant qu'elle lui donne une photographie d'elle. Peut-être a-t-elle ce droit si elle est une vieille dame ; dans ce cas elle se garderait bien de donner une photographie. Néanmoins, malgré cette photo de moi, regarde-moi comme une vieille, une très vieille dame.

– Je te promets que, quand je regarderai cette image de toi, Laure, j'imaginerai qu'elle est de l'époque de Napoléon III et du prince de Bismarck.

Amusée, elle m'approuve. Nous parlons longtemps. Elle retrouve sa gaieté naturelle. Malheureusement l'heure tourne à une vitesse vertigineuse et il me faut songer à mon train en partance pour Lünebourg.

Laure me regarde avec une grande intensité.

– Je t'accompagne jusqu'à la gare.

Nous quittons la brasserie, laquelle, pendant que nous parlions, s'est peuplée.

Laure, de nouveau, se serre contre moi. Comme si elle se cramponnait, comme si elle ne voulait point me quitter, comme si... !

Dans les rues, je remarque, une fois de plus, combien les bombardements aériens font des ravages. Laure surprend mes regards inquiets qui s'attachent anxieusement aux décombres. Elle affiche un sourire de bravoure.

– Vois, j'ai eu le tort de souffler dans le cor d'Astolphe. Je t'avais interdit de le faire à Sennheim afin de ne point épouvanter toute l'Alsace. J'ai été tentée à mon tour. Vois quel est le résultat !

– Non, ce n'est pas le cor d'Astolphe qui a fait ces ravages mais une bien moderne trompette de Jéricho.

– Tu as raison. Mais alors n'inquiète pas trop Jean avec ces histoires d'elfes qui viennent visiter Berlin.

– Des elfes ?

– Le Roi des Aulnes dont tu m'as souvent entretenu dans tes lettres depuis qu'au piano je t'ai joué la chevauchée fantastique du père qui tient dans ses bras son enfant mort, ce Roi des Aulnes est aussi le Roi des Elfes qui sont des divinités aériennes. Les elfes aiment danser dans la nuit.

– D'après ce que je vois, il s'agit là d'un drôle de bal.

– Oui, car dans leurs danses, les elfes invitent les vivants et leur donnent la mort.

– Ce n'est pas du tout rassurant.

– Il suffit de ne pas se laisser inviter par les elfes et, quand commence la musique des sirènes, d'aller se cacher dans les abris afin de ne pas être convié.

La vue déprimante de ces maisons bombardées cesse quand, la gare étant trop éloignée pour en parcourir le chemin à pied, nous entrons dans le métro.

Laure a de nouveau ce sourire de courage et ce regard qui, tout à l'heure, me faisait penser à Raph.

– Jean t'a-t-il écrit à propos de Raph ?

– Un peu, mais hélas plus que de lui-même. Il parle, en dehors de toi, surtout de son chien, Höllweg, et il arrive même à me faire rire à son sujet. Autrement, Jean ne fait guère cas de sa personne.

– C'est curieux ce que tu dis là. C'est la définition même que je donne au comportement de Raph qui, effectivement, depuis longtemps ne se soucie plus de lui-même.

Et je raconte l'histoire de Pile ou Face qui est à l'origine de l'engagement de Raph dans la SS.

– C'est monstrueux, non ? Tout ce que tu me dis là me fait peur. Comment ceux qui ne font aucun cas de leur propre vie pourraient-ils se soucier de celle des autres ? En ce qui concerne Jean, il a pris une telle distance vis-à-vis de moi que, quoique j'aie pu te demander de ne me regarder que comme une vieille femme, je ne suis pas pour autant devenue la mère de

Jean et je ne suis pas devenue sa sœur... Quand je lis ses lettres, j'ai l'impression d'être l'une et l'autre. Je ne me trouve que devant un frère ou bien un fils adorable, charmant ; débordant d'amour fraternel ou filial !

Elle reste songeuse, puis murmure, comme pour elle-même :

– C'est un amour impossible ! J'ai l'impression lorsque je lui écris, d'être une mère ou une sœur incestueuse !

Elle se reprend. Son sourire réapparaît. Elle ne sait pas alors combien elle me bouleverse. Je voudrais l'embrasser, couvrir son corps de mille baisers, être Jean et lui prouver qu'il n'y a point, la concernant, d'amour impossible, mais l'amour fou, l'amour délirant. Je dois cependant la regarder comme une vieille dame, avec grand respect ! *Elle ! Elle* qui, pourtant, avec abandon et confiance, se serre tout contre moi et que j'effaroucherais si je faisais l'esquisse d'un geste « déplacé ». Elle n'est que ma sœur, je ne suis que son frère, ou bien peut-être son père... qui est sans doute mort.

– Dis-moi, Laure, la chasse allemande, elle n'a pas l'air très efficace à Berlin. Que sont devenus les as des combats aériens, où sont passés les Rudel, Marseille, Nowotny, Hartmann, Galland ?

– Je ne devrais pas te le dire mais, d'après père, la raison en est que l'Allemagne ne peut consommer, évidemment, plus d'essence qu'elle n'en produit. Elle en fabrique beaucoup par synthèse mais, depuis la perte de la Roumanie, la situation est devenue catastrophique. Les avions ne peuvent prendre l'air qu'en nombre limité et les chars sont en partie paralysés. À cause de cela l'Allemagne ne peut plus tenir bien longtemps maintenant, car « le pétrole est le sang de la guerre ». Et la chimie allemande ne peut suffire. Je dois dire que, à l'hôpital, quand je vois chaque jour tous ces blessés, tous ces mutilés qui reviennent du front et tous ces civils, femmes, enfants, vieillards meurtris par les bombardements, je souhaite que tout cela finisse vite et que ne coule plus le vrai sang de la guerre qui est celui des hommes. D'après l'Homme-aux-chiens-loups, nous aurons la paix dans trois mois. Les jours sombres, les pages sombres, comme celles que nous vivons aujourd'hui, sont plus nombreuses en Allemagne que les pages ensoleillées. C'est peut-être pour cela que les Allemands ont inventé d'autres livres aux pages plus souriantes que sont les contes, les poésies et les Lieder.

Je pense, moi, à propos de contes, que j'aimerais bien vivre cette page, très dorée, où, à travers les rayons de soleil éclairant la robe toujours transparente de Laure, les arbres et les chemins de la forêt, elle aurait, comme son amie Anna au court mantel, été le Petit Chaperon Rouge, Rotkäppchen, et moi le loup. Mais je me garde bien d'en souffler mot !

Laure a un élan vers moi et me serre le bras.

– No, je crois qu'il nous faudra, à tous, beaucoup de courage !

Son sourire reparaît, presque gai. Du courage, elle en a. Cependant, dans ce métro où je ne vois qu'elle, me revient, comme en surimpression, la vision des ruines que j'ai vues à la surface, et je ressens comme une angoisse déjà vécue et qui me revient d'un plus lointain souvenir.

Je suis alors dans un train et j'ai l'âge du IIIe Reich aujourd'hui, c'est-à-dire douze ans. Je revis un voyage de tristesse, près de ma mère dont les yeux sont rouges d'avoir pleuré, de mon père silencieux et recueilli, de ma sœur qui, trop jeune, ne comprend rien à notre abattement. Après de longues et nombreuses heures passées à travers des paysages de neige, nous arrivons enfin à destination, en Sarre : Neunkirchen, la ville natale de ma mère. Neunkirchen ou, plutôt, ce qu'il en reste, est en pleine désolation. La maison où ma mère a vu le jour, comme tout le quartier, a disparu, soufflée. À ce désastre, ma mère, vêtue de noir, laisse aller ses larmes et répète :

– Mes pauvres parents… c'est affreux…

La maison a été arrachée, comme les maisons voisines. Les cercueils sont si nombreux qu'il a fallu les faire venir de toute la région. Beaucoup de corps n'ont pu être identifiés. Il y a une foule de gens vêtus de noir qui, comme nous, errent parmi les décombres. Le mot qui revient le plus souvent dans les conversations est *Gasometer*. Je ne connais et ne comprends que très peu de mots allemands alors, mais, tout de suite, je l'ai apparenté à ce gazomètre qui, dans les propos de mes parents, a soudainement explosé chez nous, à Toulouse, en ce lugubre mois de février de l'année 1933.

Et c'est, à peu près dans la même froidure d'hiver, le même paysage que je rencontre à Berlin.

– Tu parais tout malheureux.

Je raconte à Laure la tragédie de Neunkirchen et, à travers elle, j'exprime ma très grande inquiétude actuelle.

– Je me rends compte qu'il y a beaucoup de gazomètres qui explosent à Berlin. Je suis malheureux parce que j'ai peur… pour toi.

– Et moi, j'ai peur pour vous deux. Pour toi comme pour Jean. Mais, surtout, ne l'effraye pas, lui. Dis-lui qu'à Berlin…

– À Berlin tout va bien.

– C'est cela même. On pourrait en faire un slogan. Ce pourrait être une devise dont je voudrais qu'elle me soit personnelle.

Nous arrivons à la gare. Nous sommes bientôt sur les quais où le train de Lünebourg m'attend. Le train doit partir d'un instant à l'autre, mais, à cause des bombardements, l'horaire de départ peut différer.

Je crains que Laure, debout et immobile près de moi, ne prenne froid. Je l'incite à partir. Elle veut rester et plaisante.

– Je ne quitterai pas mon filleul pour un peu de froid.

Puis elle ajoute, avec quelque anxiété dans la voix.

– En réalité, je souffre à tout départ. Je n'aime pas voir s'en aller ces trains quand ils arrachent les êtres les uns des autres, j'y distingue trop bien l'horrible guerre.

Nombre de voyageurs passent près de nous et se retournent ensuite sur elle. Elle n'y prête pas attention, ne remarque rien. Ses vêtements sont stricts et mettent en valeur sa grâce et sa blondeur. Ses yeux verts me pénètrent l'âme. J'imagine qu'elle ne doit pas manger à sa faim, comme tous les Berlinois, car elle est plus mince que sur la photographie qu'elle vient de me donner. Ou bien est-ce la fatigue qui l'amincit : tous ces blessés qui arrivent du front à l'hôpital de Neukölln et dans les autres hôpitaux de la capitale et que, partout, il faut soigner…

La nuit tombe. On ne voit maintenant que des lumières sourdes et des ombres de-ci de-là.

Ces ombres m'inquiètent

– Que regardes-tu, No?

– J'ai le sentiment que les elfes t'entourent et j'ai peur pour toi. J'ai peur que le Roi des Aulnes vienne te prendre. Il fait presque nuit déjà.

– Il ne faut pas avoir peur de la nuit. La nuit est créatrice. C'est dans la nuit et le mystère que se crée toute chose. Toi comme moi, nous venons de la nuit. Nous avons été créés dans la nuit d'un ventre. Comme les plantes sont créées dans le ventre nocturne de la terre. Ce n'est pas au jour mais pendant la nuit que se conçoivent les êtres. En vivant, nous naissons du mystère et en mourant nous retournons au mystère. Le caché et l'invisible sont plus importants que le visible.

– Je n'ai pas peur de la nuit mais du Roi des Aulnes. Cette nuit, tu vas sans doute rejoindre ton service?

– Je serai de garde jusqu'à demain matin. C'est à l'hôpital que je suis le mieux. Je travaille, alors je ne pense à rien.

Elle doit se dépenser sans compter, comme Jean, lui aussi pour ne penser à rien.

– À l'hôpital, je suis moins seule, moins abandonnée.

Une certaine agitation des employés de chemin de fer indique que le train va partir. Laure me fait une ultime recommandation.

– Ne dis rien à Jean. Je lui écrirai que c'est moi qui t'ai demandé de ne rien lui dire. Moi, je lui répéterai tout ce que j'ai pu te raconter le concernant. Je sais que je n'aurais rien dû te confier de lui. Mais je ne suis pas assez forte. Je pense qu'il me pardonnera ma faiblesse. Il vaut mieux que tu n'interviennes pas entre lui et moi, même pour lui demander de prendre une permission à laquelle il a certainement droit depuis tout ce temps qu'il s'est battu. Tu me le promets?

– Je ne dirai rien.

Le signal du départ est donné. Je serre Laure dans mes bras, Laure qui paraît défaillir.

– À bientôt...

– Oui, No, à bientôt... *peut-être.*

– Peut-être? Pourquoi peut-être, Laure? Que veux-tu dire?

– Je ne sais pas. Je ne sais pas. Peut-être suis-je, tout simplement folle!

Et deux larmes roulent de ses yeux. J'embrasse ces yeux-là et je me précipite dans mon wagon, après lui avoir dit: « Au revoir, au revoir *ma rhine chérie...* ». Je n'ai point pensé « marraine ». Elle ne pourra m'en faire le reproche!

Le wagon commence à rouler.

Je réussis, malgré le nombre à me faufiler jusqu'à une portière où je me penche pour la voir encore. Son visage en me voyant s'éclaire malgré ses larmes. Dans le brouhaha je lui crie un dernier au revoir.

Elle est sur le quai, mince, élégante et pâle, pas très loin de moi encore. Le train avance toujours très lentement et, peu à peu, je vois Laure s'éloigner. Elle demeure, elle, toutefois, sur place, avec son manteau bleu marine devenu noir, le visage blanc devenu gris, presque couleur de lune sous les cheveux couleur de cendre, agitant un foulard bleu pâle devenu foncé, dernière flamme dansante comme une fumée qui, avec elle, s'éteint dans la nuit en même temps que la rose rouge de sa boutonnière.

C'est un arrachement, comme si je laissais à Berlin toute ma vie. Dans la voiture qui m'emmène se trouve ma peau vide.

Cette peau, pauvre loque penchée à la portière, soudain sursaute... Quelqu'un là-bas, quelqu'un, là-bas sur les rails, vient de remplacer Laure... Hallucination... Ce quelqu'un, qui agite son bâton, comme pour me saluer. Je le reconnais bien, flanqué qu'il est de ses deux loups, je le reconnais bien le vieux Bavarois de Tölz avec ses mèches grises glissant de dessous son chapeau !

Au même moment, je crois entendre Merlin.

– Salut, petits enfants...

J'ai comme un étourdissement. Je me raidis et me cramponne au bord de la portière. Je regarde à nouveau. Il n'y a personne sur les rails... Non, personne.

Le Roi des Aulnes a disparu... avec Laure...

Bientôt, c'est Jean qui, dans mon esprit, vient s'installer. Je revis la scène, que j'avais complètement occultée dans ma mémoire, dans laquelle, j'en suis sûr maintenant, il a prononcé, venant me voir lors de ma dernière blessure, ces paroles incroyables, alors que pour la dernière fois nous parlions de Laure.

– N'aie pas peur de *l'*aimer.

Dans cette même religion que nous lie à Laure, dans cette religion qui nous est commune, il y a comme un mystère où lui, l'officiant, semble mettre tout en oeuvre pour me passer la chasuble et l'étole afin que je dise la messe à sa place !

Puis c'est l'image de Laure qui, de nouveau, se présente à ma pensée, dans son bleu manteau, assise dans la brasserie, en face de moi.

– C'est Jean, tu sais, qui dans sa dernière lettre, m'a demandé de te tutoyer... C'est Jean qui m'a demandé de te donner cette photographie.

Et je me transporte chez elle, près d'elle, dans son studio de la Hermannstrasse. Je revois ses genoux, la courbe élégante de ses jambes dans leurs bas noirs. Un instant, juste un instant, il y a comme un flottement entre elle et moi... Son regard est soudain voilé en croisant mon propre regard et une légère rougeur lui vient à hauteur des tempes. Il me semble que, à ce moment-là, ah, si j'avais osé... Mais je ne pouvais pas oser... J'étais comme paralysé par quelque chose de plus fort. C'est à ce moment-là que, dans une sorte de sursaut, elle réagit et se lève pour rompre avec un lien qui ne doit pas se nouer.

– No, si nous sortions... si nous marchions un peu...

Je me lève alors, comme mécaniquement. Quelque chose, dans le sourire qu'elle m'adresse, semble me dire combien, en dépit des apparences, nous sommes devenus proches l'un de l'autre...

Et je revois les maisons bombardées, toutes ces ruines de Berlin et, d'une manière irraisonnée, je ressens l'angoisse et la crainte et comme une sorte de panique que Laure, d'un sourire efface. Ma pensée, alors, retourne vers elle jusqu'à ce que, encore, les demeures démolies resurgissent, semblables à celles que j'ai vues, enfant, à Neunkirchen, après l'explosion du gazomètre, en février 1933. Et le rythme du train martèle stupidement et de façon lancinante, les syllabes de Neunkirchen mêlées à celles de Neukölln.

Et Laure, dans mes bras, au moment de l'adieu... c'était, soudain, comme si elle allait passer!

Le train roule. Aux arrêts, je vois vaguement apparaître une gare. Le train roule à nouveau. Je ne quitte pas mes songes, ni ma joie, ni ma tristesse. Ma tristesse mêlée de joie, ma joie mêlée de tristesse : mon angoisse.

*
* *

Au camp de Lünebourg, dans la lande hantée de fantômes, la première personne que je rencontre est Raph, arrêté. Il contemple une pierre qu'il vient de ramasser. Je m'approche et l'interroge.

– Qu'est-ce que tu lui trouves à ce caillou ?

– Tiens ! Un revenant. Cela me fait plaisir.

Un instant, il regarde son caillou, sourit, et me dit.

– Tu te souviens de notre discussion avec Merlin au café des Deux-Ponts à propos du *cogito* de Descartes. C'est à cette discussion que je pensais en regardant ce morceau de pavé. C'est, tout comme nous, de la matière. Nous, nous vivons et nous pensons. Alors je me demandais si cette caillasse ne vivait pas et ne pensait pas. Nous avons peut-être tort de dissocier matière, vie et pensée. J'ai toujours imaginé, par exemple, que les arbres pensaient. En tout cas, ce que j'ai dans les mains est une pierre magique. Tiens, regarde.

Il met le caillou dans sa poche droite et fait un geste cabalistique sur sa poche gauche avant que d'en sortir une lettre qu'il me tend.

– C'est pour toi. Elle vient d'arriver. C'est Kirchhoffer qui donne de ses nouvelles. Tu liras, il est tout heureux de vivre à l'ombre de son chef. Moi aussi j'ai rendez-vous avec le chef. Le Kommandeur et nous tous on s'active pour le prochain départ. À tout à l'heure.

Enfin, je vois Jean en compagnie de Mermans. M'apercevant, il prend congé de celui-ci et vient aussitôt vers moi, précédé d'Höllweg qui accourt le cœur en fête.

– No, toi, enfin ! Ça s'est bien passé ce stage ? Ici, on n'arrête pas. On a besoin de toi. Il faut entraîner tous ces jeunes qui nous arrivent des Flandres.

Son attitude est chaleureuse. Il est visiblement heureux de mon retour.

Quelques jours plus tard, je reçois une lettre de Laure. Elle me fait savoir qu'elle a tout conté à Jean des confidences qu'elle m'a faites à Berlin. Cette lettre se termine par ces mots : tu es mon frère aimé. Et, comme si elle était là, devant moi, tout bas, je lui murmure : Laure ! ma sœur aimée ! Ma sœur chérie ! Tu ne sais donc pas qu'existe l'inceste ! Même en pensée !

Je suis un peu anxieux des réactions de Jean et je me demande comment il va se comporter avec moi. Je me sens coupable.

Quand, peu après la réception de cette lettre, je le vois se diriger vers moi, son allure me rassure aussitôt. Il paraît pourtant préoccupé.

– Dis-moi, No, comment as-tu trouvé Laure à Berlin ? Les bombardements, le rationnement, la fatigue de l'hôpital. Je suis inquiet pour elle.

– Oui, elle a eu comme un malaise, sans doute dû à la fatigue. Tu sais, Jean, elle serait tout à fait bien, malgré les bombardements, le rationnement, la dure tâche de l'hôpital, si tu lui parlais davantage de toi, de tes projets d'avenir, de l'après-guerre, si tu prenais une permission pour aller la voir. Elle m'a dit que tu t'étais installé dans la guerre !

Il reste un long moment sans rien dire, profondément malheureux. Il me regarde comme pour étudier chaque ligne de mon visage et, enfin, me donne une réponse.

– Tu as raison. Je parlerai de l'avenir, et tout de suite après la prochaine campagne, je demanderai une permission.

– Tu ne peux donc pas aller la voir maintenant ? Il faut que tu ailles à Berlin, Jean, il le faut à tout prix.

Il scrute de nouveau mon visage, hésitant.

– Nous devons monter en ligne, incessamment. Je vais lui écrire ce soir même. De ton côté, rassure-la aussi. Écris-lui, elle a besoin de tes lettres comme des miennes. Écris-lui que je vais venir.

Quand il me quitte je reste bien songeur. Je ne sais que penser. Jean vit, je l'ai vu dans ses yeux, un véritable drame. Une douloureuse passion.

Le lendemain, je fais part à Jean des inquiétudes de Laure au sujet de son père. Depuis un certain temps déjà, il a su par une lettre de la jeune fille qu'elle était toujours sans nouvelles de lui. Il se montre très pessimiste.

– Hans Ley s'est toujours battu pour l'Allemagne. Je pense que s'il n'a pas donné de nouvelles, c'est qu'il est mort. Il est toujours resté en rapport avec « Sepp » Dietrich qui, après avoir été garde du corps du Führer, après avoir organisé la Leibstandarte Adolf Hitler, est devenu général du 1er Corps blindé de la Waffen-SS, puis général de la 6e armée SS. Français sur le papier, le père de Laure est resté allemand. Français de papier, disait-il, mais Allemand de terre et de sang. Il est souvent allé à Berlin où l'appelait Dietrich, son prestigieux camarade. De 1914 à 1923, le père de Laure s'est battu pendant huit années pour l'Allemagne. J'ai l'impression qu'il a remis ça, mais cette fois sa femme et sa fille vont l'attendre longtemps. Laure adore ce père plus que personne au monde. C'est pourquoi, en dehors des bombes qui tombent sur Berlin, il faut craindre pour elle.

À la fin de janvier 1945, la 27e division SS « Langemark » embarque. Avec un groupe de combat fort de deux mille hommes, nous partons vers l'Est où, depuis près de trois semaines, l'offensive russe a commencé. Presque toutes nos recrues sont des jeunes gens qui n'ont pas encore reçu le baptême du feu. Dans les camps, ils se sont cependant entraînés très sérieusement aux combats qui les attendent. Ils chantent.

Sur la voie ferrée, les trains de notre convoi croisent d'autres trains, venant du front, remplis de blessés. Les voix, soudain, se taisent dans nos wagons. Mais elles reprennent ensuite, plus fortes, plus éclatantes, comme pour nier ce qui nous attend au terminus. Je pense à Laure qui, tantôt de jour, tantôt de nuit, accueille et soigne, en compagnie d'Erika et des autres infirmières, les blessés qui arrivent à Neukölln.

Nous roulons vers le sud-est. À Leipzig, nous remontons vers le nord-est. Le convoi s'arrête plusieurs fois, de longues heures pendant lesquelles, hors des wagons, allant d'un groupe à l'autre, nous bavardons les uns et les autres en attendant que le convoi reprenne sa marche. Jean s'arrange pour parler avec tous les SS de sa compagnie et, de temps à autre, vient vers moi, comme pour me rassurer sur les sentiments qu'il me porte, mais sans jamais me parler de celle à qui tous deux nous pensons.

Laure m'a écrit une lettre très longue, dans laquelle elle m'a détaillé le tableau d'Altdorfer où la Nativité est représentée dans un endroit tout désolé, à l'abri d'un pan de mur en brique déchiqueté, sous les poutres et les planches d'une maison en ruine qui évoquent, pour elle, les restes des demeures allemandes après le passage des bombardiers.

– Je pense, écrit-elle dans cette lettre de Noël, aux naissances qui ont lieu ce jour dans notre pauvre Allemagne. Je pense à toi qui est aussi Noël...

Comme toujours, cette lettre est un mélange de pluie et de beau temps jusqu'à la dernière page, laquelle est régulièrement ensoleillée, comme pour faire oublier, par une dernière éclaircie, les trop nombreux nuages.

C'est au cours de la journée du 3 février 1945 que, le train étant arrêté depuis plusieurs heures à cause des bombardements aériens sur Berlin, nous percevons, de notre convoi, les lointaines lueurs des incendies. Le sous lieutenant Engelmann vient dans notre wagon prévenir le lieutenant Monegal.

– Le Kommandeur te demande.

Jean, qui parle avec moi, part aussitôt vers le wagon de l'état-major après nous avoir confié la garde de son compagnon à quatre pattes, le brave soldat Höllweg. Raph reste en ma compagnie. Il est toujours aussi tranquille. Il semble, à le voir, que la guerre n'existe pas et que nous sommes en temps de paix, dans le confort de l'« Orient-Express ». Je l'avais interrogé, à Jitomir, sur ce calme imperturbable qu'il avait affiché lors de notre première bataille.

– C'est que j'ai pris soin de mourir, en pensée, avant l'heure fatale. Si j'en réchappe, ce ne sera jamais qu'une résurrection, résurrection dans laquelle je m'empresserai, de nouveau, en pensée, de mourir à nouveau. C'est dire si, à tout moment, je suis prêt à recevoir la visite de l'ami Hain, mais je suis devenu presque aussi calme que lui-même et je n'y pense même plus. En attendant je me contente de peu, c'est-à-dire que, étant mort, je vis le présent comme s'il s'agissait du passé, comme s'il s'agissait d'un souvenir, d'un rêve, puisque la mort est sommeil. Quand je suis avec toi, avec Monegal, enfin avec des amis, c'est un souvenir agréable.

En Allemagne, l'ami Hain représente la Mort. Malgré Monsieur Hain, Raph, lucide somnambule et funambule, ne laisse rien paraître de ses émotions, sauf par ces sourires légers, différents les uns des autres, qui, parfois, viennent en surface témoigner d'une apparente sérénité.

– D'ailleurs, ajouta-t-il placidement, on ne rêve pleinement que dans le calme. Quand le réveil sonne, le vivant cauchemar n'est pas agréable.

Il m'avait dit cela à Jitomir, alors que le canon tonnait de façon continue.

– On ne peut pas dire que le calme, avec tous ces bombardements, soit tout à fait notre lot, Raph.

– Je parle du calme intérieur.

À mon grand soulagement, le bombardement aérien de Berlin est terminé, le train va repartir. Toutes mes pensées, comme celles de Jean, sans doute, dès l'arrêt du convoi, sont allées, anxieuses, vers Laure. La présence rassurante de Raph a dissipé mon inquiétude.

– Nous allons maintenant nous remettre en route, as-tu idée, Raph, du terminus ?

– Oui. Poméranie, pays des lacs.

– Dis donc, on va devenir calé en géographie !

– Certes, mais la carte qui est la nôtre se rétrécit...

Nous parlons de Tölz, de Munich et de cet inquiétant Homme-aux-Loups quand Jean, de retour de l'état-major, est accueilli bruyamment par Höllweg.

– Je vais reprendre, me dit-il, la conversation avec Raph là où tu l'as laissée. C'est à toi, maintenant, d'aller voir le Kommandeur.

Je note, presque indistinct, un très léger étonnement sur le visage de Raph. Assez perplexe je me dirige vers le wagon de l'état-major.

Quand je suis devant lui, le Kommandeur me tend une grande enveloppe fermée.

– Vous prenez une moto et vous allez à Berlin porter ce pli à l'état-major. Ensuite vous nous rejoindrez, car notre train va partir d'un instant à l'autre, à l'autre bout de la Poméranie. Vous nous rejoindrez en passant par Stettin. L'état-major vous donnera les indications nécessaires.

Dès que la moto sort de son wagon, je m'en saisis et démarre. Je prends, pour la deuxième fois, la direction de la capitale. Le léger étonnement qu'a marqué Raph en me voyant partir chez le Kommandeur me revient à l'esprit et, à la réflexion, je ne doute pas que le Kommandeur a d'abord choisi le lieutenant Monegal pour la mission que je suis en train d'accomplir. Jean s'est débrouillé pour que je prenne sa place... et que je rencontre Laure à Berlin. Cela me devient parfaitement clair. Et lui qui m'avait demandé d'écrire à Laure qu'il allait venir !

C'est alors que je prends la résolution de ne pas rencontrer la jeune fille. J'irai jusqu'à l'état-major de la SS, puis je prendrai aussitôt la route de Stettin et, à partir de Stettin, je filerai rejoindre la « Langemark » où je retrouverai Jean, ce frère si malheureux. Malheureux et fou !

Je commence à croire de plus en plus à la folie, à une fêlure de l'entendement, dans la manière dont il se comporte avec Laure. Pourtant, dans le reste de sa vie, celle qui est visible à tous, il est d'une lucidité à toute épreuve.

Je suis dans Berlin.

Les premières maisons que je vois sont en ruines, celles qui suivent ne valent pas mieux. Le Kommandeur, qui connaît bien la ville, m'a tracé le plan de ma route et cette route est faite de désolation. Pourtant, tout au long de ces maisons dévastées, des êtres encore vivants et nombreux travaillent dans les décombres et ramassent les morts.

Les ruines ont fortement augmenté depuis ma dernière visite. Je ne doute plus que, à ce rythme, la ville aille finir par rendre l'âme. Et Laure a quitté le calme Sennheim pour venir vivre dans cet enfer ! Dans cet enfer, je vois, proches les unes des autres, les guirlandes des incendies ; tout proches, les murs d'une maison s'écroulent.

Mon inquiétude, un instant chassée, revient, plus forte que jamais. Pour un peu, avant que de remettre mon enveloppe à son destinataire, je ferais un crochet vers les lieux que fréquente Laure. Ma moto, cependant, ne dévie pas de sa route.

À l'état-major de la SS, les visages sont impassibles. Les rouages administratifs continuent de tourner.

Je suis accueilli, conduit dans des couloirs, installé dans une salle d'attente, et finalement introduit auprès d'un homme jeune, malgré son haut grade. Il me fait asseoir, lit le contenu de mon enveloppe et, après m'avoir offert une cigarette, se met à écrire sur une feuille qu'il glisse dans une autre enveloppe qu'il me tend.

– Pour le Kommandeur.

Puis il me remet un autre papier.

– Voici où vous devez vous rendre.

Et puis il m'interroge.

– Le moral est toujours bon à la « Langemark » ?

– Oui, colonel.

– C'est l'essentiel. Les périls, les fatigues, les difficultés, les obstacles, tout cela doit se vaincre. Vous avez beaucoup de pertes, n'est-ce pas ?

– Oui, colonel.

– Malheureusement, vous aurez beaucoup de pertes encore. Vous allez, maintenant, défendre les remparts...

Il se tait un instant, me regarde longuement, et ajoute, en appuyant sur les mots !

– Les tout derniers remparts.

Il se lève. Je m'aperçois qu'il a une jambe mécanique.

Il m'accompagne jusqu'à la porte et me tend la main.

– Bonne chance, camarade !

Lorsque, dans la rue, je me retrouve sur ma moto, j'ai beaucoup de mal à me décider. Prendre tout de suite la route de Stettin, ou bien aller à l'hôpital de Neukölln où doit se trouver Laure ? J'opte enfin pour cette seconde solution. Je vais aller jusqu'à l'hôpital pour voir s'il est encore debout et, ensuite, j'irai jusqu'au 44 de la Hermannstrasse pour jeter un coup d'œil sur la maison de Laure. Si l'hôpital et la maison sont encore intacts, je prendrai la route de Stettin, tranquillisé. Je pourrai, à mon tour rassurer Jean qui doit être anxieux après les bombardements de cette nuit terrible. J'imagine la scène qui m'attend au camp :

– Tu n'as pas vu Laure ?

– Non, Jean, je ne le pouvais pas. À l'état-major, ils m'ont donné un pli urgent pour le Kommandeur.

La tête qu'il fera ! Lui, qui est en acier trempé, se rendra compte que, moi aussi, je suis d'un métal non malléable. Je tiens à son estime, il me semble que si je rentre trop facilement dans ses vues, je perdrai précisément cette estime à laquelle je tiens.

Ainsi Jean, qui visiblement fait tout pour me jeter dans les bras de Laure, de Laure dont il semble vouloir devenir le père plutôt que l'amant, de Laure qu'il doit aimer plus qu'un père aime normalement sa fille, ainsi Jean se dresse-t-il en face de moi, au moment même où il s'ingénie à me faire rencontrer Laure, comme une interdiction qui m'est toute intérieure.

Puis me vient aussi l'idée, mais en second lieu, que Laure, si proche de moi qu'elle puisse être dans l'expression de ses sentiments à mon égard dans ses lettres, pourrait être fort contrariée de me voir pour la seconde fois à Berlin alors qu'elle n'a pu, une seule fois, se lancer dans les bras de l'homme de ses plus intimes pensées.

Non, je regarderai seulement les pierres de l'hôpital et celles de sa maison, pour voir si elles sont bien là, mais je ne jouerai pas les intrus. Je la verrai à travers les murs opaques, apportant ses soins aux blessés ou bien chez elle, en train de lire ou d'écrire, ou de se reposer de sa fatigue car, avec toutes ces bombes, la tâche ne doit pas manquer pour le pansage des plaies des vivants.

Je mets la moto en marche et je pars faire ma reconnaissance. Sans y penser, je me dirige d'abord vers la Hermannstrasse, alors que j'ai décidé de passer en premier devant l'hôpital de Neukölln. Que je commence par un lieu ou par l'autre me paraît sans importance. La maison de Laure est d'ailleurs plus proche que l'hôpital.

Je reconnais les endroits où, quelques semaines auparavant, nous sommes passés, Laure et moi.

Ce n'est plus très loin maintenant. Mon cœur bat plus fort. Peut-être, juste au moment où je vais tourner le coin de la rue, vais-je la voir, dans son manteau bleu marine, avec son écharpe bleu clair, sortir de sa maison. J'arrêterai alors ma moto au bord du trottoir, je ferai semblant de consulter mon carnet : un motocycliste ressemble à tous les motocyclistes, elle ne me distinguera pas, je l'observerai le plus longtemps possible et puis, heureux de l'avoir vue, je reprendrai la route.

C'est alors qu'un sentiment étrange m'envahit. J'ai la sensation que, effectivement, je vais la rencontrer et qu'il ne peut en être autrement. Plus j'avance, plus j'en ai la certitude. Je la sens, là, toute proche. Comme si elle m'attendait. Oui, comme si elle m'attendait, moi.

Et c'est avec une sorte d'exaltation que, devant le petit cimetière, je tourne le coin de la rue…

*
* *

Cela fait maintenant plusieurs heures que j'ai tourné le coin de la Hermannstrasse. Des heures pendant lesquelles je vis dans un autre monde, hors du temps et de moi-même. Des heures que j'ai tenu Laure dans mes bras. Que j'ai tenu Laure dans sa robe de nuit toute blanche, des heures que j'ai tenu Laure dans cette robe de mariée, Laure qui sourit d'un sourire immobile, le même sourire qu'elle avait à Toulouse sur son petit lit... autrefois... Laure qui a les yeux grand ouverts et qui fixement me regarde...

Il y a du monde, beaucoup de monde autour de nous, et notamment ces gosses de la Hitlerjugend qui sont restés, eux, jusqu'au bout de la cérémonie.

Comme elle est belle, comme elle est belle Laure aux longs cheveux blonds. Comme elle est jeune... Comme son visage est pur. Et ses mains que j'embrasse, comme elles sont divines, ses mains froides, glacées, saisies par l'éternel hiver. Laure aux paupières à présent closes sur le regard vert éteint. Laure dont j'ai fermé les yeux couleur d'espérance.

Comme ma mère en pleurs qui, lors de la catastrophe de Neunkirchen, cherchant ses parents dans les ruines, répétait sans cesse : « Mes chéris, mes chéris... » je murmure, sans cesse, moi aussi, et sans les larmes : « ma chérie, ma chérie », comme une litanie. Seulement, personne ici ne peut voir mes larmes, personne ne m'entend, tout est en moi, tout est intérieur. À l'extérieur, mon visage est sec comme un vieux morceau de bois, sec comme un coup de trique, le coup de trique que je viens de recevoir et qui m'a entièrement desséché.

Dans les pierres éboulées, avec l'aide des gosses de la jeunesse hitlérienne, j'ai réussi à l'extraire de dessous une poutre qui ne l'a pas écrasée mais, au contraire, si l'on peut dire, protégée. Elle n'est pas blessée. La bombe a rompu la canalisation du gaz. Laure est morte asphyxiée. Elle ne s'est rendu compte de rien, sa mort a été douce, comme celle de quelques habitants de l'immeuble qui n'ont pas, pour une raison ou pour une autre, rejoint les abris, lors de l'alerte.

Le gaz ! et ces ruines qui m'entourent ! si semblables à celles dont j'ai eu la vision en Sarre, à Neunkirchen, après l'explosion du gazomètre, quand j'avais douze ans. C'était en février 1933. Ici, Neukölln, douze ans après, en février aussi ! Et le gaz ici aussi ! Douze ans ! Le national-socialisme venait de naître au pouvoir alors, en 1933, et, maintenant, comme pour en marquer la fin, il y a là, devant moi, Laure, inerte, les yeux clos.

Laure ! Sa main droite fermée ! Elle tient quelque chose dans cette main, quelque chose qui dépasse un peu.

Je réussis, doucement, à écarter les doigts. Ils laissent paraître un morceau de cuir partiellement brûlé.

– Qu'est-ce que c'est ? demande le jeune Karl.

Je réponds.

– Sans doute un souvenir.

Ce souvenir qui est aussi un symbole, je l'ai maintenant sur moi, dans mon portefeuille. En pensant à ce morceau de cuir, je m'efforce d'évoquer, là-bas, en Poméranie, du côté de Stargard où je dois me rendre, le visage de

Jean. Mais c'est un visage que je ne parviens plus à reconstituer, comme à demi effacé déjà.

En revanche, le visage de Laure, de Laure qui dort si paisiblement, je le vois nettement, comme tout son corps, couvert du linceul de sa blanche et longue chemise de nuit. Laure de la vitrine des Chevaliers qui ne fréquentait pas l'église mais qui avait, cependant, gardé une foi digne du Moyen âge.

Je la revois dans le cercueil. À son cou, je remets en place le collier que Jean lui a donné. Sur sa poitrine, je retourne la flèche de la mort sur son cœur ; le côté représentant la faux est ainsi tourné vers l'extérieur, cet extérieur qui, pour elle, est définitivement fauché.

Somnambule à moto, je fonce maintenant dans la nuit sur la route de Stettin et je vis tous ces instants que je ne cesserai de revivre jusqu'en Poméranie, jusqu'à ce que vienne mon tour d'être expédié, d'une simple balle avalée, dans l'autre monde.

Je me revois portant Laure dans mes bras, fardeau précieux. Et je vois bien qu'elle est la Lorelei. N'a-t-elle pas vu son amant revenir de loin sur son voilier et ne s'est-elle pas précipitée pour aller à sa rencontre du haut de son rocher ? Je la porte dans mes bras et j'ai bien le sentiment de porter une noyée car ses longs cheveux coulent jusqu'à terre. Nouvel Hamlet, c'est Ophélie que je porte ainsi jusqu'au cimetière du coin de la Hermannstrasse. Je me souviens de Sennheim, j'ai porté ainsi une jeune femme, qui est tombée dans la rue devant moi, jusqu'à la pharmacie où j'ai fait la connaissance de cette jeune fille, *Laure*. À Berlin, je ne la mène pas dans une pharmacie, Laure, mais dans une tombe. Les gosses : Karl, Horst et Peter ont trouvé un cercueil, une pelle, une pioche, et je creuse la terre.

– C'est ta fiancée ?

– Non Karl, c'est la fiancée de mon frère.

– Où il est ton frère ?

– Il se bat contre les Russes.

Karl caresse avec douceur les cheveux et le visage de Laure.

– Qu'elle est belle !

Alors que je m'apprête à fermer le couvercle de la boîte, il m'arrête.

– Je voudrais la regarder encore un peu. Tu veux bien ?

– Je veux bien, Karl.

Je contemple, moi aussi, Laure. En même temps, je la revois, bien vivante, sur le quai de la gare de Berlin, disparaître peu à peu, je la vois de la portière de mon wagon, disparaître tandis que, sur le quai, elle agite son foulard, tandis que, avec elle-même disparaît la rose rouge qu'Erika, son amie, a accrochée sur son manteau bleu.

La rose rouge !

Elle me revient à l'esprit l'histoire de la rose rouge ! cette histoire qu'elle m'avait contée à Sennheim, à propos du calice d'or exposé dans sa « vitrine des Chevaliers », ce calice dans lequel Ferdinand vit Franziska à la rose rouge. Et je me revois prenant la rose du bouquet de son salon pour la fixer, à l'image du héros du conte, à ma vareuse.

– Je constate, me dit-elle, que vous ne craignez point la solitude !

– Ce n'est pas grave, cette rose-ci n'est point rouge mais blanche.

– C'est peut-être plus grave encore !

Je suis bien obligé de le constater aujourd'hui, c'était bien plus grave. Le héros du conte, pour avoir pris la rose rouge avait attendu quarante ans avant de revoir le visage aimé. Sa rose rouge avait encore la couleur de la vie. Ma rose à moi, celle que j'ai choisie à Sennheim, avait la pâle couleur de la mort.

– *Je constate que vous ne craignez point la solitude!*

La solitude! Comme je la crains maintenant! Comme j'en ai peur!

Sur ma demande, Horst cherche et trouve dans Berlin la rose que je lui ai demandée... toute blanche.

Le déroulement de la cérémonie prend des heures, surtout avant que Peter ne pénètre dans le cimetière avec la charrette à bras et le cercueil.

La cérémonie terminée, je demande à Horst de remettre, parmi les objets que nous avons trouvés, ceux qui appartiennent à la « vitrine des Chevaliers », cassée, à la mère de la jeune fille, en même temps que plusieurs cahiers qui ont souffert de l'éboulement.

– Horst, tu auras l'adresse de Mme Ley à l'hôpital de Neukölln.

Le jeune Karl ouvre l'un des cahiers.

– La fiancée de ton frère est française?

– Non, elle est allemande, mais, en Alsace, à Sennheim où elle est née, on parle aussi français.

Je feuillette rapidement l'un de ces cahiers. C'est le *Journal* de Laure, écrit tantôt en allemand et tantôt en français. Je lis le prénom de Jean et je lis aussi le mien au cœur d'une phrase: « Reçu une longue lettre de No. Toujours très observateur, il me décrit très bien le vol des aigles qui viennent de la montagne survoler Tölz. »

Je referme bien vite le cahier. Je veux garder, devant ces gosses qui m'entourent, les yeux secs, et je le confie, ainsi que les autres, à Horst.

Avant que je ne les quitte, Horst m'assure qu'il obtiendra, même après coup, le permis d'inhumer. Ils vont, lui et ses camarades, trouver une croix, arranger la tombe et mettre sur cette tombe le nom de Laure.

Oui, il y a du monde, beaucoup de monde, beaucoup de gens qui continuent de fouiller dans les décombres de la Hermannstrasse et dans ceux des rues voisines, pour retrouver des êtres disparus. Un millier de Forteresses Volantes sont passées dans le ciel de Berlin, pour faire la guerre à la population sans armes.

Dans les ruines, j'ai retrouvé, moi, parmi les autres objets, la reproduction de *L'arbre aux corbeaux* de Kaspar Friedrich. Laure y voyait non pas un arbre mais une ville en feu, non pas des corbeaux mais des avions de bombardement. C'est donc un millier de corbeaux, messagers du tonnerre, de la foudre et de la mort qui sont venus en pleine nuit abattre l'arbre de pierre où Laure avait son lit.

À moto, sur la route de Stettin, j'ai le sentiment d'avoir enterré la petite Laure de Toulouse pour la seconde fois. Cette fois, je ne l'ai pas suivie noyé au milieu de la foule. Son corps n'a pas été caché dans une petite boîte drapée de blanc. Cette fois, je l'ai portée dans mes bras, dans sa robe de mariée, pour la remettre à l'ami Hain, dans sa longue robe de nuit, sa longue robe de mort. La petite Laure a quitté son jardin de Toulouse pour venir dans son nouveau jardin, à Berlin. Elle ne pesait pas très lourd. La petite Laure et *Laure* ne font plus qu'une seule et même personne, qu'une seule et même morte. Sur ma moto, j'ai l'impression de rouler dans l'Au-delà.

Je passe le reste de la nuit à Stettin, dans un foyer militaire où j'ai un mauvais sommeil. Je fais un rêve. Je suis à Toulouse et je traverse la place de la gare pour prendre le tramway qui me conduira dans la maison de la petite Laure située dans les faubourgs de la ville. Dans mon rêve il est tout à fait normal que sa maison ait quitté notre quartier pour s'installer d'elle-même en bordure de la cité et qu'il faille se rendre à la gare pour prendre un tramway au lieu d'un train. Les tramways, en effet, sont là, bien alignés en face de moi sur des voies différentes et chacun de ces tramways a derrière lui tout un chapelet de baladeuses semblables à des roulottes de forains. L'un d'eux, celui que je dois prendre, commence à démarrer et c'est de justesse que je saute sur la plate-forme de la dernière baladeuse. La plate-forme est suffisamment grande pour contenir des chaises amovibles. Je m'assieds. Devant moi, il y a beaucoup de gens assis, eux aussi, sur les chaises et qui bavardent entre eux. Ils ont tous, ou presque tous, des paniers de provisions avec, dedans, qui un lapin, qui un poulet, qui même un chat ou bien un petit chien, tous animaux bien vivants. Après quelques secondes, car le trajet est très court, le tram s'arrête. C'est la première station, celle où je dois descendre. Sur le quai, alors que le tram repart, je considère les lieux que je ne reconnais pas. Je suis dans une grande gare et, sur une pancarte, je lis ce mot: Lorely. En effet, un employé a bien crié ce nom au moment où je quittais le tram, il l'a crié en bon français: Loreli. Angoissé, je rentre dans un café proche. Ce café est enfumé par la tabagie et je me trouve en plein brouhaha. Au comptoir, je commande une bière et je demande au garçon l'heure du prochain tram pour Toulouse.

– Toulouse?

– Toulouse, oui, Toulouse.

Le garçon se montre incrédule et hoche la tête avec commisération, puis il s'en va sans me répondre. Je le vois parler à d'autres consommateurs qui regardent alors de mon côté comme si j'étais une bête curieuse. Je décide de quitter sur-le-champ ce café étrange et je me renseigne dans la rue auprès d'une femme âgée.

– Où donc suis-je, madame?

– À Lorely, pardi!

– Et pour Toulouse? Quel chemin doit-on prendre?

– Toulouse? Oh mais, c'est bien loin ça!

– C'est loin?

– J'sais pas, moi, cinquante kilomètres, p'têt'même cent, p'têt'même plus encore. J'sais pas moi. Toulouse! Quelle drôle d'idée!

Je quitte cette femme qui a, elle aussi, haussé les épaules. Je suis de plus en plus angoissé. Sur mon chemin, je rencontre des couples qui, tout le long, en bordure de la voie ferrée, font l'amour de la façon la plus cynique, sans se cacher le moins du monde et, quand je passe près d'eux, évitant par discrétion de les regarder, je les entends pouffer et dire:

– C'est le type de Toulouse!

Enfin je rencontre des gens debout et décemment vêtus et je les interroge comme j'ai interrogé la vieille dame. Ces gens me regardent avec ironie et se détournent sans répondre. Je commence à penser que je ne verrai plus jamais Toulouse et je me sens abandonné, tout à la dérive, dans ce Lorely bien hostile. C'est alors que je me réveille et que je constate que la réalité est pire que mon rêve.

C'est enfin le matin. Il ne me reste qu'à prendre, comme la veille, ma moto et traverser l'immense pont métallique qui franchit l'Oder et puis à rouler vers Stargard. Sur la route, je ne cesse de croiser des flots de réfugiés. Tous ont un air misérable et tous sont recrus de fatigue.

Je n'ai pas de peine à retrouver notre nouveau cantonnement. Je reconnais notre drapeau de loin. À l'arrivée, un SS me désigne la baraque du Kommandeur. Celui-ci m'accueille de manière enjouée.

– Alors, ça s'est bien passé ?

Je lui remets l'enveloppe.

– Très bien, Kommandeur.

– Ils ont bon moral à Berlin ?

– Excellent, Kommandeur, un moral d'acier.

– J'espère qu'ils vont tout faire pour augmenter notre puissance de feu, car, en face, ils sont armés jusqu'aux cheveux. Vous entendez ça ?

J'ai entendu « ça » depuis Stettin ; une sorte de grondement de bête : le roulement sourd et continu des canons lourds.

L'étrhinte enserre de plus en plus l'Allemagne prise en tenaille, à l'Est et à l'Ouest. L'Europe nouvelle a bien rétréci, elle n'est plus formée, maintenant, outre l'Allemagne, de l'Italie du Nord, d'une partie de la Hollande, du Danemark et de la Norvège. À Toulouse, ma famille n'a plus de nouvelles de moi, elle a dû faire une croix sur mon nom.

Il y a peu de chances que je revoie les rives de la Garonne. Mon rêve devait être prémonitoire. Ma famille est maintenant ici, parmi les SS, avec Jean et l'ami Raph, ici dans la neige et le froid.

Debaeker, que je rencontre à ma sortie de chez le Kommandeur, fait aussi une allusion à la canonnade.

– Heureux de vous voir, mon lieutenant. Ici, contrairement aux apparences, on est en plein été. Il y a eu des éclairs et du tonnerre toute la nuit, et l'orage se rapproche de plus en plus.

Je souhaite que cela se rapproche très vite. La mort de Laure est pour moi comme la révélation de la fin. Tant qu'elle vivait, je croyais la victoire encore possible. Maintenant je *sais* que tout est en train de basculer. Nous sommes vraiment, comme l'a dit le jeune colonel à la jambe mécanique, sur les derniers remparts. Et de cette terre, que je vais continuer à défendre, ma princesse vient juste de mourir.

Tout de suite, Höllweg m'aperçoit et s'élance de loin. Jean, du milieu du groupe de camarades avec lesquels il discute, me voit arriver, puis m'arrêter. Étonné de ne point me voir me mêler au groupe, il comprend vite, à mon visage, que quelque chose de grave s'est passé et vient aussitôt me rejoindre.

– Qu'est-ce qu'il y a, No ?

Je lui tends la main sans mot dire. Il sent dans cette main quel est mon message. Quand il voit, dans sa propre main ouverte, le morceau de gant brûlé, il pâlit. Il me regarde, un instant, comme égaré. Il se ressaisit et, d'une voix basse, murmure :

– J'en avais le pressentiment !

Puis, après un silence, d'une voix basse encore, et comme se parlant à lui-même, il ajoute :

– Elle s'est suicidée !

Après lui avoir donné les détails de la mort de Laure, je l'interroge, anxieux.

– Pourquoi parles-tu de suicide ?

– Nous avions chacun un morceau de ce cuir. Je ne sais même plus où se trouve le mien. C'est Laure qui a voulu que nous partagions cela. C'était une idée de très jeune fille. Elle n'avait même pas quinze ans à l'époque. Pour elle, cela signifiait qu'elle me resterait fidèle jusqu'à la mort et...

Il s'interrompt. Il me regarde, l'air tout perdu.

– Excuse-moi, je...

Il me tourne le dos et s'éloigne comme un homme ivre. Suivi de son chien, oreille basse, tout imprégné du chagrin de son maître.

Puis je le vois revenir vers moi. Il tire de sa poche une enveloppe où je reconnais tout de suite l'écriture de Laure.

– Pardonne-moi. Je n'ai plus ma tête à moi. Deux lettres sont arrivées hier. Une pour toi, une pour moi. Les dernières...

Et Jean repart, suivi de son chien.

Mon très cher No,

21 janvier 1945

La mauvaise nouvelle, celle à laquelle ma mère et moi nous nous attendions, nous est parvenue. Mon père n'est plus, tué près de Riga. Il était parti, comme en 1919 se battre aux frontières. Tout cela est folie.

Les bombes qui régulièrement tombent sur Berlin sont aussi folie. Que Jean, toi et tous les autres et tous ceux d'en face soyez obligés de continuer de vous battre participe de la même démence.

La paix va revenir, c'est ce que le vieil homme-aux-chiens-loups a dit à Erika et à moi. La paix pour les vivants et les millions de morts. Erika est à Dresde à présent, ville qui a toujours été épargnée, au moins là-bas, en attendant la paix, elle n'aura pas à craindre les bombes.

Je voudrais que cela finisse vite.

Ta visite en décembre m'a donné beaucoup de courage. Jean aussi dans sa dernière lettre. Enfin, il parle de lui et m'assure qu'il va venir.

Toi, mon petit Bertran de Born, dans cet enfer que nous vivons, tiens-tu toujours ta tête à la main, par les cheveux, à hauteur des genoux ?

Il me semble que le monde marche ainsi, de manière animale, la tête à hauteur des genoux, flairant la terre pour y déceler son trou, sa fosse, sa tombe.

Malgré cette tête que tu tiens à la main, tu es mon fidèle No, mon ami le plus cher, que je serre fort dans mes bras en attendant le printemps et la paix.

Cette paix pour laquelle l'homme-aux-chiens-loups m'a laissé un peu de courage !

Je te serre fort dans mes bras.

Laure.

*
* *

Notre section participe bien vite aux combats, en avant de Stargard. Elle en revient très éprouvée. Elle est mise au repos pour panser ses plaies, puis, de nouveau, être lancée à l'assaut.

Jean s'est redressé. Je le revois tel qu'il a toujours été. Comme si rien ne s'était passé. Tout au contraire de moi, il a retrouvé son allant, son armature de soldat.

– No, nous n'allons pas tarder à nous battre de nouveau, en première ligne. Il ne faut pas rompre les liens avec les camarades. Ils ont besoin de nous. Il faut aller jusqu'au bout, avec eux, le plus longtemps possible.

Je pense alors à la vieille femme en noir qui, à Sennheim, m'avait indiqué de la main le chemin pour trouver le camp de Sankt-Andreas :

– Vous allez tout droit. Vous prenez la première route à droite, et vous allez jusqu'au bout.

Cette vieille femme en noir, était sans aucun doute la dernière des Parques !

Sur notre terre, les cadavres des soldats sont de plus en plus nombreux autour de nous.

Quelques heures plus tard, nous sommes engagés de nouveau dans la bataille. Apparemment, Jean et moi avons « oublié » Laure. C'est un nouveau combat d'arrière-garde, pour retarder, le plus possible, l'avance ennemie. Nous sommes tous déterminés à nous battre. Les réfugiés nous ont raconté des choses atroces sur le comportement de l'armée Rouge. Femmes violées et éventrées, vieillards crucifiés, enfants broyés sous les chenilles des chars, maisons incendiées. Pour nous, il s'agit de défendre la ville de Stargard et de permettre le passage de dizaines de milliers de réfugiés et, aussi, de donner le temps aux forces allemandes, sur le front de l'Oder, de se regrouper.

Il faut contre-attaquer et contre-attaquer sans cesse un ennemi toujours plus nombreux, toujours plus déterminé, qui a reconquis tout le terrain qu'il avait perdu, depuis Leningrad, Moscou et le Caucase ; un ennemi qui, après quarante mois de guerre, soutenu et ravitaillé massivement par l'Amérique, pénètre maintenant en terre allemande. Malheureusement, la Wehrmacht n'est plus que l'ombre d'elle-même et c'est surtout la Waffen-SS qui défend la terre germanique.

Vandermeulen est l'agent de liaison du lieutenant Monegal. Il porte autour du cou une chaîne d'argent, ornée d'une médaille de la Vierge.

Comme je lui demande s'il est croyant, il hausse les épaules :

– C'est la mère. Elle m'a demandé de porter ça pour me protéger, je ne veux pas la contrarier.

Vandermeulen est croyant, il est vrai, mais à sa manière. Il a cette certitude des anciens germaniques que les âmes des morts évoluent parmi les vivants. Et il ne doute pas que sa mère, décédée, soit là, près de lui, satisfaite de voir qu'il a gardé autour du cou la Vierge porte-bonheur qu'elle lui a donnée. Elle n'est pas nécessairement d'accord avec lui, d'ailleurs, sur son engagement dans la Waffen-SS. Il espère seulement qu'elle se détourne quand il fornique où quand il se rend aux chiottes. Mais il n'en est pas si sûr, car sa mère l'a, dit-il, toujours trop couvé. Il est persuadé, Vandermeulen, que, dans l'ensemble, les morts, pour se distraire, pour tuer le temps, ou bien tout simplement pour s'instruire, sont des voyeurs, et qu'ils regardent, comme au théâtre, les vivants jouer sur des scènes différentes les unes des autres, sur des scènes tantôt tragiques, tantôt comiques. Les vivants sont la grande distraction des morts. Il imagine même, Vandermeulen, que les âmes engagent, pour leur plaisir, des paris sur ce qui va advenir à telle ou telle personne ou bien à tel groupe de personnes vivantes. Comme je lui demande s'il pense que les âmes sont nombreuses ici, à Stargard, pour assister au spectacle de la bataille, il me répond :

– Aucun doute là-dessus, il doit y avoir pas mal de monde au balcon, aussi bien du côté russe que de notre côté.

J'imagine à mon tour que Laure est là, elle aussi, tantôt près de moi, tantôt près de Jean. Elle est là, comme elle a toujours été là, à côté de moi, quand elle était la petite Laure à Toulouse. Là, tout près, au bord de ma vie. Laure est présente, comme Athéna auprès des Grecs dans la bataille de Troie. Elle est là, non pas seulement par curiosité comme le prétend Vandermeulen ; l'amour aussi peut conduire les morts auprès des vivants afin de les entraîner avec eux dans l'Au-delà. Comme, au cours d'une accalmie, je fais part à Jean, à propos de Vandermeulen, de cette pensée que, peut-être, Laure est près de nous, il hausse les épaules tout en caressant son chien.

– Non mon vieux, le ciel est vide. Laure est sous terre, là où tu l'as mise, à Berlin.

Je regarde machinalement autour de moi, pour chercher la jeune fille et apporter un démenti à mon pauvre compagnon, mais je ne vois que la file lamentable des réfugiés qui passent sur la route, des soldats armés et des canons. Je ne sens plus le froid extérieur, la glace est dans mon être, l'extérieur est plus chaud. J'ai la fièvre, cependant. Ici, il n'y a que ma détresse, que mon âme malade et mon nez qui coule.

– Écoute, No…

Jean s'interrompt un instant, hoche la tête, puis se met à rire. Comme un dément.

Je suis sidéré.

Sidéré par ce rire et par son regard aussi qu'il plonge en moi comme une lame.

Sa main se pose sur mon bras.

– Écoute No. Il ne faut pas se raconter d'histoires. La vie ? Il n'y a rien de plus con. La vie qui se termine dans la pourriture, la pourriture qui est plus infecte que la merde, que la merde et que la pisse mélangées qui, quotidiennement sont le résultat de nos bouffes. Tu sais comment ça commence cette pourriture ? Le corps se fane, ça commence par le bout des doigts. As-tu remarqué les jolies mains de Laure ? Elle ne doit déjà pas sentir tellement bon entre ses quatre planches. J'ai vu et j'ai senti cette pourriture à Leningrad quand j'arrosais d'essence, avec les copains, tous les soldats crevés pour y mettre le feu. Cette guerre dans laquelle nous pataugeons va se solder par une bonne douzaine de millions de macchabs. Alors ? Tu trouves pas que c'est un peu con ? Non ? Alors, dis-moi donc, qu'est-ce qu'on fout là ?

– Écoute, Jean, je...

– Non, mon vieux, ne va pas croire que mes nerfs me lâchent. Je ne suis pas une mazette. Ce que je te dis en cet instant, je le pense depuis un sacré bout de temps, depuis mon arrivée au front. Cette pensée, je l'ai toujours chassée, m'efforçant de me duper moi-même. Et puis, j'ai fini par l'accepter et à travers cette acceptation par justifier la guerre, parfait reflet de la connerie de la vie, puis après l'avoir ainsi justifiée, je me suis mis à aimer la guerre pour la guerre. L'amour, alors, vois-tu, m'a paru fade.

– Jean ! et Laure ?

– Laure ? Laure n'était plus l'amour mais la mort.

– Jean ! tu deviens fous, je...

– J'ai aimé Laure à travers le national-socialisme qu'elle représentait avec toute sa beauté et à travers la mort à laquelle elle me conduisait en lui prêtant toute la séduction de cette *Lorelei* que notre ami Léo Magnanje avait vue en elle. Comment avoir une autre vision de l'amour, No, à travers les milliers et les milliers d'étripés que j'ai pu voir en plus de trois ans. Des jeunes ouvriers et encore des jeunes ouvriers qui auraient mieux fait de faire la Révolution en étripant ceux par qui les guerres arrivent. Malheureusement, je l'ai bien vu en Russie, la Révolution a tourné à la pourriture. Non, je t'assure, peu à peu, Laure, de songe est devenue illusion, la mort, jour après jour, a finalement pris sa place dans les flaques de sang, les tripes en l'air et les cervelles éclatées. Si je deviens fou, No, c'est d'avoir trop vécu dans la folie furieuse après avoir quitté la folie douce de l'amour. Oui, douce, car Laure était douce. Mais elle n'était face à tout ceci qui nous entoure qu'une illusion. Elle flottait au-dessus de toute intimité, or l'intimité des choses de la vie, vois-tu, c'est cette merde dans laquelle nous sommes en temps de paix comme en temps de guerre et que l'on appelle la misère humaine, laquelle est misère des riches comme des pauvres. On peut toujours jouer de la lyre ou de la guitare, cette lyre moderne, cela ne m'empêchera plus de vomir et de tirer la chasse d'eau. Je suis fatigué.

Visiblement, Jean est ivre de la fatigue de toutes ces tâches qu'il ne cesse d'accomplir scrupuleusement, mais avec une âme égarée. Toutefois, il vient d'élargir quelque peu la faille déjà ouverte en moi-même...

Raph vient de temps en temps dans notre secteur, sous un prétexte ou sous un autre, plus paisible que jamais au milieu du danger, comme s'il s'en trouvait à mille lieues. Raph vient, puis repart au bout de cinq minutes, un peu comme s'il venait s'assurer, sous son masque impassible, que nous sommes, Jean et moi, encore bien vivants.

Un soir, où la journée a été rude, assis à côté de moi, à l'abri d'un talus, son chien à côté de lui, Jean ouvre sa main. Dans cette main, je vois, comme dans la main de Laure, le morceau de cuir partiellement brûlé.

– Non, ce n'est pas celui de Laure. c'est le mien, je l'ai enfin retrouvé.

Il sort l'autre moitié déchirée et me montre le morceau de cuir dans son ensemble, puis il me raconte ce que j'avais déjà appris de Léo Magnanje.

– À Sennheim au mois de mars 1940, un avion de reconnaissance allemand a été abattu par la chasse française. Ce morceau de cuir est un morceau de gant, pas tout à fait brûlé, du pilote complètement carbonisé. C'était un homme de charbon. J'avais montré ce morceau de gant à Laure qui, étonnée, m'avait interrogé : « Pourquoi avez-vous donc gardé cela ? Vous êtes macabre ! » Je venais à peine de faire sa connaissance. Il n'y avait rien de bien solide entre nous. Je lui avais répondu que c'était un mouvement de compassion qui m'avait poussé à garder cela en souvenir. Que, pour moi, ce pilote brûlé n'était pas un ennemi abattu, mais plutôt un frère d'armes malheureux dont je voulais garder la mémoire. « Mais, vous ne haïssez donc pas les Allemands, les nazis ? » Il me semblait que, auprès d'elle, je ne faisais qu'aggraver mon cas et pourtant je lui répondis avec une petite pointe de provocation : « Pourquoi les haïrais-je, Mademoiselle, je suis sous les ordres et j'obéis, mais, personnellement, je ne leur ai pas déclaré la guerre. Si je rencontre un Allemand, je me battrai contre lui, toutefois, s'il est blessé, je l'aiderai et le conforterai. » Elle a été émue de ma réponse. Elle m'a demandé de lui donner un morceau de cette relique qui a été à l'origine de nos sentiments l'un pour l'autre. Plus tard, avant que je la quitte pour m'engager dans la SS, elle m'a dit : « Nous avons chacun un morceau de cette pauvre chose qui nous relie, sache que, pour moi, il est le gage de ma fidélité pour toi ». Pauvre, pauvre, pauvre Laure ! Elle ne devait plus croire en moi. Mes lettres vers elles n'étaient guère encourageantes.

J'interroge alors mon compagnon à voix basse, très basse, comme à l'église, comme pour obtenir une confession :

– Pourquoi n'es-tu pas allé la voir une seule fois, ne fût-ce qu'un jour ? Que quelques heures ? Pourquoi n'as-tu pas pris la moto toi-même pour porter le message du Kommandeur à l'état-major de Berlin ?

Mon malheureux compagnon regarde fixement le morceau de cuir, il tourne les yeux vers moi et, soudain, a un ton très décidé :

– Je vais tout te dire. Ce que je suis, le soleil me l'a révélé : une ombre… La Nouvelle Héloïse…

À peine a-t-il commencé de parler que, tout essoufflé, arrive Vandermeulen qui s'adresse directement à mon compagnon !

– Mon lieutenant, le Kommandeur vous demande, c'est très urgent.

Jean me quitte aussitôt.

Ces dernières paroles de Jean : « La Nouvelle Héloïse… » non, décidément non, je ne comprenais pas ce qu'elles pouvaient signifier. Pour Jean, et je le tenais de lui, Jean-Jacques Rousseau n'était qu'un truqueur !

Nous attaquons de nouveau, le 16 février, la veille du 26e anniversaire de Jean. Pris par les préparatifs du combat, il ne m'a pas encore dit pourquoi il n'est pas allé à Sennheim ou à Berlin, revoir Laure. Je sais qu'il m'en parlera lors de la prochaine accalmie, mais j'ai grande hâte de savoir. La neige tombe à gros flocons. En face de nous sont les chars et les fantassins ennemis. Les chars, nous les détruisons de très près à coups de *Panzerfaust*, sortes de lance-roquettes individuels. Après les chars, les fantassins nous attaquent à leur tour en poussant leur cri habituel de guerre « Hourra! Hourra! Pobieda! » Quoique plus nombreux, ils finissent par faiblir, et puis par céder et puis par battre en retraite. Nous nous sommes battus toute la journée et une partie de la nuit sous les fusées éclairantes des Soviétiques qui, nous ayant repérés, nous envoient des déluges de torpilles. Aussi, sommes-nous assez éloignés les uns des autres pour limiter nos pertes. Nous réussissons même à nous saisir d'un petit hameau et, enfin, nous avons un peu de calme. Jean, sans doute, ne va pas tarder à me rejoindre et, enfin, à tout me dire.

C'est alors, après cette petite victoire, que Vandermeulen vient me chercher.

– Le lieutenant... Le lieutenant... Je viens de lui fermer les yeux.

Je cours à sa suite vers une maisonnette qui n'est plus que ruine et j'entends Höllweg hurler à la mort.

Jean Monegal est là. Son corps maculé de boue et de sang est allongé sur le dos. Il paraît dormir sous les flocons de neige.

Je ne peux quitter des yeux cette dépouille dans laquelle j'ai bien du mal à reconnaître Jean. Je suis figé, immobile.

– Il s'est battu, mon lieutenant, avec une sorte de rage, comme un damné, je ne l'ai jamais vu comme ça. Je me demande encore où il est allé chercher cette colère-là. Il s'est battu sauvagement et sans aucun pardon. J'ai eu l'impression de le voir un peu partout, tantôt à une mitrailleuse dont les servants avaient été tués, tantôt lançant des grenades. Aucun de nous, à ce rythme n'aurait pu tenir, il fallait qu'il soit d'acier! Il avait comme un compte à régler avec le monde entier. À la fin quand même, il chancelait de fatigue. Il était possédé d'une folie furieuse. Il me faisait peur, il ne me voyait même pas et semblait ne me distinguer des ennemis que par mon uniforme, ses yeux étaient comme égarés. C'est la première fois que je l'ai vu achever un blessé, très méchamment et en criant: « Saignez, saignez tous! » et c'est la première fois que je l'ai entendu proférer des insultes. Il n'était pas ivre; comme moi, il n'avait bu que de l'eau. Je ne sais pas si vous avez remarqué, il n'était manifestement plus le même depuis votre retour de Berlin. Il y avait quelque chose de changé en lui. Je crois qu'il est devenu fou.

Höllweg hurle toujours, mais nous ne lui prêtons guère attention. Sur le visage de Vandermeulen, des larmes se mêlent à de la terre, à de la boue et une sorte de peinture verte qu'il a été chercher dans je ne sais quel endroit de la bataille, une des plus rudes que nous ayons livrées jusqu'à présent.

La figure de Vandermeulen baigné de larmes me fait penser au visage de la mère pleurant sur le corps de la petite Laure de Toulouse et, devant la longue carcasse de Jean allongé sans vie, je suis comme le petit garçon inquiet que j'étais alors. Comme ce petit garçon-là, je regarde autour de moi comme pour chercher la balle:

– Faut pas avaler la balle, sans ça on va mourir... quand on avale la balle on va mourir…

Jean, il vient bel et bien de l'avaler la balle.

– Un éclat de torpille, il n'a rien dû sentir… m'assure Vandermeulen.

Vandermeulen est hâve, amaigri comme nous tous par les efforts et les privations des derniers jours. Vandermeulen, tout comme moi, est dans une sorte d'état second, fait de fièvre froide, où l'on s'étonne de tenir encore debout après avoir atteint et dépassé les limites de la résistance que l'on pensait humainement possible. Comme nous tous, il est très attaché au lieutenant Monegal, non pas comme à un chef, mais comme à un ami. Avant chaque combat, Jean avait coutume de dire à ceux qui se battaient à ses côtés : « Dans la bataille, nous sommes tous capitaines ! » C'était là le secret de son prestige. Il discutait tactique et stratégie avec des égaux et se battait de même, et ce prestige dépassait les frontières de la compagnie qu'il commandait. Et je ressens bien cela. Je considère Vandermeulen comme mon égal, surtout dans cette douleur qui est la nôtre. Je suis immobile, figé, stupide, hébété. Laure accompagné de *l'ami Hain* est donc venue le chercher ! Je murmure, machinalement, bêtement : « Mais pourquoi lui et pas moi ? »

– Oh, mon lieutenant ! Dans une bataille, la mort n'a pas le temps de choisir, elle prend comme ça vient.

Vandermeulen qui m'a entendu vient de me répondre et ajoute :

– Ça fait la troisième fois. Cette fois-ci, ça y est, c'est pour de bon. La dernière fois, lors de la deuxième bataille du lac Ladoga, on l'a retrouvé blessé sur le terrain, par moins de quarante degrés. Le froid lui avait gelé les couilles. Enfin, je veux dire que, de ce côté-là, il ne lui restait plus grand-chose, tout juste de quoi pisser.

Ma tête, comme déclenchée par un ressort, pivote d'un seul coup vers mon interlocuteur.

– D'où tiens-tu cela, Vandermeulen ?

– Pardi ! de mon cousin, l'infirmier.

– Tu as raconté cela à d'autres ?

– Non. Mon cousin, lui, a été tué le surlendemain. J'avais oublié ce qui était arrivé au lieutenant Monegal. C'est en voyant son cadavre que ça m'est revenu tout d'un coup. J'avais complètement oublié. Il est vrai que, pour avoir des couilles au cul, et bien accrochées, le lieutenant en avait, et plus encore que les autres. Il n'avait peur de rien. On aurait même pu penser que le bon Dieu lui en avait donné plusieurs paires.

– Je crois que là, tu dis vrai, Vandermeulen.

– Mon lieutenant, c'était votre ami, je vous laisse seul avec lui. J'emmène Höllweg avec moi. Le pauvre clébard, il est aussi malheureux que nous !

Seul. Je pose un genou à terre et j'applique ma main sur la poitrine ensanglantée de Jean. Le cœur ne bat plus. Je me penche et j'embrasse ce visage immobile. Cette phrase de lui, que j'ai souvent remué dans mes pensées : *N'aies pas peur de l'aimer,* je la comprends soudainement. Tout ce qui paraissait insolite dans le comportement de Jean me devient clair. Je sais maintenant qu'il a choisi délibérément les missions les plus dangereuses pour y trouver la mort. Je sais pourquoi il n'a pas sollicité de permissions auprès du Kommandeur. Je sais pourquoi il ne m'a pas considéré comme un rival mais comme un autre lui-même. Et c'est sans doute ce qu'il voulait me confier quand il m'a dit :

– Je vais tout te dire... La Nouvelle Héloïse...

Et juste à ce moment-là Vandermeulen est venu le chercher :

– Le Kommandeur vous demande, c'est très urgent.

La Nouvelle Héloïse dont il allait me parler n'avait rien à voir avec l'œuvre de Jean-Jacques, mais beaucoup, en revanche, avec le pauvre Abélard qu'il était devenu, une ombre ! La nouvelle Héloïse était Laure.

Jean est là, allongé maintenant sur la terre allemande et, en même temps, il n'est plus là, devant moi. Il est à Tölz et je le rencontre dans un couloir de l'école, puis tous les deux nous sommes sur le front, en pleine bagarre, lui avec sa bravoure insensée. Puis je le quitte, en partance sur ma moto, pour Berlin ; puis je le revois à mon retour. Je lui annonce que Laure est morte.

Et maintenant, lui aussi ! Nous sommes tous là, autour de sa dépouille, nous ses compagnons de la dernière heure : L'ami Hain, Laure aux yeux verts, l'Hiver princier, les Arbres nus, le Froid et la Douleur, la Neige et le Sang, le Sol et la Tristesse, les Blessures, le Courage et la Bravoure, l'Espérance aux ailes brisées, l'Amitié et l'Amour, tous là, recueillis, avec le Ciel au-dessus de nous, gris, pesant, comme une lourde pierre tombale.

J'attache mes yeux à ce visage d'un mort parmi les morts, ce visage qui, pour Laure, a sans doute été celui d'un jeune dieu.

Puis me reviennent les paroles de Vandermeulen :

– De ce côté là, il ne lui restait plus grand-chose, tout juste de quoi pisser...

Je me souviens alors de la réflexion de Jean en Ukraine, quand Raph s'est mis à réciter *Le Grand Gel* avec l'idée d'en faire une chanson SS :

– Ceux qui se sont gelé les couilles, comme moi, du côté de Krasny-Bor, n'auront guère le goût de la chanter votre chanson.

Nous n'avions vu dans ces mots rien d'autre qu'une de ces images fortement peintes, comme aiment les brosser les militaires, toujours amateurs de couleurs vives, pour exprimer une idée de très grand froid. Nous ne pensions pas alors qu'il aurait fallu prendre cette réflexion au pied de la lettre.

Le dernier vers du *Grand Gel* me revient à la mémoire ainsi que ce que Jean avait murmuré à Raph :

– Vous ne savez pas combien le dernier vers, que vous venez de réciter, est juste et terrible.

Ce vers était, oui, je m'en souviens très bien : « En avant, vers les grands échecs ! »

J'ai remarqué, hier, que Jean a placé la relique de cuir, ces tristes morceaux de gant noirci, dans une poche de sa tenue de combat, la poche près du cœur. J'ouvre la poche et je prends ce symbole comme s'il s'agissait d'un trésor, ne doutant pas que, comme un talisman, il soit doté d'un pouvoir surnaturel, celui de porter malheur. Je les prends. Ces morceaux de gants sont tachés de sang.

J'ai ensuite une sorte d'hallucination qui me fait pâlir. Est-ce le talisman qui agit ? Jean ouvre grands les yeux !

De visuelle cette hallucination devient auditive :

– Que se passe-t-il ? Ah, je vois que tu es là, No, près de ma loque. Je crois que cette fois j'ai bien mon compte. Ne te fais pas de peine pour moi. Tout est fort bien ainsi... C'est ce qui pouvait m'arriver de mieux. Crever.

La voix de Jean est faible mais audible et calme, et je peux l'entendre malgré les bruits de la canonnade. Je lui prends la main, froide, glacée, morte.

– Cela, tu sais, ne pouvait que finir ainsi. Pour elle comme pour moi. Nous avions fait le serment stupide, comme si on pouvait engager l'avenir, d'être fidèle l'un à l'autre, jusqu'à la mort... Oui, l'histoire de la coupe du roi de Thulé... C'est fou ce qu'on peut être bête, hein, quand on est jeune ! J'ai tenté, après, de délier Laure de ce serment, en cherchant ma propre mort dans les batailles. Malgré mes nombreuses blessures, je suis toujours passé à travers. C'est pour qu'elle ne meure pas avec moi que je ne suis pas allé la voir à Sennheim ou à Berlin... pour qu'elle reste en vie, qu'elle survive... afin qu'elle ne me rejoigne pas dans la mort... Car, mort, je l'étais déjà, puisque je ne pouvais plus transmettre la vie... Quand elle m'a parlé de toi dans une de ces lettres, j'ai eu cet espoir que, par toi, elle pouvait continuer de vivre. Mais, dans la coupe du roi de Thulé... au nom de cette foutue fidélité, était mêlé notre sang... Notre vie et notre mort...

Il reste quelques instants silencieux, comme pour ménager ses dernières forces, puis il me fait cette recommandation :

– N'oublie surtout pas, surtout pas, de prendre à mon doigt cet anneau qu'elle m'a donné... Tu penseras à nous en le regardant... Moi, sous terre, qu'en ferais-je ? Et surtout, prends bien soin de Höllweg, car c'est un chic type...

Je le regarde mourir paisiblement. Il a eu une pensée pour Raph et pour les camarades, pour nous tous qui restons, pour nous tous qu'il abandonne.

Ses yeux se ferment et je discerne sur ses lèvres l'esquisse d'un vague sourire. Peut-être le roi de Thulé, après avoir bu une dernière fois dans la coupe offerte par la femme aimée et après avoir jeté cette coupe dans la mer, peut-être avait-il ce sourire-là.

J'hésite longtemps avant de prendre la bague. Mais telle est la dernière volonté de Jean. Je la prends donc et la passe à mon doigt. Jean qui voulait à tout prix me « marier » avec Laure vivante, vient de me marier avec Laure morte. Derrière moi il y a des bruits. Je me retourne. C'est Vandermeulen et Höllweg qui viennent me chercher. Höllweg court poser ses pattes et son museau sur la poitrine de son maître en gémissant et Vandermeulen m'exhorte.

– Allons, mon lieutenant, courage !.... Allons, venez, maintenant !

Je me lève. Et c'est à mon tour de convaincre Höllweg de quitter la dépouille de Jean. Finalement, il accepte de me suivre. Il était là, lui ou son frère, à Paris, lors de mon entrée dans la Waffen-SS, il va continuer, maintenant, d'être avec moi jusqu'à la fin.

J'ai lu, depuis, que des cas de retour à la vie, pour quelques instants, se présentent parfois, alors que le cœur ne bat plus, alors que ne subsiste aucun signe clinique de vie. J'ai lu aussi que ces « revenants » parlaient, en général, de la mort comme d'une féerie dans laquelle ils retrouvaient des personnes chères, mortes elles aussi.

Ce dernier sourire que j'ai vu sur les lèvres de Jean, était-ce celui qu'il adressait à Laure venue auprès de lui après si longtemps ? ou bien celui qu'il adressait, à travers *elle* à la Mort aux yeux verts et aux cheveux blonds, la jeune amante, fille de la guerre qu'il avait avoué aimer, la Mort blonde, fille à soldats ?

Raph, à qui je fais part de mon hallucination me donne son avis.

– Parfois, quand je me regarde dans une glace, quand je regarde mes mains ou bien mes jambes, ou mes pieds, j'ai le sentiment aussi d'avoir une hallucination devant ces membres et, devant moi, ce sont alors des choses qui deviennent étranges à mes yeux, étrangères, comme si elles appartenaient, je ne sais pas, moi, à un juif par exemple. Alors que te répondre ? Que savons-nous au juste de ce monde-ci et de ce qu'on appelle l'autre monde ? Qu'est-ce qui se dissimule derrière les apparences ? Que se cache-t-il derrière une hallucination qui n'est peut-être pas qu'apparence mais réalité autre ? Qui ? ou bien quoi ?

– Peut-être, derrière, y a-t-il simplement beaucoup de fatigue, dis-je. Tu sais, nous menons véritablement une vie de pauvres chiens.

C'est vrai que je me sens terriblement las et que mes vêtements me semblent être de plomb. Ma raison vacille.

Je quitte Raph et je suis de nouveau seul avec mes souvenirs, comme abandonné et je me laisse aller quelque peu à la dérive. C'est l'hiver, j'ai un mauvais rhume, et c'est à l'intérieur de tout mon être, à gros flocons, une neige épaisse, lourde et froide qui s'accumule, tandis que mon sang charrie les glaçons de la débâcle du *Grand Gel*.

Je range dans une poche les deux moitiés du talisman de cuir, je marche un peu et je m'allonge, épuisé, sur le lieu même où s'est tenu la dernière bataille. Une certaine torpeur me saisit. J'ai le sentiment de n'être plus tout à fait moi-même. Il me semble que cette baraque, là-bas, et que cet arbre, non loin de moi, font partie de ma propre personne ainsi que la terre sur laquelle je me trouve, ainsi que les quelques moineaux tout proches qui volettent et se posent sur les soldats morts. Je m'engourdis, je commence à me glisser au cœur des choses, cœur insensible et immobile et sans aucun battement, indifférent, impassible. Cette baraque, là-bas reste baraque, cet arbre demeure arbre et ces oiseaux continuent de voler, de sautiller, comme si le monde dans lequel nous nous trouvons était toujours le monde d'avant, comme si rien, depuis la mort de la Lorelei, rien, absolument, n'avait changé. Et ces morts qui sont là et ce cadavre-oreiller contre lequel j'appuie ma tête restent tous de marbre. La nature, la déesse Nature si imperturbable et si cruelle à mes yeux se met enfin, alors que je n'attends plus rien d'elle, si ce n'est un grand éclat de rire, la déesse Nature se met soudain à pleurer et à pleurer d'immenses et lourdes larmes en se servant de mes propres yeux.

Je viens de me revoir, posant mes lèvres sur la médaille que porte Laure sous son corsage, à Sennheim : l'arc et la faux.

J'entends la voix douce de Laure :

– Ma médaille représente l'amour et la mort.

L'arc et la faux. Il me vient à la mémoire que, dans la mythologie grecque, Kronos détrôna Ouranos en lui coupant les parties génitales d'un coup de faucille, cette petite faux. Ouranos, le ciel, Kronos, le temps. Jean-Ouranos, lui qui était le ciel de Laure a été émasculé et tué. Il était déjà mort avant que d'être mort ! Jean et Laure ! L'homme et la femme. L'amour et la mort ! L'arc et la faux... comme un résumé de la vie, de toute vie.

Le bruit du canon roule ses mille tonneaux dans mon demi-sommeil. Le froid pénètre de plus en plus mon corps.

C'est Raph qui vient alors me secouer.

– Mais, qu'est-ce que tu fous là, à te geler les couilles ? Tu vas attraper la crève. Quand je t'ai vu là, j'ai cru que tu étais mort toi aussi ! Quelle idée ! Ça devient une véritable maladie par ici de mourir ! S'allonger au milieu de tous ces macchabées ! Tu as choisi un drôle de plumard et une drôle de chambre à coucher ! Viens au moins te mettre à l'abri dans la baraque. Je t'ai cherché longtemps. Je me demandais où tu pouvais bien être. J'ai pensé tout d'un coup que tu t'étais flingué toi aussi. Je ne sais pas au juste, mais j'ai comme l'impression que tu commences à jouer au con. Il faut te secouer, No, allons, viens, amène-toi !

Il a raison. Il faut que je me secoue. Je grelotte de froid, de fatigue, de fièvre.

Dans la baraque, Raph me fait boire du schnaps qui me donne une sensation de léger bien-être. Il s'absente et revient avec des manteaux arrachés aux morts pour m'en faire des couvertures.

C'est alors que, la chaleur revenant en moi, j'ai comme une certitude. Une certitude qui a pour origine le sourire de Laure et celui de Jean dans leur mort.

Elle s'est accrochée, jusqu'à la fin, à son amour pour Jean, la main refermée sur son symbole de cuir. Comme la petite Laure de Toulouse elle a dû entendre les doux chuchotements d'un Roi des Aulnes qui était Jean lui-même. Elle n'a pas dû entendre, en revanche, l'alerte qui avait, entre-temps, commencé, ni l'éclat des bombes, épuisée qu'elle devait être par sa dure journée d'hôpital. Elle souriait parce qu'elle savait qu'elle allait bientôt le rencontrer, Jean, tout comme moi j'avais été certain, sur ma moto dans Berlin, une fois arrivé au tournant de la Hermannstrasse, que je me rapprochais de plus en plus d'elle. Jean Monegal, lui, a sans doute sourit, à son tour, au moment où, invisible à mes yeux, Laure, prenant la place du roi des Aulnes, est venue chuchoter à son oreille.

C'est encore Raph, là, qui essuie mon visage tout en sueur.

– Tu as une fièvre de cheval. Je t'ai entendu délirer. Il était question d'un antiquaire qui te parlait de gants et d'une certaine Euphrasie qui ne mettait pas de culotte ! Reste-là, un peu tranquille. C'est bien vrai que nous menons une vie de pauvres chiens. À propos de clebs, il faut maintenant que j'aille à la recherche de ce pauvre bougre d'Höllweg qui est allé, sans aucun doute, encore une fois, comme toi tout à l'heure, s'endormir sur un cadavre, ce sacré macchab qui, ce matin même, était encore son maître.

– Dis-moi, Raph, dans mon délire, j'ai dit d'autres conneries ?

– Je ne crois pas que ce soit des conneries, car je me demande si tous ces jeunes Flamands qui sont venus dernièrement nous rejoindre comme s'ils venaient à la fête ne confondent pas, comme toi, et comme presque tous ceux d'entre nous, la vie et la mort, la guerre et l'amour. Ils sont tous comme saouls et voient double!

Raph m'avait à peine quitté que le dernier mot prononcé par lui revint en écho à mon oreille.

- Double!

J'eus comme un vertige. Devant mes yeux, comme dans une sorte de brouillard, une grande tache noire s'esquissait peu à peu pour prendre une forme. La brume se dissipa et je vis d'abord une longue et mince silhouette se détacher du mur pour s'avancer vers moi et me parler.

- Double, oui, double, No. Plus double que jamais… Le jour et la nuit, la vie et la mort, la guerre et la paix, l'amour et la haine, la richesse et la misère, la pluie et le beau temps, l'hiver et l'été, le soleil et la lune, l'homme et la femme, le masculin et le féminin, le loup et l'agneau, le poisson et l'oiseau, le noir et le blanc, il faut tout voir double car on a bien deux yeux. Je suis le Dieuble double qui a quatre yeux alors que le dieu de la Bible qui, dans la tombe regardait Caïn n'a, lui, qu'un seul œil. Il est borgne et l'autel devant lequel on s'incline pour lui rendre hommage est un autel borgne. Garde tes deux yeux, No, si tu veux vivre encore un peu. Tiens-les bien ouverts et n'en ferme un que pour, fusil en main, bien viser car celui d'en face a aussi deux yeux et les borgnes visent mal.

La silhouette avait pris entre-temps l'apparence du Bavarois de Tölz et celle de Philippe Merlin. Ce fut Höllweg qui me réveilla.

– Tu as encore déliré, dit Raph.

De son front il toucha mon front.

– Tu es tout bouillant de fièvre.

*
* *

Avant de repartir à l'assaut, ce qui reste de la compagnie enterre ses morts et son commandant. Un très beau chant s'élève:

J'avais un camarade
De meilleur il n'en est pas
Dans la paix et dans la guerre
Nous allions comme des frères
Marchant d'un même pas…

Nous sommes entourés de tous les flocons de neige qui semblent tomber plus lourds et nous faisons cercle autour de la pointe de fer de lance du vieux dieu de la guerre germanique, l'*Erinnerungsdach,* le toit du souvenir, fait d'un long piquet vertical surmonté d'un chevron fait de deux branches; nous sommes autour de cette flèche au pied de laquelle repose le corps. Jean est bien ficelé, cette fois, dans le sac du Grand Gel. Je viens de déposer, sur la terre fraîchement et péniblement remuée, son casque. Höllweg vient aussitôt renifler le casque et clame sa douleur dans un hurlement lugubre.

J'avais un camarade
Mais une balle vint en volant

Était-elle pour lui, était-elle pour moi…
J'avais un camarade et
Il est mort.

Nous n'avons pas planté de croix sur la tombe de Jean, car nous savons tous que le lieutenant Monegal a perdu la foi catholique. Cette flèche, sur les champs de bataille, indique une tombe SS : « La vie – comme un arc ; l'âme – comme une flèche. »

La flèche qui vole est légère, mais lui, Jean, se disait lourd. Un jour, s'étant confié, chose qui ne lui arrivait jamais, Jean m'avait dit ces mots :

– J'aime le sérieux, ce qui est lourdement et pesamment sérieux, soit pour y participer, soit pour en sourire. L'humour, vois-tu, me barbe ; le comique ne me fait point rire et le burlesque ne m'amuse guère. J'aime bien Debaeker et Baekelandt mais ce n'est pas mon genre. La bonne terre est lourde, épaisse, grasse, tandis que le sable et la poussière, pour la culture, ne valent rien. Je suis un paysan qui considère que seuls l'air, les papillons, les libellules et les oiseaux sont légers. Je manque sans aucun doute d'esprit. Je suis un pauvre boche. Dürer et Beethoven seraient un peu mon genre. Un peu vieux jeu, un peu vieille barbe. Non, tu trouves pas ?

Je regarde maintenant cette terre qui, devant moi recouvre le corps de Jean. Cela, oui, c'est du sérieux, du sérieux bien pesant, bien lourd, comme il aimait. Un sérieux qui ne fait plus qu'un avec la terre et les pierres, un sérieux auquel il participe pour la dernière fois. En cet instant même, il est, Jean, le plus sérieux de nous tous.

Les chants viennent de cesser. La neige continue de tomber, toujours plus dense. Nous sommes tous là, les yeux fixés vers le sol, attendant encore je ne sais trop quoi. Vandermeulen me regarde et je comprends qu'il faut faire quelque chose, puisque je suis maintenant le nouveau commandant de compagnie. Parler ? Je suis trop bouleversé pour cela. D'autres yeux se lèvent vers moi. Je vais demander de rompre les rangs quand, soudain, je me ravise. Je mets la main à l'intérieur de ma capote pour prendre mon portefeuille et je l'ouvre. Je prends une feuille de papier que je déplie et que je coince sous le casque posé. C'est l'épitaphe que j'ai rédigée pour moi-même, un jour que je broyais du noir, épitaphe que j'avais oubliée. Je fais ensuite rompre les rangs et je m'éloigne sans mot dire.

C'est une épitaphe volante, temporaire, périssable. Tout de suite, elle va disparaître sous la neige, juste après que mes camarades l'auront lue, et c'est très bien ainsi.

Noir blanc rouge était mon drapeau
Noire est ma nuit dans cette malle
Blanche est la neige ornante dalle
Rouge est le trou crevant ma peau.

Oui, c'est bien vrai que Jean vient de se faire la malle. Je songe, en marchant, que s'il a trouvé « la belle mort des batailles » rêvée par Kleist, il a refusé, lui, la mort à deux places que lui aurait certainement accordée Laure, cette mort à deux places que, faute de tomber au champ d'honneur, avait précisément choisie l'auteur de *Penthésilée*. Il s'en est allé rejoindre la Lorelei.

Rejoindre Laure ? Je l'imagine, le lieutenant Monegal, au fond de sa fosse, en train de suivre mes pensées et haussant les épaules.

– Allons donc, ne déconne pas. Je suis mort et bien mort. Corps et âme. Je te l'ai déjà dit : le Ciel est vide. Vide, je te le redis. Laure est en terre, à Berlin, là où tu l'as ensevelie. Elle doit sentir mauvais, comme moi bientôt. Moi, je suis ici, en instance de pourriture. Nous ne nous rejoindrons pas. On ne rejoint jamais personne dans la mort. Sois donc un peu sérieux, une fois.

Höllweg trottine à côté de moi. Il a l'air d'avoir été battu.

Nous sommes deux pauvres chiens.

La neige continue de tomber sur les vivants et sur les morts à flocons plus légers qui dansent, mariant leur petite robe blanche avec le gris du jour. Je remplace, et je viens d'en avoir la confirmation par le Kommandeur lui-même, le lieutenant Monegal comme commandant de compagnie et, sur un signal de l'état-major, je donne l'ordre, me mettant à la tête des grenadiers SS, d'attaquer encore. Au bout de trois heures de combat, nous atteignons un nouveau hameau où nous donnons la chasse, maison par maison, aux éléments ennemis qui s'accrochent. Là encore, nous avons de nombreux blessés. Tous ne sont pas flamands, car des Estoniens, ainsi que des Danois et des Norvégiens, sont venus se joindre à nous. Pour ma part, je n'ai pas la moindre égratignure. Laure ni Jean ne veulent de moi. Ils veulent rester seuls, entre eux. Et je discute avec moi-même :

– De toute façon, il va falloir continuer de se battre contre les Russes. Et si tu en réchappes, il y a tes compatriotes qui ne te feront pas de cadeau. Déjà, ils avaient décidé de liquider Hans Ley et sa femme, ainsi que leur fille, Laure.

– Dans ce cas, j'échapperai à mes doux compatriotes, par le suicide.

– C'est une solution, mais pour plus tard. Pour l'instant, il ne faut pas laisser tomber les copains. Tu devrais aller les trouver et changer un peu ton visage. Eux aussi sont dans un fichu pétrin.

Je prends alors, à mon tour, la manière de Jean, son allure de dur-à-cuire, mais, chez Jean, cela n'était pas, j'en avais eu maintes fois la certitude, du chiqué. Il avait été véritablement coriace. Je peux le prendre pour modèle. On est ce qu'on paraît. Höllweg qui est là, près de moi, me suit comme une ombre, il m'aide à ressembler à son maître. Et tout comme l'ancien commandant de compagnie, je passe d'un groupe à l'autre. Peu à peu, je me sens raffermi et c'est en chœur que nous chantons tous, comme un défi, le *Chant du Diable*. Pour moi seul, chant du Dieuble !

… Et le monde enfin peut bien
Nous maudire ou nous louer
Comme il plaît à chacun…

Le lendemain, nous repartons en avant, mais, cette fois, nous sommes arrêtés par des forces supérieures et nous nous replions sur le hameau conquis la veille pour y consolider nos positions par des tranchées creusées derrière un chant de mines. Nous attendons l'attaque adverse. Elle a lieu avec des moyens tels que, dédaignant les pertes cruelles que nous leur faisons subir, les attaquants tentent de traverser directement le champ de mines en lançant leur cri lancinant « Hourra ! hourra ! hourra !.... ». Comme les herbes à la fenaison, ils se couchent et ne se relèvent pas, abattus par nos faucheuses automatiques. L'ennemi déborde alors sur les ailes, à droite comme à gauche et, pour ne pas être encerclés, nous sommes obligés, une fois de plus, de décrocher. Et toujours ces cris obsédant « Hourra ! Hourra ! Pobieda ! » qui nous taraudent. C'est le commencement de la retraite. Nous essayons de nous maintenir dans le village où nous avons enterré Jean et maints de nos compagnons, mais c'est en vain. L'offensive rouge est si puissante que nous devons abandonner bientôt la ville de Stargard, après un mois de combat. Pour protéger la retraite générale, je me tiens, dans mon secteur, avec Raph et Hölweg en arrière-garde avec ce qui reste de la compagnie « Monegal » réduite à la moitié de ses effectifs. Nous n'avons plus le temps d'enterrer les morts. Les morts, nous les enjambons, je dépasse un éventré qui exhibe ses tripes comme une devanture.

Nous atteignons enfin Stettin, à l'embouchure de l'Oder, nouvelle ligne de défense naturelle. Là, vient nous rejoindre tout ce qui reste du détachement de la 28e division wallonne, celle de Kirchhoffer, qui participait à la protection du flanc sud de Stargard. Il faut maintenant tenir sur le fleuve Oder et interdire à l'ennemi la route de Berlin. Il ne faut guère compter, pour cette tâche, sur la Wehrmacht qui est une armée battue, ayant perdu le moral. Seule, la Waffen SS a défendu Stargard et, seule, elle va continuer le combat. Ce n'est plus l'armée allemande que les Russes ont devant eux, mais l'armée politique européenne SS, composée des volontaires de vingt nations différentes. La Waffen-SS est encore, malgré ses pertes énormes, une petite armée de fer et cela malgré sa déficience en hommes et en matériel. Cependant, en ce qui nous concerne, il faut nous envoyer au repos. Des troupes fraîches, pas assez nombreuses cependant, prennent notre relève.

Je ne suis pas sûr que, comme le croit Vandermeulen, les âmes des morts nous regardent, mais je ne cesse de penser à Jean et à Laure. À Laure surtout. Elle est la compagne invisible et vient occuper mon esprit quand celui-ci ne s'applique pas aux multiples tâches auxquelles, à la manière de Jean, je m'astrhins.

J'ai usé de l'alcool ces derniers jours pour me doper et j'ai vécu dans un mélange de fatigue, de fièvre, de schnaps et de combats. Le visage de Laure, pourtant, est resté net dans mon souvenir. Ce corps si vivant alors, et qui n'est plus, me hante au point que je songe à le rejoindre en payant pour cela le prix de la vie. Elle me vient souvent à l'esprit cette scène où, parmi les décombres de la Hermannstrasse, je tenais son corps dans mes bras. Je ne tiens plus dans mes bras que du vent, du froid et de la neige qui est comme chargée de pluie à présent. Höllweg, Chemin de l'Enfer, comme une ombre, me suit toujours.

Le Kommandeur a désigné Raph pour être mon adjoint au commandement de la compagnie « Jean Monegal », laquelle se repose et se reforme en attendant d'être jetée à nouveau dans la bataille.

Raph n'a pas manifesté son émotion lors de la mort du lieutenant

Monegal, mais il a quand même dit, en langage clair, ce qu'il ressentait : « J'aimais bien Jean ». Cela a été dit sur le ton de la simple constatation, un peu comme : « Depuis hier soir, il neige », ou bien « Aujourd'hui, il fait un peu plus froid qu'hier ». Mais ce peu qu'il a dit signifie beaucoup, car Raph, secret, cache toujours pudiquement ses sentiments les plus forts.

– Je crois, Raph, que Jean avait beaucoup d'amitié pour toi.

– Il n'assistera pas à la défaite.

À ce mot de défaite, je me remémore la scène où, près du corps de Jean, gisant au sol, Vandermeulen me fait la révélation :

– La première fois, lors de la deuxième bataille du lac Ladoga, le froid lui avait gelé les couilles.

Je réponds à Raph :

– Je crois que, pour ce qui est de la défaite, il en avait conscience depuis longtemps.

J'écarte de ma pensée l'image de Laure qui m'interrogeait à Berlin : « Dis-moi, pourquoi ne vient-il pas ? ». Je reprends vite conscience que je suis en face de Raph.

– Mais toi, Raph, tu ne penses pas que « Pile ou Face » a fait un mauvais choix, qu'il t'a joué un mauvais tour en te faisant rejoindre notre camp ?

– Bah ! Il ne s'agit pas de bon choix et de mauvais choix. Il s'agit seulement de hasard. Tout au plus d'un jeu de pair et impair. Cela a été un impair, sans plus. J'accepte cela. Bon, mon vieux, c'est pas tout ça, il faut quand même aller voir les gosses. Et, comme disait l'autre : « En avant vers les grands échecs ! »

L'autre ; c'est l'auteur du dernier vers de la poésie du *Grand Gel,* dont Raph garde une copie sur lui.

Dans notre camp de repos et d'entraînement, les jeunes recrues arrivent nombreuses encore. Ce sont là les gosses dont parle Raph et qui font penser aux « Marie-Louise » de Napoléon. La préparation psychologique de mon unité à de nouveaux combats me sollicite suffisamment pour avoir raison de mon désespoir, pour dominer et vaincre la profonde tristesse et le découragement. Höllweg m'est aussi d'un grand secours et tous deux nous veillons l'un sur l'autre. Il m'arrive même de blaguer, ici et là, avec tous ces garçons qui, comme moi, font face à l'adversité. Ce sont là des jeunes gens un peu fous qui viennent participer, depuis les Flandres, aux dernières batailles. Ils ne viennent pas pour se lancer à la conquête de la gloire, ils viennent, plus simplement, apporter le dernier témoignage de fidélité après avoir abandonné les différents partis et organisations de tout l'arc-en-ciel politique. Les plus déterminés sont de jeunes ouvriers communistes. Ils ont troqué l'internationalisme pour la cause européenne qu'ils savent pourtant perdue. Ils renouvellent la geste des corps-francs de la Baltique au lendemain de la Grande Guerre, face à l'armée Rouge.

Il y a, parfois, des illusions dans l'esprit de quelques-uns de ces jeunes gens. Ceux-là pensent que, à partir de l'Oder, un assaut complet, de tout l'Occident, cette fois, va partir à la conquête de l'Union Soviétique. Ils imaginent les Anglo-Américains participant avec toute leur puissance, avec toutes leurs forces à une telle action, c'est une victoire certaine. Pour moi, cela relève de la fantasmagorie et des coquecigrues. Et, de plus, je me sens plus proche, comme Européen, des Russes que des Américains. Il y a entre les Anglo-Saxons et moi, ces quelque trente mille morts et ces dizaines de milliers de blessés du dernier raid sur Berlin et, dans sa tombe, le corps de Laure. Et il y a, en plus de Berlin, tous ces bombardements des enfants, des femmes et des vieillards de toutes les villes allemandes. Ces bombardements qui montrent bien qu'il n'y a aucune illusion à se faire sur les intentions de l'Occident à notre égard. Pour lui, nous sommes de la vermine...

Nous sommes, bel et bien, dans un étau, coincés dans la mâchoire de deux armées qui se referment sur la vieille Europe, deux armées pressées d'en finir avec l'Europe afin de voler sa place dans le monde. C'est ce que j'explique à tous ces jeunes, à l'occasion de mes petits cours politiques.

J'entends encore la réflexion de Vandermeulen :

– Ils se retrouveront face à face les Ricains et les Ruskofs. Ils pourront se taper sur la gueule à en crever, il ne faudra pas bouger le petit doigt nous autres. Cela ne sera plus notre affaire.

Plus tard, quand on me demandera, en prison, en échange de ma « liberté » de me battre contre les communistes au Vietnam, je penserai aussitôt à Vandermeulen. Cela ne sera plus, décidément, mon affaire. Je choisirai de rester en prison.

C'est quand même avec détermination que, sur la rive de l'Oder, dernier rempart avant Berlin, nous nous battons encore pendant plus d'un mois. Peu à peu, l'hiver et les neiges de la bataille de Stargard ont fait place au printemps. Le soleil naissant nous aide dans notre propre sursaut contre la cruelle adversité.

Les Russes, cependant, ont une supériorité écrasante. Nous ne manquons pas de vivres et si la faim ne se fait pas sentir, le manque de munitions nous fait de plus en plus perdre pied. Dans notre secteur, nous recevons dix fois plus d'obus que nous n'en tirons. Finalement, c'est à l'aube du 20 avril que l'ennemi réussit sa percée et traverse l'Oder. Le dernier rempart s'effondre.

Les Wallons se battent maintenant à nos côtés. C'est au cours de cette bataille, laquelle dure encore deux jours, que nous découvrons, non loin de nous, l'ami Kirchhoffer en pleine action. Un Kirchhoffer pas rasé. Nous ne faisons que l'apercevoir. Nous n'avons pas réussi à lui parler car, si après les rudes combats, nous avons pu décrocher par miracle, il est, lui, resté sur le terrain. Nous l'avons vu projeté en l'air par l'explosion d'un gros lourd. Il a fait le dernier saut, mais en hauteur, spécialité dont il était, à Tölz, le champion. Il est mort. Le tatouage de la lettre A, sous son aisselle gauche, ne lui a servi de rien. Il avait été, Pol, à l'opposé de moi, content d'être distingué par ce tatouage : « Cela veut dire que nous sommes de la SS et que nous sommes sous sa protection. En cas de coup dur, au feu, il suffira qu'on lève mon bras pour savoir quel sang il faudra me transfuser. » Sur les bords de l'Oder le sang fuse de partout, on n'a pas le temps de le transfuser aux morts...

Il ne s'agit plus de s'éterniser. C'est une fois de plus la retraite. Les troupes germaniques se dirigent, par petits groupes isolés, droit vers le nord-ouest, en direction de la mer Baltique et de ses dunes, avec l'intention d'organiser encore, si faire se peut, la lutte. Mais c'est déjà la débâcle. Notre front craque de toutes parts.

Dans la vitrine des Chevaliers de Laure, il y avait la trompe d'Astolphe qui mettait en fuite les ennemis. Hélas, je ne l'ai pas sous la main. Et l'ennemi avance, avance, avance toujours vers Berlin.

Le 22 avril au soir, c'est avec la permission du Kommandeur que Raph, soldat Höllweg et moi-même, utilisant une moto avec side-car, nous partons vers le sud-ouest, direction qui, naguère, évoquait pour moi Toulouse, havre de paix ! Cette direction est aujourd'hui celle de Berlin. Comme Kirchhoffer, je ne suis pas rasé, sur ma tenue de combat déchirée je porte encore les traces de la cervelle de Vandermeulen dont le crâne a éclaté, à côté de moi, lors du dernier pilonnage russe. Non loin de lui Baekelandt et Debaeker se trouvaient, proches l'un de l'autre, allongés et sans vie. Hagard j'avais buté sur les corps de Mermans et de Vincke.

Je vais participer à la défense de la ville où Laure a été tuée. Laure plus que jamais est liée à la cause que je défends. Elle en est le symbole. Cette cause va succomber, comme elle, à Berlin. Je vais, là-bas, rejoindre les derniers défenseurs de la croix gammée. Près de moi, plus par amitié que par hasard, cette fois il n'a pas interrogé sa pièce de monnaie, Raph m'accompagne. Dans le side-car, le brave soldat Höllweg est sagement installé sur les genoux de mon ami, toujours aussi tranquille malgré la débâcle. Raph a pris sa décision très vite.

– Raph, je fous le camp à Berlin.

– Bon, je pars avec toi.

Avant que nous le quittions, le Kommandeur tente de nous retenir.

– Peut-être ai-je encore quelque illusion, il faut bien se raccrocher à quelque chose, mais on ne sait jamais, peut-être que les Anglo-américains auront besoin de nous pour régler leur compte aux Russes. Dans ce cas, j'aimerais vous avoir avec moi.

Comme Raph, par un hochement de tête, fait état de ses doutes, le Kommandeur explique :

– Écoutez. L'Allemagne n'a jamais voulu que reprendre à l'Est les anciens territoires allemands et autrichiens d'avant 1914. Les Anglais, qui ont déclaré la guerre pour que Dantzig, ville de population allemande, patrie de Schopenhauer, ne soit pas rattachée à l'Allemagne, ne vont tout de même pas être illogiques avec eux-mêmes. Ils ne vont pas tolérer que les territoires contestés à l'Allemagne soient, comme ça, donnés à la Russie. Or, contre toute logique, Engelmann, vous semblez en douter. L'Angleterre et l'Amérique auraient donc fait la guerre pour que Dantzig soit communiste ?

Raph répond alors, et il le fait en des termes surprenants.

– C'est une illusion, Kommandeur. Dantzig n'a servi que de prétexte à la déclaration de guerre, et les Anglais n'attaqueront jamais les Russes. Il ne le peuvent pas et c'est évident.

Surpris, comme moi-même, le Kommandeur s'étonne fort de ces paroles prononcées avec certitude.

– Et pourquoi donc ? Les Russes vont être à bout de souffle et, en face d'eux, il y aura la puissance américaine.

– Kommandeur ! Vous avez remarqué, tout comme moi, que presque tous les commissaires politiques de l'armée Rouge sont juifs, comme le sont la plupart des dirigeants soviétiques. Ce sont les juifs qui, issus de la bourgeoisie israélite, ont pris le pouvoir en Russie en 1917. De bonnes relations, par le truchement de Litvinov, ce sont établies entre eux et les juifs qui participent au pouvoir dans tous les autres pays. Ces relations ne vont pas se dénouer, mais au contraire se développer dans l'euphorie d'une grande victoire contre l'ennemi qui leur est commun : l'Allemagne nationale-socialiste. Par eux l'alliance scellée entre les Anglo-Saxons et les Slaves est à présent très solide.

Le Kommandeur paraît un instant juger l'argument sérieux, mais il fait cette remarque :

– Trotzki, Zinoviev, Kamenev, Radek et consorts étaient juifs et placés à la tête de l'État, c'est vrai, mais Staline ne les a pas tellement ménagés, qui les a fait passer de vie à trépas.

– Oui, Kommandeur. Mais il ne s'agissait pour Staline que de liquider des rivaux afin de s'assurer la première place et rester le maître. Ce n'était pas de sa part de l'antisémitisme mais du réalisme. Toutefois, Kommandeur, je vais abonder dans votre sens. Supposons que les Anglo-Américains attaquent les Soviétiques. Croyez-vous que Staline, le réaliste, se laissera faire ? Il détient quatre ou cinq millions de Juifs en otage. Vous venez de remarquer qu'il a déjà liquidé quelques-uns des responsables juifs de son parti. Ne pensez-vous pas que, sur un signe de lui, en cas d'attaque anglo-américaine, les juifs auraient alors tout lieu de craindre le retour des pogroms et que peu d'entre eux en réchapperaient ? Cela, on le sait très bien parmi les dirigeants, à Londres et à Washington, et chez les banquiers israélites, à la City et à Wall Street. Ils ne sont pas suicidaires, comme les Européens. Croyez-moi, Kommandeur, dans les relations internationales, la question juive est fondamentale vue la place que les juifs occupent dans l'administration des affaires du monde.

Le Kommandeur, d'abord silencieux, puis le pli de la réflexion au front, considère longuement Raph. Son visage est plus grave.

– Vous venez de me convaincre. Je vous signe un ordre de mission. Je vous laisse partir tous les deux.

Puis regardant Höllweg, il se reprend.

– Je veux dire tous les trois.

Le discours de Raph m'a pareillement convaincu par l'accent qu'il y a mis et son argumentation qui m'a paru solide. Elle ne dépare pas la théorie nationale-socialiste sur l'impact de la question juive dans les affaires du monde. Je croyais en savoir plus long que lui, mais j'en suis moins sûr à présent.

Au moment où nous prenons congé de lui, le Kommandeur a ces mots :

– Au point où nous en sommes, je sais que cela n'a plus guère d'importance, mais nous devons faire « comme si ». Faire comme si les choses allaient continuer comme avant. C'est pourquoi j'ai inscrit le lieutenant Monegal pour le grade de capitaine à titre posthume et vous deux pour celui de lieutenant. C'est à la demande du lieutenant Monegal que, à la fin de votre stage à Tölz, je vous ai fait verser dans la « Langemark » par l'état-major de Berlin. Je me demande ce qu'il serait advenu de lui s'il avait conservé la vie. Je ne l'imaginerais pas en cette tenue bourgeoise que nous allons devoir bientôt endosser si, toutefois, nous réchappons de cette guerre. Je crois que, pour le capitaine Monegal, il est bien que les choses soient terminées. Je ne le verrais absolument pas sous une livrée civile. Je pense que, tout comme vous, il m'aurait demandé de partir à Berlin. Je ne veux pas vous souhaiter bonne chance. Pour vous, comme pour moi, cela ne veut plus rien dire. Je sais que, pour vous, qui êtes Français, vos compatriotes vous jugeront comme traîtres. C'est dans l'ordre des choses. Il ne peut en être autrement. Ils sauront par votre croix de fer que vous n'étiez pas des lâches. Ce qui, d'ailleurs, leur importera peu. Comme Patrie, il ne reste plus, à vous et à moi, que le courage. Adieu camarades.

– Adieu Kommandeur.

Il nous retient encore un instant.

– Les Russes ont franchi l'Oder au Sud. Alors filez en direction de l'Ouest vers Neustrelitz afin de ne pas être interceptés et, de là, gagnez la capitale par la route Spandau-Berlin, autrement dit par la campagne, ainsi vous éviterez les agglomérations de la banlieue nord. En vous hâtant un peu vous arriverez avant que les Russes n'aient encerclé la ville. Vous avez à parcourir moins de deux cents kilomètres. Vous y serez en peu d'heures.

Une fois de plus le Kommandeur se montre bon stratège.

Derrière le courage qui, selon le Kommandeur, est devenu notre nouvelle Patrie, se profile à moi une vision autre. Celle de rencontrer à Berlin, nouvelle Samarcande, celle dont je souhaite faire la conquête, celle sans nez, sans yeux verts mais aux orbites caves et sans cheveux d'or, ma nouvelle Lorelei.

– Tu ajoutes une simple voyelle, et de moi la camarde tu fais tout aussitôt une camarade ?

– C'est ça, c'est bien ça.

– Je suis une vraie sœur de charité.

– Quand on souffre trop, d'un cancer, par exemple, tu calmes instantanément la douleur.

– Je guéris rapidement toute chose.

– C'est pourquoi les médecins te font la guerre, ils ne supportent pas que, dans leur art, tu leur sois supérieure.

– Je suis une vraie camarade.

– De meilleure il n'en est pas.

Cette flèche indiquant la tombe creusée pour Jean, là où nous lui avons chanté un dernier adieu, les Russes, depuis, ont dû la faire disparaître. Le lieutenant Monegal est maintenant vaguement quelque part du côté de Stargard, anonyme, effacé, disparu. Comme tant d'autres. Comme des millions d'autres. La *camarade,* bonne sœur de charité, est venue le chercher, lui et tous les autres. Viendra-t-elle pour moi, à Berlin ? Laure, pour moi, ne symbolise plus le national-socialisme frappé à mort, mais la mort elle-même qui m'attire. Peut-être, dans le petit cimetière de la Hermannstrasse, vais-je voir *la* tombe. Y a-t-il seulement des fleurs pour orner une tombe dans Berlin ? Nous sommes au printemps. En Allemagne, les fleurs sont surtout faites de feu, elles enveloppent partout, chaque nuit, les maisons de leurs corolles brûlantes.

*
* *

À Berlin, nous arrivons sans encombre, en pleine nuit, venant de l'Ouest. Il n'y a pas de torpilles qui tombent du ciel. Les Russes sont aux portes, et peut-être déjà dans la ville, et les aviateurs anglo-américains ne veulent pas risquer de les prendre pour cible. Nous franchissons la rivière Havel ainsi que quelques barricades gardées par le *Volksturm* dont quelques éléments, apitoyés par notre mine, nous accueillent et nous hébergent pour la nuit. Nous sommes épuisés par les récentes batailles et par la tension du voyage tellement nous étions dans la crainte qu'une colonne ennemie ne coupât notre route. Höllweg se couche entre Raph et moi pour dormir.

Lorsque, après avoir pris congé de nos hôtes, nous pénétrons plus avant dans la capitale, en ce lundi 23 avril, nous sommes effarés par l'aspect de la plupart des maisons. Il ne reste, le plus souvent, que des pans de murs. C'est la désolation absolue. Quand nous mettons le pied dans Berlin même, c'est pour assister au même navrant spectacle des ruines qui, sans fin, s'offrent à notre vue et, que, infatigablement, Höllweg explore.

– Ces anglo-saxophonistes, dit Raph, ils ont fait un sacré jazz dans Berlin !

– C'est la fin de la musique allemande.

– Et le commencement de la musique mondiale.

Je ne puis m'empêcher, redevenu soudain journaliste, d'interroger les gens que nous rencontrons.

– Mais pourquoi restez-vous donc dans la ville ? On ne vous a pas proposé de vous évacuer ?

– Pour aller où ? Les bombes, les mines, les torpilles tombent sur toute l'Allemagne. Alors, autant rester là, dans nos caves. Au moins, dans nos caves, nous sommes encore chez nous. Il y a des gens qui sont partis, un bon million sans doute qui étaient des gens d'ici ou bien des réfugiés des provinces de l'Est. Ils sont allés à la rencontre des Américains, ils les préfèrent aux Russes. Mais il reste encore dans la ville deux ou trois millions de personnes.

Il y a aussi quelques récriminations.

– Mais qu'est-ce qu'elle fout la Luftwaffe ? Et qu'est-ce qu'elle fout la Défense contre avions. Nous n'avons donc plus d'avions ? Plus d'artillerie ?

Je me souviens que le père de Laure a attribué la soudaine défaillance de l'aviation allemande au manque de carburant. Il n'y a pas de puits de pétrole. Le pétrole est bien le sang de la guerre et le pays est exsangue. Les bombardiers quadrimoteurs anglo-saxons s'en sont donnés à cœur joie pour pilonner et écraser les villes allemandes. Le centre de Berlin est complètement dévasté. L'orgueilleuse porte de Brandebourg est encore debout mais la Wilhelmplatz, la Wilhelmstrasse et tout le quartier gouvernemental, ainsi que la place de Potsdam, le théâtre national, le Reichstag, le Kaiserhof, le Kaiserdamm, le quartier de Tiergarten, la région du Zoo avec l'Ufa-Palast, le Gloria-Palast, le Romanisches-Caré, l'église commémorative de l'empereur Guillaume, le Kurfürstendamm présentent l'aspect de la plus complète désolation, et il en est ainsi de tout Berlin, aussi bien dans les beaux quartiers que dans les quartiers ouvriers de Wedding, de l'Alexanderplatz ou de Neukölln. De l'extérieur, on voit encore les façades de certaines maisons ; lorsqu'on franchit ces murs, on constate que l'intérieur est brûlé. Les bombes à essence, explosives, incendiaires ont fait leur travail. Les gens vivent dans les caves, lesquelles, par sécurité, communiquent les unes avec les autres. C'est, pour les Berlinois, une sorte de retour à l'âge des cavernes. Nul doute que nous ne pourrons pas soutenir un siège de longue durée. Il y a trop de monde encore dans la ville et les vivres sont limités. Il est évident que c'est bientôt la fin. Je songe à la maman de Laure, et tout en souhaitant qu'elle ait quitté la capitale, je scrute les visages des femmes avec l'espoir de la rencontrer. Mais est-elle encore en vie ?

Je voudrais avoir une caméra et filmer les dernières journées que nous allons vivre ici, les derniers jours qui sont les dernières pages de notre histoire, les derniers jours de ces hommes et de ces femmes de tous âges, en uniforme et en civil, de ces enfants qui jouent encore, de ces chiens et chats que nous mangerons peut-être demain si l'ennemi se contente d'attendre.

– Il n'est pas bien gras, Höllweg, constate Raph.

L'envahisseur va passer à l'attaque d'un moment à l'autre et toutes les digues et tous les barrages risquent de se rompre rapidement. Nous ne pouvons plus nous battre que pour affirmer notre vision d'un monde qui n'est plus notre monde, un autre monde dont nous sommes devenus les fantômes.

Raph a le sourire de quand les choses vont mal.

– Eh bien, No, nous sommes à Berlin !

– Je me demande pour combien de temps !

– Les Français imaginaient à la déclaration de guerre aller jusqu'à Berlin. Effectivement nous y sommes. Le rêve est réalisé, nous sommes dans la capitale du Reich. Mais, nous n'allons pas, effectivement, nous attarder ici. Maintenant que nous avons atteint, sans coup férir, ce but, il ne nous reste plus qu'à poursuivre notre avance jusqu'à Moscou, et peut-être même la Sibérie…

– C'est en effet une façon de voir les choses !

Mais c'est l'armée Rouge qui est aux portes de la ville et qui, demain, si nous ne sommes pas morts, peut, dans l'esprit de l'ami Raph, nous mener jusqu'en Sibérie… comme prisonniers.

Dans Berlin, il y a peu de défenseurs. Nous voyons bien quelques chars et des soldats. Il s'agit surtout de ceux de la Waffen-SS déterminés à « finir en beauté ». Les soldats de la Wehrmacht, démoralisés, sont partis vers l'Ouest pour échapper aux Russes et se rendre aux Américains. Les défenseurs de Berlin, outre des éléments de la Kriegsmarine et des SS allemands et étrangers, sont des vieillards et des adolescents organisés dans le *Volksturm,* reconnaissable à leur brassard jaune. Le *Volksturm* forme une milice populaire que les jeunes de la Hitlerjugend sont venus renforcer. Ces jeunes hitlériens ont tous un petit air décidé qui ne trompe pas, pareil à celui qu'affichaient les gosses qui m'avaient aidé lors de l'ensevelissement de Laure. Ils sont prêts à faire, sur les barricades de Berlin, tout aussi bien que le jeune Gavroche, jadis, sur celles de Paris. Ce petit air décidé, nous le voyons aussi dans les yeux des jeunes filles en armes que nous rencontrons. C'est par elles que nous apprenons que Goebbels, ministre de la Propagande et Gauleiter de Berlin, a créé un bataillon de femmes. Elles parlent un peu avec nous, caressent Höllweg et puis nous quittent. Nous nous retournons sur elles et nous les voyons tourner le coin de la rue. On n'entend plus que leurs voix, car elles chantent !

– Tentatrices cantatrices ! dit Raph.

Nous passons dans la Hermannstrasse et je m'attarde devant la maison de Laure, ou, plutôt devant ce qu'il en reste, c'est-à-dire rien, si ce n'est que les décombres, depuis, en ont été rangés et font une sorte de muret débordant du trottoir dans la rue. C'est propre, net, comme la plupart des gravats de la ville que les habitants continuent à bien aligner, mettant avec défi de l'ordre dans le désordre. Nous allons aussi jusqu'au petit cimetière tout proche, au coin de la rue. Je ne me suis pas rendu compte, l'autre jour, à l'enterrement, combien les bombardements avaient mutilé les tombes. On fait la guerre aux morts comme aux vivants. Je ne peux trouver tout de suite l'endroit où se trouve la dépouille de Laure car, ne voyant en ce monde qu'elle, qui venait de basculer dans l'autre monde, je n'avais pas remarqué le cimetière ! Au milieu de ces tombes je songe à un autre cimetière : celui de Sennheim, devant lequel je passais pour me rendre auprès d'elle, si vivante alors ! Dans celui-ci, elle est quelque part non loin de moi, enfouie sous une tombe, comme après sa fuite dans le petit jardin de Toulouse. Elle n'a décidément jamais cessé de jouer à cache-cache avec moi.

Raph est près de moi, silencieux, impressionné par la désolation générale. Soudain, il s'arrête, comme absent. Höllweg, perplexe, tourne la tête vers lui et lève le nez, comme s'il allait l'interroger. C'est moi, cependant, qui pose la question.

– Qu'est-ce qui t'arrive ?

– Je ne sais pas au juste. C'est très curieux. J'ai comme le souvenir que je suis déjà venu ici, il y a très longtemps de cela. En même temps, j'ai le sentiment que c'était hier. J'ai déjà eu des impressions semblables pour d'autres lieux dans lesquels je n'avais jamais mis les pieds. On se trouve dans un site pour la première fois et, tout à coup, il se révèle comme un endroit que l'on a déjà fréquenté dans le passé, un passé qui est peut-être d'avant la naissance.

– Peut-être, dis-je, as-tu rêvé de ce lieu, il y a de cela des mois ou bien des années. Un rêve prémonitoire en quelque sorte.

C'est à ce moment-là que je retrouve la tombe. En ce lieu, je suis déjà venu. Je ne l'ai pas préalablement rêvé et je sais que j'y ai creusé cette tombe. Il y a maintenant une croix et sur cette croix il y a bien son nom à elle. Les gosses de la Hitlerjugend ont tenu parole. Raph, qui vient de ramasser un caillou, prononce à voix basse, comme à l'église :

– La belle Lorelei, ses yeux couleur du Rhin, ses cheveux de soleil... Jean imaginait sa tombe sous un rocher plutôt que sous une croix.

Je le regarde, tout ébahi. Alors il m'informe.

– Jean, la veille de sa mort, m'a tout raconté.

– Tout raconté ?

– Tout, façon de parler. Je veux dire qu'il m'a dit l'essentiel. Il ne voulait pas te laisser seul avec ta peine.

- Tu veux dire que...

- Non. Ce n'est pas tout à fait cela. Il ne s'est pas suicidé dans le sens où tu le dis. Il savait simplement qu'il ne repasserait pas l'Oder. Quand on a une idée semblable, une pareille certitude, c'est une autre forme de suicide certes, toutefois, il n'est pas nécessaire de prendre un revolver et de le tourner contre soi ; la certitude se transforme d'elle-même pour devenir revolver ou bien fusil et elle va se placer toute seule, comme une grande, entre les mains d'un Russe. Jean, sachant que, pour lui, la fin était proche, tenait à ce que je ne te laisse pas seul. Il savait que la mort de cette jeune fille t'avait bouleversé, comme elle l'avait bouleversé lui-même. Alors il m'a raconté l'essentiel, et il a ajouté ces mots, pour conclure : « Veille sur No, il est bien capable de faire le con ! »

Nous quittons le cimetière.

Non, je ne vais pas faire le con. Je suis bien mort en même temps que Laure. Celui qui occupe ma peau est un autre. Un être malheureux. Vivante, elle était tout mon bonheur. J'étais alors vivant, moi aussi. Pour vivre, il me fallait un rêve. Le songe de l'amour. Les gens morts sont ceux qui ne rêvent plus. Quand on les rencontre dans la rue, ils donnent l'apparence de la vie, l'apparence seulement. En réalité ce ne sont plus que des fantômes. Tous les Berlinois sont, autour de moi, des fantômes... à part quelques-uns, telles ces jeunes filles en armes que, dans la rue, nous avons entendu chanter.

Berlin, déjà terriblement meurtri quand j'y suis venu pour la première fois, n'est pas du tout le même. Depuis, les artistes aviateurs anglais et américains ont retouché la ville à leur manière et, Berlin, c'est aujourd'hui comme une fresque d'Hubert Robert aussi bien que de Goya que je peux contempler. Les habitants sont dans leurs caves avec les souris et les rats. En eux, pourtant, il y a un courage insurpassable. Ils alignent toujours les gravats de leurs maisons détruites, car les artistes aviateurs russes ont pris la relève de leurs collègues anglo-américains et se mettent à sculpter davantage encore dans les ruines. Le *Guernica* de Picasso est fade comparé à ce Berlin que nous avons sous les yeux, et plus pâle encore comparé à ce que je saurai plus tard du plus raffiné bombardement de Dresde. J'en fais la remarque à Raph :

– *Guernica,* c'est de la crotte de bique à côté de ce que nous voyons ici.

Raph en est bien d'accord.

– Il devrait venir ici au lieu de peindre de chic. Il n'y a pas à dire, elle est chouette notre civilisation chrétienne issue de la Bible.

Nous errons, tout au long du jour, en compagnie du soldat Höllweg qui va de-ci de-là, curieux. Nous allons au bord de la Sprée, dans les quartiers ouvriers, au bord du canal, dans les quartiers bourgeois, dans les jardins, les parcs, les places et les rues. Tout est désolation. Nous parlons avec les civils, les femmes, les enfants, les soldats qui construisent des barricades. Des soldats, danois et norvégiens, nous donnent, à notre demande, l'adresse de leur quartier général.

Nous, qui de français sommes soudain devenus flamands, ne voyons aucun inconvénient à devenir scandinaves et, le soir venu, nous nous présentons à l'état-major de la division « Nordland », situé dans le quartier qui était celui de Laure, au nord de la Heisenheide.

Il y a là tout un lot de gradés et de plantons qui s'activent. Nous désirons une affectation de combat. Nous devons attendre. Cela fait un peu pagaille. Mais, malgré le bruit du canon, il n'y a pas le moindre affolement.

– Vous avez mangé ?

– Non.

On nous apporte deux solides casse-croûtes que nous partageons avec Höllweg.

Maintenant, l'étau de l'armée Rouge va se refermer sur la ville. Il ne reste plus qu'à se battre jusqu'à la fin. Le Petit-Caporal, l'Autrichien aux cheveux plats est là aussi. Il est au cœur de la cité. Un des rares chefs de peuple, avec Napoléon, qui, depuis que les hommes font l'Histoire, soit resté, dans la dernière bataille, au milieu des siens.

Il ne fait aucun doute que les Russes voudront, à tout prix, enlever Berlin dans les jours qui viennent pour fêter le 1er mai par la victoire. Ils y parviendront sans doute bien avant cette date car la capitale du Reich finissant n'a pas suffisamment de défense ni de défenseurs. L'enfer va recommencer et s'intensifier d'heure en heure.

Je me sens tranquille, très tranquille, d'une tranquillité voisine de celle de Raph.

– Comme tu es calme, Raph.

– Tu sais pourquoi ?

– Donne-moi ta recette, je voudrais savoir.

– C'est tout simple, je prends de plus en plus modèle sur Höllweg. Tu as remarqué ? Il ne prête absolument aucune attention au bruit du canon, des mitrailleuses ou des fusils. On dirait qu'il est sourd. Et pourtant il a l'ouïe très fine. Il ne distingue pas entre la paix et la guerre. Il n'est pas né de la dernière pluie de bombe, il a dû naître sur le champ de bataille !

Je suis presque aussi calme, donc, que Raph et Höllweg. Ma peine est relativement paisible, mais je suis seul, bien seul avec elle.

– Tu vois, Laure, on est toujours seul avec sa peine. Je ne recevrai plus tes lettres et je ne t'écrirai plus. Le facteur n'ira point porter mon courrier sur ta tombe et tu n'as plus que cette adresse-là.

– Raph reste une présence amie pour toi.

– C'est Jean qui a la meilleure part.

– Il était seul avec sa peine, comme toi. On est toujours seul avec sa peine.

– Maintenant, vous êtes réunis, lui et toi.

– Non. Il avait raison, Jean. Le ciel est vide. Vandermeulen disait des bêtises. Sous terre, je sens très mauvais et je suis horrible à voir.

Raph me rappelle à la réalité extérieure, à la réalité superficielle, et je me retrouve tout à coup avec, à la main, mon pain au fromage.

– Tu penses à Laure?

– Je pense à Vandermeulen, à sa théorie des morts qui « vivent » parmi les vivants. Ça le défrisait quand même de penser que sa mère puisse être assise sur une chaise, invisible, quand, dans une chambre à fille, il était en train de s'activer.

– Peut-être qu'il tirait les rideaux, éteignait la lumière et se cachait sous les couvertures. Il ne devait pas savoir que les morts ont moins de préjugés que les vivants.

– Tu penses qu'il y a du vrai dans la théorie de Vandermeulen? Jean, lui, s'en amusait et haussait les épaules.

– Nous ne savons rien. Nous ne sommes sûrs de rien. Nous ne connaissons vraiment rien. À partir de ce rien tout est possible. Notre vie est apparemment toute matérielle et pourtant elle est surtout faite d'idées. C'est pour une idée que l'on se bat contre des gens qui ont une autre idée. Les idées sont des songes de l'état de veille, elles sont tout aussi immatérielles que les songes. Vandermeulen nous regarde peut-être, à son tour, assis à côté de sa mère.

Raph, comme le lui avait demandé Jean, ne me laisse pas tout à fait seul avec ma peine. Il me rend avec gentillesse à mes songes, à cette jeune fille de Sennheim qui, si elle n'est pas nécessairement à côté de moi, est tout de même en moi. Réellement. Elle y est vivante, et ne pue pas.

Enfin, le Kommandeur Schmidt nous reçoit et je lui tends notre ordre de mission.

– Vous êtes venus jusqu'ici pour vous battre?

– Oui.

– Vous n'êtes pourtant pas berlinois.

– Nous sommes nationaux-socialistes.

– C'est évidemment une raison. Je ne vous cacherai cependant pas que la situation n'est pas seulement grave mais qu'elle est désespérée. C'est la fin. Nous sommes encerclés. L'attaque est imminente. Elle se précise d'heure en heure. Les forces ennemies se sont regroupées et, actuellement, au sud de la ville, du côté de Treptow, il y a des infiltrations. Je ne vois pas comment vous utiliser en attendant l'heure. Peut-être pourriez-vous rassembler quelques volontaires et procéder à des patrouilles de reconnaissance du côté de Neukölln pour déceler la situation exacte des Russes dans ce secteur. Cela me permettra de confronter les renseignements que je possède avec ceux que vous me ferez parvenir. Enfin, vous voyez où nous en sommes, nous n'avons pas d'avions de reconnaissance. Le moment venu, je vous assignerai votre poste de combat. Pour l'instant, vous avez mérité de vous reposer un peu. Vous passerez la nuit ici... Si l'ennemi le permet.

Nous nous allongeons dans le recoin d'une petite pièce pour y dormir « si l'ennemi le permet ». Raph a dans sa main droite un caillou qu'il contemple.

– C'est curieux.

– Qu'y a-t-il donc de curieux dans ta pierre?

– Je l'ai ramassée dans le cimetière.

– Oui, j'ai vu ça, près de la tombe de Laure.

– Tiens, regarde, qu'est-ce que tu y vois, toi, comme gravé naturellement.

C'est un caillou lisse, de couleur brune et de forme ovale.

– J'y vois une sorte de X.

– J'y vois, moi, une croix dont le bras droit montre le sol tandis que le gauche montre le ciel. Je me suis un peu intéressé aux runes et cela ressemble à une rune. Celle-ci est la rune de la mort. Ce qu'il y a de curieux dans les runes c'est qu'on peut les faire pivoter de la tête au pied ou bien d'un côté sur l'autre. Celle-ci ; si on la tourne sur le côté ou, mieux, si on la place devant un miroir, se présente alors avec le bras droit montrant le ciel tandis que le bras gauche montre le terre. Elle prend alors un tout autre sens. Elle devient alors la rune du mariage, de la fidélité et de la vie. Les runes ont toutes sortes de significations qu'il faut savoir interpréter. Notre ami Merlin paraissait bien connaître le langage des runes. C'est un jeu, bien sûr, un peu, tu vois, comme les tarots. Pour l'instant, comme la rune de la mort c'est un peu comme la rune du sommeil, je te propose de dormir. Quittons notre vie de chien jusqu'à demain, s'il y a un demain.

Me laissant à mes songes, Raph et Höllweg s'endorment bientôt. Je songe au IIIe Reich qui, après avoir dicté sa loi de l'Atlantique au fleuve Don, des neiges de la Norvège aux sables du désert égyptien, se trouve aujourd'hui étranglé entre la Havel et la Sprée. La corde se serre de plus en plus et nous sommes venus, Raph et moi, y glisser notre cou.

J'entends le roulement des coups de canons, de mortiers de 120, d'obusiers ainsi que le ricanement des mitrailleuses. L'ennemi se rapproche, le nœud coulant se resserre.

– Je crois, Laure, que c'est encore le mieux qui nous reste à faire, dormir ! D'ailleurs ne dors-tu pas ?

– Je dors à l'étage en dessous.

– Dis donc, le caillou de Raph trouvé près de ta tombe, cette rune de la mort qui dans le miroir est celle du mariage, de la fidélité et de la vie, c'est un peu l'arc et la faux de la médaille de Jean que tu portes au cou, non ?

– Jean ne connaissait pas les runes.

– Ça me paraît sérieux, ça, les runes. Le coup du miroir, le bras droit qui devient bras gauche !

– Je suis, moi, de l'autre côté du miroir, et mon souffle ne peut y faire la moindre buée.

– Moi je suis de ce côté-ci de la glace qui, peut-être, va se casser. Nous serons alors du même côté qui sera celui de la mort et du mariage. J'ai lu dans une ballade roumaine que la Mort était fille de roi. Tu es ma princesse.

Le matin, Raph me réveille. Il a réussi, tandis que je dormais, à s'approvisionner en « café », en pain et en confiture. Et cela fort copieusement. À l'état-major scandinave, on ne fait pas les choses à moitié. Nous avons eu, souvent, depuis la bataille de Stargard, le ventre creux. On a dû s'apercevoir que nous ne pesions pas bien lourd. Höllweg profite de l'aubaine et remue la queue pour dire combien il est satisfait. Il aime bien les confitures.

Suffisamment restaurés, nous quittons les locaux de l'état-major. Il reste à nous rendre à Neukölln et à trouver des volontaires. Des milliers et des milliers de soldats ennemis convergent pour attaquer et, apparemment rien n'est prêt pour les accueillir. Nous avons bien vu des soldats et des chars, cela ne représentait qu'une force dérisoire.

*
* *

Nous longeons de nouveau, tous les trois, la Hasenheide et nous retombons devant le petit cimetière de la Hermannstrasse.

– Viens, dis-je à Raph, entrons.

J'aperçois quelqu'un parmi les tombes.

Un garçonnet, des fleurs à la main et une petite planchette sous le bras, nous a précédé. Il s'est arrêté devant la tombe de Laure et vient de déposer des fleurs. Nous nous approchons. Au crissement de nos pas, il se retourne, me regarde, me sourit et prononce mon nom : No !

C'est, je l'ai reconnu de loin, le jeune Karl. Il a comme une hésitation, puis, comme cédant à une impulsion, il sort une photographie de son portefeuille, protégée par une sorte d'étui à fenêtre, et me la tend.

– Vois comme elle est belle !

Pendant que je regarde l'image, Karl fait amitié avec Raph et caresse Höllweg.

C'est une photographie que je ne connais pas. C'est *elle*. avec la robe transparente qu'elle portait dans la lumière solaire à Sennheim. Cette robe, sur la photo est opaque comme la terre où Laure repose. Les yeux de Laure me regardent. Elle me sourit. Je vois comme elle était belle celle qui doit être si horrible à présent.

– C'est Mme Ley qui me l'a donnée. L'hôpital de Neukölln m'a donné son adresse. Je viens chaque jour ici. J'apporte des fleurs. J'ai peint cette planchette avec le nom.

Karl regarde encore la photographie que je lui ai remise et, après l'avoir montrée à Raph, la range, telle une relique, dans son portefeuille. Je me rappelle la façon dont il la regardait avant qu'on ne cloue le couvercle du cercueil !

– Je pense beaucoup à elle, dit-il. Je pense beaucoup à elle, oui, comme sans doute son fiancé. Que devient-il ? Où est votre frère ?

– Son fiancé, mon frère, est mort. Il a été tué à Stargard.

– Mort ? Lui aussi ?

– Oui, Karl.

– C'est dommage, dit-il simplement.

Raph qui, je m'en rends compte peu après, suit sa petite idée, interroge le jeune garçon avec douceur.

– Quel est ton nom, Karl ?

– Dufresne. Karl Dufresne.

– Mais c'est un nom français, cela ?

Le jeune garçon répond, avec beaucoup de fierté et d'orgueil.

– Il y a beaucoup de noms français à Berlin. Nous sommes tous descendants des protestants chassés de France par Louis XIV, lors de la Révocation de l'Édit de Nantes, en 1685. Nous sommes tous devenus prussiens et grâce à nous la Prusse est devenue une puissance bien plus grande que la France.

Raph se tourne alors vers moi et me regarde en souriant.

– Comme quoi on peut être un grand roi et faire des bêtises ! À propos de nom, ne m'avais-tu pas dit que Laure se prénommait Florence ?

Raph à bonne mémoire.

– Tu as dû mal entendre !

– Ne te défends pas. J'ai bonne ouïe. Tu ne voulais sans doute pas dévoiler son nom et c'est tout à ton honneur. Mais mieux que Florence, Laurence aurait été mieux choisi car plus proche de Laure.

Il y a dans sa voix et dans son sourire beaucoup d'amitié. Il trouve des circonstances atténuantes à mon petit mensonge.

À mon tour, je pose une question, mais je la pose à Karl. Cette question me préoccupe depuis un certain temps.

– Laure ? Tu penses beaucoup à elle ?

Il avoue, les yeux baissés vers la tombe.

– Tous les jours. Et aussi la nuit quand je ne dors pas. Je ne cesse de penser à elle depuis le bombardement.

Comme Jean, Karl est devenu un membre de ma famille !

– Tu es toujours dans la Hitlerjugend ?

– Bien sûr. Nous savons qu'il va y avoir de la bagarre à Neukölln. J'y vais. Je passe d'abord ici, comme je le fais chaque jour. Les autres doivent être là-bas, déjà.

– Nous allons aussi là-bas.

– Alors je pars avec vous. J'ai rendez-vous en bas de la Hermannstrasse, au pont du canal.

Sur le chemin de Neukölln, Raph parle avec le petit Karl. Je suis silencieux. J'imagine ce qui a pu résulter, pour ce jeune garçon sensible, de la vision d'une jeune fille enveloppée de sa chemise de nuit devenue linceul. Je sais, depuis mes jeunes années, combien un petit garçon de Toulouse ou d'ailleurs peut aimer une morte. Depuis ce temps-là, je suis resté presque enfant, comme Karl. Je n'ai guère mûri !

Raph interroge encore le garçonnet.

– Tu dis que tu as vu Hitler ?

– Oui, il nous a passés en revue, vendredi dernier, sur la Wilhelmstrasse. Il y avait en plus de la Hitlerjugend, les gens de la milice populaire. Il est passé devant moi. Il m'a regardé. Il m'a souri. J'ai vu ses yeux tout bleus.

– Et qu'as-tu ressenti en voyant Hitler ?

– C'est difficile à dire. Il a posé la main sur mon épaule et j'ai eu l'estomac comme noué. S'il m'avait interrogé, je crois que je n'aurais pas pu dire un seul mot, ou bien j'aurais bafouillé. Mes jambes étaient comme de la flanelle.

Karl est impressionnable. De Laure, allongée dans son cercueil, il est *tombé* amoureux. Son cœur doit en est tout noué...

Nous sommes au pont. Là, cinq garçons et une fille, vêtus et coiffés militairement de vestes et de pantalons fripés, de casquettes à la visière cassée, nous accueillent comme si nous étions des dieux, reconnaissables à la croix de fer. Parmi eux, je reconnais Peter, Horst et sa sœur Greta tout heureux de me revoir. Les autres garçons, eux, n'étaient pas à l'enterrement de Laure ; cependant, à leur attitude, il est aisé de se rendre compte combien Karl, Horst et Peter ont magnifié auprès d'eux, à travers la mort de Laure, tout ce qu'ils pouvaient sentir d'exaltant dans la guerre, cet immense drame, cette atroce et somptueuse tragédie.

Toute cette jeunesse fait fête à Höllweg, et celui-ci, gosse parmi les gosses, semble bien vouloir discerner en eux des compagnons de jeu et des copains.

Je vois, dans ces garçons qui nous entourent, comme des arbrisseaux aux feuilles luisantes et, soudain, ces feuilles m'apparaissent autres. Elles se mettent à jaunir, puis se détachent une à une des branches, puis roulent rougeâtres au souffle du vent. Déjà, j'ai vu, à travers Laure, des fleurs multiples, aux pétales perlant de rosée, puis, subitement, ces pétales se sont fanés et détachés à leur tour, tombant au sol, immobilisés, cloués par la pluie et l'orage.

Cependant, c'est encore l'avril, c'est encore le printemps, et les sept jeunes arbres sont là, vivants, sous le soleil pâle, immobile au-dessus de nous, phare éclairant tout l'océan du ciel grisâtre sans rochers-nuages. Sept petits arbres encore debout et que les éclairs n'ont pas encore foudroyés. Dans le canal aussi l'eau se fait immobile. Elle dort...

– Tu vois, me dit Raph, nous avons trouvé nos volontaires.

– Ce sont des gamins. C'est peut-être bien dangereux pour eux.

– Ils ne sont pas armés. Ils font partie de la population. Ils peuvent se glisser jusqu'à la ligne russe. Une fois la présence de l'ennemi décelée à tel ou tel endroit, ils viennent aussitôt nous le signaler et nous pointons notre carte. Seulement, il faut renvoyer la petite.

Greta, la sœur de Horst, ne veut rien entendre. Raph, toute patience, la prend soudain par la main et l'entraîne doucement en lui parlant et ils s'arrêtent, tous deux, un peu plus loin. J'observe que Greta continue de dire non, du moins si j'en juge d'après sa mimique. Elle est belle, Greta. Raph lui parle toujours en lui tenant la main et, bientôt, je la vois sourire. La conversation dure encore quelques minutes. Enfin Raph revient. Il est seul. Greta a accepté de partir.

Les garçons ont retiré avec regret leurs casquettes et leurs vestes qui leur donnaient une allure trop militaire et accomplissent leur tâche. Ils font la navette tout le jour. Nous pointons notre carte et nous faisons parvenir au commandant Schmidt, par agents de liaison successifs, des renseignements qui se modifient d'heure en heure. Höllweg cavale volontiers avec l'un ou l'autre des garçons. Il est très content.

Certes, entre les Russes et Berlin, il y a de nombreuses barricades faites de pavés, de sacs de sable et de voitures renversées, des civils et des soldats en armes sur différents points d'appui. Seulement, les infiltrations se font entre ces différents points qui sont ensuite contournés, attaqués puis éliminés. C'est plus qu'inquiétant. Dans ces conditions, la résistance à l'envahisseur ne tardera pas à s'effondrer rapidement. Quand un de ces points de résistance se révèle trop solide, les Russes ne tardent pas à procéder à un pilonnage en règle puis à envoyer leurs chars. La défense n'a aucun armement lourd à opposer à l'ennemi et très peu de blindés. Il n'y a guère, en face des chars ennemis, que la roquette individuelle; tirée à quelques mètres de la cible, elle se montre très efficace.

À la fin de cette journée, nous constatons que tout Treptow est tombé aux mains de l'ennemi et que l'aérodrome de Tempelhof ne va pas tarder aussi à prendre le même chemin. Demain ou cette nuit même, cela va être le tour de Neukölln et de la Hasenheide. A cette allure l'affaire va, dans notre secteur, être rapidement réglée.

Les gosses sont inlassables. Ils connaissent très bien ce coin de Berlin. Expédiés chacun sur un axe différent, ils reviennent les uns après les autres nous apporter des renseignements précieux mais bien déprimants. Aucun d'eux n'a été blessé. Ils sont heureux mais regrettent de n'avoir pu tirer un seul coup de feu.

– Mais vous n'avez pas d'armes!

– Si. Nous avons une cachette dans laquelle se trouvent même des Panzerfaust.

– Vous avez des roquettes?

– Bien sûr.

– Vous savez vous en servir?

– C'est pas bien compliqué.

Ils ont bien d'autres choses encore: des conserves, des biscuits, du chocolat dopant, des cigarettes, de la bière et même du vin!

Leur cachette est dans une cave, quelque part dans les ruines. Malgré l'interdiction des autorités, ils se sont servis dans les magasins bombardés. Ils ont stockés des marchandises pour tenir le coup pendant le siège.

– Et les armes? Où les avez-vous trouvées?

– On a récupéré les armes abandonnées par la Wehrmacht!

Karl Dufresne, Horst Halder, Peter Schwarz, Heinrich Stehlin, Kurt Strauss, Friedrich Hoeppner, pourraient donner des leçons d'organisation à plus d'un capitaine!

Raph, Höllweg et moi passons la nuit à dormir sur les banquettes de la brasserie de l'Hermannplatz, là où Laure m'a conduit en décembre, là où elle m'a donné une photographie d'elle en Alsacienne. Là, peu après l'aube, les gosses viennent nous rejoindre afin de former de nouveau des patrouilles de guet. Il apparaît alors bien vite que l'ennemi a encore progressé depuis la veille. L'infanterie russe avance et nettoie au fur et à mesure les appartements des immeubles que les gens ont quittés depuis longtemps déjà pour les caves plus sûres. Quand, après ce nettoyage les maisons sont considérées comme vides de tout élément hostile, les chars reprennent leur progression pour s'arrêter de nouveau pendant que les soldats procèdent encore, sous la protection des blindés, à de nouveaux nettoyages. Les garçons nous rapportent qu'il y a pas mal de soldats russes ivres et qu'ils ont vu des scènes de viols. Les barricades improvisées par le *Volksturm* sautent les unes après les autres. En face de l'envahisseur, il n'y a guère de résistance sérieuse si ce n'est quelques points de défense tenus par des SS danois, norvégiens et finlandais.

– Puisque les garçons ont des armes, il va falloir nous y mettre, Raph.

– D'accord. On va attendre les *Ivans* près du cimetière. Avec les roquettes, nous pourrons nous payer un ou plusieurs chars. Ça ne changera pas grand-chose, mais on aura fait notre métier. Il faudra d'abord expédier les mômes vers l'arrière. À deux on ne tiendra pas bien longtemps, mais on peut faire pas mal de dégâts et, au point où nous en sommes...

Raph, toujours perspicace a deviné ma pensée ou plutôt mon désir de me battre près du cimetière!

Aucun renfort ne vient. Nous envoyons bien nos agents de liaison vers le commandant Schmidt, mais à quoi cela sert-il? Les *Ivans* continuent de progresser sans rencontrer de bien fortes résistances.

Toutefois, vers le milieu de l'après-midi, au moment où nous décidons de prendre position près du cimetière, un mot du commandant Schmidt modifie nos projets. Des renforts arrivent.

– Qu'est-ce qu'on fait, demande Raph, on attend ou bien on se met en position.

– On attend, puisque renforts il y a.

Je ne veux pas entraîner Raph dans une mort certaine. Il semble de plus en plus que, à part une balle, peu de choses puissent le toucher. Renfort ou pas renfort, cela lui paraît comme égal. Ce dont je suis sûr c'est de son amitié qui fait bon ménage avec son indifférence générale. Sa façon de vivre la guerre, son calme, son sang-froid font que j'attache beaucoup de prix à cette amitié-là. C'est lui qui, par son comportement, m'a maintenu en vie. Raph modifie aussi, par son attitude paisible, le comportement des six garçons qui nous entourent. Ces gosses, au début, avaient tendance à chahuter et à jouer tels de jeunes chiens. Ils sont devenus rapidement soldats et se sont disciplinés comme par magie. Leurs jeux anciens ne sont plus de leur âge. Ils participent d'une geste plus grave et c'est pour eux passionnant d'être devenus, d'un seul coup, adultes, de s'éloigner en quelque sorte du berceau pour se rapprocher du tombeau...

De ces garçons, Karl est le plus rêveur et sans doute le plus romantique. Quand il le peut, il m'interroge sur Laure. Dès qu'un de ses camarades vient vers nous, il change le tour de la conversation.

Horst Halder, le cousin de Karl, est le plus débrouillard, c'est lui qui est le chef de la petite bande. Les quatre autres, Kurt Strauss, Heinrich Stehlin, Friedrich Hoeppner et Peter Schwarz sont comme naturellement soudés à leur chef: les cinq doigts de la main chers à Jean Monegal! Seul Karl semble être là comme surajouté, grâce à l'amitié de Horst. Tous sont fils d'ouvriers du quartier de Neukölln, sauf Karl qui est d'un autre quartier populaire, celui de la fameuse Alexanderplatz, située plus au nord, de l'autre côté de la Sprée.

C'est Peter Schwarz qui, accompagné d'Höllweg tout heureux et gambadant, nous annonce, au retour de l'état-major, la bonne nouvelle: les nouveaux défenseurs sont arrivés à la Hasenheide.

– Sont-ils nombreux?

– J'ai vu pas mal de camions de la division « Nordland ». Je suis venu vous prévenir aussitôt. J'ai même entendu les soldats chanter.

C'est bon signe. Cela prouve que ces Scandinaves ont excellent moral.

Recevoir des renforts apporte toujours un regain d'optimisme. Il semble tout à coup qu'un plus chaud soleil vient nous éclairer.

Chacun de nous ayant hâte de faire connaissance avec ces Nordiques sortis d'on ne sait où, nous regagnons avec curiosité l'état-major de la « Nordland ».

Sur la Hasenheide, effectivement, nous voyons ces Danois et ces Norvégiens. Ils vont et viennent par groupes plus ou moins compacts. Tout de suite, nos garçons remarquent que certains d'entre eux portent la croix de fer. Il s'agit donc d'une troupe aguerrie.

– Ça, ce sont des soldats ! s'écrie Karl.

Ces soldats, cependant, ont une particularité...

– Tu as eu la berlue, Peter. Ce ne sont pas des gens de la « Nordland » !

– Peut-être, mais ils sont arrivés dans des camions de la « Nordland », j'ai bien reconnu les insignes.

J'interroge un des gradés.

– Qui donc êtes-vous ?

– Je me présente, Jean Fontaine des grenadiers de la 33e division SS « Charlemagne ». Quelques-uns, parmi nous, dont moi-même, sont des anciens de la Légion des Volontaires Français dissoute.

– Et toute la division est là ?

– Hélas non. Seulement une partie de ce qui restait après les combats de Poméranie. Notre bataillon est de trois cents hommes. Nous sommes arrivés de justesse. Nous avons dû percer à travers les premiers détachements russes. Pas encore assez nombreux pour nous intercepter, ils nous ont laissé passer.

– Et, comme ça, vous êtes venus défendre la ville.

– Défendre, c'est beaucoup dire, mais il faut bien faire une fin.

– Et qui vous a appelé ?

– La Chancellerie. Hitler.

Effectivement, je l'appris par la suite, la Chancellerie a donné l'ordre aux SS français de gagner la capitale. Les SS de la division « Charlemagne » n'ont pas hésité, ils sont venus. D'autres, notamment des SS allemands, appelés eux aussi, n'ont pas pu ou tout simplement n'ont pas voulu venir jusqu'à Berlin.

Le Petit-Caporal est resté dans la ville. D'après Karl, qui l'a vu, il a terriblement vieilli. Il est presque déjà dans l'île de Sainte-Hélène, voûté par la fatigue. Mais dans les yeux de cet homme-là, qui lui a mis la main sur l'épaule, lui a souri et donné une petite tape sur la joue, Karl a lu comme un ordre.

– Quel ordre, Karl ?

– Il ne faut jamais se rendre, jamais capituler, il faut se battre jusqu'au bout, jusqu'à la mort.

Disant cela, Karl parle à voix basse, recueilli, dans une sorte de rêve. Comme si Hitler avait parlé, à lui, seul à seul, plus particulièrement.

Le soir, après le départ des garçons, nous nous couchons de nouveau, Raph, soldat Höllweg et moi, dans la brasserie de la Hermannplatz. La brasserie s'est transformée en cantonnement. Une compagnie entière de la « Charlemagne » s'y est installée. Des sentinelles et des patrouilles de nuit françaises veillent, nous pouvons dormir tout notre soûl. Auparavant, nous avons parlé les uns avec les autres de la guerre et de ces terribles batailles des Carpates et de Poméranie où les troupes engagées fondaient comme neige au soleil.

C'est au cours d'une de ces conversations que nous apprenons la mort de Philippe Merlin, notre compagnon du café des Deux-Ponts, à Sennheim.

– Il s'est fait descendre en Poméranie?

– Non en Alsace, à Sankt Andreas même.

– Au cours de manœuvres?

– Il s'est descendu lui-même, le 1er mars, il y a un peu plus d'un an.

Je revois les yeux bleus si insistants de Merlin, quand il parlait avec nous, devant un pot de bière ou un verre de vin blanc, égrenant des projets d'avenir. Il avait alors fait notre conquête, autant par son charme que par sa parole. Nous avions alors regretté que les circonstances fissent qu'il ne fût pas des nôtres. Il nous a donc quittés, lui aussi. Il est parti le premier. Nos conversations de Sennheim sont bien loin, et notre monde, en tout cas celui dans lequel nous vivions, s'est bien rétréci.

Raph, toutefois, veut en savoir davantage.

– Pourquoi donc s'est-il suicidé?

– Il était venu ici, à Berlin, quelques jours auparavant. Il avait vu le chef SS du Reich, Heinrich Himmler, en personne. Il était revenu à Sennheim tout à fait démoralisé par cette entrevue. Je me souviens de ses paroles au moment de son retour: « Mon vieux, c'est écrit dans les *Eddas:* Voués à la mort, enfourchons nos montures... Nous crèverons tous en terre étrangère! ». Le savez-vous? A Paris, Merlin avait été, en quelque sorte, le fondateur de la SS française et, à ce titre, il avait essayé, dans son entrevue avec Himmler à Berlin, d'avoir des garanties quant à l'emploi de la SS française sur le champ de bataille et sur le rôle de celle-ci, en France, après la guerre. Cela n'a pas marché aussi bien qu'il le souhaitait. Après son suicide, les Allemands ont fait courir le bruit que Merlin était un agent du Deuxième Bureau, un agent de l'espionnage français.

Notre interlocuteur, Julien Marot, rejette cette dernière version et nous fait part de son sentiment.

– Philippe avait certainement vu clair dans le jeu des Allemands. Il a eu tort de se suicider car, depuis, dans la Waffen-SS, le point de vue européen qu'il défendait, opposé à celui trop particulariste des Allemands, a fini par l'emporter. De toute façon, comme je vous le disais tout à l'heure, tout cela n'a plus beaucoup d'importance. Nous allons tirer nos dernières cartouches. Pour ma part, je ne vais pas me tirer une balle dans la bouche, comme Philippe: en tout cas pas tout de suite, je veux d'abord réussir quelques beaux cartons sur ceux d'en face.

– D'accord vieux. À demain, donc.

– À demain...

Avant de m'endormir, je pense, à Philippe. Marot a dit : « Des copains l'ont vu allongé sous le clocher, les yeux grands ouverts. Ils l'ont chargé sur une charrette à bras pour le conduire au camion Krematorium. »

J'entends encore Philippe, quand il nous quittait, au café des Deux-Ponts, à Sennheim, pour regagner Sankt Andreas :

– Salut, petits enfants, ne manquez pas le rendez-vous avec la fin du monde !

Il ne l'a pas raté, son rendez-vous...

– C'est un garçon ambitieux, disait de lui le père de Laure, à qui je souhaite de réussir, il a de l'étoffe, cependant, il ne faut pas qu'il aille trop vite.

Sans doute est-il allé bien trop vite, notre Philippe.

Dans ma rêverie, je quitte le café des Deux-Ponts et Merlin pour rejoindre Laure qui, non loin du café, m'attend chez elle. Je souris de sa robe rendue transparente par un effet de soleil. Puis je la rejoins à Berlin, en décembre dernier, pour la quitter sur le quai de la gare, elle agite vers moi son foulard bleu clair. Puis, Berlin, de nouveau, là je la porte dans mes bras vers le cimetière. Puis... vient le noir d'un sommeil profond comme la mort elle-même, la mort qui nous attend.

*
* *

C'est encore Raph qui, ce matin-là, me réveille ou, plutôt me secoue.

– Amène-toi.

– Qu'est-ce qu'il y a ?

– Viens !

Je bondis hors de ma paillasse.

Dehors, c'est à peine le petit jour. Je distingue, là-bas, dans la Hermannstrasse, non loin de l'endroit où sont alignés les décombres de la maison de Laure, un char russe qui brûle et vers lequel nous courons tous. Horst, qui est venu réveiller Raph, son grand copain, nous précède et court, lui aussi, vite rattrapé par Höllweg.

Raph parle enfin.

Sa voix n'est pas comme d'habitude.

– Je n'ai pas réalisé tout de suite ce que Horst me disait. C'est en voyant son visage que j'ai compris le sens de ses paroles, que j'ai compris que Karl était mort.

Horst est à genoux, penché sur le corps de Karl. Nous le rejoignons. Sur le bitume gît la dépouille du garçon, allongé près d'un *Panzerfaust*. Horst lui caresse les cheveux et pleure, tandis que Höllweg lui lèche les joues.

– Qu'est-ce qui s'est passé, Horst ?

Le garçon se relève et essuie ses larmes d'un revers de manche.

– Karl a lancé sa roquette et atteint le char qui a pris feu presque aussitôt. Les tankistes, en sortant du char, nous ont aperçus et ont tiré sur nous. J'ai tiré et j'ai descendu celui-là, là bas. Les autres se sont enfuis, pris à parti par des SS de la « Charlemagne » de l'autre côté de la rue. Je me suis alors aperçu que Karl ne bougeait plus.

– Mais qu'est-ce que vous fichiez là ?

Horst baisse son regard vers Karl. De grosses larmes lourdes éclatent de son chagrin et glissent vers son menton et son col de chemise.

– Karl ne voulait pas que les Russes arrivent au cimetière. On savait bien, depuis les patrouilles d'hier, qu'ils n'allaient pas tarder à venir.

– Mais, Horst, c'est pas toi le chef ?

– Si.

– Alors ?

– J'étais d'accord avec Karl et les copains aussi.

– Et les copains ? où sont-ils ?

– Nous sommes arrivés les premiers, Karl et moi. Les SS français ont voulu nous renvoyer. Mais quand ils ont vu arriver lentement le char ils se sont mis en position en se dissimulant, comme nous-mêmes. Nos copains devaient arriver plus tard. Nous, nous étions en avance sur l'heure. Nous avions rendez-vous au cimetière.

– Ça, oui. Ma parole, avec Karl, tel que tu le vois maintenant, vous ne pouviez guère mieux choisir que le cimetière comme lieu de rendez-vous. Toi, tu pourrais être aussi à côté de lui, bien allongé en ce moment même. Beau travail ! Et ces armes ? Qui a décidé de les amener ici ?

– Nous avons tous convenu, hier soir, de passer prendre des Panzerfaust et des Mauser. Karl et moi, nous sommes passés à notre cachette. Les autres doivent s'y rendre aussi avant de nous retrouver au coin de la Hermannstrasse.

Je me baisse et je prends Karl dans mes bras, comme je l'ai fait pour Laure, et nous nous dirigeons vers le coin de la rue. Là, nous entrons dans le cimetière pour nous diriger vers la tombe de Laure près de laquelle je dépose le jeune corps, cet arbrisseau dont la première et unique fleur, en ce début de printemps, est une fleur de sang épanouie sous la chemise. Les autres garçons ne tardent pas à venir nous rejoindre, tous armés. En quelques mots et à voix basse, Horst les informe de ce qui s'est passé. Ils restent tous silencieux tandis que des pleurs sont furtivement essuyés à grands coups de manches.

Et je me récite, une fois de plus, la phrase de la petite Laure de Toulouse.

– Faut pas avaler la balle, sans ça on va mourir. Maman l'a dit, quand on avale la balle on va mourir.

Raph, soudain, décroche la Croix de fer de sa vareuse et se baisse pour l'accrocher sur la poitrine du garçon, juste à côté de la petite plaque de sang qui, en ce matin naissant, paraît comme un petit morceau d'étoffe princière, un lambeau de velours rouge sorti de sous la chemise du jeune chevalier qui a voulu défendre celle qui, bien que morte, était devenue sa Dame.

Puis les garçons s'égaillent pour aller chercher de quoi creuser la nouvelle tombe.

Nous entendons le bruit de la guerre, les bruits du combat qui semblent devenus plus intenses, non loin de nous. Nous restons là. Nous avons bien le temps de nous battre. Rien n'est plus guère urgent en cette fin du monde, prévue par notre enchanteur Merlin qui se disait être le Dieuble...

Je suis bouleversé et ma gorge se serre à me faire mal. Raph, impassible, ne détache pas son regard de Karl. Il me regarde enfin, songeur, pour dire, comme se parlant à lui-même :

– Ce gosse... tout de même...

– Oui... il n'était guère qu'un enfant...

Je ne continue pas ma phrase, car je bute sur un cliché, l'image d'un enfant devenu grand, devenu homme ! Qu'est-ce qu'un homme, une femme, un enfant, si ce n'est l'enveloppe matérielle de ce que, faute de mieux, il faut bien qualifier d'âme ? Mais l'âme et le corps ne font qu'un.

Les garçons reviennent les uns après les autres, munis de pelle, pioche, corde et... cercueil, barque des morts.

– Et Horst ?

– Il est allé chercher les copains de Karl.

J'ai besoin de m'activer. Je prends la pioche et commence le travail de fossoyeur. Une habitude.

Non loin de nous... les bruits habituels du mitraillage et de la canonnade...

Il y a maintenant, dans le cimetière, une trentaine de jeunes ainsi que des SS de la « Charlemagne », ceux qui avaient voulu, précisément, empêcher ce drame. Le soleil léger caresse les tombes. Parmi les jeunes rassemblés une jeune fille pleure, Greta, la sœur de Horst, tenant dans sa main la main de la mère de Karl, pâle, hagarde.

La fosse est ouverte. Au fond, on peut distinguer le côté du cercueil de Laure. Il n'y a, d'elle à moi, que cette planche verticale qui nous sépare. Dans quelques instants, cercueil contre cercueil, Karl sera, par les liens d'un mariage en noir, uni à Laure. Puis, sur eux, un gros édredon de terre lourde que l'on jettera à grosses pelletées. La terre, toute la terre, tout ce monde sur lequel je vis encore.

Raph m'aide à mettre le corps dans la caisse et Horst embrasse le visage du jeune mort. Il glisse dans l'encolure de la chemise de son ami, afin qu'elle y repose sur la poitrine, la dague que Karl avait reçue à la Hitlerjugend. Dague sur la lame de laquelle « Blut und Ehre » sont des mots gravés. Sang et Honneur...

Nous descendons le cercueil à l'aide de cordes. Au bord de la fosse, Höllweg se penche en avant comme pour sauter dans le trou. Il aimait bien Karl, Höllweg. Chacun à notre tour nous nous servons de la pelle pour remplir la fosse de terre brune, brune comme le national-socialisme qui va bientôt être enterré.

Höllweg « Chemin d'Enfer » pousse de petits cris plaintifs, semblables à ceux qu'il poussait lors de l'enterrement de Jean. Depuis longtemps, il sait ce qu'est la mort.

Les SS de la brasserie de l'Hermannplatz constituent une des deux compagnies tenues en réserve, ils reçoivent, vers la fin de la matinée, l'ordre de participer à la contre-attaque. Les autres compagnies se battent dans Neukölln depuis l'aube, depuis le moment où le char russe ajusté par Karl a flambé.

Nous nous joignons à ceux de la « Charlemagne ». Horst Helder et les garçons de la Hitlerjugend ne veulent rien savoir pour garder le cimetière. C'est le prétexte que nous avons trouvé pour les laisser à l'arrière. Ils brûlent de partir avec nous pour venger Karl. Comme, de toute façon, ils partiraient au-devant de l'ennemi avec leurs armes, sans demander notre avis, nous préférons les prendre avec nous.

Notre colonne descend la Hermannstrasse. Nous passons de nouveau devant l'emplacement de la maison de Laure. Je ne suis pas sûr de repasser devant ces ruines, car il n'y aura peut-être pas de retour, pour nous. Raph et moi sommes munis d'un fusil d'assaut et de grenades. Seul, soldat Höllweg n'est pas armé. Il fait partie, selon Raph, du service auxiliaire.

Non loin des maisons que nous longeons se trouve, à notre droite, l'aérodrome de Tempelhof, mais il n'y a d'avions dans le ciel que soviétiques. Les bruits que nous entendons sont toujours ceux de canons, d'obusiers, de mitrailleuses. Bientôt, pris à partie par le feu des mortiers, dans Flughafenstrasse, une rue voisine de la Hermannstrasse, nous longeons prudemment les murs des maisons, passant rapidement d'une encoignure de porte à une autre. Pas très loin de nous des tireurs d'élite ajustent leurs coups et plusieurs des nôtres tombent. Nous avançons cependant et parvenons à franchir deux carrefours et les Russes, ignorants de notre nombre se replient. Il nous faut visiter les maisons les unes après les autres avant de continuer la progression, afin de ne pas être ensuite pris à revers.

Les *Ivan*, toutefois, après un certain temps où les choses commencent à bien tourner pour nous, reçoivent de nombreux renforts. Raph et moi, soudainement, avons le sentiment d'être complètement isolés. Nous avons réussi à coups de fusil d'assaut et de grenades à nous frayer un chemin, lequel s'est refermé derrière nous. Tout à coup, nous voyons des Russes dans la rue, ils passent devant la porte du couloir de la maison que nous venons de visiter et que nous allions quitter. Quelques-uns d'entre eux vont sans doute entrer ici, dans notre couloir, à leur tour.

– Ils ont le nombre pour eux, dit Raph. Ils passent et puis ils nettoient après coup.

Nous attendons.

De temps en temps arrive un char, un canon, un groupe de fantassins. Notre maison a sans doute été oubliée car les heures se succèdent elles aussi. Le temps paraît interminable. Il y a toujours des combats et nous sommes en plein secteur tenu par l'ennemi. On distingue bien les explosions provenant des différentes bouches à feu, allemandes ou russes. Pour occuper le temps, avant de recevoir comme il convient toute visite inopportune, Raph s'amuse à reconnaître les miaulements, les aboiements, les hurlements, les sifflements, les jappements des diverses armes dont, comme les bêtes, chacune a son cri.

– C'est une vraie ménagerie, dit-il.

– Tu dis vrai, Raph, on ne va peut-être pas tarder à se faire bouffer.

– Nous n'avons guère que la peau sur les os. Ces soi-disant révolutionnaires qui nous font face devraient s'adresser à plus gras que nous. Par exemple, à ces gros capitalistes qu'ils représentaient naguère tout ventripotents avec, dans la gueule, un énorme cigare. Mais ceux-là sont de mèche avec eux.

Tout à coup, dans le jour finissant, une silhouette se découpe dans l'encadrement de la porte. Petite, celle d'un enfant. Le gosse s'assoit et chantonne et retient un chien qui, ayant décelé notre présence, veut s'élancer vers nous. Bientôt, nous voyons un groupe important de soldats russes dans la rue. Ils viennent dans notre direction. L'un d'eux, au passage, caresse même le chien qui se laisse faire. Une fois l'alerte passée, le gosse se lève alors et se met à siffler quelques notes du Horst Wessel Lied. C'est le signal du groupe de Horst Halder, le signal de ralliement adopté par nos garçons de la Hitlerjugend. Raph a reconnu, en même temps que moi, le plus petit, le plus jeune de la bande, accompagné d'Höllweg.

– Heinrich ! qu'est-ce que tu fous là !

Le gosse jette un coup d'œil au dehors et répond.

– Enfin ! C'est vous, mon lieutenant ?

Heinrich a appris, par Horst qui l'a chargé de nous rejoindre, que nous étions dans l'une des maisons de cette rue. Il s'est alors dépouillé de son Mauser, bien lourd pour lui, a revêtu, aux yeux des *Ivans,* le lin blanc de l'innocence et s'est laissé guider par soldat Höllweg qui, nez à terre, nous a suivis à la trace.

– Je suis venu, parce que vous connaissez mal Berlin. Nous allons rejoindre la Hermannplatz dès la tombée de la nuit. Il y a bien des Français à l'Hôtel de ville de Neukölln, ce n'est pas très loin, mais ils n'y sont peut-être plus et l'on risquerait de ne pouvoir traverser le carrefour de la mairie ; il est trop large, on serait repérés à cause des fusées éclairantes. Avant de nous engager, je vais faire une petite reconnaissance, seul, sans le chien. Si le chemin est libre dans cette rue, le reste ne sera pas difficile, un jeu d'enfant.

Heinrich nous quitte aussitôt. Il est, pour ainsi dire, devenu notre chef !

– Ces sacrés mômes tout de même ! L'Allemagne de demain ne s'annonce pas si mal.

– Cela fera de la bonne braise sous les cendres de la défaite. Quant à l'Allemagne d'aujourd'hui, elle est en pleine agonie.

Le jeune Heinrich a parfaitement raisonné.

Après être passés par tout un réseau d'arrière-cours, de ruines, de caves et par le petit cimetière, où nous frôlons les tombes du jeune Karl et de Laure, nous arrivons sur la Hermannplatz en plein grabuge. Des chars russes stoppés net, détruits par les canons d'assaut du bataillon « Charlemagne », brûlent et explosent. Les Français qui avec Jean Fontaine occupaient l'Hôtel de ville ont rejoint, peu avant nous, le secteur de notre brasserie.

Derrière les barricades faites de voitures renversées, de pavés et de pierres arrachées aux décombres, nous voyons, mêlés aux Français, des Scandinaves et un très grand nombre de jeunes de la Hitlerjugend faisant le coup de feu. Les chars ennemis flambent, les tankistes s'efforcent de s'échapper par les écoutilles et sont aussitôt fauchés par les rafales des fusils d'assaut.

Nous prenons rapidement position derrière une barricade. Toute la place est illuminée par les flammes des incendies. Près de nous, une mitrailleuse crépite. Son. Lumière. Beauté. Comme toujours, dans les coups durs, Höllweg vient se ranger à mes côtés et ne me quitte plus, il se tient coi en attendant que cela se passe. Ce combat dure plusieurs heures, jusqu'au moment où nous apprenons, de chuchotements en chuchotements, que nos munitions touchent à leur fin. Il va donc falloir décrocher. Il n'y a plus d'obus pour nos merveilleux canons d'assaut, et il n'y a plus de bandes pour nos mitrailleuses. De plus les *Ivans*, toujours plus nombreux, s'infiltrent sur notre flanc gauche et nous risquons, sur notre îlot, l'encerclement, l'inondation et la noyade.

Nous prenons, cette fois, nos quartiers dans le centre de la capitale. C'est avec la mort de Laure dans l'âme que je quitte la Hermannplatz et sa brasserie. À la mémoire me revient son dernier geste de vivante vers moi, agitant son foulard bleu comme un petit drapeau, sur le quai de la gare, au moment où mon train démarrait et partait pour Lünebourg. Le dernier adieu de la place Hermann est une multitude de foulards rouges agités par les incendies.

Il fait nuit. Épuisés de fatigue, nous nous installons dans une autre brasserie pour basculer dans le sommeil, ou, plutôt, pour y tomber, comme on tombe de plusieurs étages pour s'écraser au sol.

Le lendemain, vendredi, nous émergeons dans les fracas des bombardements. Mais notre secteur est calme. La bataille toutefois se rapproche qui va de nouveau nous avaler. Il y a ici, à nos côtés, des Waffen-SS allemands et même quelques soldats de la Wehrmacht affectés à l'état-major. Nos garçons ont disparu. Ils nous ont laissé dormir. Infatigables, ils sont sans doute en train de s'activer quelque part.

Nous sommes dans le quartier de la place Belle-Alliance, du nom de la ferme qu'occupait Napoléon, lors de la bataille Waterloo, la ferme où le général Blücher rencontra Wellington après avoir contribué de façon décisive, avec Gneisenau, à la défaite de l'Empereur. Les rues voisines commémorent Waterloo et ses vainqueurs.

– Waterloo, Raph, c'était en 1815. Cela fait à peine cinq fois vingt cinq ans de cela.

– C'est pas tellement loin. C'est un peu comme si on y était.

– Mais nous y sommes ! Nous sommes le dernier carré de la Vieille Garde de l'Empire, la garde du Petit-Caporal.

– Et nous parlons la même langue que ceux d'il y a cinq quarts de siècle ! En face de nous progressent les troupes qui ne sont plus prussiennes mais russiennes !

– Je n'ai cependant pas l'impression que, cette fois, le Petit-Caporal autrichien à cheveux plats finira ses jours à Sainte-Hélène.

– Je ne sais pas comment il va finir. Il aura été, comme Napoléon, en moins d'années toutefois, l'homme d'un fabuleux destin. Nous crèverons peut-être avant lui.

De la place Belle-Alliance à la Chancellerie du Reich, située au nord, il n'y a, empruntant la Wilhelmstrasse, que quelques dizaines de mètres à parcourir. Dernier carré de la Garde, nous allons défendre ces quelques mètres avec un armement insuffisant, sans chars et sans canons lourds mais, cette fois, semble-t-il, avec suffisamment de munitions, des mitrailleuses, des fusils d'assaut et un certain nombre de lance-roquettes individuels. En attendant l'ultime bataille nous prenons, tout au long des heures, une journée puis une nuit de repos en attendant, dans notre retranchement, la venue de l'envahisseur. Les Rouges, en face de nous, sont en train de souffler un peu et de se regrouper. Tout près de nous, le Petit-Caporal, lui, sait que l'Allemagne a perdu la seconde guerre mondiale et que la croix gammée, cette roue solaire aryenne, va cesser de tourner pour faire place à la nuit du IIIe Reich.

Au matin du dernier samedi d'avril, un matraquage de torpilles s'abat sur les défenseurs de la place Belle-Alliance. Ceux du bataillon d'assaut « Charlemagne » détruisent une demi-douzaine de chars, lesquels, après avoir franchi sur des ponts mobiles la première ligne de défense constituée par le canal tout proche, se dirigent vers la Chancellerie. Les attaquants de l'aube sont stoppés net, mais ils continuent de grouiller, imposante menace, partout.

Horst et ses camarades nous rejoignent. Ils ont réussi à trouver quelques provisions de bouche. Nous cassons la croûte en surveillant, derrière un pan de mur, les mouvements de l'ennemi. Aucun de nos compagnons, jusqu'à présent, n'a été touché par les projectiles adverses. Cependant les morts et les blessés sont nombreux dans notre camp. En rase campagne, nous aurions, depuis longtemps, été submergés par le nombre. Ici, à chaque carrefour, nous pouvons interdire l'accès des rues par des canons et des mitrailleuses judicieusement placés.

Se battre, c'est, un peu, se droguer. C'est dans une sorte d'état second que l'on oeuvre. Il n'y a que l'action, dans le présent, dans le réel immédiat, qui compte. Laure, Jean, le jeune Karl, le Petit-Caporal, le national-socialisme, tout cela disparaît pour laisser place aux hommes d'en face. Il nous faut les abattre avant qu'ils ne nous tuent.

En face, ils sont en foule, à croire qu'ils s'engendrent les uns les autres instantanément. Il en tombe dix, il en vient vingt. Dans plusieurs contre-attaques où nous, Français, Allemands et Scandinaves sommes mêlés, j'actionne mon pistolet-mitrailleur ; et je lance mes grenades, comme sous l'effet de la drogue ou de l'alcool. Je suis comme doué d'un sixième sens, je sens le danger et, avec la certitude de franchir ce danger, je le franchis. Une balle me cueillerait-elle que, cassé net dans mon élan, je roulerais à terre comme tant d'autres, sans me rendre compte exactement de ce qui se passe et sans savoir le pourquoi de cette chute. Friedrich Hoeppner, un de nos garçons de la Hitlerjugend, est, tout comme le brave soldat Höllweg, à côté de moi, quand, soudain, il s'affaisse. Il n'a pas suffisamment suivi l'entraînement et le parcours du combattant pour se jeter, comme je le fais instinctivement, à l'abri du moindre pare-balles naturel. Un tireur russe l'a atteint.

– Je suis tombé, dit-il simplement.

Il vient de basculer, comme cligne une paupière, de l'autre côté des choses, avec un air tout étonné, déjà happé par la terre gourmande. Je ne peux m'attarder près de lui, et je me lance vers une porte de couloir, pour aussitôt repartir en avant et, ensuite, me trouver obligé, de nouveau, avec les autres, de me replier sur notre ligne de défense. Höllweg ne m'a pas quitté d'une semelle. Il se débrouille bien. Il sait se protéger derrière un écran de ruines et s'allonger de tout son long, tête baissée, sans bouger. À croire qu'il a suivi, lui, les cours de Sennheim et ceux de Tölz.

Nous nous battons jusqu'à la fin du jour et nous continuons de faire face jusque tard dans la nuit. Du côté des Rouges, les combats, peu à peu, font place, sur le territoire qu'ils viennent d'occuper, aux viols des jeunes filles et des femmes qu'ils vont chercher dans les caves. Leur récompense.

Écrasés de fatigue, les garçons, Raph, Höllweg et moi, nous nous endormons dans une sorte d'excavation à ciel ouvert où nous rejoignent Jean Fontaine, Julien Marot et des gars de la marine de guerre allemande. Dans mon sommeil j'entends, très vaguement, les bruits, comme assourdis, d'un long bombardement. Friedrich Hoeppner, lui aussi, dort, à quelques cinquante mètres de là, à jamais.

Quand je me réveille j'entends la voix de Raph.

– Viens donc voir un peu.

Je me lève aussitôt et je le suis. Devant nous, la rue est déserte et mon compagnon me conduit parmi les décombres d'une maison en ruines, depuis longtemps effondrée, car des plantes sauvages ont poussé là. Mais je ne m'attarde pas à herboriser car une violente émotion me saisit.

Le vieillard ! Celui que nous avions rencontré à Tölz-Baden, celui que j'avais vu ensuite sur les rails de la gare de Berlin au moment où mon train roulait vers Lünebourg, le vieillard est là, devant moi. Un filet de sang séché part de sa bouche et disparaît sous le col de son long manteau. Le vieillard est adossé à une grosse pierre de taille. Son bâton est posé sur ses genoux. Son chapeau penche un peu en avant, comme pour protéger du soleil une sieste paisible.

Nous ne pouvons nous approcher davantage. Côte à côte, comme deux sphinx, la tête bien droite, les deux loups veillent le corps de leur maître. Raph et moi, leur faisant face, nous restons longtemps, comme eux, mais sous leur regard, immobiles, pétrifiés, fascinés.

Quand nous décidons de repartir, les bêtes nous suivent des yeux. Nous allons sans proférer une parole.

Après un certain temps, je murmure :

– La fin de la guerre est proche, Raph, le roi des Aulnes s'est endormi.

Mon compagnon se tait toujours, peut-être ne m'a-t-il pas entendu.

Comme un démenti, l'aboiement des canons vient de reprendre, avec rage.

En ce dernier dimanche d'avril, la messe a lieu, ici, avec les BM 13, qu'on nomme aussi Katiouchas ou encore Orgues de Staline. C'est une grand-messe d'obus, de marmites, de bombes, de torpilles dans laquelle les maisons s'agenouillent et s'écroulent extasiées. Les Rouges sont encore plus nombreux qu'hier et s'infiltrent partout. L'encerclement de notre position s'effectue méthodiquement. Le secteur devient intenable pour nous autres, défenseurs de la Chancellerie, et le Kommandeur du bataillon d'assaut français, blessé lui-même, aidé par Jean Fontaine, décide le repli sur la Puttkamerstrasse.

Je *réalise* enfin, avec un terrible temps de retard, ce qui était tellement abstrait. Je *réalise* que le jeune Friedrich Hoepner a été tué, à côté de moi, hier. Il n'a pas été enterré comme le jeune Karl. Son corps a simplement été inhumé, pendant la nuit, par ses camarades, dans un simple trou de bombe. Je *réalise*, mais je ne souffre pas. Il y a comme de la corne en moi, autour de mes sentiments il y a comme un cal. Ma propre mort m'est indifférente et j'agis, recru de fatigue, comme un automate au milieu de tout ce qui, alentour, s'écroule. Je crois que, atteint d'une balle, je serais tombé sans émoi, peut-être même heureux, avec un sourire de délivrance, de reconnaissance.

Devant nos nouvelles positions, comme devant les précédentes, les chars soviétiques flambent ou explosent sous les coups des roquettes. Les Russes sont obligés de payer le prix fort, en hommes comme en matériel. Les Waffen-SS du bataillon d'assaut de la « Charlemagne » se battent avec courage, audace, précision. Il n'y a pas, chez eux, de flottement. Ils forment un bloc solide formé de petits commandos intrépides qui déconcertent l'adversaire, pourtant plus nombreux et supérieurement armé.

Les torpilles des mortiers russes ne cessent de tomber sur les nouvelles positions françaises qui barrent la route de la Chancellerie, objectif final des attaquants. Comme hier, cependant, il nous faut payer un terrible tribut de blessés et de morts.

Raph a réussi, d'une roquette parfaitement dirigée, à se payer un char « Staline ».

– Ce gros-là, quand même, je ne pouvais pas le rater !

– Mais qui t'a donné la roquette ?

– Un de la « Charlemagne ». Il était mort. Je l'ai vengé.

Les garçons avaient quelques roquettes dans leur cache qui nous auraient été bien utiles, mais ils n'ont pu les récupérer quand nous avons quitté la Hermannplatz. Ceux de la « Charlemagne » font comme une sorte de concours à qui abattra le plus de chars et il est difficile de se procurer auprès d'eux ces fameux Panzerfaust si efficaces. C'est une arme redoutable mais qu'il faut utiliser en se plaçant le plus près possible de l'objectif pour obtenir le meilleur résultat. Raph s'est approché du blindé en rampant, protégé des fantassins adverses par des tirs de mitrailleuses vigilants. Il a abattu le monstre qui, après avoir explosé, brûle maintenant devant nous.

Raph, comme moi, comme nous tous, a toutes les apparences d'un clochard : mal rasé, poussiéreux, les vêtements déchirés, le visage et les mains noirs et terreux. Près de nous, les quatre garçons, armés d'un Mauser, tout dépenaillés, font, eux aussi, le coup de feu. Höllweg n'a jamais été aussi sale.

Quand vient la nuit, les garçons sont toujours là, mais à la lumière des maisons et des chars qui brûlent, je vois Peter Schwarz avec un côté de son visage ensanglanté. Je m'approche de lui.

– Peter ! Tu es blessé !

– Non, pas du tout !

– Tu as du sang plein la joue.

Il n'a rien ressenti. C'est une blessure légère, un éclat qui a fait une estafilade. Il vient de le recevoir dans le feu de l'action. Les enfants proches de lui ne se sont aperçus de rien. Ils me paraissent tous, soudain, un peu jaloux de Peter, comme s'il avait reçu une décoration.

On ne voit partout que des flammes. Les chars et les maisons continuent de flamber.

J'ai l'impression d'être une salamandre.

L'incroyable se réalise. Nos nouvelles positions ont été maintenues malgré les attaques incessantes des chars et des fantassins et malgré les torpilles, non seulement tout le dimanche, mais aussi toute la journée du lundi. Dans les torchères des incendies la nuit est hallucinante. Nous sommes ivres de fatigue. J'entends Raph me dire :

– C'est la nuit de Walpurgis ! Le diable a convoqué sorciers et sorcières parmi ses démons. Vois, dans les flammes tout s'entrebaise !

Dans les flammes immenses c'est le désordre. Des poutres, des murs s'effondrent et je vois, comme pour confirmer les dires de Raph, un chat noir sauter d'un premier étage et s'enfuir affolé.

Les défenseurs de la Chancellerie ont les joues creusées par la fatigue mais, mécaniquement, ils tiennent, derrière leurs roquettes, leurs mitrailleuses, avec leurs fusils d'assaut, avec leurs Mauser et leurs grenades, ils repoussent l'une après l'autre toutes les attaques. Dans leur camp, toutefois, la mort fait recette et les blessés qui ne sont pas évacués, ceux qui peuvent encore se battre, restent à leur poste.

Vers la fin de la matinée du mardi, le premier jour de mai, Horst s'est absenté, en compagnie d'Höllweg, pour aller chercher un peu de ravitaillement. Il est venu m'apporter du pain, du fromage, une canette de bière et du chocolat.

– C'est tout ce que j'ai pu trouver.

Il y a quelque chose de changé dans le ton de sa voix, comme une faille dans ses paroles. Je le regarde, étonné. Son visage de jeune guerrier maculé de diverses suies laisse percer la pâleur.

– Quelque chose ne va pas Horst, qu'est-ce que c'est ?

– Si, si, ça va.

Il fait un effort pour dissimuler une émotion, mais elle est plus forte que lui et le trahit.

– Non Horst. Je vois bien qu'il y a quelque chose qui ne va pas du tout.

Deux grosses larmes débordent et roulent sur la poussière de ses joues qu'il essuie d'un revers de manche. J'ai l'intuition de ce qui se passe.

– Il s'est suicidé ?

– Oui.

Après un silence, pendant lequel se fait entendre l'éternel bruit des bombes, il ajoute :

– Les SS de la garde ont arrosé son corps d'essence et l'ont brûlé. Mon oncle, à la Chancellerie, m'a recommandé de n'en parler à personne. Cela doit rester secret, pour le moment.

– Tu as un oncle à la Chancellerie ?

– Oui. Il m'a dit que le Führer allait s'en retourner travailler et dormir dans son château de Kyffhäuser.

– Qu'est-ce que tu me racontes là ?

– Il m'avait déjà dit que le Führer était l'empereur Frédéric Barberousse revenu unir tous les Allemands et restaurer la toute-puissance de l'ancien Reich. Il dormait auparavant dans ce château en ruines, tout en haut d'une montagne de Thuringe. Il reviendra dans cent ans fêter ses mille ans d'âge.

– Alors, pourquoi pleures-tu, puisqu'il reviendra ?

– Oui, mais moi je serai mort !

Horst est allé rejoindre les autres garçons, et c'est peu après son départ que, comme Friedrich Hoepner, je tombe. Je suis conduit, inanimé, presque inconscient, vers un poste de secours et, de là, dans un hôpital improvisé dans la cave d'un hôtel. L'explosion d'une des nombreuses torpilles lancées par les mortiers de 120 m'a jeté à terre. J'ai tout le côté droit, du visage aux pieds, atteint. Je garde de ce moment la vision d'une ville en feu. Il y a partout des incendies. À travers la poussière le ciel est rouge brique. À cette vision de fin du monde se mêle un souvenir.

Avant que n'éclate cette torpille qui, pour moi, marque la fin de la guerre, j'ai l'esprit occupé par l'image du vieillard rencontré à Tölz, mort, gardé par ses deux loups au cœur de Berlin et par celle du Petit-Caporal brûlant dans l'essence enflammée quand, soudainement, devant moi, sur un remblai fait de gravats et de sacs de sable, un objet très insolite capte mon regard. C'est un baigneur en celluloïd. Je me dresse alors debout sans plus penser au danger et me dirige comme un somnambule vers ce baigneur qui ressemble tellement à celui que j'ai vu, si souvent, dans les mains de la petite Laure lorsque, enfant, nous jouions ensemble à Toulouse. Ce baigneur que je retrouve et qui semble m'appeler me transporte de telle manière que, comme aimanté, je quitte ma place, enjambe Höllweg, contourne un autre obstacle, tout cela sans prendre garde, sans m'abriter, et je me dirige vers l'endroit où ce jouet semble me tendre les bras. Peut-être, Jean, avant d'être tué, a-t-il eu, pareillement, une distraction néfaste. Peut-être. Mais qu'avait-il pu voir, lui ?

Ma distraction est telle que je ne suis plus, mais plus du tout, à Berlin. Je suis dans la salle à manger de la maison de la petite Laure, à Toulouse, dans la paix et l'insouciance de mes premières années…

J'ouvre les yeux et je suis étonné du silence qui règne. Il semble que les canons se sont tus. Il y a quelques lampes. Je suis allongé sur une paillasse. Je voudrais tourner la tête mais c'est bien trop douloureux. Tout le côté droit me fait mal. Ce baigneur ! il me tendait les bras et je n'ai même pas réussi à l'atteindre.

Dans ma poche, cherchant un mouchoir à l'aide de ma main gauche, je sens un objet dur que mes doigts ne reconnaissent point. Extrait de ma poche, l'objet se révèle être la pierre lisse que Raph a ramassée au pied de la tombe de Laure. La rune de la mort et de la vie étant comme gravée sur l'une de ses faces. Est-ce un dernier message ? Ah, ce Raph et ses sacrés cailloux !

– Tiens ! Mais qu'est-ce que tu fous là, toi ? je te croyais devenu macchab !

Devant moi se tient Julien Marot, l'ami de Philippe Merlin, je le distingue comme à travers un voile. Il a un bras en écharpe.

J'esquisse un sourire. Il s'approche et me parle.

– C'est Raph qui, avec un des jeunes, t'a mené à ce poste de secours.

Enfin la parole me vient, dans une sorte de gueule de bois.

– Raph et les garçons, où sont-ils?

– Ils étaient tous, quand on m'a évacué avec mon bras cassé, encore solides au poste; à part Jean Fontaine blessé, lui aussi. Après, évidemment, je ne sais pas ce qui s'est passé. En tout cas, toi, tu as eu une sacrée veine!

– Hum… tu trouves?

La torpille qui t'as fichu en l'air, tu ne sais pas où elle est tombée?

– Comment donc le saurais-je?

– Elle est tombée juste à la place que tu venais de quitter. Tu as eu un pressentiment ou quoi?

– Je ne sais pas trop au juste. Peut-être était-ce une sorte de pressentiment

– Maintenant, on n'a plus rien à craindre. Il paraît que la guerre est finie. Plus rien à craindre de la guerre mais sans aucun doute beaucoup à craindre de la paix, car nous sommes des vaincus. Ah, à propos, il faut que je te dise… Höllweg a été tué par la torpille qui a failli tomber sur toi. Elle est tombée sur lui. Il n'a certainement rien senti.

Si nous n'avons plus rien à craindre de la guerre, comme l'a dit Julien Marot, nous avons, en revanche, tout à craindre de la paix.

Prisonnier des Russes, je suis remis à peu près sur pied grâce aux bons soins des Américains à qui j'ai été livré. Les Rouges pouvaient, comme ils l'on fait pour d'autres, me tuer d'un coup de revolver dans la nuque. Ils auraient pu, tout aussi bien, m'expédier dans un camp, quelque part en Russie, par exemple au terrible camp de Tambov. Cela dépendait de l'humeur des officiers chargés des interrogatoires. Or, ces officiers m'ont à peine interrogé. Cela n'a duré que quelques minutes. Ils n'avaient même pas semblé écouter mes réponses. Je devais donc craindre le pire, c'était trop expéditif. Ce pire ne m'a pas effrayé. Pour moi, la mort était préférable au camp de Tambov, elle n'était pas la plus mauvaise solution. Eh bien non, contre toute attente, peut-être parce que j'étais blessé, ils m'ont fichu la paix. Le cœur de l'homme est un abîme et l'âme slave est un mystère.

Les Américains m'interrogent.

– Well, boy, quelle nationalité?

– Je suis né en France.

– Well, boy, direction Strasbourg.

Les Américains me remettent entre les mains de mes chers compatriotes. Un peu, comme dans un entrepôt, on sort une marchandise pour la placer dans tel camion en partance.

En France, condamnation. Huit ans de prison. Fresnes, puis Clairvaux. Claustré de corps, je reste, en pensée, libre: « Les murs de pierre ne font pas une prison, ni les barres de fer une cage » disait le poète.

Mais Laure est morte. L'or solaire n'est plus. Mes pensées sont des oiseaux de nuit.

Pour l'ancien Waffen-SS que je suis, SS ne signifie plus, pour moi, que Solitude et Silence.

*
* *

À ma sortie de prison, après quatre-vingt douze-mois de captivité, au commencement du printemps, peu après la mort de Staline et quelques jours avant Pâques, je me dirige vers Paris. Je me promène ensuite dans le quartier Latin, dans les rues voisines de la rue Louis-le-Grand où siégeait *l'Oeuvre,* le journal où j'avais « collaboré ». Je flâne sur les boulevards, dans le quartier des imprimeries et je bois un coup dans les bistrots que je fréquentais ; dans le quartier des putains, pour la couleur locale ; ainsi que dans l'avenue du Recteur-Poincaré, pour revoir l'immeuble où je me suis engagé dans la SS. La SS ! Ce qui m'en reste de tangible, c'est ce caillou, au fond de ma poche, que Raph avait glissé dans ma tenue de combat en me portant au poste de secours, à la fin de la bataille de Berlin. Ce caillou qu'il avait ramassé près de la tombe de Laure, rune de la vie et de la mort.

Dans le bois de Boulogne, sous le ciel tantôt gris, tantôt bleu, les arbres déploient devant moi leur feuillage devenu si doux à mes yeux de prisonnier. Je refais le tour des lacs et à l'embarcadère je loue une barque qui me rappelle celle d'où Léo Magnanje et moi-même avions failli chavirer et nous noyer lors de la tempête sur le grand étang de Cazaux.

Laure vient très vite s'installer dans ma barque et Léo Magnanje lui cède discrètement la place et disparaît. Elle venait me visiter en prison comme la Fiancée de Corinthe qui revenait la nuit, morte, entre les bras de son bien-aimé. Maintenant que je suis libre, elle glisse sur les eaux pour venir jusqu'à moi. Je lui parle.

– Regarde, nous visitons les lieux où je vivais avant de joindre la Waffen-SS. Il y a peu de vent sur ce lac, et je vois, sur ton front, cette petite mèche qui flotte comme, il y a de cela bien longtemps, elle flottait au bord de la rivière Thür. Il n'y a pas de patte d'oie à la commissure de tes yeux verts et tu n'as pas changé depuis la première fois où je t'ai rencontrée dans la pharmacie de Sennheim.

Elle me répond.

– C'est l'avantage du souvenir. Le souvenir est toujours mieux que la réalité.

– Et tu es toujours insaisissable. Comme la Lorelei. Je suis le seul marin à entendre ton chant, le seul marin à te contempler, mais tu n'es pas, comme la Lorelei sur son rocher, tu n'es pas hors de ma barque. Tu es là, assise sur la planche, en face de moi et, cependant, personne ne te voit. Les gens qui rament là, proches de moi, ne voient que moi.

– Ils ne voient pas non plus, dans ta barque, toutes les filles que, de nouveau, tu vas fréquenter.

– C'est vrai. Mais il faut bien que je sache comment est fait un corps de femme. Je l'ai oublié. Songe un peu, Laure, huit ans sans femme ! Et, en ce qui te concerne, il m'a toujours été impossible de faire avec toi plus que ne le pouvait ce pauvre Jean.

– À Berlin, je suis toujours enfermée dans ma boîte, ma prison. Il ne reste plus grand chose de moi dans cette boîte-là.

– C'est pourquoi je vais repartir là-bas, à Berlin, pour être plus proche de ce qui reste de toi. Pour être plus proche de la Hermannstrasse.

– Et pourquoi ne vas-tu pas à Toulouse. Il y a aussi là-bas une boîte où Laure est en prison. Comme moi, elle est dans une boîte de nuit...

– Son âme, depuis, est devenue aérienne comme les arcs-en-ciel que je voyais dans les bulles de savon qu'elle soufflait à la façon des verriers, fragiles ballons de verre au bout d'un tube de paille. Son âme, c'est du moins ainsi que je vois les choses, est aussi ton âme. Tu es morte à Toulouse, ressuscitée à Sennheim, et morte de nouveau à Berlin.

– À Toulouse, il y a aussi Edith. Elle n'est point morte, elle.

– Depuis si longtemps ! Elle doit être mariée.

Le printemps renaît enfin pour moi, et, dans le soleil pâle, sur ce lac, dans ce bois de Boulogne, je pense au Wannsee et au parc de Grünewald que je vais bientôt retrouver à Berlin, et je pense à la prison que je viens de quitter. Pendant toutes ces années, entre quatre murs, j'ai eu tout le temps de réfléchir et de mûrir longuement ma décision de retourner en Allemagne. Il doit y avoir encore quelques vivants là-bas, malgré les bombardements anglo-américains et russes, quelques vivants pas tout à fait anesthésiés par les sirops, les soporifiques et les narcotiques déversés par la propagande de la haute pègre internationale. Berlin, cette ancienne capitale vaincue, cette nouvelle Sparte, aujourd'hui occupée par quatre puissances représentant un demi-milliard d'hommes, doit encore, à neuf cent kilomètres de Paris, contenir en elle bien des souvenirs et bien des ferments d'indiscipline faits pour me séduire. Moi, le protestant politique, je peux bien y aller rejoindre dans l'exil les descendants de ces autres protestants, religieux ceux-là, que Louis XIV avait chassés de France.

Mais en ce jour, je suis heureux d'être à Paris. Je m'étais promis de venir faire un tour dans ce bois pour fêter mieux que dans la ville mes retrouvailles avec le monde. Alors que, dans ma geôle, le temps traînait lamentablement les pieds, il me paraît, ici, sur l'eau, au milieu des arbres, dans cet horizon élargi, qu'elles sont allées bon train toutes ces années passées à l'ombre. Le soleil est là et j'en ai rêvé, comme j'ai rêvé de femmes et comme j'ai rêvé de la vie qui est faite de ce soleil, des femmes, des arbres, du ciel, de l'eau, de la liberté et, aussi, il est vrai, d'un peu de pain et d'un peu de vin. Après la nuit de la prison, c'est à nouveau l'aurore... l'aurore... Laure-or. L'or du soleil, Laure du soleil, Laure du sol... Laure sous le sol... enterrée là-bas... l'horror !....

Ma barque reçoit un choc à l'arrière et je me retourne. C'est une embarcation qui vient de me heurter ainsi. Le jeune soldat qui, sans doute, distrait par sa compagne, m'a cogné, me présente alors ses excuses. Peu après, j'entends la jeune fille lui dire d'une voix douce :

– Jean, j'espère que tu seras moins dans la lune, en Indochine ! Il faudra que tu fasses très attention là-bas !

Jean ! Je le revois, allongé, mort, après la bataille de Stargard. Et celui-ci, qui porte le même prénom, qui va partir à Hanoï pour se battre, quel va être son destin ? Elle est belle cette jeune fille qui accompagne ce jeune soldat. Il va, lui aussi, la quitter, jeune taurillon, pour s'attaquer à la muleta rouge... Va-t-il laisser là-bas la queue ou bien les oreilles ?

La queue !

Pauvre Jean !

Ma résolution est prise. Je retourne à Berlin. Cependant, aujourd'hui comme hier, comme il y a dix ans, je vais mettre cette résolution à l'épreuve. Je vais d'abord partir en pèlerinage jusqu'à Toulouse. Que sont-ils donc devenus tous : ma mère, ma sœur, mon père ? Je ne leur ai jamais écrit. Je n'ai pas voulu que les relations avec les miens dépendent de l'administration pénitentiaire. À Toulouse, on doit penser que je suis mort, depuis longtemps. C'est d'ailleurs un peu vrai. Depuis longtemps déjà je suis « mort pour la France », mais pas dans le sens où, généralement, on entend cette formule. Ma nouvelle patrie, maintenant, est ailleurs, et je me soucie peu de ne point emporter la terre de l'ancienne à la semelle de mes souliers. Ma mère est née Fischer, dans une petite ville des bords de la Sarre ; moi, je décide simplement d'être né à Berlin que baigne la Sprée. Pourquoi ne choisirait-on pas son lieu de naissance ? Berlin, bien sûr, ça fait moins pimpant que Paris. C'est là pourtant qu'est *ma* vérité, en dépit de l'état-civil, qui n'est que papier.

Je quitte un moment Berlin, pour retourner en prison.

En prison, j'ai tout le temps de réfléchir, et je découvre que tous mes gardiens sont bien farauds de croire que je suis leur prisonnier. Moi, prisonnier ? Alors que, dans ma cellule, je reçois, à leur nez et à leur barbe, la petite Laure morte à Toulouse et ressuscitée à Sennheim, et puis Livia, Edith, ma sœur Louise, ma mère et mon paternel ; et puis Jean, Raph, Philippe Merlin, Horst Halder, le petit Karl Dufresne, Höllweg et tous les autres ! Allons donc ! Prisonnier ? Alors que, contrairement aux apparences, je mène une vie de prince, par la magie d'une nouvelle « Vitrine des Chevaliers », incassable celle-là, que m'a apportée Laure. Je mène une vie avec laquelle je n'ai nullement l'intention de rompre. Il y a longtemps que j'ai balayé les sornettes prétendues objectives ! En prison, ma tête est devenue un château, celui de Thulé, celui de Vienne, qui n'a rien à voir avec la pauvre cabane mentale de mes lamentables geôliers.

En prison, je trouve la douceur et le bonheur dans le souvenir de Laure, l'amie disparue. La paix, par elle, est venue habiter mon âme. Elle est là, en elle-même, sans décor artificiel politique ou religieux, sans contexte national-socialiste ou militaire ; elle est là, dans la paix de ma cellule, présente en moi. Que peuvent me faire alors les abois du gardien ? Grâce à cette présence si précieuse, je me sens bien au-dessus du blâme comme de la louange. Je suis innocent comme l'enfant qui vient de naître.

– Janmage, tu n'es qu'un sale nazi !

– Oui, cause toujours mon lapin.

En prison, d'un seul bond, malgré les gardiens et malgré la nuit, il m'arrive de sauter dans la maison de Laure, à Sennheim. Je pénètre dans la bibliothèque. Laure est plongée dans la lecture à la lueur d'une vieille lampe à pétrole. Avertie de ma présence, elle lève la tête et me sourit. Comme je m'extasie sur le contenu de la bibliothèque, elle me confie qu'elle regrette de ne pas avoir encore eu le temps de prendre connaissance des livres écrits par certains personnages de roman et elle envisage d'en dresser la liste afin de créer une bibliothèque invisible parce qu'imaginaire. Je trouve l'idée fort amusante et je lui propose ma collaboration.

– Je veux bien que tu m'aides car, pour cela, il va falloir beaucoup de semaines, de mois, et même d'années. Et puis, il ne faudra pas s'arrêter là ! Il y a aussi les peintres, les sculpteurs, les musiciens, les savants et leurs machines. Il y a beaucoup à faire. Notamment un dictionnaire qui serait le reflet de l'activité comme de la vie des personnages littéraires dans tous les pays et dans toutes les époques. Ce n'est pas la tâche qui manque. Ma vitrine des chevaliers n'est au fond que le début d'un plus vaste musée qui reste à créer.

Par tous ces projets grandioses qu'elle énumère, Laure me donne le vertige.

– C'est tout ?

– Non. Il y a à Berlin, à Rome, à Paris, à Londres, un peu partout dans le monde, des adresses où les personnages imaginaires ont vécu. Le recensement de tous ces lieux reste à faire. Cela peut faire l'objet d'un très bel ouvrage. Et pourquoi n'y aurait-il pas sur certaines maisons, dans les rues, une plaque commémorant, par exemple à Paris, l'endroit de la pension Vauquer où vécurent quelque temps Vautrin et Rastignac ? Ainsi le songe, partie du réel ferait-il incursion dans la prétendue seule réalité.

Laure est enthousiaste, impérialiste, et me communique sa foi.

– Et puis, continue-t-elle, puisque tout à une fin, il y a aussi les fins dernières.

– Les fins dernières ?

– Oui. La façon, pour autant qu'elle est connue, dont sont morts les personnages littéraires. On pourrait voir les tombes dans l'endroit même de leur mort. Ou bien dans des Champs-Elysées, où nous pourrions nous promener et interroger les défunts avec, par exemple, Dante pour guide.

– Tu crois cela possible ?

– Rien n'est impossible. Évidemment, pour cela, il faut se débarrasser de la déesse Raison, et, si elle a vraiment une tête, lui couper tout simplement le cou. C'est elle qui, extérieure à toute chose, interdit ou bien limite les voyages dans ces espaces du dedans que sont les rêves, les songes. La déesse Raison, jusque dans la psychanalyse, banalise ce qui est merveilleux, je la crois passablement sotte. Il ne faut pas hésiter même à franchir les frontières du royaume d'une autre déesse, la Folie.

– Ce serait alors la vraie sagesse puisque, selon ton père, qui vit sans folie n'est pas si sage qu'il ne le croit.

– Janmage, sale nazi, tu sais ce qui s'est passé à Oradour ?

Ah, le revoilà, celui-là ! Non, je ne sais pas. En prison, on ne sait rien. Oradour-sur-Glane, je l'apprends plus tard, dans la version officielle. Oradour, 10 juin 1944. C'est mal. C'est très mal. 642 victimes. Oui, c'est mal, incontestablement.

Cependant, plus tard, j'apprends Bruz. Bruz, c'est un petit patelin de Bretagne, près de Rennes. 9 mai 1944, un mois avant Oradour. Bruz, ça doit être, au contraire, bien, puisque personne n'en parle. C'est pas comme Oradour, Bruz. On ne souffle mot de Bruz. De Bruz endormi. C'est, ce 9 mai-là, communion solennelle. 183 tués, dont 70 enfants. Ce ne sont pas des Allemands qui ont fait ce massacre. Alors c'est bien. Ce ne peut-être, en tout cas, trop blâmable. Ce sont d'honorables avions venus de l'autre côté de la Manche qui ont bombardé Bruz.

J'apprends aussi, plus tard, les deux mille civils tués lors des bombardements aériens de Caen, le 6 juin 1944, quatre jours avant Oradour. Et puis les cinq mille civils, Français, eux aussi, massacrés au Havre. Tout cela doit être, je pense, pardonnable. Ce sont des bombardements alliés. Pas un mot donc. Silence. Motus. Bouche cousue. Ils tuent pourtant, les chers Alliés, beaucoup plus de Français que les sales nazis. Mais c'est bien. En tout cas, il n'y a vraiment pas lieu d'en faire la moindre mention. Plus tard, j'apprends encore d'autres choses qui sont tues.

– Janmage, sale nazi, il faut payer maintenant.

– Oui, cause toujours, mon lapin.

Toutefois, je sais bien que le nazisme est mort, moi. Je peux même donner la date de son décès. Exactement, le 30 avril 1945, quand le Petit-Caporal se rince une dernière fois la bouche… dans un gargarisme de sang.

Seulement, le Phénix a cette propriété de toujours renaître de ces cendres. Sur ces cendres noires, sa couleur reste rouge, comme la révolution antibourgeoise. Le national-socialisme, lui, n'est plus qu'une page tournée au livre de l'Histoire. Hors le livre, la vie, elle, continue, sous le soleil qui est toujours un autre soleil, un autre Phénix. « Et l'arbre de la vie est toujours vert. »

*
* *

À Toulouse…

Je sonne et j'attends. Au bout d'un long moment, on vient, enfin, m'ouvrir. Nous nous regardons, le vieillard et moi, et nous tombons dans les bras l'un de l'autre.

Complètement déboussolé, mon père a beaucoup de mal à se remettre de son émotion et à reprendre la direction de ses paroles et de ses gestes.

– J'ai l'impression, dit-il, d'être devant un fantôme… et puis quand même ! toutes ces blessures, ces cicatrices que tu es allé chercher !

C'est après plus d'un mois de vie toulousaine que, de nouveau, je prends la direction de la gare. Dîen-Bîen-Phu vient de tomber des mains de l'armée française entre celles des communistes du Viêt-minh. Les accords franco-vietnamiens viennent d'être signés et la guerre, une fois de plus perdue, est terminée pour les Français. J'aimerais savoir ce qu'est devenu ce Jean qui a cogné ma barque sur le lac du bois de Boulogne. Peut-être, car tout ne tourne pas nécessairement au tragique, va-t-il retrouver bientôt cette charmante jeune fille à la voix douce qui lui conseillait d'être moins dans la lune et de faire attention dans son métier de soldat.

Dans la gare, je m'adresse au guichetier.

– Je voudrais un billet de troisième classe pour Sennheim, s'il vous plaît.

– Sennheim... Sennheim...

L'homme du guichet cherche dans son annuaire. Il relève la tête vers moi, interrogateur.

– Ça s'écrit comment ce patelin, je ne le trouve pas. Il est peut-être desservi par une gare voisine ?

Décidément, j'ai beaucoup de mal à me mettre à la page !

– Excusez-moi, Monsieur, Sennheim est le nom d'un de mes amis qui vient de mourir à Cernay. C'est Cernay que je voulais dire, c'est près de Mulhouse.

Il fait marcher sa machine pour en extraire un ticket.

– Voilà, Monsieur. Je ne vous dirai pas « bon voyage », ce n'est pas tellement gai d'aller enterrer un ami.

Il compatit.

Dans le train, je laisse aller mes pensées çà et là, comme une portée de jeunes chiens ou de jeunes chats. Elles vont dans des directions diverses, mes pensées. Parmi elles, je m'arrête sur cette découverte soudaine que, dans ma solitude, j'ai cessé, depuis la chute de Berlin, de converser avec la petit Laure de Toulouse. En réalité, elle m'a quitté là-bas, au milieu des ruines, tandis qu'on me transportait dans un poste de secours. Elle a été tuée, en même temps que soldat Höllweg, par la torpille qui n'a fait que me blesser. Ou bien, est-ce, simplement, ce baigneur que j'avais aperçu sur le remblai de plâtras qui m'a fait comprendre qu'elle était bien morte et depuis fort longtemps, depuis l'époque où les baigneurs des petites filles étaient en celluloïd. Et ce baigneur qui m'a sauvé la vie, je me demande encore s'il était bien réel ou bien s'il a été le produit d'une hallucination due à la fatigue, aussi lourde que les eaux de la mer Morte, sur laquelle je me sentais flotter.

Dans le train, plutôt que vers Cernay, je roule toutefois en direction de Sennheim, je roule vers mon passé. Il y a près de dix ans déjà, en automne, en octobre, mon engagement dans la Waffen-SS en poche, je prenais le chemin de l'Alsace.

Soudain, le train faisant un tête à queue, je retourne à Toulouse. Et pour la seconde fois j'interroge alors mon père.

– Et mère ?

Il me répond. Il emploie les mêmes mots que la première fois.

– Ta mère est morte... Il y a un an... Un cancer... La dernière fois que je l'ai vue à l'hôpital elle était bien amaigrie et bien pâle. Ses yeux divergeaient. Heureusement, elle ne se rendait pas compte de son état et du malaise que j'éprouvais devant elle. Elle devait me voir comme dans une espèce de brume. J'avais, ça m'aidait peut-être à garder contenance, un journal à la main. Elle m'a montré le journal et m'a demandé « C'est une lettre de mon petit No ? Que dit-il ? » Les larmes m'ont alors éclaté des yeux, elle ne les a pas vues. Tiens, tu vois, tu vois... comme maintenant ! Mais toi, tu les vois, mes larmes.

C'est à mon tour de ressentir, pour la deuxième fois, un terrible malaise. Ma gorge, intérieurement se tord et je serre les dents à me rompre la mâchoire. Mon père tire un mouchoir de sa poche et se mouche. Il parle de nouveau.

– À l'hôpital, ta mère était dans une salle où tous les lits étaient occupés par des cancéreuses. Au bout d'une semaine, elle s'en était rendu compte et m'avait chuchoté.

– Tu sais pas ? Celles qui sont autour de moi sont toutes cancéreuses. Elles ne le savent pas. Moi, si j'étais cancéreuse, je le saurais bien...

– Toi, tu n'est pas cancéreuse, lui disais-je.

– Mais je le sais bien que je ne suis pas cancéreuse ! Est-ce que tu as des nouvelles de mon petit No ? Quand pense-t-il revenir ? Tu vas lui écrire ce soir, tu l'embrasseras très fort pour moi...

Mon père se mouche de nouveau.

– Elle en savait plus long que moi, ta mère... Pour moi, cela ne faisait nul doute que tu étais mort. Aussi, tu peux imaginer ce que je pouvais ressentir quand elle me parlait ainsi et me demandait des nouvelles de son fils, de son fils qui, selon moi, n'était plus.

Si ma tête, en prison, était devenue une sorte de château fort, vraiment une forte tête, à Toulouse elle vacille. À mon tour, comme les gardiens de Fresnes ou de Clairvaux, je ne porte plus sur les épaules qu'une pauvre cabane mentale, une baraque démantelée par la bourrasque qui, en mon absence, a emporté *Celle* que j'avais cru éternelle, *Celle* que je ne pensais jamais perdre. Je me rends compte alors combien j'ai été dur avec elle, sans doute pour ne pas mollir moi-même ; combien j'ai été dur en ne lui écrivant pas du fond de ma prison, en ne la rassurant pas sur mon sort. Ce cancer qu'elle a fabriqué, n'y suis-je pas pour quelque chose ? On fait toujours trop fi des trésors que l'on possède. Ce sont les trésors que l'on n'a pas que l'on convoite toujours.

Le soir, quand on sonne à la porte, mon père va ouvrir, et je l'entends annoncer une surprise à ma sœur qui vient d'entrer.

- – Tu sais, Louise, nous avons une visite...

– Françoise ?

– Non... Quelqu'un que tu n'as pas vu depuis bien longtemps...

Louise, malgré mes cicatrices, me reconnaît tout de suite, mais elle hésite avant d'admettre la réalité de ma personne.

– Quel bonheur ! Cette fois, on te tient et on ne te lâche pas. Tu ne vas pas encore t'échapper, dis ? Tu vas rester, cette fois !

– Hélas ! dit mon père, il va repartir, d'après ce qu'il m'a dit.

Le soleil fait place, dans les yeux de Louise, à de sombres nuages qui ne tardent pas, cependant, à disparaître.

– Enfin, tu auras quand même le temps de voir mon petit bonhomme.

Elle est maintenant mariée. Son petit bonhomme, toutefois, n'est pas son mari qui est plutôt grand, mais son petit garçon de trois ans. Son mari, je le connais bien, très bien même. Il a été mon camarade et nous avons grandi ensemble pour arriver à ce moment de notre histoire où nous ne nous serrions même plus la main car, politiquement, nous bifurquions l'un et l'autre à un carrefour de notre vie pour nous engager sur des chemins opposés. Son mari, à Louise, a été longtemps mon meilleur ami : Étienne.

Comme Louise avait prononcé le nom de Françoise, la sœur d'Étienne, je lui demande des nouvelles de celle qui est devenue ma belle-sœur.

– Je ne sais pas si ça ne lui donnera pas un coup de te voir. Ici, à Toulouse, on a su que tu était passé dans la SS. Dans le fond, quand je te disais qu'on allait te garder et ne pas te lâcher, c'était par amour pour toi. En fait, je ne sais comment on t'accueillerait dans le quartier. Quand on a su que tu étais dans la SS on nous a regardés d'un drôle d'air. En tout cas nous n'étions pas tranquilles. Heureusement qu'Étienne était là.

– Étienne a pris des risques, dit mon père. Il nous a protégés. Je ne sais pas trop, mais je me demande ce que nous serions devenus sans lui.

J'ai du mal à imaginer, unis par les liens du mariage, ma sœur, royaliste, et Étienne, communiste. Mais Jean Monegal, communiste lui aussi, s'est bien épris de Laure, nationale-socialiste. Il arrive que l'amour transcende les êtres et les choses.

Ma sœur passe ainsi, chaque soir, rendre visite à père. Elle lui reproche de se confiner trop dans les livres et de ne point sortir suffisamment et faire ainsi un peu d'exercice.

– C'est une véritable maladie, papa, tes livres!

Et, s'adressant à moi:

– Heureusement que nous sommes tous là pour le secouer. Autrement, je crois qu'il se passerait même de manger.

Je regarde mon père, je le trouve terriblement vieilli. Ses livres doivent être son ultime refuge. À cause de moi, elle n'a pas été à la fête ma famille!

Il y a un long silence, comme de recueillement, qui est interrompu par Louise.

– Quant à Édith...

Je lève aussitôt la tête vers ma sœur. Sa voix est comme voilée et, alerté, je répète interrogativement ses propres mots.

– Quant à Édith?

Louise me regarde, douloureuse. Dans ses yeux il y a des larmes retenues.

– Eh bien... ils l'ont tout simplement violée et l'ont ensuite tuée... à coups de pierres.

J'ai la sensation soudaine que le plancher s'ouvre sous mes pieds.

– Qui? quoi? Les Allemands?

– Non des Résiss..., euh, des soi-disants Résistants.

– Elle était donc, comme moi, une sale nazie?

– Pas du tout. Mais elle était sortie plusieurs fois avec un Allemand, un jeune professeur de lettres. Elle était belle, Édith. Lui aussi, Gunther, était beau, genre romantique, assez peu militaire. Les Résistants les avaient repérés, ils se sentaient un peu cocus.

– Et Gunther? Ils l'ont bousillé?

– Non, il était parti, la veille, avec son unité.

– Étienne a toléré une chose pareille?

– Non, pas du tout. Les héros en question n'étaient pas de son groupe. Édith n'habitait plus notre quartier. C'étaient des résistants de la dernière minute, de la crapule qui profite de toutes les occasions. Ils ont été, ceux-là, les plus cruels, de véritables bêtes...

J'ai vu les photos de ces femmes qui ont été tondues par des « résistants », pour avoir couché avec des Allemands. Elles m'ont vivement impressionné ces photos, en ceci qu'elles ressemblaient, ces femmes tondues, avec leur croix gammée tracée sur leur front, à ces jeunes prêtres bouddhistes au front desquels, précisément, en signe d'initiation, on trace le svastika, signe de cette croix à crochets qui est, en Inde, le signe aryen du salut. Seulement ces jeunes bouddhistes, là-bas, que l'on marque au front de façon initiatique et à qui on enseigne les moyens de se libérer de la douleur, ne reçoivent pas encore de pierres.

Plus tard, dans la soirée, nous avons la visite de Françoise, la sœur d'Étienne. Brune, yeux vifs en amande, onduleuse comme une liane. Françoise, après m'avoir reconnu, m'embrasse. Je feins l'étonnement.

– Tu n'y es pas Françoise ! Tu embrasses un ancien SS maintenant !

– Maintenant, je fais partie de ta famille. Elle n'est pas SS, ta famille, que je sache. Toi, tu es comme un frère qui a mal tourné.

Je l'embrasse à mon tour, mais je ne peux m'empêcher de rectifier son propos.

– Non, ma petite Françoise, je t'assure, je n'ai pas mal tourné.

– Tu t'es trompé !.... Tu as été trompé !

– Je ne me suis pas trompé et je n'ai pas été trompé, pas plus qu'Édith. Si c'était à refaire, je recommencerais à cause de la mort d'Édith, précisément.

Françoise me regarde longuement. Ces yeux sont aigus et en même temps très beaux. Elle me regarde, hésite et, enfin, murmure :

– Je comprends ce que tu veux dire, No. Il y a eu des bandits des deux côtés. Ceux qui ont tué Édith ne devaient pas avoir sur le visage les cicatrices que tu portes.

Le lendemain soir, Étienne, mon beau-frère, passe à la maison. Il est souriant.

– Alors, le revenant ?

– Alors, Étienne ?

Lors de notre dernière rencontre il ne m'a pas tendu la main. Moi non plus je ne la lui ai pas tendue. Il fait, cette fois, le premier geste.

– Louise m'a dit que tu allais encore nous quitter ?

– Elle a dit vrai.

– Écoute, No, tu t'installes dans un autre quartier. Tu te laisses pousser une moustache. Avec tes cicatrices personne ne te reconnaîtra.

– Non, Étienne. Je préfère partir.

– Mais, où veux-tu donc aller ?

– En Allemagne, Étienne. En Allemagne. Cette terre-là, le pays de ma mère, appartient encore, malgré tout, à ceux qui ont été deux fois battus, deux fois écrasés par le nombre, dans la dernière guerre de Trente ans. Vois-tu, je me sens plus proche d'eux, maintenant qu'ils ont été vaincus, que s'ils avaient été vainqueurs. Vainqueurs, ils auraient fait des sottises, comme tous les victorieux, ils n'auraient pas su modérer leur victoire. À Berlin, je n'aurai pas à me dissimuler derrière une paire de moustaches, je n'aurai pas à me planquer derrière une barbe.

Quelques jours avant mon départ de Toulouse, je vais faire un tour dans les rues chaudes, dans l'espoir de rencontrer Livia. Je me renseigne auprès des filles. Le nom de Livia ne leur dit rien. Je questionne les plus âgées. Évidemment, dix ans dans la galanterie, ça compte ! Le tenancier d'un bistrot qu'elle fréquentait me renseigne.

– Livia ! Bien sûr ! Oh, cela fait bien cinq ans maintenant qu'elle nous a quittés. Elle est en Amérique du Sud. Elle partait pour la Colombie. Elle a dû changer d'idée en cours de route car nous avons reçu une carte de Bolivie représentant La Paz. La Paz, ça faisait rigoler les filles. « Nous aussi on va à la passe ! » qu'elles disaient. Puis nous avons reçu encore une carte, de Montevideo cette fois, en Uruguay. Elle était contente. Elle avait écrit : « J'ai trouvé ce qu'il me fallait. C'est ici que je m'installe ». Ah, on peut dire que c'était une chic fille, Livia ! Beaucoup de cran... Oh, elle ne doit plus faire le métier, à présent. Vous pensez, roulée comme elle était et de plus intelligente, elle a dû faire son chemin. Elle doit avoir son propre carrosse, aujourd'hui ! Je vous offre un verre ?

– C'est pas de refus.

Je suis rassuré. Ce qui est arrivé à Édith m'avait donné quelques craintes. C'est vrai qu'elle était sûre d'elle la Livia :

– Nous les putes, on ne nous touchera pas. C'est les autres qui devront faire gaffe, celles qui se seront laissées prendre au béguin, sans faire le trottoir. Celles-là, elles devront se méfier.

Édith, qui faisait partie de ces autres, elle, ne s'était pas méfiée.

Dans mon wagon, les gens sont bien différents des voyageurs de mon dernier voyage sur la ligne Toulouse-Paris. Les gens d'alors me paraissaient plus vieux. Il est vrai que j'ai dix ans de plus, deux lustres de plus, un sur chaque épaule. Ça fait de la lumière deux lustres, ça éclaire davantage le sens de la vie. Plus on vieillit, plus il y a de jeunes autour de soi. La petite fille aux tresses qui s'était endormie sur les genoux de sa mère-grand, la dernière fois, doit être une belle jeune fille à présent, et, sans doute, sans tresses... Quant à la grand-mère... elle est peut-être déjà sous terre. Et moi, je me dirige vers mes quarante ans. La quarantaine ! La quarantaine, ça me va bien, à moi, le pestiféré... l'ancien nazi, l'ancien SS.

– Tu te laisses pousser la moustache, et avec tes cicatrices, personne ne te reconnaîtra.

Non, décidément non, ce pays où je suis né n'est pas le mien. L'Allemagne, cette fois, est à tout jamais ma patrie d'élection. Je suis à demi Sarrois et, comme les Sarrois, à qui on demandait, en 1935 et en 1955, de choisir entre la France et l'Allemagne, je choisis cette dernière. Je vote pour mon rattachement teutonique.

Dans ce train, ma tête redevient, peu à peu, château-fort, forteresse.

– Janmage, tu es un sale nazi, une forte tête, on va te dresser.

– Mais oui, mais oui, bien sûr, cause toujours, mon lapin...

*
* *

Le premier jour de mon arrivée à Cernay, le jour de l'Ascension, je passe devant le cimetière militaire allemand, près de la route de Sankt-Andreas. Dans l'ancien camp d'entraînement SS, je revois la tour de l'Horloge, cette tour ou Philippe Merlin s'est tiré une balle de revolver dans la bouche. Le Petit-Caporal, paraît-il, s'est tiré lui aussi une balle dans la bouche. Eva Braun, sa compagne, s'est empoisonnée. Le docteur Goebbels, ministre du Reich finissant, s'est suicidé en même temps que le Petit Caporal, dans la Chancellerie, ainsi que sa femme, après avoir empoisonné tous deux leurs cinq enfants. Mieux vaut convoquer la mort soi-même avant qu'elle ne se fasse ouvrir la porte par des juges et par le bourreau.

À Sankt Andreas, je regarde et je me souviens : les marches, les manœuvres avec Raph et l'ami Kirchhoffer. Je regarde la route de Thann et, impulsivement, comme si j'allais à la découverte, je prends cette route, comme pour des retrouvailles. Pour aller boire dans cette ville un vin blanc dans le bistrot où nous allions chaque samedi. Le bistrot est là, proche de l'église Saint-Thibaut. Je ne reconnais pas le propriétaire, pas plus que le vin blanc. Je suis dans un autre Thann, étranger celui-là. Je reviens alors dans l'ancien Sennheim, ce Sennheim qui me fait battre le cœur si douloureusement à présent. Comme en 1915, la petite ville, en 1945, a été ravagée, labourée par les bombes, torturée, comme je le suis moi-même.

Je reste trois jours à Cernay-Sennheim. Trois jours pendant lesquels je revois l'emplacement où se trouvait la pharmacie où je conduisis la jeune femme enceinte évanouie sur le trottoir. La pharmacie où Laure m'est apparue telle une divinité grecque. Trois jours pendant lesquels je ne cesse d'errer dans mes décombres pour, ensuite, me retrouver, chaque fois, dans ce café où mes compagnons et moi buvions nos bières.

Le dernier jour, dans ce café, je sors, comme autrefois, une cigarette de mon paquet et, devant mon demi, je reste à rêver. À travers la fumée, je revois le visage de mes camarades et, en face de moi, Philippe Merlin qui me sourit, les yeux bleus interrogateurs, fixés sur moi.

– Alors ? camarade Janmage.

Puis, sur le petit nuage de fumée de tabac, comme sur un tapis volant, je suis transporté à Berlin, à la veille de notre dernier combat, face à l'armée Rouge et, de nouveau, comme autrefois, je me mets à interroger ce Julien Marot de la SS « Charlemagne ».

– Dis donc, est-ce que Philippe Merlin est parmi vous ?

– Mon vieux, il y a longtemps qu'il a fermé son parapluie.

– Il s'est fait descendre en Poméranie ?

– Non, mon vieux, à Sennheim. À Sankt-Andreas même. S'est flingué.

Le patron du bistrot, sur un signe de moi, m'apporte une autre bière. Nouvelle cigarette. Dans la fumée qui les dissimule peut-être aux autres consommateurs, il y a devant moi Merlin que Raph et Pol Kirchhoffer sont venus rejoindre. Trois fantômes.

Dans le léger brouillard de ma tabagie et comme ivre, je m'adresse à Merlin.

– Alors Philippe ? Ton ami Julien Marot me dit que tu as fermé ton pébroque.

– Ah, m'en parle pas ! ce Himmler... Je l'ai compris tout de suite, ne tenait pas du tout à ce que nous autres, Celtes de la SS et de la Légion des Volontaires Français, puissions, en cas de victoire, former les cadres aguerris et efficaces d'une future armée gauloise en bordure du Rhin. Il préférait que nous restions dans notre merde, et le régime de Vichy, tel qu'il était, faible et sans consistance aucune, lui convenait parfaitement. Il espérait bien que nous autres, de la SS et de la Légion des Volontaires, disparaîtrions dans la tourmente. Il était décidé à ce qu'il y ait pour nous davantage de croix de bois que de croix de fer...

Dans la fumée de ma cigarette, je le vois bien, ils sont tout songeurs, Raph et Pol Kirchhoffer. Ils baissent alors la tête et ferment doucement les yeux. Raph, cependant, garde un sourire amusé

Au sortir de la prison, j'ai appris certaines choses et je ne m'étonne plus, à présent, de la sévérité des examens médicaux lors de ma demande d'incorporation dans la SS, comme s'ils avaient eu lieu plus pour écarter le volontaire que pour l'engager.

J'ai pris connaissance, parmi d'autres documents rendus publics, de la note de service adressée par l'ambassadeur d'Allemagne à ses subordonnés, le 17 août 1940, selon laquelle l'intérêt du Reich exigeait le maintien de la France dans un état de faiblesse intérieure.

Et puis, il y avait eu, un an plus tard, le 2 août 1941, ce propos du Petit-Caporal au chef de la Chancellerie, Martin Bormann : « Je ne veux imposer le national-socialisme à personne. Si l'on me dit que certains pays étrangers veulent rester démocrates, eh bien, tant mieux, il faut à tout prix qu'ils restent démocrates ! Les Français, par exemple, doivent conserver leurs partis. »

Et puis il y avait surtout eu cette fameuse directive 490 dictée par le Petit-Caporal le 9 juillet 1940 : « Soutenir les efforts du gouvernement français pour établir un régime autoritaire n'aurait aucun sens. Toute forme de gouvernement paraissant propre à restaurer les forces de la France se heurtera à l'opposition de l'Allemagne. En Europe, seule l'Allemagne commande. »

Il me vient alors que, vainqueur, Hitler aurait subventionné les radicaux-socialistes, les socialistes, les communistes, les francs-maçons, les libéraux et tous ceux qui, en ce moment, guignent le pouvoir sur les rives de la Seine. Diviser pour régner. Formule aussi vieille que le monde. C'était déjà la politique de l'Angleterre depuis fort longtemps. C'était aussi celle de Bismarck qui était partisan d'une République bien corrompue pour la France. Bismarck, vainqueur en 1870, avait choisi Adolphe Thiers et Gambetta ! J'entends encore mon paternel, sujet du roi, s'adressant à ma mère :

– Ma pauvre Erna, tu ne comprends rien à la politique !

Il ne fallait pas non plus, pour Charles Maurras et les siens, un régime fort en Allemagne. En conséquence, en 1919, ils avaient opté pour la république allemande, comme Bismarck, en 1871, avait opté pour la république en France contre la royauté qui aurait pu succéder au Second empire comme elle avait succédé au premier.

Avec les fumées de ma cigarette, les fantômes, près de moi, me quittent et laissent la place à Jean Monegal, silencieux, lui aussi.

– Et toi, Jean, que serais-tu devenu ? De la même manière que Staline a liquidé les communistes espagnols réfugiés en Russie après la victoire de Franco, la SS noire, si Hitler avait vaincu, aurait peut-être réglé notre compte comme elle avait réglé celui des S.A. de Roehm, non ?

Jean ne répond pas. Il reste muet, immobile, puis, peu à peu, s'estompe dans ma tabagie.

Le café, comme à Thann, comme toute chose ici, a changé en ces dix dernières années. Le patron du bistrot, lui aussi, a changé. Néanmoins, je l'interroge.

– Laure Ley, répond-il, connais pas.

Il pose, peu après, la question à quelques-uns de ses clients. Il y a des chuchotements. On me regarde avec une certaine attention. Je me rends soudain compte qu'il y a des noms, des mots qu'il ne faut pas prononcer. J'ai oublié, dans cette petite ville où je retrouve tout un passé, que je suis maudit et qu'il faut faire l'épais silence sur ceux qui, comme moi, sont maudits.

Dans la rue, cependant, je repose cette question à une femme que j'ai reconnue. Elle est accompagnée d'une petite fille.

– Laure ? Oh, oui, je la connais. La pauvre, elle n'est plus ici. Elle est en Allemagne. J'ai reçu d'elle une carte de Berlin, une seule, pendant la guerre. C'était une chic fille, Laure. Je me demande bien ce qu'elle est devenue. Je l'aimais bien. Elle m'avait donné son adresse, 44 Hermann-strasse. Je me souviens bien du nom parce que Hermann, c'est le nom de mon grand-père maternel, c'est le nom de ma mère.

– Et pourquoi donc est-elle allée à Berlin ?

– Pour sauver sa vie. Elle était hitlérienne, comme ses parents et comme d'autres ici qui étaient, eux aussi, nationaux-socialistes, mais qui ont tourné casaque pour sauver leur peau. Les Ley étaient repérés par les résistants qui devenaient de plus en plus menaçants à mesure que les Américains avançaient vers l'Alsace. C'étaient pourtant des gens qui toujours s'étaient parfaitement conduits, avec tout le monde, les Ley.

– Vous avez là une bien belle petite fille...

Mon interlocutrice a comme un sourire de fierté.

– Elle s'appelle Laure, elle aussi, car mon mari et moi nous aimons bien ce prénom. Elle s'appelle Laure Dietrich.

J'ai eu la bonne idée, en l'abordant, de lui parler allemand. En français, elle aurait peut-être fait comme les autres : « Laure Ley ? non, ce nom ne me dit rien. Je ne connais pas. »

Je pense encore à elle, Anna Bändeln, qui, sans mes cicatrices, m'aurait peut-être reconnu. Je pense à sa sortie de la prairie, des hautes herbes d'où elle venait de faire l'amour. Je me demande si on l'a tondue pour s'être donnée à des soldats allemands. Il ne semble pas, elle me l'aurait peut-être dit. Peut-être est-elle, maintenant, une femme fidèle. Et puis, quelle importance ? Je suis sûr qu'il y a des femmes infidèles qui rendent leur mari heureux, alors que d'autres, éminemment vertueuses, le font souffrir. Peu importe d'ailleurs, elle m'est sympathique cette Anna, ancien Petit Chaperon Rouge qui devant moi sourit.

Elle me demande mon adresse.

– Au cas où je recevrais des nouvelles de Laure, Monsieur, je vous les ferai aussitôt parvenir. Mais elle doit être morte. Sans ça, j'en suis certaine, elle m'aurait écrit. Vous savez, elle était à Berlin lors des terribles bombardements.

Je lui donne la seule adresse dont je dispose, celle de Toulouse. Je n'ose lui dire que, en effet, Laure est morte.

Elle lit l'adresse et, en même temps que de la surprise elle marque un peu d'inquiétude.

– Toulouse ? Vous n'êtes pas Allemand ?

– J'étais dans l'armée allemande... Ma mère est allemande.

– Je devine. Vous êtes passé par Sankt-Andreas.

– Oui.

Rassurée, elle sourit puis, redevenue confiante, elle donne à son tour son adresse pour le cas où j'aurais des nouvelles de Laure. Elle me confie :

– Vous savez, j'ai un souvenir d'elle. C'est un livre de Stendhal, *Lucien Leuwen.* Une histoire de soldat. J'ai toujours aimé les soldats. Comme Laure...

Après l'avoir quittée je me promène longtemps dans la petite ville où les souvenirs viennent en foule. J'accomplis plusieurs fois, longeant la Thür, le parcours que j'ai fait avec Laure dont les cheveux bougeaient au souffle du vent léger. C'est vrai que Laure, en la personne de Jean Monegal et peut-être de moi-même aimait les soldats, mais son mantel était loin d'être aussi court que celui de la si gentille Anna.

Je revois la maison des Ley. Je regarde longtemps la fenêtre de Laure. Derrière cette fenêtre, dans cet appartement, qui ? Je sonne, pour voir, pour savoir. La porte s'ouvre avec hésitation.

– Vous désirez, Monsieur ?

– Mademoiselle Ley, s'il vous plaît ?

La femme me regarde d'un air bien étrange.

– Ce n'est pas ici.

Et la porte se referme rapidement. Dans la rue, je regarde la fenêtre de Laure à partir du trottoir. La femme surprise par mon regard, se retire aussitôt.

Je suis triste. Il y a dix ans, jour pour jour, je la rencontrais à la pharmacie de son oncle. Le dixième anniversaire ! Moi, qui ne retiens guère les dates, je me souviens bien du 15 mai. Aujourd'hui, c'est encore 15 mai, vendredi cette fois, et non pas samedi.

Comme à l'habitude, mes yeux regardent et s'attardent sur les jambes des femmes. Il y en a de si belles ! Non, celles qui sont aujourd'hui devant moi ne sont pas celles d'une femme sur le point de s'évanouir et je ne la porterai point jusqu'à la pharmacie, là-bas. Je m'approche, cependant, de cette pharmacie et, avec un espoir insensé, j'entre.

– Vous désirez ?

– Euh... Vous avez de la menthe ?

L'homme va choisir parmi les flacons. Je sors un billet et l'homme me rend la monnaie que je fourre dans ma poche de veste avec la bouteille. Non, non, les choses ne reviennent pas. Elles ne reviendront jamais. Non. C'était alors d'une menthe verte qu'il s'agissait, offerte par une jeune fille en bas noirs. Non. Ce n'était pas une bouteille incolore vendue par un apothicaire. Non. Laure, toi qui crois au retour éternel, parce que cela t'enchante d'y croire, crois-moi, il n'existe pas le retour éternel.

Je tourne le coin de la rue, puis un autre, et je me dirige vers la gare. Cette fois, je ne vois point de cigognes. Laure qui était à Sennheim n'est pas à Cernay.

Je m'arrête à Strasbourg pour voir la cathédrale, cette église qui, dans l'esprit de Laure, était à la fois la cathédrale Saint-Étienne de Vienne et sa propre chambre, maître-autel où elle se proposait de prier le Dieuble le jour même où je devais prononcer mon serment SS.

Dans la cathédrale, Laure, de nouveau près de moi, me montre à travers le temps, non loin de nous, Goethe recueilli, silencieux, à côté de la petite Frédérique Brion qui lui tient le bras. Le jeune Goethe et ses premiers émois : la femme et l'église. L'église : femme immobile dans sa longue robe de pierre et la femme : église émouvante, mouvante, changeante et fugitive, comme le temps.

Fugitive... Tout est désert, je suis seul dans la cathédrale au milieu du vide. Le temps a basculé. La boule du monde s'est tournée et retournée des millions de fois, obus dont je ne suis qu'un infime grain de poudre, poursuivant sa trajectoire insensée vers un objectif mystérieux, situé quelque part dans le brouillard du mortel et tourbillonnant univers.

Et je reprends le train en direction de Stuttgart. Je pénètre en Forêt Noire. Elle ne doit pas être bien loin la petite cité de Freudenstadt.

Elle doit être même reconstruite à présent cette ville de la joie. Est-il vrai que là se débondèrent et se débraillèrent les valeureuses troupes africaines et françaises en plein corps à corps avec les femmes allemandes ? La bagatelle de quelques milliers de viols pour commencer. Et puis, ma foi, pour finir, le bouquet d'un beau feu d'artifice : la ville de la joie rasée par l'artillerie. Un discret Oradour en Wurtemberg... pour fêter la proche victoire sur la barbarie nazie. Le général Lesombre aurait été un tantinet agacé par la résistance d'« une poignée de voyous SS » qui s'opposaient à son avance.

– Eh Janmage, sale nazi, tu sais ce qui s'est passé à Oradour-sur-Glane ?

– Oui, vas-y, cause toujours, tu m'intéresses...

Je descends bientôt à Munich. Après avoir visité la ville, laquelle se dégage de ses nombreuses ruines et où, se servant des anciens plans, on reconstruit maisons et édifices tels qu'ils étaient avant les bombes, je vais reconnaître, après avoir revu le palais de la Résidence et la Marienplatz, Tölz et son école de cadets. Je n'entre pas dans l'école, elle est occupée par les Américains. Je rejoins la brasserie où nous avions coutume, certains soirs, Raph, Pol Kirchhoffer et moi, de prendre place devant des pots de bière et où, pour la première fois, nous rencontrâmes l'Homme-aux-loups. Là aussi, regardant du côté de la montagne, je me souviens de nos marches et de nos exercices de manœuvre. Tout cela appartient aux années mortes, aux journées défuntes. Les aigles, cette fois, ne viennent pas voler au-dessus de moi, et je ne porte plus d'aigle à mon bras gauche. Ils ont fait place aux corbeaux les aigles : ceux de la dénonciation, ceux de la potence et ceux des poteaux, comme, par exemple, à Bad-Reichenhall.

À Bad-Reichenhall, cet autre coin de Bavière, il me faut demander mon chemin pour arriver jusqu'au cimetière Sankt-Zeno. Là, je me dirige, selon les indications notées sur mon carnet: Gruppe II, Reihe 3, Nr 81 und 82.

Oui. C'est bien là.

Là, je dépose une petite gerbe de fleurs.

Là, je reste longtemps immobile, méditant sur la qualité des héros: le général Lesombre d'une part, et puis ceux qui gisent là, à mes pieds.

Là, il y a douze soldats enterrés.

Le 8 mai 1945, ces douze soldats ont été fusillés. Pour crime d'insolence. Je viens ici pour honorer l'insolence en déposant mes pauvres fleurs.

6 mai 1945. Douze Waffen-SS de la division « Charlemagne » se sont rendus aux Américains, ils s'échappent quand ils apprennent que ceux-ci vont les livrer aux troupes françaises qui entrent à Bad-Reichenhall. Les douze fugitifs, encerclés dans un bois par les troupes françaises, sont faits prisonniers. Le général Lesombre vient en personne leur rendre visite. Il leur fait reproche d'avoir revêtu l'uniforme allemand. Les Waffen-SS lui font observer que lui-même porte un uniforme américain. Le grand capitaine de guerre n'aurait pas supporté d'être ainsi mouché et, c'est bien le cas de le dire, aurait mâché du feu. Pas content. Il aurait décidé, devant leur « attitude insolente », de faire fusiller ces vaincus qui refusent le blâme, ces jeunes soldats qui étaient des gosses nés de familles ouvrières. Dans la Waffen SS, ils étaient les plus nombreux ceux qui venaient des ateliers et des usines...

Peut-être, si on ne les avait pas assassinés, ces condamnés qui avaient crié « Vive la France » avant de mourir, peut-être auraient-ils fait partie d'un groupe de combattants au Vietnam et pour se « racheter » auraient-ils continué à se battre contre le communisme qu'ils n'avaient jamais cessé de combattre. Peut-être seraient-ils morts là-bas, à Cao-Bang, à Lang-Son ou encore à Dîen-Bîen-Phû. Le général, cependant, les yeux couverts d'un bandeau, ne pouvait voir son propre avenir...

Longtemps, bien longtemps après, je me suis laissé conter une certaine histoire par un ancien de la « Charlemagne ».

Les douze prisonniers du général Lesombre auraient été en réalité treize. Ce dernier aurait été oublié et n'aurait donc pas figuré parmi les fusillés du lac de Constance. Ce treizième savait manier la poudre.

En 1947, l'avion du général Lesombre s'écrase au sol.

Le soldat oublié, sous le signe 13, ne lui aurait pas porté bonheur. Il lui aurait fallu deux ans pour venger ses compagnons...

*
* *

Pour arriver à Berlin, le moyen le plus simple, le plus cher aussi, mais j'ai suffisamment d'argent sur moi, c'est de prendre l'avion.

Après un vol rapide, j'arrive sur la piste de Tempelhof. Je crois, un court instant, m'être trompé de destination. Des femmes avec des foulards noués sur la tête, avec de longues jupes et des pantalons bouffants, des hommes basanés, me font d'abord hésiter. Mais où suis-je donc? Je ne réalise pas encore que l'Allemagne, saignée – plus de dix millions de morts au cours de la guerre – a accueilli, faute de main-d'oeuvre, des foules de travailleurs étrangers et, tout d'abord, je pense être arrivé en Turquie. Sans la guerre, l'Allemagne aurait eu une population de plus de cent millions d'habitants et, fatalement, aurait dominé l'Europe, tout comme la France l'avait dominée quand elle était, il y a deux siècles, la nation la plus nombreuse du continent. Je comprends, en voyant tous ces Turcs venus remplacer les Allemands tués par millions, pourquoi il y a eu la guerre. Il ne fallait pas que l'Allemagne, ni le Japon, prissent économiquement les premières places dans le monde en surclassant les Etats-Unis, l'Angleterre et la France.

Je n'ai que quelques rues à traverser pour arriver dans la Hermannstrasse. Cette rue est en chantier, avec des maisons construites et d'autres en construction. Comme dans la plupart des autres artères de la capitale allemande, des ruines subsistent, et l'on rencontre beaucoup de terrains vagues. J'ai quelque difficulté à situer, à peu près, le lieu exact de l'avant-dernière demeure de Laure. Je repère, cependant, non loin de là, l'endroit où le jeune Karl est tombé sous les balles des tankistes. Ensuite, je me dirige vers le fleuriste proche du cimetière. Je lui achète des roses. Des roses de couleurs blanches. Je bavarde un peu avec lui. Je lui parle des ruines telles que je les avais vues à la fin de la guerre.

– Oh ! mais il vous faut aller voir alors la montagne du Diable !

– La montagne du Diable ?

– Elle n'existait pas quand vous avez quitté Berlin. C'est le plus haut sommet de la ville, tout à l'Ouest. C'est une colline de 120 mètres, plus haute que le Müggelberg situé à l'Est. C'est une colline couverte d'arbres. Elle a été faite avec tous les gravats des maisons bombardées. Imaginez un peu ! 25 millions de mètres cubes ramassés par les femmes, les *Trummerfrauen.* À la fin de chaque année, à la Saint-Sylvestre, nous autres Berlinois nous y allons boire le coup au milieu des feux d'artifice. Cela pour bien montrer que nous n'oublions pas.

– Moi non plus, lui dis-je, en lui montrant les fleurs, je n'oublie pas. Je vais les déposer, ces roses, sur la tombe de quelqu'un qui a été tué, un certain 23 février, sous les bombes, et, comme vous m'y invitez, j'irai à la Saint-Sylvestre au *Teufelsberg.*

– D'accord, mais en attendant, vous pouvez toujours aller faire une promenade dans le parc proche, c'est aussi une colline de décombres, elle est moins haute, 70 mètres seulement. Vous en découvrirez d'autres des collines ! Berlin c'est la ville des arbres et des collines nés de la guerre !

La tombe aussi a changé. Elle est là, de la même couleur que mes roses, discrète, comme Laure l'eût sans doute souhaitée. Elle est identique à celle qui lui est voisine, celle du jeune Karl. Sur ces deux tombes, il y a déjà des fleurs, légèrement fanées. Quelqu'un s'occupe donc de ces deux morts.

Je suis troublé par ces deux tombes jumelles. Ce n'est ni Jean ni moi qui reposons à côté de Laure. C'est Karl, ce garçon qu'elle n'a jamais vu et qui, par-delà la mort, s'est d'abord épris d'elle, puis l'a rejointe. Je suis là, devant eux, témoin de leur alliance.

Laure, je l'ai portée dans mes bras vers ce lit où elle repose maintenant. J'ai fait de même pour Karl.

La tombe de Jean, en Poméranie, a sans doute été écrasée par les chars soviétiques. Il est, lui, comme des centaines de milliers d'autres, de l'autre côté de l'Oder, quelque part près de Stargard, ville devenue polonaise aujourd'hui et qui a changé de nom. Et je suis dans ce cimetière de Berlin, comme désemparé devant le tour que peuvent prendre les choses. Je me demande aussi quel sera le lieu de ma dernière demeure. L'endroit existe, mesurant à peu près un mètre sur deux mètres. Mais où ? Cet endroit existe et m'attend. Le temps passe si vite que c'est un peu comme si j'étais déjà au bord de la fosse !

Sennheim a été rayé de la carte et a été remplacé par Cernay. Laure n'est plus. Le IIIe Reich a disparu. Le passé est mort. Le passé, il est vrai, est toujours mort. Cependant, il continue à vivre en chacun de nous, jusqu'à ce qu'il soit enterré, en même temps que le présent, en même temps que notre corps.

Mes roses sont sur les deux tombes. Je me souviens combien Laure aimait les fleurs. D'une de ses lettres, toutes perdues elles aussi, dans la guerre, je me remémore quelques lignes :

« Les fleurs sont, pour moi, une présence, non pas seulement leur présence même, mais celle de quelque chose d'autre, invisible derrière elles. »

Derrière mes fleurs, maintenant, il y a la mort. Autrefois, il avait l'amour. Mais ce « quelque chose d'invisible » est devenu Laure elle-même, Laure dont j'évoque le sourire, le visage, les yeux verts, les cheveux flottants aux vents du passé.

À la sortie du cimetière, je me retrouve sur la place Hermann. Longer la Heisenheide, prendre la rue Blücher et m'arrêter place de la Belle-Alliance, je fais cela mécaniquement. Au fur et à mesure de mes pas, tout se transforme ; je ne reconnais plus rien de cette partie de Berlin dont je n'ai vu, il y a huit ans, que des ruines. Il y a beaucoup de ruines encore, beaucoup de chantiers et de terrains vagues. Il y a aussi des arbres. Berlin, comme vient de me le signaler le fleuriste, est la ville des arbres.

Les maisons, elles, sont des cubes. À certains coins de rues, on a retiré l'un de ces cubes et l'on voit, dans un angle de 90°, une place triangulaire, séjour d'un marchand de journaux ou de saucisses. De temps en temps, je rencontre des uniformes de soldats anglais, américains ou français, habités par des hommes et des femmes de tous grades. Parfois, quelques vieilles façades ayant échappé aux bombes se montrent et se distinguent des maisons nouvelles venues, elles sont moins rigides, moins austères. Les architectes berlinois, tout comme leurs confrères étrangers et les anciens Egyptiens, ne connaissent guère que la ligne droite.

J'emprunte la Wilhelmstrasse, naguère centre de l'administration du IIIe Reich, et je traverse cette rue Hedemann où, à côté de moi, a été tué le jeune Friedrich Hoeppner lors des ultimes combats. Je le revois encore, mortellement atteint mais qui, à terre, croit être tombé à la suite d'un faux pas. Dans ce quartier de Kreuzberg aux façades grises, je rencontre des jeunes gens. Ils n'ont rien de commun avec nos garçons des combats de Berlin. J'ai affaire à une sorte de bohème provocante d'allure ou d'apparence gauchiste laquelle, le temps de la chrysalide passant, va bientôt se transformer en une nouvelle génération de pères de famille plus bourgeoise que devant. Pour l'instant, ces jeunes jettent leur gourme.

Je longe un mur. Un mur, c'est là pour empêcher tout passage, toute communication. Pourtant, celui-là communique : inscription en lettres énormes : *Weder Kapital noch Kommunismus!* Ni capital ni communisme. Cela résume de façon lapidaire ce pourquoi je me suis battu.

Je lis et relis le message et je me dis que jamais rien, en fin de compte, n'est tout à fait perdu.

Sans trop savoir comment, je me trouve, soudain, devant une sentinelle russe ; elle garde le monument célébrant les héros soviétiques. Je suis passé, sans m'en rendre compte, dans Berlin-Est.

Paraissant suprêmement intéressé, je fais le tour du monument. La sentinelle me sourit. Je lui rends son sourire et j'entre de plain pied en pays communiste. J'ai tout d'abord le réflexe de vérifier si je suis bien en civil et non plus en uniforme SS !

Ainsi, aujourd'hui, je peux me promener impunément dans la rue, croisant des soldats de l'armée Rouge qui, il y a huit ans, m'auraient mitraillé. Des policiers me regardent vaguement et passent leur chemin. Il est vrai que mes vêtements sont aussi modestes que ceux des autres civils que je rencontre et je peux très bien être pris pour l'un d'entre eux. À l'Ouest, les gens sont mieux vêtus. Ils sont aussi plus gros. Je suis, moi, souvent plus maigre que ceux qui vont et viennent autour de moi. Comme dans Berlin-Ouest, il y a encore, ici, pas mal de terrains vagues et beaucoup de constructions en cours. On fabrique une nouvelle ville.

Arrivé dans le quartier populaire de l'Alexanderplatz, le quartier natal du jeune Karl, j'erre quelque peu dans les rues et, surtout, je me promène dans la colossale avenue Staline, encore en plein chantier. Puis je prends la direction du retour, vers la porte de Brandebourg, passant par l'avenue Unter den Linden où jadis et naguère ont défilé sous les acclamations les troupes allemandes victorieuses.

Je marche longtemps encore avant de me retrouver dans un hôtel proche de la Hermannplatz. Là, après avoir loué une chambre et m'être reposé un peu, je sors de nouveau pour, dans une brasserie voisine, me restaurer, fumer, boire quelques bières, méditer, rêver, regarder ceux qui m'entourent. Ce sont surtout des jeunes gens rieurs ; puis ce sont d'autres, un peu plus graves, à peine plus âgés, un peu rêveurs qui, il y a presque huit ans maintenant, se sont peut-être battus contre les chars, dans ces mêmes rues où de nombreux petits gavroches sont restés cloués sur le macadam, immobilisés, comme le petit Karl Dufresne et le petit Friedrich Hoeppner, par une ou plusieurs balles. Quand je sors de la brasserie, la nuit est depuis longtemps tombée. Le cimetière où Laure repose est là, juste devant moi. Fumant quelques cigarettes, je regarde, immobile, dans cette direction-là.

Va-t-*elle* sortir de son tombeau ? Je renouvelle à mon usage les images de la légende des Willis, ces jeunes fiancées, mortes avant leurs noces, qui, à l'heure de minuit, quittent leurs tombes pour aller à la rencontre du premier jeune homme venu pour le faire danser, danser jusqu'à ce qu'il meure. Et je l'imagine, Laure, dans sa longue chemise de nuit, robe blanche de bal, venant vers moi pour m'inviter à la danse. Mais rien ne bouge. Tout est noir autour de moi, et je ne vois point d'ombre pâle. Comme je voudrais cependant que, pour moi, la légende devienne réalité. Avec quelle joie je me laisserais entraîner dans le dernier tourbillon par Laure. Merveilleux rêve ! Rêve seulement ! Aucune apparition ne se dessine, auréolée d'une légère lumière. Laure continue de dormir près de son jeune amant.

Soudainement, j'aperçois *quelqu'un*, mais la silhouette est bien vague. Il me semble, cependant, que…

Mais pourquoi donc ce personnage me hante-t-il ? Pourquoi donc me poursuit-il ? Pourquoi se matérialise-t-il maintenant en une espèce de vapeur, suivi de deux autres formes tout pareillement impalpables ? Pourquoi donc ce vieillard et ses loups se montrent-ils ainsi à mes yeux ? Pourquoi ces trois fantômes qui sont sans doute une projection de mon esprit longent-ils le mur du cimetière dans ce grand silence ? Je me parle à moi-même…

– Raph l'avait vu aussi ce vieil homme dans Berlin. Il est même venu me chercher, Raph, et tous deux nous l'avons contemplé ce vieux tout rigide en sa mort, parmi les décombres d'une maison en ruines.

Je me souviens, mais que vient-il donc faire ici, ce maître des sortilèges ? Pourquoi ressuscite-t-il sinon pour m'annoncer que des choses à venir me concernent encore !

*
* *

Le lendemain, samedi, je me poste, tôt le matin, dans la Hermannstrasse, pour surveiller le cimetière et, quand une personne entre, je me dirige à mon tour vers la porte afin de voir vers quelle tombe elle conduit ses pas. Je suis bien décidé à consacrer trois journées à ce guet. Je compte sur ces trois jours de samedi, dimanche et lundi de la Pentecôte pour voir apparaître la personne qui va franchir le portail du cimetière et se diriger vers la tombe de Laure ou bien vers celle de Karl. La personne qui, peut-être, va me donner quelques indications et me permettre de suivre une piste. Quelle piste ? Je ne sais. Celle de Horst ?

La matinée passe sans résultat. Je décide alors de ne pas déjeuner. Sauter un repas ne m'a jamais gêné. Quelqu'un pourrait venir, autour de midi, par exemple, et ce serait dommage de le manquer. Personne ne vient. L'après-midi passe lentement, sans que je perde patience. En prison, je l'ai apprise la patience. Si quelqu'un doit venir rendre visite à l'une de ces deux tombes ce sera, peut-être, demain.

C'est vers cinq heures du soir qu'une femme aux cheveux grisonnants entre dans le cimetière. Aussitôt, je me dirige le cœur battant vers le portail. Elle va, cette femme, dans la direction des deux tombes et s'arrête devant l'une d'elle. Celle de Laure. La présence de mes fleurs ne paraît pas étonner la visiteuse.

J'attends. J'attends longuement.

Lorsque, enfin, elle quitte les tombes et vient vers la sortie, je la reconnais aussitôt. Elle a terriblement vieilli.

Elle aussi, après une légère hésitation, se souvient. Je la prends alors dans mes bras, comme s'il s'agissait de Laure elle-même et je l'embrasse.

Je n'ai rencontré cette femme qu'une seule fois. À Sennheim, chez elle, où je ne lui ai guère dit que « bonjour » et « au revoir », parlant davantage avec son mari et avec sa fille. Nous n'avions donc, en la circonstance, échangé que très peu de mots. Et, pourtant, elle est maintenant tout contre mon cœur, dans ce cimetière. Mille choses non dites mais vécues nous unissent. Nous avons en commun cette possibilité de ne jamais revoir Hans Ley et Laure qu'en souvenir, et d'être perdus loin d'eux, comme dans une steppe.

Elle demeure non loin du cimetière, rue Reuter.

– Vous verrez, c'est tout près, proche de la rue Karl-Marx où travaillent, dans un garage, Horst et son père.

– Horst ? À Berlin-Est ?

– Mais non, mais non, la rue Karl-Marx est dans Berlin même, c'est-à-dire dans notre propre secteur.

– Après tout, cela ne m'étonne pas, dis-je, qu'il y ait une rue Karl-Marx à Berlin-Ouest ; il y a bien une place Franklin-Roosevelt dans Budapest qui est pourtant communiste.

Je joue les innocents, mais j'ai bien remarqué, le matin même, cette rue Karl-Marx insolite, une grande artère qui prolonge le tracé de la Heisenheide en direction du sud-est.

– J'étais loin de penser que ces magnifiques roses blanches étaient les vôtres. Je croyais que c'était Horst qui les avait apportées. C'est Horst, vous savez, qui a eu l'idée de ces deux tombes semblables. Je me suis laissée convaincre, car l'histoire du jeune Karl, qui venait toujours me voir et m'interroger sur Laure m'avait touchée.

– Je craignais, Madame, de ne plus retrouver Horst.

– Je le vois souvent, ainsi que ses camarades d'il y a huit ans, à part le plus jeune de tous, le petit Heinrich Stehlin qui, le 2 mai, à la fin de la bataille de Berlin, a choisi de se noyer, quand la nouvelle que Hitler s'était suicidé a été confirmée. Quant à vous, tous pensaient que vous étiez mort, car vous étiez bien mal en point quand ils vous ont emmené au poste de secours. En vous voyant, j'ai hésité à vous reconnaître, je croyais voir en vous une sorte de revenant. Il faut à présent que je vous remercie d'avoir indiqué à Horst que, à l'hôpital de Neukölln, on pouvait lui donner mon adresse.

Les épreuves ont buriné cette femme. Elle n'est pas encore une vieille dame, cependant. Sous les rides, il y a encore beaucoup d'énergie, et puis, sur son visage il y a aussi ce sourire, pareil à celui de Laure.

Elle me parle du passé :

– C'est ainsi que j'ai fait connaissance avec la famille de Horst ; cette famille qui, par la suite, m'a en quelque sorte adoptée et retenue à la vie.

Rue Reuter, Mme Ley habite dans un trois-pièces, simple, agréable, gai. Il y a des fleurs et les livres que lisait Laure. Sur le piano du petit salon, il y a une photographie de Laure, une de M. Ley et une autre où Jean et Laure se font face et sourient l'un à l'autre.

– C'est le piano de Laure, n'est-ce pas ?

– Oui, il lui manquait beaucoup à Berlin dans son trop petit studio. Elle aimait pourtant bien en jouer en Alsace. C'était la période heureuse.

Comme je m'attarde à contempler l'image de Jean avec Laure, Mme Ley pousse un soupir de tristesse.

– Oui. Je suis veuve, maintenant. Et mes deux enfants ne sont plus.

Et comme je regarde une autre photographie de Laure, seule, superbe, Mme Ley m'interroge.

– Vous aimiez Laure, n'est-ce pas ?

Je me tourne vers cette femme qui m'est devenue chère, non seulement parce qu'elle est la mère de Laure, mais parce qu'en elle, sur son visage je distingue des traits, lèvres et regards, qui précisent le souvenir de celle qui n'est plus.

– Oui... Madame. Parlez-moi d'elle.

– C'est ce que précisément me demandait toujours le petit Karl : Madame, parlez moi d'elle. Il faudra pour cela que, à vous, je parle aussi de Jean Monegal.

Elle marque une hésitation.

– Je vous en prie, ne me ménagez pas, faite abstraction de moi. Parlez-moi d'eux.

Elle va commencer son récit quand elle se ravise.

– Dites-moi d'abord, vous qui étiez son proche ami, pourquoi Jean n'est-il pas venu voir Laure pendant de si longs mois de guerre ? Vous, vous étiez venu la voir jusqu'à Berlin... Dites-moi, était-il blessé à la face ? Il ne se jugeait plus montrable ?

Je décide alors de dire, sans ambages, ce que je sais de la secrète blessure de Jean.

– Ce n'était pas de la face qu'il s'agissait, Madame, mais de quelque chose de plus caché.

À la fin de mon récit, un peu de rose est venu à ses joues, dû sans doute à la pudeur.

– Alors, je comprends. Mais Laure, elle, dans l'ignorance, ne pouvait comprendre. Jean aurait dû m'écrire cela, à moi. J'aurais peut-être empêché cette sorte de suicide qui a consisté pour elle à ne pas se rendre aux abris lors de cet affreux bombardement du 3 février. Laure, qui était la joie de vivre en personne, a fait le choix de mourir. Elle m'avait laissé entendre que si Jean ne revenait pas elle se tuerait. C'était tout le sens de la médaille qu'elle portait au cou. Je crois qu'on n'aime jamais trop, mais je dirai quand même qu'elle aimait trop Jean. S'il était venu, je suis sûre, d'après ce que vous venez de me dire, qu'ils se seraient tués tous les deux. Il devait savoir cela. Il s'efforçait maladroitement de gagner du temps pour qu'elle vive sans lui. Laure m'a montré plusieurs de ses lettres où il ne parlait, pour ainsi dire, que de vous. Elle ne comprenait plus rien au comportement de Jean et moi je ne comprenais pas davantage. Vous, elle vous aimait, mais plutôt comme un grand frère. Nous avons souvent parlé de vous, toutes les deux. Quand elle recevait une de vos lettres, elle était plus heureuse ; quand elle recevait une lettre de Jean, elle était plus malheureuse. Jean occupait sans cesse ses pensées, il était la cause d'un tourment qu'elle dissimulait. Il était pour elle un peu comme une idée fixe ; tout cela, bien entendu, dans une perpétuelle et fausse gaieté qui, pour moi, était source d'inquiétude. Quant à vous, avez-vous gardé les lettres de Laure ?

– Les Russes m'ont tout pris.

– Je vais vous donner quelques photographies. C'est tout ce qui me reste d'elle, des images, des souvenirs, des objets. Ah, il faut que je vous dise...

Elle s'arrête court, puis, reprend, hochant la tête :

– Tout cela n'a plus guère d'importance... Mais Laure n'avait jamais fait l'amour. Elle était restée une petite fille du Moyen Âge qui attendait son prince charmant et qui, en l'attendant s'efforçait de lire et de jouer de la musique.

Comme Laure, elle a aussitôt un sourire de bravoure après une intonation de tristesse. Soleil et pluie. Nuage et lumière.

Posé près des photographies, je reconnais le pot à tabac en forme de chouette de M. Ley.

Mme Ley soulève le couvercle.

– Vous voyez, il y a encore du tabac dedans.

Elle remet le couvercle en place et murmure :

– Peut-être que si son père avait été encore en vie, Laure ne se serait pas tuée. Il aurait eu, plus que moi, la force de la maintenir en lui insufflant suffisamment d'espoir.

Elle se ressaisit, la maman de Laure, mais paraît longuement hésiter avant de me dire des mots qui restent à jamais gravés dans ma mémoire, des paroles dites à voix presque basse, comme une confession.

– Quand tout à l'heure, je vous ai parlé de mes deux enfants, Laure et Jean, qui ne sont plus, je traduisais mes propres sentiments. Quand je vous ai dit qu'elle vous aimait comme un grand frère, je traduisais ses sentiments à elle. Je dois cependant, pour respecter une certaine vérité, vous faire un aveu, puisque, à présent, rien de ce que je vais vous dire ne saurait modifier ce qui a été, si ce n'est pour vous-même.

Elle s'interrompt, me regarde dans les yeux, hésite, puis reprend :

– Je dois vous dire que ces sentiments fraternels pour vous n'étaient les siens que jusqu'à votre arrivée à Berlin. Le soir même, elle m'a dit qu'elle vous avait accompagné jusqu'à la gare, puis, pour la première fois depuis longtemps, je l'ai vu verser de lourdes larmes. J'ai compris, ce soir-là, que vous étiez devenu pour elle beaucoup plus qu'un frère. Je crois, voyez-vous, que vos lettres et votre visite de décembre, à Berlin, ont fait qu'elle a été brutalement écartelée entre Jean et vous. Un soir, rue Hermann, je suis arrivée chez elle quand elle venait juste de déchirer une lettre qu'elle venait de vous écrire. L'enveloppe était encore sur la table, elle portait votre nom.

– Pourquoi déchires-tu cette lettre, Laure ? Tu y as donc fait de grosses taches d'encre ?

Sa réponse fut amusante et donnée sur le ton de la légèreté, mais je devinais que cette réponse traduisait très bien ce qui la bouleversait : sa peur que Jean ne soit plus tout pour elle. Je pense, aujourd'hui, que c'est bien cela que Jean voulait. Il a failli réussir. Ce soir-là elle a eu cette réflexion :

– Je m'y perds, avec tous ces hommes. Je finis par les confondre.

– Mais Laure, je n'en vois apparemment que deux, pour le moment !

– C'est beaucoup trop, je t'assure, je ne m'y retrouve plus !

– Voilà. Je crois, voyez-vous, qu'elle était, comme elle le disait, un peu perdue et j'avais même quelque crainte quant à sa raison, elle qui d'ordinaire était si équilibrée ! Ne croyez pas que j'exagère. Je pense que, c'est dans un profond désespoir, lequel s'est aggravé avec la disparition de son père, qu'elle a choisi de disparaître à son tour, faute de voir clair dans sa propre vie, faute d'aimer sans souffrir et sans faire souffrir. Souvent, je la voyais assise, songeuse, la main à son cou, tenant la médaille que Jean lui avait donnée, elle paraissait s'y cramponner.

En quittant, ce soir-là Mme Ley, je la serre très fort dans mes bras, et elle éclate en sanglots.

Après l'avoir quittée, je vais dans un café, dans le coin le plus reculé. Là on m'apporte une bière amère. Je me demande si elle n'est pas dans le vrai en ce qui concerne le suicide supposé de Laure. Je me repasse sans cesse, de mémoire, comme une séquence de film dont je ne me lasse pas, la dernière image que j'ai de Laure quand, du train d'où je la regardais, je la vois agiter son foulard telle une flamme et s'éloigner comme à reculons sur le quai de la gare devenu une sorte de trottoir roulant fuyant devant moi, et puis disparaître, happée par le lointain, éteinte à jamais. Là, oui, je laisse aller ma tristesse, comme à Toulouse, près de la maison de la petite Laure alors que j'étais môme.

J'ouvre enfin l'enveloppe dans laquelle Mme Ley a placé quelques photos. Parmi elles, il y a la petite fille, col de corsage ouvert, avec ses tresses, son sourire malicieux et ses yeux qui m'observent, amusés.

– Allons, allons, No, tu as dépassé les trente ans maintenant, et tu regardes ainsi une fillette de treize ans !

– Quand je te regarde, là, sur cette image, Laure, j'ai aussi treize ans !

Ces retrouvailles, où je la revois autrement que par l'imagination, après huit ans, me bouleversent. Je ne suis pas tout à fait le dur-à-cuire que j'imaginais être.

Je regarde longtemps une autre image. Laure n'y est pas seule mais en compagnie d'une autre jeune fille. Qui est-ce ? Je cherche, car le visage ne m'est pas inconnu. Je cherche et, soudain, je revois cette jeune fille remettre à Laure, dans un couloir de l'hôpital de Neukölln, une rose rouge. Erika !

Erika, c'est-à-dire Dresde ! Erika, c'était elle qui, lorsque je l'ai vue, près de la sortie de l'hôpital, était sur le point de partir là-bas, à Dresde, au bord du fleuve Elbe ! Dresde qui, après les bombardements anglo-américains du 13 février 1945, dix jours après ceux de Berlin, au premier jour du Carnaval pour lequel s'étaient costumés les enfants de la ville, brûla pendant une semaine et compta deux cent cinquante mille morts ! La vieille ville, entièrement rasée. Erika, si joyeuse de partir là-bas, dans Dresde, ville d'art, et laissant Laure de plus en plus seule ! Elles se sont sans doute retrouvées toutes les deux, l'une attendant l'autre pendant dix jours, pour se promener dans l'au-delà. Trois jours après, Jean, à son tour, était allé les rejoindre. Dresde, la ville aux trésors cassés. Une ville ancienne devenue, à coups de bombes, une ville purement imaginaire, comme était imaginaire la Vienne de Laure !

Si la guerre avait duré plus longtemps, c'est la bombe atomique, fabriquée spécialement pour eux, que les Allemands recevaient. Einstein, le grand savant un peu gamin, que l'on représente parfois tirant la langue, en aurait suggéré l'idée au président Roosevelt. Le successeur de Roosevelt, Truman, en dépit des protestations d'Oppenheimer, autre savant gamin, qui la destinait lui aussi aux Allemands, expédia finalement la bombe sur les Japonais. C'est grand, les grands hommes !

Une photographie m'accroche plus que les autres.

Laure est grave, songeuse. Elle est près de la fenêtre du salon de Sennheim, le visage tourné vers la droite, de trois-quarts. Le flot légèrement ondulé de ses cheveux, déporté en arrière et vers l'autre côté du visage de façon opulente, découvre l'oreille, le cou et l'épaule gauche. Sa main repliée vers la poitrine tient une rose blanche. Elle porte cette robe que le soleil avait rendu transparente et qui m'avait tellement ému lors de notre dernière rencontre en Alsace. Cette photographie est la plus belle de toutes. Et c'est celle, mais en plus grand format, que j'ai déjà admirée sur le piano tout à l'heure, tandis que Mme Ley me demandait : « Vous aimiez Laure, n'est-ce pas ? »

Elle ressemble à un fantôme, mais avec dans la pose comme un mouvement des bras et du corps amorcé pour un pas de danse. La dernière danse, celle accordée au premier jeune homme rencontré par les Wallis qui viennent de quitter leurs tombeaux.

Je la regarde, de plus en plus fasciné par cette apparition. Et je me souviens du conte de Tieck dont Laure m'avait fait le récit à Sennheim. Et je me souviens de la rose blanche dont, à la suite du récit, j'avais mis la tige dans la poche de ma vareuse, côté cœur. Et je me souviens aussi de la voix de Laure :

– Je vois, *Ferdinand,* que vous ne craignez pas la solitude…

Et je m'entends répondre :

– Mais ce n'est pas bien grave, *Franziska,* cette rose n'est pas rouge mais toute blanche !

– Peut-être, *Ferdinand,* est-ce beaucoup plus grave encore !

Dans cette échange de paroles jouées nous étions deux amants. Laure, sous le couvert de Franziska, pendant quelques instants avait oublié Jean Monegal !

Je retourne la photo et je reste étonné d'y lire une écriture qui ne m'est pas inconnue :

À Laure, autrefois rencontrée dans la forêt de Brocéliande…
Merlin.

Merlin ! Merlin l'Enchanteur qui, depuis, d'un coup de revolver magique s'était transformé en cadavre… pour vérifier, sans doute, que *Merlin* voulait bien dire : « Tu es mortel ».

Quand je me lève et quitte le café, je passe devant le vieil homme que, à quelques tables de moi, je n'ai pas vu s'installer, tout absorbé que j'étais dans mes méditations et contemplations. Je l'entends, soudain, me souhaiter bonsoir et de ne point rater la fin du monde…

Je ne réponds pas. Je sais qui vient de s'adresser à moi. Cette voix, je la reconnais bien, ou plutôt je crois la reconnaître, depuis Sennheim. Je viens de l'entendre ou croire de l'entendre juste après avoir lu, au dos de la photographie, l'écriture et la signature de son auteur !

La vie n'est qu'une suite d'hallucinations...

La petite Laure, morte, allongée sur son petit lit d'enfant, une mouche trottant sur son visage fut à Toulouse ma première hallucination et la guerre, chaque jour, m'apporta de nouvelles scènes hallucinantes de morts et de douleurs... prises dans la lourde besace du Dieuble...

Avec Mme Ley, ma nouvelle famille, la famille à laquelle j'appartiens maintenant et qui, si elle n'est pas unie par les liens de sang du mariage, l'est cependant par des pensées communes, par une sorte de sang spirituel, s'est révélée à moi. Le lendemain, dimanche, jour de la Pentecôte, elle se manifeste à nouveau par un coup de téléphone matinal dans ma chambre d'hôtel. La jeune fille de la réception est à l'autre bout du fil.

– Il y a ici une personne qui demande à vous voir.

Dans le hall, un homme jeune se dirige aussitôt vers moi.

– Je suis Horst.

J'ai devant moi un solide gaillard qui n'a plus rien à voir avec le garçon de quatorze ans qui faisait le coup de feu, non loin de moi, accoudé aux dernières barricades du centre de Berlin.

– Horst ! Je ne te reconnais plus. Tu as terriblement grandi et forci !

– La mauvaise graine, ça pousse toujours bien.

Horst m'étrhint à pleins bras. Nous sommes bien de la même famille. Contre cette mauvaise graine, comme il dit, le monde a mis ses faucheuses en marche, mais ça pousse quand même.

– Mme Ley m'a tout raconté : votre prison, votre arrivée en avion, le cimetière, tout ça quoi.

– Écoute, Horst, tu peux me tutoyer !

– Bon je ne demande pas mieux. Alors tu prends ton barda et je t'emmène. J'ai trouvé une chambre pour toi.

Horst habite rue de Rütli, à peu de distance du petit appartement de Mme Ley, situé rue Reuter. La chambre qu'il me destine est sise rue de la Weser, dans le même quartier. C'est une petite pièce confortable que me louerait la mère de l'un de ses amis. Horst, lui, dispose d'un petit trois pièces avec Helga, belle Berlinoise brune, vive et enjouée.

Chez lui, je me sens comme dans un petit palais. Non pas que l'on y côtoie la richesse, Horst n'est pas riche et son intérieur est modeste, mais fort bien tenu par Helga. Cependant, par rapport à la prison, c'est comme si je me trouvais dans le château de Versailles.

– Tu ne connais rien à la mécanique ? me demande Horst.

– Je saurais encore monter et démonter une mitrailleuse.

– C'est déjà pas si mal, mais, tu sais, à Berlin, en l'état actuel des choses, ce genre d'objet n'est guère commercialisé.

Horst qui a réussi à me loger, veut maintenant me trouver un emploi.

– On trouvera quelque chose pour toi. Helga a eu l'idée des traductions en français ou en allemand, ça te dirait ?

– Oui, bien sûr.

– Entre le garage à temps partiel et les traductions, tu pourrais très bien t'en sortir. Surtout que pour la chambre, la location sera faite à prix d'ami.

– Je suis plus que comblé. Tu sais, je suis assez rustique, une mansarde, un repas par jour, ça me suffit.

– Tu ne vas tout de même pas te transformer en ermite ! Il y a encore des femmes à Berlin !

– Tout ce que tu me proposes me paraît faramineux. Ce sont les Mille et une Nuits !

– N'exagérons rien !

De fait, trouver à se loger, à Berlin, n'est pas une mince affaire. Horst, rien qu'en me dénichant une chambre, vient, en bon garagiste qu'il est, de me dépanner sérieusement. Il a trouvé un box pour garer ma carcasse !

Cette chambre, maintenant mienne, rue de la Weser, est au dernier étage d'un vieil immeuble retapé. Son entrée est constituée d'un petit vestibule flanqué, sur la gauche, d'une kitchenette. De face, en entrant, la chambre proprement dite est une pièce plus longue que large donnant, par un petit balcon, sur la rue. Un lit, une table, une armoire, une étagère, deux chaises et même un petit fauteuil. Je m'y trouve tel un prince.

La première chose que je fais est, demeuré jeune écolier, de mettre sur la table, appuyée au mur, une image de Laure, comme pour donner un peu de vie à cette pièce, comme on met une fleur dans un verre d'eau. Mais il s'agit ici d'une fleur funèbre. Cette photographie est celle signée par Merlin l'enchanteur. Pourquoi l'ai-je choisie plutôt qu'une autre ? Parce que c'est décidément la plus belle, mais absolument pas naturelle, plutôt surnaturelle ou surréelle. Une photo enchantée.

– Il y a encore des femmes à Berlin ! a dit Horst.

Après m'avoir logé et trouvé du travail, Horst va-t-il encore me trouver une compagne ? Je n'en rejette pas l'idée, pas plus que je ne rejette l'idée de ressusciter Laure et de me retrouver à Sennheim, chez elle, le soleil me révélant ses jambes à travers sa robe. Ce sont là des idées ou des songes et Laure faisait des songes la principale réalité, de loin supérieure aux idées...

Je me penche au balcon de ma chambre et je regarde dans la rue. En bas, sur le trottoir d'en face, il y a des passantes. J'en suis quelques-unes du regard. Celle-ci ? Ou celle-là ? Bien sûr, c'est possible. Mais me permettra-t-elle, cette femme, de se laisser supplanter par une photographie ? par un songe ? Acceptera-t-elle, cette femme, que je viens de choisir et d'enlever en imagination en pleine rue pour la faire passer rapidement par mon balcon et la poser sur mon lit, acceptera-t-elle, par exemple, que je l'appelle Laure, que je la coiffe comme Laure ou que je l'habille comme Laure ? Non. Alors, il vaut mieux, n'est-ce pas, la remettre dans la rue et la laisser poursuivre en paix ses courses, sa promenade ou sa recherche d'un homme autre que moi. Comme pour Laure, le songe dans mes huit années de prison a été la plus forte réalité et je me promenais plus souvent dans Sennheim ou dans Vienne que je ne me morfondais dans ma cellule.

– Janmage, sale nazi, on va te dresser.

– Oui, cause toujours...

– On va te mater.

– Pour ça, tu peux toujours courir…

Horst se fait des illusions. Quant à moi je sais à quoi m'en tenir. Le passé reste le plus fort, il est bien plus réel que toutes les offrandes du présent. Déjà, du côté des prostituées, je n'ai pas rencontré une nouvelle Livia. La petite Laure à Toulouse, Livia, et Laure à Sennheim m'ont marqué à jamais, et ma jeunesse est passée. J'ai cette certitude de ne jamais retrouver rien de semblable au passé et je n'imagine pas recevoir une quatrième fois le fer rouge dans ma peau. Mon âme affiche « complet » ; il n'y a plus de place pour d'autres emprhintes. La petite Laure à Toulouse m'a apporté la fascination de la mort ; Livia, celle du sexe, et Laure la révélation de l'amour fragile, éthéré et subtil au sein d'un songe ! Qu'y a-t-il encore qui ne m'ait pas été déjà donné dans la vie ? Puis-je être comblé davantage ? Je ne le crois pas.

Il me manque cependant les images de Livia et de la petite Laure à Toulouse. Comment les aurait-il vues, Merlin, avec son appareil de sorcier ?

Je m'allonge sur mon lit. Je ferme les yeux. Je suis chez moi, rue de la Weser. La Weser, le fleuve qui passe à Nuremberg. Nuremberg !

Horst a bien fait les choses. Dès le début du mois de juin, je travaille le matin, chez moi, à de modestes traductions, et l'après-midi j'œuvre au garage, le nez dans les bouquins de mécanique ou dans les moteurs, l'oreille attentive aux explications de Horst. Le soir, je vais souvent seul par les rues et peu à peu je fais connaissance avec Berlin qui, de plus en plus, devient ma ville. Ma ville occupée et divisée en quatre zones par les autorités militaires russes, américaines, anglaises et françaises. Je me sens Berlinois. Je me plais dans cette ville et j'aime y flâner à mes moments de loisirs.

J'aime, rue Karl Marx, travailler au garage Halder. La mécanique, ça me plaît, de même que les odeurs d'huile et d'essence. Et puis, il y a Horst et son père qui m'initient avec patience et compétence. Ernst Halder, est un solide quinquagénaire, sérieux, grave, sévère pendant le travail, mais qui se rachète par une grande cordialité une fois la tâche terminée. Je sais qu'il a besoin de travailler, d'oublier certaines choses. Il a remis toute l'affaire entre les mains de son fils. Il préfère mettre la main à la pâte, c'est-à-dire dans le cambouis, plutôt que de s'occuper des clients et du bureau. Horst assume donc, avec Helga, sa compagne, tout ce qui est administratif. Mais il vient, lui aussi, plonger ses mains dans les moteurs. C'est un garage de moyenne importance, avec quelques mécaniciens qui participent aussi à mon apprentissage.

Je suis en salopette, en train de dévisser une roue de voiture, quand, au milieu de la semaine commencée, deux types un peu rigolards s'accroupissent à côté de moi pour me regarder faire. Horst et Helga qui sont à quelque distance de là, regardent de mon côté, l'air très amusé. Je dévisage plus attentivement les deux lascars pour les prendre aussitôt à partie.

– Dis donc, toi, Peter Schwarz, et toi, Kurt Strauss, plutôt que de faire les zigotos, vous pourriez peut-être me donner un coup de main, non ?

Horst m'a fait la surprise.

Kurt et Peter ont bien changé, eux aussi, depuis la bataille de Berlin. Je reprends à mon compte, pour la redire à haute voix, la réflexion admirative de Raph à l'égard de ces jeunes qui nous entouraient alors.

– Ces gosses tout de même !

Ces gosses, ils sont tous là, maintenant, au grand complet. Trois sur six. Karl Dufresne, Friedrich Hoepner et Heinrich Stehlin manquent à l'appel. Les pores de leur peau ne respirent plus l'air de ce monde, cet air que le petit Stehlin a soudain refusé en se jetant dans la Sprée où la belle et douce et pâle ondine de la mort lui tendait les bras. Hitler, tel le joueur de flûte de la légende, l'avait entraîné à sa suite dans les eaux de la rivière.

Ils sont là trois survivants et nous sommes heureux d'être ensemble de nouveau.

– Tu vois bien, Horst, qu'il nous a reconnus, nous. On aurait dû mettre des masques ! Il s'est même souvenu de nos noms.

– C'est pas difficile de vous reconnaître ! Surtout toi, Peter, avec cette balafre sur la joue. J'ai pensé tout de suite que c'était celle que tu as récoltée Putthammerstrasse avant que je ramasse ma propre pelle. Évidemment, avec un masque, je n'aurais pu vous reconnaître !

Peter Schwarz se caresse la joue, comme pour s'assurer qu'elle est toujours là cette cicatrice.

– Tu as une bonne mémoire, dit Peter, mais tes balafres à toi sont plus spectaculaires. On dirait des griffures. Comme si un gros chat...

–... m'avait labouré la gueule. C'est un peu ça la guerre, c'est une panthère aux ongles d'acier.

Horst se tourne alors vers Helga.

– Dis donc, toi, ma douce panthère aux ongles d'acier rouges, si tu allais nous préparer des verres ? Tu oeuvrerais au moins une fois pour la paix, non ?

Helga s'en va, un peu ondulante. C'est vrai qu'elle a un petit côté panthère. Elle fait toutefois une grimace à l'adresse de son dompteur et, néanmoins apprivoisée, pirouette, souple et féline.

Nous sommes en train de boire, en compagnie du père Halder et des trois mécaniciens du garage, quand, revenant du bureau où elle a répondu à l'appel du téléphone, la panthère Helga vient me prévenir.

– No, c'est pour toi.

Je n'ai donné ce numéro de téléphone à personne. Je vais néanmoins répondre.

– Alors, No, ça rentre le métier ?

Cette voix je ne la reconnais pas.

– C'est Raph, ici !

C'est le jour des surprises. Surprises manigancées par Horst et par Helga. Raph m'annonce sa venue à Berlin pour la fin du mois de juin. Il sera, dit-il, accompagné de Greta, sa femme ; Greta, la sœur de Horst. Il téléphone de Vaduz, capitale du Liechtenstein.

Après moi, défilent, dans le bureau, à l'écoute de Raph, Kurt et Peter, Helga puis Horst lequel parle longuement avec Greta, sa sœur. J'ai aussi une sœur ; elle veille, à Toulouse, sur notre vieux père demeuré seul. Ici, je renoue avec les autres membres de ma famille, et, pour fêter cette grande journée de retrouvailles, nous faisons tous, le soir même, une virée dans Berlin, du côté de Kurfürstendamm.

*
* *

En ce dimanche du mois de juin, je me rends au cimetière où je dépose des fleurs sur les tombes de Laure et de Karl. Les tombes jumelles des deux mariés de l'autre monde. Un garçon de quatorze ans uni à une jeune fille de vingt ans. Moi, j'appartiens à ce monde-ci. Jean appartenait aussi à ce monde quand, en une pensée qui n'est plus maintenant que néant, il m'a uni à Laure en me remettant la bague qu'elle lui avait donnée. Depuis longtemps j'ai creusé la fosse de Laure et, juste à côté, j'ai creusé celle de Karl, et, pour les unir à mon tour dans ce mariage tout terrestre, j'ai été le témoin de la jeune fille et celui du jeune garçon. À présent, sous les nuages, je reste seul. Ces nuages ne sont pas assez sombres à mon goût et je préférerais les ténèbres. J'imagine le cimetière dans la nuit, et ces tombes éclairées chacune par une lampe de faible lumière posée sur la dalle et moi tout proche, comme une pleureuse vêtue de noir, ne pleurant point cependant, méditant sur le Dieuble de Léo Magnanje, le Hasard cher à Raph, et sur Dieu, le vieux fou de la Bible qui laisse s'entretuer ses fidèles.

C'est à la sortie du cimetière que, dans la Heisenheide, le parc situé au nord de l'aéroport de Tempelhof, dans la lumière d'un jour gris et non pas dans l'ombre d'une lampe funèbre, j'ai pleinement conscience de faire partie de la ville.

Je suis assis sur un banc, depuis à peine dix minutes, qu'une charmante petite fille de cinq ou six ans vient s'installer à l'autre bout sans prêter plus attention à ma personne, occupée qu'elle est d'arranger la robe de sa poupée. Soudain, elle m'adresse la parole.

– T'en as, toi, des estafilades sur la joue ! T'as eu ça à la guerre ?

La petite fille, ses occupations maternelles terminées, vient de s'apercevoir de ma présence.

– Oui. Tu as deviné.

– Contre les Russes ?

– Oui.

– Moi aussi, tu sais, j'ai fait la guerre.

– Toi ? Mais tu es bien trop petite pour avoir fait la guerre !

– Mais, écoute donc, j'étais grande ! J'étais aussi grande que toi !

– Ah !

– Toi, tu n'as été que blessé, mais moi j'ai été morte !

– Ah ! Tu étais infirmière ?

– Mais non, voyons ! J'étais soldat. Comme toi. C'est à Stalingrad que j'ai été morte.

– Tu étais une femme-soldat ?

– Voyons, voyons, écoute un peu ! J'étais un homme-soldat comme toi.

– Et tu es ressuscitée ?

– Oui, bien sûr, on ressuscite toujours. Toi, t'étais peut-être chat, avant. Moi, je suis devenue petite fille. Mais ça, c'est pour maintenant. J'ai déjà été un sapin, un loup, un escargot, toutes sortes de choses, avant.

– Un cheval ?

– Oui. Sans doute. En vrai, on meurt jamais. On devient autre chose. C'est amusant comme tout.

– Et ta poupée ? Qu'est-ce qu'elle était avant ? Un train mécanique ?

– Je sais pas. Peut-être un pasteur ou bien une grand-mère. Elle m'a rien dit. Elle parle pas encore. Elle est trop petite.

– Et tu...

– T'as pas entendu ? Ça c'est ma mère qui m'appelle... Au revoir !

La petite emporte sa poupée et rejoint sa mère en courant. Arrivée près de celle-ci, elle se retourne et me fait un signe de la main. Je réponds à son geste. Le soleil, par ce jour grisâtre, vient de s'installer dans mon cœur. Je fais partie de la ville. Tout à coup, moi aussi, je suis un sapin, un brin d'herbe, une feuille, un buisson, et même ce chien qui court, là-bas sur le chemin, c'est encore moi.

Une semaine passe et, le dimanche venu, je retourne donc dans le parc de la Heisenheide, avec l'espoir de la revoir.

C'est elle qui, tandis que sur mon banc je lis le journal, vient en courant vers moi. Je ne l'attendais plus.

– Qu'est-ce que tu lis là ? Des contes ?

– Oui. Tu as encore deviné.

En lisant les nouvelles, je m'étais dit que tout ce que je lisais étaient des contes.

– Toi, t'as pas d'images en couleurs. Moi, dans mes livres, j'ai des chiens, des renards, des sorciers, des fées, des pirates. T'as pas été un pirate, toi ?

– Non. Je ne le pense pas.

– Tu devrais être un pirate. Avec tes estafilades, tu serais un chef pirate sur un grand bateau à voiles et tu irais sur la mer, et tu me donnerais des trésors.

– Oui. J'aimerais bien te donner des trésors.

– Comment tu t'appelles, toi ? Moi, je suis Laura.

– Je m'appelle No.

– Quand tu auras ton bateau de pirate, tu m'emmèneras avec toi ?

– Bien sûr.

La petite Laure ! La petite Laure de Toulouse qui, maintenant me parle en allemand ! Je suis émerveillé et, en même temps, une douleur point tout mon être.

– Tu es tout pâle ! T'es malade ? Ou bien t'as peur d'aller sur la mer ?

– Non. Je suis triste parce que j'ai pas de bateau.

– Tu devrais en prendre un, un grand, avec un drapeau noir et une tête de cheval à l'avant et plein de voiles partout.

La maman, accompagnée d'une femme plus âgée, peut-être est-ce la grand-mère, ne tarde pas à appeler la fillette qui, comme la première fois, s'envole et se retourne pour me dire au revoir.

La petite Laure vient de renaître ! Laure qui est déjà morte deux fois... Elle me l'avait pourtant dit, l'autre matin : « Oui, bien sûr, on ressuscite toujours ».

Je reste longtemps sur ce banc. Je suis incapable de lire une seule ligne de mon journal, incapable de me lever, je reste immobile, afin de ne point rompre le charme. Je voudrais rester figé dans la soudaine transparence des choses, prisonnier d'un enchantement, immobile comme un arachnide dans sa toile perlée de rosée, parmi les herbes, dans la fraîcheur d'un merveilleux matin. Si le songe est réalité, la réalité, Laure à Sennheim me l'avait doucement murmuré, la réalité peut-être songe...

Au garage, chez moi et dans la ville, je suis presque heureux ; plus heureux, en tout cas, que si j'étais resté à Toulouse. Qu'aurais-je fait là-bas, moi le réprouvé ? Ici, je me sens libre. Ici, ce n'est pas un péché d'avoir été national-socialiste, comme cela n'a pas été un péché pour les huguenots chassés de France, d'être, à Berlin, protestant parmi les protestants. Berlin, plus que Paris ; l'Allemagne plus que la France, a été pour eux comme pour moi, un havre, une terre de liberté. Tant que l'on vit dans un pays comme moule en moulière, sans plus voyager, on se fait des images fausses des pays voisins. Ceux qui voyagent, parlant plusieurs langues ont, en général, des idées différentes de ceux qui restent figés sur place et n'ont pour renseignements que ceux passés à la moulinette des médias. Stendhal aimait l'Italie pour y avoir séjourné ; son amour pour ce pays était un amour charnel, et non pas seulement intellectuel. Nul doute que, dans cette passion, des visages de femmes milanaises, florentines, romaines et napolitaines lui souriaient. Peut-être les enfants, comme la petite Laure de la Heisenheide, l'interpellaient-ils parfois dans les rues de Civita-Vecchia.

Au garage, pendant certaines heures creuses, nous avons, Horst et moi, quelques discussions.

Je lui ai parlé de l'inscription sur le mur proche de la porte de Brandebourg : « Ni communisme, ni capitalisme ! » Il a souri d'un air entendu.

– Je connais. Ce sont des jeunes qui font ça. Ils sont une poignée. Nous repartons tous de zéro. Nous avons abandonné la quincaillerie nationale-socialiste pour ne garder que l'essentiel : ni capitalisme, ni communisme. Comme slogan, cela suffit. C'est un bon résumé. De quoi avoir de nombreux ennemis et se distraire. Toujours les mêmes d'ailleurs.

Je suis étonné. Ainsi Horst n'a pas tout à fait rompu avec le passé.

– Et quel est donc votre objectif ?

– Ça prendra du temps, car il ne faut pas trop se faire d'illusions sur la résistance allemande et européenne à la mainmise américano-russe sur l'Europe. L'objectif est de supprimer cette mainmise.

– C'est pas demain la veille. L'Europe est dans la tombe.

– Il faut la ressusciter.

La ressusciter. Ce mot me paraît celui d'un rêveur éveillé. Et je ne peux, par ce mot, qu'évoquer Laure dans sa tombe, Laure qui ne se réveillera jamais, quoique... quoique ne m'est-elle pas déjà apparue sur mon banc de la Heisenheide... « On ressuscite toujours ! »

Mais Horst continue.

– Sans résistance allemande, il n'y aura pas de résistance européenne et, partant, pas d'unité européenne.

– Pour cela, Horst, ce sont les Russes et les Américains qui détiennent la clé. Ils ne la lâcheront pas.

– C'est pourquoi il faut tenter d'enfoncer la porte. Il peut se faire aussi qu'ils perdent la clé. Peut-être plus tôt qu'on ne le pense.

– C'est pas leur genre, Horst.

– On ne sait jamais. Ce n'est pas demain la veille, ni même après-demain. Mais demain ou après-demain, il peut se passer bien des choses. Je me suis laissé dire que les choses bougeaient à Berlin-Est. Il y a un certain mécontentement. Il faut donc agir. La politique c'est encore la guerre, mais avec d'autres moyens. Les communistes savent bien cela. D'ailleurs, au départ des révolutions, en 1789, en 1917, en 1933, il n'y avait qu'une poignée d'hommes. Cela va être dur. Si ce n'est pas demain la veille, comme tu dis, ce sera peut-être pour le prochain siècle.

– Écoute, Horst, le choix qui semble s'offrir à l'Allemagne comme à l'Europe, c'est, malgré cette belle inscription sur le mur, entre les capitalistes et les communistes qu'il faudra le faire. Nous avons été battus par eux, nous ne sommes plus rien.

Horst hausse les épaules.

– Nous serons de nouveau quelque chose. À l'origine du national-socialisme, il y avait une poignée d'hommes déterminés qui, dans une Allemagne bouleversée ont rameuté les autres. Ils revenaient, pour la plupart, du front. Ils estimaient ne pas avoir été battus par ceux qui avaient été en face d'eux mais bel et bien trahi à l'arrière, en Allemagne même. Ils sont revenus des tranchées et ils ont nettoyé la maison et, de nouveau, ils sont repartis à l'assaut. Le résultat a été que, cette fois, toute l'Europe en a été bouleversée. Et ce n'est pas seulement l'Allemagne, mais toute l'Europe qu'il faut remettre debout, de l'intérieur, car c'est elle, aujourd'hui, qui est assiégée. Il nous appartient seulement de lui donner conscience et c'est peut-être cela qui est le plus difficile. Notre combat aujourd'hui dépasse l'Allemagne, c'est un combat pour l'Europe indépendante, cette Europe qui est envahie physiquement et spirituellement.

– Dis-moi, Horst, es-tu toujours national-socialiste ou pas ?

– Pourquoi le serais-je ? Pourquoi perdrais-je mon temps ? Il faut renaître. Il faut d'autres mots qui soient adaptés à notre époque. Je suis Européen. L'Europe doit se débarrasser du capitalisme anglo-saxon à l'Ouest et du communisme bureaucratique à l'Est pour devenir indépendante et mère de chaque nation européenne.

– Je vois que, contrairement aux apparences, tu ne t'es point mis sur une voie de garage.

– Non, je ne me suis pas rangé des voitures ! Et toi ?

– Moi non plus. Mais je suis plus vieux que toi et j'ai moins d'enthousiasme.

– Refuse de vieillir ! Dans l'Europe occupée, il nous faut créer des îlots de résistance. Nous sommes un de ces îlots parmi d'autres. Un groupuscule parmi d'autres, comme les bolcheviks en 1905, ou comme ceux des corps-francs en 1919, comme les nationaux-socialistes en 1921. Nous sommes semences. Nous ne sommes pas seuls. Et nous serons de plus en plus nombreux.

*
* *

Ce matin du 17 juin 1953, je me lève plus tôt pour écrire aux miens, à Toulouse. Ma lettre terminée, j'endosse mon imperméable, le temps étant à la pluie, et je descends les étages pour me rendre à la poste.

La rue n'est pas comme d'habitude. Il y a davantage de monde qu'à l'accoutumée, un peu comme un jour de marché. Des groupes se forment et les gens discutent.

Je m'informe auprès de mon marchand de journaux.

– Le drapeau rouge, qui flotte sur la porte de Brandebourg depuis huit ans, a été arraché. Il y a un meeting monstre sur la Strausbergerplatz. Il paraît qu'il y a des bagarres avec la police sur la Potsdamerplatz. Il y a des blessés.

Potsdamerplatz, je connais. C'est dans la zone d'occupation soviétique que ça se passe, en lisière de la zone anglaise. Ce n'est pas bien loin des barricades où j'ai combattu avec le bataillon d'assaut de la division « Charlemagne » pour défendre la Chancellerie. Elle faisait partie, alors, du quartier gouvernemental du IIIe Reich, quartier laissé aux mains des communistes ; quartier qui, au temps du Petit-Caporal, était la capitale de la capitale.

Je file aussitôt au garage.

Helga m'annonce que Horst est allé chez moi et elle me confirme les dires du marchand de journaux.

– On ne sait pas grand-chose, sinon que ça barde.

Helga, l'intrépide panthère, s'est battue elle aussi, avec un fusil, au côté de la Hitlerjugend, comme maintes gamines de l'Association des Jeunes Filles Allemandes. Peut-être était-elle une de ces filles en armes que nous avions rencontrées dans la rue peu avant la bataille de Berlin.

Horst est de retour.

– Ah, tu es là. On va y aller. Peter et Kurt vont arriver d'un instant à l'autre. Tu seras des nôtres ?

– Bien sûr !

– Tu vois, No, tu rajeunis !

Une minute après, Kurt et Peter entrent dans le garage, en imperméable, eux aussi. Les manifestants de la Potsdamerplatz n'ont pas choisi le beau temps.

Nous embarquons dans une voiture et Horst, installé au volant, s'adresse à Helga.

– Toi, la panthère aux ongles d'acier, tu gardes la boutique, avec le paternel.

La panthère proteste, mais en vain.

– C'est ça, si je comprends bien, je vais même réparer les voitures pendant que ces Messieurs vont s'amuser!

Horst, le dompteur, au volant, se tourne vers Helga, fait la mimique drôle de lui envoyer des baisers, tel un clown, et démarre.

– Elle n'est pas contente! commente-t-il. Mais s'il y a des bagarres, elle est mieux au garage.

– Ça doit être un peu du bidon à Potsdamerplatz, dit Peter Schwarz. Ils défilaient tous, drapeau rouge en tête, le 1er mai, dans tout Berlin-Est, il y a juste un moi et demi de cela.

– Peut-être qu'ils pensent que c'est encore le 1er mai, répond Kurt, moins sceptique que son camarade.

Sur le parcours, des gens se dirigent, par petits paquets vers la zone soviétique.

Nous arrivons sur la place de la Belle-Alliance, où sont groupés les immeubles des grands journaux et nous réussissons à nous garer. À pied, nous empruntons la Wilhelmstrasse. Nous ne tardons pas à atteindre la rue Hedemann où, il y a huit ans de cela, nous avions pris position face aux Russes. Là, pas très loin, j'ai vu tomber à mon côté le jeune Friedrich Hoeppner, atteint d'une balle en pleine poitrine.

– C'est curieux, dit Horst, on dirait que les rôles sont renversés ; c'est nous, les Berlinois, qui, aujourd'hui, sommes les attaquants et ce sont « eux » qui sont sur la défensive. Seulement, nous, nous n'avons pas d'armes, eux sont armés jusqu'aux dents, donc nous n'avons aucune chance de gagner.

Au fur et à mesure que nous avançons, nos souvenirs s'affinent davantage. Nos pensées peuvent s'accrocher à tel ou tel détail particulier propre à telle ou telle maison encore debout pour préciser un épisode de nos combats des derniers jours de la guerre. Là, par exemple, est l'endroit où, dans une période de répit, nous avions entendu les hurlements des femmes violées. Je regarde Horst du coin de l'œil. Je sais ce que pour lui peuvent maintenant signifier ces hurlements. Horst ne dit rien. Il m'a déjà confié que sa mère avait été violée et tuée. Comme Edith à Toulouse. « Les femmes allemandes vous appartiennent » avait écrit, à l'époque, Il y a Ehrenbourg, « grand poète et romancier soviétique », grande conscience humaine.

Là, un peu plus loin, nous avions vu s'écrouler, derrière nous, une maison que nous venions juste de quitter.

– C'est ici, Peter, que tu l'as échappé belle. Tu avais la joue en sang.

Peter se caresse machinalement la joue.

– C'est vrai qu'elle n'est pas passée loin celle-là!

– Il y en a sans doute quelques autres, dit Kurt, qui ont dû nous passer sous le nez ou à un ou plusieurs millimètres de nos têtes, sans que nous nous en soyons seulement aperçus!

Et là, tout près, des chars russes avaient flambé, incendiés par nos roquettes. Raph s'était alors « payé » un gros « Staline ». Et, enfin, là, oui, c'était bien là, je m'étais levé pour aller ramasser un baigneur en celluloïd et j'étais tombé, à mon tour.

– C'est ici, dit Kurt, que, avec Raph, nous t'avons ramassé, pour t'emmener à l'infirmerie. Nous pensions tous que tu n'en avais plus pour longtemps car, apparemment, tu étais dans un bien sale état. Finalement, ton coup de folie t'a sauvé la vie.

Je regarde les lieux. Oui, c'était là, Putthammerstrasse. La guerre était terminée pour moi. Eux : Horst, Kurt Peter et Raph avaient continué de se battre, puis ils s'étaient repliés sur la rue du prince Albert pour défendre l'ultime barricade, jusqu'à la fin.

– Après, nous nous sommes séparés les uns et les autres, dit Horst, et Raph est parti avec moi.

Je dresse soudain l'oreille.

– Vous entendez ?

Ils entendent. Nous reconnaissons bien, tous les quatre, le bruit caractéristique.

– On dirait que ce sont les chars qui tirent, dit Kurt.

Nous pressons le pas. Comme il y a huit ans, nous allons, mais sans armes, à la rencontre de l'ennemi !

Sur la place de Potsdam, c'est la grande foule et ses clameurs, et les flammes que n'éteint pas la pluie. J'ai le vertige ; la prison m'a donné la phobie des grands rassemblements !

– Ça va chauffer, dit Horst, ils ont mis le feu.

C'est un kiosque à journaux qui brûle. Les manifestants ont mis le feu aux mensonges.

Les hauts parleurs officiels, tombés aux mains de la foule, lancent des slogans contre la vie chère et l'augmentation des normes de travail.

Nous nous informons.

– Les coups de feu, qu'est-ce que c'était ?

- – Des chars, mon gars, à Leipzigerstrasse, ils ont tiré en l'air pour nous intimider et nous empêcher d'entrer dans les ministères.

Nous nous faufilons.

Plus loin, nous apprenons qu'il y a des morts. Comment savoir ?

Nous sommes maintenant au beau milieu des manifestants. Nous ne savons pas trop comment nous avons franchi la ligne de démarcation. Les hauts parleurs continuent de hurler : « Nous ne sommes pas des esclaves ! » Non loin de nous, de jeunes communistes entonnent l'Internationale, ils crient, eux aussi, contre le gouvernement. Il semble, d'après les nouvelles rapportées par les haut-parleurs, que la grève est générale et qu'elle s'est étendue dans tout Berlin-Est et dans le reste de l'Allemagne communiste. Mais, là encore, comment savoir ? Autour de nous, les panneaux de la propagande du régime sont arrachés, cassés, brûlés et les portraits de Staline déchiquetés.

Dans toute cette foule, il y a l'enthousiasme et la colère. Je me sens comme drogué et je me surprends à crier « Élections libres ! » mécaniquement, avec les autres. Élections libres ! Comme si des élections pouvaient être libres ! Je me souviens des rires de mon père à propos du vote généralisé. Lui, le maurassien, il était d'accord avec les anarchistes : « Élections, pièges à cons ! » Alors, tout seul, je me mets à brailler autre chose : « Grève générale insurrectionnelle ! » Tout seul d'abord, puis, peu à peu, tout autour de moi on crie, comme moi : « Grève générale insurrectionnelle ! »... « Grève générale insurrectionnelle ! »... « Grève générale insu...

Cela amuse bien Horst.

- Dis donc, papa ! tu la crois possible, toi, l'insurrection ? Sans armes ?

De fait, je ne crois plus à grand-chose. Je braille pour brailler. Je braille comme un Berlinois de l'Est et j'appartiens à Berlin-Ouest. Je braille comme tous les Allemands qui sont près de moi, et je suis Français, du moins sur les papiers ! Je me sens vraiment dans la peau d'un travailleur de l'Est et je manifeste ma réprobation contre le sort qui m'est fait ! Je suis dopé !

Ce qui se passe en moi est comme une sorte d'aimantation artificielle dans laquelle j'acquiers la propriété de l'aimant sous l'influence d'un champ magnétique. Nous entrons tous les quatre dans ce champ magnétique sans trop nous en apercevoir. Tous les quatre nous nous trouvons sous la même influence !

Et ça commence, comme ça, presque malgré nous.

*
* *

– La balle est passée à deux millimètres de l'artère fémorale. Vous l'avez échappé belle. Si elle avait atteint l'artère, vous ne seriez pas là. Vous auriez eu une telle hémorragie que vous n'auriez pas eu le temps de venir jusqu'ici. Vous vous seriez vidé de tout votre sang sur place. Dans trois semaines vous pourrez marcher. Seulement, vous boiterez et vous aurez la jambe raide.

Voilà ce que me dit le chirurgien.

– Cette fois, ils n'ont pas tiré en l'air. Ils ont tiré dans le tas. Ils ont tué et ils ont blessé. Ils ont tiré parce que la foule s'approchait de trop près des bâtiments gouvernementaux.

Nous faisions partie de cette foule-là. Kurt me voit tomber et alerte les deux autres. Tous les trois me ramènent à la voiture et me conduisent vite à l'hôpital. L'affaire continue sans nous. Il y a des bagarres un peu partout et les affrontements durent toute la nuit.

À présent tout est rentré dans l'ordre. À part les morts et les blessés, il y a ceux qui sont dans les prisons de Berlin-Est et que l'on juge. On vient d'en fusiller un. C'est un Allemand de Berlin-Ouest, accusé d'être un agent provocateur. Celui-là, qui est passé par les armes, aurait pu tout aussi bien être l'un de nous quatre. À cela, rien à dire.

Les Occidentaux pavoisent. Il n'y a vraiment pas de quoi. Berlin reste seul, avec toute son amertume.

Je ne dis rien, mais je suis tout heureux. L'air de Berlin, à cause de ses habitants, est toujours respirable. Oui, les Allemands se soumettent, mais ce n'est qu'apparence. Ils n'ont point changé. Ils restent hommes et femmes de courage et, dans l'adversité, ils restent fermes et forts. C'est pourquoi il a fallu les diviser, une fois de plus, ces indomptables, comme tout au long des siècles, tout au long de leur histoire. Je suis heureux de faire partie de cette ville, cette ville où Laure m'a *appelé*. Je trouve assez rude, cependant, d'avoir quitté Berlin, il y a huit ans, dans l'explosion d'une torpille et de le retrouver aujourd'hui, avec, en guise de bienvenue, une balle dans la cuisse ! Cette balle, j'ai quand même bien failli l'avaler !

À l'hôpital, ils viennent tous me voir, les amis et les amis des amis.

Mme Ley vient très souvent et me parle avec beaucoup de gentillesse. J'aime qu'elle vienne ainsi, à mon chevet. Je retrouve en elle des traits aimés, le sourire et parfois les tonalités de la voix de Laure. Nous avons, elle et moi, en commun, un passé dont nous ne pouvons nous entretenir avec nul autre. Elle m'apporte des livres, des livres précieux que Laure a tenus dans ses mains.

– Oui, me dit-elle, il me reste ces souvenirs que sont les livres lus par mon mari et par Laure. Je lis ces livres, cela me rapproche d'eux. Toutefois, il manque, parmi ceux de la Hermannstrasse disparus dans le bombardement, celui qu'elle avait emporté en pensant à vous, et dans lequel il était question d'un certain Bertran de Born. Pour elle, vous étiez Bertran de Born. De vous voir allongé là, je me demande à mon tour si, comme lui, vous ne rêvez pas plaies et bosses ! Laure avait donné à ce livre une place à part.

Depuis quelque temps une question m'obsède et j'interroge Mme Ley lors de la visite suivante.

– La photo de Laure qui est sur votre piano, rue Reuter, est un agrandissement de l'une des images que vous m'avez données, laquelle porte une inscription de Philippe Merlin. Vous le connaissiez ?

– Mon mari le connaissait. Merlin enquêtait auprès de lui sur les corps francs et les origines du national-socialisme pour écrire un ouvrage documenté. Il a voulu faire une photo préraphaélite de Laure, inspirée d'un tableau de Rossetti. Il avait demandé à Laure de faire passer la masse de ses cheveux sur le côté droit du visage.

– C'est une très belle photographie. Mais pourquoi s'est-il suicidé ?

– D'après mon mari, il m'avait dit cela avant le drame, ce garçon semblait attiré par la mort. Merlin lui avait confié qu'il ne voulait pas vieillir, cela à propos de combats et de batailles. Toutefois, la cause réelle de son geste était pour nous inconnue.

Quand Mme Ley me quitte, je reste longtemps rêveur. Cette phrase prononcée de façon enjouée quand il nous quittait : « Salut petits enfants, ne manquez pas le rendez-vous avec la fin du monde » coïncide très bien avec ce goût de la mort évoqué par Mme Ley.

C'était un garçon d'apparence gaie. Se réjouissait-il à l'idée de mourir ?

La photographie qu'il a faite de Laure est la plus belle que je connaisse.

Quant à Laure ! Cette phrase de Mme Ley ! « pour elle, vous étiez un peu Bertran de Born… » !

Bertran de Born, que Dante représente portant sa propre tête coupée, à bout de bras, par les cheveux ! C'est vrai que ma tête n'est pas toujours sur mes épaules. Elle s'envole ma tête, elle voyage pas mal entre Toulouse, Paris, Sennheim et Berlin, allant de temps en temps se promener jusqu'en Ukraine ou bien en Prusse orientale du côté de Stargard, pour y retrouver Jean le gisant. Les têtes, en dépit des apparences, ça voyage beaucoup.

Et ma tête interroge…

Merlin ne s'est-il pas engagé dans la SS à la tête de mort pour mourir ? Et Jean pour qui la mort était une blonde aux yeux verts, et moi-même qui, pour les yeux verts de Laure, étais un peu Bertran de Born, et le père de Laure qui après avoir guerroyé sur les marches de l'Est de l'Allemagne au commencement des années vingt s'en est allé mourir dans la fournaise des pays baltes. Et Raph ? La vie est-elle tellement moche qu'il nous faille tous, comme Merlin, nous suicider dans les guerres ?

En ce dimanche, cloué au lit, mes jambes ne peuvent aller jusqu'au cimetière de la Hermannstrasse ni se rendre à la Heisenheide pour y rencontrer la petite Laura. Ma tête, elle, heureusement, est suffisamment alerte pour courir les rues de Berlin.

À mon chevet viennent me réconforter Horst et Helga, puis Kurt et Peter, puis, et je ne m'y attendais guère, le père Halder qui est accompagné de Mme Ley.

Mme Ley m'apprend que Raph lui a téléphoné la veille au soir, longuement.

– Il m'a dit qu'il va tout préparer pour vous recevoir à Vaduz et qu'il viendra du Liechtenstein vous prendre à votre sortie d'hôpital.

Le père Halder parle à son tour et se révèle tout différent de l'être taciturne que je fréquentais au garage. Pour la première fois il me tutoie.

– Tu vas me manquer, mon garçon. Je commençais à bien m'habituer à toi. Cependant, pour ta convalescence, je crois que Vaduz sera l'endroit idéal. Et puis, tu seras entre de bonnes mains.

Quand ils me quittent, je me sens heureux de les voir ensemble, et je m'explique bien, maintenant, l'attitude quasi filiale de Horst à l'égard de Mme Ley. Mais, chose curieuse, j'essaye de m'imaginer, ayant leur âge, faisant partie d'un couple. Je n'y réussis pas. Dans ce couple âgé où je remplace Jean près de Laure, je me sens de trop. Ce n'est pas la mort qui nous sépare, Laure et moi, qui m'empêche de concevoir cela, l'imagination surmonte aisément les impossibilités. Non. C'est autre chose. Quelque chose comme une peur. La peur de la paix, la peur des chaussons, la peur de l'usure des choses mangées par le temps qui s'écoule, vidées peu à peu de leur substance, usées, ratatinées. Cette peur qui, peut-être, était celle de Bertran de Born, de Philippe Merlin ou de… Jean Monegal ! Peur mortelle !

*
* *

Vaduz. Je suis à Vaduz. Dans la maison de Raph, je m'abandonne à la douceur du bien-être.

À terre, un bambin de cinq ans joue paisiblement avec des boîtes.

– Nous l'avons appelé Jean-Noël et, par diminutif, Jeanno, en souvenir de Jean et de toi-même.

Jean-Noël, à l'énoncé de son nom lève la tête vers nous, puis, de nouveau attentif, s'absorbe dans son jeu. Raph me le décrit.

– C'est un enfant calme, un peu rêveur, il aime contempler longuement les images.

Raph, lui, n'a pas tellement changé. Certes, il ne porte plus l'uniforme SS, mais, à part cela, dans ses gestes, comme dans sa voix et dans l'expression de son visage, l'homme est resté le même. Je m'étonne, cependant, de la distance qui nous a séparés depuis huit ans. Moi, captif, comme au fond d'un terrier, et lui libre, dans ces montagnes qui nous entourent. Je m'étonne et je m'émerveille de cette distance qui, soudain, éloigne deux êtres pourtant engagés dans la même voie, allant dans la même direction, et qui, tout à coup, bifurquent l'un et l'autre. La distance était courte, pourtant, au moment de cette bifurcation. Elle était presque nulle sur cette barricade de Berlin. Moi j'étais ici, et lui là. Moi, du côté de la torpille qui allait tomber et lui, à côté de son pistolet-mitrailleur, un peu plus loin, à quelques mètres : distance suffisante pour que nous soyons projetés dans deux mondes opposés, l'un dans la claustration et l'autre dans la lumière. Hasard, pur hasard, selon Raph.

Greta, la femme de Raph, la sœur de Horst, entre dans la pièce, souriante elle pose sur une petite table du séjour un plateau meublé d'une bouteille et de deux verres. Elle se retire discrète, emmenant avec elle son petit garçon.

– Viens Jeanno, nous allons regarder les images, tous les deux.

Raph débouche la bouteille et verse le vin dans les verres.

– Greta, dis-je, de visage, ressemble beaucoup à son frère.

– C'est vrai, mais elle a beaucoup plus de douceur dans les traits. Horst, d'ailleurs, est de caractère plus rude. Ce garçon a été formidable quand, à Berlin, tout était perdu. C'est grâce à lui que je n'ai pas été fait prisonnier par les Russes. Il m'a caché et m'a ravitaillé jusqu'à ce que, enfin, je puisse respirer à l'air libre. Ensuite j'ai fait plus ample connaissance avec Greta. Horst était tout heureux de me voir entrer dans sa famille. Cette maison appartenait à leur mère. Cette dernière, née ici, au début du siècle, avait rencontré, à Berlin, en 1925, le futur père de ses enfants. Elle y est morte, à Berlin, et dans les conditions que tu sais. Si Greta est enchantée de vivre dans cette maison, Horst, comme son père préfère Berlin.

– Je vois, Raph, que le Hasard a bien fait les choses pour toi. Tu n'as été que légèrement blessé. Tu m'as dit que je méritais le nom de Trompe-la-Mort, mais que dire de toi ?

Raph retrousse sa manche de chemise et me montre, un peu au-dessus du coude, une petite boursouflure.

– C'est vrai que j'ai été épargné. Je n'ai eu que ce petit éclat d'obus, gros comme un pépin, resté là. Je ne l'ai pas fait enlever. Je le garde comme souvenir.

– Et c'est le seul pépin que tu as eu ?

– Oui. La chance m'a toujours protégé de son plus large pépin, de son plus grand parapluie. Et les orages m'ont à peine mouillé.

Je sors de ma poche et lui montre le caillou qu'il avait glissé dans ma vareuse, alors que j'étais inconscient et qu'il me transportait au poste de secours dans les dernières heures de la bataille de Berlin.

– Tu le reconnais ?

Raph prend le caillou, le tourne et le retourne et sourit.

– Oui, on y voit toujours la rune étrange de la vie et de la mort. On le présente, cette rune, côté vie, devant une glace où de face on peut lire son propre destin : la mort. Mais encore faut-il connaître les runes imprégnées de sagesse. Ce jour-là, je pensais que tu allais rejoindre Jean Monegal, de l'autre côté du miroir.

Ce qui n'a pas bougé, chez Raph, est sa manière d'être, cette façon de n'être surpris ni contrarié par rien. Les événements extérieurs semblent glisser sur lui, il semble les dominer et les domestiquer au lieu qu'ils aient, comme pour la plupart des humains, prise sur lui.

– Et tu as trouvé ici le bonheur.

Il me regarde comme si je parlais une langue étrangère.

– Où vas-tu chercher ce mot bizarre?

Je suis quelque peu décontenancé.

– Je ne sais pas, moi. Disons que c'est une façon de te demander de tes nouvelles. Greta et toi paraissez former un couple heureux.

J'ai toujours l'impression de parler une langue inintelligible pour lui.

Ses yeux me scrutent.

– Je me demande si le bonheur n'est pas une chose un peu fade, vois-tu. Dans ce domaine, celui de la carte du Tendre, Laure et Jean ont eu la meilleure part. Quant à toi, tu n'as pas lieu de te plaindre.

Je suis ahuri. Il continue.

– Un amour réussi est toujours un amour tragique. Imagines-tu Roméo et Juliette en ménage?

Je suis suffoqué. Il dit cela de sa voix calme, bien posée, tranquille.

– Greta et moi, c'est Roméo et Juliette mariés avec un enfant. Si c'est cela être heureux...

Alors me revient en mémoire la réflexion de Jean à propos des derniers mots du *Grand Gel,* poème que Raph lui-même nous récitait en Ukraine, à Jitomir.

– Vous ne savez pas combien ce dernier vers que vous venez de réciter et qui ne devrait pas figurer dans un chant SS est juste et terrible!

Ce vers, je m'en souviens bien, c'était: *En avant vers les grands échecs!* Il illustre, ce vers, tout le national-socialisme et le destin de tous les nationaux-socialistes dont Jean, comme Raph, comme moi-même avons fait partie, mais il illustre aussi tout destin.

C'est moi qui, cette fois, regarde Raph dans les yeux.

– Je remarque que tu sais très bien que, comme Merlin qui, à Sennheim, s'est tiré une balle dans la bouche, nous avons tous connu l'échec.

Raph acquiesce.

– Tu as raison. Mais rien n'aurait pour autant changé si nous avions gagné. Une victoire, comme le bonheur, cela s'use avec le temps, avec l'habitude. Le bonheur, pour en revenir à lui, n'est bonheur que dans la mesure où il n'est pas encore présent. Une fois réalisé, il commence à recevoir la poussière du temps. Alors, il faut l'épousseter, comme on époussette une momie.

Ces derniers mots résonnent en moi. Je comprends alors que Raph le joueur souffre. Il me dit être fasciné par les vies courtes. Il est comme mal à l'aise dans sa peau de longue durée. Son calme cache un tourment intérieur dont je ne sais pas l'origine exacte et qui remonte loin dans le temps. Je me demande si, plus que tout le monde, il n'aime pas le danger. C'est lui qui, faute d'épousseter le bonheur, a astiqué Pile-ou-Face. Pile-ou-Face que je vois là, non loin de moi, pièce d'or brillante posée sur sa tranche, sur une table. Pile-ou-Face immobile et qui n'est plus lancé en l'air pour changer le cours des choses. Pile-ou-Face qui l'avait conduit dans la SS ! J'ai devant moi un joueur qui n'a plus guère d'occasion de jouer. Un grand joueur dont je me demande presque avec angoisse qu'elle va être sa fin. Basculera-t-il dans le vide de la hauteur d'une de ces montagnes qui l'entourent. Un grand joueur qui pourrait être pris, alors, par le vertige intérieur et terminer dans un éboulis de pierres, de ces pierres insensibles qu'il aime tant et qui ont failli tomber sur lui du mur d'une maison de Berlin bombardé.

Je me lève et me dirige vers la fenêtre.

Vaduz. Je suis ici depuis deux jours. J'ai parcouru la petite ville et ses alentours avec l'aide de ma canne. J'ai accroché une pensée, alors que Raph et Greta m'accompagnaient, à chaque personne rencontrée, à chaque maison, aux chats, aux chiens, aux oiseaux, à la nappe bleue du ciel dont les Alpes effrangent les bords. J'ai imaginé, heureux pour Raph, qu'il finirait ses jours dans ce somptueux décor. Mais Raph, calmement, tranquillement, ne croit pas au bonheur !

Mon regard plonge dans la vallée et glisse vers le versant des montagnes. Je vais bientôt retourner à Berlin, revoir Horst et reprendre mon travail au garage. Ce ne sera peut-être pas très facile de m'allonger sous un moteur avec ma jambe raide. Je m'habituerai. Je vais retourner à Berlin, surtout parce que la tombe de Laure est là-bas, et si, à Vaduz, se trouve son âme, là-bas gît ce qui reste d'elle, le souvenir. Car son âme est ici, dans cette maison, comme symbolisée par cette « vitrine des chevaliers », proche de la bibliothèque, un peu différente de celle que j'ai vue à Sennheim et à Berlin, dans la Hermannstrasse, et qui avait été cassée par le bombardement. Mais la coupe du roi de Thulé, la coupe de la fidélité est là, ainsi que tous les autres objets.

– Oui, dit Raph, Horst s'était chargé de la garde du trésor, ayant en poche, écrit de ta main, la description des pièces constitutives. Horst a remis tous ces objets à Mme Ley. Celle-ci a estimé que leur place était à Vaduz.

Ainsi, la « Vitrine des chevaliers » imaginée par Laure a été sauvée et a regagné miraculeusement le Liechtenstein. Ainsi le rêve commencé par Laure continue à Vaduz. Je médite quelques instants devant cette vitrine. Les objets son posés sur des socles de bois discrètement numérotés, les mêmes depuis Sennheim. Le dernier, le n° 44, supporte un coffret fermé à clé. J'interroge Raph.

– C'est le journal de Laure. Nous l'avons mis sous clé. Je dois te dire que j'en ai pris connaissance après avoir interrogé Pile-ou-Face. Je dois te dire aussi une chose : Laure était littéralement déchirée entre Jean et toi. Veux-tu le lire ?

– Non, non, Raph. Surtout pas.

– Elle y a écrit qu'en songe elle pouvait vous aimer tous les deux. Et qu'elle préférait le songe à l'impossible, irréaliste, impotente « réalité ».

Je suis là, devant la vitrine, laquelle, soudain me paraît dérisoire. Ces objets, devant moi, sont comme morts, eux aussi. Morts à l'instant même, tués par ce que je viens d'entendre. Le songe ne peut pas se matérialiser sous peine de mort. Pour demeurer vivant il doit rester songe. Raph et Greta sont tombés dans l'impossible, irréaliste et impotente réalité !

Je vais bientôt regagner Berlin. Je vais le faire en compagnie de cette canne qui ne me quitte plus et qui est ma nouvelle compagne féminine !

À ce moment, je vois dans le ciel, le soleil disparaître peu à peu derrière la montagne. C'est là, vraiment, la coupe du roi de Thulé, la coupe qui s'enfonce bien lentement dans la mer terrestre.

Cette coupe-là, je la détiens toujours et toujours elle m'est aussi précieuse. Elle est le souvenir que je garde de Laure à Toulouse, jeune Vénus Anadyomène dans son bain de bulles de savon irisées. Elle est le souvenir que je garde de Laure à Sennheim, alors que le soleil à travers le bas de sa robe, corolle renversée, éclairait la double tige de ses jambes. Le souvenir aussi de Laure à Berlin. Le soleil était alors à son plein midi.

Laure dans le soleil, Laure laurée. Laure que j'ai revue dans le parc de la Heisenheide, sur un banc, jouant avec sa poupée et me contant qu'elle avait été tuée à Stalingrad ! Toutes ces Laure dont je suis de la cendre le phénix toujours renouvelé.

Non, ainsi que le dit Raph, je n'ai pas lieu de me plaindre. J'ai eu, tout comme Jean Monegal, la meilleure part. Je n'ai pas pris l'habitude du coin du feu de l'amour et je garde en moi la vive nostalgie d'une folle flambée. Non pas à l'image de Jean, qui s'était gelé les couilles à Krasny-Bor et qui en était tout brûlé, mais à celle du pilote allemand tombé, saisi par les flammes au milieu des champs de Sennheim, cette vive et folle flambée m'a brûlé hier... et me brûle encore aujourd'hui...

Pour toi, comme pour moi,
demain il fera nuit.
Bardesane l'Astrologue.
(Livre de la lumière et des ténèbres.)

VADUZ

TELEGRAMME

<u>ADRESSE</u>:	Monsieur Léo Magnanje 2, rue des Degrés Paris (2ème arrdt)
<u>TEXTE</u>:	Noël Janmage décédé — Stop Enterrement dans trois jours. — Stop T'attendons.
<u>SIGNATURE</u>:	Guédolf

Léo était là, devant moi. Mon télégramme ne l'avait pas atteint à temps. Il avait lambiné dans la province française plusieurs jours avant d'en prendre connaissance. Il était accouru aussitôt mais il était arrivé deux heures trop tard. No était déjà sous terre. L'enterrement avait eu lieu sans lui. Il en était très contrarié.

Pour le moment, il me mettait en boîte. Non pas comme nous avions mis en boîte No... mais presque!

– Eh bien, nous en sommes à l'avant-dernier bec de gaz! Tu te souviens? Oui, sans doute, car c'est encore tout frais puisque, à Nancy, *il n'y a pas tout à fait un quart d'heure de cela,* nous nous dirigions vers le dernier lampadaire, celui après lequel, selon tes propos d'alors, la lumière, image de la vie, allait faire place à la nuit, image de la mort. La nuit et la mort sont proches. No, lui, vient de nous le prouver. Il y a un quart d'heure, donc, nous portions des culottes courtes. Nous avons maintenant de grands falzars. Nous n'avions pas de poil au menton, nous avons du barbelé sur les joues, sous le nez et sous la bouche. Nous étions blonds, nous sommes devenus chenus. En quinze minutes nous sommes devenus méconnaissables. Cela fait plus d'un demi-siècle pourtant que nous ne nous sommes points rencontrés. Tels que nous sommes, nous aurions été bien en peine de nous reconnaître dans la rue. T'aurais-je bousculé en la ville par mégarde dans la cohue d'un trottoir que je t'aurais poliment demandé de m'excuser et, tous deux, ensuite, sans plus nous soucier l'un de l'autre, nous aurions continué chacun, l'âme paisible, d'aller tranquillement notre petit bonhomme de chemin. Nous avons cependant, depuis plus de vingt ans, échangé des lettres dans lesquelles, chaque hiver, tu te proposais de venir à Paris et, chaque fois, tu remettais ce projet à l'hiver prochain.

Tout cela était vrai. Le *quart d'heure* dont avait parlé Léo avait duré soixante ans. Et c'était vrai que ces soixante ans n'avaient duré qu'une quinzaine de minutes. Du moins dans mon esprit. Et mon esprit va plus vite encore et plus loin. Pour lui, cercueil et berceau sont un seul et même objet. Je veux dire que nous sommes tous morts avant d'avoir vécu. Tout est tracé d'avance. Et ce n'est pas hasard si le dieu Hasard dans le parcours de notre vie nous dépose là, comme une merde, dans le cul-de-basse-fosse d'un cimetière ou nous incinère dans le ventre d'un crématoire.

– Te moques pas. No, qui est à présent sous terre, n'est pas seulement No. Il est en même temps *toi* aussi bien que *moi*. Et toi comme moi, nous sommes morts à Stargard en même temps que Jean Monegal. Est-ce que je déconne ?

– Non, tu ne déconnes pas. Je sais tout cela aussi bien que toi. Je voulais seulement vérifier si j'étais toi ou si tu étais moi. Nous sommes déjà à demain, et nous sommes tous morts. Jean Monegal, Laure Ley, toi, moi, et tous les autres. Le premier jour est en même temps le dernier jour. Nos langes à tous étaient déjà des suaires...

Cela commençait bien... ou finissait bien... en cette distance qui nous séparait du dernier bec de gaz !

Je me levai et allai mettre le feu au petit bûcher de bois sec préparé dans la grande cheminée de la vaste salle de séjour. Mes gestes me faisaient penser aux feux que Léo et moi aimions allumer en bordure des bois du Haut-du-Lièvre lorsque nous venions de Nancy nous y amuser.

Léo était enfin là, devant moi, de nouveau, tout au bout de notre *quart d'heure*.

Nous n'étions plus, cette fois, au sommet d'une colline, mais sur les Alpes. Nous étions tous les deux, en compagnie de Grégor, le chien-loup, qui s'était allongé sur un tapis non loin de nous. Nous étions seuls dans cette grande bâtisse qui est un peu mon « château de Sans-Souci », dans la mesure où je me soucie de peu de chose.

Après l'enterrement, Greta, ma compagne, était partie voir son père. Trop âgé, il n'avait pu quitter Berlin. En même temps, elle raccompagnait son frère, Horst ; sa belle-sœur, Helga ; et tous les amis de No. Seuls Gustave Kubasky et quelques Russes, mes meilleurs compagnons dans la ville, étaient restés à Vaduz. Lors de la défaite allemande, ces anciens de l'armée Rouge du général Vlassov, passés du côté de la Wehrmacht, avaient été accueillis avec leur colonel par le prince du Liechtenstein selon la tradition chevaleresque du droit d'asile. Les survivants de ces exilés étaient venus se recueillir sur la tombe de celui qui, sur le front de Leningrad, avait été d'abord leur ennemi, puis leur compagnon de combat.

Avant de nous quitter, Greta avait recommandé à Léo de prendre soin de ma santé. Il avait remarqué combien elle me couvait, combien elle était prévenante à mon égard. Avant de lui dire au revoir, elle avait de nouveau prié mon ami de veiller sur moi. « Il ne faut surtout pas qu'il se fatigue. Il doit se ménager car son cœur ne va pas fort. » Elle aurait peut-être mieux fait de me demander, à moi, de veiller sur lui qui paraissait beaucoup plus fatigué que moi !

Et Léo me voyait là, me portant comme un charme. Il en déduisait avec un semblant de raison que la mort de No avait rendu Greta anxieuse. En fait, elle était surtout inquiète pour son père octogénaire, cardiaque lui aussi. Tout naturellement elle avait déplacé sur moi son inquiétude.

Dès la flambée prise, j'étais descendu à la cave pour en remonter porteur de deux bonnes bouteilles.

– Je n'ai pas pris trois bouteilles, Léo, car Grégor, chacun ses goûts, préfère l'eau. C'est du vin allemand, peu alcoolisé. Comme le vin d'Alsace son parfum se marie bien à la fraîcheur indispensable pour une bonne dégustation. Son cépage est ce fameux riesling que toi, l'Alsacien, tu connais mieux que moi.

Léo étant rassuré quant à ma santé, c'est tout naturellement que nous parlâmes, comme il est de coutume dans ces cas-là, de celui que nous venions de conduire au cimetière.

– Guédolf, dis-moi, que s'est-il passé exactement pour No ?

– Cancer. Cancer, comme pour sa mère. Il y a plus d'un an de cela, il avait ressenti une vive douleur un peu au-dessus du genou, à la jambe droite. Il en parlait à peine. Comme cette douleur était forte et que sa cuisse avait une couleur rougeâtre, peu plaisante à voir, il s'était quand même décidé à consulter un médecin. Celui-ci, comme je l'avais fait moi-même, a pensé que cela avait une relation avec sa dernière blessure. Mais comme les pommades prescrites n'ont pas plus agi que sur une jambe de bois, le mal n'a fait que croître. No est allé voir un autre praticien. Jugeant que c'était sérieux, celui-ci l'a dirigé d'urgence sur l'hôpital. Là, on a diagnostiqué un ostéosarcome du fémur. Le traitement au cobalt lui a procuré un certain soulagement mais n'a pas empêché le cancer d'évoluer. Il y a trois mois, lors d'une radiographie des poumons, des taches suspectes apparaissaient. Le médecin a choisi de traiter No par la chimiothérapie. Une certaine amélioration s'est ensuivie. Mais ce traitement lui a fait perdre tous ses cheveux, l'a rendu impuissant et a provoqué des vomissements. Il a ressenti une énorme fatigue. La tumeur a finalement échappé à tout contrôle et s'est métastasée. Elle s'est promenée dans le foie, les os, etc. No était tout affaibli et tout vacillant quand, la semaine dernière, le laissant aux bons soins de Greta, je l'ai quitté pour aller traiter une affaire de timbres-poste à Zurich. Le surlendemain, en rentrant, peu après l'heure de midi, j'ai trouvé la maison déserte. Perplexe, j'ai attendu, m'efforçant de comprendre. J'ai alors imaginé que No était à l'hôpital et que Greta était à son chevet. Je me suis dirigé vers le centre hospitalier. À peine sorti de la maison, que vois-je ? Greta, précédée de Grégor, accourt vers moi et me crie :

– Il est là-haut !

Là-haut, dans notre langage, c'est le sommet d'un chemin de montagne d'où l'on a un point de vue superbe. Mais comme la chose me paraissait invraisemblable et que Greta m'indiquait vaguement la direction du ciel, j'ai trouvé le goût de plaisanter.

– Il n'est quand même pas assis à la droite du Seigneur !

– Mais si qu'il y est assis puisque, là-haut, il est mort !

Greta me raconta que No s'en était allé tôt le matin. Sous prétexte de mieux être, il avait pris sa canne, son chapeau, son manteau et s'était avancé lentement dans la neige, comme un vieillard, pour faire, disait-il, quelques pas. Il s'était dirigé vers ce sentier où je l'avais conduit, quelques semaines après l'insurrection de Berlin, en 1953. Au sommet de ce chemin, je lui avais montré un aspect de la vallée du Rhin qui l'avait alors transporté.

– Je voudrais bien mourir là, avait-il murmuré.

Ne le voyant pas revenir, Greta, très inquiète, était partie à sa recherche en empruntant le sentier où elle l'avait vu s'engager. C'est au bout de ce chemin qu'elle avait fini par le trouver, immobile, adossé à un rocher.

– On dirait, m'a-t-elle dit, qu'il dort et qu'il fait un beau rêve.

Laissant Greta reprendre ses esprits, je suis monté à mon tour, presque incrédule, accompagné de Grégor. Je ne sais pas comment, vu son état, No a pu parvenir là-haut, mais c'est bien là-haut que je l'ai trouvé, col relevé, sa canne en travers, posée sur ses cuisses, un sourire figé aux lèvres, sans doute heureux de sa prouesse, mort. Grégor s'est alors couché à ses pieds. Un soleil pâle de février, faisait en sorte de le dédoubler et de projeter son ombre de telle manière que je vis deux chiens-loups. Je fus alors saisi par la ressemblance qu'il y avait entre No et le vieil homme mystérieux que nous avions rencontré près de Munich et que nous avions revu, mort, dans les ruines de Berlin, gardé par ses deux loups. No paraissait, en effet, dormir et faire un rêve agréable. Il y avait trente-trois ans, jour pour jour, que Laure avait été tuée dans Berlin.

– Il s'est supprimé ?

– À l'hôpital, l'autopsie n'a révélé aucun poison. Il est mort tout naturellement, si l'on peut dire. Au cours de sa maladie, il a été, tout pareillement, d'une sérénité admirable. Au moment de sa mort, il tenait, dans sa main droite, les deux petits morceaux de gant de cuir légèrement brûlés et déchirés qui le reliaient symboliquement à Laure et à Jean Monegal. Dans cette main, il y avait aussi ce caillou gravé de la rune de la vie et de la mort que j'avais glissé dans sa poche à Berlin quand, à la fin de la bataille, je l'ai mené, inconscient, au poste de secours, après qu'il eut reçu des éclats de torpille. Je pense qu'il a choisi de mourir au jour qu'il s'était fixé et, pour se bien geler les couilles, qu'il a compté sur le froid.

La pièce dans laquelle nous nous trouvions, Léo et moi, était éclairée par six grandes fenêtres. Devant nous, dans le large théâtre de la cheminée, le feu dansait gaiement dans ses écharpes et foulards multicolores. Allongé près d'une grosse pierre, Grégor, nez sur les pattes de devant, semblait écouter nos propos.

Léo voyait sur le sol et sur différents meubles, des pierres de formes étranges que déjà, à Nancy, enfant, je collectionnais.

Surprenant le regard de mon ami, je pris l'une d'entre elles et je la caressai comme s'il se fût agi d'un petit animal. C'est vrai, j'ai toujours aimé les roches et les morceaux de roche. Elles symbolisent, pour moi, le lien qui m'unit au passé et à l'avenir. Chacune d'elles a une sorte de personnalité. Sans doute ont-elles une âme. Amphion, qui bâtit les murs de Thèbes, construisit la ville en s'adressant à cette âme. Il se contenta de jouer de la lyre et les pierres, d'elles-mêmes, venaient se ranger à leur place. Celles qui sont ici ont des souvenirs qui remontent loin dans le temps. Dans mille ans, elles garderont peut-être encore en mémoire cette demeure, No, Greta, Léo, moi, Grégor et ce feu, alors que tous les autres objets et cette maison même auront disparu.

– Elles proviennent, dis-je à Léo, de différentes promenades faites dans la montagne. Je les ai ramassées sur mon chemin. Elles sont les objets les plus anciens, elles sont des antiquités, mais des antiquités dédaignées des antiquaires. Comme les pierres taillées, elles ont connu la main de l'homme. Elles sont nos aînées. Peut-être que, s'il y avait jamais un Jugement dernier, celles que nous avons rencontrées au cours de notre vie seraient nos témoins ; toutes les pierres, celles de nos maisons, celles des églises comme celles des lupanars.

– Dis donc, est-ce un effet de l'âge ? Tu crois en Dieu maintenant ?

– Je crois toujours au Dieuble qui a couronné roi Sa Majesté le Hasard. Ce Hasard, qui pour les Anciens étaient un dieu, est le plus habile serviteur de chacun pour le conduire, yeux bandés, à son destin. Je crois au Dieuble, puisque Pile-ou-Face, que j'ai interrogé, m'a répondu qu'il existait. D'ailleurs, sans cette croyance, je n'aurais pu entrer dans la SS puisque l'on n'y acceptait pas les athées. Mais pourquoi le Dieuble ne ferait-il pas un Jugement dernier ?

Cette réponse je l'avais donnée avec un sérieux imperturbable mais, comme souventes fois, avec un peu de malice.

– Le Dieuble, il faut le reconnaître, a été plutôt bon bougre avec nous au cours de la guerre.

– C'est vrai qu'il a été bon diable avec notre peau. Mais dis-moi, pour en revenir au bon Dieu, ne crois-tu pas, toi, à son existence ? Il n'est qu'une des multiples apparences du Dieuble, certes, mais, comme tous les dieux, il existe. Il est plus puissant que n'importe quel prince de ce monde. Plus que Napoléon, Hitler ou Staline, il manie les foules, les fait s'agenouiller face à La Mecque ou face à Jérusalem, les jette les unes contre les autres, les fait danser, prier, se dandiner, communier, se couper le prépuce, se tonsurer et que sais-je encore ? Je crois à ce fantôme, plus puissant et plus durable qu'aucun vivant. Comment être athée ? Comment ne pas croire en Dieu qui est une des plus belles farces que le Dieuble ait jouées à notre univers ?

Je considérai un instant le gros caillou que je tenais en ma main et, dans un murmure, j'ajoutai :

– Tu es Pierre, et sur cette pierre je bâtirai mon Église.

Conquis par mes propos et ma mimique, Léo rendit volontiers les armes.

– Tu viens, décidément, de me convaincre. Mais, dis donc, parmi toutes ces pierres, il en manque une.

– Ah ! Tu en vois une qui n'est pas là ?

– Oui, cela saute aux yeux.

–. Ce doit être une bien grosse pierre alors !

– La plus importante. Le fameux rocher de la Lorelei.

– J'y ai bien songé, Léo, mais le faire venir jusqu'ici, imagines-tu ? [132]

mètres de haut ! Et comment le porter jusqu'ici sur mes épaules ? Je ne suis plus tout jeune ! Alors débrouille-toi. Fais comme Laure elle-même...

– C'est-à-dire ?

– Elle avait bien, elle, je l'ai lu dans son journal, installé Vienne dans sa chambre, à Sennheim, pour assister au serment SS de No dans la cathédrale Saint-Étienne, sous le haut patronage du Dieuble !

Me voyant là, devant lui, Léo ne pouvait s'empêcher de penser, ses propres parents n'étant plus de ce monde, que j'étais maintenant l'être vivant auquel la mémoire pouvait s'accrocher à son plus lointain souvenir. J'étais maintenant le seul témoin de son avant-guerre, peu avant la prise du pouvoir par Adolf Hitler. Et, comme s'il avait lu dans mes pensées, il se reporta à cette époque.

– Si ma mémoire est fidèle, Guédolf, tu portais sur toi, après ton escalade de l'arc de Triomphe, la bille de pierre que tu avais peinte en jaune, elle était à l'origine de ton ascension acrobatique. Elle avait à peu près la grosseur d'un œuf de caille. C'est ensuite que tu t'es mis à choisir et à collectionner les pierres. Tu ne les as tout de même pas toutes emportées avec toi à la guerre ?

– Non, mais la bille, je l'ai toujours, sa couleur jaune vif a toutefois fort pâli. Depuis 1933, elle ne m'a jamais quitté. Cela fait plus d'un demi-siècle que nous sommes ensemble. C'est une vieille copine. Chaque fois que je me suis senti un peu seul, je l'ai prise dans ma main comme pour y puiser une sorte de rappel à la vie alors qu'il m'arrivait d'avoir envie de dormir pour toujours. C'est ce rappel à la vie, cette sorte de réflexe, qui m'a soulevé comme malgré moi le jour où j'ai fait le zigoto sur la paroi de l'Arc tandis qu'il eût été si facile de me laisser choir. C'est toi qui avais eu l'idée de cette escalade.

– Je l'ai toujours regretté. La pensée que tu aurais pu te rompre les os à cause de cette malencontreuse idée m'a souvent tourmenté.

Je lui montrai la bille devenue grisâtre, et je la remis dans ma poche.

– Cette bille me relie à cet événement et aussi, bien entendu, à ta personne qui est cause de cet événement. Aujourd'hui, après plus d'un demi-siècle, elle me relie à mille autre choses dont je me souviens quand je la sors de ma poche. Cependant, je la sors rarement et ne la contemple que de loin en loin. Le seul jour où j'ai failli m'en séparer fut celui de l'inhumation de Jean Monegal dans la région de Stargard. Je l'ai alors longuement tenue dans ma main et j'ai été tenté de la déposer sur sa tombe. Mais c'eût été me séparer de ma pierre philosophale et les jeunes SS n'y eussent rien compris. Il y a, en Inde, à Tarakeswar, un temple dont l'autel ne contient rien d'autre qu'une pierre ronde dont la circonférence sans commencement ni fin symbolise l'infini. Cet infini peut tout aussi bien être représenté, dans ce temple qu'est ma poche, par cette bille que j'ai mise au service du Hasard, partie intégrante de cet infini qui manipula Jean Monegal, No, Laure, comme il manipule chacun de nous.

– Et quelle manipulation ! Jean Monegal, si soigneux, si militaire, si communiste, qui rêvait tellement de la révolution en septembre 1939 et qui s'est retrouvé sous l'uniforme SS pour être tué par l'armée Rouge ! Quel destin ! No a remarqué pourtant que, le jour de l'enterrement, tu étais resté impassible.

– C'est vrai. J'ai toujours essayé d'être aussi imperturbable que ma bille jaune. Extérieurement, il me faut avoir de la tenue, même si, à l'intérieur, tout au fond de moi, je connais la plus grande lassitude. Finalement, si je n'ai pas laissé cette bille sur la tombe de Jean, c'est par maintien. Cette bille, elle, a toujours su se tenir debout sur son assise minuscule. J'ai toujours pris exemple sur elle et sur mes pierres dans certaines circonstances, notamment au combat.

Parmi les pierres de ma collection qui est mon « festin de pierres », l'une, trouée, assez érotique par sa forme, stimula la curiosité de Léo. Il s'enquit alors d'un point demeuré pour lui fort obscur et qui l'empêchait d'éclairer la personne de Noël Janmage.

– Après la belle Laure, No a-t-il connu d'autres femmes ?

– S'il n'a pas connu Laure au sens intime, il a en revanche habité pas mal de femmes. D'après Horst, il s'agissait toujours, à Berlin, de prostituées, mais elles n'étaient qu'un pis-aller, une façon pour lui de ne point s'éprendre et de garder le souvenir de Laure perpétué dans la Hasenheide par une sorte de petit lutin.

– Cette petite gamine qu'il avait rencontrée avant la première révolte des Allemands de Berlin-Est ?

– Oui. Elle est devenue cette belle femme blonde en manteau bleu, venue avec les autres depuis Berlin. C'est elle qui était flanquée, à l'enterrement, de ce grand gars, comme toi fumeur de pipe. No était devenu son vieil ami. Il ne l'a jamais embrassée. Elle lui donnait, elle, un petit baiser sur la joue et, en retour, il lui souriait, heureux de toujours la revoir. Il y avait entre eux une sorte d'amour non terrestre, voilé, fait de mystères et de secrets. Pour l'enfant qu'elle était, en 1953, il était devenu une sorte de héros depuis qu'il avait reçu cette balle à laquelle il devait sa boiterie ; il ne lui manquait plus qu'un bandeau sur l'œil pour qu'il devienne tout à fait le pirate qu'elle avait d'abord voulu voir en lui. Il était devenu pour elle une sorte de vieux corsaire. Ce corsaire ne lui avait demandé qu'une seule chose qu'elle lui avait accordée. Tu as pu le remarquer à l'enterrement, elle portait des bas noirs, comme chaque fois qu'elle allait le voir. Qu'elle ait déféré à cette étrange et trouble demande montre qu'ils avaient tous deux mêlés le *songe* et le *réel* pour en faire un lien plus puissant, parce que sublimé, que ce que l'on nomme, habituellement et ordinairement, amour.

Je pris une cigarette, l'allumai et ajoutai :

– No était d'une grand gentillesse avec les femmes. Malgré ses cicatrices, Greta, ainsi qu'Aude, ma fille, le trouvaient beau. Devant les femmes il manifestait une certaine timidité, celle qu'il éprouvait autrefois devant la *Lorelei.* Il les regardait avec tout l'amour, profond, érotique, qu'il portait en lui et, quand elles se tournaient vers lui, il baissait les yeux afin de ne rien révéler de sentiments qui auraient pu les inquiéter ou qui auraient pu être interprétés comme une trop grande convoitise. Parfois, il regardait de même un animal, une fleur, un paysage, comme fasciné. Un jour qu'il avait ce regard-là, je m'approchai de lui et l'interrogeai : « Qu'y a-t-il, No ? » Il fit un geste pour montrer tout ce qui était devant nous et me répondit : « Il y a tout cela. C'est beau l'automne... comme tellement de choses d'ailleurs... mais mieux vaut ne pas tomber dans le beau… on risque la noyade… Il faut se méfier du beau qui dort et des pleurs de joie provoquées par les laures ! ». « Les laures ? Que veux-tu dire par là ? » lui demandai-je. Il m'avait répondu que, tels les chrétiens de l'Église primitive qui, sur les chemins priaient en des stations appelées laures, il s'était lui aussi pareillement recueilli, mais que ses laures à lui baignaient en un vivant paganisme qui n'avait rien à voir avec les idoles chrétiennes. C'est alors qu'il s'ébroua, comme un chien qui serait sorti de l'eau. Il sortait du beau, je l'avais ramené sur la rive…

– Mais comment vivait-il ?

– Plutôt chichement. Il avait reçu un petit héritage et faisait des traductions. Il ne se sentait pas assez valide, vers la fin, pour travailler au garage où, cependant, il était devenu excellent mécanicien. Alors, les uns et les autres, nous l'avons aidé, mais dans la mesure seulement où il le voulait bien. La pauvreté ne l'affectait pas. Il avait d'autres richesses. Il est resté gai jusqu'au bout, chaleureux et toujours curieux des êtres et des choses. Une sorte de joie solaire l'animait. Cette joie, il la devait à Laure. Laure, toujours ressuscitée, a transformé l'image qu'il avait de la vie parce que, malgré la mort, il avait su la garder vivante en lui. Malgré ses « gentilles putains », comme il appelait les prostituées, il était resté fidèle, à la manière du roi de Thulé. Si j'en juge par le sourire qu'il avait quand je l'ai retrouvé sans vie, son existence, quoique difficile, a été merveilleuse. Et, quand je dis merveilleuse, je me réfère à cette étonnante confidence qu'il m'a faite :

– C'est au moment où je portais Laure, morte, dans mes bras, que j'ai connu la volupté la plus extraordinaire de mon existence. J'ai cru, à ce moment-là, que j'allais tomber mort, moi aussi, car dans mon extase, je marchais dans le ciel. Ce n'est qu'en demeurant vivant que j'ai connu la pire douleur : rester sur terre.

Était-ce la chaleur du feu de cheminée, nous étions, Léo et moi, altérés et ressentions le besoin de boire.

Après une gorgée, je regardai Léo avec une légère nuance d'ironie et, d'une voix calme, prononçai ces mots qui le surprirent.

– À propos de Laure, j'ai le sentiment que, à Cernay, il aurait suffi de peu de chose pour que tu bascules dans la SS. Pour moi, cela a tenu au caprice d'une pièce de monnaie. Pour toi, il ne s'en est fallu que d'un cheveu.

– D'un cheveu ? Que veux-tu dire ?

– Oui. D'un cheveu blond sur ton épaule, qui eût appartenu à Laure Ley. Tu sais, à dix-huit ans, les idées s'effondrent vite si, dans le camp d'en face, se trouve le visage de l'amour. Jean Monegal et toi auriez pu échanger vos rôles. D'autant plus que, à cette époque, communistes et nationaux-socialistes venaient de conclure un pacte de non-agression.

Léo reconnut que ce cas de figure lui avait déjà traversé l'esprit.

– C'est vrai Guédolf, le hasard aurait pu faire que, au lieu de remettre à Jean le morceau de gant du pilote carbonisé, je l'aie conservé pour le remettre à Laure, comme il l'a fait lui-même. D'autant que je pensais comme lui à propos de la musique allemande.

– Le hasard, précisément. Je ne te le fais pas dire !

– Je voulais dire la destinée.

– Hasard ou destin, tu sais, c'est du pareil au même. Aucune différence. Ces deux choses sont intimement liées.

– Seulement, avec moi, cela n'aurait sans doute pas marché. J'aurais pu tenir en face de Laure les mêmes propos que Jean sur mon absence de haine et sur le secours que j'aurais apporté à un Allemand blessé, mais un certain laisser-aller, pour ne pas dire un certain débraillé dans mon allure vestimentaire m'aurait desservi.

– Qui sait? Mais tu sembles bien le regretter. Quand je dis qu'il ne s'en est fallu que d'un cheveu.

Nous restâmes un moment silencieux. Léo était troublé par mes paroles. Pour l'amour de Laure, serait-il allé jusqu'à s'engager dans la SS? Il était bouleversé par cette pensée. Je n'insistai pas.

Le vin était agréable. Dans la cheminée, le bois pétillait d'aise léché par les flammes. Grégor, comme pour mieux entendre nos propos s'était rapproché de nous.

– Et toi, serais-tu le seul, Guédolf, qui ne soit pas tombé amoureux de Laure? Quelle impression t'a-t-elle laissée?

– Je ne l'ai jamais rencontrée. Je ne la connais que par son journal, par les photographies et par ce que m'en a dit sa mère à Berlin et à Vaduz. D'après les photos, elle ne m'aurait certes pas laissé insensible. De plus, si j'en juge les annotations de sa main sur les livres de son père, elle ne manquait pas de discernement ni d'esprit. Elle devait avoir beaucoup de charme, hérité de sa mère, tandis que son côté passionné venait de son père. Dans son journal on découvre cette passion et son amour de la vie, exprimés sobrement. C'est dommage que je ne l'aie point connue de son vivant. Peut-être cela valait-il mieux. J'aurais sans doute été jaloux de Monegal ou de Janmage, jaloux de mes amis et peut-être alors me serais-je méprisé.

Léo me considéra et me fit cette remarque étonnante:

– C'est vrai. J'ai ressenti pour moi-même un tel mépris.

Après m'être levé pour replacer une bûche, taquiner un peu mon feu et jouer quelques instants avec Grégor qui m'avait suivi, je revins et m'enquit.

– Et toi, où en es-tu?

– Où j'en suis?

– Oui. Politiquement, socialement, humainement, enfin tout ce qui concerne le frotti-frotta des idées dites généreuses.

– Bah! Mon drapeau flotte toujours contre le vent mais porte mes propres couleurs. Je crois Guédolf, que ta méthode est bonne: pile ou face! La pièce a la même valeur des deux côtés. Une pièce de cinquante centimes, qu'on la regarde à l'envers ou à l'endroit, vaut toujours un demi-franc. Il en est de même de la démocratie et de la dictature. On se retrouve toujours dans la même pièce. Mes jeunes années ont été abusées. Les immenses fours crématoires de Coventry, Dresde, Hiroshima, Nagasaki, Tokio, Auschwitz m'ont désabusé. Que le peuple vote pile ou qu'il vote face, cela ne change quelque chose que pour ceux qui quittent le pouvoir ou bien le prennent. Pour lui, le peuple, cela ne change rien. Il sera, de toute façon, leurré, berné, tondu ou plumé. Les mots de la politique sont une marchandise comme une autre, cela s'achète et cela se vend. La politique, la religion, la littérature, la philosophie, la science, les arts, ne sont que des balançoires spirituelles qui détournent l'attention. Il n'y a pas de progrès. La réalité est que nous sommes au milieu de troupeaux de moutons guettés par des bêtes féroces. Il faut faire gaffe, de plus en plus, où l'on met les pieds.

– Tu parles d'or. Les grands fauves ont gros appétit de la gent bêlante et moutonnière des naïfs et des crédules qui par millions sacrifient leur vie à des lunes idéologiques, politiques ou religieuses. Tu sais comment s'appelait le séjour des morts dans le cycle du roi Arthur?

– Aucune idée.

– *Ynis yr Avallon,* c'est-à-dire l'*Île des Pommes.* Mais toi, tu es toujours anarchiste?

– Plus que jamais.

– Tu crois en l'anarchisme?

– Allons, allons! Si je croyais en l'anarchisme, je ne serais pas anarchiste!

– Je comprends. C'est assez subtil, mais c'est la meilleure réponse que puisse faire un anarchiste.

– Merci.

– C'est en quelque sorte une morale individualiste, une éthique toute personnelle.

– Éthique est un bien grand mot. Disons une petite éthique alors, une éthiquette. Même pas, il faut enlever le *h* qui met trop dans un état de dépendance. Il s'agit simplement de l'observance de l'étiquette selon laquelle l'individu prend ses distances à l'égard des hommes de troupe ou de troupeau. Mais toi, Guédolf, où en es-tu? La SS est morte, non?

Je goûte toujours avec un plaisir non dissimulé ce vin qui est le mien. Je ne me laisse pas tout à fait distraire de ce plaisir par la conversation. Je savourai une lampée.

– En ce qui me concerne, mon vieux, dans cette partie de vie que m'avait tracée Pile-ou-Face, j'avais prêté serment de fidélité à Hitler, c'est-à-dire au seul Hasard. Après la mort du Petit-Caporal, comme l'appelait No, j'étais automatiquement délié de ce serment. J'étais donc de nouveau à la croisée des chemins. Il me fallait encore une fois choisir une route.

– Pour cela, je présume, tu as interrogé ta pièce de monnaie.

– J'ai, effectivement, interrogé l'oracle, comme chaque fois que se pose un problème important, d'ordre moral ou autre. Allais-je continuer à suivre, simplement par amitié, la même voie que Noël Janmage, disparu, et Jean Monegal et, après tout, pourquoi pas? De mon point de vue, qui est un point de vue de joueur, une cause perdue vaut bien une cause gagnée. Ou bien n'allais-je pas continuer? Dans le premier cas de figure, Greta restait avec moi à Berlin, en compagnie de Horst, tandis que dans le second cas, je partais avec elle pour le Liechtenstein, ce qui était le désir de Greta. L'oracle répondit en faveur de Vaduz et nous avons donc quitté Berlin. Voilà toute ma politique.

– Mais tu étais libre! Tu n'avais pas, comme la première fois, à choisir entre le service du travail obligatoire et le maquis! Pourquoi, cette fois encore, avoir tiré à pile ou face? Pourquoi n'être pas venu directement ici, au milieu de ces belles montagnes?

– Simplement afin de ne point rompre avec ce qui a toujours été mon attitude devant la vie. Et aussi parce que cette attitude, ce pile ou face exécuté sous les yeux de Horst, de Kurt et de Peter me gardait leur entière estime. Libre ? Tu parles comme un sans-culotte ! Tu n'as rien retenu de ce que disait Jules le Mendiant, tu as oublié le Dieuble ! Libre ? Est-on jamais libre ? Je ne crois pas à la liberté. La liberté n'est pas libre, elle est commandée, tout comme la servitude, par le Hasard. Alors, autant interroger celui-ci qui, j'en suis convaincu, est le maître de chaque destin. Dis-moi un peu qui est, de la belle jeune fille et de la pauvre petite bossue, libre d'aimer et d'épouser le Prince Charmant ? Qui, du cul-de-jatte et de l'athlète fringant, libre de gagner le 100 mètres ? Qui, du crétin et du surdoué est libre d'empocher les diplômes ? Qui est, du fils à papa et de l'enfant misérable libre de devenir diplomate ? Libre, oui, bien sûr, on l'est toujours d'être bossue, cul-de-jatte, crétin, misérable ou encore jolie fille, champion, intelligent, membre de l'Institut ou bien de la haute société, mais après, après seulement que le sort en a décidé ainsi. Libre d'être maître ou esclave, mais après, après seulement que le Hasard a fait son choix. Libre d'être Allemand ou Français ou musulman ou juif ou Zoulou, mais après, après seulement que la fatalité s'est prononcée. Les exemples que je viens de te citer peuvent encore servir pour mesurer à la même aune, l'égalité. Ne parlons pas de la fraternité, car on n'est jamais frère ou sœur que de quelques-uns, ceux que le hasard a mis sur notre route, et non point des millions de gens que l'on n'a jamais vus. Ces grands mots, tu en conviendras avec moi, toi qui disais ne plus te payer de mots, sont de grandes balivernes et de belles sornettes-sonnettes. Ce sont des mots creux qui résonnent comme les grelots au collier des chiens. C'est ton côté libertaire qui te fait croire encore à la liberté. Seul le Hasard, bras droit du Dieuble, commande, même si on l'appelle d'autres noms : sort, destin, Providence, Dieu. C'est, je te l'assure, par pur hasard que tu es ici et parce que, par hasard, mes parents ont changé de ville pour venir à Nancy, quand j'étais môme, habiter le même quartier que toi que nous avons fait connaissance et que nous sommes devenus amis. C'est par hasard, que nous sommes ici, l'un et l'autre, au milieu des montagnes. Devant le hasard qui ne fait pas de distinction entre la liberté et l'esclavage, entre l'égalité et l'injustice, entre la fraternité et la haine, tout est la même chose. Cela dit, je suis tout à fait d'accord avec toi, nous sommes dans la jungle. La nature est toujours sauvage.

– Et dans cette jungle, depuis la guerre, tu n'as jamais désiré bouger d'ici ?

– Non, puisque je me suis confié aux décision sages du hasard. Ici, les saisons sont merveilleuses et l'hiver plus encore que les autres saisons. Pour moi, comme pour No avant qu'il ne meure, SS signifie aujourd'hui Solitude et Silence, et je trouve cela à Vaduz. J'ai connu l'hiver en Ukraine, cette Ukraine dont tu m'avais donné de superbes timbres-poste datant de l'époque du Tzar ; je l'ai connu aussi en Poméranie où la neige a servi de linceul à notre ami Jean Monegal. Il y avait alors trop de bruits là-bas, et les batailles ne sont pas ce qu'il y a de mieux pour savourer la paix hivernale. Cela dit, pour moi, cependant, comme pour le hasard, tout est la même chose et je me satisfais toujours de ce que le sort a bien voulu me donner. Le Liechtenstein vaut bien la France. Quand je te dis que tout est la même chose, je ne le dis que pour moi, non pour les autres. Si les Russes m'avaient fait prisonnier, ils m'auraient peut-être expédié à Tambov, un camp qui n'a rien à envier à Buchenwald, un camp où, comme dans tous les camps, depuis que le monde est monde, on encage ses ennemis. Eh bien, je me serais satisfait de ce camp de Tambov. J'y serais sans doute crevé. Et après? Le monde ne me doit rien. Foin des lamentations et des jérémiades! Socrate ne nous aurait-il donc pas appris à boire la ciguë? Et Pétrone ne nous aurait-il pas enseigné l'art de s'ouvrir les veines? N'aurions-nous donc rien appris en deux mille ans? Il faut savoir perdre au jeu de la vie. Je t'ai dit que, pour moi, SS signifiait Solitude et Silence. La croix gammée, en sanscrit, se nomme svastika, qui veut dire « Tout est bien ». Perdre, gagner, vois-tu, c'est la même chose. Tel est le jeu.

– Tout est donc, pour toi, dans cette jungle dont je te parlais, pour le mieux dans le meilleurs des mondes possibles?

– Oui. « Tout est bien ». Tout y est bien. Rien n'a d'importance. Philippe Merlin, avant de se suicider, m'avait écrit: « Sais-tu? Tout reste la même chose ». Je pense de même: tout est la même chose. Tout est bien. Bornons-nous, dans le temple de notre âme, à constater le déroulement des choses.

Scrutant mon visage, Léo me dit alors déchiffrer dans mon regard et dans un certain pli de sourire, au-delà du reflet malicieux, comme un pessimisme immense et glacé, profond comme l'abîme.

– Ton j'm'enfoutisme, m'assura-t-il, me fait froid dans le dos et me donne le vertige comme si tu te trouvais suspendu de nouveau au-dessus du vide, suspendu à la corniche de l'arc de Triomphe de Nancy. Avec cette différence que, après un extraordinaire rétablissement, tu regardes cette fois, du toit où tu t'es juché, d'un œil étranger la totalité du monde des hommes. Et cette fois, tu ne chantes ni ne danses. Je vois, Guédolf, dans ta manière d'être, dans ta façon de te comporter, un extra-terrestre, un homme qui, comme Jean Monegal ou comme Noël Janmage d'ailleurs, ne serait pas de notre univers broyeur, concasseur, fait de vitesse et de précipitation. Toi, tu n'es pas bousculé, tu prends ton temps, dans ta voiture, sur la route, tu te laisses dépasser tout placidement par la plupart des automobilistes et même tu t'arrêtes pour regarder un coin de paysage que les autres n'ont pas remarqué. Par rapport à ce qui t'environne, tu as un rythme particulier, tu es comme un mobile qui n'obéit pas aux règles de la déambulation générale, mais à des lois qui te sont personnelles. Il semblerait que tu te sois indûment octroyé des laissez-passer, des papiers, des coupe-file, des « Ausweise » qui ne sont pas ceux des autres. Comment? Pourquoi? Tu prends des tranquillisants?

Je me pris à rire. Grégor, comme étonné de ce rire qu'il devait juger incongru, se permit, pour la première fois, d'aboyer.

– C'est une remarque de Parisien pressé que tu me fais là, Léo! Toi, qui as un petit faible pour les musulmans tu devrais connaître ce beau proverbe qui est leur: « La lenteur est de Dieu, la vitesse est du Diable ».

– « La vitesse est du Diable », c'est peut-être ce que nous traduisons nous-mêmes par l'expression « mener un train d'enfer ». Mais, dis-moi, si la lenteur est de Dieu, quelle est l'allure du Dieuble?

– Selon moi, le Dieuble est immobile, au centre de l'univers, et les dieux et les diables et tout le saint-frusquin, les êtres et les choses, tournent, dansent et virevoltent autour de lui. En ce qui me concerne, je ne prends pas de tranquillisants. Ma conduite est simplement dictée par ma propre doctrine.

– Une doctrine ? Je brûle de l'entendre !

– Elle est toute simple. Elle se résume en trois mots.

Je versai le vin dans les verres et prononçai ces trois mots.

– *Time is gold.*

Après avoir bu une gorgée de vin, Léo protesta.

– Je me demande si tu n'as pas un faible pour les paradoxes. À moins que tu ne veuilles dire autre chose, car ceux-là mêmes qui emploient une expression voisine : *Time is money*, ne te ressemblent absolument pas. Ce sont des gens extrêmement pressés qui n'ont pas de temps à perdre, puisqu'il leur faut gagner toujours plus d'argent.

Je hochai la tête pour marquer qu'il faisait fausse route.

– Je veux dire, en effet, tout autre chose. Il ne faut pas confondre *Geld* et *Gold.* Je n'ai pas dit « le temps c'est de l'argent ». J'ai dit « le temps c'est de l'or ». Ce n'est pas la même chose. Cela dit bien ce que cela veut dire. L'or, vois-tu, mais tu le sais aussi bien que moi, vaut plus que l'argent. Ceux qui gaspillent cet or pour gagner de l'argent dans une vie qui ne dure qu'un court instant, sont des gens qui se ruinent. Dans l'expression « le temps c'est de l'argent » je ne vois qu'un seul sens : celui des cheveux qui, à la fin de notre fameux *quart d'heure,* avec l'âge blanchissent, deviennent argentés.

Léo venait de comprendre.

C'est vrai que je suis riche, beaucoup plus riche que les gens qui possèdent mille fois plus d'argent que moi. Je suis riche de tout mon temps, cet or dont je dispose. Je le prends mon temps qui est mon or en toute chose, comme les abeilles, les pattes teintées de pollen d'or, prennent le suc des fleurs.

– La vie est courte, continuai-je, elle est toujours courte, et ce temps, cet or qui coule comme le sable dans le sablier est précieux. Je ne l'ai jamais si bien compris que sur le front de l'Est où nombreux étaient ceux qui laissaient leur peau sur le champ de bataille. Je crois, vois-tu, que No, mais d'une autre manière, lui qui était si riche dans sa pauvreté, avait compris cela aussi bien que moi. Peut-être mieux que moi.

– Parlons encore un peu de toi. On dirait que tu es plutôt intéressé par certains détails et que tu te fous de l'ensemble des choses. Tu prends plaisir à boire ce verre de vin mais, en revanche, tu parais te ficher de la vie. On dirait, par exemple, que, pour toi, les coutumes, le bien et le mal, tout ce qui généralement relie les autres, n'existent pas pour toi. Tu suis ta propre voie.

– Je préfère suivre ma propre voie, parce que l'homme fort est l'homme seul. Les hommes, en foule, ne sauraient, comme dans le national-socialisme, se passer de maître, car il leur faut un maître. Seul, je suis mon propre maître. Les coutumes ne sont que des coutumes, variables selon les lieux. Elles conviennent ou ne conviennent pas. Le plus souvent, elles ne durent de nos jours que le temps d'une mode, puis elles tombent en désuétude. Quant au bien, au mal, l'un ne se distingue pas toujours de l'autre, comme le disait Jules le Mendiant. Alors il faut préciser. Pour le loup, l'agneau est le bien. Pour l'agneau, le loup est le mal. Quand le renard se saisit de la poule, c'est incontestablement un mal pour la poule, mais c'est pour le renard un bien. Si je tue le renard pour de sa peau me faire un bonnet de fourrure, c'est un mal pour le renard, mais c'est un bien pour ma tête l'hiver venu. Le mal, c'est indéniable, existe ; mais je ne m'en soucie pas. Je me garde surtout d'avoir une quelconque bonne intention qui pourrait paver l'enfer. Je ne veux sauver personne, ni la poule, ni le renard, ni surtout moi-même. Je ne voudrais surtout pas, en matière de morale, proposer à quiconque ce que je crois être son bien, je laisse ce soin au hasard. Sur toute chose, il en sait bien plus long que moi. Je sais seulement que le bien et le mal sont indivisibles et qu'ils n'existent que l'un par rapport à l'autre. Ce sont comme deux frères siamois liés charnellement. Je ne crois donc personnellement ni en Dieu ni en Diable. Je suis plus tenté, en revanche, de croire au Dieuble et qu'à son image nous portons le bien et le mal en nous. Quant à ma propre voie, je la parcours dans ces montagnes. C'est une voie solitaire et, effectivement, elle est propre. Grégor, qui me suit toujours, est un chien propre, il s'écarte quand il veut « baisser culotte ». On m'a dit que, sur les trottoirs de Paris, les chiens font librement leurs immondices et les trottoirs y sont devenus des crottoirs, est-ce vrai ?

– Il ne faut pas exagérer.

– Les chiens à quatre pattes sont bien pardonnables. L'ennui, vois-tu, ce sont les chiens à deux pattes. Ils posent partout leurs crottes morales et salissent tout.

Léo avait remarqué la pièce de monnaie, un franc-or, dans une boîte de verre posée sur le velours bleu d'une tablette de la bibliothèque. Il m'indiqua l'objet et demanda :

– Pile-ou-Face, c'est à présent une sorte de souvenir ?

– Plus qu'un souvenir. C'est le Hasard lui-même qui, dans cette maison, est installé là. Je lui dois toute une vie que, dans l'ensemble, j'ai trouvée fort plaisante. C'est lui qui m'a fait prince de moi-même en cette principauté du Liechtenstein. C'est grâce à lui que je suis relativement, très relativement, libre. Dans cette « abbaye du bon plaisir », bon plaisir de boire par exemple ce petit vin, il est mon franc-arbitre.

– Dans toute abbaye, il y a une règle et un abbé. Cela s'accorde-t-il bien avec la liberté relative dont tu parles ?

– Bien sûr, écoute un peu ce que dit mon ami François.

Je me levai et me dirigeai vers la bibliothèque et pris « l'ami François » entre mes mains, j'en tournai les pages et lus :

« Toute leur vie était employée non par lois, statuts et règles, mais selon leur vouloir et franc arbitre. Se levaient du lit quand bon leur semblait, buvaient, mangeaient, travaillaient, dormaient quand désir leur venait ; nul ne les éveillait, nul ne les perforçait ni à boire ni à manger ni à faire autre chose quelconque. Ainsi l'avait établi Gargantua. En leur règle n'était que cette clause : *Fais ce que voudras.* »

Je refermai « l'ami François » et le posai à côté du franc-or, mon franc-arbitre, et ajoutai :

– Une certaine liberté individuelle ne va pas toutefois sans règle, à condition qu'elle soit rigide et que l'on s'y tienne.

Je montrai ensuite le franc-or.

– C'est lui l'abbé, le supérieur, le père, le bras droit du Dieuble, qui a charge de faire appliquer la règle de fer à laquelle j'obéis.

Grégor qui s'ennuyait recommença de jouer avec moi. Léo en profita pour aller à l'une des fenêtres regarder la vallée du Rhin. La vue y est superbe. Il constata de nouveau que le hasard m'avait comblé. Ensuite il se dirigea de nouveau vers la bibliothèque, laquelle recouvre presque toute la largeur d'un mur de la vaste salle. De nombreux livres ont, par leurs reliures, un air de famille ; ils ne sont pas mélangés aux autres et constituent une bibliothèque à part. Quittant Grégor, je vins choisir un de ces livres et, de l'allemand, traduisis quelques lignes.

– C'est la *Lorelei,* non ?

– Oui. Mais pas celle de Heine. Celle de Brentano.

– Je devine. Ces livres sont de la bibliothèque du père de Laure.

– Exactement. Horst a hérité de ces livres à la mort de Mme Ley. Il a voulu les mettre à l'abri, ici, chez sa sœur. Il y a, sur nombre d'entre eux, des notes au crayon de la main de Laure. Ce livre recèle deux photographies.

Léo prit les photos que je lui tendais. L'une était l'image de Laure et l'autre celle de Jean Monegal, pris tous deux « en buste ». Léo reconnut « La Belle Blonde », la Sirène, telle qu'il l'avait admirée à Cernay, en 1940. Sur l'autre image, Jean, nu-tête, portait la vareuse de simple soldat de la Waffen-SS. Les photos avaient jauni, tout comme les pages du livre.

– Ils étaient beaux ces jeunes gens ! s'exclama Léo.

Il contemplait surtout Laure. Il se revoyait dans ce cinéma où tout avait commencé, à propos de musique allemande. Cela faisait bien longtemps. Ces images entre ses mains étaient vieilles, vieilles comme les photographies que, enfant, je regardais avec incrédulité et où mes grands-parents, alors âgé de vingt ans, étaient si différents du vieux monsieur et de la vieille dame aux cheveux tout blancs qui venaient à la maison que j'en haussais les épaules, refusant d'admettre qu'elles représentaient, en très jeunes, les personnes âgées que je voyais en chair et en os au cours de leurs visites. Seulement, cette fois-ci, c'était lui, Léo, qui avait parcouru du temps, de ce temps qui s'était immiscé entre le jour de la prise de vue par le photographe et le jour présent où il posait son regard sur les images jaunies. Il me rendit les photos et murmura :

– Cela, mon vieux, ne nous rajeunit guère !

Je regardai les photos, les replaçais dans le livre et répondis.

– Nous l'avons dépassé ce temps qui passait et trépassait avec nous. Mais c'est peut-être que le temps est immobile, comme le Dieuble, comme les becs de gaz de la rue d'Amerval à Nancy. Tu te souviens ? *C'était il y a quinze minutes !* Nous nous dirigions vers la place Saint-Epvre et nous parlions de la mort. Enfants de la onzième année, nous les voyions alignés ces lampadaires pareils à des poteaux, ou plutôt à des arbres, dans la rue, avec leur feuillage de lumière. Ils représentaient, ces becs de gaz, l'image même de la vie. Nous allions de l'un à l'autre, nous les dépassions en marchant lentement comme le font les promeneurs, et quand nous sommes arrivés au dernier, il n'y avait plus de lumière. C'était la nuit soudaine qui était la mort.

Aujourd'hui, nous savons que le dernier bec de gaz n'est pas loin. Le petit quart d'heure touche à sa fin. Mais les enfants que nous étions sont morts depuis longtemps et n'ont de tombe nulle part. Les jeunes gens, les soldats, et les hommes d'âges différents qui leur ont succédé sont morts eux aussi, à la queue-leu-leu, d'un lampadaire l'autre. Si nous nous retournons, nous contemplons un vaste cimetière qui est celui d'autres enfants, d'autres jeunes gens et jeunes filles, d'autres hommes et femmes que nous avons connus aux différents âges de leur vie et qui étaient nos amis. Mais les tombes de ce cimetière de nulle part ne peuvent être visibles que de nous, en leur absence même ! Beaucoup d'entre elles, vieilles d'un demi-siècle ne portent plus de noms. Les noms ont été effacés par le temps qui a usé notre mémoire. Il ne reste sur les stèles qu'une photo jaunie, celle, par exemple, du visage d'une enfant ou d'une adolescente assez flou, presque brouillé. Il y a dans ce vaste cimetière les tombes de mes propres enfants quand ils étaient écoliers, étudiants. Ils ont dépassé plusieurs lampadaires déjà... Il est vrai, aussi, que tout cela est une vue de l'esprit car, et c'est fort rassurant, il n'y a plus de becs de gaz et l'on ne voit plus guère d'enterrements. On cache de plus en plus la mort, comme on cachait jadis le sexe. Si Freud a basé sa psychanalyse sur le sexe, il y a toute une psychanalyse à fonder sur la mort qui attend un autre Freud.

– Oui, Guédolf, ce serait joyeux ! Je me souviens que ta métaphore des becs de gaz m'avait fort impressionné.

– Elle pourrait être changée et remplacée par celle d'un livre, comme celui-ci, dont on tournerait les pages. La vie commence à la première page et se termine à la dernière qui marque la fin de l'histoire par un point final, image d'un trou.

Au milieu des autres livres de cette bibliothèque, il y a deux photographies dont les images avaient, cette fois, un air de famille avec Greta et moi. Elles représentent aussi deux jeunes gens, mais elles ne sont pas encore jaunies.

– Ton fils Jeanno, sans doute ?

– Oui, Jeanno, il enseigne à Munich.

– Et là, Aude, ta fille ?

– C'était Aude, ma fille, oui.

– C'était ?

– Elle s'est tuée en montagne. Je ne t'en ai point parlé, je ne te l'ai point écrit, car j'évite d'écrire ou de dire des choses tristes à mes amis. Je n'aime point montrer mes blessures. Aude, c'était sa passion de grimper sur les pics difficiles, escarpés. Elle était une alpiniste confirmée et sa dernière ascension n'était pas une escalade compliquée. C'était une montée des plus simples. Aude était alors accompagné d'un homme, jeune, bon alpiniste lui aussi. Cet homme était marié. On a retrouvé les deux corps fracassés, disloqués, soixante mètres plus bas. Aude, quand elle est partie faire cette escalade, paraissait triste de nous quitter, mais joyeuse d'aller nous ne savions trop où. Je crois qu'elle savait ce qu'ils allaient faire tous les deux. Ses adieux avaient été passionnés mais il y avait en elle une passion plus forte : cet homme avec qui elle pensait ne pouvoir se marier. Nous avons eu connaissance par sa meilleure amie d'une lettre qu'Aude lui avait écrite la veille de sa mort : « Je suis dans la toute dernière gare, dans la salle d'attente, et j'attends le convoi pour le grand voyage ». Quand j'eus grimpé le mur de l'arc de Triomphe de Nancy j'aurais pu, suspendu en l'air, lâcher prise et me tuer au sol. Aude et l'homme qui l'accompagnait avaient fait en sorte de lâcher prise.

Après ce récit, Léo modifia cette constatation qu'il avait faite que le hasard avait bien fait les choses pour moi. Il se rendit compte que le Hasard avait les yeux bandés, qu'il était aveugle, comme la Fortune.

Léo fit quelques pas vers la fenêtre, regarda les montagnes, puis se rapprocha de la « Vitrine des Chevaliers », cette vitrine vers laquelle il s'était tout de suite dirigé en entrant pour la première fois dans la grande salle, attiré, aimanté qu'il avait été par la photographie de Laure faite, il y avait si longtemps de cela, par Philippe Merlin. Il fut de nouveau fasciné par cette rose blanche qu'elle tenait à la main, avant-signe de sa mort. Il contempla ensuite tous ces objets qui étaient autant de souvenirs des voyages que Laure, quittant Cernay, avait effectués à travers les livres. Lui aussi, Léo, avait beaucoup voyagé ; elle, cependant, sans quitter pour autant la vieille Alsace, s'en était allée bien plus loin que lui. Elle avait franchi les frontières du temps pour, traversant maints pays imaginaires, gagner enfin ce royaume de la nuit où, peut-être, il est permis de faire corps avec ses rêves.

Dans la bibliothèque, il y avait les livres annotés par Laure qu'il était curieux de feuilleter ; des souvenirs qui, cette fois, se rattachaient directement à elle. Et puis il y avait enfin, de l'autre côté du mur, là-bas, au nord, cette étrange Allemagne, mystérieuse comme une forêt, ombreuse et profonde, et dont nous nous demandions quels arbres et de quelle essence allaient maintenant y pousser aux lieux et places de ceux que des bûcherons amateurs venus des prairies lointaines de l'Ouest et ceux des steppes de l'Est, avaient jadis et naguère abattus.

Léo évoqua la Lorelei de Brentano et de Heine. Tout près, dans la vallée, passait le Rhin. En suivant son cours, on pouvait remonter jusqu'à la courbe de Saint-Goar, un peu au nord de Mayence, et y voir la roche escarpée où, dans la lumière du soleil couchant, la Lorelei, en chantant, peignait ses cheveux d'or. Le navigateur n'entendait et ne voyait plus qu'elle. La barque, soudain, qu'il avait cessé de diriger, allait se fracasser contre l'écueil, pour aussitôt s'engloutir dans les eaux du fleuve.

La Sirène, ce nom qu'il avait donné à la Belle Blonde ! Sur son rocher, Jean Monegal et Noël Janmage avaient rompu leur esquif. Il n'avait, Léo, pas encore entendu le chant de la mort. Cela n'allait plus beaucoup tarder maintenant. Il était comme moi, déjà sur le bord du fleuve, prêt à embarquer. Il voyait à présent, de la fenêtre à laquelle il était allé coller son front, se détacher, dans le décor de la vallée, Laure, telle qu'il l'avait vue au commencement de la guerre. Elle était toujours jeune, et belle toujours. Les magiciennes ne vieillissent pas. Il avait pensé à elle au cours de sa vie. Elle était venue dans ses rêves. Elle était venue comme si elle ne l'avait pas tout à fait oublié. En réalité, elle ne l'avait jamais quitté. Il s'était cru détaché d'*elle* qu'il ne pouvait atteindre. Cependant, il n'avait jamais été libéré, car *elle* ne l'avait jamais abandonné et, aujourd'hui, elle venait à sa rencontre. Lui qui, comme moi, ne croyait plus à grand-chose, se sentit soudain disponible et suffisamment las pour tenter l'aventure, faire fi des « réalités » et, à travers le grand sommeil, rejoindre le rêve, aimer, écouter le chant de la Sirène, laisser aller sa barque sur le rocher non loin de Mayence, puis flotter au fil du fleuve jusqu'à la mer du Nord et se diriger tout droit vers Thulé, vers la grande nuit polaire des morts.

Il voyait la vallée du Rhin sous son linceul de neige qui prenait une légère teinte bleutée. Les cheveux blonds de Laure flottaient au vent, en surimpression sur ce linceul même, comme les cheveux de la Lorelei devaient flotter flamboyants et flambants avant que l'enchanteresse, torche vive, ne se précipitât dans le fleuve pour s'éteindre à jamais dans l'abîme.

Il se souvenait bien d'elle maintenant. Il la revoyait à Cernay au moment où il quittait cette petite ville qu'il ne devait plus revoir. Il avait dans sa poche une permission militaire pour Nancy que, la guerre se faisant tout à coup sérieuse, il ne devait jamais rejoindre. Il l'avait rencontrée au détour d'une rue, non loin de la gare.

– *Vous désertez ?*

– Non. Seulement une permission de trois jours.

Il avait un peu parlé avec elle, tout intimidé par cette jeune fille si belle et gracieuse.

– Au revoir Laure.

– *À bientôt, Léo. À bientôt… peut-être.*

Cet « au revoir » n'avait pas eu lieu. Laure avait tourné le coin de la rue et disparu à jamais. C'était seulement ce soir, à Vaduz, qu'il venait de tenir Laure par la main, sous la forme qu'elle avait prise d'une photographie jaunie. Le « revoir » venait enfin d'avoir lieu. Elle était, malgré la patine du temps, toujours aussi jeune, aussi belle. Lui, en revanche avait terriblement vieilli.

De ce petit groupe qui était passé par Cernay, il ne restait plus que lui et moi. Beaucoup d'eau était passée, *en quinze minutes,* sous les ponts de la rivière Meurthe à Nancy et de la rivière Thür à Cernay. Nous étions, à présent, tous deux, au plein hiver de l'âge ; l'âge, ce timon de la charrue du temps, qui avait tracé sur nos visages ses multiples sillons. Déjà la neige qui recouvrait les montagnes et Vaduz poudrait nos cheveux.

Les pensées de Léo, quittant Laure, s'en revinrent à la vitrine des Chevaliers. Il y manquait quelque chose.

– Dis-moi, qu'est devenu le morceau de cuir ?

J'ouvris alors mon portefeuille et, avec précaution, en retirai les deux débris, les deux pauvres loques à demi brûlées et tachées du sang de la dernière blessure de Jean Monegal ; elles représentaient le prix inestimable accordé à l'amitié.

– Voici. On m'a remis, après l'autopsie, les deux moitiés de cuir que No tenait dans sa main.

– On aurait pu les lui laisser.

– Le hasard a fait qu'on me les a remis en main propre.

Je lui tendis la relique. Elle replaça, cette relique, Léo dans le passé, ce passé de *quelques minutes,* devant les morceaux de l'avion tombé du ciel et devant le pilote allemand calciné. Jean Monegal était de nouveau là, à côté de lui et lui, Léo, venait de déchirer ce morceau de cuir pas tout à fait brûlé des gants de cette espèce de nègre mort qui avait été pilote de la Luftwaffe. Il le palpait et, machinalement, distraitement, le remettait entre les mains de Jean Monegal, tandis que ses yeux se fixaient sur le visage du pilote d'ébène aux yeux décavés.

– Tu ne penses pas, Guédolf, que cela pourrait avoir sa place dans la vitrine ?

– Certes, j'y ai maintes fois songé, mais sans pour autant me décider. Cependant, comme tu as cette même pensée, allons-y.

Je recueillis les deux moitiés du morceau de cuir et les disposai à la suite des autres objets de la vitrine des Chevaliers. Un peu comme un point final à la fin d'un récit médiéval. Puis je me tournai vers Léo et commentais :

– Ce sont là des vestiges dérisoires qui s'ajoutent à ce musée de verre : mais ce sont ceux de la fidélité !

Puis je l'invitai.

– Allons, viens t'asseoir. Il y a cette bouteille à finir qui nous attend avec quelque impatience.

Nous reprîmes place, l'un en face de l'autre, dans les fauteuils, face à nos verres.

– Nos pauvres amis ont bien souffert, murmura Léo, comme à lui-même.

– Ils ont eu la meilleure part.

Léo faillit renverser la bouteille. Que venait-il d'entendre ?

J'avais dit cela avec ce calme assuré, avec cette tranquillité que souvent j'affiche.

– Mais que dis-tu là ?

– Je dis qu'ils ont eu la meilleure part, même si, comme pour Tristan et Yseut, leur corps étaient séparés par l'épée, c'est-à-dire par la guerre. Car ils ont été Tristan et Yseut. Yseut en la personne de Laure, est morte à Berlin, et Tristan, en celle de Jean, est mort en Poméranie. Toutefois, Tristan, en la personne de No, a continué de vivre pour atteindre l'âge de Philémon, mais toujours en compagnie d'Yseut restée jeune. Il ne faut pas les plaindre.

– En ce qui concerne Laure, c'est vrai, je ne l'imagine pas prenant de l'âge et devenant Beaucis.

– Yseut meurt nécessairement au moment où elle va commencer de vieillir. No, lui, n'est resté Tristan que pour autant que, dans son esprit, Yseut était toujours jeune. Il était le chevalier qui avait conquis le vase sacré fait d'une seule pierre précieuse, le Graal, lequel lui avait donné cette jeunesse éternelle dont témoignait son dernier sourire. Ce Graal c'était Laure. Il avait trouvé l'amour qui est, comme l'écrivait Laure dans son journal, songe. « Le songe », notait-elle, « astre de la vie intérieure, comme l'astre du jour, comme le soleil en son plein midi, éclaire de sa chaude lumière dorée la vie des êtres et des choses ». Non, vois-tu, je ne crois pas qu'il faille les plaindre, ils ont eu la meilleure part, qui est celle du délire, celle de l'illusion. Ils ont été fous, comme on est fou de croire en quoi que ce soit. Elle pousse, cette croyance, dans le terreau de l'homme, amenée là, pollen ou graine, on ne sait trop par quel vent, par quel insecte ou par quel oiseau de rencontre. Elle s'accroche et peu à peu développe ses racines comme des griffes dans cette terre vive.

Elle pousse, elle devient tige, elle prend de la hauteur et s'élance vers le ciel qu'elle ne peut atteindre, et puis, à son tour, elle propage des semences délirantes. Laure, la gentille Laure, avait raison qui est déraison, il faut faire de sa vie un songe, pour échapper au cauchemar et puis, enfin, dans l'immobilité, s'endormir, pour ne jamais plus se réveiller.

Léo avait vu que je m'étais tourné non pas vers l'image de Laure posée sur la vitrine des Chevaliers mais sur celle qui se trouvait du côté de la bibliothèque, vers la photographie de ma fille, Aude, Aude qui avait, elle aussi, tant déliré...

– Puisque tu as parlé de Philémon et de Beaucis, une petite question, Guédolf, si tu permets.

– Vas-y.

– Nous arrivons, toi et moi, au bout de notre rouleau. Nous allons bientôt rejoindre ceux qui furent nos amis. Alors, à propos des Philémon que nous sommes devenus, que penses-tu, toi, de la mort ? Quand je t'avais dit quelques jours après ton acrobatie sur l'arc de Triomphe que tu aurais pu te tuer, tu m'avais répondu ceci : « Quelle importance ? Qu'est-ce que ça peut faire ? » Mais tu ne m'as pas dit ce que tu pensais de la mort elle-même.

– C'est un passage.

– Oui, bien sûr, c'est ce qu'on dit toujours. Ce n'est pas très original. C'est assez banal même. On dit d'ailleurs « passer l'arme à gauche » ou tout simplement « passer » ou « trépasser ». Mais encore ?

– Non, pas du tout. C'est pas banal. Moi, par exemple, qui suis mort depuis très longtemps, je sais qu'on peut renaître.

– Bon ! Je vois que ce petit vin commence à faire sur toi son effet. Cela devient fort intéressant, je t'écoute.

Mes gestes tranquilles et contrôlés ne subissaient visiblement pas les effets de l'alcool et je répondis aussitôt.

– Oui, c'est vrai, il fait tout son effet ce petit vin et, *in vino veritas,* je vais t'en donner la preuve à l'instant même.

– Vas-y, éclaire-moi.

Tandis que Léo tétait sa pipe, je pris une cigarette et je considérai un instant la bûchette enflammée.

– J'ai toujours préféré les allumettes au briquet. Tu te souviens ? Quand on était mômes, on les allumait et les faisait rougir dans le noir des couloirs de Nancy, à la nuit tombée, pour les placer entre nos dents. Cela faisait son petit effet ces dents translucides et rouges qui étaient comme une image de la mort.

Je jetai l'allumette et aussitôt en grattai une autre, montrant la flamme, je commençai.

– Voici donc, pour t'éclairer, de la lumière, mais elle est encore faible. Cependant je vais faire en sorte que, pour toi, et pour toi seulement, tout à l'heure, tout devienne clair. Pour cela, si tu le veux bien, quittons les couloirs pour rejoindre, place de la Carrière, l'arc de Triomphe. Là, je suis mort à l'instant même où, après avoir grimpé jusqu'en haut de l'Arc, je suis resté accroché à la corniche par les mains, suspendu dans le vide. À cet instant précis, j'avais la certitude que tout était fini pour moi et que j'allais choir et, c'est à cet instant même qu'une force, indépendante de ma volonté, a fait agir mes muscles et réussir le rétablissement qui m'a sauvé. J'avais surmonté le suicide. Ce fut une sorte de résurrection et c'est pourquoi, sur le toit de l'Arc, je me suis mis à danser et à chanter. À ce moment-là, je savais que j'avais connu la mort et que désormais plus rien ne pouvait plus m'arriver qui soit aussi grave, aussi extraordinaire que de mourir et de renaître au même instant. La mort, j'étais passé par elle et, depuis ce passage, elle ne m'a jamais fait peur.

– Maintenant, je comprends.

– Bien. Mais ce qu'il faut que tu comprennes et surtout que tu saches, pour la suite de ce que j'ai à te dire, à toi seul, c'est que, à partir de ce moment-là, je me suis senti l'esprit libre et libre à jamais. Libre, c'est-à-dire libéré de toute chose. On n'est libre, vois-tu, que lorsque l'on est ressuscité après avoir tué l'ancien bonhomme que l'on portait en soi. Et l'on n'est jamais libre lorsqu'on a peur de la mort. Il ne faut jamais avoir peur. Il ne faut avoir peur de rien. À partir de là on peut enfin vivre tout calmement, tout tranquillement. Quand on a laissé la mort et la peur derrière soi, oui, on peut faire face au destin, celui que fixe pour chacun de nous le Hasard ou le Dieuble. Place de la Carrière…

Léo avait jeté un regard sur les nombreuses pierres, lesquelles, ça et là, sont disséminées sur les meubles de la grande salle. Il me les indiqua du geste.

– Je ne voudrais pas faire un mauvais jeu de mots, Guédolf, mais cette fameuse place de la Carrière a été au commencement de cette carrière-ci présente. Tu y avais ramassé, après avoir laissé la mort derrière toi à la suite de ton acrobatie, un caillou blanc.

– En effet, c'est sur cette place que j'ai commencé de ramasser la pierre blanche du souvenir, pour marquer ma résurrection. C'est à partir de ce jour-là que j'ai commencé cette collection. Mais, peut-être cette passion avait-elle débuté par les billes de pierre que je gagnais au jeu ou bien avec ces cailloux que nous ramassions l'un et l'autre pour en charger nos frondes et viser des vieilles boîtes de conserves vides, une plaque de tôle ou parfois même, sales gosses, une fenêtre.

– Je regrette beaucoup cela, Guédolf, on n'aurait pas dû.

– Je le regrette aussi. Mais puisque, à partir des couloirs de tout à l'heure, je t'ai amené sur cette place, nous allons, si tu le veux bien, faire un petit tour sur la place Vaudémont qui est à deux pas. Te souviens-tu de ce jeune homme de vingt-cinq ans environ qui arrivait d'Allemagne et qui, sur cette place-là, avant que je n'arrive avec un peu de retard, vous avait demandé son chemin pour se rendre à une adresse inscrite sur un morceau de papier qu'il tenait à la main.

– Oui, je me le rappelle très bien. Je me souviens même du nom de la rue qu'il recherchait.

– C'était la rue des Ponts.

– C'est ça même. Nous avions beaucoup de mal à lui expliquer l'itinéraire à suivre. Il ne comprenait que quelques mots de français. Les choses ont tout de suite été simples, pour lui comme pour nous, à ton arrivée. Tu lui as parlé dans sa langue maternelle, dans ton allemand de la Moselle et tu l'as même accompagné.

– C'est à peu près cela, à un petit détail près. Souvent un petit détail modifie la structure de tout un ensemble. En partant vers la rue des Ponts, ce jeune homme me raconta en cours de route qu'il avait eu, en passant le Rhin, le sentiment qu'il avait traversé le Jourdain et qu'il se trouvait à présent dans la terre Promise après avoir quitté le pays des Philistins. Ce jeune homme était, à sa manière, une sorte de Heinrich Heine qui avait prononcé, arrivant en France, les mêmes paroles cent ans avant lui.

Je regardai alors Léo qui se demandait bien où j'allais en venir. Je pris mon temps avant que de reprendre mon récit.

– Ce petit vin est bien agréable, Léo, ne trouves-tu pas ?

– Excellent, Guédolf, excellent.

– Surtout qu'il est bien frais.

– Ta cave est une vraie nounou. Alors biberonnons.

J'allumai une nouvelle cigarette et lui ralluma sa pipe.

– Mais dis-moi un peu, Léo...

– Oui, te dire quoi ?

– Qu'est-ce qui te fais penser que nous parlions allemand, lui et moi ?

– Écoute. Si ç'avait été de l'italien ou de l'espagnol, je l'aurais reconnu. Je n'ai jamais été bien doué pour les langues mais, même étant gosse, grâce peut-être aux chants religieux latins que j'avais entendus, bien que ne fréquentant guère l'église Saint-Epvre, j'étais quand même capable de distinguer une langue latine de la langue de Schiller et de Goethe.

– Eh bien, ce n'était pas de l'allemand, Léo.

– C'était quoi alors ?

– Devine.

– Du belge, enfin je veux dire du flamand. Ou bien du luxembourgeois ou du patois lorrain.

– C'était du yiddish.

Léo était soufflé.

– Tu, ça alors, tu... tu...

– Tu... tu... turlututu chapeau pointu... je suis Raphaël Jano Engelmann.

Devant Léo, éberlué, j'ajoutai.

– Engelmann est le nom de ma mère. Eh oui, je suis juif. Tout comme toi.

Après l'avoir ahuri, je venais de le suffoquer !

– Eh, doucement, je n'ai pas été circoncis, moi !

– Moi non plus. Grâce à ma mère, juive émancipée qui avait eu l'immense sagesse, contre la volonté de mon père, de ne pas faire appel au mohel, le coupeur, j'ai gardé mon précieux prépuce. Mon père qui n'était pas pratiquant mais assez conformiste se rangea finalement aux raisons de ma mère : « D'accord, il prendra sa décision plus tard, librement, de lui-même, s'il le juge bon. » Mon père a, certes, commis ce jour-là une faute impardonnable du point de vue du judaïsme, une fois de plus Adam écoutait Eve. De mon point de vue, il a agi plus sagement que ne l'aurait fait le roi Salomon.

– Eh bien alors, tu n'es pas juif, c'est clair.

– Mais si, tout comme toi.

– Décidément, tu y tiens ! Je te dis que je n'ai pas été circoncis. J'ai été baptisé. J'ai même un magnifique certificat de baptême, rédigé en latin par le curé de la paroisse Saint-Nicolas du lieu de ma naissance.

– Écoute, je commence à craindre, pour toi, que tu sois antisémite, tellement tu protestes ! Tu décides que je ne suis pas juif et, toi, tu te défends comme un beau diable de l'être. Ton cas m'inquiète.

– Mais, je ne fais que dire la vérité ! Je ne te raconte pas d'histoire ! Je ne suis pas plus juif que toi ! Ni non plus antisémite !

– Qu'est-ce que la vérité ? La vérité est que nous sommes juifs tous les deux ; mais que toi, parce que tu as été baptisé, tu l'es plus que moi.

– Allons, allons, tu n'es pas sérieux ! Ou bien je ne comprends plus rien à rien !

– Dis-moi, est-ce qu'ils n'étaient pas juifs le Jésus et ses apôtres ? Est-ce que leur religion ne se réfère pas aux prophètes du judaïsme et à Moïse ? Est-ce que les fidèles de cette religion n'ont pas cassé les temples et les statues des dieux païens au nom du dieu de la Bible ? Est-ce qu'au nom de ce dieu ils ne les ont pas chassés ces dieux de la Grèce et de la Rome antiques ? Est-ce que cette religion n'a pas été imposée à toute l'Europe, aux deux Amériques, à une partie de l'Afrique et de l'Asie ? Est-ce que cette religion n'est pas à l'origine de notre civilisation moderne, à l'origine de ton baptême qui n'a fait que remplacer la sainte Circoncision dont la fête est célébrée en date du premier janvier du calendrier chrétien pour inaugurer chaque année nouvelle ? Tu es circoncis par ton baptême, Léo. Moi pas, mais je suis juif, tout comme toi, spirituellement, comme étant de la civilisation monothéiste mosaïste.

– Ce n'était pas la théorie des SS !

– Les SS que j'ai connus étaient souvent de bons protestants et de bons catholiques, comme feu mon ami Kirchhoffer, de bons chrétiens, c'est-à-dire de bon juifs comme toi et moi. Juifs et chrétiens sont, en Europe, le côté face et le côté pile d'une même médaille religieuse. La devise *Gott mit uns* inscrite sur les ceinturons des soldats allemands est une évocation du dieu des armées de la Bible. Hitler invoquait Dieu, comme un prophète du Livre, et le peuple élu de Dieu était le peuple allemand, race de seigneurs chargée de diriger le monde, tout comme Israël a pour mission de gouverner la Terre. Hitler c'était un peu Josué. D'ailleurs, et comme superbe ironie, on peut découvrir dans le *Bardo Thödol,* le livre des morts tibétain, la croix gammée nichée au cœur même de l'étoile de David, l'étoile à six branches. Sans pour autant vouloir y mettre seulement le petit doigt, je suis personnellement convaincu que le racisme, religieux ou athée, est la chose la plus naturelle du monde et, à seule fin de ne pas me ranger de façon gauche, disant cela, à la droite de Hitler, je me placerai résolument à côté du grand juif Léon Blum qui disait ceci : « Je suis né pour vivre dans un pays éclatant et lumineux, dans la clarté d'un ciel bleu. Cela prouve à moi-même combien s'est conservé purement mon sang sémite. Vénérez-moi en pensant que, dans mes veines, il court un sang sans mélange et que je suis le descendant sans macule d'une race impolluée ! ». « Il n'y a que la race », à mon sens, cet axiome d'israélien met cul par dessus tête la théorie marxiste-léniniste de la lutte du prolétariat. La race, l'ethnie, passent avant la lutte des classes et les guerres le prouvent qui jettent les uns contre les autres les prolétaires des différentes nations sous les ordres mêmes de leurs anciens patrons devenus officiers. Car, vois-tu, les ouvriers sont aussi bourgeois que les bourgeois. Le seul fait de tenir à sa peau, c'est déjà être bourgeois, comme le fait de tenir à sa terre. Alors il n'y a jamais lutte de classes, il y a seulement lutte des bourgeois pauvres contre les bourgeois riches. Bourgeois pauvres et bourgeois riches, quand ils se battent, c'est le plus souvent du même côté, côte à côte à la guerre. Tu me suis ?

– Continue, Guédolf, continue, je t'écoute.

– La race c'est la racine, c'est le lien qui unit et se prolonge le plus souvent dans la religion et dans la nation. Tout ça réuni constitue un excellent cocktail pour faire avaler les guerres. C'est plus fort que le vin rouge de la classe qui, pour faire la révolution, divise. Les guerres, aussi bien que les révolutions d'ailleurs, font que notre monde est une nef des fous où chacun danse dans la nef dansante de notre Terre aussi agitée que l'Océan. Dans le Grand-Guignol du monde, personne n'étant exclu, chacun a sa place avec son instrument de musique préféré, qui la trompette, qui le violon, qui les castagnettes, coiffé de son képi ou de sa kipa, de son béret basque, de sa casquette, de son tricorne ou bicorne, orné de ses bagues, de son tchador, de sa croix gammée ou pas, de son croissant de lune, de ses anneaux dans le nez ou bien de sa plume au cul. Le hasard, le Dieuble, ne sont en rien contre tout cela. Ils sont pour tout ce qui se présente à eux sans plus, et je suis, comme eux, pour tout ce qui se présente à moi. Le hasard est pour les mille et une fleurs de la folie. Depuis que le hasard m'a permis, dans la SS, de m'identifier à ce que je croyais être mon pire ennemi, je n'ai plus d'ennemis. Pour moi, qui n'ai jamais attendu quoi que ce soit de la vie, je n'allais quand même pas prendre ma juiverie au sérieux et me considérer comme un des élus du peuple élu par Jéhovah-Oeil-de-Bronze. Le sérieux des juifs n'est pas plus sérieux que celui des autres. Mais ils font partie de la vie qui nous entoure. Dans ce décor qui est le nôtre, qu'ils tiennent le haut ou le bas du pavé, quelle importance pour moi ? Je sais bien que le but de tout un chacun dans la vie, c'est de prendre le pas sur les autres. Cela ne m'intéresse pas. Ce n'est là que pauvre vanité. Je n'appartiens à rien. Joueur, je joue seulement ma partie, avec détachement. Je suis donc libre, comme la petite bossue ou comme le bel athlète dont je te parlais tout à l'heure. Libre, c'est-à-dire que je me contente de suivre ce que tu nommes le destin, sur la voie que le Dieuble ou le Hasard m'ont fixée, comme à tout un chacun. Quand on est libre de cette façon, la claie des champs est ouverte à toutes les espérances comme à toutes les désespérances. Et c'est cela qui pimente un peu le jeu monotone de la vie.

Tandis que Léo fumait sa pipe, j'avais dit tout cela, quoique dopé par le vin, d'une voix posée, tranquille, sans passion aucune, avec, cependant, un discret sourire un peu blasé. Car moi aussi je suis las et blasé... comme le fut Merlin.

– Oui, mais il y a eu Auschwitz, Guédolf.

– Oui, mais il y a eu, aussi, il ne faut surtout pas l'oublier, Dresde, Hiroshima puis Nagasaki, Léo.

Mon discours laissa Léo sans voix et rêveur. Un sous-verre au mur, représentant un papillon étrange, accrocha un instant son regard.

Je lui demandai s'il savait ce que c'était.

– C'est un papillon.

– Bien sûr. Mais celui-ci est un nocturne. Les nocturnes sont les plus beaux.

– Je lui trouve surtout un aspect lugubre.

– C'est cet aspect-là qui effrayait naguère les gens de Bretagne ; d'autant plus que ce sympathique lépidoptère a cette particularité de pousser des cris plaintifs. Celui-ci, tout comme le visage de Laure qui se trouve là-bas, a été photographié par Philippe Merlin. C'est bien sûr un agrandissement. Il m'a été remis, en même temps qu'une lettre, par un Flamand qui, venant de Sennheim, venait d'être incorporé dans la compagnie de Jean Monegal.

Je me dirigeai vers la bibliothèque, tirai un tiroir et revint avec une enveloppe.

– Voici la lettre de Merlin, écoute bien :

« Comme nous en étions convenus, à Sennheim, au café des Deux Ponts, le bourgeois est celui qui tient à sa peau.

« Je reviens de Berlin. Las d'être chenille, je songe à me métamorphoser prochainement, telle la larve qui a donné ce papillon SS que l'on appelle « Sphinx-tête-de-mort ». J'ai bien envie, tout comme lui, de rejoindre la nuit. Je ne regagnerai pas, pour le hanter de nouveau, mon propre château sis près du lac de la fée Viviane, mais pour m'en retourner à Wimereux, dans le Pas-de-Calais où je suis né, ou plutôt rené, sous ma forme actuelle, mais en réduction, le 20 mars 1915 où l'on me nomma fautivement Merlen. Oui, je suis las, sais-tu ? Tout reste la même chose. Alles bleibt dasselbe. *Quels que soient les pays et les régimes, et je sais si j'en ai vus depuis la fin du Ve siècle ! On y trouve toujours la même substance : le bran. A Berlin, je l'ai rencontré, ce bran, non pas dans un bas de soie, mais dans une chemise brune. Ailleurs, dans le monde, on peut le rencontrer sous une liquette blanche ou rouge ou de toute autre couleur et en tout autre vêtement. Pour me débarrasser de toute cette vidange, je compte au moyen d'un projectile enchanteur, me propulser, à la façon du baron de Münchhausen sur son boulet de canon, en ma nouvelle terre de Brocéliande.*

« Ceux qui meurent jeunes sont aimés des dieux » disait mon ami Hérodote…

« Bien à toi.

« Merlin, blasé, désanchanté. »

Depuis, j'ai appris de différentes sources, que Merlin avait été « suicidé » par la SS elle-même ; qu'il avait été « descendu » au cours d'une bagarre de mauvais garçons dans un coin du port de Rotterdam ; qu'il avait été victime d'un bombardement anglais sur Berlin ; qu'il avait été mortellement blessé dans un accident d'avion, etc. Merlin ayant eu plusieurs vies, il apparaît normal qu'il ait eu plusieurs morts.

– J'espère que tu te souviens qu'il avait été mon cheval dans nos batailles de gosses !

– Oui, je garde même en mémoire qu'il avait été, auparavant, un fort brave chien qui mourut écrasé par un chauffard. Pour certain romancier, il serait mort de sa belle mort au bord du lac Victoria. Des propos me sont parvenus que, effectivement, il y serait devenu l'ami d'un crocodile nommé Lutembi. Il admirait, paraît-il, saint François d'Assise et, comme l'aurait fait ce saint remarquable, il aurait soigné ce crocodile qui avait été blessé par balle.

– On peut dire que sa vie a été mouvementée !

– D'autant plus qu'avant de s'installer sur les bord du lac Victoria, près de Kampala, il avait, après avoir déserté, emporté le trésor de la SS et, avec cet or, contribué à la création du Collège de 'Pataphysique. Personnellement, je crois assez à cette version car, sans des richesses occultes, comment expliquer les publications luxueuses et l'essor secret dudit collège dans divers pays du monde et notamment en France. En ce dernier pays, on pouvait noter, il n'y a pas si longtemps, à la tête de cette confrérie, des dignitaires de haut rang. Je tiens cela d'un Helvète qui semble avoir ses grandes et petites entrées dans ce repaire d'aventuriers, sans doute parce qu'il détient les clés du trésor collégial, à l'abri des coffres d'un banquier suisse, fils d'un marchand de papier peint, ancien agent du contre-espionnage allemand, exécuteur testamentaire de Bormann et Goebbels, demeurant dans la banlieue chic de Lausanne. D'après ses dires, même le prince du Liechtenstein ferait partie du mystérieux Collège.

– Pour en revenir à cette lettre de Merlin, No en a-t-il eu connaissance ? Il ne m'en a pas parlé.

– Je ne voulais pas la lui montrer. Je voulais lui laisser les quelques illusions qui semblaient lui rester et qui, peut-être, le maintenaient encore en vie. Cette lettre l'aurait incité davantage, selon l'expression de Jean Monegal, à jouer au con. Il ne l'a lue que plus tard.

– Merlin était ton ami ?

– J'avais bavardé quelquefois, seul à seul avec lui, au café des Deux-Ponts, à Cernay. Il m'a fait connaître un monde pantagruélique que je subodorais déjà dans Rabelais. Il aimait bien voir bouger les choses, les forcer. Mais il était, comme il l'écrit lui-même, désenchanté.

– Vous aviez à peu près la même paire de lunettes, quoi.

– Oui, à peu près la même vue.

– Et que voyiez-vous dans cette optique ?

– C'est contenu dans la lettre : tout est la même chose. Tout reste la même chose. *Alles bleibt dasselbe.*

– Mais un pantagruéliste peut-il se suicider ?

– Pour ma part, je t'ai dit que cela faisait déjà un bout de temps que j'étais mort. Je crois que Merlin l'était bien avant qu'il ne s'engage dans la Waffen SS. Son geste n'a fait qu'officialiser le décès. Simple formalité. Un pantagruéliste peut tout faire : construire ou détruire en lui-même la marionnette dans ce monde de marionnettes qui est le Guignol du Dieuble.

*
* *

Nous avions fini la bouteille, mais Léo avait soif. Peut-être était-ce dû à la chaleur du feu de la cheminée, peut-être était-ce dû à tout autre cause.

Mais il avait soif. Soif comme après la tempête de Cazau, en compagnie de No, il avait eu soif. Il se leva et alla se planter en face de Sa Majesté le Hasard, avatar du Dieuble tout-puissant.

– Dis donc, Guédolf, je n'ai jamais essayé Pile-ou-Face, je peux ?

– Cela ne tient qu'à toi.

Léo ouvrit la boîte de verre, prit la pièce d'or et l'agita dans la boîte de ses deux mains.

– Si c'est face, c'est entendu, tu vas chercher une autre bouteille, afin que, comme l'ami François en son temps, nous puissions encore humer le piot en ce jour de deuil, en ton abbaye du bon plaisir.

– D'accord, cela me sourit.

Il lança la pièce en l'air. Elle retomba sur le sol et roula quelques secondes puis s'arrêta... debout, juste devant le nez de Grégor allongé.

Grégor se dressa sur ses pattes, aboya un bon coup, prit la pièce entre ses dents et la rapporta à Léo. Puis, il aboya de nouveau.

– Il veut que tu relances la pièce, dis-je.

Léo lança de nouveau la pièce qui roula et, comme la première fois, s'arrêta sur la tranche.

– C'est encore un coup du Dieuble, dit Léo. Qu'est-ce que ça veut dire ?

– Cela veut dire, je pense, que c'est à toi de décider si on va la chercher, cette bouteille, ou pas. C'est la première fois que cette pièce à ce comportement.

– Eh bien, va toujours chercher la bouteille, dit Léo.

Je me levai donc et laissai Léo au coin du feu. Il était moins ahuri cependant par le comportement de la pièce de monnaie que par la confidence que je lui avais faite. Il m'avait interrogé, anxieux.

– Concernant tes origines, tu n'as rien dit de tout cela à personne, j'espère, pas même à Greta ?

– Pas même à Greta. Pourquoi troubler inutilement mon entourage d'une chose futile ? Tu te souviens ? Quand nous comparions nos bites avec les copains, derrière la fontaine d'Anphitrite, place Stanislas, la mienne ne se distinguait pas de celles des autres. Alors ? Je t'ai raconté, à toi, toute cette histoire, parce que je sais que, pour toi, elle n'a d'intérêt qu'anecdotique.

C'est vrai que si Léo était encore tout éberlué, il n'était pas du tout troublé. Rien de ce que je lui avais dit ne changeait quoi que ce soit entre lui et moi. S'il était ahuri, c'était de l'audace qu'il me prêtait d'être entré dans la Waffen-SS dans ces conditions. J'étais, moi, beaucoup plus préoccupé du comportement de Pile-ou-Face et je me demandais ce que cela pouvait signifier. Je me demandais si, après avoir défier le sort, une première fois, en escaladant l'arc de triomphe et, une deuxième fois, en entrant dans la SS, je n'allais pas jouer avec le feu de l'alcool en entamant une autre bouteille. Mais le sort en était jeté, non par Pile-ou-Face qui avait déclaré forfait, mais par l'ami Léo. Et c'était bien ainsi. Je décidai même, relevant le défi, de prendre deux bouteilles. J'imaginais Léo et Greta aux prises à côté de ma dépouille ! J'imaginais Greta :

– Vous vous êtes saoûlés tous les deux ! Ne vous avais-je pas demandé de veiller sur Raph ?

Dans mon ébriété, cela me rendait bêtement hilare !

En revenant de la cave, suivi de Grégor, je montrais deux bouteilles, comme un pêcheur montrerait deux beaux poissons et, quoique un peu essoufflé, clignant de l'œil, absolument complice.

– On va leur faire un sort. Buvons, buvons, mon ami, pendant qu'il fait encore jour.

– Oui. Mais tu es essoufflé, Guédolf, es-tu certain que Greta n'a pas raison, au sujet de ton cœur ? Je vais déboucher la bouteille.

Il s'efforça, mais en vain, de tirer le bouchon.

– Il est plutôt rétif ! Essaie, pour voir.

Je pris la bouteille et c'est avec une relative facilité que je la débouchai.

– Tu vois, Guédolf, je suis bien fatigué. Ce petit coup de vin blanc va me remettre d'applomb.

J'emplis les verres. Léo discerna, dans ma main, tenant la bouteille, un léger tremblement. J'étais, c'était l'évidence, bien éméché.

– Je me demande si Greta n'avait pas raison, Guédolf, nous devrions peut-être en rester là.

– Cela va nous donner force et courage. Buvons à nos retrouvailles. Il se fait tard. Demain, nous dormirons.

Je levai mon verre et continuai :

– Car demain, mon ami Léo, demain il fera nuit.

– Demain ? Puisque, selon toi, la vie ne dure que quinze minutes, demain n'est plus que dans quelques secondes !

– Tu sais, à présent, je pense qu'avec mes quinze minutes, j'exagérais. Notre naissance coïncide avec notre mort. Je te parlais tout à l'heure du temps qui était de l'or.

– Oui, et maintenant tu parais le supprimer !

– Comme toute chose dont on parle, le temps n'est qu'un simple mot. En fait il n'existe pas.

– Tu pousses un peu, non ?

– Non. De même que l'infini n'a que faire de l'espace, l'éternité n'a que faire du temps. Nous flottons dans l'éternel infini, sans hier, ni demain, ni aujourd'hui.

– Peut-être y a-t-il, alors, un après-demain, un au-delà ? S'il n'est pas éternellement de plomb, le dernier sommeil doit déboucher sur un réveil. Qu'en penses-tu ?

– Après la mort, Léo, le sommeil est celui des ossements, ceux de *l'homme d'Heidelberg* auraient cinq mille ans d'âge, ce qui est déjà un très bon somme. Toutefois, Pythagore, l'austère pataphysicien au fémur d'or qui s'abstenait de rire et de plaisanter, fils d'Hermès et incarnation d'Apollon, eut, comme Merlin, plusieurs vies. Il se souvenait d'avoir été Euphorbe, héros troyen tué par Ménélas et d'avoir été Pyrrhus, tué, lui, lors du siège d'Argos, d'une tuile sur la tête lancée par une vieille femme juchée sur un toit. Pour Pythagore, la vie n'est qu'une grand foire où chacun se rend. Les plus nombreux y vont pour y gagner de l'argent et les autres pour y jouir du spectacle. Les plus nombreux sont les esclaves de la richesse et de la gloire, ils meurent pour renaître et se rendre de nouveau à la foire pour y gagner de l'argent. Les autres, le petit nombre, qui ne peuvent être que des *aristos*, après avoir abandonné leur corps, parviennent dans le libre *éther* pour devenir immortels, incorruptibles et se ranger parmi les dieux. Je ne sais si mon fémur est d'or, si oui, je suis sûr de rejoindre Pythagore dans l'*éthernité*.

– Tu peux toujours t'ouvrir la cuisse pour t'en assurer.

– Je préfère le jeu, c'est-à-dire l'incertitude. Il ne faut point se figer dans les certitudes, Léo.

Nous continuâmes de boire, prenant notre temps qui, comme peut-être mon fémur, était d'or. Nous parlâmes encore de la Lorelei et de nos amis. Et, quand les deux bouteilles furent vides, je vis Léo s'assoupir dans son fauteuil. La grande salle n'était plus éclairée que par le feu dans l'âtre. Nous n'avions pas jugé nécessaire, arrivés en vue du dernier bec de gaz, d'allumer de nouvelles lampes.

– Nous sommes nous-mêmes deux lampes, avait dit Léo, qui vont s'éteindre pour faire place à la nuit.

Notre vieille amitié se complaisait dans la semi-obscurité.

Grégor vint lécher la main de Léo et la mienne d'une langue qui me parut froide. Pendant que Léo caressait mon brave Grégor je me levai pour ajouter une bûche au feu qui baissait. Nous avions terriblement bu, comme les bien yvres de « l'ami François ». J'avais demandé à Léo, qui avait refusé, d'aller chercher une autre bouteille. Maintenant je titubais. Dans les oreilles me restait cette dernière phrase de mon compagnon :

– Je trouve que la vie, l'amour, le jeu, la guerre, la mort, sont de somptueuses monstruosités.

La bûche que j'avais ajoutée pétillait maintenant et crépitait gaiement dans les flammes dansantes échevelées, ivres comme si elles avaient bu aussi plusieurs bouteilles. Les unes, petites et bleutées, les autres plus grandes, jaunes, orange et rouges. Je restai longtemps devant la cheminée à contempler toutes ces flammes qui en mon imagination s'étaient faites femmes dansant le cancan sans autrement prêter attention à Grégor qui, derrière moi s'agitait, profitant de mon absence pour jouer avec mon ami.

Il faisait bon.

Il y avait longtemps de cela, c'était un jeudi, Léo et moi avions fait un feu, tel celui-ci, à l'orée des bois du Haut-du-Lièvre, près de Nancy. D'autres enfants étaient venus nous rejoindre. Nous étions tous assis en rond, autour du brasier et, de temps en temps, nous allions chercher à tour de rôle des branches mortes pour l'alimenter. Le feu avait duré longtemps. Lorsqu'il s'était éteint, nous avions regagné la ville en chantant. Ce jeudi-là avait été une grande journée de bonheur.

Depuis, bien des événements étaient passés. Les « humains » avaient allumés de plus grands feux de par le monde, dans lesquels, comme du bois sec on avait brûlé femmes, enfants et hommes. Nous avions été dans la tourmente de ces feux-là, ainsi que Noël Janmage, ainsi que Laure, ainsi que Jean Monegal... ces deux derniers s'y étaient brûlés

Distrait de ma rêverie, je venais d'entendre Léo parler à voix basse et je prêtai l'oreille.

– *In vino veritas,* hé, hé, verres et tasses, ah, ah ! Verres et tasses, oh, oh ! M'semble que j'bois la tasse... ça tourne, ça tourne l'eau... j'peux pu crawler Guédolf... Lorelei! Lorelei! L'avion... dans tes yeux ciel... porte lam... lam... lam...

Je me tournai vivement. Je vis que Léo avait légèrement glissé et qu'il s'était comme tassé sur lui-même.

J'entendis alors Grégor hurler, hurler longuement.

J'accourus aussitôt mais je ne pus approcher du fauteuil. Grégor devenu fou, Grégor devenu garde de l'entrée du royaume des morts, pays de glaces et de ténèbres, m'empêchait d'approcher, montrant ses crocs.

Il avait un visage calme, reposé, Léo. Je le contemplais et le scrutais en son plein sommeil. Dans mon ébriété, il me semblait que son fémur droit était ensoleillé d'or.

Je me retrouvai bientôt, en pensée, à Nancy, à côté de lui, tous les deux avec nos culottes courtes. Dans la rue, derrière nous, les becs de gaz étaient allumés qui éclairaient les rues de la ville. Léo en *un quart d'heure* venait d'arriver au dernier de la rangée...

Immobile, je baissai la tête. Mes yeux voyaient trouble.

La vie, la mort! Je songeai, paniqué, que Greta allait revenir, elle qui avait demandé à Léo de veiller sur moi! Et ces bouteilles vides qui étaient là. Ces cadavres vitrifiés dont, vampires, nous avions auparavant sucé le sang!

Pris de malaise j'allai ouvrir la fenêtre en titubant. Couvert de sueur, j'avais besoin de plus d'air, de plus de fraîcheur. Grégor reprit la clameur de ses hurlements lugubres.

Au milieu de ces hurlements, il me sembla encore entendre Léo, plusieurs fois, répétant:

–... demain, mon vieux Guédolf, demain il fera nuit.

Je refermai la fenêtre. Le froid pénétrant m'avait glacé.

À travers les carreaux, ivre, halluciné, je vis, dans le noir de la vallée endormie, Laure paraître. Elle me regardait et se détachait de la photographie posée sur la vitrine des Chevaliers. Elle se mêlait aux flammes de la cheminée qui se reflétaient dans le vitrage de la croisée. Laure s'avançait vers moi, reprenant peu à peu sa taille humaine, une rose blanche à la main. Près d'elle se tenait Jules le Mendiant.

Tandis que Grégor continuait de hurler, de hurler, de hurler, Laure s'approchait lentement avec son pâle visage, la rose à la main, dans une longue robe de nuit blanche.

– À bientôt, Guédolf.

Je savais bien que ce n'était pas *tout de suite,* mais je savais aussi que c'était tout comme. Car, enfin! n'était-ce pas moi, déjà, qui était *là,* sans vie, dans ce fauteuil, sous la garde de mon chien Grégor. N'était-ce pas moi, déjà, qui avait rendu l'âme, *là-haut,* au sommet du chemin d'une montagne de Vaduz? Et n'était-ce pas moi, déjà, qu'une balle avait tué, il y avait plus de quarante ans de cela, du côté de Stargard, en Poméranie orientale?

Jules le Mendiant qui n'avait pas vieilli était maintenant plus jeune que moi. Il avait gardé son âge. Il parla à son tour

– Tout est bien, tout est la même chose. Dans l'éthernité immobile, c'est vrai, la naissance et la mort coïncident. L'amour et la mort sont identiques. Car tel est le bon plaisir du Dieuble, du Double, le dieu-diable et le diable-dieu. La vie n'est qu'un conte dérisoire qui commence et finit par un trou. Vois à mon bras la Lorelei qui est la Mort, la Belle Blonde aux yeux verts, la Sirène qui est en même temps la Vie et l'Amour, Laure Ley aux deux visages. Oui, Guédolf, moi le Dieuble, j'aurais pu me présenter, ici devant toi, en Jésus, en Vierge Marie, en Bouddha, en Mahomet, en Satan, en Moïse ou en Abraham ou de toute autre manière. Je me présente de mille façons aux hommes qui m'invoquent à genoux, à quatre pattes, en faisant tourner les tables, en se dandinant sur deux pattes comme ton arrière-grand-père. Je suis le Dieuble que tu as vu mourant entre deux loups dans les ruines de Berlin, un filet de sang au coin des lèvres. C'est moi qui t'ai poussé au cul pour te hisser sur le toit de l'arc de Triomphe, car je fais ce que je veux des hommes et des femmes. Toi, tu m'as vu de préférence sous la forme du dieu Hasard et c'est vrai que je suis le Clinamen créateur de mondes. J'aime comme toi jouer, j'aime ceux qui jouent et ceux qui dansent, mais j'aime aussi ceux qui souffrent et ceux qui pleurent, je n'en déteste pas pour autant les impassibles. Il faut de tout pour faire le monde magnifique et tragique et comique et scientifique qui est d'aujourd'hui. Mais tout fout le camp, Guédolf, et toi aussi il va te falloir dévisser. Tu vas bientôt casser, comme vient de faire Léo, sinon ta pipe, ta cigarette. Le cœur, comme le craint Greta, va te lâcher. Bah ! il faut bien que chacun *passe*. Et puis pour toi c'est sans importance, comme pour moi. Mais y a-t-il quelque chose après la mort ? Grande question. Pour les uns il y a le Paradis ou l'Enfer. Pour les autres, il n'y a rien. Pour le Dieuble, vois-tu, ce sont là des synonymes, car il n'y a que des synonymes. Ce sera à toi de choisir ce qu'il y a...

– Rien.

– Tu te trompes, Guédolf, il y aura, derrière ta mort, le Paradis et surtout l'Enfer de ce monde qui continuera sans toi dans le chant des oiseaux et la rampée des serpents. Il y aura d'autres Guédolf, d'autres Léo, d'autres Monegal, d'autres No et d'autres Lorelei, il y aura des flocons de neige, des grains de sable, des feuilles, des arbres, des oiseaux sur les branches, des êtres dont aucun ne ressemblera jamais à un autre et qui mourront à leur tour, tout comme ce monde des hommes qui....

Le Dieuble n'acheva pas sa phrase, haussa les épaules et ne s'occupa plus de moi. Il tira de sa besace quelques mégots qu'il dépiauta pour fabriquer une cigarette que la Lorelei alluma. Elle se tourna ensuite vers moi et avant que de s'éloigner avec Jules le Mendiant, elle reprit la phrase que le Dieuble n'avait pas terminée : «... ce monde des hommes qui périra de la main des hommes... Il n'y aura plus alors *ni guerre, ni jeu, ni filles...* si ce n'est les jeunes filles du soleil qui dans leur char volant viendront le chercher pour le conduire vers les portes de la Nuit. »